Software Requirements

Ulrike Hammerschall
Gerd Beneken

Software
Requirements

Higher Education
München • Harlow • Amsterdam • Madrid • Boston
San Francisco • Don Mills • Mexico City • Sydney
a part of Pearson plc worldwide

Bibliografische Information der Deutschen Nationalbibliothek

Die Deutsche Nationalbibliothek verzeichnet diese Publikation in der Deutschen National-
bibliografie; detaillierte bibliografische Daten sind im Internet über *http://dnb.dnb.de* abrufbar.

10 9 8 7 6 5 4 3 2 1

15 14 13

ISBN 978-3-86894-151-7

© 2013 by Pearson Deutschland GmbH
Martin-Kollar-Straße 10-12, D-81829 München/Germany
Alle Rechte vorbehalten
www.pearson.de
A part of Pearson plc worldwide

Programmleitung: Birger Peil, bpeil@pearson.de
Korrektorat: Katharina Pieper, Berlin
Einbandgestaltung: Thomas Arlt, tarlt@adesso21.net
Herstellung: Claudia Bäurle, cbaeurle@pearson.de
Satz: Nadine Krumm, mediaService, Siegen (www.mediaservice.tv)
Druck und Verarbeitung: Drukarnia Dimograf, Bielsko-Biala

Printed in Poland

Inhaltsverzeichnis

Vorwort   15

    Requirements Engineering 15
    Aufbau des Buches 18
    Danksagung 21

Kapitel 1   Requirements Engineering   23

    Einführung 24
1.1   Requirements Engineering 25
1.2   Anwendungsdomäne 26
1.3   Problemraum 27
1.4   Lösungsraum 28
1.5   Benutzeranforderungen 28
1.6   Systemanforderungen 30
1.7   Der Requirements-Engineering-Prozess 30
    1.7.1   Systemvision 31
    1.7.2   Kontextanalyse 31
    1.7.3   Anforderungsermittlung 32
    1.7.4   Anforderungsdokumentation 32
    1.7.5   Anforderungsspezifikation 33
    1.7.6   Anforderungsmodellierung 33
    1.7.7   Anforderungsvalidierung 34
    1.7.8   Anforderungsmanagement 34
    1.7.9   Zusammenspiel der Aktivitäten 35
1.8   Die Konzepte im Zusammenhang 36
1.9   Der Requirements Engineer 38
1.10   Requirements Engineering und Prozessmodelle 40
    1.10.1 Requirements Engineering im Wasserfallmodell 41
    1.10.2 Requirements Engineering in iterativen Modellen 42

Kapitel 2   Systemvision und Systemkontext   45

    Einführung 46
2.1   Die Projektidee 47
2.2   Projektvarianten 49
    2.2.1   Projekttypen 51
    2.2.2   Systemtypen 52
    2.2.3   Beauftragungsmodelle 55
2.3   Zieleanalyse 57
    2.3.1   Ziel, Strategie und Maßnahmen 57
    2.3.2   Zielediagramm 58
2.4   Stakeholder-Management 62
    2.4.1   Welche Stakeholder gibt es? 62
    2.4.2   Stakeholder-Management 63

	2.4.3	Stakeholder-Diagramm	63
	2.4.4	Herausforderungen	64
2.5		Geschäftsprozessanalyse	66
	2.5.1	Geschäftsstrategie und Geschäftsprozesse	67
	2.5.2	Ereignisgesteuerte Prozessketten	68
	2.5.3	Business Process Modeling Notation (BPMN)	71
2.6		Kontextanalyse	75

Kapitel 3   Anforderungsermittlung   79

	Einführung		80
3.1		Anforderungen	81
	3.1.1	Der SQuaRE-Standard	82
	3.1.2	Ermittlung nichtfunktionaler Anforderungen	89
	3.1.3	Abgrenzung funktional und nichtfunktional	91
3.2		Anforderungsquellen	92
3.3		Ermittlungstechniken	93
	3.3.1	Interview-Techniken	94
	3.3.2	Kreativitätstechniken	98
	3.3.3	Modellbasierte Techniken	102
	3.3.4	Entwicklung von Prototypen	105
	3.3.5	Herausforderungen bei der Ermittlung	106
3.4		Verfeinern von Anforderungen	109
3.5		Anforderungsbewertung	110
3.6		Priorisierung	110

Kapitel 4   Anforderungsdokumentation   119

	Einführung		120
4.1		Dokumentation einzelner Anforderungen	122
	4.1.1	Formulierung von Anforderungen	122
	4.1.2	Prüfbarkeit von Anforderungen	127
	4.1.3	Verwaltungsinformation	133
	4.1.4	Lebenszyklus von Anforderungen	134
	4.1.5	Qualitätskriterien für Anforderungen	137
4.2		Glossar und Taxonomie	139
4.3		Anforderungsdokumente	141
	4.3.1	Anforderungsspezifikation	142
	4.3.2	Lasten- und Pflichtenheft	144
	4.3.3	Abgrenzung Lastenheft / Pflichtenheft	147
	4.3.4	Vorlagen und Standards	148
4.4		Richtlinien zur Dokumentation	149
	4.4.1	Wie viel dokumentieren?	149
	4.4.2	Wie viel kommunizieren?	150
	4.4.3	Entscheidung im Projekt	150
4.5		Make-or-Buy-Analyse	151
	4.5.1	Vorgehen zur Analyse	153
	4.5.2	Open-Source-Software	155

Kapitel 5   Anforderungsspezifikation   157

Einführung   158
5.1   Use Cases (Anwendungsfälle)   159
        5.1.1   Use-Case-Spezifikation   160
        5.1.2   Spezifikation der Abläufe   161
        5.1.3   Iterative Verfeinerung   164
        5.1.4   Regeln zur Spezifikation   164
        5.1.5   Darstellung von Use Cases   165
        5.1.6   Schnitt von Use Cases   168
        5.1.7   Use-Case-Diagramme   169
        5.1.8   Use Cases und Anforderungen   172
        5.1.9   Misuse Cases   174
5.2   Dialogspezifikation   175
        5.2.1   Dialogentwurf   176
        5.2.2   Spezifikation der Dialogfenster   177
        5.2.3   Spezifikation der Dialogsteuerung (Dialoglandkarte)   180
5.3   Schnittstellenspezifikation   182
5.4   Spezifikation von Regeln   184

Kapitel 6   Anforderungsmodellierung   187

Einführung   188
6.1   Grundlagen der Modellierung   189
        6.1.1   Modelle und Sichten   190
        6.1.2   Sprachen und Notationen   192
        6.1.3   Modellbildung   196
6.2   Modellierungstechniken   197
        6.2.1   Objektorientierte Modellierungstechniken   197
        6.2.2   Weitere Modellierungstechniken   214
6.3   Entwicklung des Anforderungsmodells   223
6.4   Modellbasierte Entwicklung   225

Kapitel 7   Anforderungsvalidierung   229

Einführung   230
7.1   Was ist Validierung?   231
7.2   Prüfen, aber wann?   232
        7.2.1   So früh wie möglich!   232
        7.2.2   Fortlaufend prüfen: Schnelles Feedback ermöglichen   233
        7.2.3   An Meilensteinen und Quality Gates   234
7.3   Qualitätskriterien und ihre Prüfung   235
7.4   Prüfung der Inhalte   236
        7.4.1   Beitrag zum Projektziel   236
        7.4.2   Nichtfunktionale Anforderungen in natürlicher Sprache   237
        7.4.3   Funktionale Anforderungen in natürlicher Sprache   239
        7.4.4   Inhaltliche Prüfung von (UML-)Modellen   245
        7.4.5   Inhaltliche Prüfung informeller Schaubilder   250
        7.4.6   Einsatz von Metriken für Texte und Modelle   252

7.5	Prüfung der Verständlichkeit	252
	7.5.1 Wer sind die Leser?	253
	7.5.2 Verständliches Deutsch	253
	7.5.3 Verständliche Schaubilder und UML-Diagramme	256
	7.5.4 Erklärende Texte prüfen	258
7.6	Prüfung der Übereinstimmung	258
7.7	Prüfung formaler Kriterien	259
	7.7.1 Identifizierbarkeit und Nachverfolgbarkeit	259
	7.7.2 Rechtschreibung, Grammatik und Syntax	259
	7.7.3 Professionelle Dokumente	260
	7.7.4 Einhaltung der Dokumentvorlagen	261
	7.7.5 Namenskonventionen	261
7.8	Prüfen, aber wie? – Prüftechniken (Reviews)	261
	7.8.1 Walkthrough	262
	7.8.2 Stellungnahme (Peer-Review)	262
	7.8.3 Inspektionen	264
	7.8.4 Prüfung über Prototypen	269
	7.8.5 Zusatznutzen von Prüfungen	271
7.9	Hilfsmittel bei der Prüfung	272
	7.9.1 Fragenkataloge und Prüfanweisungen	272
	7.9.2 Richtlinien	274
	7.9.3 Perspektiven einnehmen	274
	7.9.4 Beispiele simulieren	275

Kapitel 8 Verwalten von Anforderungen 279

	Einführung	280
8.1	Wozu Anforderungen verwalten?	281
8.2	Was genau wird verwaltet?	282
8.3	Wie wird verwaltet?	282
8.4	Identifikation von Anforderungen	283
8.5	Lebenszyklus	284
	8.5.1 Zustände einer Anforderung	284
	8.5.2 Prozess der Anforderungsbearbeitung	285
8.6	Strukturierung	286
	8.6.1 Ablagestruktur und Dokumenttypen	287
	8.6.2 Dokumente: Kapitelstruktur aus Standards	288
	8.6.3 Fachliche Strukturen: Subsysteme und Schichten	288
	8.6.4 Strukturierung über Modellelemente	291
	8.6.5 Zeitliche Struktur: Iterationen und Releases	291
	8.6.6 Strukturierung über andere Attribute (Metadaten)	291
	8.6.7 Sichten auf Anforderungen	292
8.7	Nachverfolgbarkeit (Traceability)	292
	8.7.1 Beitrag zum Projektziel	293
	8.7.2 Vorwärtsverfolgbarkeit	293
	8.7.3 Rückwärtsverfolgbarkeit	294
	8.7.4 Verfeinerung und andere Beziehungstypen	294

8.7.5 Techniken zur Umsetzung der Verfolgbarkeit 296
8.7.6 Bedeutung der Verfolgbarkeit und Pflegeaufwand 297
8.8 Versionen und Varianten von Anforderungen 297
8.8.1 Versionen von Anforderungen 298
8.8.2 Varianten von Anforderungen 298
8.8.3 Änderungshistorie 298
8.8.4 Verwaltung von Versionen und Varianten 299
8.9 Änderungsmanagement 301
8.9.1 Formales Änderungsmanagement 302
8.9.2 Problem- und Fehlermanagement 305
8.10 Konfigurationsmanagement 306
8.11 Release-Management 307
8.12 Werkzeuge zur Anforderungsverwaltung 308
8.12.1 Wiki-Systeme 309
8.12.2 Standard-Bürosoftware 309
8.12.3 Ticket-Systeme 311
8.12.4 Spezialisierte Requirements-Engineering-Werkzeuge 313

Kapitel 9   Agiles Requirements Engineering   317

Einführung 318
9.1 Was bedeutet „agil"? 319
9.1.1 Das Team ist verantwortlich 320
9.1.2 Nützliche Software steht im Mittelpunkt 320
9.1.3 Schnelles Feedback, kurze Iterationen 320
9.2 Ermitteln der Anforderungen 321
9.2.1 Just-in-time-Anforderungen 321
9.2.2 Kunde und Fachexperte sind gut verfügbar 321
9.2.3 Genau ein Entscheider 322
9.3 Funktionale Anforderungen mit User Storys 322
9.3.1 User Storys sind Platzhalter für Kommunikation 323
9.3.2 Benutzerrollen in User Storys 324
9.3.3 „Gute" User Storys: INVEST 325
9.3.4 Schrittweiser Ausbau von User Storys 327
9.3.5 Schneiden von User Storys 328
9.3.6 User Storys sind keine Anwendungsfälle 329
9.3.7 Nicht alles ist eine User Story 329
9.4 Spezifikation durch Beispiele 330
9.4.1 FitNesse 331
9.4.2 Behaviour-Driven-Development 332
9.5 Nichtfunktionale Anforderungen 333
9.5.1 Lokale Constraints 333
9.5.2 Globale Constraints 334
9.6 Scrum als agiles Framework 334
9.6.1 Elemente des Frameworks 334
9.6.2 Ablauf eines Sprints 336
9.6.3 Product Owner: Verantwortlich für den Produkterfolg 341

9.7   Anforderungsverwaltung: Product Backlog 343
        9.7.1   Wie sieht ein Product Backlog aus? 343
        9.7.2   Struktur über Themen, Sprints und Releases 344
        9.7.3   Ein guter Product Backlog ist DEEP 345
9.8   Release-Planung 346
9.9   Agiles und klassisches RE 347
        9.9.1   Die Rolle des Requirements Engineer 347
        9.9.2   Anforderungsdokumente 347
        9.9.3   Änderungsmanagement 349

Kapitel 10   Schnittstellen zu anderen Disziplinen   351

        Einführung 352
10.1   Requirements Engineering ist Teil des Ganzen 353
10.2   Projektmanagement 354
        10.2.1 Der Regelkreis des Projektmanagements 354
        10.2.2 Die fünf Regelgrößen 355
        10.2.3 Schnittstelle zum Projektmanagement 356
        10.2.4 Projektplanung 356
        10.2.5 Aufwandsschätzung 359
        10.2.6 Projektkontrolle 362
        10.2.7 Projektsteuerung 366
        10.2.8 Risikomanagement 367
10.3   Qualitätssicherung und Test 371
        10.3.1 Schnittstelle zur Qualitätssicherung: Produktrisiken 372
        10.3.2 Qualitätsziele festlegen 374
        10.3.3 Planung der Qualitätssicherung 374
        10.3.4 Prioritäten nach Wichtigkeit für die Stakeholder 375
        10.3.5 Prüfkonzepte und Testspezifikationen 377
        10.3.6 Testfälle 377
        10.3.7 Testfälle für funktionale Anforderungen 379
        10.3.8 Testfälle für nichtfunktionale Anforderungen 381
10.4   Software-Architektur-Entwurf 383
        10.4.1 Schnittstelle zum Architekturentwurf 384
        10.4.2 Typische Architekturtreiber 386
        10.4.3 Szenarien für Qualitätseigenschaften 390
        10.4.4 Präzisierung und Priorisierung der Architekturtreiber 392
10.5   Usability Engineering und User Experience 393
        10.5.1 Was ist Usability (Gebrauchstauglichkeit)? 394
        10.5.2 Was ist User Experience? 395
        10.5.3 Gestaltungsprozess 396
        10.5.4 Schnittstelle zum Usability Engineering 398
        10.5.5 Ermittlung von Usability-Anforderungen 398
        10.5.6 Personas 400
        10.5.7 Modellieren von Personas 401
        10.5.8 Usability-Szenarien 402
        10.5.9 Usability-Szenarien sind keine Anwendungsfälle 403
        10.5.10 Bedürfnisse und Anforderungen 404

Kapitel 11   Prozessverbesserung   407

    Einführung   408
11.1 Qualitätsmanagement und Prozessreife   409
11.2 CMMI   410
      11.2.1 Prozessbereiche, Ziele und Praktiken   410
      11.2.2 Bewertung der Prozessreife   411
      11.2.3 Requirements Engineering in CMMI   412
11.3 Prozesseinführung und -verbesserung   414
11.4 Den Requirements-Engineering-Prozess verbessern   416
11.5 Typische Probleme der Prozessverbesserung   417

Literaturverzeichnis   419

Register   427

für

Dina, Lasse und Mats

für Thomas

Vorwort

Anforderungen (*requirements*) sind Erwartungen und Wünsche, die ein Anwender an eine bestimmte Sache, ein bestimmtes Produkt oder eine bestimmte Dienstleistung hat. Jeder von uns hat schon einmal Anforderungen gesammelt, sei es für den neuen Fernseher, das neue Fahrrad, die gesuchte Mietwohnung oder den nächsten Urlaub. Je gründlicher man sich zu Beginn Gedanken macht, desto höher ist die Chance, dass das Ergebnis ein Erfolg wird.

Dies gilt in gleicher Weise für ein neues Software-System. Bevor ein System entwickelt werden kann, muss geklärt werden, was seine Anwender von ihm erwarten, welche Funktionen erforderlich sind und welche Eigenschaften unterstützt werden müssen. Um die richtigen Anforderungen zu finden, müssen die späteren Anwender nach ihren Erwartungen und Wünschen befragt werden, damit die Entwickler wissen, was sie zu realisieren haben. Die richtigen Anforderungen an ein Software-System zu finden und diese Information möglichst verlustfrei an die Entwickler weiterzugeben ist jedoch eine komplexe Aufgabenstellung, die ein systematisches und methodisches Vorgehen und Erfahrung erfordert. Das systematische und methodische Vorgehen bezeichnet man auch als Requirements Engineering.

Requirements Engineering

Software zeichnet sich durch eine spezielle Eigenschaft aus, die eines ihrer wesentlichen Merkmale darstellt: sie ist immateriell. Sie ist kaum noch an physikalische Grenzen gebunden. Schränkten früher Limitationen bei der Hardware (beispielsweise die Größe des Hauptspeichers) die Möglichkeiten der Software ein, spielt dies heute nur noch in wenigen Fällen eine Rolle. Diese Flexibilität und Unbeschränktheit erlaubt die Entwicklung immer größerer und mächtigerer Software-Systeme, mit denen die täglich komplexer werdenden Prozesse und Strukturen der Realität nachgebildet werden – sei es die Durchführung von Transaktionen im internationalen Geldverkehr, die Steuerung von Flugobjekten im Weltraum, die Verwaltung von Versicherungsverträgen, die Überwachung von Flughäfen oder die Steuerung von Operationen in Krankenhäusern.

Mit den wachsenden technischen Möglichkeiten hat jedoch auch die Komplexität der Software-Systeme kontinuierlich zugenommen. Diese Erkenntnis ist nicht neu. Edsger Dijkstra formulierte bereits 1970 sehr treffend in seiner Dankesrede zum Turing-Preis:

The major cause of the software crisis is that the machines have become several orders of magnitude more powerful! To put it quite bluntly: as long as there were no machines, programming was no problem at all; when we had a few weak computers, programming became a mild problem, and now we have gigantic computers, programming has become an equally gigantic problem.[1]

---

[1] Dijkstra, Edsger W.: The humble programmer. Communication of the ACM, 15(10):859–866, 1972. Turing Award lecture.

Damals steckte die Software-Industrie noch in ihren Kinderschuhen. Heute, mehr als 40 Jahre später, hat das Zitat jedoch nichts an Aktualität verloren. In einer Studie zeigt Ebert (Ebert) unter anderem anhand der Betriebssysteme Windows und Linux, wie deren Komplexität – gemessen über die Anzahl der Code-Instruktionen – mit den Jahren stetig angestiegen ist. Aber auch im Alltag ist dies eine tägliche Erfahrung. War früher die Hauptfunktion eines mobilen Telefons das Telefonieren, kann es heute als Kamera, zur Termin- und Adressverwaltung, zum Versenden von E-Mails, zum Surfen im Internet, zum GPS-basierten Navigieren, zum Radiohören oder Fernsehen verwendet werden. All diese Funktionen bzw. Komponenten sind für sich genommen bereits komplex und müssen nun auch im Zusammenspiel funktionieren.

Mit wachsender Komplexität der Systeme wird es jedoch immer schwieriger die Zusammenhänge zu überblicken. Unerwünschte Seiteneffekte, technische Probleme und fachliche Fehler treten vermehrt auf. Dies ist eine Entwicklung, die eindrucksvoll an vielen beinahe oder vollständig gescheiterten Entwicklungsvorhaben zu beobachten ist, über die immer wieder in den Medien berichtet wird. Gescheiterte Projekte, die es in die Öffentlichkeit schaffen, sind jedoch nur die Spitze des Eisbergs. In den meisten Unternehmen gibt es das eine oder andere Projektdesaster, über das nicht gerne gesprochen wird.

Ein Gradmesser für den Erfolg von Software-Entwicklungsprojekten ist der häufig zitierte Chaos-Report der Standish Group[2]. Der Report, der seit 1994 alle zwei Jahre erscheint, misst den Anteil an erfolgreichen (*successful*), teilweise erfolgreichen (*challenged*) und nicht erfolgreichen (*failed*) Projekten. Erfolgreiche Projekte wurden innerhalb der vorgegebenen Zeit und im Budget beendet, teilweise erfolgreiche Projekten wurden zwar ebenfalls beendet, jedoch mit gravierenden Mängeln, hohen Mehrkosten oder massiver Zeitüberschreitung. Nicht erfolgreiche Projekte wurden entweder abgebrochen oder das resultierende System wurde nie in Produktion genommen. Die Prozentsätze der drei Projektgruppen variiert seit Erscheinen des ersten Reports 1994. Waren zu Beginn nur 16% der Projekte erfolgreich und 51% teilweise erfolgreich, konnte über die Jahre immerhin eine gewisse Verbesserung der Situation festgestellt werden. So waren 2009 32% der Projekte erfolgreich, 44% teilweise erfolgreich. Nur noch 24 % der Projekte wurden abgebrochen.

Bei der Suche nach Gründen für den Projekterfolg nennt der Chaos-Report[3] eine Reihe von Erfolgsfaktoren mit prozentualer Angabe der Relevanz. Neben Aspekten, die sich unmittelbar auf die Qualität der Projektplanung und -durchführung beziehen, nennt der Report insbesondere folgende Faktoren, die zusammengenommen beinahe zur Hälfte zum Erfolg eines Projekts beitragen:

- hohe Anwenderbeteiligung (User Involvement) 15,9%,

- eindeutige Aufgabenanalyse (Clear Statement of Requirements) 13,0%,

- realistische Erwartungen (Realistic Expectations) 8,2%.

---

2   *http://blog.standishgroup.com/* (abgerufen am 12.09.2012)
3   © the Standish Group, The Standish Group Report, 1995

In einer weiteren Studie aus dem Jahr 2008 suchen die Autoren Emam und Koru (Emam und Koru) dagegen die Gründe für den Misserfolg von Entwicklungsprojekten. Im Rahmen der Studie wurden verschiedene Firmen nach Gründen für das Scheitern von Projekten befragt. Als Ergebnis der Umfrage nennt die Studie unter anderem folgende Punkte:

- Es gab zu viele Änderungen an Anforderungen während der Projektlaufzeit.
- Der Scope des Systems änderte sich während der Entwicklung.
- Das entwickelte System wurde am Ende nicht mehr benötigt.
- Die Endanwender waren nicht ausreichend in den Entwicklungsprozess involviert.

Alle der oben genannten Erfolgsfaktoren und Gründe für den Misserfolg von Projekten lassen sich unmittelbar auf Anforderungen zurückführen, ihre Qualität, ihre Stabilität und den Prozess zu ihrer Erhebung. Zusammengenommen zeigen die Studien, wie wichtig der Anforderungsprozess und gute Anforderungen für den Projekterfolg sind. Für den Requirements-Engineering-Prozess – als dem Teilprozess im Entwicklungsprozess, der für die Ermittlung und Dokumentation der Anforderungen verantwortlich ist – können daraus folgende Ziele abgeleitet werden:

Intensive Einbeziehung der Anwender: Anwender sind die Personen, die später mit dem System arbeiten müssen. Sie (und nur sie) entscheiden, ob das System für den geplanten Einsatzzweck tatsächlich geeignet ist. Mag das System sauber entwickelt und das Projekt wie geplant beendet worden sein: wenn die Anwender mit dem neuen System ihre Aufgaben nicht wie erforderlich durchführen können, ist das Projekt gescheitert. Nur wenn die Anwender in ausreichendem Maße in den Anforderungsprozess integriert werden, kann das Projekt Erfolg haben.

Klare Zielrichtung für das System: Die Entwicklung eines Software-Systems und seine Einführung sind teilweise mit enormem Aufwand verbunden. Wird ein Entwicklungsvorhaben in Angriff genommen, muss daher von vornherein klar sein, welchen Nutzen und welchem Mehrwert man sich von der Einführung des Systems verspricht. Bei unklaren Zielen kann dies zu Unsicherheit führen, welche Funktionalitäten tatsächlich gebraucht werden und welche gegebenenfalls überflüssig sind. Schlimmstenfalls kann sich im Projektverlauf herausstellen, dass das System in der geplanten Form nicht gebraucht wird.

Minimaler Scope für das System: Technisch ist sehr vieles bei Software-Systemen möglich. Damit die Komplexität und der Entwicklungsaufwand für ein geplantes System nicht aus dem Ruder laufen, ist es notwendig, sich von vornherein auf die wesentlichen Funktionen und Eigenschaften zu konzentrieren. Den Rahmen stecken die Ziele für das System. Mit ihrer Hilfe kann für jede Anforderung klar entschieden werden, ob sie wichtig, nicht so wichtig oder vielleicht sogar überflüssig ist. Eine zusätzliche Priorisierung hilft, die Entwicklung der Anforderungen entsprechend ihrer Wichtigkeit zu planen.

Management von Änderungen: Eine stabile Anforderung ist eine Anforderung, die sich nach ihrer Spezifikation nicht mehr oder nur noch in unwesentlichen Details ändert. In der Praxis ist es jedoch nicht realistisch, alle Anforderungen vollständig zu Beginn zu ermitteln. Änderungswünsche sind normal und wichtig. Sie zeigen, dass Interesse am geplanten System besteht und dass die Anwender sich mit der Funktionalität beschäftigen und dabei neue Erkenntnisse gewonnen haben, die in den Entwicklungsprozess einfließen müssen. Ein guter Requirements-Engineering-Prozess unterstützt daher zu den Anforderungen auch einen systematischen und methodischen Umgang mit Änderungen.

Aufbau des Buches

Es gibt viele Bücher zum Thema Requirements Engineering am Markt. Die meisten von ihnen sind als methodischer Leitfaden für den Requirements Engineer in der Praxis konzipiert. Der Prozess, das systematische Vorgehen und die Fallstricke bei der Zusammenarbeit mit Fachbereich und Kunde stehen im Vordergrund. Grundlegende Methoden und Modellierungstechniken werden dagegen vorausgesetzt und nur noch am Rande gestreift. Auch die Einbettung des Requirements-Engineering-Prozesses in den übergeordneten Projektablauf und die Schnittstellen zu benachbarten Teilprozessen werden nicht weiter berücksichtigt. Dies sind jedoch Informationen, die wichtig sind für jemanden, der wenig Erfahrung mit Software-Entwicklung in der Praxis hat und sich weitgehend neu in die Thematik einarbeiten muss, wie dies beispielsweise bei Studierenden der Fall ist.

Das vorliegende Buch möchte Dozenten an Hochschulen und Universitäten ein Konzept an die Hand geben, wie Requirements Engineering in der Lehre vermittelt werden kann. Das Buch stützt sich auf Vorlesungen zum Thema Requirements Engineering und Software-Engineering, die über mehrere Jahre an den Hochschulen München und Rosenheim gehalten wurden. Abbildung „Kapitelstruktur und Abhängigkeiten" stellt den inhaltlichen Aufbau des Buches und die Abhängigkeiten der Kapitel untereinander dar. Die Pfeile kennzeichnen die Abhängigkeiten der Kapitel untereinander und geben die Lesereihenfolge vor.

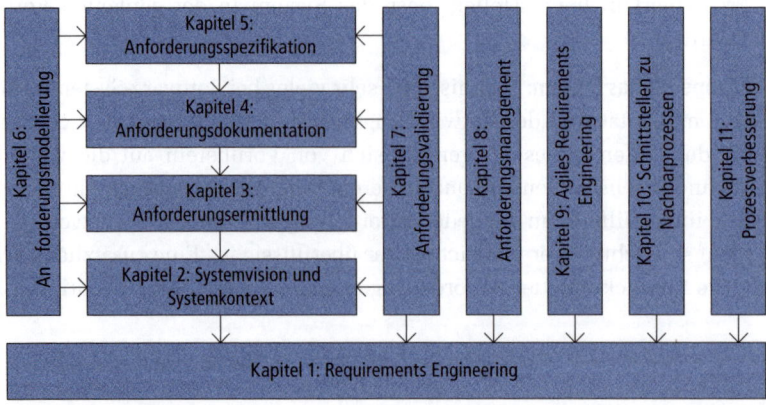

Kapitelstruktur und Abhängigkeiten

Im Zentrum des Buches steht der Requirements-Engineering-Prozess, von der Initiierung einer Projektidee bis hin zur Spezifikation der Anforderungen. Mit der systematischen Durchführung des Prozesses, den Methoden und Techniken beschäftigen sich die Kapitel 1 bis 7.

- Eine allgemeine Einführung in das Requirements Engineering, mit Begriffsklärung und einem Überblick über den Prozess, liefert Kapitel 1 „Requirements Engineering".

- Mit der Initiierung einer Projektidee und der Analyse des Systemkontexts beschäftigt sich Kapitel 2 „Systemvision und Systemkontext". Neben dem Stakeholder-Management und der Zieleanalyse liefert das Kapitel insbesondere eine Einführung in die Geschäftsprozessmodellierung.

- Mit Kapitel 3 „Anforderungsermittlung" beginnt der eigentliche Prozess zur Erhebung der Anforderungen von den Anwendern und sonstigen Stakeholdern. Nach einer ausführlichen Vorstellung des SQuaRE-Standards und einer Diskussion, was eine Anforderung eigentlich ist, werden verschiedene Methoden zur Anforderungsermittlung, abschließenden Bewertung und Priorisierung vorgestellt.

- Die so gewonnenen Anforderungen müssen final in einer strukturierten Form dokumentiert werden. Kapitel 4 „Anforderungsdokumentation" zeigt, wie Anforderungen geeignet formuliert werden und welche Informationen als Metadaten zu ihrer Verwaltung notwendig sind. Eine Diskussion zum Thema, wie viel tatsächlich dokumentiert werden muss, rundet das Kapitel ab.

- Die dokumentierten Anforderungen beschreiben, was ein Lösungssystem fachlich liefern sollte. Wie eine fachliche Lösung tatsächlich aussehen könnte, wird im Rahmen der Spezifikation entwickelt. Kapitel 5 „Anforderungsspezifikation" zeigt mithilfe von Use Cases und anderen Techniken, wie die fachliche Schnittstelle für eine Softwarelösung spezifiziert wird.

- Modelle helfen im gesamten Requirements-Engineering-Prozess komplexe Sachverhalte übersichtlicher darzustellen und sind daher ein wichtiges Mittel zur Validierung der Anforderungen. Kapitel 6 „Anforderungsmodellierung" beschäftigt sich ausführlich mit Modellierungstechniken und ihrem Einsatz im Requirements-Engineering-Prozess.

- Im Requirements-Engineering-Prozess ist eine fortwährende Validierung und Qualitätssicherung notwendig, um sicherzustellen, dass die richtigen Anforderungen realisiert werden und im Prozess keine Anforderungen verloren gegangen sind. Techniken und Methoden, die zur Anforderungsvalidierung eingesetzt werden, sind Thema von Kapitel 7 „Anforderungsvalidierung".

- Anforderungen beschreiben die gewünschte Funktionalität für ein Software-System. Sie werden im gesamten Entwicklungsprozess referenziert und müssen zentral verwaltet werden. Kapitel 8 „Anforderungsmanagement" führt in die Aufgaben der langfristigen Verwaltung von Anforderungen und ihrer Änderungen ein.

- In den letzten Jahren wurden mehr und mehr Projekte nach den agilen Prinzipien entwickelt. Die agile Vorgehensweise wirkt sich unmittelbar auf das Vorgehen zum Requirements Engineering in solchen Projekten aus. Kapitel 9 „Agiles Requirements Engineering" beschäftigt sich mit Prinzipien und Methoden für das „agile" Requirements Engineering.

- Requirements Engineering steht nicht isoliert im Entwicklungsprozess. Prozesse wie der Software-Entwurf, das Projektmanagement oder die Qualitätssicherung wirken sich auf die Abläufe im Requirements Engineering aus oder werden selbst von dessen Ergebnissen beeinflusst. Kapitel 10 „Schnittstellen zu Teilprozessen" beschäftigt sich mit den Abhängigkeiten des Requirements Engineering zu seinen Nachbarprozessen.

- Requirements Engineering ist ein Prozess. Wie jeder Prozess kann er gut oder weniger gut durchgeführt werden. Das letzte Kapitel „Prozessverbesserung" führt in das Thema Verbesserung des Entwicklungsprozesses ein und stellt Methoden und Standards vor, die helfen den Status eines Requirements-Engineering-Prozesses hinsichtlich seiner Qualität objektiv zu messen und bei Bedarf Verbesserungsmaßnahmen systematisch durchzuführen.

Da es sich hier um ein Lehrbuch handelt, wird besonderer Wert auf die praktische Einübung des Gelernten gelegt. Aus diesem Grund wird jedes Kapitel um einen Block mit Übungen ergänzt. Requirements Engineering ist eine stark teamorientierte Disziplin. Es wurde daher Wert darauf gelegt, dass viele der Aufgaben in Gruppenarbeit zu lösen sind.

Zum besseren Verständnis und als Vorlage für viele der Übungen dient ein durchgängiges Fallbeispiel. Das Beispiel wurde aus dem Alltag einer Hochschule gewählt, sodass Studierende sich gut damit identifizieren können. Gewählt wurde ein Projekt zur Einführung eines Systems zur Evaluation der Lehre an einer Hochschule. Das Projekt selbst ist fiktiv, orientiert sich jedoch an realen Projekten, welche mit Studierenden an der Hochschule Rosenheim durchgeführt wurden.

Ergänzend zum Buch steht auf der Companion Website zusätzliches Material bereit, das Dozenten bei der Durchführung von Lehrveranstaltungen unterstützen soll. Dies sind:

- Vorlesungsfolien
- Lösungen zu ausgewählten Aufgaben aus dem Buch
- Weitere Übungsaufgaben, gegebenenfalls mit Lösungen
- Vorschläge für Prüfungsfragen
- Ideen und Hilfestellung für die Durchführung von Praktika

Es ist unser Ziel, die Website als Anlaufstelle für Dozenten zu gestalten, die auf der Suche nach Ideen oder Anregungen für ihre Lehrveranstaltung sind. Über weitere Vorschläge, Übungsideen, Kommentare oder sonstige Anregungen würden wir uns sehr freuen.

Danksagung

An dieser Stelle möchten wir unseren vielen Reviewern danken, die durch ihre Fragen, Anmerkungen und Anregungen maßgeblich an der Gestaltung des Buches mitgewirkt haben. Dies sind in alphabethischer Reihenfolge: Axel Böttcher, Martin Deubler, Helmut Duschinger, Thomas Feuster, Sebastian Keller, Stefan Roock, Eva Schuberth und Gudrun Socher.

Besonderer Dank gilt unseren Familien, die uns während des Buchprojekts mit viel Geduld, Verständnis und Humor unterstützt haben.

Special thanks to the members of the Faculty of Advanced Technology at Glamorgan University, where I had the chance to stay during the time the book was written. Thank you for the warm welcome and the time we spent together.

Requirements Engineering

1

Einführung 24

1.1 Requirements Engineering 25

1.2 Anwendungsdomäne 26

1.3 Problemraum 27

1.4 Lösungsraum 28

1.5 Benutzeranforderungen 28

1.6 Systemanforderungen 30

1.7 Der Requirements-Engineering-Prozess 30

    1.7.1 Systemvision................................. 31

    1.7.2 Kontextanalyse 31

    1.7.3 Anforderungsermittlung...................... 32

    1.7.4 Anforderungsdokumentation 32

    1.7.5 Anforderungsspezifikation.................... 33

    1.7.6 Anforderungsmodellierung 33

    1.7.7 Anforderungsvalidierung 34

    1.7.8 Anforderungsmanagement 34

    1.7.9 Zusammenspiel der Aktivitäten................ 35

1.8 Die Konzepte im Zusammenhang 36

1.9 Der Requirements Engineer 38

1.10 Requirements Engineering und Prozessmodelle... 40

    1.10.1 Requirements Engineering im Wasserfallmodell...... 41

    1.10.2 Requirements Engineering in iterativen Modellen 42

ÜBERBLICK

Einführung

》》 Eine fiktive, aber nicht unwahrscheinliche Geschichte: Ein Unternehmen bringt ein neues Software-Produkt auf den Markt. Nach wenigen Monaten zeigt sich, dass die Verkaufszahlen sehr schlecht sind. Eine Analyse des Käuferverhaltens zeigt, dass zwar viele die Testversion von der Webseite herunterladen, es aber nur in seltenen Fällen zu einem Kauf kommt. Was ist schiefgelaufen? Die Verantwortlichen beschließen, selbst das Produkt zu testen. Dabei stellen sie zu ihrem Entsetzen fest, dass das System für den gedachten Einsatz vollständig ungeeignet ist: Es fehlt wichtige Funktionalität und die Bedienung ist zu umständlich und kompliziert. Offenbar wurden die tatsächlichen Bedürfnisse der späteren Anwender falsch eingeschätzt oder nicht erkannt. Das Produkt wird vom Markt genommen und eingestampft; die Verantwortlichen analysieren, wie es zu diesem Desaster kommen konnte.

Eine typische Ursache für das hier geschilderte Problem ist nicht selten ein falsches oder nicht ausreichendes Requirements Engineering bei der Entwicklung des Produkts. Zu Beginn eines Entwicklungsprojekts steht die Idee für eine neue Software, sei es ein Software-Produkt oder ein individuelles Software-System. Je nach geplantem Einsatzzweck muss die Software die erwartete Funktionalität anbieten: ein Textverarbeitungsprogramm die Erstellung von Dokumenten, eine Bankensoftware die Abfrage von Kontodaten, ein Navigationsgerät die Berechnung von Routen.

Welche Funktionalität benötigt wird, ist zu Beginn eines Projekts normalerweise nur in groben Zügen klar. Es existieren verschiedene Vorstellungen, Wünsche und Ideen, was das System leisten soll. Diese sind jedoch oft unkonkret und nicht selten subjektiv durch die Erfahrungen und Wünsche der beteiligten Personen beeinflusst. Hinterfragt man diese Vorstellungen genauer, treten nicht selten Widersprüche und Inkonsistenzen auf, die vor der Entwicklung des Systems abgeklärt werden müssen. Nur so erhalten die Entwickler klare Vorgaben für die Realisierung des Systems und nur so kann das geplante System die vielen Erwartungen später tatsächlich erfüllen.

Requirements Engineering ist neben Projektmanagement, Qualitätssicherung, Systementwurf und Entwicklung eine der Kerndisziplinen des Software-Engineering. Angesiedelt in den frühen Phasen eines Entwicklungsprojekts, beschäftigt sich Requirements Engineering mit dem Prozess und den Methoden zur Ermittlung, Dokumentation, Validierung und Verwaltung der Anforderungen. Ziel ist die Erarbeitung einer qualitativ guten und stabilen Anforderungsbasis als zuverlässige Grundlage für den späteren Entwurf und die Entwicklung des geplanten Systems.

Der Einfluss eines guten Requirements-Engineering-Prozesses auf den Projekterfolg wurde bereits in verschiedenen Studien gezeigt (Standish Group), (Emam und Koru). Ein solcher Prozess ist Thema dieses Buches. Dieses Kapitel führt in einem ersten Schritt zentrale Begriffe des Requirements Engineering ein, bevor der Requirements-Engineering-Prozess selbst mit seinen Aktivitäten und der verantwortlichen Rolle vorgestellt wird. Die Aktivitäten werden später in den entsprechenden Kapiteln ausführlich diskutiert.

Projekte können auf unterschiedliche Art und Weise durchgeführt werden, beispielsweise streng sequenziell nach dem Wasserfallmodell oder etwas flexibler nach dem iterativen Modell. Die Wahl des Vorgehensmodells wirkt sich unmittelbar auf den Requirements-Engineering-Prozess aus. Das Kapitel schließt mit einer Übersicht über verschiedene Möglichkeiten zur Einbettung des Requirements-Engineering-Prozesses in den Projektlebenszyklus, abhängig vom gewählten Vorgehensmodell. 《《

Lernziele

- Sie verstehen, warum ein gutes Requirements Engineering wichtig für den Projekterfolg ist.

- Sie kennen die Begriffe Anwendungsdomäne, Problemraum und Lösungsbereich und können sie im Kontext korrekt einordnen.

- Sie kennen den übergeordneten Ablauf des Requirements-Engineering-Prozesses und können die verschiedenen Aktivitäten einordnen.

- Sie wissen, wie sich Requirements Management von Requirements Engineering abgrenzt.

- Sie kennen die zentralen Aufgaben und das Fähigkeitsprofil des Requirements Engineer.

- Sie kennen verschiedene Möglichkeiten, wie sich der Requirements-Engineering-Prozess in unterschiedliche Vorgehensmodelle integrieren lässt.

1.1 Requirements Engineering

Definition: Requirements Engineering

Requirements Engineering bezeichnet den Prozess zur Ermittlung, Dokumentation, Validierung und Verwaltung der Anforderungen.

Requirements Engineering beschäftigt sich – wie der Name impliziert – mit Anforderungen (Requirements) und ihrer systematischen Bearbeitung (Engineering). Der Begriff Engineering kennzeichnet dabei die ingenieursmäßige Vorgehensweise im Prozess. Das bedeutet:

- Die Vorgehensweise im Prozess ist **systematisch** und **methodisch**. Der Prozess ist definiert. Alle Rollen, Aktivitäten und Ergebnisse (Artefakte) sind vorgegeben und der Ablauf ist festgelegt. Ziel ist, die Wiederholbarkeit und Planbarkeit des Prozesses sicherzustellen.

- Der Prozess wird **kostenbewusst** durchgeführt. Jede unnötige Mehrarbeit, die Geld kostet, wird möglichst vermieden. Sei es ein überflüssiges Meeting, sei es eine ineffiziente Arbeitsweise oder sei es die Realisierung einer Funktionalität, die niemand benötigt.

- Im Prozess wird **qualitätsbewusst** gearbeitet. Alle relevanten Zwischen- und Endergebnisse werden durch mindestens eine weitere Person geprüft, bevor sie an die nächste Phase oder den Kunden übergeben werden.

- Der Prozess **folgt** vorgeschriebenen **Normen**. Wie in jeder Ingenieurwissenschaft gibt es auch im Requirements Engineering Normen, die Begriffe definieren oder Vorgehensmodelle festlegen. Diese sollen bekannt sein und verwendet werden.

Ein ingenieursmäßig durchgeführter Prozess steht im Gegensatz zu einer intuitiven, individualistisch geprägten, künstlerischen Vorgehensweise.

Bevor die Aktivitäten im Requirements-Engineering-Prozess ausführlich diskutiert werden, ist es notwendig, sich ein paar Gedanken zu den Anforderungen selbst zu machen. Was genau ist darunter zu verstehen?

Anforderungen sind Wünsche, Vorstellungen und Ideen, was ein zukünftiges Software-System leisten soll. Anforderungen sind jedoch auch Randbedingungen, die die technischen Eigenschaften des Systems vorgeben und gegebenenfalls die Gestaltungsmöglichkeiten für den Software-Architekten einschränken. Die Anwender sagen, was sie von dem geplanten System erwarten, welche Funktionalitäten es liefert und wie es sich verhalten soll.

Aber woher wissen die Anwender, welche Anforderungen notwendig sind und welche nicht? Warum fordert man von einem Kaffeeautomaten, dass er die Zubereitung eines Milchkaffees von der Zubereitung eines Latte Macchiato unterscheiden kann, aber nicht, dass er die Waschmaschine steuert? Warum erwartet man von einer Bankensoftware, dass sie einem Kunden erlaubt die Konten zu verwalten, aber nicht, dass sie Bücher verkauft? Gibt es Entscheidungskriterien dafür, wann eine Anforderung sinnvoll ist und wann nicht? Und wenn ja, woraus leiten sie sich ab? Um Antworten auf diese Fragen zu finden, benötigt man ein paar Grundbegriffe, die im Folgenden eingeführt werden.

1.2 Anwendungsdomäne

Definition: Anwendungsdomäne

Als Anwendungsdomäne, Fachdomäne oder Anwendungsbereich eines Software-Systems bezeichnet man einen fachlich zusammenhängenden, abgrenzbaren Bereich innerhalb der Realität, in dem das System eingesetzt werden soll.

Bei einer **Anwendungsdomäne** kann es sich um jeden beliebigen Bereich im täglichen Leben handeln, in dem der Einsatz eines Software-Systems prinzipiell möglich ist. Dazu zählt alles, was den Bereich in irgendeiner Weise fachlich prägt:

- Personen und Organisationsstrukturen,
- vorhandene IT-Systeme und Hardware,
- Prozesse (wie arbeiten Personen und Systeme zusammen?),
- Fachsprache mit entsprechenden Konzepten und theoretischem Hintergrund.

Beispielsweise sind die Kunden einer Bank, die Geldautomaten in den Filialen, der Prozess *Geld abheben* und das Konzept *Konto* zentrale Elemente der Anwendungsdomäne für die Software eines Geldautomaten. Die Nutzer eines Aufzugs, die Aufzugskabinen sowie die Konzepte *Aufzug* und *Stockwerk* würden dagegen eine zentrale Rolle in der Anwendungsdomäne der Aufzugsteuerung spielen. Die Anwendungsdomäne bildet die Grundlage für die Funktionalität in einem Software-System. Sie gibt den Konzepten und Abläufen ihre spezifische Bedeutung.

1.3 Problemraum

Immer wieder kommt es vor, dass innerhalb der Anwendungsdomäne Probleme auftreten. Diese können technischer oder organisatorischer Natur sein. Man stellt beispielsweise fest,

- dass bestimmte interne Prozesse ineffizient ablaufen (z.B. Arbeitsschritte im Prozess werden redundant von verschiedenen Personen ausgeführt),
- dass die Prozessergebnisse nicht wie gewünscht sind (z.B. die Kunden bevorzugen die Produkte der Konkurrenz) oder
- dass die IT-Unterstützung für den Prozess nicht geeignet ist (z.B. dem unterstützenden Software-System fehlt essenzielle Funktionalität).

So unterschiedlich die Probleme sind, so unterschiedlich fallen die geeigneten Lösungen aus. So können redundante Arbeitsschritte häufig schon durch eine einfache Umorganisation im Prozess vermieden werden, ohne dass eine Softwarelösung notwendig ist. Handelt es sich jedoch um ein Problem, das sich nur mithilfe von Software lösen lässt, sollte der Kauf, die Entwicklung oder die Weiterentwicklung eines entsprechenden Systems in Betracht gezogen werden.

Das geplante Software-System muss sich naturgemäß auf die Prozesse und Konzepte der Anwendungsdomäne stützen, um tatsächlich eine Lösung zu bieten. Nun kann die Anwendungsdomäne – wie beispielsweise bei einer Bank – sehr umfangreich sein. Eine Abgrenzung der für die Zielsetzung des Systems relevanten Informationen von den nicht relevanten ist notwendig, um einen klaren Fokus für das System zu erhalten. So braucht ein System zur Kontoverwaltung sich nicht mit der Prüfung von Kreditanfragen oder den Gehaltsabrechnungen der Bankmitarbeiter beschäftigen. In gleicher Weise muss sich ein Ticketautomat der Bahn nicht um die Planung des nächsten Sommerfahrplans kümmern.

Den Bereich innerhalb der Anwendungsdomäne, der die für ein geplantes System relevanten Informationen enthält, bezeichnet man als **Problemraum**. Die Grenzen des Problemraums sind naturgemäß schwer zu greifen – vor allem zu Beginn eines Entwicklungsprojekts, wenn die Vision, was das System leisten soll, noch nicht vollständig klar ist. Der Problemraum liefert die relevanten Informationen für die Ermittlung der Anforderungen an das geplante System. Er gibt vor, wie sich das System später in die vorhandenen Strukturen und Prozesse integrieren soll.

Einer der ersten Schritte des Requirements Engineering ist es, ein genaues Verständnis des Problemraums und des gegebenen Problems zu erhalten. Dazu gehört die Einarbeitung in die vorhandene Fachsprache ebenso wie ein grundlegendes Verständnis der Geschäftsprozesse. Ohne dieses Verständnis kann später nicht beurteilt werden, ob eine vorgeschlagene Lösung zum Problem passt.

1.4 Lösungsraum

Der Lösungsraum ist das Gegenstück zum Problemraum. Er steckt den Rahmen für mögliche Software-Systeme, die eine Lösung zum identifizierten Problem innerhalb der Anwendungsdomäne bieten würden. Der Lösungsraum definiert die fachliche Schnittstelle, die ein entsprechendes System erfüllen müsste.

▶ Abbildung 1.1 stellt die bisher eingeführten Begriffe im Zusammenhang dar. Im Requirements-Engineering-Prozess wird der Problemraum analysiert und es werden in der Sprache der Anwendungsdomäne die fachlichen und technischen Anforderungen an eine Lösung identifiziert. Anhand der Anforderungen wird nun der **Lösungsraum** entwickelt. Konkret wird dazu in Form von Anforderungen und Rahmenbedingungen das erforderliche Verhalten potenzieller Lösungssysteme an ihren Schnittstellen festgelegt.

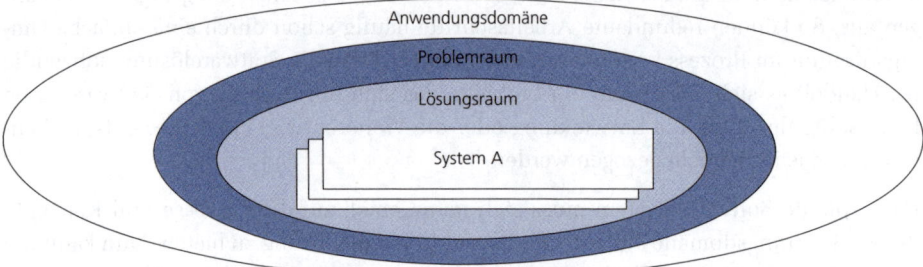

Abbildung 1.1: Problemraum und Lösungsraum in der Anwendungsdomäne.

In der Regel stehen unterschiedliche Softwarelösungen zur Auswahl, die alle die vom Lösungsraum geforderten Schnittstellen erfüllen würden. Die Entscheidung, welche der Softwarelösungen realisiert werden soll, wird erst in der nachfolgenden Phase, dem Software-Entwurf, getroffen.

1.5 Benutzeranforderungen

Eine Anforderung beschreibt eine Funktionalität, die das zukünftige System bereitstellen, oder eine Eigenschaft, die das zukünftige System erfüllen muss.

Definition: Anforderung

Das IEEE-Glossar für Software-Engineering (IEEE 610.12-1990) definiert eine Anforderung als (frei übersetzt):

1 eine Fähigkeit oder Eigenschaft, die von einem Anwender benötigt wird, um ein bestimmtes Problem zu lösen oder ein bestimmtes Ziel zu erreichen,

2 eine Fähigkeit oder Eigenschaft, die von einem System oder einer Systemkomponente erfüllt werden muss, um einen Vertrag, einem Standard einer Spezifikation oder einem anderen formal vorgegebenen Dokument zu genügen,

3 eine dokumentierte Darstellung einer Fähigkeit oder Eigenschaft wie in Punkt 1 und 2 angegeben.

Benutzeranforderungen sind Anforderungen an Software-Systeme aus Sicht der späteren Anwender. Die Anforderungen beschränken sich auf fachliche und technische Aspekte, die sich aus der konkreten Problemstellung ergeben. Hinzu kommen technische und organisatorische Rahmenbedingungen, die zusätzlich von der Softwarelösung einzuhalten sind. Solche Rahmenbedingungen sind beispielsweise die verpflichtend vorgegebene Verwendung bestimmter Software-Komponenten oder die Bereitstellung einer Schnittstelle zu einem Monitoring-System.

Benutzeranforderungen beschreiben eine abstrakte Systemidee, die das ermittelte Problem aus fachlicher Sicht lösen könnte. Sie greifen jedoch nicht einer konkreten Lösung vor. Grundlage für die Ermittlung der Benutzeranforderungen ist der Problemraum. Er liefert für jede Benutzeranforderung eine fachliche begründete Motivation, die sich aus der Anwendungsdomäne oder dem organisatorischen Kontext ergibt.

Beispiel 1.1   **Benutzer- und Systemanforderung**

Das folgende Beispiel zeigt die Verfeinerung einer Benutzeranforderung (BA) zu mehreren Systemanforderungen (SA).

BA: Das Kontoverwaltungssystem erlaubt es einem Bankmitarbeiter, die Kontobewegungen der letzten vier Wochen zu einem gegebenen Kundenkonto einzusehen.

Zugehörige Systemanforderungen:

SA1: Das Kontoverwaltungssystem erlaubt es einem registrierten Bankmitarbeiter, sich am System anzumelden.

SA2: Das Kontoverwaltungssystem erlaubt es einem angemeldeten Bankmitarbeiter, ein Kundenkonto zu einer Kontonummer zu suchen.

SA3: Das Kontoverwaltungssystem erlaubt es einem angemeldeten Bankmitarbeiter, die Umsätze der letzten vier Wochen zu einem bestimmten Kundenkonto einzusehen.

Den Rahmen für die Funktionalität eines Systems geben ausschließlich die Benutzeranforderungen vor. Vor allem in Vertragssituationen – wenn zwischen Auftraggeber und ausführender Softwarefirma eine vertragliche Vereinbarung besteht – definieren Benutzeranforderungen den fachlichen Rahmen des Systems. Sie bestimmen, was das System leisten soll und was nicht.

1.6   Systemanforderungen

Systemanforderungen verfeinern und konkretisieren die Benutzeranforderungen. Sie übersetzen die häufig noch sehr allgemein formulierten Benutzeranforderungen auf konkrete Anforderungen an die Systemfunktionalitäten. Systemanforderungen spezifizieren exakt das Schnittstellenverhalten des zukünftigen Systems und definieren so den Lösungsraum für geeignete Systeme.

Systemanforderungen fügen keine neue Funktionalität hinzu. Ihre Aufgabe ist die Festlegung des Lösungsraums. Die Notwendigkeit jeder Systemanforderung muss sich unmittelbar aus den Benutzeranforderungen ableiten lassen. Entweder spezifiziert die Systemanforderung die konkrete Umsetzung einer Benutzeranforderung oder sie unterstützt deren Erfüllung.

> **Exkurs**   **Benutzer- und Systemanforderungen**
>
> Für Benutzeranforderungen und Systemanforderungen finden sich in der Literatur unterschiedliche Namen. Englische Quellen sprechen in der Regel von „user requirements" und „system requirements", wie beispielsweise Sommerville (Sommerville). Christof Ebert (Ebert) unterscheidet dagegen „Marktanforderungen" und „Produktanforderungen" und ergänzt eine dritte Verfeinerungsstufe, die „Komponentenanforderungen".

1.7   Der Requirements-Engineering-Prozess

Requirements Engineering beschäftigt sich mit allen Aufgaben, die während der Entwicklung des Systems zur Erstellung, Pflege und Weiterentwicklung der Anforderungsbasis erforderlich sind. Es ist eine kontinuierliche Tätigkeit, da sich jederzeit im Projektverlauf neue Anforderungen ergeben oder Änderungen an bestehenden Anforderungen auftreten können. Teilweise wird in der Literatur die Verwaltung der Anforderungen – das Requirements Management – ebenfalls als Teildisziplin des Requirements Engineering eingeordnet.

Schwerpunktmäßig finden die meisten Tätigkeiten im Requirements-Engineering-Prozess zu Beginn eines Projekts (oder einer Projektiteration) in der Analysephase statt. Also dann, wenn geklärt werden muss, was das System tatsächlich tun soll. Die Aufgaben zur Verwaltung der Anforderungen (Requirements Management) ziehen sich dagegen durch alle folgenden Projektphasen und müssen über den gesamten Lebenszyklus des Projekts und des Software-Systems fortgeführt werden.

▶ Abbildung 1.2 ordnet die verschiedenen Aktivitäten im Requirements Engineering den Phasen in Software-Entwicklungsprojekten zu. Die einzelnen Aktivitäten werden im Folgenden kurz erläutert und in den späteren Kapiteln detailliert vorgestellt.

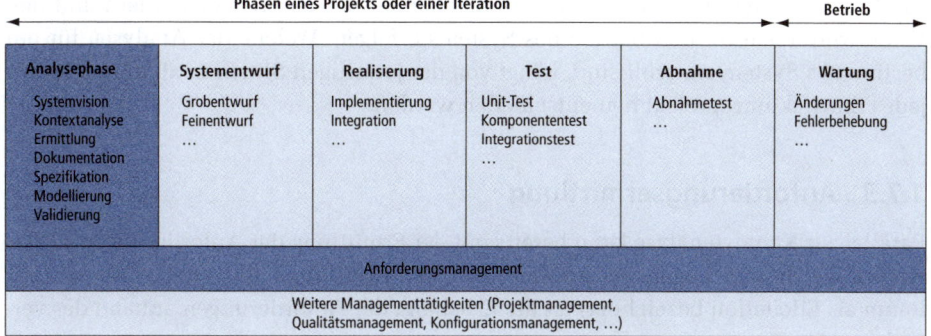

Abbildung 1.2: Aktivitäten des Requirements Engineering im Software-Lebenszyklus.

1.7.1 Systemvision

Bevor mit der Ermittlung der Anforderungen begonnen wird, ist es wichtig, eine klare und für alle Projektbeteiligten verständliche Vision zu definieren. Das geplante System soll einen Nutzen (Geschäftswert) für seine Benutzer erbringen. Dafür benötigt man am Anfang eines Projektes ein klares Verständnis, auch um später Prioritäten setzen zu können. Jede Anforderung, die zum Nutzen beiträgt, sollte im System umgesetzt werden, alle anderen Anforderungen nicht.

Wichtigste Quelle für die Entwicklung der Systemvision sind die Unternehmensziele, zu deren Erfüllung das System beitragen soll. Verantwortlich für die Festlegung der Unternehmensziele ist die Geschäftsführung.

1.7.2 Kontextanalyse

Bevor es an die Entwicklung des Systems geht, ist es notwendig, den Kontext, in dem das System später eingesetzt werden soll, zu analysieren. Dazu gehört beispielsweise:

- Eine Analyse der Geschäftsprozesse, die von der Einführung des neuen Systems betroffen sind oder deren Änderung die Einführung des neuen Systems notwendig machen,

- eine Analyse der IT-Landschaft, in die das System integriert werden soll. Hierbei müssen sowohl Software- wie auch Hardwareaspekte berücksichtigt werden,

- eine Analyse der Organisationsstrukturen mit Rollen und Verantwortlichkeiten. Geklärt werden muss beispielsweise: Wer wird das System nutzen? Wer ist an Ergebnissen des Systems interessiert? Wer ist für die Wartung des Systems verantwortlich?

- die Ermittlung und Abstimmung des geeigneten Systemtyps. Handelt es sich um die Entwicklung eines vollkommen neuen Systems oder um die Weiterentwicklung eines bestehenden Systems? Existieren eventuell fertige Lösungen am Markt?

Die Kontextanalyse muss in enger Zusammenarbeit mit den Endanwendern und den Verantwortlichen für den Betrieb des Systems erfolgen. Welche der Analysen für ein bestimmtes System sinnvoll sind, hängt von der jeweiligen Situation ab und muss für jedes Entwicklungsprojekt neu entschieden werden.

1.7.3   Anforderungsermittlung

Parallel zur Kontextanalyse kann bereits mit der Ermittlung der Anforderungen an das zukünftige System begonnen werden. Ziel der Ermittlung (im englischsprachigen Raum als Elicitation bezeichnet) ist die Erhebung der Anforderungen anhand der verfügbaren Quellen.

Die Anforderungen sind zu diesem frühen Zeitpunkt teilweise noch sehr unkonkret. Auch werden sicherlich nicht alle der identifizierten Anforderungen später tatsächlich umgesetzt. Entscheidend ist jedoch für die Anforderungsermittlung, dass keine relevanten Anforderungen vergessen werden. Entsprechende Aufgaben der Anforderungsermittlung sind:

- die Ermittlung der Stakeholder (Wer ist mittel- oder unmittelbar von der Einführung des Systems betroffen? Wer kann als Quelle für Anforderungen an das System dienen und sollte in den Ermittlungsprozess einbezogen werden? Wer bezahlt das System und wer hat welchen Einfluss auf das Projekt?),
- die Identifikation von Anforderungsquellen (neben Personen sind vor allem Dokumente jeglicher Art (z.B. Handbücher, Systemdokumentation, alte Anforderungsspezifikationen, rechtliche Vorgaben) geeignete Quellen für die Anforderungsermittlung. Hinzu kommen Studien, Analysen und teilweise auch andere Software-Systeme),
- die Festlegung der Techniken, die zur Ermittlung der Anforderungen verwendet werden sollen,
- die tatsächliche Durchführung der Anforderungsermittlung und
- die abschließende Priorisierung und Bewertung der ermittelten Anforderungen.

Ergebnis der Anforderungsermittlung ist eine Liste von bewerteten, priorisierten und mit den Stakeholdern abgestimmten Anforderungen. Die Anforderungen sind noch sehr allgemein formuliert und bei Weitem noch nicht geeignet für die Entwicklung. Zuvor müssen sie Stück für Stück konkretisiert und verfeinert werden.

1.7.4   Anforderungsdokumentation

Eine präzise Dokumentation der gefundenen Anforderungen ist der erste Schritt zur Konkretisierung. In enger Zusammenarbeit mit den Anwendern werden die Anforderungen explizit dokumentiert. Dazu werden beispielsweise Dokumentenvorlagen oder spezielle Requirements-Engineering-Werkzeuge verwendet. Die Anforderungsdokumentation umfasst folgende Schritte:

- die Formulierung der Anforderungen,

- die Identifikation und explizite Dokumentation der Abhängigkeiten zwischen den Anforderungen,

- die Ergänzung von Verwaltungsinformationen zu den Anforderungen und

- eine abschließende Validierung der Anforderungen (tun wir das Richtige?).

Die so dokumentierten Anforderungen stellen bereits eine erste stabile Basis für alle weiteren Schritte im Requirements-Engineering-Prozess dar. Sie legen fest, welche Funktionalität von dem zukünftigen System unterstützt werden muss, aber auch, welche Funktionalitäten nicht im Fokus des Systems sind. Die dokumentierten Anforderungen können – beispielsweise in Form eines Lastenhefts – bereits als Grundlage für die vertragsmäßige Beauftragung eines externen IT-Unternehmens zur Entwicklung des Systems dienen.

1.7.5 Anforderungsspezifikation

Die dokumentierten Anforderungen geben die prinzipielle Funktionalität und die Randbedingungen für das zukünftige System vor. Mit der Anforderungsspezifikation beginnt nun der Prozess zur Spezifikation des Lösungsraums. Dabei werden vor allem die Schnittstellen betrachtet, die ein mögliches System erfüllen muss. Konkrete Aufgaben der Anforderungsspezifikation sind:

- die Spezifikation der Anwendungsfälle, über die Anwender oder Fremdsysteme mit dem System kommunizieren werden,

- die Spezifikation der grafischen Benutzeroberfläche, ihr Aussehen und ihr Verhalten,

- die Spezifikation aller weiteren Schnittstellen, über die das System mit der Außenwelt kommunizieren wird, beispielsweise mit Nachbarsystemen.

Ziel der Anforderungsspezifikation ist nicht die Festlegung eines spezifischen Systems, sondern die Vorgabe eines Lösungsraums über dessen Schnittstellen. Alle Systeme, die diese Schnittstellen erfüllen, sind potenzielle Lösungskandidaten. Einer der Kandidaten wird später in der Entwurfsphase ausgewählt und umgesetzt.

1.7.6 Anforderungsmodellierung

Anforderungsmodellierung ist eine Querschnitttätigkeit, die sich durch den gesamten Requirements-Engineering-Prozess zieht. Ziel ist die methodische Analyse und Modellierung von Problem- und Lösungsraum. Die Modelle helfen die Zusammenhänge grafisch aufzubereiten und somit verständlicher zu gestalten.

Ausgehend vom Problemraum werden die fachlichen Zusammenhänge der Anwendungsdomäne, soweit sie für das zu realisierende System notwendig sind, analysiert und in geeigneten Modellen aufbereitet. Die Modelle sind immer fachlicher Natur. Es werden keine technischen Details dargestellt. Modelliert werden:

- Abläufe und Zustandsmodelle aus der Anwendungsdomäne, die für die Erfüllung der Anforderungen eine Rolle spielen und später in der Prozesslogik im System nachgebildet werden müssen,

- alle Konzepte mit ihren Eigenschaften und strukturellen Zusammenhängen, die für die Erfüllung der Anforderungen eine Rolle spielen und die sich im Feindesign und im Datenmodell des Systems widerspiegeln werden.

Die Verwendung von Modellen erleichtert das Verständnis für die zugrunde liegende Fachlichkeit und hilft dabei, die häufig unstrukturierten, widersprüchlichen und lückenhaften Informationen in klare Strukturen zu übersetzen. Die Verwendung von formalen Notationen zur Anforderungsmodellierung erlaubt gegebenenfalls sogar einen durchgängig werkzeugunterstützten, modellbasierten Entwicklungsprozess.

1.7.7   Anforderungsvalidierung

Während des gesamten Requirements-Engineering-Prozesses findet die Validierung der dokumentierten Anforderungen und Modelle statt. Unter Validierung versteht man die Prüfung der Anforderungen auf ihre fachliche Richtigkeit. In der Regel geschieht dies über mehr oder weniger formale Reviews oder Tests. Fragestellungen der Validierung sind unter anderem:

- entsprechen die spezifizierten und modellierten Anforderungen tatsächlich den Wünschen der Stakeholder,

- tragen die Anforderungen zur Vision bzw. zu den Zielen des Systems bei,

- sind die Anforderungen für alle Stakeholder verständlich spezifiziert bzw. modelliert,

- sind die Anforderungen mit allen beteiligten Stakeholdern abgestimmt und

- wurden alle formalen Vorgaben wie Dokumentvorlagen oder Normen eingehalten? Dazu gehört auch die korrekte Rechtschreibung.

Eine gründliche Validierung der Anforderungen hilft, vorhandene Fehler früh im Prozess zu finden, also dann, wenn ihre Behebung noch relativ unkritisch und wenig aufwendig ist.

1.7.8   Anforderungsmanagement

Anforderungsmanagement ist wie Validierung und Modellierung eine Querschnittstätigkeit im Requirements-Engineering-Prozess. Im Fokus stehen die Anforderungen als eigenständige Einheiten. Sie müssen einem effektiven Verwaltungsprozess unterzogen werden. Zu den wichtigsten Aufgaben im Anforderungsmanagement zählen:

- die Verwaltung von Anforderungen als eigenständige Entitäten (dazu zählen beispielsweise die Führung einer Änderungshistorie oder die Zuordnung einer eindeutigen ID),

- die Verwaltung von Anforderungsänderungen (Änderungswünsche für bereits abgestimmte Anforderungen können sich negativ auf den Liefertermin oder das Budget auswirken und müssen daher auf koordinierte und systematische Art und Weise in Projekte eingesteuert werden),

- die Verwaltung des Anforderungslebenszyklus von der ersten Idee bis zur Inbetriebnahme (eine Anforderung ist immer in einem definierten Zustand bezüglich ihrer Umsetzung (erstellt, abgestimmt, entworfen, ...). Eine systematische Verwaltung des Lebenszyklus erlaubt, dass der Zustand einer Anforderung und ihrer Realisierung jederzeit ermittelt werden kann) und

- die Verfolgung (*Tracing*) von Anforderungen (die Anforderungsverfolgung stellt sicher, dass zu einer Anforderung jederzeit die Quelle klar nachvollziehbar ist sowie dass alle Abhängigkeiten der Anforderungen untereinander bekannt sind).

Anforderungen werden in laufenden Projekten ermittelt. Sie können jedoch auch unabhängig von einem Projekt entstehen. Dies ist beispielsweise der Fall bei Software-Produkten, die bereits in Verwendung sind. Von den Anwendern können jederzeit Wünsche und Vorschläge für neue Funktionalitäten geäußert werden, beispielsweise in Foren, über Befragungen oder über Anfragen bei der Supportabteilung.

Auch wenn zu diesem Zeitpunkt kein Projekt zur Überarbeitung des Produkts läuft, ist es erforderlich, solche Anforderungen systematisch zu erfassen und zu verwalten. Die Anforderungen werden eingeplant, sobald ein neues Release des Systems entwickelt wird. Sie unterlaufen dann den normalen Requirements-Engineering-Prozess.

1.7.9 Zusammenspiel der Aktivitäten

Der Requirements-Engineering-Prozess zu Beginn eines Entwicklungsprojekts ist ein Lernprozess, an dessen Ende alle Beteiligten darin übereinstimmen, was das zukünftige System tatsächlich leisten soll und wie eine Lösung aussehen könnte. Die Aktivitäten im Prozess spiegeln in ihrem Abstraktionsgrad und in ihrer Exaktheit diesen Lernprozess wider.

Jeder Schritt im Prozess hilft dabei das Verständnis für die fachliche Problemstellung und eine mögliche Lösung zu stärken. Wie in ▶ Abbildung 1.3 dargestellt, beginnt der Prozess mit der Entwicklung der Systemidee und der Kontextanalyse, gefolgt von der Anforderungsermittlung, in der eine informelle Liste von Anforderungen erarbeitet wird. Mit der Dokumentation werden aus den Ideen und Vorschlägen konkret dokumentierte Anforderungen. Mit der Spezifikation werden die Anforderungen verfeinert, sodass auf ihrer Grundlage der Systementwurf beginnen kann. Validierung, Modellierung und Management von Anforderungen sind Querschnittstätigkeiten, die den Requirements-Engineering-Prozess unterstützen.

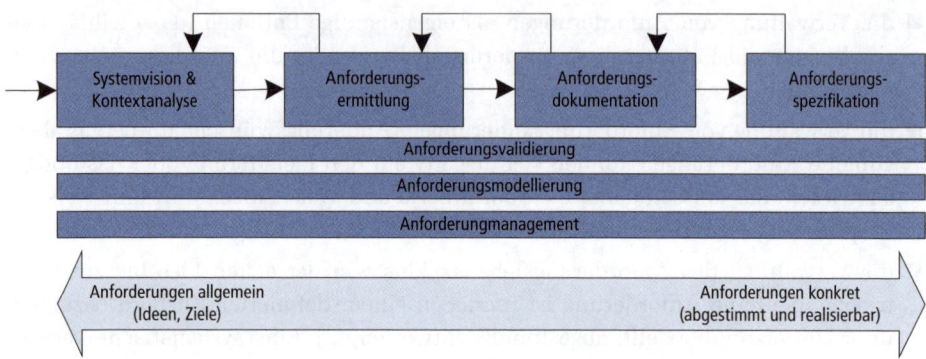

Abbildung 1.3: Der Requirements-Engineering-Prozess – von der Idee zur Anforderung.

Jede der vier Hauptaktivitäten wird für sich genommen als eigenständiger iterativer Teil-prozess im Requirements-Engineering-Prozess durchgeführt. Das Vorgehen folgt einem ähnlichen Muster:

- **Analyse:** Jede Aktivität im Requirements-Engineering-Prozess beginnt mit einer detaillierten Analyse der Systemumgebung, der Anwendungsdomäne und/oder der Ergebnisse der vorhergehenden Aktivität.

- **Dokumentation der Ergebnisse:** Die Ergebnisse werden verfeinert und dokumentiert, wobei der Detailgrad und die Exaktheit mit jedem Prozessschritt zunehmen. Unter-stützt wird der Prozess durch die Entwicklung von Modellen.

- **Validierung der Ergebnisse:** Am Ende eines jeden Schrittes findet eine Validierung und Bewertung des Ergebnisses statt, bevor es an den nächsten Schritt weitergegeben wird.

Durch die wiederholte Analyse in jedem Teilschritt können schnell Lücken, Wider-sprüche oder Inkonsistenzen bei den Anforderungen aufgedeckt werden, die gegebe-nenfalls die Rückkehr in eine der früheren Aktivitäten erfordern. Die Validierung am Ende einer jeden Aktivität stellt sicher, dass das Ziel und die ursprünglich erhobenen Anforderungen nicht aus den Augen verloren werden und immer noch „das Richtige" entwickelt wird.

1.8 Die Konzepte im Zusammenhang

Wie spielen nun die bisher eingeführten Konzepte zusammen? Wie ordnen sich Prob-lemraum und Lösungsraum in den Requirements-Engineering-Prozess ein? Welche Rolle spielen Benutzer- und Systemanforderungen im Prozess? Die Grafik in ▶ Abbildung 1.4 stellt alle der bisher eingeführten Begriffe im Zusammenhang dar.

Die Analyse des Systemkontexts und die Ermittlung der Anforderungen finden naturgemäß im Problemraum statt. Es muss geklärt werden, was eigentlich das Problem ist und wie es prinzipiell gelöst werden könnte. Der Übergang von Problemraum zu Lösungsraum findet im Requirements-Engineering-Prozess etwa mit Beginn der Anforderungsspezifikation statt, wenn anhand der gefundenen Anforderungen die Schnittstelle für mögliche Systeme abgeleitet wird.

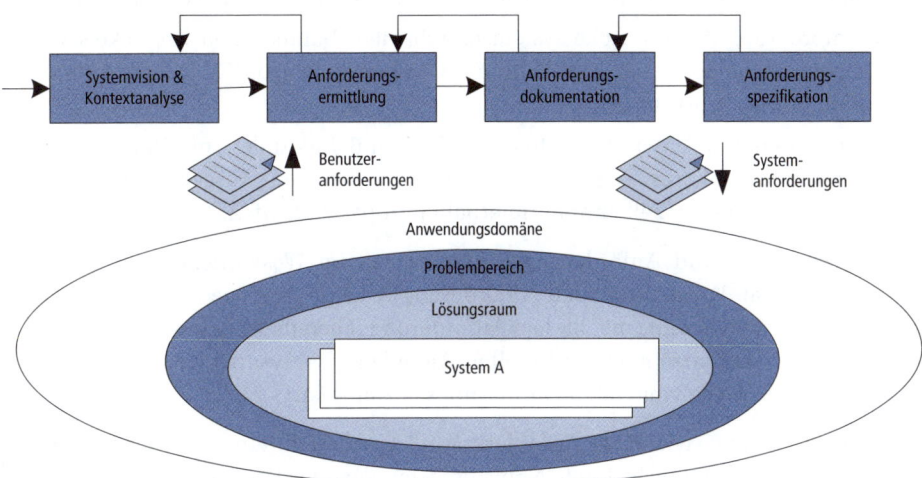

Abbildung 1.4: Die Konzepte im Zusammenhang.

Die Unterscheidung zwischen Problemraum und Lösungsraum, Benutzeranforderungen und Systemanforderungen mag auf den ersten Blick überflüssig erscheinen, ist aber von nicht zu unterschätzender Bedeutung. Auf die Frage, was das Ziel der Anforderungsermittlung ist, würden viele intuitiv antworten: „das zukünftige System beschreiben". Diese Antwort ist offensichtlich und nachvollziehbar, birgt jedoch eine Gefahr: Durch eine zu frühe Konzentration auf das Zielsystem – „wie soll das System realisiert werden?" – verliert man leicht den Blick für die ursprüngliche Fragestellung – „welches Problem wollten wir mit dem System eigentlich lösen?"

Vor allem Informatiker und IT-nahe Personen neigen dazu, sich sehr früh auf technische Fragestellungen zur Realisierung zu stürzen, bevor die eigentliche Problemstellung überhaupt geklärt und klar abgegrenzt wurde. Die Folgen einer solchen Vorgehensweise sind dann gerne falsch verstandene, da nicht ausreichend hinterfragte, oder vergessene Anforderungen. Im schlimmsten Fall kann es die Realisierung eines für den geplanten Einsatz komplett ungeeigneten Systems bedeuten.

Beispiel 1.2 | ## Vorwegnahme technischer Lösungen

Das folgende Beispiel soll die Problematik einer unnötigen Vorwegnahme technischer Lösungen in den Anforderungen verdeutlichen. Für ein fiktives Online-Ticketsystem einer Bahngesellschaft wurden zwei alternative Anforderungen erhoben:

- Anforderung A: Das Ticketsystem erlaubt dem Bahnkunden Zugtickets von einem beliebigen Ausgangsbahnhof zu einem beliebigen Zielbahnhof innerhalb Europas zu kaufen.

- Anforderung B: Das Ticketsystem erlaubt dem Bahnkunden mithilfe eines virtuellen Warenkorbs Zugtickets von einem beliebigen Ausgangsbahnhof zu einem beliebigen Zielbahnhof innerhalb Europas zu kaufen.

Anforderung A und Anforderung B beschreiben im Wesentlichen die gleiche Funktionalität. Während jedoch Anforderung A keine Aussage über die Umsetzung des Ticketverkaufs macht, legt Anforderung B bereits fest, dass zum Verkauf der Tickets das Konzept eines virtuellen Warenkorbs verwendet werden soll, wie dies beispielsweise von vielen Onlineshops bekannt ist.

Die Frage ist nun, wie es zu Anforderung B kam. Besteht eine fachliche, technische oder organisationsbedingte Notwendigkeit, dass zur Realisierung des Ticketverkaufs ein virtueller Warenkorb verwendet wird – beispielsweise könnte die Verwendung eines virtuellen Warenkorbs konzernweit für alle IT-Projekte mit ähnlicher Funktionalität verpflichtend vorgeschrieben sein – oder handelt es sich einfach um die Idee eines Stakeholders, der von dem Konzept des virtuellen Warenkorbs gehört hat und dies für eine feine Sache hält?

Im ersten Fall wäre Anforderung B korrekt. Im zweiten Fall wäre es jedoch Anforderung A. Anforderung B würde in diesem Fall der Lösung vorgreifen. Der virtuelle Warenkorb ist eine von vielen möglichen Lösungen zur Umsetzung des Verkaufsvorgangs, sie muss jedoch nicht die für diese Problemstellung am besten geeignete Lösung sein. Das zu prüfen ist Aufgabe des Systemarchitekten im Rahmen des Systementwurfs.

1.9 Der Requirements Engineer

Verantwortlich für die Durchführung des Requirements-Engineering-Prozesses ist der Requirements Engineer. Seine Aufgabe ist die Überwachung und Steuerung aller Aktivitäten im Requirements-Engineering-Prozess vom Projektstart bis zur Auslieferung des Systems. Zu seinen Kernaufgaben gehören:

- die methodische Anleitung der Anwender zur Ermittlung der Anforderungen,

- die systematische Dokumentation der Anforderungen und Validierung mit den Anwendern,

- die methodische Anleitung der Anwender zur Bewertung und Priorisierung der Anforderungen,

- die Spezifikation und Analyse der Anforderungen mit Unterstützung durch das Entwickler-Team und

- die Verwaltung der Anforderungen im weiteren Projektverlauf.

Exkurs **Requirements Engineer**

Die Bezeichnung für die im Requirements-Engineering-Prozess verantwortliche Rolle kann variieren. Alternativ zur Rolle des *Requirements Engineer* findet man in der Praxis häufig die alternative Rolle des *Anforderungsverantwortliche* oder des *Anforderungsanalysten*. Im englischsprachigen Raum hat sich der Begriff *Business Analyst* etabliert.

Der Requirements Engineer bildet die Schnittstelle zwischen den Anwendern des zukünftigen Systems und den Entwicklern, die das System entwerfen und realisieren. Während bei den Entwicklern eine entsprechende IT-Ausbildung und Erfahrung in der Durchführung von Software-Entwicklungsprojekten vorausgesetzt werden kann, ist dies bei den Anwendern in der Regel nicht der Fall. Sie bringen stattdessen das notwendige Fachwissen zur Anwendungsdomäne. Sie kennen ihre Prozesse, ihre Konzepte und ihre Verantwortungsbereiche. Ein Bankangestellter weiß, wie eine Überweisung durchzuführen ist, der Sachbearbeiter eines Online-Katalogversands kennt dagegen den Prozess zur Bearbeitung einer Bestellung.

Anwender haben im Allgemeinen keine Erfahrung damit, Anforderungen an ein Software-System so strukturiert und methodisch aufzuschreiben, dass ein Entwickler-Team nach diesen Vorgaben das Software-System entwickeln könnte. Hier benötigt man Unterstützung durch den Requirements Engineer, der einerseits Kenntnisse aus der IT mitbringt und die dort verwendeten Methoden und Technologien kennt, und andererseits in der Lage ist, die Anwender im Requirements-Engineering-Prozess methodisch bei der Anforderungsermittlung und -dokumentation anzuleiten.

Im Gegensatz zu den eher IT-zentrierten Rollen in Entwicklungsprojekten braucht ein guter Requirements Engineering nicht nur technische Fähigkeiten. Die Zusammenarbeit mit vielen verschiedenen Personengruppen – jede mit anderem Hintergrund und anderen Erwartungen – erfordert ein hohes Maß an sogenannten Soft Skills wie Kommunikations- und Konfliktlösungsfähigkeit, Moderationsfähigkeit, Empathie, analytische Denkweise und Selbstbewusstsein.

Ein gut durchgeführtes Requirements Engineering sorgt dafür, dass alle relevanten Personen, die mit dem späteren System direkt oder indirekt zu tun haben, angemessen in den Prozess zur Anforderungsermittlung eingebunden werden. Nur so kann ein von allen Beteiligten mitgetragenes Ergebnis in Form einer stabilen Anforderungsbasis erarbeitet werden.

1.10 Requirements Engineering und Prozessmodelle

Prozessmodelle wie das Wasserfallmodell oder das iterative Modell definieren einen allgemeinen Ablaufrahmen für Entwicklungsprojekte. Sie geben vor, welche Aktivitäten wann in einem Projekt durchzuführen sind, und helfen so den Projektverantwortlichen, die erforderlichen Aufgaben im Entwicklungsprojekt besser zu koordinieren.

Auch wenn die Aktivitäten im Requirements-Engineering-Prozess implizit eine gewisse Reihenfolge vorgeben, kann der Prozess selbst auf unterschiedliche Art und Weise in Projekte integriert werden. Die Art der Integration hängt vom jeweiligen Prozessmodell ab, nach dem das Projekt durchgeführt wird.

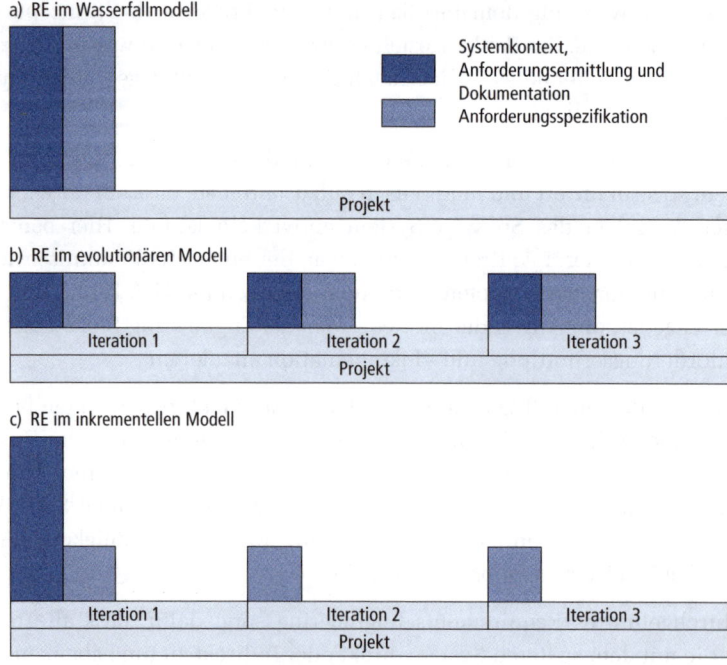

Abbildung 1.5: Requirements-Engineering-Aktivitäten in unterschiedlichen Vorgehensmodellen.

---

1   http://www.certified-re.de

1.10.1 Requirements Engineering im Wasserfallmodell

Ältestes und wohl bekanntestes Prozessmodell ist das Wasserfallmodell, das auf einer sequenziellen Abfolge der zu durchlaufenden Projektphasen basiert. Der Aufsatz „Managing the Development of Large Software Systems" von Winston Royce (Royce) wird häufig als Quelle für das Wasserfallmodell angegeben. Die Idee ist jedoch schon sehr viel älter. Einen ersten Versuch zur strukturierten Abwicklung von Entwicklungsprojekten findet man schon 1956 bei Herbert Benington (Benington). Royce machte das Modell durch die Einführung von Rücksprüngen und die Idee der iterativen Anwendung jedoch flexibler und dadurch besser anwendbar.

Projekte, die nach dem Wasserfallmodell vorgehen, ermitteln und dokumentieren ihre Anforderungen vollständig zu Beginn des Projekts. In den nachfolgenden Phasen wird anhand dieser Anforderungen der Entwurf erstellt, das System entwickelt, getestet und schließlich abgenommen. ▶ Abbildung 1.5a) zeigt die typische Integration des Requirements-Engineering-Prozesses zu Beginn eines wasserfallartigen Entwicklungsprozesses. Nachträgliche Änderungen an den Anforderungen werden über einen formal definierten Änderungsmanagementprozess in den Entwicklungsprozess integriert. Für diese Art von Projekten ist eine ausführliche und detaillierte Anforderungsspezifikation zu Beginn des Projekts unumgänglich.

Vorteil dieser Art der Projektdurchführung ist die verbesserte Planbarkeit für Projekte. Anhand der Anforderungen können Aufwand und damit voraussichtliche Dauer des Projekts verhältnismäßig zuverlässig vorhergesagt werden. Die Erfahrung hat jedoch gezeigt, dass nur in den seltensten Fällen zu Beginn eines Projekts alle Anforderungen vollständig und konsistent erfasst werden können. Unvorhergesehene Änderungen später im Projektablauf sind keine Ausnahme, sondern die Regel. Sie lassen sich nicht vermeiden, da Anwender, Requirements Engineer und Entwickler mit jedem Tag das ursprüngliche Problem und das geplante System besser kennenlernen. Wasserfallartige Prozessmodelle zeigen jedoch wenig Flexibilität hinsichtlich solcher Änderungen an den Anforderungen.

Die Qualität des Requirements-Engineering-Prozesses kann das Auftreten von Änderungen im späteren Projektverlauf zu einem gewissen Grad beeinflussen. Bei Projekten mit einem hohen Grad an sehr stabilen Anforderungen, die bereits zu Beginn des Projekts weitgehend vollständig bekannt sind, kann ein gut durchgeführter Requirements-Engineering-Prozess die Rate an Anforderungsänderungen im Projektverlauf gering halten. Projekte, bei denen zu Beginn nur eine grobe Systemidee existiert, die erst noch zu entwickeln ist, sollten dagegen eher auf iterative Prozessmodelle setzen.

1.10.2 Requirements Engineering in iterativen Modellen

Der iterative Ansatz geht auf einen Vorschlag von Barry Boehm (Boehm) zurück. Er sieht einen Entwicklungsprozess vor, der in mehreren Zyklen durchgeführt wird. Der Ablauf innerhalb eines Zyklus entspricht weitgehend den Phasen im Wasserfallmodell. Ergebnis eines jeden Zyklus ist ein funktionsfähiger Prototyp des Systems, der mit jeder Iteration ausgereifter ist, bis hin zum fertigen System.

Iterative Modelle gehen davon aus, dass parallel zu Entwurf und Entwicklung eines Systems ein Lernprozess stattfindet, bei dem neue Anforderungen gefunden werden und bestehende Anforderungen sich ändern können. Änderungen werden somit als konstruktiver Teil der Projektdurchführung gesehen.

Großer Vorteil der iterativen Modelle ist das kurzfristige Feedback jeweils am Ende einer Iteration. Anforderungsänderungen und neue Anforderungen werden anhand des Prototyps diskutiert und können kurzfristig für die nächste Iteration eingeplant werden. Der Prototyp der letzten Iteration entspricht dem fertigen System.

Bei den iterativen Modellen können zwei Formen unterschieden werden, evolutionäre Modelle und inkrementelle Modelle.

Der Requirements-Engineering-Prozess in evolutionären Modellen

Bei evolutionären Modellen entwickelt sich das System zur Projektlaufzeit. Zu Beginn existiert eine grobe Idee mit einigen zentralen Anforderungen, die sozusagen die Richtung vorgeben, in die entwickelt werden soll. Alles Weitere entsteht „evolutionär" zur Projektlaufzeit auf Basis des Anwenderfeedbacks und der gewonnenen Erfahrungen.

Evolutionäre Modelle gehen streng iterativ vor. Pro Iteration werden die zu Beginn der Iteration bekannten Anforderungen identifiziert und analysiert. Von den Anwendern wird Feedback zu den bereits realisierten Anforderungen eingeholt. Änderungswünsche und neue Anforderungen werden in der nachfolgenden Iteration eingeplant und in der nächsten Version des Prototyps realisiert. Der Requirements-Engineering-Prozess wird in evolutionären Modellen mehrmals im Projekt, und zwar jeweils zu Beginn einer neuen Projektiteration, durchgeführt (▶ Abbildung 1.5b).

Die Stärke evolutionärer Modelle ist die Entwicklung von Software-Systemen, deren gewünschte Funktionalität erst im Laufe des Projekts dynamisch entwickelt wird. Die Entwicklung solcher Systeme erfordert einen hohen Grad an Zusammenarbeit und Abstimmung zwischen Entwicklern und Anwendern, vor allem aber auch während der Projektlaufzeit. Dies wird durch viele kurze Iterationen erreicht, von denen jede einem Miniprojekt mit allen Phasen von der Anforderungsermittlung bis zur Auslieferung entspricht. Am Ende steht die Abnahme und Diskussion des Iterationsergebnisses. Bekannteste Vertreter der evolutionären Modelle sind die verschiedenen agilen

Vorgehensmodelle wie beispielsweise Scrum[2] oder eXtreme Programming[3] (XP). Kapitel 9 beschäftigt sich ausführlich mit dem Requirements Engineering in agilen Methoden.

Inkrementelles Modell

Mit Einführung des agilen Manifests[4] 2001 und der Hype-artigen Entwicklung agiler Methoden wechselten viele Firmen vom starren Wasserfallmodell auf die in vieler Hinsicht flexibleren agilen Vorgehensmodelle. Diese setzen jedoch verstärkt auf Kommunikation statt Dokumentation, häufiges Feedback statt einer einmaligen finalen Abnahme.

Mit der Zeit stellten sich die Nachteile eines zu flexiblen Modells heraus. Bei der Verwendung von rein evolutionären Modellen ist eine zuverlässige Vorhersage zu Kosten und Dauer eines Projekts realistisch nicht mehr möglich. Lediglich Kosten und Dauer einzelner Iterationen können weitgehend zuverlässig bestimmt werden, die Anzahl der benötigten Iterationen dagegen nicht mehr. Da viele Projekte auf Vertragsbasis durchgeführt werden, erfordert das evolutionäre Vorgehen großes Vertrauen zwischen Auftraggeber und Auftragnehmer, ein flexibles Budget und einen unkritischen Endtermin.

Inkrementelle Modelle bieten eine Mischform aus Wasserfall- und evolutionärem Modell, wobei die Vorteile beider Modelle geeignet kombiniert werden. So erhält das Wasserfallmodell mehr Flexibilität bezüglich Änderungen im Projektverlauf, das evolutionäre Modell wird dagegen besser plan- und schätzbar. Im inkrementellen Modell werden wie im Wasserfallmodell zu Beginn des Projekts alle Anforderungen ermittelt und dokumentiert. Die Umsetzung der Anforderungen erfolgt dann jedoch in Iterationen (▶ Abbildung 1.5c). Pro Iteration wird eine Auswahl der bereits ermittelten Anforderungen zur Realisierung getroffen. Diese Auswahl wird analysiert und spezifiziert. Hinzu kommt das Feedback der Anwender zum Prototyp der vorhergehenden Iteration. Änderungswünsche und neue Anforderungen werden in der nächsten Iteration zur Realisierung eingeplant.

---

2 *http://www.scrum.org*
3 *http://www.extremeprogramming.org*
4 *http://www.agilemanifesto.org*

Übungen

Übung 1 Requirements im Alltag

Ihre Familie besteht aus Ihnen, Ihrer Frau / Ihrem Mann, Ihrem 12-jährigen Sohn, Ihrer 15-jährigen Tochter und Ihrer 65-jährigen Mutter. Sie planen, mit Ihrer Familie einen gemeinsamen Urlaub zu verbringen. Der Urlaub sollte für jedes Familienmitglied etwas zu bieten haben. Um herauszufinden, was der geeignete Urlaubsort und die geeignete Urlaubsart wäre, berufen Sie eine Familiensitzung ein.

Spielen Sie in der Gruppe die Familiensitzung nach. Jedes Gruppenmitglied repräsentiert ein Familienmitglied und überlegt sich bestimmte Eigenheiten der Person, die ihrem Alter entsprechen (z.B. die Tochter ist in der Pubertät, die Oma hatte bereits eine Hüftoperation und ist nicht mehr sehr fit, ...).

Jedes Familienmitglied darf seine Anforderungen äußern und angeben, was es sich von dem Urlaub erwartet. Die Anforderungen werden notiert. Gehen Sie am Ende noch einmal alle gemeinsam Anforderungen durch. Prüfen Sie welche der Anforderungen wirklich wichtig sind und welche eher den Nice-to-have-Charakter haben. Finden Sie abschließend in der Gruppe einen Konsens darüber, wohin die Reise in diesem Sommer gehen soll und welche Art von Urlaub Sie machen werden (z.B. Aktivurlaub, Strandurlaub, Feriendorf, Städtereise, Urlaub auf dem Bauernhof, Wellnessurlaub, ...). Es sollten alle wichtigen Anforderungen und möglichst viele der Nice-to-have-Anforderungen berücksichtigt werden.

Übung 2: Der Requirements Engineer

Die Personalabteilung einer Bank erhält von einem der Abteilungsleiter den Auftrag eine Stellenanzeige für einen Requirements Engineer zu erstellen. Seine Aufgabe ist die Unterstützung der Bankmitarbeiter bei der Anforderungsanalyse zukünftiger Software-Entwicklungsprojekte.

Entwerfen Sie eine entsprechende Stellenbeschreibung. Gehen Sie in Ihrer Anzeige auf folgende Punkte ein:

■ Welche Tätigkeiten werden von dem Kandidaten erwartet?

■ Welche fachlichen Fähigkeiten sollte der Kandidat mitbringen?

■ Welche persönlichen Fähigkeiten sollte der Kandidat mitbringen?

Ergänzen Sie die Anzeige nach Belieben um organisatorische Details wie Start der Beschäftigung, Gehaltsvorstellungen, etc. Holen Sie sich gegebenenfalls Ideen von realen Stellenanzeigen auf den verschiedenen Internet-Jobbörsen.

Systemvision und Systemkontext

	Einführung	46
2.1	**Die Projektidee**	47
2.2	**Projektvarianten**	49
	2.2.1 Projekttypen	51
	2.2.2 Systemtypen	52
	2.2.3 Beauftragungsmodelle	55
2.3	**Zieleanalyse**	57
	2.3.1 Ziel, Strategie und Maßnahmen	57
	2.3.2 Zielediagramm	58
2.4	**Stakeholder-Management**	62
	2.4.1 Welche Stakeholder gibt es?	62
	2.4.2 Stakeholder-Management	63
	2.4.3 Stakeholder-Diagramm	63
	2.4.4 Herausforderungen	64
2.5	**Geschäftsprozessanalyse**	66
	2.5.1 Geschäftsstrategie und Geschäftsprozesse	67
	2.5.2 Ereignisgesteuerte Prozessketten	68
	2.5.3 Business Process Modeling Notation (BPMN)	71
2.6	**Kontextanalyse**	75

2

ÜBERBLICK

Einführung

>> Zu Beginn eines Entwicklungsprojekts steht die Idee für ein Software-System, noch unausgereift, aber mit einer Vision, was das zukünftige System leisten soll. Diese Idee gilt es nun umzusetzen und Stück für Stück zu realisieren. Erster Schritt ist die Ausarbeitung einer schriftlichen Fassung der Projektidee. Sie beschreibt den Systemtyp, den man sich für das System vorstellt, die wichtigsten Funktionalitäten des gewünschten Systems, eine Begründung für seine Notwendigkeit, welchen Nutzen man sich davon erhofft, wie viel es (etwa) kosten darf und bis wann es fertig sein sollte. Hinzu kommen Vorschläge, wie das Projekt durchgeführt werden soll. Die Projektidee liefert alle Informationen für die Entscheidung, ob die Entwicklung des vorgeschlagenen Systems tatsächlich gestartet werden soll. Eine positive Entscheidung gibt dann den Startschuss für das Projekt.

Bevor jedoch die Ermittlung der Anforderungen an das System beginnen kann, ist eine Analyse des Kontextes notwendig, in dem das System später eingesetzt werden soll. Zum Kontext gehört alles, was in irgendeiner Weise das System beeinflusst.

Die Ziele des Unternehmen oder der Organisation: Ziele sind die Treiber für den Unternehmenserfolg. Ein Unternehmen setzt sich beispielsweise das Ziel durch Expansion in andere Länder den Gewinn in den nächsten drei Jahren zu verdoppeln. Für jedes geplante Software-System stellt sich damit die Frage, ob und wie es dieses Ziel unterstützen wird.

Die Stakeholder: Stakeholder sind Personen, die von der Einführung des Systems direkt (beispielsweise als Anwender oder Administratoren) oder indirekt (beispielsweise als Mitglied der Geschäftsführung oder als Mitarbeiter der Marketing-Abteilung) betroffen sind. Stakeholder sind die wichtigste Quelle für die Anforderungen an das System.

Die Geschäftsprozesse des Unternehmens oder der Organisation. Geschäftsprozesse sind Abläufe, die einen Mehrwert produzieren: ein Produkt (ein Auto, eine Kaffeemaschine, ein Office-Programm) oder ein Dienst (eine Reisebuchung, der Verkauf eines Buches, eine Banküberweisung). Die Durchführung vieler Geschäftsprozesse erfolgt teilautomatisiert, d.h., Einzelschritte im Prozess werden von einem oder mehreren IT-Systemen unterstützt. Geschäftsprozesse sind wichtige Lieferanten für Anforderungen an ihre unterstützenden IT-Systeme.

Der technische Kontext, in dem das System eingesetzt werden soll. Die wenigsten IT-Systeme laufen heute unabhängig von anderen Systemen, sozusagen „auf der grünen Wiese". Die meisten Systeme müssen mit anderen interagieren, Daten austauschen, auf Ereignisse reagieren. Neben der Identifikation der notwendigen Schnittstellen erlaubt die Analyse des technischen Kontextes eine bessere Abgrenzung der vom geplanten System geforderten Funktionalität. Was muss das System selbst leisten und welche Aufgaben werden von Nachbarsystemen übernommen?

Die Analyse des Systemkontextes muss auf den Ist-Zustand angewendet werden (Wie ist die Situation heute?) und anschließend auf den Soll-Zustand übertragen werden (Wie soll die Situation nach Einführung des Systems aussehen?).

Die in diesem Kapitel vorgestellten Techniken können für Ist- und Soll-Analyse eingesetzt werden. In der Regel ist es sinnvoll mindestens eine Soll-Analyse durchzuführen und so eine Zielrichtung für das System zu definieren. Die Durchführung einer Ist-Analyse kann zusätzlich bei komplexen Umgebungen Sinn machen, um die Ausgangssituation besser zu verstehen. **«**

Lernziele

- Sie kennen die wesentlichen Inhalte einer Projektidee und können selbst eine Projektidee für ein System verfassen.

- Sie können verschiedene Projekttypen, Systemtypen und Beauftragungsmodelle unterscheiden und können ein Projektvorhaben und das geplante System entsprechend einordnen.

- Sie können ein Zielediagramm mit den Top-level-Anforderungen für das geplante System aus den Unternehmenszielen ableiten.

- Sie kennen die wichtigsten Stakeholder in einem Projekt und wissen, wie Sie ein geeignetes Stakeholder-Management durchführen.

- Sie kennen verschiedene Techniken zur Modellierung von Geschäftsprozessen und können diese anwenden.

- Sie können eine Kontextanalyse durchführen und ein entsprechendes Kontextmodell für das geplante System entwickeln.

2.1 Die Projektidee

Auslöser für die Initiierung eines Entwicklungsprojekts ist eine Idee. Irgendwo in einer Organisation oder einem Unternehmen entsteht eine Idee, wie mithilfe eines neuen Software-Systems, eines Software-Produkts oder durch Änderungen an einem bestehenden System ein konkretes Problem gelöst bzw. ein bestimmtes Ziel erreicht werden kann. Quelle dieser Idee kann eine beliebige Person sein, ein Sachbearbeiter, der sich tagtäglich mit einem bestimmten Problem konfrontiert sieht, ein Kunde, der sich ein neues Produkt oder eine neue Funktionalität wünscht, oder die Geschäftsführung auf der Suche nach neuen Geschäftschancen.

Damit diese Idee Realität werden kann, gilt es sie aufzuschreiben. Wichtige Aspekte, die in der Projektidee enthalten sein sollten, sind:

- eine detaillierte Analyse der Problemsituation mit einer Begründung für die Notwendigkeit der Lösung,

- eine grobe Beschreibung des gewünschten Projektergebnisses mit einer Erläuterung, wie das Projektergebnis das Problem lösen wird,

- eine Liste der Kernfunktionalitäten, die von der Lösung erwartet werden,

- zeitliche, finanzielle und organisatorische Rahmenbedingungen für die Durchführung des Projekts,

- eine Abschätzung des RoI (Return on Investment) bzw. eine Wirtschaftlichkeitsrechnung, die ermittelt, welche Vorteile, welcher Gewinn oder welche Einsparungen durch die Investition (die Entwicklung des Systems) zu erwarten sind.

Die Projektidee fasst alle fachlichen und finanziellen Argumente für die Notwendigkeit und Sinnhaftigkeit des Systems zusammen. Die Entscheidung für den tatsächlichen Start des Projekts trifft das Management. Die Projektidee liefert dafür eine belastbare Argumentationsgrundlage.

Die Entscheidung zum Projektstart entspricht noch nicht unbedingt der Entscheidung, dass das Projekt tatsächlich bis zum Ende durchgeführt wird. Beispielsweise könnte sich im Lauf der Anforderungsermittlung herausstellen, dass die Idee letztlich zu teuer werden würde, dass die erwarteten Vorteile zu optimistisch berechnet wurden oder dass eine Umsetzung aus technischen Gründen nicht möglich ist. Ein gutes Projektmanagement plant im Projektverlauf spezielle Meilensteine ein, zu denen die ursprüngliche Argumentation auf der Basis neuer Projektzwischenergebnisse überprüft und das Projektvorhaben gegebenenfalls ohne größeren Schaden beendet werden kann.

Fallstudie   ## Eva – Projektidee

An einer Hochschule ist die Einführung eines Onlinesystems zur Durchführung von LehrEvaluationen geplant. Ziel ist eine hochschulweite Vereinheitlichung des Evaluationsverfahrens und damit eine nachhaltige Verbesserung der Lehre.

Evaluationen werden an der Hochschule bisher manuell auf Papierbasis durchgeführt. Die Dozenten erhalten von ihrem Studiendekan eine Vorlage mit Evaluationsfragen, die sie gegebenenfalls noch anpassen können. Die von den Studierenden ausgefüllten Papierbögen werden manuell von den Dozenten ausgewertet und im Anschluss mit den Studierenden besprochen. Der Studiendekan erhält eine Meldung, dass die Evaluation durchgeführt wurde.

Das Verfahren bringt viele Nachteile mit sich. Die manuelle Auswertung der Bögen durch die Dozenten ist zeitaufwendig und fehleranfällig. Es existiert kein einheitliches Verfahren zur Aufbereitung und Zusammenführung der Daten. Eine objektive Vergleichsmöglichkeit der Evaluationsergebnisse fehlt weitgehend.

Mit Einführung des neuen Evaluationssystems soll der Prozess hochschulweit vereinheitlicht und automatisiert werden. Der Qualitätsmanager der Hochschule gibt einen elektronischen Evaluationsbogen vor, der von den Studiendekanen für die Fakultäten angepasst werden kann. Die fakultätsweiten Evaluationsbögen können zusätzlich von den Dozenten zu einem gewissen Grad angepasst werden.

Die Studierenden füllen die Evaluation zu ihrer Lehrveranstaltung online aus; die Dozenten werten die Ergebnisse online aus und erstellen eine Zusammenfassung für den Studiendekan. Der Studiendekan fasst die Berichte seiner Fakultät zusammen und gibt das Ergebnis weiter an den Qualitätsmanager der Hochschule. Dieser erstellt aus den Daten einen hochschulweiten akkumulierten Bericht, der auf der Hochschulwebseite veröffentlicht wird.

Für das System ergeben sich daraus folgende Kernanforderungen:

- die Onlineverwaltung der Bewertungsbögen mit Erstellen, Ändern und Löschen;
- die Onlinebewertung von Veranstaltungen durch Studierende mithilfe der Bewertungsbögen;
- die automatisierte Auswertung der Bewertungsbögen durch die Dozenten;
- die Erstellung von Berichten auf unterschiedlichen Aggregationsebenen für Studiendekane und Hochschul-Qualitätsmanagement;
- die Unterstützung eines geeigneten Rollen- und Rechtemodells zur Zugriffskontrolle.

Zur Realisierung des Projekts steht ein Budget von 150000 Euro zur Verfügung. Die Einführung des Systems ist in zwei Jahren geplant und soll gleichzeitig für alle Fakultäten und alle Lehrveranstaltungen an der Hochschule erfolgen. Da die Hochschule über keine interne IT-Abteilung verfügt, soll die Durchführung des Projekts an einen externen IT-Dienstleister ausgelagert werden.

Die Einführung eines automatisierten Evaluierungssystems in der Hochschule ist zentraler Baustein des im Rahmen der Akkreditierung geforderten, hochschulweiten Qualitätsmanagements. Die geplanten Maßnahmen müssen, laut Vorgabe, innerhalb der nächsten fünf Jahre umgesetzt werden. Die Realisierung des Systems und die Umsetzung des Prozesses ist somit Voraussetzung für eine erfolgreiche Reakkreditierung vieler Studiengänge.

2.2 Projektvarianten

Kein Entwicklungsprojekt in der Software-Entwicklung ähnelt dem anderen. Jedes Projekt ist ein Unikum hinsichtlich seiner Durchführung, der Art des zu entwickelnden Systems und des Beauftragungsmodells. Die Beispielprojekte im Kasten sollen demonstrieren, wie groß hier die Bandbreite ist. Jedes der Projekte bringt unterschiedliche Voraussetzungen und Ziele mit, wird in einem individuellen Umfeld entwickelt und muss sich an den jeweiligen Rahmenbedingungen ausrichten.

Beispiel 2.1	**Beispiele für Projektvarianten**

Beispiel 2.1.1: System zur Bücherverwaltung

Eine Bibliothek (Auftraggeber) beauftragt einen konkreten Software-Dienstleister (Auftragnehmer) mit der Entwicklung eines Entleihsystems für Bücher. Das System soll sowohl die Entleihe durch die Mitarbeiter der Bibliothek am Schalter als auch die Entleihe durch die Kunden der Bibliothek selbst unterstützen. Der Dienstleister entwickelt das System nach den Vorstellungen der Bibliotheksleitung unter Berücksichtigung von Vorschlägen und Ideen der Mitarbeiter. Am Ende des Projekts liefert der Dienstleister das fertige System an die Bibliothek aus.

Beispiel 2.1.2: Steuerungssoftware für eine Kaffeemaschine

Der Kaffeeautomatenhersteller *CoffeeTop* beschließt die Entwicklung eines neuartigen Kaffeeautomaten, der abhängig von der jeweiligen Wasserhärte automatisch die Menge des benötigten Kaffees berechnet. Mit der Entwicklung der zur Steuerung benötigten Software wird die hausinterne IT-Abteilung beauftragt.

Beispiel 2.1.3: Entwicklung der Plattform Eclipse

Die Eclipse Community entwickelt und veröffentlicht in regelmäßigen Abständen ein neues Release zur Eclipse-Plattform[1]. Jedes Release enthält neue und geänderte Funktionalität. Die Entwicklung selbst geschieht auf freiwilliger (jedoch klar geregelter) Basis innerhalb von Projekten aus der Community. Ein übergeordneter Entwicklungsprozess steuert und koordiniert die Integration der Projektergebnisse in die Eclipse-Releases. Verantwortlich für den übergeordneten Prozess ist die Eclipse Management Organization (EMO)[2]. Zuständig für die Erfassung und Einsteuerung der Anforderungen in den Entwicklungsprozess ist der Anforderungsbeirat (Requirements Council) als Teil der EMO.

Beispiel 2.1.4: Konzernweite Vereinheitlichung der Kundenverwaltung

Ein Autokonzern stellt fest, dass viele seiner IT-Systeme historisch bedingt ihre eigene Kundenverwaltung mitbringen. Dadurch kommt es immer wieder zu Problemen mit den Kundendaten. Beispielsweise werden Adressänderungen nur in den Systemen zur Gewährleistung hinterlegt, während die Marketing-Abteilung die Daten vom ursprünglichen Kauf des Fahrzeugs nutzt. Dadurch tritt häufig der Fall auf, dass die Kunden bei Werbeaktionen oder auch bei Rückrufaktionen nicht mehr erreicht werden können, da sich in der Zwischenzeit ihre Adresse geändert hat. Da dies nur eines unter vielen Problemen bezüglich der Kundendaten ist, wird beschlossen, die Kundenverwaltung konzernweit zu vereinheitlichen. Eine erste Untersuchung ergibt, dass etwa 20 Software-Systeme weltweit im Konzern von dieser Änderung betroffen wären. Verantwortlich für die Durchführung des Projekts ist die IT-Abteilung des Konzerns. Die Anassungen an den Einzelsystemen werden an verschiedene IT-Dienstleister vergeben.

---

1 www.eclipse.org

2 Spezifikation des übergeordneten Eclipse-Development-Prozesses: *http://www.eclipse.org/projects/dev_process/development_process_2011.php* (abgerufen am 14.10.2012)

Die Projektidee sollte bereits in groben Zügen die Informationen zu Projekttyp, Systemtyp und geplantem Beauftragungsmodell geben. Diese Informationen sind wichtig für die Entscheidung, ob das Projekt – so wie vorgeschlagen – überhaupt durchgeführt werden kann und soll. Im Folgenden werden die wichtigsten Projekt- und Systemtypen sowie Beauftragungsmodelle vorgestellt.

2.2.1 Projekttypen

Die Projektidee gibt eine Vorstellung davon, um welchen Typ von Projekt es sich handeln soll. Der Projekttyp wirkt sich später beispielsweise auch auf die im Rahmen des Requirements Engineering verwendeten Methoden aus.

Neuentwicklung

Im Rahmen eines Neuentwicklungsprojekts wird ein System komplett neu konzipiert und realisiert. Positiver Nebeneffekt einer Neuentwicklung ist, dass keine Altlasten berücksichtigt werden müssen. So müssen keine Datenbestände eines alten Systems übernommen werden und auch die Funktionalität alter Systeme muss nicht nachgebildet werden.

Aus Sicht des Requirements Engineering liegt die Herausforderung bei Neuentwicklungen darin, die Anforderungen zu finden, die den tatsächlichen Erfordernissen der späteren Anwender entsprechen. Da ein entsprechendes System bisher noch nicht existiert und die Erfahrung fehlt, ist bei dieser Art von Projekten die Gefahr groß, „am Bedarf vorbei" zu entwickeln.

Reengineering-Projekte

Ziel eines Reengineering-Projekts ist die Verbesserung und Weiterentwicklung eines bestehenden Systems. Alte Funktionalitäten werden überarbeitet und qualitativ verbessert (Sanierung), neue Funktionalitäten werden ergänzt.

Herausforderung bei Reengineering-Projekten ist es, aus einem vorhandenen System die zugrunde liegenden Anforderungen zu extrahieren. Dies wird auch als *Reverse-Engineering* oder etwas weniger formal als *Software-Archäologie* bezeichnet. Dabei muss zum Teil aus den Quelltexten der alten Programme die darin verborgene Funktionalität freigelegt werden. Probleme bereiten dabei die Heterogenität des Systemumfelds und die oft historisch gewachsenen und nur schlecht dokumentierten Abhängigkeiten, sowohl innerhalb des Systems als auch vom System selbst zu Nachbarsystemen.

Im Rahmen eines Reengineering-Projekts findet entweder eine Sanierung des bestehenden Systems auf der vorhandenen Plattform statt oder das System wird auf eine neue Plattform migriert. Dies kann beispielsweise notwendig werden, wenn die ursprüngliche Plattform veraltet ist und von ihrem Hersteller nicht mehr weiter unterstützt wird.

Migrationsprojekte

Migrationen sind häufig Teil eines Reengineering-Projekts, können jedoch auch als eigenständige Projekte durchgeführt werden. Ziel einer Migration ist die Übertragung von Daten aus einer Datenquelle in eine andere. Dabei müssen die Datenstrukturen angepasst und die Daten selbst bereinigt werden.

Reine Migrationsprojekte enthalten nur geringe Implementierungsanteile. Kritische Aspekte eines Migrationsprojekts, insbesondere aus Sicht des Requirements Engineering, sind die Analyse der ursprünglichen Daten sowie die tatsächliche Migration, also der Transfer der Daten aus der alten Datenquelle in die neue.

Weiterentwicklungsprojekte

Weiterentwicklungsprojekte (Wartungsprojekte) werden durchgeführt, wenn ein System bereits in Produktion aktiv genutzt wird. Im Laufe der Nutzung des Systems fallen oft kleinere oder größere Probleme an. Hinzu kommen Wünsche der Anwender für funktionale Erweiterungen und Verbesserungen. Auch Anpassungen aufgrund von Änderungen an der Infrastruktur können im Rahmen solcher Projekte durchgeführt werden. Alle notwendigen Änderungen werden über einen gewissen Zeitraum gesammelt und ihre Umsetzung in einem Weiterentwicklungsprojekt eingeplant.

Weiterentwicklungsprojekte sind aus Sicht des Requirements Engineering als eher unkritisch einzuordnen, wichtig ist ein etablierter Änderungsmanagementprozess, damit sichergestellt ist, dass die Änderungen geordnet eingearbeitet werden und das System nicht vorzeitig altert. Zusätzlich muss mithilfe umfassender Regressionstests sichergestellt sein, dass sich durch die Änderungen keine neuen Fehler eingeschlichen haben und das System weiterhin zuverlässig funktioniert.

2.2.2 Systemtypen

Die Projektidee legt neben dem Projekttyp auch den Systemtyp fest. Software-Systeme können nach unterschiedlichen Kriterien klassifiziert werden. Zum einen unterscheiden sich Software-Systeme nach der Anzahl ihrer verkauften Kopien. So wird ein **Individualsoftwaresystem** in der Regel für genau einen Kunden produziert, ein **Software-Produkt** jedoch für beliebig viele. Zusätzlich lassen sich Software-Systeme nach der Art der verwalteten Ressourcen klassifizieren. Zu unterscheiden sind hier **datenzentrierte Systeme**, die vorrangig Daten verwalten, und **eingebettete Systeme**, deren Aufgabe die Steuerung von Hardware-Komponenten ist.

Beide Klassifikationen stehen orthogonal zueinander. So kann ein Produkt ein eingebettetes System oder ein datenzentriertes System sein. Anders herum kann ein eingebettetes System als Individualentwicklung für einen bestimmten Kunden gefertigt werden. ▶ Abbildung 2.1 zeigt anhand von Beispielen die verschiedenen Kombinationen von Systemtypen.

Individual-Software		Software-Produkt	
datenzentriert	**eingebettet**	**datenzentriert**	**eingebettet**
• Software-System zur Verwaltung von Versicherungen • Social-Network-Systeme (Xing, Facebook,Twitter) • Suchmaschinen (Google, Bing, Yahoo)	• Steuerungs-software für die Produktionsstraße bei einem Autohersteller	• Office-Software • Dateimanager • Content Management System (Typo3, Wordpress, Joomla)	• Steuerungs-software für Router • Steuerungs-software für Fensterheber

Abbildung 2.1: Beispiele für Systemtypen.

Individualsoftware

Individualsoftwaresysteme werden für genau einen Kunden in dessen Auftrag entwickelt. Der Kunde ist verantwortlich für die Bereitstellung der Anforderungen und nimmt am Ende das fertig entwickelte System ab. Der Auftragnehmer – die interne IT-Abteilung oder ein externer Software-Dienstleister – ist verantwortlich für die Entwicklung des Systems. Besteht zwischen Auftraggeber und Auftragnehmer eine Vertragssituation, so zahlt der Auftraggeber dem Auftragnehmer nach erfolgreicher Abnahme den vereinbarten Preis für die erbrachte Dienstleistung. Die Rechte und auch die Verantwortung für das System gehen vollständig an den Auftraggeber über (dies kann im Einzelfall vertraglich anders geregelt sein). Der Auftraggeber hat die Möglichkeit das System selbst weiterzuentwickeln oder einen Software-Dienstleister mit der Weiterentwicklung zu beauftragen.

Software-Produkt

Ein Software-Produkt wird für eine beliebige Anzahl potenzieller Kunden entwickelt. Die Verantwortung für die Funktionalität des Systems liegt hier beim Produkthersteller. Einzelne Kunden werden gegebenenfalls in den Entwicklungsprozess mit einbezogen – beispielsweise im Rahmen von Anforderungs-Workshops oder als Beta-Tester – sie haben jedoch nur bedingt Einfluss auf das Ergebnis. Die Kunden zahlen später für die Nutzung des Produkts, die Rechte an der Software bleiben jedoch beim Produkthersteller. Je nach Lizenzmodell zahlen die Kunden einmalig oder in bestimmten Abständen, beispielsweise jährlich, monatlich oder pro Nutzung. Die Nutzung der Produkte kann online erfolgen oder der Kunde erhält eine lokale Installation.

Häufig wird ein Produkt noch auf die Bedürfnisse des jeweiligen Kunden angepasst, dies wird auch als Customizing bezeichnet. Customizing kann ebenso einfache Konfigurationsänderungen umfassen wie das Ändern der Quelltexte oder das Ergänzen von Funktionen an definierten Erweiterungspunkten. Customizing findet besonders im Bereich der ERP-Systeme (ERP: Enterprise Resource Planning) statt, hier wird das Produkt an die Prozesse des jeweiligen Unternehmens angepasst.

Produktentwicklung stellt besondere Herausforderungen an das Requirements Engineering. Der spätere Anwender – ein beliebiger Kunde, der das Produkt kauft – steht selbst nicht als Stakeholder für die Anforderungsermittlung zur Verfügung. Stattdessen muss der Produktmanager, gegebenenfalls mithilfe der Marketing- und der Supportabteilung, eine Idee entwickeln, welche Funktionalität für möglichst viele seiner Kunden passen würde und wie die Funktionalität gestaltet sein muss, damit die Kunden sie gerne verwenden. Ein großes Thema in der Produktentwicklung spielt daher das Usability Engineering (siehe Kapitel 10).

Datenzentriertes System

Der Name impliziert bereits die Art von Ressourcen, die von datenzentrierten Systemen verwaltet werden. Im Zentrum stehen das Anlegen oder Berechnen von Daten, ihre persistente Speicherung, das Ändern und das Löschen von Daten. Der Begriff Daten ist hier weitgefasst. Daten repräsentieren reale Entitäten der Welt, wie wir sie kennen, beispielsweise einen Kunden, ein Auto, ein Buch, ein Konto, einen Kredit. Die Änderungen an den Daten entsprechen möglichen Aktionen, die auf den Entitäten durchgeführt werden können, wie beispielsweise die Adressänderung eines Kunden, die Zulassung eines Autos, die Entleihe eines Buches, die Durchführung einer Überweisung oder die Tilgung eines Kredits.

Typische datenzentrierte Systeme sind beispielsweise alle Webanwendungen wie Suchmaschinen, soziale Netzwerke oder Onlineshops. Banken und Versicherungen bieten ihre Dienste zur Kontoverwaltung oder zur Beantragung von Versicherungen über datenzentrierte Systeme an. Autohersteller verwalten Fahrzeugteile und Lieferketten mit datenzentrierten ERP-Systemen. Die Komplexität der Daten und ihre Abhängigkeiten sind bei der Entwicklung solcher Systeme die größte Herausforderung für den Requirements-Engineering-Prozess. Datenzentrierte Systeme werden durch ihre Daten und Datenänderungen gesteuert. Im Rahmen der Anforderungsspezifikation spielt daher die Datenmodellierung eine zentrale Rolle.

Eingebettetes System

Eingebettete Systeme sind Systeme, die aus Hardware- und Software-Komponenten bestehen. Über Sensoren und Aktuatoren steuert die Software im eingebetteten System die umgebende Hardware. Sie kann so auf Ereignisse von außen reagieren und das Verhalten der umgebenden Hardware steuern (man spricht daher auch von Steuerungs- und Regelungssystemen). Die Software selbst ist für den Anwender, der mit der umgebenden Hardware interagiert, oft nicht unmittelbar erkennbar. Typische Einsatzfelder für eingebettete Systeme sind Funktionskomponenten in Autos, Flugzeugen und Telekommunikationsgeräten.

Im Gegensatz zu datenzentrierten Systemen sind eingebettete Systeme vom Funktionsumfang her für einen eng begrenzten Aufgabenbereich angepasst. Im Zentrum steht die zuverlässige Steuerung des jeweils umgebenden Gerätes. Komplexe Aufgabenstellungen, wie beispielsweise die übergeordnete Synchronisation verschiedener Komponenten eines Autos, werden durch die Vernetzung unabhängiger eingebetteter Komponenten realisiert.

Die Entwicklung eingebetteter Systeme stellt andere Anforderungen an den Requirements-Engineering-Prozess als die Entwicklung datenzentrierter Systeme. So sind eingebettete Systeme verhaltensgesteuert. Sie empfangen Ereignisse und reagieren entsprechend darauf. Die Verhaltensmodellierung mit Zustandsautomaten spielt daher eine wichtige Rolle im gesamten Entwicklungsprozess. Eine verbreitete Methode ist hier die Verwendung von Matlab-Simulink-Modellen.

Exkurs **REMsES**

Einen methodischen Leitfaden zum modellbasierten Requirements Engineering eingebetteter Systeme bietet der an der Technischen Universität München in Zusammenarbeit mit der Technischen Universität Duisburg-Essen und mehreren Firmen entwickelte Methodenbaukasten REMsES (Requirements Engineering und Management für Software-intensive Eingebettete Systeme)[2].

2.2.3 Beauftragungsmodelle

Die Beauftragung von Software-Entwicklungsprojekten kann auf unterschiedliche Art und Weise erfolgen. Welches Modell gewählt wird, hängt von verschiedenen Faktoren ab, wie beispielsweise der organisatorischen Struktur eines Unternehmens, der Erfahrung im Unternehmen bezüglich der Durchführung von Software-Entwicklungsprojekten oder dem Einsatzbereich für das neue Software-System. Grob lassen sich drei Arten von Beauftragungsmodellen unterschieden. Zusätzlich sind beliebige Varianten möglich.

Inhouse-Projekt

Bei Inhouse-Projekten findet die Entwicklung des Systems innerhalb der gleichen Organisation statt, manchmal sogar innerhalb der gleichen Abteilung. In der Regel sind unterschiedliche Rollen und Organisationseinheiten involviert. Der Fachbereich, verantwortlich für die jeweiligen fachlichen Aufgaben, erkennt den Bedarf für ein neues oder die Erweiterung eines bestehenden Systems. Er beauftragt mit der Entwicklung die interne IT-Abteilung. Der Fachbereich agiert in diesem Fall als Auftraggeber, die IT-Abteilung als Auftragnehmer. Zwischen den beiden Organisationseinheiten besteht keine Vertragssituation, dennoch wird ein formaler Prozess zur Steuerung der Schnittstelle benötigt.

---

3 *http://www.remses.org/*

Exkurs **Offshoring**

Bei Inhouse-Projekten kommt häufig eine geografische Trennung hinzu, wenn beispielsweise der Fachbereich in Europa seinen Sitz hat, die IT-Abteilung jedoch nach Indien ausgelagert wurde. In diesem Fall spricht man auch von **Offshoring**.

Die geografische Verteilung einer Organisation kann bis zum Extrem getrieben werden. In global agierenden Konzernen ist es heute durchaus übliche Praxis, die Aufgabenbereiche in Entwicklungsprojekten auf unterschiedliche geografische Standorte zu verteilen. In einem solchen Fall könnte beispielsweise ein Analysten-Team in Spanien die Anforderungen ermitteln, ein Entwicklungsteam in Indien die Software entwickeln und ein Testteam in Südamerika das System testen. Gesteuert wird ein solches Projekt von einem Projektmanager in Großbritannien. Der verantwortliche Software-Architekt sitzt in den USA und das Qualitätsmanagement wird von Deutschland aus überwacht. Der Fachbereich, für den das System entwickelt werden soll, arbeitet an verschiedenen Standorten weltweit.

Vergabeprojekte

Verfügt ein Unternehmen nicht über das erforderliche Know-how oder die notwendigen Ressourcen um die Entwicklung eines Systems selbst durchzuführen, kann es das Projekt an einen externen Auftraggeber vergeben. Zwischen Auftraggeber und Auftragnehmer besteht eine explizite Vertragssituation. Der Auftragnehmer verpflichtet sich, das System entsprechend den vertraglichen Vereinbarungen zu liefern, der Auftraggeber liefert ihm die erforderlichen Informationen.

Exkurs **Outsourcing**

Eine Variante des Vergabeprojekts ist das **Outsourcing**. Dabei werden Unternehmensaufgaben (beispielsweise die IT) an ein externes Unternehmen ausgelagert. Dieses Unternehmen wird dann im Bedarfsfall mit der Bereitstellung einer Dienstleistung (beispielsweise der Entwicklung eines Systems) beauftragt. Zwischen Auftraggeber und externem Unternehmen besteht eine enge Kooperation. Dem ausgelagerten Unternehmen steht es jedoch in der Regel frei, bei verfügbaren Ressourcen auch für andere Kunden zu arbeiten.

Ausschreibungsprojekt

Ein Ausschreibungsprojekt ist ein Vergabeprojekt, bei dem der Auftraggeber im Rahmen einer Ausschreibung Angebote verschiedener IT-Dienstleister zum Vergleich einholt. Nach formaler Prüfung hinsichtlich verschiedener Kriterien (in der Regel der Preis) erhält einer der Anbieter den Zuschlag und damit den Auftrag zur Entwicklung des Systems. Zwischen Auftraggeber und dem gewählten Auftragnehmer besteht eine Vertragssituation. Bei Ausschreibungsprojekten handelt es sich in der Regel um Festpreisprojekte, d.h., zu Beginn des Projekts wird festgelegt, was die Entwicklung des Systems kosten darf.

Exkurs | **UfAB V**

Ausschreibungen sind in vielen Konzernen gängige Praxis und vor allem für deutsche Behörden Pflicht. Hier existiert eine Richtlinie, genannt UfAB V (BMI), die vorschreibt, wie eine Ausschreibung durchzuführen ist, ab welchem Vertragsvolumen generell eine Ausschreibung stattzufinden hat und ab wann die Ausschreibung europaweit erfolgen sollte.

2.3 Zieleanalyse

Die Entwicklung eines neuen Systems ist teuer. Nimmt man dennoch ein solches Unternehmen in Angriff, sollte man sich vorweg Gedanken machen, welchen Nutzen man sich erwartet. Einen Nutzen kann das System nur erbringen, wenn es die Ziele erfüllt, die jemand mit seiner Verwendung erreichen möchte. **Systemziele** können aus sehr unterschiedlichen Quellen stammen, letztlich von jeder Person, Personengruppe oder Organisationseinheit, die in irgendeiner Weise von dem System und seiner Einführung betroffen wäre. Die Ziele können abstrakt sein oder konkret:

Beispiel für ein abstraktes Systemziel: Das neue System soll die langfristige Kundenbindung stärken.

Beispiel für ein konkretes Systemziel: Das neues System soll es erlauben, zu jedem Kunden eine vollständige Historie aller seiner Kontakte zum Unternehmen zu führen.

Abstrakte Ziele haben den Charakter von Wünschen, Ideen oder Visionen. Sie müssen erst verfeinert werden, damit man sie in konkrete Anforderungen an das System übersetzen kann. Konkrete Systemziele definieren dagegen häufig schon Top-level-Anforderungen an ein System und können direkt als solche verwendet werden.

2.3.1 Ziel, Strategie und Maßnahmen

Jedes Systemziel sollte mittelbar oder unmittelbar aus einem der strategischen Ziele des Unternehmens oder der Organisation ableitbar sein. Nur so kann entschieden werden, ob die daraus resultierende Anforderung für das zukünftige System eine Rolle spielt – also realisiert werden soll – oder nicht.

Ein **strategisches Ziel** gibt die Richtung vor, in der ein Unternehmen oder eine Organisation sich in den nächsten Jahren weiterentwickeln möchte. Die Festlegung der strategischen Ziele ist eine zentrale Aufgabe der Geschäftsführung (Allweyer). So kann ein Kinderbuchverlag beispielsweise das strategische Ziel verfolgen, den Gewinn in den nächsten fünf Jahren um 20% zu steigern. Eine Hochschule hat dagegen vom Ministerium das Ziel erhalten, in den nächsten fünf Jahren signifikant zu wachsen und die Zahl der immatrikulierten Studierenden um 50% zu steigern. Wie das zweite Beispiel zeigt, müssen strategische Ziele nicht immer finanzieller Natur sein.

Hat man die strategischen Ziele festgelegt, bleibt die Frage, welche **Strategie** angewendet werden soll, um das Ziel zu erreichen. Der Kinderbuchverlag kann beispielsweise die Strategie verfolgen, einen neuen Themenbereich „Fantasy für Jugendliche über 14 Jahre" als zusätzliches Standbein aufzubauen. Die Hochschule kann dagegen die Einführung neuer Studiengänge beschließen, um ihr Wachstumsziel zu erreichen.

So wie viele Wege nach Rom führen, führen viele Strategien zum gleichen Ziel. Für die Hochschule wären auch andere Strategien denkbar, um das gleiche Ziel zu erreichen, beispielsweise:

- die Gründung neuer Fakultäten und damit neuer Studienrichtungen,
- die Senkung der Zulassungsbeschränkung und dadurch höhere Anmeldezahlen,
- Werbemaßnahmen und Öffentlichkeitsarbeit zur Steigerung der Attraktivität.

Jede Strategie erfordert unterschiedliche **Maßnahmen**. Die Absenkung der Zulassungsbeschränkung würde beispielsweise zu Änderungen an den Studienprüfungsordnungen einzelner Studiengänge führen. Die Gründung neuer Fakultäten würde dagegen die Klärung von Fragen zur Finanzierung nach sich ziehen.

Ziele und Strategie definieren gemeinsam die Rahmenbedingungen für alle Vorhaben und Entscheidungen einer Organisation. Würde die Hochschule sich beispielsweise dazu entschließen, ihr Ziel durch verbesserte Öffentlichkeitsarbeit zu erreichen und dadurch mehr Studierende anzuziehen, wäre die Entwicklung oder der Kauf eines Content-Management-Systems zur Verbesserung der Onlinepräsenz eine mögliche Maßnahme, um die Hochschule für Studierende attraktiver zu machen.

Eine Analyse der Unternehmensziele hilft, eine Projektidee im Hinblick auf ihre Relevanz und Notwendigkeit zu überprüfen. Im Idealfall sollte sich die Notwendigkeit unmittelbar oder mittelbar auf die Erfüllung eines der Unternehmensziele zurückführen lassen. Neben der Validierung der Projektidee lassen sich aus den Zielen erste Anforderungen an das geplante System ableiten.

2.3.2 Zieledigramm

Zur visuellen Darstellung von Zielen und Teilzielen eignen sich sogenannte Zielediagramme. Nach dem Prinzip „teile und herrsche" wird ein Ziel in seine Teilziele zerlegt. Die Teilziele dienen dazu, das übergeordnete Ziel zu erfüllen. Diese hierarchische Dekomposition kann je nach Bedarf beliebig fortgeführt werden.

Zur Darstellung von Zielediagrammen eignen sich einfache Und-Oder-Bäume aus der Graphentheorie. Diese werden häufig um individuelle Notationselemente ergänzt. Beispiele finden sich etwa bei Axel van Lamsweerde (Lamsweerde) oder Klaus Pohl (Pohl). Am Beispiel von Pohl werden die wichtigsten Notationselemente für Zielediagramme vorgestellt. Ziele werden in dieser Notation als Rechtecke mit abgerundeten Ecken dargestellt. Zwischen den Zielen unterscheidet Pohl vier Arten von Beziehungen:

Und-Dekomposition eines Ziels

Ein Ziel Z wird durch eine Menge von Teilzielen $Z_1 \ldots Z_n$ verfeinert. Zwischen den Teilzielen existiert eine Und-Dekomposition. Alle Teilziele müssen erfüllt sein, damit Z erfüllt ist.

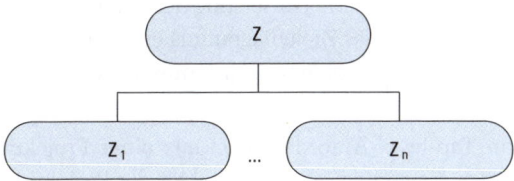

Abbildung 2.2: Und-Dekomposition eines Ziels.

Oder-Dekomposition eines Ziels

Ein Ziel Z wird zu einer Menge von Teilzielen $Z_1 \ldots Z_n$ verfeinert. Zwischen den Teilzielen existiert eine Oder-Dekomposition. Zur Erfüllung von Z muss mindestens eines der Teilziele erfüllt sein.

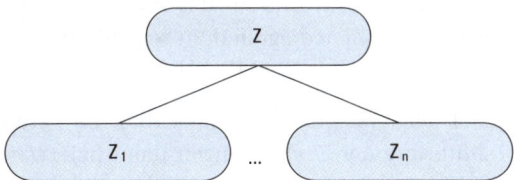

Abbildung 2.3: Oder-Dekomposition eines Ziels.

Konfliktär-Beziehung

Eine Konfliktär-Beziehung wird als Doppelpfeil zwischen zwei Zielen modelliert. Eine Konfliktär-Beziehung zwischen einem Ziel A und einem Ziel B drückt aus, dass:

- die Erfüllung des Zieles A zur Konsequenz hat, dass das Ziel B nicht mehr erfüllt werden kann und
- die Erfüllung des Zieles B zur Konsequenz hat, dass das Ziel A nicht mehr erfüllt werden kann.

Abbildung 2.4: Konfliktär-Beziehung zwischen zwei Zielen.

Benötigt-Beziehung

Die Benötigt-Beziehung wird als gerichtete Pfeil zwischen zwei Zielen modelliert. Die Beziehung zwischen einem Ziel A und einem Ziel B drückt aus, dass zur Erfüllung von Ziel A auch Ziel B erfüllt sein muss.

Abbildung 2.5: Benötigt-Beziehung zwischen zwei Zielen.

Zielediagramme können, je nachdem, was man mit ihnen erreichen möchte, auf unterschiedlichen Ebenen eingesetzt werden:

- Zur Prüfung, ob eine Projektidee die Umsetzung der Unternehmensziele unterstützt: In diesem Fall sollte die Wurzel des Zielediagramms ein strategisches Unternehmensziel sein. Die daraus abgeleiteten Teilziele weisen schlüssig den Nutzen des geplanten Systems nach.

- Zur Ableitung von Top-level-Anforderungen aus einer Projektidee: In diesem Fall sollte ein Teilziel, das die strategische Wichtigkeit der Projektidee für das Unternehmen zeigt, Wurzel des Zielebaums sein. Aus dem Teilziel werden schlüssig weitere Unterziele bis hin zu Top-level-Anforderungen abgeleitet.

| Fallstudie | **Eva – Zielediagramm** |

Ausgehend von der Projektidee, wurde für das Projekt Eva in Zusammenarbeit mit der Hochschulleitung das Zielediagramm in ▶ Abbildung 2.6 entwickelt. Zur Darstellung wurde die Notation von Pohl (Pohl) verwendet.

Als ein zentrales Ziel der Systemeinführung wurde die Vereinheitlichung des Prozesses zur Durchführung der Evaluierungen identifiziert, wobei den Studierenden gegenüber unbedingte Anonymität zugesichert werden muss.

Um eine hochschulweite Vereinheitlichung zu erreichen, muss der Prozess automatisiert sein. Automatisierung bedeutet zum einen die Möglichkeit zur Onlineerstellung und Bearbeitung der Evaluationen, auf der anderen Seite muss eine automatisierte Auswertung sowie eine Archivierung der Evaluationsergebnisse möglich sein. Die Steuerung des Prozesses erfolgt durch das hochschulweite Qualitätsmanagement. Im Prozess müssen weitere Rollen, mit unterschiedlichen Aufgaben und Rechten, unterstützt werden.

Bereitgestellt werden die Evaluationen von dem Verantwortlichen für das Qualitätsmanagement der Hochschule. Die Verantwortung für die Durchführung innerhalb einer Fakultät liegt bei dem jeweiligen Studiendekan. Die Durchführung selbst erfolgt durch die Dozenten.

Um möglichst zuverlässige Ergebnisse zu erhalten, sollten ausschließlich Studierende, die eine Veranstaltung tatsächlich besucht haben, an der Evaluation für diese Veranstaltung teilnehmen. Dieses Ziel steht im Konflikt zur Forderung der garantierten Anonymität für die Studierenden. Eine Lösung muss noch gefunden werden.

Das Ziel der rollenbasierten Onlineerstellung und -anpassung setzt die Erfüllung des Ziels zur Etablierung eines entsprechenden Rollenmodells voraus. Zusammengefasst können aus dem Zielediagramm folgende Top-level-Anforderungen an das System Eva abgeleitet werden:

- Die Evaluierungsvorlagen müssen archiviert werden können.

- Die gesamte Bearbeitung der Evaluationsbögen muss online möglich sein, wobei ein geeignetes Rechte- und Rollenmodell unterstützt werden muss.

- Die Auswertung muss vollständig automatisiert erfolgen.

- Das System muss den Studierenden bei der Bewertung absolute Anonymität garantieren.

- Um die Ergebnisse nicht zu verfälschen, darf die Bewertung nur von für die Lehrveranstaltung zugelassenen Studierenden durchgeführt werden.

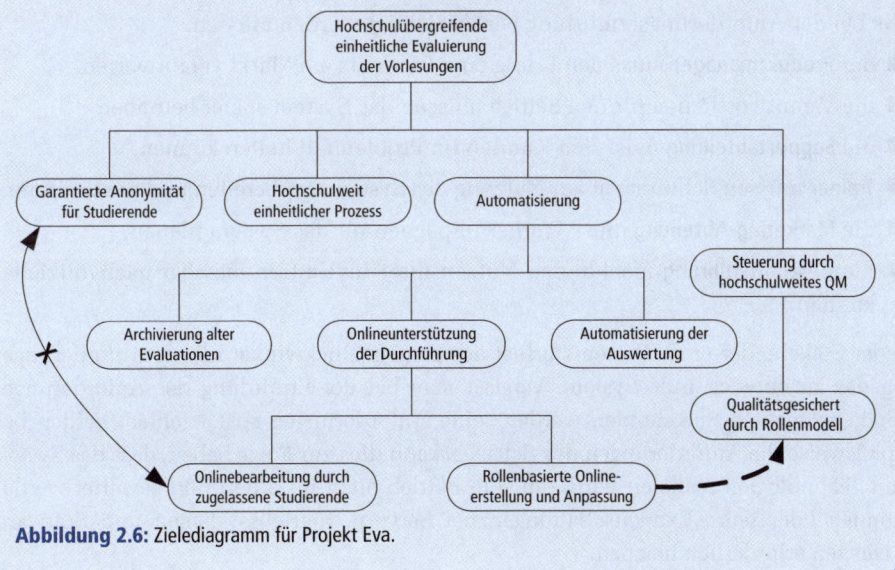

Abbildung 2.6: Zielediagramm für Projekt Eva.

2.4   Stakeholder-Management

Zum Kontext eines Systems gehören insbesondere die Personen, die mit dem System später arbeiten werden oder in anderer Art und Weise von seiner Einführung betroffen sind. Dabei kann es sich um einzelne Personen, Rollen oder auch vollständige Organisationseinheiten handeln. Man spricht in diesem Fall auch von **Stakeholdern**.

Definition: Stakeholder

Ein Stakeholder oder Interessenvertreter ist eine Person oder eine Rolle, die von der Durchführung des Projekts oder von der Einführung des Systems betroffen ist. Stakeholder sind die zentrale Quelle für die Anforderungen.

2.4.1   Welche Stakeholder gibt es?

Offensichtliche Stakeholder eines Software-Systems sind seine späteren **Anwender**. Sie werden die Systemfunktionalität nutzen, um bestimmte Aufgaben zu erledigen. Die Anwender sind die zentrale Quelle für fachliche Anforderungen an das System. Es gibt jedoch noch viele weitere, auf den ersten Blick nicht so offensichtliche Stakeholder, die bei der Anforderungsermittlung berücksichtigt werden müssen:

- der **Produktmanager** muss den Erfolg eine Produkts am Markt verantworten,
- die Verantwortlichen für den **Betrieb** müssen das System später betreiben,
- die **Supportabteilung** muss den Kunden im Problemfall helfen können,
- **Trainer** müssen Schulungen zur Nutzung des Systems vorbereiten und durchführen,
- die **Marketing-Abteilung** muss Werbekampagnen für das System planen,
- die **Geschäftsführung** möchte den Nutzen ihrer Investition messbar nachvollziehen können.

Jeder Stakeholder eines Systems bringt aus seinem Blickwinkel heraus Anforderungen an das zu entwickelnde System. Vergisst man bei der Ermittlung der Anforderungen einen relevanten Stakeholder, werden seine Anforderungen später fehlen. Fehlen beispielsweise die Anforderungen des Betriebs, kann dies zur Folge haben, dass das System mit Technologien realisiert wird, die vom Betrieb nicht installiert und gewartet werden können oder teure Extraanschaffungen bei Servern, Betriebssystemen und Software-Lizenzen erforderlich machen.

Die Aufzählung ist bei Weitem nicht vollständig und hängt vom jeweiligen Systemtyp und Unternehmen ab. Handelt es sich beispielsweise um ein Produkt, welches die Kunden lokal auf ihren Rechnern installieren, spielt ein Stakeholder „Betrieb" für den Anforderungsprozess keine Rolle. In gleicher Weise ist die Meinung einer Marketing-Abteilung bei der Entwicklung einer Individualsoftware zur Unterstützung unternehmensinterner Abläufe unerheblich. Eine für das geplante System geeignete Auswahl an Stakeholdern ist eine wesentliche Voraussetzung für das Gelingen eines Projekts.

2.4.2 Stakeholder-Management

Hat man alle relevanten Stakeholder gefunden und beginnt mit der Befragung, macht man sehr schnell die Erfahrung, in einer Flut von unterschiedlichsten Anforderungen zu ertrinken. Jeder Stakeholder ist naturgemäß der Meinung, dass seine Sicht auf das System und seine daraus resultierenden Anforderungen von zentraler Bedeutung sind und hohe Priorität genießen. Möchte man jedoch eine Kostenexplosion vermeiden, ist eine klare Priorisierung der Stakeholder und der Relevanz ihrer Anforderungen für das System erforderlich. Man benötigt einen effizienten Prozess, um auf der einen Seite alle Stakeholder und ihre Anforderungen zu berücksichtigen und auf der anderen Seite diese Anforderungen geeignet zu kanalisieren und zu prüfen. Man benötigt ein **Stakeholder-Management**.

Ein systematisches Management der Stakeholder, ihrer Perspektive auf und ihrer Relevanz für das zukünftige System ist bei allen Projektvorhaben, an denen mehr als eine Handvoll Leute beteiligt sind, sinnvoll. ▶ Tabelle 2.1 zeigt eine einfache, aber effektive Methode zur tabellarischen Verwaltung der Stakeholder.

Stakeholder	Perspektive/Interessen	Relevanz
Name des Stakeholders. In der Regel sind dies Rollennamen oder Namen von Organisationseinheiten. In Einzelfällen können auch explizit Personen benannt werden	Sicht des Stakeholders auf das System. Daraus lässt sich die Art der Anforderungen ableiten, für die dieser Stakeholder Experte ist.	Eine Einschätzung der Relevanz des Stakeholders für das zukünftige System. Diese Einschätzung wird später die Priorisierung der Anforderungen entscheidend beeinflussen.

Tabelle 2.1: Tabellarisches Vorgehen zum Stakeholder-Management.

2.4.3 Stakeholder-Diagramm

Das Stakeholder-Diagramm ist ein Hilfsmittel zur Visualisierung der Stakeholder in einem Projekt. Technisch handelt es sich bei einem Stakeholder-Diagramm um eine Variante des Kontextdiagramms (siehe Abschnitt 2.6, Kontextanalyse).

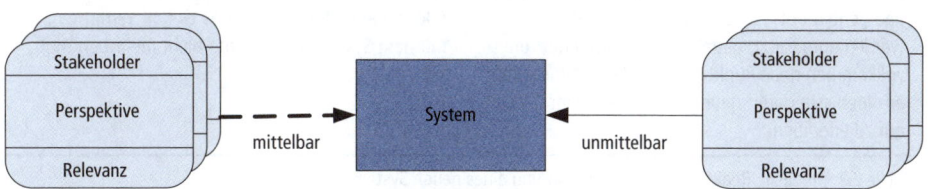

Abbildung 2.7: Schematische Darstellung eines Stakeholder-Diagramms.

Das Stakeholder-Diagramm stellt grafisch alle Stakeholder dar, die unmittelbar oder mittelbar einen Bezug zum neuen System haben und bei der Anforderungsermittlung zu berücksichtigen sind (▶ Abbildung 2.7).

Das Diagramm kann zusätzlich um Informationen zur Perspektive und Relevanz des Stakeholders ergänzt werden. Zusätzlich lässt sich im Diagramm die Information darstellen, ob ein Stakeholder unmittelbar mit dem System arbeiten wird oder nur mittelbares Interesse an seiner Einführung hat.

Das Diagramm enthält damit ähnliche Informationen wie ▶ Tabelle 2.3, jedoch grafisch und kompakt aufbereitet. Es dient als Diskussionsgrundlage für alle Beteiligten und hilft beispielsweise bei der Prüfung, ob an alle relevanten Stakeholder gedacht wurde.

2.4.4 Herausforderungen

Der Begriff Stakeholder oder Interessenvertreter impliziert, dass diese Personen tatsächlich ein Interesse am Erfolg des Systems haben. Dies muss jedoch nicht immer der Fall sein. So kann die Planung für die Einführung eines neuen Systems zu sehr unterschiedlichen, zum Teil positiven, zum Teil jedoch unerwartet negativen Reaktionen bei den betroffenen Personen führen, wie ▶ Tabelle 2.2 im Vergleich zeigt.

Positive Reaktionen	Negative Reaktionen
Neugier auf neue Technologien und Erfahrungen: Neue Systeme bedeuten in der Regel neue Technologien, die schneller, komfortabler und moderner sind. Vor allem jüngere Mitarbeiter begrüßen solche Veränderungen.	Angst vor Veränderungen allgemein: Menschen sind verschieden. Manche freuen sich über Veränderungen, manchen verursachen sie Unbehagen oder Ärger bis hin zu Angst.
Freude auf Arbeitserleichterung durch Automatisierung: Waren die Prozesse bisher eher arbeitsaufwendig und kompliziert, kann die Erleichterung durch eine Automatisierung zu einer positiven Erwartungshaltung führen.	Angst vor Kompetenzverlust: Vor allem langjährige Mitarbeiter, die über die Jahre viel implizites Wissen zu den Prozessen angesammelt haben und dadurch nicht selten zu zentralen Wissensträgern aufgestiegen sind, können sich gegebenenfalls durch das neue System aus ihrer Rolle gedrängt fühlen.
Freude auf Neues: Mit der Einführung eines neuen Systems werden häufig alte Prozesse überarbeitet und „entstaubt". Neue, effizientere Prozesse werden umgesetzt, gegebenenfalls erweitert um vollkommen neue Funktionalität. Den Mitarbeitern eröffnen sich damit neue Möglichkeiten ihre Arbeit gut zu erledigen.	Angst vor Arbeitsplatzverlust: Im Extremfall kann die Planung eines neuen Systems bei dem einen oder anderen Mitarbeiter das Gefühl vermitteln, mit dem System in der Firma nicht mehr benötigt zu werden.

Tabelle 2.2: Mögliche Reaktionen auf die Einführung eines neuen Systems.

Während positive Reaktionen in der Regel für ein Projekt kein Problem darstellen, können negative Gefühle dem neuen System gegenüber zu echten Hindernissen führen, beispielsweise wenn einzelne Stakeholder bewusst (oder unbewusst) Informationen zurückhalten oder im Extremfall sogar falsche Angaben machen und damit den Projekterfolg gefährden. Solche Ressentiments sind, wenn überhaupt, nur schwer zu erkennen, sie lassen sich jedoch häufig aus der aktuellen Situation heraus erahnen.

Ein gutes Stakeholder-Management sollte dieses Risiko berücksichtigen und versuchen, frühzeitig Gegenmaßnahmen zu etablieren wie beispielsweise:

- eine frühzeitige Einbeziehung „kritischer" Stakeholder in die Entscheidungsprozesse,
- eine offene Informations- und Kommunikationskultur zum System und den Folgen seiner Einführung,
- eine klare positive Haltung des Managements zum System gegenüber den Mitarbeitern.

Fallstudie **Eva – Stakeholder-Management**

Im Rahmen der Stakeholder-Analyse wurden, wie in ▶ Abbildung 2.8 dargestellt, verschiedene Stakeholder identifiziert, die von dem zukünftigen Evaluierungssystem mittelbar oder unmittelbar betroffen sind. Danach sind Hochschulleitung und Fachschaft nur mittelbar von der Einführung des Systems betroffen. Alle anderen Stakeholder werden direkt mit dem System zu tun haben, als Anwender oder über eine technische Schnittstelle.

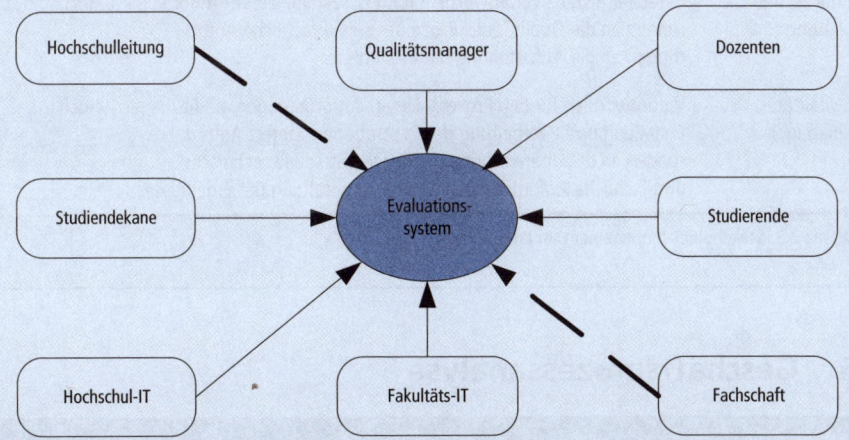

Abbildung 2.8: Stakeholder-Diagramm für das Evaluationssystem Eva.

Aus Gründen der Übersichtlichkeit wurde auf eine nähere Qualifizierung der Stakeholder im Diagramm verzichtet. Die entsprechenden Informationen liefert Tabelle 2.3.

Stakeholder	Perspektive	Relevanz
Dozenten	Anwender des Systems. Liefern fachliche Anforderungen an die Aufbereitung der Ergebnisse und technische Anforderungen an die Bearbeitung der Evaluation.	Hoch
Studierende	Anwender des Systems. Liefern fachliche Anforderungen an die Bearbeitung der Evaluationen sowie die Aufbereitung der Ergebnisse. Liefern Anforderungen zu Sicherheit und Anonymität.	Mittel
Fachschaft	Vertreter der Studierenden-Interessen. Liefern Anforderungen zu Sicherheit und Anonymität.	Niedrig
Fakultäts-IT	Liefern Informationen zu den Schnittstellen der jeweiligen Fakultätssysteme.	Mittel
Hochschul-IT	Liefern Informationen zur Schnittstelle zum Hochschul-CMS. Werden zukünftig verantwortlich für den Betrieb des Systems sein. Liefern daher Anforderungen an die zu verwendenden Technologien sowie technische Rahmenbedingungen.	Mittel
Studiendekane	Anwender des Systems aus Sicht der Fakultät. Liefern technische und fachliche Anforderungen an die Bearbeitung und Aufbereitung der Evaluationen.	Hoch
Hochschul-leitung	In letzter Instanz verantwortlich für das System. Liefern Anforderungen an die Qualität des Prozesses sowie fachliche Anforderungen an die Aufbereitung der Ergebnisse.	Hoch
Qualitäts-manager	Verantwortlich für den Prozess. Liefert Anforderungen an die Erstellung und Bearbeitung der Evaluationen. Liefert Anforderungen an die Überwachung des Prozesses sowie technische und fachliche Anforderungen an die Aufbereitung der Ergebnisse.	Hoch

Tabelle 2.3: Stakeholder-Management im Projekt Eva.

2.5 Geschäftsprozessanalyse

Definition: Geschäftsprozess

Für den Begriff Geschäftsprozess finden sich in der Literatur Definitionen aus unterschiedlichen Quellen. Die Definition von Staudt steht hier stellvertretend für viele weitere mit ähnlicher Aussage. Staudt definiert einen Geschäftsprozess wie folgt (Staudt):

Ein Geschäftsprozess besteht aus einer zusammenhängenden abgeschlossenen Folge von Tätigkeiten (Aktivitäten), die zur Erfüllung einer betrieblichen Aufgabe notwendig sind. Die Tätigkeiten werden von Aufgabenträgern in organisatorischen Einheiten mit ihrer Aufbau- und Ablauforganisation unter Nutzung der benötigten Produktionsfaktoren geleistet.

Die Idee zur Entwicklung eines neuen Systems ist nicht selten motiviert durch die Einführung eines neuen Geschäftsprozesses oder durch Änderungen an einem der existierenden Prozesse. Geschäftsprozesse sind in gewisser Weise das Nervengeflecht eines Unternehmens. Sie sind dafür verantwortlich, dass ein Unternehmen Produkte produziert oder Dienste erbringt – und idealerweise einen Gewinn damit erzielt.

Beispiel: *Der Ablauf zur Entleihe eines Buches in einer Bibliothek orientiert sich am Geschäftsprozess „Buch verleihen". Ein möglicher Prozess würde beispielsweise vorsehen, dass in einem ersten Schritt die Daten des Buchexemplars eingelesen, anschließend die Daten der entleihenden Person erfasst werden und final das Exemplar als an die Person entliehen gekennzeichnet wird.*

Immer mehr Geschäftsprozesse werden in Unternehmen durch IT-Systeme unterstützt. Neue Prozesse oder Änderungen an Prozessen wirken sich somit oft unmittelbar auf die unterstützenden Systeme aus. So kann ein neu eingeführter Geschäftsprozess, beispielsweise für den Verkauf eines neuen Produktes, die Entwicklung eines neuen Systems nötig machen. Änderungen an Geschäftsprozessen ziehen dagegen häufig auch Änderungen an der Funktionalität der zugrunde liegenden IT-Systeme nach sich.

2.5.1 Geschäftsstrategie und Geschäftsprozesse

Geschäftsprozessanalyse ist nicht Teil des Requirements Engineering, sondern eine eigenständige Disziplin der Betriebswirtschaft an der Schnittstelle zur Informatik. Betrachtet werden alle Prozesse einer Organisation, die einen Mehrwert liefern, beispielsweise die Produktion eines Produkts, der Verkauf eines Artikels oder die Bereitstellung und Durchführung eines Dienstes. Komplexe Geschäftsprozesse können sich über mehrere Organisationseinheiten erstrecken. Der Grad der IT-Unterstützung ist dabei sehr unterschiedlich. Am einen Ende des Spektrums wird weitgehend jeder Prozessschritt durch die Funktionalität eines entsprechenden IT-Systems unterstützt, wie beispielsweise die Produktion und der Verkauf von Autos. Am anderen Ende finden sich dagegen einfache, weitgehend manuell durchgeführte Geschäftsprozesse, wie etwa die Produktion und der Verkauf von Backwaren.

Ergeben sich aufgrund neuer Geschäftsziele und Strategien Änderungen an den Prozessabläufen, wirkt sich dies unmittelbar auf die unterstützenden IT-Systeme aus. Ein Autohersteller könnte beispielsweise die Einführung eines neuen Fahrzeugtyps planen. Eine solche Entscheidung würde sich auf fast alle Systeme im Produktionsprozess auswirken. Alle Systeme zur Bestellung, Auslieferung und Wartung müssen den neuen Fahrzeugtyp kennen, die Produktionsstraße muss den neuen Fahrzeugtyp zusammenbauen und die Händler müssen den neuen Fahrzeugtyp verkaufen können.

Geschäftsprozessanalyse ist eine organisationsbezogene Tätigkeit, die unabhängig von einzelnen Software-Entwicklungsprojekten durchgeführt wird. Änderungen an den Geschäftsprozessen können jedoch die Initiierung eines neuen Entwicklungsprojekts nach sich ziehen. In diesem Fall liefern die betroffenen Bereiche der Geschäftsprozesse Top-level-Anforderungen für das Requirements Engineering des Entwicklungsprojekts. Die Aktivitäten im Geschäftsprozess werden auf Funktionalitäten in den unterstützenden IT-Systemen abgebildet.

Zwei bekannte Methoden zur Analyse und Modellierung von Geschäftsprozessen sind die ereignisgesteuerten Prozessketten aus dem Aris-Methodenbaukasten[4] und die seit einigen Jahren immer bedeutender werdende Standard-Notation BPMN[5].

Exkurs   **UML-Aktivitätsdiagramme**

UML-Aktivitätsdiagramme (siehe Kapitel 6 „Anforderungsmodellierung") eignen sich prinzipiell wie EPK und BPMN zur Modellierung von Geschäftsprozessen. In gewisser Weise haben Aktivitätsdiagramme die Entwicklung der BPMN sogar beeinflusst. Dennoch sind Aktivitätsdiagramme nicht immer die ideale Lösung für diesen Zweck. Die UML ist eine Notation, die aus der Software-Entwicklung heraus für die Software-Entwicklung geschaffen wurde. Jeder Software-Entwickler muss wissen, wie ein UML-Diagramm zu lesen ist. Es ist Teil der Grundausbildung eines Informatikers.

Geschäftsprozessmodellierung ist dagegen eine eigenständige Disziplin, die aus der Betriebswirtschaft stammt. Sie bringt ihre eigenen Notationen und Methoden zur Modellierung mit. Jemand, dessen Aufgabe es ist, Geschäftsprozesse zu modellieren, muss nicht unbedingt schon einmal etwas von der UML gehört haben, er sollte jedoch die einschlägigen Methoden und Notationen seiner Disziplin kennen.

In der Anforderungsanalyse treffen Geschäftsprozessmodellierung und Systemmodellierung zusammen. Änderungen an den Geschäftsprozessen liefern Anforderungen für die IT-Systeme. Welche Methoden zur Modellierung der Geschäftsprozesse verwendet werden, sollte von den Adressaten der Modelle und ihren Vorkenntnissen abhängig gemacht werden.

2.5.2 Ereignisgesteuerte Prozessketten

Ereignisgesteuerte Prozessketten (EPK) wurden bereits Anfang der 90er Jahren vom Institut für Wirtschaftsinformatik an der Universität des Saarlandes entwickelt (Keller, Nüttgens und Scheer). Die Notation ist auf die Modellierung von Geschäftsprozessen optimiert (Allweyer) und stellt einen zentralen Baustein im Aris-Methodenbaukasten dar.

---

4   *http://www.ariscommunity.com/*
5   *http://www.bpmn.org/*

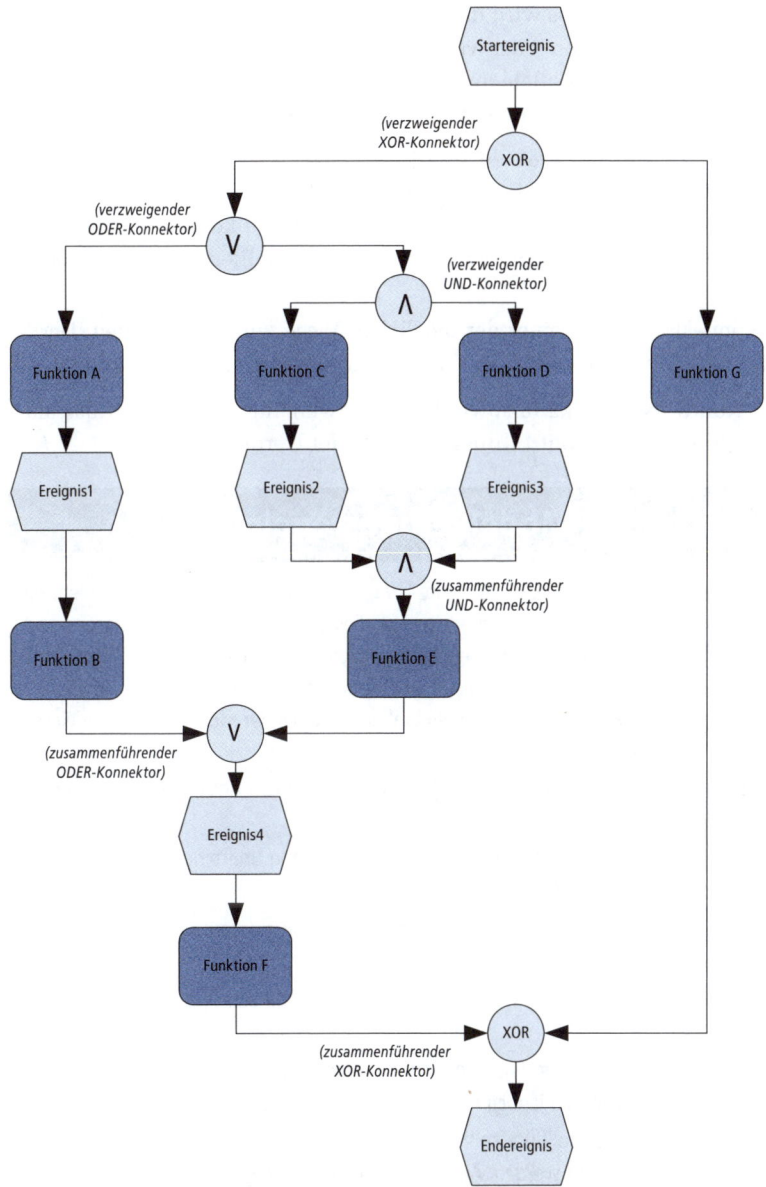

Abbildung 2.9: Schematische Darstellung der Notationselemente einer EPK – Kontrollfluss und Detailansicht (eEPK).

Die wichtigsten Elemente einer EPK sind in ▶ Abbildung 2.9 dargestellt. Im Zentrum stehen Ereignisse und Funktionen. Funktionen sind Arbeitsschritte, die im Prozess durchgeführt werden. Sie werden als Rechtecke mit abgerundeten Ecken dargestellt. Ereignisse modellieren das Eintreten eines bestimmten Zustands. Sie sind als Sechsecke dargestellt. Jede Funktion wird durch ein Ereignis ausgelöst und führt zu einem neuen Ereignis. In gleicher Weise wird der gesamte Prozess durch das Eintreten eines Ereignisses ausgelöst und endet wieder in einem oder mehreren Endereignissen.

Der Kontrollfluss im Prozess wird über Pfeile dargestellt. Pfeile gehen immer von einem Ereignis zu einer Funktion oder von einer Funktion zu einem Ereignis. Zusätzlich besteht die Möglichkeit parallele und bedingte Abläufe im Prozess zu modellieren. EPK unterstützen hierzu drei Typen von Konnektoren (Kontrollknoten):

- UND-Konnektor: Alle Wege im Kontrollfluss werden durchlaufen. Der UND-Konnektor erlaubt die Modellierung paralleler Abläufe im Kontrollfluss.
- ODER-Konnektor: Beliebig viele der möglichen Wege können durchlaufen werden, jedoch mindestens einer. Der ODER-Konnektor modelliert bedingte Abläufe im Kontrollfluss.
- XOR-Konnektor: Genau einer der möglichen Wege wird durchlaufen. Der XOR-Konnektor modelliert bedingte Abläufe mit sich gegenseitig ausschließenden Bedingungen.

Jeder der Kontrollknoten kann sowohl zur Verzweigung im Kontrollfluss als auch zur Zusammenführung des Kontrollflusses verwendet werden.

Praxistipp: EPK-Modellierungsregeln

Eine einheitliche Semantik der EPK-Elemente konnte sich bis heute nicht durchsetzen, obwohl es bereits eine Reihe von Forschungsergebnissen zu diesem Thema gibt (z.B. Nüttgens und Rump). Als Konsequenz erlauben EPK-Modellierungswerkzeugen beinahe jede Kombination der Notationselemente. Um dennoch eine gewisse Einheitlichkeit und Qualität der Modelle zu erhalten, haben sich in der Praxis ein paar Regeln etabliert, die bei der Modellierung von Geschäftsprozessen mit EPK eingehalten werden sollten:

- Es darf keine isolierten Knoten im Graphen geben. Zu jedem Knoten muss es einen Weg vom Startereignis aus geben.
- Funktionen und Ereignisse haben genau eine eingehende und eine ausgehende Kante (Ausnahme sind Start- und Endereignisse).
- Konnektoren verzweigen den Kontrollfluss oder führen ihn zusammen. Sie sollten niemals beide Aufgaben gleichzeitig erfüllen.
- ODER- und XOR-Verzweigungen nach Ereignissen sind nicht zulässig, da semantisch nicht sinnvoll.
- Auf ein Ereignis folgt immer eine Funktion und umgekehrt. Konnektoren können beliebig eingefügt werden, wirken sich jedoch nicht weiter auf diese Regel aus.
- Verzweigungen im Kontrollfluss sollten im Allgemeinen durch einen Konnektor gleichen Typs wieder zusammengeführt werden. Ausnahmen von dieser Regel können im Einzelfall auftreten, beispielsweise falls der Prozess mit mehreren Startereignissen beginnen oder mit mehreren Endereignissen enden kann.

EPK konzentrieren sich auf die reine Prozessmodellierung auf der Basis von Zustand, Prozessschritt und Kontrollfluss. Erweiterte ereignisgesteuerte Prozessketten (eEPK) erlauben die Anreicherung der EPK um ergänzende Informationen zu ausführenden Rollen oder Organisationseinheiten, eingehenden und ausgehenden Informationen und ausführenden IT-Systemen. Die Informationen werden ausschließlich den Funktionen einer EPK als aktive Einheiten zugeordnet.

▶ Abbildung 2.10 zeigt die schematische Darstellung einer einzelnen Funktion mit ergänzender Information. Die Zuordnung der Elemente ist optional und sollte mit Bedacht eingesetzt werden, um die Prozessmodelle noch lesbar zu halten. Ein großer Nachteil der EPK ist, dass ihre grafische Darstellung sehr schnell sehr unübersichtlich werden kann.

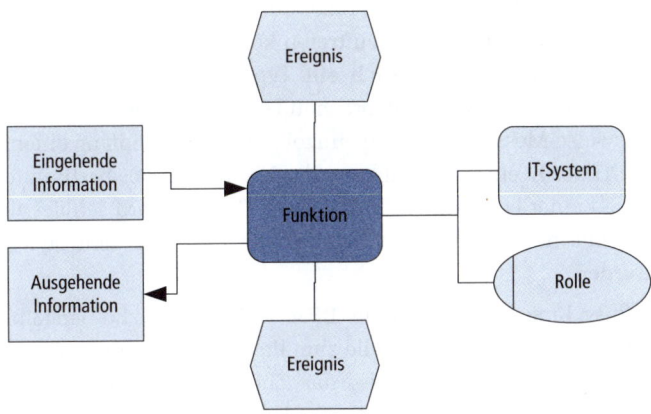

Abbildung 2.10: Elemente und Aufbau einer Funktion in einer eEPK.

2.5.3   Business Process Modeling Notation (BPMN)

Der BPMN-Standard ist das Ergebnis der bereits seit einigen Jahren laufenden Standardisierungsbemühungen zur Geschäftsprozessmodellierung. Verantwortlich für die Entwicklung des Standards ist die Object Management Group (OMG). In das Design des Standards sind Erfahrungen aus vielen proprietären Ansätzen zur Prozessmodellierung eingeflossen, wie beispielsweise der Datenflussmodellierung (DeMarco), den ereignisgesteuerten Prozessketten oder den UML-Aktivitätsdiagrammen (OMG).

Die Notation konzentriert sich wie EPK auf die Modellierung des Kontrollflusses in einem Prozess, erlaubt jedoch zusätzlich die Darstellung des Datenflusses über Prozessgrenzen hinweg. Im Fokus stehen außerdem die Zuordnung der Aktivitäten zu verantwortlichen Rollen und eine flexiblere Integration von Ereignissen im Prozessablauf. Das Diagramm in ▶ Abbildung 2.11 stellt die Elemente eines BPMN Modells im Überblick dar. Notationselemente sind:

- Aktivitäten (Activity): Aktivitäten repräsentieren die Arbeitsschritte innerhalb eines Prozesses. Sie können atomar sein oder einen Subprozess repräsentieren. Dargestellt werden Aktivitäten durch Rechtecke mit abgerundeten Ecken.

- Sequenz-Fluss: Der Sequenz-Fluss modelliert die Reihenfolge, in der die Arbeitsschritte im Prozess durchgeführt werden. Dargestellt wird der Sequenz-Fluss mit Pfeilen zwischen Aktivitäten. Der Sequenz-Fluss darf nicht über Poolgrenzen (siehe unten) hinweg verlaufen.

- Gateways: Gateways modellieren Verzweigungen und Zusammenführungen im Kontrollfluss. Dargestellt werden sie als Rhomben mit einer entsprechenden Kennzeichnung ihres Typs.

- Events: Events stellen Ereignisse im Prozess dar. Es gibt Start-, End- und Intermediate-Events, die jederzeit im Prozess auftreten können. Events werden als Kreise dargestellt. Jedem Event kann zusätzlich ein Typ zugeordnet werden. Der Typ wird innerhalb des Kreises durch ein entsprechendes Symbol dargestellt. Typische Events sind beispielsweise Message-Events (kennzeichnen den Empfang einer Nachricht im Prozess) oder Timer-Event (kennzeichnen das Eintreten eines bestimmten Zeitpunkts oder den Ablauf einer bestimmten Zeitspanne). Der Standard schlägt eine Reihe vordefinierter Events mit zugehörigem Symbol vor, die Liste kann jedoch bei Bedarf angepasst werden.

- Nachrichtenfluss: Eine Besonderheit der BPMN ist die explizite Darstellung des Nachrichtenflusses von einer externen Quelle zum Prozess bzw. vom Prozess zu einer externen Senke. Damit kann beispielsweise das Zusammenspiel mehrerer unabhängiger Prozesse modelliert werden. Dargestellt wird der Nachrichtenfluss über gestrichelte Pfeile. Die Pfeile führen immer aus einem Pool heraus oder in einen Pool hinein. Innerhalb eines Pools ist die Modellierung des Nachrichtenflusses nicht zulässig.

- Pools und Lanes: Ein Pool repräsentiert einen Teilnehmer (Participant) in einem Geschäftsprozess, beispielsweise eine Organisationseinheit. Lanes innerhalb eines Pools entsprechen konkreten Rollen, die innerhalb der Organisationseinheit für die Durchführung der zugeordneten Aktivitäten zuständig sind. Pools erlauben die Zerlegung komplexer Geschäftsprozesse in ihre Teilprozesse. Jeder Teilprozess wird der verantwortlichen Organisationseinheit zugeordnet. Die Kommunikation zwischen den Teilprozessen erfolgt ausschließlich über den Austausch von Nachrichten.

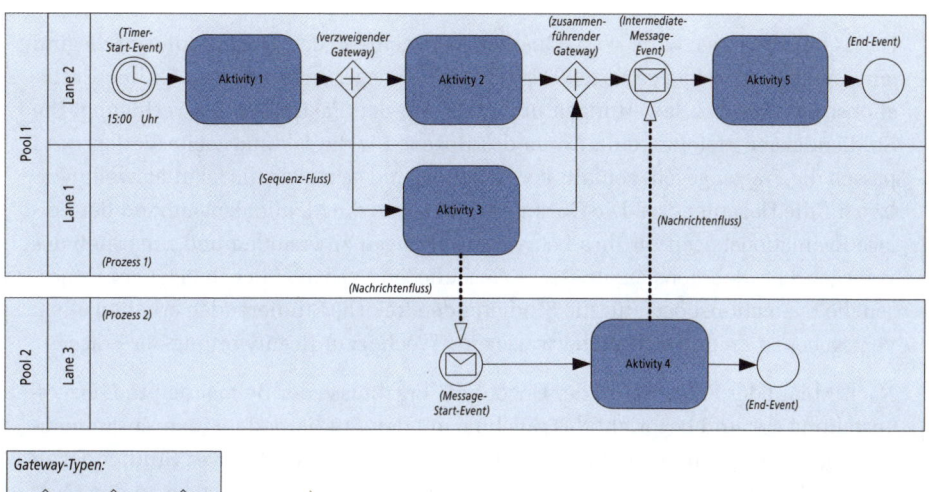

Abbildung 2.11: Die Elemente der BPMN im Zusammenhang.

Das Diagramm modelliert zwei Teilprozesse, die gemeinsam eine Aufgabe erfüllen. Prozess 1, zugeordnet zu Pool 1, wird jeden Tag um 15:00 Uhr gestartet. Damit wird Aktivität 1 durchgeführt, anschließend die Aktivitäten 2 und 3 parallel. Aktivität 3 erzeugt eine Nachricht, die Prozess 2, zugeordnet zu Pool 2, startet. Prozess 2 führt Aktivität 4 aus und erzeugt eine weitere Nachricht, die an Prozess 1 zurückgeschickt wird. Prozess 2 kommt damit zum Ende. Prozess 1 wartet bis zum Erhalt der Nachricht. Dann wird Aktivität 5 ausgeführt und auch dieser Prozess beendet.

Im Gegensatz zu EPK werden bei BPMN-Modellen Ereignisse nur modelliert, wenn sie für den Ablauf entscheidende Bedeutung haben. Dies und auch andere Optimierungsmaßnahmen führen dazu, dass BPMN-Modelle sehr viel kleiner und übersichtlicher gestaltet werden können als ihr entsprechendes EPK-Gegenstück.

Fallstudie **Eva – Geschäftsprozessmodellierung**

Für das geplante Evaluierungssystem Eva wurde beschlossen, ausschließlich den zukünftigen Soll-Prozess zur Durchführung der Evaluationen zu modellieren. Auf eine explizite Modellierung des Ist-Prozesses mit manueller Evaluation wurde dagegen verzichtet, da kein besonderer Erkenntnisgewinn zu erwarten ist. Als Modellierungsnotation wurde die BPMN gewählt. Ergebnis ist der Soll-Prozess aus ▶ Abbildung 2.12. Zur Verbesserung der Übersichtlichkeit sind die Teilprozesse als eigenständige Prozesse modelliert.

Der Gesamtprozess wird vom Qualitätsmanagement der Hochschule zu Beginn eines neuen Semesters gestartet. Der Qualitätsmanager entwirft einen Online-Evaluationsbogen für die Bewertungen und stellt ihn den Fakultäten zur Verfügung. Die Studiendekane erstellen eine Kopie des Bogens für die fakultätsweite Vorlage und passen die Fragen gegebenenfalls an. Anschließend geben sie die fakultätsweite Vorlage für die Dozenten frei. Die Dozenten haben nun die Möglichkeit anhand der Vorlage Evaluationsbögen für ihre Lehrveranstaltungen zu erstellen und innerhalb des vorgegebenen Rahmens anzupassen. Anschließend geben sie nach eigenem Ermessen die Evaluationsbögen für die Studierenden frei. Die Studierenden erhalten einen vorgegebenen Zeitraum (üblicherweise eine Woche) zur Beantwortung der Fragen.

Nach Ablauf der Frist, wertet der Dozent die Ergebnisse der Befragung pro Lehrveranstaltung aus und bespricht das Ergebnis mit den Studierenden. Eine Zusammenfassung des Ergebnisses leitet er an den Studiendekan weiter. Der Studiendekan fasst die Evaluierungsergebnisse der Fakultät zusammen und leitet sie an den Qualitätsmanager weiter. Der Qualitätsmanager bereitet schließlich die Ergebnisse aller Fakultäten auf und veröffentlicht eine anonymisierte Zusammenfassung.

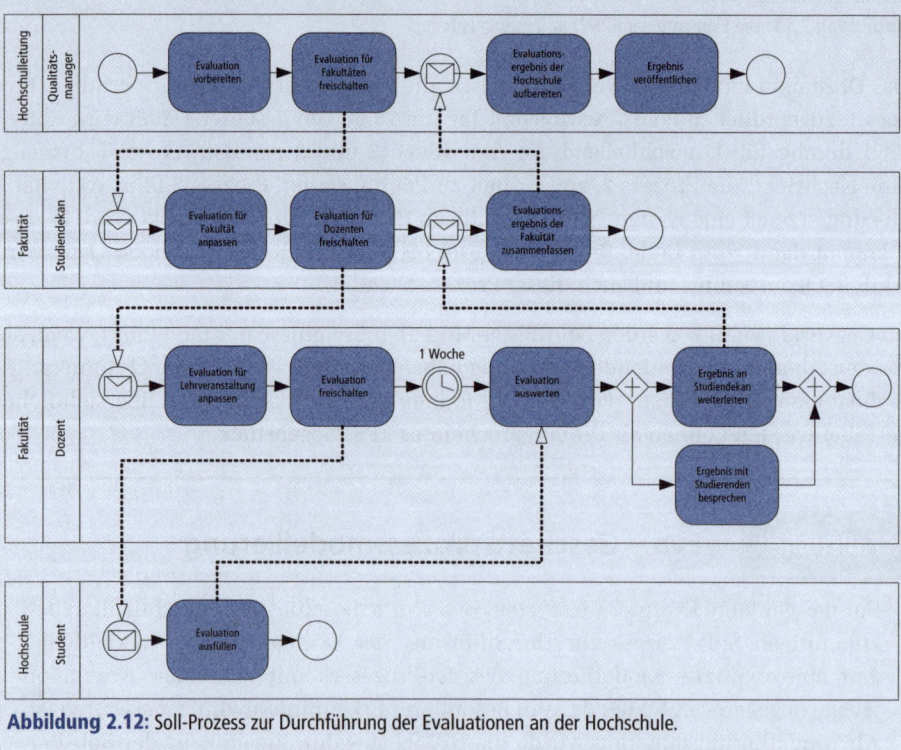

Abbildung 2.12: Soll-Prozess zur Durchführung der Evaluationen an der Hochschule.

2.6 Kontextanalyse

In einer vernetzten Welt wie der unseren gibt es nur noch wenige Systeme, die vollständig autark arbeiten. Fast jedes System benötigt Daten und Dienste von anderen Systemen oder muss diese selbst anderen Systemen zur Verfügung stellen. Jede identifizierte Schnittstelle liefert Anforderungen an das System.

Die Kontextanalyse betrachtet das zu realisierende System in seiner Umgebung. Ziel der Analyse ist zum einen die Ermittlung der Schnittstellen, die das System seinen Nachbarsystemen bereitzustellen hat, zum anderen die Schnittstellen, über die das System Dienste seiner Nachbarsysteme nutzen möchte.

Im Fokus der Kontextanalyse steht die möglichst vollständige Identifikation der Schnittstellen zu Fremdsystemen, die das zu entwickelnde System unterstützen muss. Die Analyse ist Voraussetzung für die Verhandlung der Schnittstellenverträge mit den Verantwortlichen der jeweiligen Nachbarsysteme. In den Schnittstellenverträgen wird dann detailliert festgelegt, welche Daten und Dienste zu liefern sind bzw. welche Daten und Dienste geliefert werden.

Eine geeignete Notation zur Darstellung aller Schnittstellen zu einem System ist das Kontextdiagramm, eine einfache informelle Notation der strukturierten Analyse (DeMarco). Die sehr überschaubare Syntax ist in ▶ Abbildung 2.13 dargestellt.

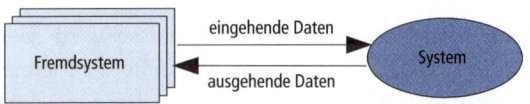

Abbildung 2.13: Elemente eines Kontextdiagramms.

Im Zentrum der Notation steht das System. Um das System gruppieren sich alle Fremdsysteme, zu denen eine Schnittstelle existiert. Pfeile markieren die Richtung, in der Daten in das System eingehen oder vom System ausgehen. Zu den Pfeilen wird grob die Art der ausgetauschten Daten angegeben.

Eva – Kontextanalyse

Für das Evaluationssystem Eva wurden mehrere Schnittstellen zu Nachbarsystemen identifiziert:

HIS: Um einen einheitlichen Prozess zu erhalten, soll das Evaluierungssystem Eva hochschulweit eingesetzt werden. Der rollenbasierte Zugriff erfordert die Prüfung aller Beteiligten hinsichtlich ihrer Rolle innerhalb der Hochschule sowie die Zuordnung unterschiedlicher Rechte. Die Prüfung der Berechtigungen soll daher über die allgemeine Hochschulkennung erfolgen. Verwaltet werden die Hochschulkennungen im Hochschul-Informationssystem HIS. Die Zuordnung der Rechte zu den im Evaluierungsprozess vorgesehenen Rollen liegt dagegen in der Verantwortung des Systems Eva selbst.

Fakultätssysteme: Veranstaltungen wie Praktika oder Vorlesungen werden in der Hochschule aus historischen Gründen nicht zentral verwaltet. Die Informationen hierzu finden sich in fakultätseigenen Systemen, die technisch nicht einheitlich gestaltet sind. Das Evaluierungssystem erhält die Daten zu Veranstaltungen und den durchführenden Dozenten über noch zu spezifizierende Schnittstellen von den Fakultätssystemen.

CMS: Die Veröffentlichung der Evaluationsergebnisse wird geeignet aufbereitet und auf der Hochschulwebseite erfolgen. Die Webseite wird aktuell in einem Content-Management-System verwaltet. Die Schnittstelle zur Veröffentlichung des Evaluationsberichts ist noch zu spezifizieren.

▶ Abbildung 2.14 stellt das zu diesem frühen Zeitpunkt im Projekt noch sehr einfache Kontextdiagramm für das Evaluationssystem Eva dar.

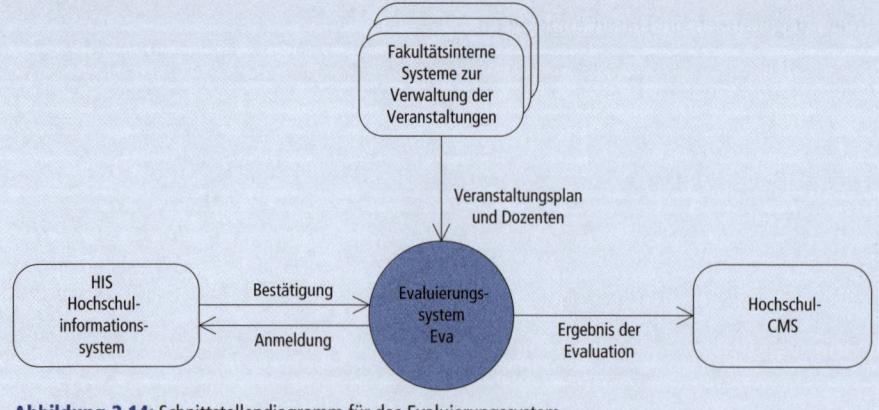

Abbildung 2.14: Schnittstellendiagramm für das Evaluierungssystem.

Übungen

Übung 1: Einordnung von Projekttypen

Schauen Sie sich die Beispiele im Kasten zu den Projektvarianten an. Ordnen Sie jedes der Beispiele hinsichtlich seines Projekttyps, Systemtyps und Beauftragungsmodells ein.

Lösungen

Übung 2: Projektidee

Ein Hersteller für hochwertige Fahrräder plant die Entwicklung eines Online-Fahrrad-Konfigurators. Die Idee ist, dass Kunden eigenständig ihr Fahrrad mit allen Komponenten im Internet zusammenstellen und bestellen können. Bisher war dies nur im Fahrradladen mithilfe des Händlers möglich. Entwerfen Sie eine entsprechende Projektidee. Berücksichtigen Sie die wesentlichen Punkte, die enthalten sein sollten. Überlegen Sie, welchen Projekt- und Systemtyp Sie benötigen sowie welches Beauftragungsmodell Sie verwenden möchten. Lassen Sie Ihre Fantasie bei der Entwicklung der Projektidee spielen.

Übung 3: Zielediagramm

Lösungen

Sie haben von Ihren Eltern ein kleines Unternehmen übernommen, welches sich auf den Verkauf von Tickets für regionale Veranstaltungen spezialisiert hat. Die Veranstaltungsdaten erhalten Sie per Fax oder Telefon von den Veranstaltern. Diese werden manuell von Ihren Mitarbeitern in das Ticketsystem eingepflegt. Der Ticketverkauf erfolgt in vier geografisch verteilten Filialen, die über ein Intranet ihre Daten austauschen. Zentrale Stärke Ihres Unternehmens ist die regionale Verbundenheit. So vertreiben Sie neben Tickets für regionale Konzerte und Theateraufführungen auch Tickets für private Veranstaltungen von Vereinen oder Schulen. Sie stellen nun fest, dass in den letzten Jahren der Ticketverkauf bei Ihnen merklich zurückgegangen ist, nicht zuletzt durch den immer größer werdenden Konkurrenzdruck von Firmen, die ihre Tickets über das Internet anbieten. Auch Vereine und Schulen gehen inzwischen stärker dazu über, ihre Tickets selbst im Internet anzubieten, da ihnen die Gebühr für das Anbieten der Tickets zu hoch und die Übermittlung der Veranstaltungsdaten zu umständlich und zeitaufwendig erscheint.

Sie nehmen die Herausforderung an und beschließen Ihr Unternehmen zu modernisieren und an die neuen Rahmenbedingungen anzupassen. Sie führen eine Zieleanalyse durch und identifizieren als ein zentrales Ziel die durchgängige IT-Unterstützung für den gesamten Geschäftsprozess zum Ticketverkauf. Verfeinern Sie in der Gruppe das Systemziel über mindestens drei Hierarchie-Ebenen zu Teilzielen und stellen Sie die Dekomposition mithilfe eines Zielediagramms dar. Achten Sie darauf, dass die Ziele der untersten Ebene bereits konkrete Anforderungen an das System darstellen sollten.

Übung 4: Stakeholder-Management

Eine Firma möchte als neues Produkt eine Software für Online-Meetings nach dem SaaS[5] Modell einführen. Um Entwicklungsaufwand zu sparen, wurde eine kleine Software-Firma, die ein entsprechendes Produkt bereits entwickelt hat, aufgekauft. Die Mitarbeiter wurden teilweise übernommen, teilweise gab es Entlassungen.

In einem Projekt soll nun die Software überarbeitet und um Funktionalität erweitert werden. Um das Know-how zu nutzen, werden im Projekt unter anderem die von der alten Software-Firma übernommenen Entwickler eingesetzt. Sie als Requirements Engineer im Projekt haben nun die Aufgabe, die relevanten Stakeholder für die Anforderungsanalyse zu identifizieren.

Verwenden Sie zum Stakeholder-Management die Struktur in Tabelle 2.3. Ergänzen Sie die Tabelle um eine Spalte „persönliche Einschätzung", um mögliche Probleme zu adressieren.

Lösungen

Übung 5: Geschäftsprozessmodellierung

Entwerfen Sie mithilfe der BPMN den Geschäftsprozess für den Fahrrad-Konfigurator in Übung 1. Der Prozess startet bei der Konfiguration eines Fahrrads mithilfe des Konfigurators und geht über Bestellung und Produktion bis hin zur Auslieferung. Der Prozess wird aus Sicht des Fahrradherstellers modelliert. Achten Sie darauf, nicht zu sehr ins Detail zu gehen. Die einzelnen Prozessschritte dürfen für sich genommen vollständige Teilprozesse repräsentieren. Wichtig ist lediglich, dass der Prozess in der Breite vollständig ist und keine Organisationseinheiten mit ihren Teilprozessen vergessen werden. Entwerfen sie den Geschäftsprozess noch einmal, diesmal mithilfe der erweiterten ereignisgesteuerten Prozessketten (eEPK). Diskutieren Sie im Anschluss mit Kollegen die Vor- und Nachteile der beiden Notationen. Verwenden Sie zur Modellierung der Prozesse beispielsweise Aris Express[6].

Lösungen

Übung 6: Kontextdiagramm

Modellieren Sie das Kontextdiagramm für einen Wireless-Router, wie Sie ihn üblicherweise zu Hause stehen haben. Bedenken Sie alle Schnittstellen, die eine Router-Software bedienen muss.

---

6   Software as a Service: Die Nutzung eines Software-Systems wird den Kunden gegen eine Mietgebühr zur Verfügung gestellt.

7   *http://www.ariscommunity.com/aris-express*

Anforderungsermittlung

Einführung 80

3.1 Anforderungen 81

   3.1.1 Der SQuaRE-Standard. 82

   3.1.2 Ermittlung nichtfunktionaler Anforderungen 89

   3.1.3 Abgrenzung funktional und nichtfunktional. 91

3.2 Anforderungsquellen 92

3.3 Ermittlungstechniken 93

   3.3.1 Interview-Techniken. 94

   3.3.2 Kreativitätstechniken 98

   3.3.3 Modellbasierte Techniken 102

   3.3.4 Entwicklung von Prototypen 105

   3.3.5 Herausforderungen bei der Ermittlung 106

3.4 Verfeinern von Anforderungen 109

3.5 Anforderungsbewertung 110

3.6 Priorisierung 110

3

ÜBERBLICK

Einführung

》》 Die Anforderungsermittlung befasst sich mit der systematischen Erhebung der relevanten Anforderungen für das zu entwickelnde System. Die Notwendigkeit, für diese Aufgabe eine eigene Phase zu etablieren, beruht auf der Erfahrung, dass in der Regel kein Fachbereich oder Kunde unmittelbar alle Anforderungen an das gewünschte System vollständig, konsistent und in einer für das Entwicklerteam ausreichenden Qualität formulieren kann. Vielmehr ist ein längerer Prozess notwendig, in dem die Anforderungen Stück für Stück identifiziert, konkretisiert und validiert werden. Bei der Anforderungsermittlung steht mehr als in allen anderen Phasen im Requirements-Engineering-Prozess der methodische Weg zur Erhebung im Vordergrund.

Der Erfolg eines Software-Entwicklungsprojekts hängt nicht zuletzt von der Qualität der Anforderungen ab, die im Projekt realisiert werden sollen. Die zentralen Fragen, die sich daraus für die Anforderungsermittlung ergeben, sind:

- Was ist unter einer Anforderung genau zu verstehen?
- Wie findet man alle relevanten Anforderungen an ein geplantes System?
- Wie priorisiert man die gefundenen Anforderungen?

Dieses Kapitel führt in den Prozess der Anforderungsermittlung ein. Zur Einführung wird der Begriff einer Anforderung näher erläutert. Es wird gezeigt, welche verschiedenen Arten von Anforderungen es gibt und wie sie klassifiziert werden können. Als Grundlage dient das Qualitätsmodell im SQuaRE-Standard (ISO/IEC 25000).

Mit den ermittelten Anforderungen möchte man einen möglichst klaren und vollständigen Blick auf die zukünftige Systemfunktionalität erhalten. Konkret bedeutet das, die relevanten Anforderungsquellen und Stakeholder zu identifizieren, die geeigneten Ermittlungstechniken zu wählen, die Anforderungen mithilfe der Techniken zu ermitteln und die gefundenen Anforderungen schließlich mit den Stakeholdern zu bewerten und priorisieren. Ergebnis all dieser Bemühungen ist eine Liste von Anforderungsideen, die in der nächsten Phase zu vollständigen Anforderungen ausgearbeitet 《《 werden können.

Lernziele

- Sie kennen den SQuaRE-Standard mit den typischen Anforderungsklassen und können Anforderungen entsprechend einordnen.
- Sie wissen, wo Sie wichtige Quellen für Anforderungen finden, und können aktiv Anforderungen mithilfe dieser Quellen ermitteln.
- Sie kennen die verschiedenen Techniken zur Anforderungsermittlung und können Sie geeignet anwenden.
- Sie wissen, welche Probleme bei der Anforderungsermittlung auftreten können, und kennen Maßnahmen, die hier gegensteuernd wirken.
- Sie kennen die Bedeutung einer guten Priorisierung und Bewertung der Anforderungen zu einem frühen Zeitpunkt im Projekt und können geeignete Bewertungsmethoden anwenden.
- Sie haben die Bedeutung von Soft Skills für eine erfolgreiche Anforderungsermittlung verstanden.

3.1 Anforderungen

Anforderungen beschreiben Funktionalitäten und Eigenschaften, die ein zukünftiges System erfüllen soll. Die Kunst eines guten Requirements Engineering ist, die richtigen Anforderungen zu finden, überflüssige Anforderungen zu vermeiden und wichtige Anforderungen nicht zu vergessen.

Normalerweise ist es kein Problem, offensichtliche Anforderungen an die Funktionalität eines System zu finden: von einem Onlinebanking-System würde ein Anwender intuitiv erwarten, dass es ihm die Möglichkeit bietet, den Kontostand abzufragen oder einen Dauerauftrag einzustellen. Die Steuerungssoftware einer Waschmaschine sollte dagegen tunlichst die Auswahl von Temperatur und Waschprogramm unterstützen, um am Markt bestehen zu können.

Schwieriger ist es mit weniger offensichtlichen Anforderungen, also Anforderungen die für den Anwender so selbstverständlich erscheinen, dass er nicht sofort daran denkt oder deren Wirkung nicht unmittelbar erkennbar ist. So sollte die Onlinebanking-Software aus Sicherheitsgründen eine verschlüsselte Verbindung zwischen Client und Server unterstützen. Die Waschmaschinensteuerung darf dagegen auf keinen Fall zulassen, dass Wasser in die Trommel gepumpt wird, solange die Tür nicht verriegelt ist.

Die Beispiele zeigen, dass Anforderungen sehr unterschiedlicher Art sein können. Manche sind fachlicher Natur, andere beschreiben technische Eigenschaften. Anforderungen können die Erfüllung eines Standards oder die Einhaltung eines spezifischen Entwicklungsprozesses betreffen. Andere können wiederum die Infrastruktur vorgeben, auf der das System später betrieben werden soll. Entscheidend für den Erfolg eines Projekts ist es, die für die jeweilige Problemstellung und das geplante System relevanten Anforderungen zu finden. Hilfestellung gibt hier die Standardfamilie ISO/IEC 25000, auch unter dem Namen „Software Product Quality Requirements and Evaluation" oder kurz SQuaRE (ISO/IEC 25000) bekannt.

3.1.1 Der SQuaRE-Standard

Der SQuaRE-Standard definiert ein allgemeines Qualitätsmanagementmodell für den Software-Lebenszyklus. Im Fokus steht nicht nur die Anforderungsphase. Der Standard adressiert Qualitätsaspekte für alle Phasen im Entwicklungsprozess von der Anforderungsermittlung bis zur Auslieferung und zum Betrieb des Systems. Dazu ist der Standard aufgeteilt in fünf Bereiche (*division*):

- Quality Management Division,
- Quality Model Division,
- Quality Measurement Division,
- Quality Requirements Division und
- Quality Evaluation Division.

Interessant für die Anforderungsermittlung sind die Quality Requirements Division, definiert in ISO/IEC 25030 (ISO/IEC 25030), und die Quality Model Division, definiert in ISO/IEC 25010 (ISO/IEC 25010). Die Requirements Division definiert ein umfassendes Modell für Anforderungstypen bei Software-Systemen. Die Struktur ist in ▶ Abbildung 3.1 dargestellt. Die Quality Model Division beschäftigt sich mit einem speziellen Bereich innerhalb der Anforderungstypen, den Qualitätsmerkmalen. Die verschiedenen Anforderungstypen werden im Folgenden vorgestellt.

			Funktionale Anforderungen	
Software-Produktanforderungen	Inhärente Produkteigenschaften	Software-Qualitäts-anforderungen	Interne Qualitätsanforderungen	
			Externe Qualitätsanforderungen	
			„Quality in Use" Anforderungen	
	Externe Produkteigenschaften	Produktmanagementanforderungen (z.B. Kosten, Anbieter, Lieferdatum)		
Realisierungsanforderungen	Prozessanforderungen			
	Organisatorische Anforderungen			

Abbildung 3.1: Anforderungstypen für Software-Systeme nach ISO/IEC 25030, Quelle (ISO/IEC 25030).

Funktionale Anforderungen

Funktionale Anforderungen legen fest, was ein System aus fachlicher Sicht leisten soll. Sie sind domänenspezifisch und anwendungsorientiert. In datenzentrierten Systemen betreffen funktionale Anforderungen häufig die Manipulation der Daten, wie das Anlegen, das Lesen, das Ändern oder das Löschen von Datensätzen. Hinzu kommen Berechnungen auf den Daten und Anforderungen an die Prozessunterstützung oder zur Workflow-Steuerung.

Funktionale Anforderungen an eingebettete Systeme betreffen dagegen vorrangig Verhaltensänderungen, etwa die Schaltung einer Ampel, abhängig von der vorhergehenden Farbe, das Verarbeiten von Satellitensignalen in einem Navigationsgerät oder die Steuerung eines Fensterhebers abhängig vom Zustand des Fensters.

In gewisser Weise sind funktionale Anforderungen die „offensichtlichen" Anforderungen an das zukünftige System. Sie bestimmen, wie und wofür der Anwender das System später nutzen wird und welche Ergebnisse er von dem System erwarten kann. Die Softwarelösung selbst – sei es ein neues System oder die Änderung an einem bestehenden – wird aus Sicht der funktionalen Anforderungen als Blackbox mit einer Schnittstelle betrachtet. Funktionale Anforderungen legen fest, was diese Schnittstelle leisten muss, um den Anforderungen der Anwender gerecht zu werden.

Software-Qualitätsanforderungen

Anwender erwarten intuitiv von einem System, dass es die geforderte Funktionalität in der von ihnen benötigten und gewohnten Weise anbieten wird. Vergessen wird dabei gerne, dass die Erwartungen beispielsweise bezüglich Antwortzeit, Sicherheit oder Performanz stark vom jeweiligen System, der zur Verfügung stehenden Infrastruktur und dem subjektiven Empfinden der Anwender abhängen.

So müssen Aktien auf einem Börsensystem in Sekunden gehandelt werden, um die fallenden und steigenden Aktienkurse korrekt im Kaufpreis zu berücksichtigen. Startet dagegen der Sachbearbeiter einer Versicherung eine Anfrage nach allen abgeschlossenen Versicherungsverträgen der letzten 20 Jahre, wird er auch eine Wartezeit von mehreren Sekunden ohne Probleme tolerieren.

Qualitätsanforderungen klären für jede Software, welche Eigenschaften relevant sind und wie sie zu definieren sind, sodass das Systemverhalten den Erwartungen entspricht. Die entscheidenden Fragen für die Ermittlung der Qualitätseigenschaften sind:

- was bedeutet prinzipiell der Begriff Qualität für das geplante Software-System, d.h., welche Eigenschaften sind wichtig,
- wie definiert man die Qualitätsanforderungen für das System, sodass sie messbar und damit nachweisbar werden,
- wie stellt man nach der Entwicklung sicher, dass das System diese Qualitätsanforderungen in der geforderten Art und Weise tatsächlich erfüllt?

Antworten auf diese Fragen geben sogenannte Software-Qualitätsmodelle. Ein Software-Qualitätsmodell definiert eine Reihe von Qualitätsmerkmalen – häufig verfeinert zu messbaren Teileigenschaften – die in ihrer Gesamtheit einen Rahmen für den Nachweis der Qualität eines Software-Systems erlauben. Die Qualität eines Systems wird dabei nicht als feste Größe betrachtet, sondern hängt von der Eignung eines Systems für seinen geplanten Einsatz im vorgegebenen Anwendungsbereich ab. Für ein System, welches einmal pro Monat zur Durchführung von Abrechnungen verwendet wird, wäre beispielsweise die Eigenschaft der *Hochverfügbarkeit* – d.h. einer Verfügbarkeit von 24 Stunden an 7 Tagen die Woche – kein relevantes Qualitätsmerkmal, würde also zur Qualität des Systems nichts beitragen. Das Merkmal der guten *Benutzbarkeit* wäre dagegen ein relevantes Qualitätsmerkmal, falls beispielsweise die Abrechnung von häufig wechselnden Personen durchgeführt wird, die ohne weitere Schulung sofort mit dem System arbeiten sollen.

Eines der bekanntesten Qualitätsmodelle für Software-Systeme war lange Zeit ISO/IEC 9126 (ISO 9126). Das Modell, welches auf sechs Qualitätseigenschaften basiert, wurde inzwischen als ISO/IEC 25010 (ISO/IEC 25010) in den SQuaRE-Standard mit aufgenommen und bei dieser Gelegenheit überarbeitet. Der neue Standard definiert zwei Qualitätsmodelle, das **Quality in Use Model**, welches die Qualität aus Sicht der Anwendung betrachtet, und das **Product Quality Model**, welches sich auf die Qualität des Produktes selbst bezieht. Auch wenn Funktionalität sowohl im Quality in Use Model wie auch im Product Quality Model eine Rolle spielt – die Modelle berücksichtigen keine funktionalen Anforderungen an das Systems, sondern beschäftigen sich mit seinen Eigenschaften.

Die Unterscheidung zwischen Produktqualität (Product Quality Model) und Gebrauchstauglichkeit (Quality in Use Model) adressiert das Problem, dass ein aus Produktsicht qualitativ absolut hochwertiges System dennoch für den geplanten Gebrauch vollkommen ungeeignet sein könnte (beispielsweise würde ein Rettungsring aus Gold höchsten Qualitätsansprüche hinsichtlich des Produktes genügen, sein Nutzen in der Praxis wäre jedoch mehr als fragwürdig).

Wie werden nun die Qualitätsmodelle eingesetzt? Jedes der Modelle definiert eine Reihe von Qualitätsmerkmalen, die zu Teilmerkmalen verfeinert werden. Die Teilmerkmale beschreiben Fähigkeiten, die ein System erfüllen muss, um das entsprechende Qualitätsmerkmal zu erfüllen. Anhand der Teilmerkmale können entsprechende Anforderungen an das System abgeleitet werden. Der Nachweis, dass das realisierte System die Anforderungen erfüllt und damit die geforderte Qualität aufweist, erfolgt mithilfe geeigneter Metriken.

Quality in Use Model   Das Quality in Use Model betrachtet die Qualitätseigenschaften eines Systems aus Sicht der Bedürfnisse und Ziele eines Benutzers. Es beschreibt den Einfluss eines Systems auf seine Umgebung, insbesondere auf die Anwender. Betrachtet wird das Ergebnis der Interaktionen mit dem System bei seiner Verwendung. Letztlich geht es um die Frage, ob das System für den geplanten Einsatz tatsächlich geeignet ist.

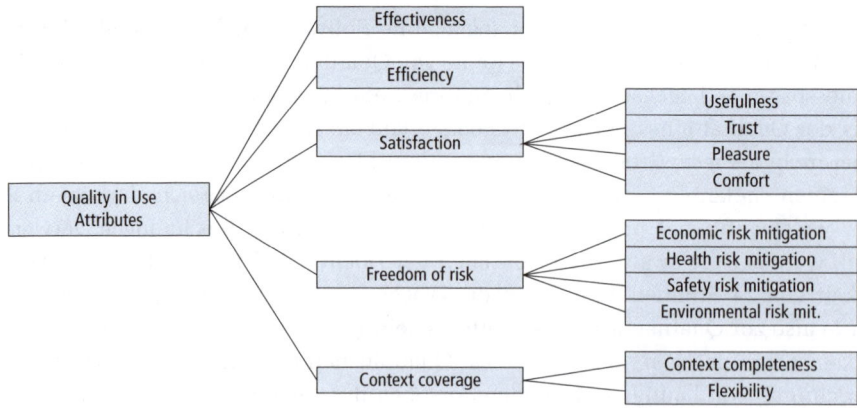

Abbildung 3.2: Qualitätseigenschaften des Quality in Use Model, Quelle (ISO/IEC 25010).

Die in ▶ Abbildung 3.2 dargestellten Teilmerkmale zeigen die Zielrichtung des Modells: ein Systemverhalten, das den Erwartungen des Anwenders entspricht und keine wie auch immer gearteten Risiken für ihn verursacht. ▶ Tabelle 3.1 erläutert die Qualitätsmerkmale im Detail.

Merkmal	Beschreibung
Effectiveness (Effektivität)	Das Qualitätsmerkmal der Effektivität bezeichnet die Exaktheit und Vollständigkeit, mit der Anwender bei der Verwendung des Systems ihre spezifischen Ziele erreichen.
Efficiency (Effizienz)	Das Merkmal Effizienz betrachtet die aufgewendeten Ressourcen, die der Anwender benötigt, um seine Ziele exakt und vollständig zu erreichen. Nach Standard umfassen diese Ressourcen beispielsweise auch den Faktor Zeit (wie lange benötigt der Anwender zur Erreichung eines Ziels), Material (welche zusätzlichen Materialen muss der Anwender bereitstellen) oder Kosten (welche Kosten entstehen dem Anwender bei der Nutzung).
Satisfaction (Zufriedenheit)	Mit Zufriedenheit bezeichnet der Standard den Grad der Zufriedenheit des Anwenders bei der Nutzung des Systems. Im Standard wird dies definiert als (positive oder negative) Einstellung des Anwenders als Antwort auf die Interaktion mit dem System. Der Anwender sollte die Erfahrung machen, dass das System nützlich ist, dass er dem System (und insbesondere dem Ergebnis) vertrauen kann und dass die Arbeit mit dem System ein angenehmes Erlebnis ist.
Freedom from risk (Risikofreiheit)	Die Eigenschaft der Risikofreiheit bezeichnet den Grad, zu welchem ein Produkt Risiken für den Anwender bei der Benutzung des Systems verhindert, beziehungsweise welche Maßnahmen das System ergreift, um Risikofolgen möglichst gering zu halten.
Context coverage (Kontextabdeckung)	Das Merkmal Kontextabdeckung bezeichnet zum einen den Grad der Abdeckung des Systems für den ursprünglich gedachten Anwendungsbereich, zum anderen die Flexibilität um das System auch über die Grenzen des Anwendungsbereichs anzuwenden.

Tabelle 3.1: Die Qualitätsmerkmale im Quality in Use Model.

Product Quality Model Kern des Product Quality Model ist der alte ISO/IEC-9126-Standard. Das neue Modell definiert acht Qualitätsmerkmale für Software. Dabei werden statische und dynamische Eigenschaften des Systems berücksichtigt. Statische Eigenschaften beziehen sich vorrangig auf die Qualität des Codes und bewerten beispielsweise die Komplexität der Modulstruktur oder die Anzahl von Software-Klonen im Quellcode. Dynamische Eigenschaften eines Systems betreffen dagegen das (technische) Verhalten des Systems nach außen.

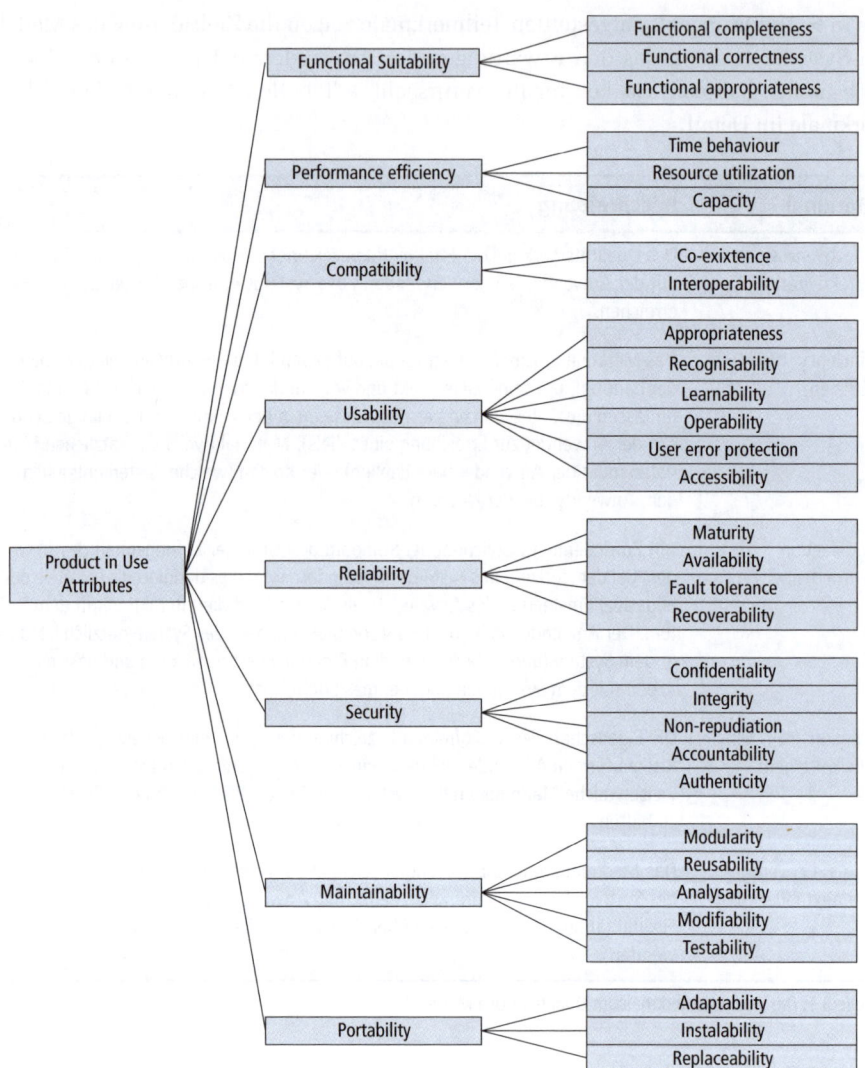

Abbildung 3.3: Qualitätseigenschaften des Product Quality Model, Quelle (ISO/IEC 25010).

▶ Abbildung 3.3 fasst die acht Qualitätsmerkmale im Product Quality Model zusammen. Sechs der Merkmale wurden unmittelbar aus ISO/IEC 9126 übernommen. Neu hinzugekommen (beziehungsweise von Teilmerkmalen zu Top-level-Merkmalen befördert) sind Kompatibilität und Sicherheit. ▶ Tabelle 3.2 erläutert die einzelnen Qualitätsmerkmale und fasst ihre Ziele zusammen.

Merkmal	Beschreibung
Functional Suitability (Funktionelle Eignung)	Das Qualitätsmerkmal der funktionellen Eignung fordert, dass ein Software-System die von ihm erwartete Funktionalität in angemessener und korrekter Art und Weise und unter Berücksichtigung der festgelegten Randbindungen und Eigenschaften umsetzt. Dabei geht es um Fragestellungen nach der Angemessenheit der Funktionalitäten für den vorgegebenen Einsatzbereich des Systems.
Performance Efficiency (Performanz und Effizienz)	Das Merkmal der Performanz und Effizienz betrachtet das Leistungsniveau einer Anwendung in Abhängigkeit der eingesetzten Betriebsmittel und der geforderten Bedingungen. Dabei geht es insbesondere um das Zeitverhalten der Anwendung (Anwendungszeit, Durchsatz) sowie das Verbrauchsverhalten in Bezug auf Speicher, Prozessorzeit und andere Ressourcen.
Compatibility (Kompatibilität)	Das Merkmal der Kompatibilität betrachtet einerseits die explizite Zusammenarbeit des Systems mit anderen Systemen und andererseits die die impliziten Auswirkungen des Systems auf andere Systeme, die auf der gleichen Hardware laufen.
Usability (Benutzerfreundlichkeit)	Das Qualitätsmerkmal der Benutzungsfreundlichkeit beschäftigt sich damit, wie gut ein System seine Nutzer dabei unterstützt ihre Ziele effizient und effektiv zu erreichen. Zu den zentralen Teilmerkmalen zählt hier beispielsweise der Aufwand für die Erlernung des Systems sowie für die Bedienung. Ein weiteres Teilmerkmal ist die Attraktivität des Systems für den Nutzer.
Reliability (Zuverlässigkeit)	Das Qualitätsmerkmal der Zuverlässigkeit beschreibt die Fähigkeit des Systems sein Leistungsniveau unter festgelegten Bedingungen über einen festgelegten Zeitraum zu bewahren. Zu den Teilmerkmalen zählen hier beispielsweise die Robustheit gegenüber fehlerhaften Eingaben, die Stabilität beim Umgang mit fehlerhaften Systemzuständen und die Wiederherstellbarkeit bei Systemausfällen.
Security (Sicherheit)	Ursprünglich dem Merkmal Funktionalität als Teilmerkmal zugeordnet, wurde der Sicherheit wegen ihrer in der Praxis deutlich steigenden Bedeutung bei der Überarbeitung des Standards eine zentralere Rolle zugeordnet. Das Merkmal umfasst alle in Bezug auf Datensicherheit relevanten Teilmerkmale wie die Datenintegrität, Authentizität und Vertraulichkeit.
Maintainability (Wartbarkeit)	Das Merkmal der Wartbarkeit, teilweise auch als Änderbarkeit bezeichnet, beschäftigt sich vorrangig mit der internen Qualität eines Systems. Zentrale Teilmerkmale hier sind der Aufwand zur Analyse eines Fehlers oder Fehlverhaltens, der Aufwand zur Durchführung von Modifikationen mit entsprechender Testbarkeit sowie die Stabilität des Systems gegenüber unerwarteten Seiteneffekten.
Portability (Portabilität)	Die Portabilität als weiteres Qualitätsmerkmal beschäftigt sich mit dem Aufwand, um ein System strukturell zu verändern, auf eine andere Umgebung zu verlagern oder einzelne Systemkomponenten auszutauschen. Als Teilmerkmale nennt der Standard die Anpassbarkeit eines Systems an unterschiedliche Umgebungen, den Aufwand zur Installation und die Austauschbarkeit von Komponenten.

Tabelle 3.2: Die Qualitätsmerkmale im Product Quality Model.

Produkt-, Projekt- und Prozessanforderungen

Funktionale Anforderungen und Qualitätsanforderungen decken einen großen Teil der typischen Anforderungen an ein neues System ab. Daneben gibt es jedoch weitere Anforderungen, die weniger mit dem System selbst und seinem Verhalten zu tun haben, sondern den Systemkontext, den Entwicklungsprozess oder die ausführende Organisation betrachten. Anforderungen dieser Art können im Allgemeinen weder den funktionalen noch den Qualitätsanforderungen zugeordnet werden. SQuaRE unterscheidet hier drei Arten von Anforderungen (▶ Tabelle 3.3).

Anforderungstyp	Beschreibung
Assigned property requirements (Anforderungen an zusätzliche Produkteigenschaften)	Hierbei handelt es sich um Anforderungen zum Management des Produkts, wie beispielsweise Anforderungen an den finalen Preis, Anforderungen an das Ausliefer- oder Fertigstellungsdatum oder Anforderungen für die Auswahl des Dienstleisters.
Development process requirements (Anforderungen an den Entwicklungsprozess)	Anforderungen an den Entwicklungsprozess betreffen beispielsweise die zu verwendenden Standards, Guidelines oder Programmierrichtlinien, Entwicklungswerkzeuge und Methoden. Hintergrund ist der Gedanke des konstruktiven Qualitätsmanagements: ein qualitativ guter Prozess wirkt sich positiv auf die Qualität des im Prozess entwickelten Produkts aus.
Development organisation requirements (Anforderungen an die ausführende Organisation)	Teilweise werden Anforderungen an die für die Entwicklung verantwortliche Organisation gestellt, wie beispielsweise das zu verwendende Vorgehensmodell, die zu erfüllenden Zertifikate oder der vorzuweisende Grad der Prozessreife.

Tabelle 3.3: Weitere Anforderungstypen nach SQuaRE.

Für manche Leser überraschend, erwähnt der SQuaRE-Standard keine sogenannten **nichtfunktionalen Anforderungen**. In der Praxis häufig verwendet, werden unter diesem Begriff alle Anforderungen subsumiert, die (wie der Name bereits nahelegt) nicht zu den funktionalen Anforderungen zählen. Im SQuaRE-Standard sind dies Qualitätsanforderungen, sowie Produkt-, Projekt- und Prozessanforderungen.

Nichtfunktionale Anforderungen und ihre Relevanz für den Erfolg eines neuen Software-Systems werden im Gegensatz zu funktionalen Anforderungen häufig unterschätzt. Funktionale Anforderungen beschreiben das fachliche Schnittstellenverhalten eines Systems. Die Anwender sagen, was sie mit dem System machen wollen und welche Ergebnisse sie vom System erwarten. Nichtfunktionale Anforderungen, insbesondere Qualitätsanforderungen, konzentrieren sich dagegen auf das technische Verhalten des Systems bei der Nutzung der fachlichen Funktionalitäten. Sie gelten über alle funktionalen Anforderungen hinweg und können im Gegensatz zu den funktionalen Anforderungen nicht als eigenständige Funktionen im System realisiert werden. Die Herausforderung liegt darin, den Code und die Infrastruktur zur Realisierung der funktionalen Anforderungen so zu konzipieren, dass die Qualitätsanforderungen implizit miterfüllt werden. Nichtfunktionale Anforderungen beeinflussen daher erheblich den Software-Entwurf.

| Exkurs | **Alternative Klassifikationen** |

Mit der Standard-Familie ISO/IEC 25000 steht den Entwicklungsprojekten ein umfassendes Qualitätsmodell für die Anforderungsermittlung zur Verfügung. Das Modell hilft bei der Suche nach den nichtfunktionalen Anforderungen für ein Software-System. Für den Einsatz in der Praxis ist das Modell jedoch in mancher Hinsicht zu abstrakt und unkonkret. Vor allem ungeübten Anwendern bietet es zu wenig Unterstützung bei der Ableitung konkreter Anforderungen aus den teilweise sehr allgemein formulierten Qualitätsmerkmalen.

Um diese Lücke zu füllen, bieten viele Autoren im Bereich Requirements Engineering eigene Klassifikationsschemata für Anforderungen an, mit der Intention dem Leser verbesserte Unterstützung bei der Anforderungsermittlung zu geben. Die Schemata orientieren sich in der Regel am ISO-Standard, berücksichtigen jedoch individuelle Erfahrungen aus der Praxis. Zu nennen sind hier etwa Ebert (Ebert), Rupp und Pohl (Rupp und Pohl), van Lamsweerde (Lamsweerde), Sommerville (Sommerville) und das Ehepaar Robertson (Robertson und Robertson).

Viele der Autoren verzichten beispielsweise auf die im SQuaRE-Standard angegebene Trennung von Projekt- und Prozessanforderungen und verwenden stattdessen den anschaulicheren Begriff der Rahmen- oder Randbedingungen bzw. Constraints (siehe (Rupp und Pohl), (Robertson und Robertson)). Rahmenbedingungen definieren Richtlinien für die Art und Weise, wie das Entwicklungsprojekt durchzuführen ist. Sie betreffen den Entwicklungsprozess (z.B. „das Entwicklerteam muss beim Kunden vor Ort arbeiten"), die IT-Strategie eines Unternehmens (z.B. „es dürfen keine Open-Source-Komponenten verwendet werden") oder Produkteigenschaften (z.B. „der Endpreis für das Produkt darf nicht höher als x Euro sein").

3.1.2 Ermittlung nichtfunktionaler Anforderungen

Im Rahmen der Anforderungsermittlung ist die entscheidende Frage, welche nichtfunktionalen Anforderungen für das System relevant sind. Qualitätsmodelle geben Hilfestellung bei der Identifikation der relevanten nichtfunktionalen Anforderungen, indem man anhand der vorgeschlagenen Merkmale die entsprechenden Fragen formuliert:

- Spielt dieses Qualitätsmerkmal/Teilmerkmal für das geplante System eine Rolle?
- Was wäre(n) die konkrete(n) Anforderung(en), die sich aus diesem Merkmal für das System ergeben?
- Mit welcher Metrik lässt sich die Erfüllung der Anforderung messen?
- Wo liegen die Akzeptanzkriterien für das System?

Qualitätsmodelle helfen dabei, keine wesentlichen (technischen) Aspekte zu vergessen. Man sollte sie jedoch mit Bedacht verwenden. Zwei typische Fehler bei der Festlegung der nichtfunktionalen Anforderungen sind die Formulierung vollkommen unnötiger Anforderungen und die Festlegung zu restriktiver Akzeptanzkriterien.

Ein häufiger Fehler in der Praxis ist die Angabe von nichtfunktionalen Anforderungen zu jedem Teilmerkmal eines Qualitätsmodells. Damit – so der Glaube – könnte man nichts falsch machen, es wurde ja auf jeden Fall an alles gedacht. Bei der Ermittlung und Spezifikation von nichtfunktionalen Anforderungen muss man sich jedoch immer vor Augen halten, dass die Umsetzung jeder Anforderung explizit Geld kostet. Je restriktiver und schwerer eine Anforderung umzusetzen oder das Akzeptanzkriterium zu erreichen ist, desto teurer wird die Realisierung des Systems.

Das Qualitätsmerkmal der Verfügbarkeit fordert beispielsweise einen angemessenen Zeitraum, zu dem Anwender das System prinzipiell nutzen können. Nun könnte man intuitiv daraus ableiten, dass die fortwährende Verfügbarkeit eines Systems ein höchstes Maß an Qualität bedeuten würde. Immer verfügbar zu sein, bedeutet jedoch, dass ein System 24 Stunden an 7 Tagen die Woche, an 52 Wochen im Jahr zur Verfügung steht und verwendet werden kann. Es darf keine geplanten Auszeiten für das Einspielen neuer Software-Versionen oder das Beheben von Fehlern geben, ganz zu schweigen von ungeplanten Ausfällen bei Systemfehlern. Immer wenn ein Anwender das System nutzen möchte, muss es verfügbar sein, rund um die Uhr.

Eine solche Anforderung kann durchaus sinnvoll sein, beispielsweise bei Systemen mit Tausenden von Kunden, die rund um den Globus online darauf zugreifen wollen. Prominente Beispiele sind etwa Google, Yahoo, eBay, Amazon oder Facebook. Die Umsetzung einer solchen Anforderung ist jedoch extrem teuer. Alle Systeme – Hardware und Software – müssen redundant zur Verfügung stehen. Zusätzliche Software und zusätzliches Personal zur Verwaltung der verschiedenen Instanzen ist notwendig – alles nur um sicherzustellen, dass ungeplante wie geplante Systemausfälle von den Anwendern nicht bemerkt werden.

Es gibt viele Systeme, für die ein solcher Aufwand nicht notwendig ist, wie beispielsweise das Buchhaltungssystem in einem Unternehmen, das zu den üblichen Arbeitszeiten von 8 bis 17 Uhr zur Verfügung stehen muss, am Abend oder am Wochenende jedoch genug Spielraum für geplante Wartungsarbeiten lässt. Auch in diesem Fall wäre eine Anforderung an die Verfügbarkeit notwendig, jedoch mit sehr viel weicheren Kriterien. Für lokale Anwendungen wie beispielsweise Editoren, Bildbearbeitungssysteme oder Office-Anwendungen spielt die Verfügbarkeit dagegen keine Rolle.

Die Beispiele zeigen, dass nichtfunktionale Anforderungen mehr noch als funktionale Anforderungen an die Eigenheiten des jeweiligen Systems und an den späteren Einsatzkontext angepasst werden müssen. Die relevanten Merkmale sollten mit Vorsicht gewählt und auf ihre Sinnhaftigkeit geprüft werden. Dies gilt für die Merkmale an sich, aber in verstärktem Maße für die Akzeptanzkriterien zum Nachweis ihrer Erfüllung. Eine unnötige Anforderung, die keinen speziellen Akzeptanzwerte fordert, ist zwar überflüssig, schadet jedoch nicht so sehr wie eine notwendige Anforderung mit einem zu restriktiven Akzeptanzwert.

Bei der Entscheidung, ob eine spezifische nichtfunktionale Anforderung mit in die Anforderungsliste für ein System aufgenommen werden soll oder nicht, hilft eine klare Formulierung für die Motivation, die besagt, warum diese Anforderung für das System wichtig ist und warum die Einhaltung der definierten Akzeptanzwerte notwendig ist.

Das Vorgehen zur Dokumentation nichtfunktionaler Anforderungen mit Metriken und Akzeptanzkriterien wird in Kapitel 4 „Anforderungsdokumentation" im Detail behandelt.

3.1.3 Abgrenzung funktional und nichtfunktional

Auf den ersten Blick scheint der Unterschied zwischen funktionalen und nichtfunktionalen Anforderungen eindeutig zu sein: funktional entspricht fachlichem Ablauf, nichtfunktional entspricht nichtfachlicher (technischer oder organisatorischer) Eigenschaft. Das Problem steckt jedoch, wie immer, im Detail. Wie würde sich beispielsweise in diesem Schema die Anforderung nach Mehrsprachigkeit einordnen lassen, d.h., ein System soll in mehreren Sprachen – etwa Englisch, Französisch und Deutsch – zur Verfügung stehen? Handelt es sich hier um eine funktionale Anforderung im Sinn eines Dienstes, den das System leisten soll, oder eher um eine technische Eigenschaft des Systems im Sinne einer Antwortzeit oder Performanz?

Als weiteres Beispiel könnte man die Anforderung nach fachlicher Datenkonsistenz bei redundanten Datensätzen nennen. Wird ein Datensatz in einer Datenbank geändert, dann muss diese Änderung an seinem redundanten Datensatz in der anderen Datenbank unmittelbar nachgezogen werden. Wieder stellt sich die Frage, handelt es sich hier um eine technische Eigenschaft oder um eine fachliche Funktionalität?

Die hier beispielhaft genannten Anforderungen lassen sich am ehesten als fachliche Eigenschaften charakterisieren. Sie beschreiben Eigenschaften der funktionalen Anforderungen selbst, nicht des Systems. Die Frage ist somit, ob fachliche Eigenschaften den funktionalen Anforderungen zugeordnet werden (da „fachlich") oder den nichtfunktionalen Anforderungen (da „Eigenschaft")?

Die Grenze zwischen funktional und nichtfunktional ist – wie die Beispiele zeigen – nicht immer eindeutig schwarz-weiß, sondern lässt durchaus Zwischentöne zu. Eine eindeutige Zuordnung zur einen oder anderen Anforderungsklasse ist nicht immer möglich. Was für den einen zu den funktionalen Anforderungen gehört, ordnet der andere den nichtfunktionalen Anforderungen zu und umgekehrt. Keiner der beiden Ansätze wäre tatsächlich falsch.

Was bedeutet dies nun für die Anforderungsermittlung? Die Klassifikation der Anforderungen in funktional und nichtfunktional hilft bei der systematischen Suche nach den relevanten Anforderungen. Ob eine Anforderung jedoch als funktional oder nichtfunktional eingeordnet wird, spielt letztlich keine Rolle. Entscheidend ist, dass sie nicht vergessen wird!

3.2 Anforderungsquellen

Relevante Anforderungen kann man nur finden, wenn man die Stellen kennt, an denen man sie suchen muss. Offensichtliche Anforderungsquelle für ein Software-System sind alle seine Stakeholder. Als Stakeholder bezeichnet man alle Personen bzw. Rollen, die ein echtes Interesse an dem geplanten System und seinem Erfolg haben. Dies sind allen voran die späteren Anwender, aber auch andere wie beispielsweise der Betrieb, das Management, das Marketing, der Support etc. Eine ausführliche Diskussion zum Thema Stakeholder-Management findet sich in Kapitel 2 „Systemkontext".

Neben den Stakeholdern gibt es jedoch auch andere, auf den ersten Blick nicht so offensichtliche Quellen, die bei der Suche nach Anforderungen herangezogen werden sollten: Quellen in Papierform, Quellen in Form von Software bis hin zu Internet-Quellen. Im Folgenden werden einige typische Anforderungsquellen vorgestellt, wie sie in der Praxis häufig anzutreffen sind. Welche Quellen im konkreten Fall verwendet werden, hängt von der jeweiligen Situation ab und muss von Projekt zu Projekt entschieden werden.

Existierende Dokumentation: Dokumente jeglicher Art sind eine zentrale Quelle, wenn es um die Ermittlung von Anforderungen geht. Für bereits existierende Systeme, die abgelöst oder weiterentwickelt werden, sind in der Regel eine Reihe von Dokumenten vorhanden, die Informationen zum System selbst und zum Systemkontext enthalten. Dazu gehören alte Lastenhefte, Datenmodelle, Schulungsunterlagen, Systemdokumentationen oder Betriebskonzepte. Durch Analyse der Dokumente lassen sich funktionale und nichtfunktionale Anforderungen ermitteln, die in gleicher oder ähnlicher Form im neuen System übernommen werden sollten. Für die Entwicklung von Neusystemen können Dokumente in Form von bereits durchgeführten Marktanalysen eine wertvolle Anforderungsquelle darstellen.

Das Altsystem: Ziel eines Entwicklungsprojekts kann die Ablösung eines bereits bestehenden Systems sein. Hintergrund ist in der Regel die Aktualisierung der verwendeten Plattformen und Technologien. Die Funktionalität des Altsystems wird übernommen und dabei überarbeitet und erweitert. Aus der Funktionalität des Altsystems ergeben sich dementsprechend Anforderungen an das neue System. Gerade bei Altsystemen, die seit Jahrzehnten in Betrieb sind und die immer wieder angepasst wurden, ist Dokumentation nur spärlich, wenn überhaupt, vorhanden und nicht selten qualitativ ungeeignet für eine umfassende Anforderungsanalyse. In solchen Fällen ist eine Analyse des Altsystems selbst notwendig, um an die entsprechenden Informationen zu gelangen. Im Rahmen der Analyse wird das Schnittstellenverhalten des Systems analysiert und dokumentiert. In Einzelfällen kann auch – vorausgesetzt der Quellcode ist noch verfügbar – eine Code-Analyse sinnvoll sein.

Konkurrenzprodukte: Eine nicht zu unterschätzende Anforderungsquelle, vor allem für die Entwicklung neuer Produkte, sind Konkurrenzprodukte anderer Anbieter. Wer ein neues Produkt auf den Markt bringen möchte, muss wissen, was den Erfolg seiner Konkurrenten ausmacht, welche Funktionalitäten sie anbieten und welche Besonderheiten ihre Produkte auszeichnen. Daraus kann ein Unternehmen eine Strategie ableiten, wie es sich von seinen Konkurrenten abheben möchte und welche Alleinstellungsmerkmale sein Produkt haben soll. Eine Analyse der Konkurrenzprodukte umfasst beispielsweise die Untersuchung der Produkte selbst, die Analyse der (frei) verfügbaren Dokumentation oder gegebenenfalls eine Befragung der Marketing-Abteilung des Konkurrenzunternehmens.

Gesetze, Normen, Standards: In bestimmten Bereichen spielen Gesetze, Normen und Standards eine wichtige Rolle. So muss eine Software für Steuererklärungen beispielsweise die aktuelle Steuergesetzgebung berücksichtigen, ein Versicherungssystem neu erlassene Gesetze zur gesetzlichen oder privaten Krankenversicherung. Ein weiteres bekanntes Beispiel ist das als Sarbanes-Oxley-Act (SOX) bekannte Gesetz, das von allen in den USA börsennotierten Unternehmen ein internes Kontrollsystem für die Rechnungslegung verlangt. Die Umsetzung dieses Gesetzes war – auch in Europa – für eine Reihe von Projekten zur Systemanpassung in diesem und im letzten Jahrzehnt verantwortlich. Eine weitere relevante Norm, die sich mit Anforderungen an Sicherheitssysteme in der Anlagensicherheit beschäftigt, ist DIN EN 61508-3[1].

Strategie-Richtlinien: Strategische Unternehmensziele geben die Richtung vor, in der ein Unternehmen sich weiterentwickeln möchte. Dies kann beispielsweise die erfolgreiche Positionierung des Unternehmens in einem neuen Marktsegment sein, die Verdoppelung des Umsatzes in den nächsten fünf Jahren oder die Expansion in neue Länder und Kontinente. Unternehmensziele sind von Natur aus allgemein und müssen zur konkreten Umsetzung auf Teilziele heruntergebrochen werden (siehe Kapitel 2). Die Expansion eines Unternehmens hätte beispielsweise zur Folge, dass alle seine Produkte oder Systeme internationalisiert werden müssen. Konkret bedeutet dies die Unterstützung von Mehrsprachigkeit aller Dialoge in allen Systemen sowie die Berücksichtigung lokaler Besonderheiten, wie beispielsweise das Datumsformat. Aus dem abstrakten Ziel der Expansion ergibt sich so eine Reihe von Anforderungen, die in jedem Entwicklungsprojekt des Unternehmens berücksichtigt werden müssen.

Fachliteratur: Fachliteratur kann eine Anforderungsquelle darstellen, wenn in einem Projekt unbekannte Fachthemen eine Rolle spielen. Wird beispielsweise ein neues System zur Konzernbilanzierung entwickelt, so ist entsprechende Literatur zum Thema Konzernstrukturen und Bilanzierung wichtig. Sie gibt die Begriffswelt vor und definiert den theoretischen Hintergrund sowie die verwendeten Algorithmen.

3.3 Ermittlungstechniken

Hat man die relevanten Anforderungsquellen identifiziert, gilt es die Anforderungen tatsächlich zu ermitteln. Die Techniken zur Ermittlung unterscheiden sich naturgemäß je nach Quellentyp. Während die Analyse von Altsystemen oder Dokumenten normalerweise wenige Probleme bereiten, liegt die Herausforderung in der Ermittlung der Anforderungen von Personen.

---

1   DIN EN 61508-3 VDE 0803-3:2011-02

Studien zeigen immer wieder die Wichtigkeit einer vollständigen und stabilen Anforderungsbasis für den Erfolg eines Entwicklungsprojekts. Dennoch werden auch heute fehlende oder sich ändernde Anforderungen als häufiger Grund für das Scheitern von Projekten genannt (Standish Group). Die Ursachen liegen zu einem nicht unerheblichen Teil in einem gängigen Missverständnis: Anforderungsermittlung sei Sache der Entwickler, also IT-begeisterter Personen, die ihr Gebiet in der Regel hervorragend beherrschen und ein breites Spektrum an technischen Lösungen kennen, bewerten und anwenden können.

Anforderungsermittlung ist jedoch eine Disziplin, die viel mit Kommunikation, einiges mit Psychologie und nur sehr wenig mit Technik zu tun hat. Sie steht an der Schnittstelle zwischen den Stakeholdern mit wenig Wissen über IT und den Entwicklern mit wenig Wissen über Problemstellung und fachlichen Hintergrund. Die Stakeholder erzählen aus ihrer Sicht und in ihrer Sprache, was sie als ihr Problem sehen und wie ein System dieses Problem lösen könnte. Herausforderung für die Anforderungsermittlung und insbesondere den Requirements Engineer ist das Erlernen dieser „Sprache". Er muss die fachliche Problemstellung verstehen und in eine vollständige und konsistente Darstellung übersetzen, die dann als Grundlage für die Realisierung einer Lösung dienen kann.

Erschwerend kommt hinzu, dass die Stakeholder zwar normalerweise eine gute Idee zur Problematik haben, die gelöst werden soll, jedoch wenig Erfahrung haben, dies so exakt in Worten auszudrücken, wie es zur Realisierung der Lösung notwendig wäre. Anforderungsermittlung ist daher ein Lernprozess für Stakeholder und Requirements Engineer gleichermaßen, mit dem Ziel eine grobe Projektidee in eine Liste konkreter Anforderungen zu übersetzen.

Im Folgenden werden einige Techniken vorgestellt, die diesen Lernprozess unterstützen. Die vorgestellten Methoden stellen nur einen kleinen Ausschnitt an Möglichkeiten zur Anforderungsermittlung dar. So vielfältig der jeweilige Systemkontext ist, so unterschiedlich sind die Methoden, die eingesetzt werden können. Eine sehr schöne Übersicht zur Relevanz verschiedener Ermittlungsmethoden in der Praxis liefert außerdem die Studie von Colin und Laplante (Colin und Laplante).

3.3.1 Interview-Techniken

Kommunikation spielt bei der Anforderungsermittlung eine wichtige Rolle und Kommunikation steht im Fokus der Interview-Techniken. Stakeholder werden allein oder in der Gruppe, mündlich oder mithilfe vorbereiteter Fragen zu Problembereich, Prozess, Anforderungen, Zielen und Wünschen bezüglich des geplanten Systems befragt. Interviews sind unabhängig vom Requirements Engineering eine gängige Technik zur Befragung einzelner Personen zu einem bestimmten Thema. Beteiligt sind zwei Rollen: der (oder die) Interviewer als Fragende(r) und der (oder die) Befragte(n) als Informationslieferanten. Zur Durchführung von Interviews stehen unterschiedliche Methoden zur Verfügung.

Praxistipp: Kommunikationstraining

Die Durchführung von Interviews und Workshops erfordert ein gewisses Maß an Fingerspitzengefühl im Umgang mit dem Interviewpartner. Um hier bessere Ergebnisse zu erreichen, empfiehlt sich der Besuch eines Kommunikationstrainings zur Vorbereitung, in welchem beispielsweise das Moderieren von Gesprächen, das Führen von Konfliktgesprächen, das Deuten von Körpersignalen und das aktive Zuhören geübt werden können.

Offenes Interview

Bei einem offenen Interview findet zwischen Interviewer und befragter Person ein freies Gespräch statt. Das Thema wird zu Beginn festgelegt. Ablauf und Ziel des Interviews entwickeln sich im Verlauf des Gesprächs, das vom Interviewer behutsam moderiert wird. Ziel eines offenen Interviews ist es, die befragte Person unbeeinflusst von lenkenden Fragen möglichst frei sprechen zu lassen und so neue, unbekannte Informationen zu erhalten. Offene Interviews eignen sich beispielsweise hervorragend bei der Befragung von Personen zu ihrer Biografie.

In bestimmten Situationen können offene Interviews eine hilfreiche Technik in der Anforderungsermittlung sein, beispielsweise als Einstieg in den Ermittlungsprozess. Der Interviewer – der Requirements Engineer – erhält ein allgemeines Bild der Situation, kann die genannten Probleme einordnen und die Lösungswünsche nachvollziehen. Die so erhaltenen Informationen können später – gegebenenfalls in einem leitfadengestützten oder geschlossenen Interview – näher geklärt werden.

Leitfadengestütztes Interview

Bei leitfadengestützten Interviews orientiert sich das Gespräch zwischen Interviewer und befragter Person an einem im Vorfeld erarbeiteten (und gegebenenfalls abgestimmten) Fragenkatalog. Der Interviewer steuert so den Gesprächsverlauf und stellt sicher, dass relevante Fragen auf jeden Fall behandelt werden. Im Gespräch können weitere Themenfelder besprochen werden, die sich beispielsweise aus dem Gespräch heraus ergeben. Vorteil der leitfadengestützten Interviews ist, dass sie zielgerichteter sind als offene Interviews, aber immer noch genug Spielraum für unvorhergesehene Wendungen im Gespräch und neue Erkenntnisse bieten.

In der Anforderungsermittlung eignen sich leitfadengestützte Interviews zur Befragung einer überschaubaren Anzahl an Stakeholdern – in der Regel wichtige Wissensträger, wie beispielsweise die Anwender des Altsystems –, die für ein persönliches Gespräch zur Verfügung stehen.

Geschlossenes Interview

Geschlossene Interviews werden mithilfe von Fragebögen durchgeführt, die vom Interviewer im Vorfeld erarbeitet und von den befragten Personen in Eigenregie oder im Gespräch mit dem Interviewer ausgefüllt werden. Die Fragen sind fest vorgegeben, eine

Auswahl möglicher Antworten ebenfalls. Gegebenenfalls werden zu manchen Fragen offene Kurzantworten zugelassen.

Geschlossene Interviews lassen bewusst wenig Spielraum für offene Gespräche oder Diskussionen abseits vom Thema. Sie geben einen klaren Rahmen mit einem definierten Ziel vor. Sie erlauben beispielsweise eine effiziente Befragung vieler, gegebenenfalls auch auf unterschiedliche Standorte verteilter Personen.

Ziel geschlossener Interviews ist die Bestätigung und Vertiefung bereits vorhandenen Wissens. Da das Lernen von den Stakeholdern – also die Erweiterung des eigenen Wissens – für den Requirements Engineer ein wesentliches Ziel der Anforderungsermittlung ist, eignen sich geschlossene Interviews nur für sehr spezifische Situationen.

Fokusgruppe

Als Fokusgruppe bezeichnet man eine spezielle Form der moderierten Gruppendiskussion mit ca. 6 bis 10 Teilnehmern, die ein im Voraus festgelegtes Thema gemeinsam diskutieren. Das Konzept ist ähnlich zum leitfadengestützten Interview, nur dass in diesem Fall alle Interview-Teilnehmer gemeinsam die Fragen diskutieren. Hintergrund ist die durch das gemeinsame Erlebnis (die Gruppendiskussion) hervorgerufene Gruppendynamik. Durch lockere Stimmung und Offenheit der Teilnehmer untereinander entsteht im Idealfall eine Gesprächsatmosphäre, die gute Ideen und Diskussionen zum Thema hervorruft.

Geleitet werden Fokusgruppen von einem Moderator. Seine Aufgabe ist es anhand eines Leitfadens das Gespräch zu steuern, sodass es zwar entspannt und locker verläuft, jedoch gleichzeitig produktiv bleibt und nicht vom Thema abgewichen wird. Für das Gespräch gelten die Regeln der Vertraulichkeit, der Offenheit und des respektvollen Umgang mit unterschiedlichen Meinungen. Eine vollständige schriftliche Protokollierung solcher Gespräche ist bei so vielen Teilnehmern häufig schwierig. Damit keine Ergebnisse verloren gehen und die Diskussion besser ausgewertet werden kann, bietet es sich an, eine Audioaufnahme des Gesprächs zu machen.

Fokusgruppen können überall eingesetzt werden, wo auch Einzelinterviews möglich sind. Ihr Vorteil gegenüber den Einzelinterviews ist der geringere Zeitaufwand, da alle Interviews sozusagen gleichzeitig durchgeführt werden, aber insbesondere auch der durch die Gruppendynamik zu erwartende höhere Output des Gesprächs. Nachteil ist eventuell eine ungewollte gegenseitige Beeinflussung der Gruppenteilnehmer im Gesprächsverlauf.

Vergleich der Interview-Typen

Jede der genannten Interview-Typen eignet sich für bestimmte Zwecke. Im Rahmen der Anforderungsermittlung können durchaus mehrere ihre Verwendung finden. ▶ Tabelle 3.4 stellt die vier Interview-Typen mit Einsatzmöglichkeit im Ermittlungsprozess und jeweiliger Zielrichtung vor.

Interview-Typ	Einsatz	Ziel
Offenes Interview	Überschaubare Anzahl an Interviewpartnern mit geringem fachlichem Wissen, aber hoher Relevanz für das System. Die befragten Personen stammen üblicherweise aus dem höheren Management.	Klärung der allgemeinen Problemstellung und der gewünschten Ziele.
Leitfadengestütztes Interview	Überschaubare Anzahl an Interviewpartnern mit tiefem fachlichem Wissen zum System. Befragte Personen sind häufig Anwender eines abzulösenden Altsystems oder Prozessverantwortliche.	Klärung konkreter Fragestellungen und Ermittlung von ersten Anforderungen.
Geschlossenes Interview	Hohe Anzahl an Interviewpartnern, die räumlich verteilt sind. Die Relevanz der Personen für das System ist in der Regel eher gering. Ihre Erfahrung ist jedoch relevant für die Systementwicklung. Geschlossene Interviews eignen sich beispielsweise auch zu Onlinebefragungen eines großen Kundenkreises zu Wünschen an das System.	Ermittlung von Tendenzen bei den Stakeholdern. Prüfung der Relevanz konkreter Fragestellungen.
Fokusgruppe	Überschaubare Anzahl an Interviewpartnern. Eignet sich als Alternative zu offenen oder leitfadengestützten Interviews. Einsatz beispielsweise bei knappem Zeitplan, zur Ermittlung schlecht dokumentierter Ad-hoc-Prozesse oder zur zeitnahen Aufklärung von Widersprüchen und Missverständnissen.	Je nach Zielsetzung der Fokusgruppe Klärung konkreter oder allgemeiner Fragestellungen im Gespräch.

Tabelle 3.4: Interview-Techniken im Vergleich.

Methode	**Leitfadengestütztes Interview**

Um ein möglichst gutes Ergebnis zu erreichen, brauchen Interviews eine gute Planung und eine methodische Durchführung. Am Beispiel des leitfadengestützten Interviews wird im Folgenden ein typischer Ablauf mit Vorbereitung, Durchführung und Nachbereitung aus Sicht des Interviewers dargestellt. ▶ Abbildung 3.4 fasst abschließend den Prozess zusammen.

Vorbereitungsphase: In der Vorbereitungsphase werden die Ziele für das Interview möglichst genau abgesteckt und dementsprechend geeignete Interview-Kandidaten ausgewählt. Bei der Wahl der Kandidaten sollte darauf geachtet werden, ein möglichst breites Spektrum des gesuchten Know-hows zu erhalten. Die Kandidaten sollten außerdem bereit sein, als Interviewpartner zu agieren und die entsprechenden Zeitressourcen zur Verfügung haben. Interviews erfordern sowohl vom Interviewer wie auch von den befragten Personen einen gewissen Aufwand. Stehen die Interview-Kandidaten fest, bereitet der Interviewer die Befragungen sowohl organisatorisch (Termin, Raum) als auch inhaltlich (Fragebogen) vor.

Durchführungsphase: Die Befragung der Kandidaten erfolgt in Einzelgesprächen. Zu Beginn des Gesprächs wird noch einmal die Zielsetzung klar festgelegt und der Interviewer führt in das Thema ein. Die anschließende Befragung wird vom Interviewer gesteuert. Er hat dabei alle Freiheiten zur Gestaltung des Gesprächs. Die Antworten werden ebenfalls von ihm dokumentiert. Am Ende des Interviews sollten alle Fragen diskutiert und beantwortet sein. Der Interviewer schließt das Gespräch mit einer Zusammenfassung und einem Ausblick auf die nächsten Schritte.

Nachbereitungsphase: Wurden alle Interviews geführt, beginnt die Aufbereitung der Ergebnisse durch den Interviewer. Diese sollte in zwei Stufen erfolgen. In einem ersten Schritt werden die Ergebnisse der Interviews möglichst ohne Interpretation durch den Interviewer zusammengefasst. Diese Ergebnisse sollten auf jeden Fall mit den Interview-Kandidaten abgestimmt werden. Nur so wird sichergestellt, dass die Antworten der Interview-Kandidaten nicht durch subjektive Interpretationen des Interviewers verfälscht wurden. Erst in einem zweiten Schritt werden die Ergebnisse der Interviews weiterverarbeitet und beispielsweise zur Identifizierung von Anforderungen genutzt.

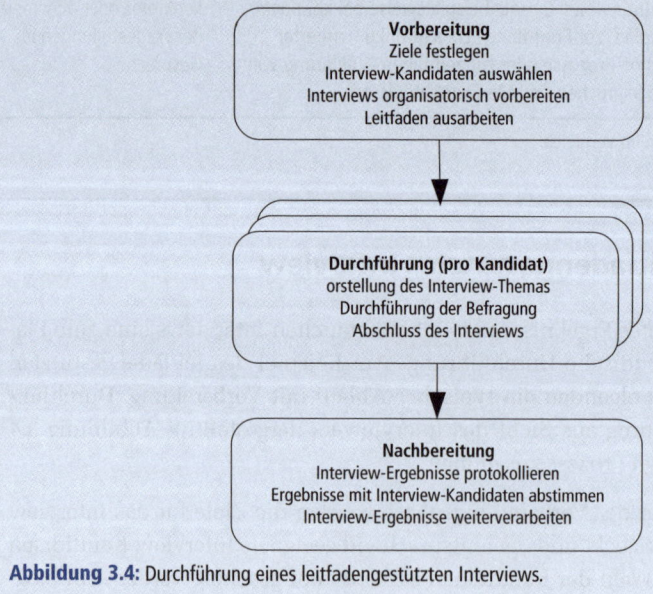

Abbildung 3.4: Durchführung eines leitfadengestützten Interviews.

3.3.2 Kreativitätstechniken

Interviews helfen durch ihren strukturierten Ablauf an unbewusste, vergessene oder für unwichtig empfundene Informationen heranzukommen. Sie helfen jedoch nur bedingt, wenn es sich um Anforderungen an ein vollständig neu zu entwickelndes System handelt. In solchen Fällen besteht die Herausforderung darin, neue und überraschende Ideen zu entwickeln, statt immer alt bekannte Lösungen aufzuwärmen. Kreativtechniken zielen darauf ab, spielerisch kreative Ideen zu einem bestimmten Thema zu sammeln.

Mind-Mapping

Eine Möglichkeit zur Erfassung und Dokumentation kreativer Ideen ist die Verwendung von Mind-Maps. Entwickelt wurde die Mind-Map (Gedankenkarte) von dem Psychologen Tony Buzan (Buzan) als Methode zur visuellen Darstellung eines beliebigen Themenbereichs.

Eine Mind-Map ist vergleichbar zu einer fächerartig aufgedrehten Baumstruktur. Benötigt werden in der einfachsten Version lediglich ein Blatt weißes Papier und ein Stift. In der Mitte des Blatts wird das Thema der Map möglichst genau angegeben. Rund um das Thema (den Stamm) werden die Hauptthemen an Ästen angeordnet. Diese werden beliebig tief zu Unterästen mit Teilthemen verfeinert. Zwischen den Ästen können Querverbindungen mit zusätzlichen Informationen eingezeichnet werden. Zur Veranschaulichung kann die Map um beliebige gestalterische Elemente angereichert werden, wie unterschiedliche Farben oder Bildelemente.

Mind-Maps sind eine Technik, die flexibel in beliebigem Kontext eingesetzt werden kann. In der Anforderungsermittlung eignen sie sich beispielsweise zur gemeinsamen Entwicklung einer „Anforderungslandkarte". Das zentrale Thema der Map ist das System, welches entwickelt werden soll, Hauptthemen und Verfeinerungen entsprechen Anforderungen. Eine Mind-Map kann beispielsweise im Rahmen eines Workshops mit den Stakeholdern entwickelt werden. Es gibt heute eine Reihe von Werkzeugen, die die Entwicklung von Mind-Maps am Computer unterstützen.[2] ▶ Abbildung 3.5 zeigt ein Beispiel einer Mind-Map.

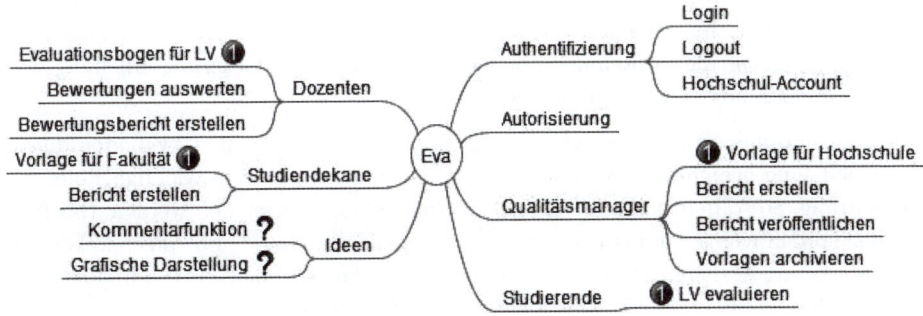

Abbildung 3.5: Beispiel einer Mind-Map.

Brainstorming

Brainstorming ist eine häufig verwendete Methode zur Steigerung der Kreativität. Angewendet wird sie nicht nur im Requirements Engineering, sondern in vielen Bereichen, in denen kreatives Denken gefordert ist. Ziel der Methode ist eine möglichst freie und

---

2 Beispiel für ein freies Mind-Mapping Werkzeug: *http://freemind.softonic.de/*

ungehemmte Produktion von Ideen in möglichst kurzer Zeit. Brainstormings werden in der Gruppe, üblicherweise im Rahmen von Workshops durchgeführt. Die Durchführung erfolgt nach festen Regeln, die darauf abzielen, den Kreativitätsfluss nicht durch unnötige Einschränkungen zu behindern. Die wichtigsten Regeln in einer Brainstorming-Sitzung sind:

- Der Ablauf erfolgt innerhalb eines festen Zeitrahmens mit Einführung, Brainstorming-Phase und Nachbereitung.

- In der Brainstorming-Phase ist alles erlaubt. Es gibt keine unnötig einschränkenden Vorgaben für das Spinnen von Ideen.

- Kritik an Ideen während der Brainstorming-Phase ist nicht erlaubt. Aufnehmen und Weiterspinnen von Ideen jedoch schon.

- Während der Brainstorming-Phase gibt es keine detaillierteren Diskussionen.

Organisiert und geleitet wird ein Brainstorming von einem Moderator. Seine Aufgaben sind die Organisation des Brainstorming-Workshops, die Überwachung der Regeln sowie die Zusammenführung und Dokumentation des Ergebnisses. Während der kreativen Brainstorming-Phase ist es insbesondere seine Aufgabe dafür zu sorgen, dass der Ideenfluss erhalten bleibt und nicht durch Diskussionen in falsche Bahnen gelenkt wird. Auch darf kein Ungleichgewicht zwischen den Teilnehmern entstehen, falls beispielsweise ein sehr dominanter Teilnehmer bewusst oder unbewusst die Ideenproduktion in eine bestimmte Richtung zu steuern versucht, während andere sich aus der Diskussion zurückziehen.

Im Rahmen der Anforderungsermittlung eignet sich diese Methode immer dann, wenn neue und ungewöhnliche Ideen gefragt sind, wie beispielsweise bei der Entwicklung neuer Produkte, die am Markt gegen erfolgreiche Konkurrenten bestehen müssen. Mit Brainstorming werden im Idealfall aus dem Unterbewusstsein der Teilnehmer Ideen für vollkommen neue Funktionalität und Systemeigenschaften – vergleichbar zu einem Schatz – gehoben, die im Rahmen einer konventionellen Anforderungserhebung vermutlich niemals ans Licht gekommen wären.

Ein Brainstorming ist eine typische Gruppenmethode. Wie bei allen Methoden dieser Art spielt eine geeignete Zusammensetzung der Teilnehmer eine wichtige Rolle für ihren Erfolg. So sollten starke hierarchische Unterschiede vermieden werden. Die Teilnehmer sollten weitgehend auf Augenhöhe miteinander arbeiten und sprechen können (der Marketing-Assistent in der Probezeit wird in Anwesenheit eines Mitglieds der Geschäftsleitung nicht immer seine Ideen offen präsentieren).

Ein weiterer Aspekt ist die fachliche Zusammensetzung der Gruppe. Ist die Entwicklung eines Systems geplant, sollte von allen relevanten Stakeholdern mindestens ein Vertreter am Brainstorming teilnehmen. Ist kein Vertreter verfügbar – beispielsweise ein Kunde – sollten andere Teilnehmer diese Rolle übernehmen.

Die Anzahl der Teilnehmer pro Stakeholder-Typ sollte der Relevanz der Stakeholder für das System entsprechen. Eine Gruppe mit einem Anwender, aber fünf Vertretern aus dem Betrieb wird schwerlich eine ausgewogene Liste an fachlichen Anforderungen für das System finden.

Die Dauer eines Brainstorming-Workshops hängt von der jeweiligen Zielsetzung ab und kann unterschiedlich geplant werden. Für jeden Workshop sollte jedoch der Zeitplan von vornherein klar festgelegt sein und vom Moderator strikt eingehalten werden.

Methode   **Brainstorming-Workshop**

Im Folgenden wird ein beispielhafter Ablauf für einen Brainstorming-Workshop vorgestellt. Zur Sammlung der Ideen wird die sogenannte Metaplan-Technik verwendet, eine Moderationsmethode, bei der mithilfe von Karten Ideen in der Gruppe systematisch gesammelt und visualisiert werden.

Zur Vorbereitung des Workshops organisiert der Moderator einen geeigneten Raum und lädt die entsprechenden Teilnehmer zum Brainstorming-Workshop ein. Zu Beginn des Workshops erläutert der Moderator das Thema und das Ziel der Brainstorming-Sitzung. Eventuell noch offene Fragen werden geklärt. Im Anschluss werden die Metaplan-Karten verteilt.

Die Teilnehmer haben nun 10 Minuten Zeit, um ihre Ideen zum Thema in Stichworten auf den Karten zu notieren – pro Idee eine Karte. Während dieser Zeit sollte möglichst nicht gesprochen oder diskutiert werden. Am Ende sammelt der Moderator die Karten ein. Im Plenum wird nun jede Karte der Reihe nach besprochen. Der Autor der Karte erläutert seine Idee, die übrigen Teilnehmer dürfen nachfragen. Diskussionen sind nun erlaubt. Falls in der Diskussion neue Ideen entstehen, werden diese auf weiteren Karten notiert.

Die Karten werden an einer Pinnwand nach einem bestimmten Schema zusammengefasst (Cluster) und angepinnt. Das Kriterium für die Cluster sollte von den Teilnehmern gemeinsam vereinbart werden. Möglich wäre beispielsweise eine Sortierung der Anforderungen nach Stakeholdern oder eine Sortierung nach fachlicher Zusammengehörigkeit. Die Cluster helfen dabei, die Flut der Ideen zu kanalisieren und dabei gegebenenfalls offensichtliche Lücken in den Ideen zu entdecken.

Wurden alle Ideen vorgestellt, diskutiert und einem Cluster zugeordnet, wird das Ergebnis noch einmal gemeinsam geprüft und gegebenenfalls angepasst. Ziel sollte sein, dass alle Anwesenden mit dem erarbeiteten Ergebnis zufrieden sind. Der Moderator beendet den Workshop und kümmert sich um die Dokumentation des Ergebnisses, welches nun als weitere Anforderungsquelle in den Prozess zur Anforderungsermittlung einfließt.

Rollenspiel

In einem Rollenspiel übernehmen die Teilnehmer Rollen von fiktiven Charakteren und spielen bestimmte Szenen in der realen Welt oder in erdachten Welten durch. Dies kann zu therapeutischen Zwecken, zur Übung bestimmter Situationen oder einfach zum Zeitvertreib geschehen. Das Rollenspiel eignet sich jedoch auch als eine Ermittlungsmethode im Requirements-Engineering-Prozess. Ziel ist dabei, durch kontrolliertes

Spielen fehlende Informationen zu Abläufen zu sammeln – beispielsweise das Zusammenspiel von Systemen und Personen zur Realisierung eines Workflows – oder neue Abläufe zu entwickeln und ihre Eignung zu testen.

Eine Rolle in einem Rollenspiel kann prinzipiell jedes Konzept im Prozess darstellen: eine Person, ein System, eine Systemkomponente oder auch ein einzelnes technisches Artefakt, wie beispielsweise ein Schalter oder eine Anzeigetafel. Für jede Rolle wird eine Karte vorbereitet mit einer genauen Definition ihrer Tätigkeiten, ihrer Verantwortlichkeiten, ihres Verhaltens und ihrer Interaktionen mit Nachbarrollen. Jede am Rollenspiel teilnehmende Person erhält eine Karte. Dann wird gemeinsam der Ablauf durchgespielt. Jede Rolle spielt (mit Worten oder real) ihr Verhalten entsprechend der Beschreibung auf ihrer Karte. Die Reihenfolge wird dabei durch die Interaktionen auf den Karten vorgegeben. Treten im Ablauf Lücken, Fehler oder Inkonsistenzen auf, werden diese sofort verbessert und auf den Karten vervollständigt. Das Spiel wird so lange wiederholt, bis der Ablauf von allen Beteiligten für stimmig und vollständig erklärt wird.

Im Zentrum des Rollenspiels stehen die Karten. Mit ihrer Qualität steht und fällt der Erfolg dieser Methode. Sie müssen zu Beginn sorgfältig und möglichst vollständig ausgearbeitet werden. Änderungen, die sich im Verlauf des Spiels ergeben, müssen sorgfältig nachgetragen werden.

Rollenspiele eignen sich beispielsweise zur Analyse unbekannter oder nicht ausreichend dokumentierter Prozesse, die durch ein System unterstützt werden sollen. Mit ihrer Hilfe kann ermittelt werden, wie der Prozess aussieht und welche unterstützenden Funktionalitäten das System anbieten sollte. Wird statt einzelner Karten für jede Rolle ein gemeinsames Skript verwendet – sozusagen als Drehbuch für das Rollenspiel –, dann spricht man auch von einem **Scripted Walkthrough**.

3.3.3 Modellbasierte Techniken

Modelle, die zur Ermittlung der Anforderungen eingesetzt werden, erheben in der Regel keinen Anspruch auf Exaktheit und Vollständigkeit. Ihre Aufgabe ist es unpräzise umgangssprachliche Beschreibungen in eine strukturierte visuelle Form zu bringen und so die Abstimmung der beteiligten Personen über bestimmte Sachverhalte zu unterstützen.

Szenarien

Szenarien sind eine einfache Methode zur skizzenhaften Darstellung von Abläufen. Mit ihrer Hilfe lässt sich beispielhaft zeigen, welche Schritte im Einzelnen durchgeführt werden müssen, um beispielsweise einen neuen Versicherungsvertrag zu beantragen oder einen Film mit dem DVD-Player aufzunehmen. Verwendet wird die Technik vor allem zur Abklärung besonders komplexer Abläufe, zur Vervollständigung unklarer Abläufe oder zur Optimierung ineffizienter Abläufe. Szenarien lassen sich unterschiedlich einsetzen, beispielsweise in Diskussionen als schnelle Skizzen an der Tafel, in Abstimmungsdokumenten zur Visualisierung des abgestimmten Ergebnisses oder als Ablaufbeispiele in der Anforderungsspezifikation. Zu beachten ist jedoch, dass solche

Szenarien beispielhaften Charakter haben und nie den Anspruch der Vollständigkeit erfüllen (sollten).

Szenarien können textuell und grafisch beschrieben werden. Die textuelle Beschreibung erfolgt in strukturierter Form, beispielsweise als nummerierte Liste der einzelnen Arbeitsschritte. Als grafische Darstellungsform eignen sich Diagrammtypen, die Interaktionen modellieren, wie etwa UML-Sequenzdiagramme (Kapitel 8 „Anforderungsmodellierung"). Mit ihrer Hilfe lassen sich die einzelnen Arbeitsschritte darstellen, die der Anwender am System durchführt, um ein bestimmtes Ziel zu erreichen.

Der Fokus von Szenarien liegt nicht auf einer vollständigen Beschreibung des Ablaufs mit allen Parallelabläufen, Verzweigungen und Sonderfällen. Wichtig ist vielmehr die Entwicklung einer gemeinsamen Sicht aller Beteiligten auf einen bestimmten Teilablauf. Szenarien sollten daher nicht mit Use Cases verwechselt werden. Sie liefern jedoch erste Hinweise auf mögliche Use Cases und stehen später Pate bei der Beschreibung der Abläufe innerhalb der Use-Case-Spezifikation.

Fallstudie   **Eva – Modellierung von Szenarien**

Für das System Eva gibt es verschiedene Szenarien, die zu seiner Anwendung erforderlich sind. Im Folgenden wird beispielhaft das Szenario zur Vorbereitung der Evaluationsfragen durch den Dozenten mit anschließender Auswertung modelliert. Die textuelle Beschreibung des Szenarios sieht wie folgt aus:

Szenario: Evaluation durchführen

1. Sobald der Studiendekan die Evaluationsvorlage freigegeben hat, erzeugt der Dozent anhand der Vorlage eine neue Evaluation für seine Veranstaltung.

2. Bei Bedarf passt der Dozent die Evaluation an, ändert Fragen oder fügt neue Fragen hinzu. Die neue Evaluation ist zu diesem Zeitpunkt nur für ihn sichtbar.

3. Der Dozent kann nun die Evaluation für alle angemeldeten Teilnehmer seiner Lehrveranstaltung freischalten. Mit der Freischaltung kann die Evaluation selbst nicht mehr geändert werden.

4. Die Studierenden können von diesem Moment an die Evaluation ausfüllen. Sie können Zwischenergebnisse speichern und wieder ändern. Erst wenn der Studierende seine Bewertung explizit freigibt, ist sie final und kann nicht mehr geändert werden. Die Bewertungen sind bis zur Freigabe nur für den jeweiligen Studierenden sichtbar. Sobald der Studierende seine Bewertung freigibt, wird sie auch für den Dozenten sichtbar, allerdings in anonymisierter Form.

5. Ist die Frist für die Bewertungen abgelaufen, hat der Dozent die Möglichkeit die Bewertungen sowohl einzeln als auch zusammengefasst einzusehen.

6. Das Ergebnis der Bewertungen sollte der Dozent mit den Studierenden direkt besprechen. Dies sollte möglichst vor der Weiterleitung des Ergebnisses an den Studiendekan erfolgen.

7. Abschließend schaltet der Dozent die komprimierte Form der Auswertung zusammen mit einer Stellungnahme für den Studiendekan zur Einsicht frei.

Um die Ablaufbeschreibung übersichtlich zu halten, wurde in diesem Fall auf die Anmeldung von Dozent und Studierenden verzichtet. Generell gilt jedoch, dass jeder, der mit dem System arbeiten möchte, authentifiziert sein muss.

▶ Abbildung 3.6 modelliert den gesamten Ablauf zur Vorbereitung, Veröffentlichung und Auswertung einer Evaluation für eine konkrete Veranstaltung durch den Dozenten. Im Rahmen der Anforderungsspezifikation wird dieser Ablauf Vorlage für drei Use Cases sein: die Erstellung eines Evaluationsbogens durch den Dozenten, die Bewertung durch die Studierenden und die Auswertung der Evaluation, wieder durch den Dozenten.

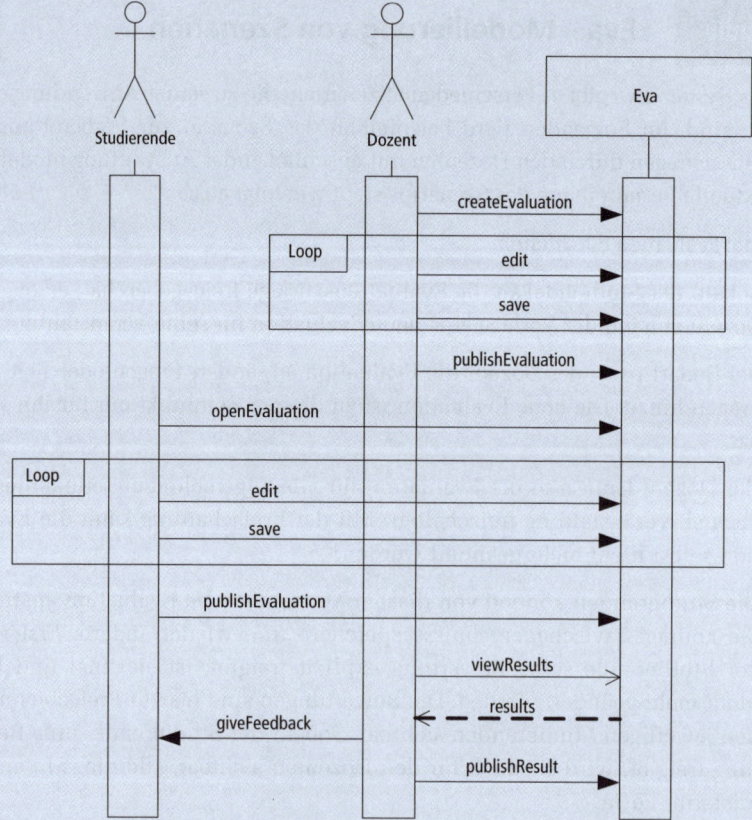

Abbildung 3.6: Szenario zur Durchführung einer Evaluation für eine konkrete Veranstaltung.

Informelle Schaubilder

Im Rahmen der Anforderungsermittlung finden viele Gespräche zwischen dem Requirements Engineer und den Stakeholdern statt. Gerade im Gespräch tritt häufig der Fall auf, dass man „aneinander vorbeiredet". Jeder der Gesprächspartner hat seinen Hintergrund und seine Erfahrungswelt, aus der heraus er das Gesagte seines Gegenübers interpretiert. Falls diese Erfahrungswelten unterschiedlich sind, führt dies schnell zu Missverständnissen und kann damit in letzter Konsequenz zu Fehlern in den Anforderungen führen.

Informelle Schaubilder helfen, ein unterschiedliches Verständnis über einen Sachverhalt wieder auf eine gemeinsame Ebene zu bekommen. Die Schaubilder entstehen während eines Interviews oder Gesprächs interaktiv an einem Whiteboard, einem Flipchart oder auf einem Stück Papier. Alle Gesprächspartner dürfen zu dem Diagramm etwas beitragen. Die dabei verwendete „Notation" ergibt sich aus dem jeweiligen Kontext und ist in der Regel nicht standardisiert. In vielen Fällen handelt es sich um einfache Kasten-und-Pfeil-Diagramme, die nur im Kontext des Gespräches interpretiert werden können. Informelle Schaubilder eignen sich zur Unterstützung von kommunikationsbasierten Ermittlungstechniken. Sie sollten aufgrund ihrer nicht eindeutigen Interpretierbarkeit jedoch eher nicht in Dokumenten verwendet werden.

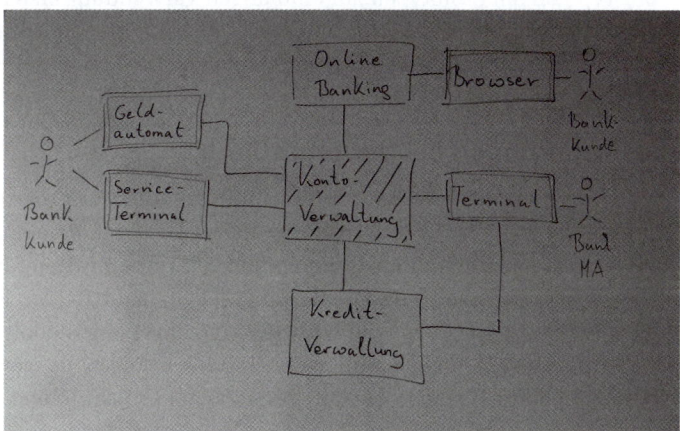

Abbildung 3.7: Informelle Grafik zur Darstellung der Schnittstellen eines Systems zur Kontoverwaltung.

3.3.4 Entwicklung von Prototypen

Prototypen bieten eine zuverlässige Diskussionsgrundlage, um mit den Anwendern das Systemverhalten abzustimmen. Ein Prototyp ist eine lauffähige Software, welche bestimmte Aspekte des Zielsystems realisiert. Welche Aspekte der Prototyp umsetzt, hängt von seinem Einsatzzweck ab.

GUI-Prototypen: Im Fokus eines GUI-Prototypen (GUI = Graphical User Interface) steht die Entwicklung und Abstimmung der grafischen Benutzeroberfläche aus Designsicht und aus Anwendungssicht. Der lauffähige Prototyp simuliert für den Anwender das Verhalten des späteren Systems an der Benutzerschnittstelle, jedoch ohne tatsächlich implementierte Funktionalität. Gemeinsam mit dem Anwender werden anhand des

Prototypen die gewünschten Funktionalitäten validiert und gegebenenfalls ergänzt und verbessert. GUI-Prototypen werden auch als horizontale Prototypen bezeichnet, da sie sich ausschließlich um die Präsentationsschicht kümmern. GUI-Prototypen eignen sich gerade wegen ihrer Anschaulichkeit hervorragend zur Ermittlung neuer und zur Validierung bereits gefundener Anforderungen. Sie geben den zukünftigen Anwendern ein sehr konkretes Bild von dem geplanten System, sehr viel konkreter als jedes Diagramm dies könnte.

Funktionale Prototypen: Funktionale Prototypen, auch als vertikale Prototypen oder Durchstich bezeichnet, implementieren nur einen kleinen Teil der geplanten Funktionalität an der Benutzerschnittstelle, gehen jedoch im Gegensatz zum GUI-Prototypen durch alle Schichten, bei datenzentrierten Systemen etwa von der Präsentationsschicht über die Anwendungsschicht bis zur Persistenz. Ziel eines vertikalen Prototyps ist die Evaluierung technischer Anforderungen hinsichtlich ihrer Umsetzbarkeit. Dies kann beispielsweise sinnvoll sein bei Verwendung neuer Technologien oder Technologie-Kombinationen. Vertikale Prototypen werden häufig im Zusammenhang mit einer Machbarkeitsstudie als Proof of Concept entwickelt. Sie dienen zum Nachweis, dass eine Systemidee realisierbar ist.

Unabhängig vom Typ können Prototypen zur einmaligen Verwendung erstellt werden – in diesem Fall spricht man von Wegwerf-Prototypen – oder sie bilden bereits die Basis für das neue System. Prototypen dieser Art nennt man auch evolutionäre Prototypen.

3.3.5 Herausforderungen bei der Ermittlung

Trotz wohlüberlegter Auswahl an Ermittlungstechniken und Anforderungsquellen können im Rahmen der Anforderungsermittlung unerwartet Probleme auftreten, die den Erfolg eines Projekts signifikant gefährden. Anforderungsermittlung hat viel mit Menschen zu tun. Es „menschelt" und viele der Risiken sind in der Psychologie (Innenleben einer Person) und Soziologie (Gruppendynamik) angesiedelt. An dieser Stelle soll keine Einführung in die genannten Disziplinen erfolgen, es werden jedoch einige typische Beispiele für Risiken genannt, denen sich ein Requirements Engineer unvermutet gegenübersehen kann.

Zeitmangel und Verfügbarkeit: Stakeholder haben in der Regel nicht ihre gesamte Arbeitskraft zur Verfügung, um an der Anforderungsermittlung mitzuwirken. Häufig sind sie Sachbearbeiter, die gleichzeitig noch ihr Tagesgeschäft bewältigen müssen. Für das geplante Entwicklungsprojekt steht damit häufig nicht genügend Zeit zur Verfügung.

Zielkonflikte zwischen Stakeholdern: Zielkonflikte entstehen, wenn Stakeholder von ähnlicher Relevanz für das System unterschiedliche Ziele verfolgen. Dies kann den Einsatzbereich oder den Funktionsumfang des Systems betreffen und führt häufig zu Widersprüchen bei den Anforderungen, die nicht mehr unmittelbar aufgelöst werden können. In der Regel hilft eine eindeutige Entscheidung einer übergeordneten Instanz, im Zweifelsfall der Geschäftsführung für die eine oder andere Variante. Können die Zielkonflikte nicht gelöst werden, so ist der Projekterfolg ernsthaft gefährdet und eine Neukonzipierung der Projektidee sollte angedacht werden.

Fehlende Bereitschaft der Stakeholder, bei der Erhebung mitzuwirken: Neue Systeme bringen Veränderungen, die nicht immer gewünscht sind. Projektideen entstehen in der Regel aus der Notwendigkeit heraus, Prozesse zu optimieren und Abläufe zu verkürzen. Die Mitarbeiter, die den Prozess oder Ablauf bisher ausgeführt haben, müssen damit rechnen, dass mit der Einführung des neuen Systems Veränderungen ihrer Tätigkeiten und Verantwortlichkeiten verbunden sein werden. Dies kann sehr unterschiedliche Reaktionen auslösen:

- Angst vor Kompetenzverlust
- Widerstand gegen Neues
- „Politische" Querelen der Stakeholder
- Angst um den Arbeitsplatz

Als Reaktion werden beispielsweise relevante Informationen unterschlagen oder explizit Falschinformationen gegeben. Werden solche Ängste nicht erkannt und entsprechende Gegenmaßnahmen ergriffen, kann dies den Projekterfolg ernsthaft gefährden. Eine wichtige Maßnahme zur Vermeidung solcher Probleme ist ein effektives Stakeholder-Management (siehe Kapitel 2 „Systemkontext").

Falsche Erwartungen der Stakeholder: Die Planung eines neuen Systems muss nicht unbedingt immer negative Reaktionen hervorrufen. Häufig trifft man bei den Anwendern sogar auf Begeisterung und Enthusiasmus. Sie hoffen beispielsweise auf verbesserte Unterstützung bei ihrer Arbeit oder eine modernere (trendigere) Arbeitsumgebung. Nicht immer stimmen jedoch die Erwartungen der Anwender mit den vom Management vorgegebenen Projektzielen überein. Ein Risiko kann somit entstehen, wenn mit der Konkretisierung der Anforderungen, die Begeisterung des einen oder anderen Stakeholders aufgrund ursprünglich falscher Erwartungen in Enttäuschung umschlägt, die schlimmstenfalls zur Verärgerung führt. Auch wenn in diesem Fall keine Boykott-Haltung zu erwarten ist, kann das resultierende Desinteresse den Erfolg des Systems letztlich beeinträchtigen.

Instabile Wünsche: Der Requirements-Engineering-Prozess ist ein Lernprozess, nicht nur für den Requirements Engineer, sondern auch für die Anwender, die lernen müssen, ihren Aufgabenbereich aus der Vogelperspektive heraus zu betrachten und – häufig zum ersten Mal in ihrem Leben – strukturiert zu beschreiben. Änderungswünsche sind daher im gesamten Requirements-Engineering-Prozess normal und wichtig. Die Sensibilisierung für den eigenen Prozess und die Beschäftigung mit dem neuen System – sei es im Rahmen von Reviews, beim Test von Prototypen oder auch bei der täglichen Arbeit mit dem Altsystem – führt bei vielen Anwendern automatisch zu einer ständigen Prüfung der bisher ermittelten Anforderungen und nicht selten zu Änderungswünschen. Ein Risiko bedeuten Änderungswünsche erst, wenn sie sehr spät im Entwicklungsprozess auftreten. Wichtigste Maßnahme für den Umgang mit diesem Risiko ist neben einer qualitativen Verbesserung des Anforderungsprozesses die Etablierung eines formalen Änderungsmanagementprozesses im Projekt (vgl. Kapitel 7 „Anforderungsmanagement").

Eisberg-Metapher

Die Eisberg-Metapher wird gerne verwendet, um die Probleme bei der Ermittlung von Anforderungen bildhaft darzustellen. Eisberge schwimmen bekanntlich im Wasser. Ein verhältnismäßig kleiner Teil des Eisbergs ist über der Wasserlinie sichtbar, der größte Teil liegt jedoch versteckt unter dem Wasser (wie die Geschichte der Titanic eindrucksvoll zeigt).

Bei der Anforderungsermittlung muss der Requirements Engineer – wie bei einem Eisberg – damit rechnen, dass zu jeder Information, die er explizit von einem Stakeholder erhält, ein überdimensional großer Bereich an Zusatzinformationen existiert, der implizit mitschwingt; Zusatzinformationen, die sozusagen unter der Wasseroberfläche liegen: selbstverständliche Tätigkeiten, die nicht mehr als solche wahrgenommen werden, persönliche Erfahrungen, die man bei seinem Gegenüber unbewusst als bekannt voraussetzt, etc. ▶ Abbildung 3.8 nennt weitere Beispiele für solche versteckten Informationen, die Einfluss auf die erhobenen Anforderungen haben können.

Viele Ermittlungsmethoden zielen darauf ab, an genau solch unbewussten Informationen heranzukommen, beispielsweise durch die Gruppendynamik bei Fokusgruppen oder durch die praktische Erfahrung bei der Nutzung eines Prototyps.

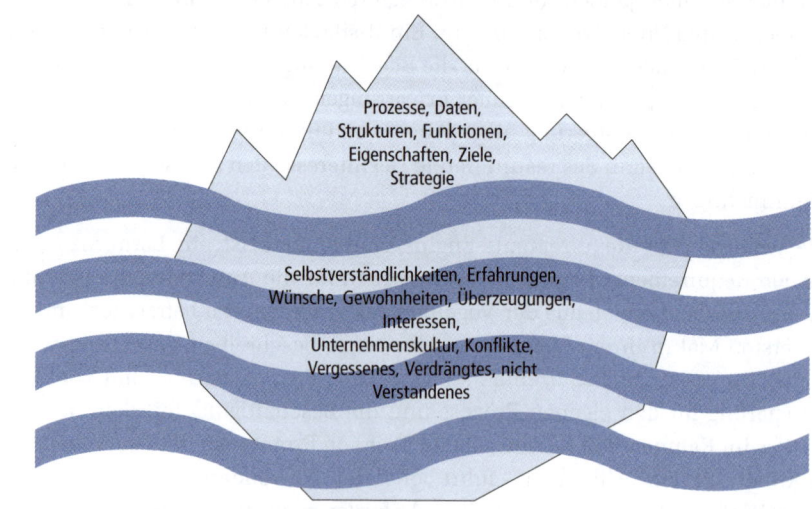

Abbildung 3.8: Bildliche Darstellung der Eisberg-Metapher.

3.4 Verfeinern von Anforderungen

Anforderungen, die im Rahmen der Ermittlung oder bei der Geschäftsprozessanalyse ermittelt wurden, sind häufig noch sehr allgemein formuliert. Um ihren Aufwand korrekt schätzen zu können, ist es notwendig diese zu verfeinern. Für bestimmte Typen von Anforderungen gibt es einfache Verfahren zur Verfeinerung und Konkretisierung:

CRUD-Anforderungen: Ob es sich um eine Partnerbörse, die Teilverwaltung für Autos oder den Ticketverkauf der Deutschen Bahn geht – allen diesen Systemen ist eines gemeinsam: sie verwalten Daten. Eine typische Anforderung an eine Partnerbörse, die in einem Workshop ermittelt wurde, könnte beispielsweise lauten:

Der Anwender kann sein Profil selbst verwalten.

Als Profil bezeichnet man die persönlichen Daten des Anwenders. Zur Datenverwaltung gehört allgemein das Anlegen von Datensätzen (C für *create*), das Lesen von Datensätzen (R für *read*), das Ändern von Datensätzen (U für *update*) und das Löschen von Datensätzen (D für *delete*). Für die Anforderung oben lassen sich so automatisch vier verfeinerte Anforderungen ableiten:

Der Anwender kann ein neues Profil anlegen.

Der Anwender kann seine Profildaten lesen.

Der Anwender kann seine Profildaten ändern.

Der Anwender kann sein Profil löschen.

Prozessaktivitäten: Eine weitere Quelle für Anforderungen sind Geschäftsprozesse. Geschäftsprozesse beschreiben, wie die Verwendung eines IT-Systems in den übergeordneten Geschäftsprozess eingeordnet wird. Die entsprechenden Aktivitäten im Geschäftsprozess sind Anforderungen an das IT-System. Aus dem Geschäftsprozess

Entleihe eines Buches

einer Bibliothek lassen sich beispielsweise folgende verfeinerte Anforderungen ableiten:

Der Bibliothekar kann ein Buch registrieren.

Der Bibliothekskunde kann ein Buch entleihen.

Der Bibliothekskunde kann ein entliehenes Buch zurückgeben.

3.5 Anforderungsbewertung

Ergebnis der Anforderungsermittlung ist eine Liste von Anforderungen. Noch nicht im Detail ausgearbeitet, sollte die Liste dennoch das gemeinsame Verständnis aller am Ermittlungsprozess beteiligten Stakeholder repräsentieren, was das neue System prinzipiell leisten soll. Bevor es nun an die Dokumentation und Spezifikation der Anforderungen geht, werden alle gewonnenen Anforderungen einem abschließenden kritischen Blick unterzogen und bewertet.

Bei der Anforderungsbewertung handelt es sich um eine vorgezogene Qualitätsprüfung. Jede einzelne Anforderung wird geprüft hinsichtlich ihrer

- Notwendigkeit: Ist die Anforderung wirklich notwendig für den geplanten Einsatz des Systems? Passiert etwas Wesentliches, wenn die Anforderung weggelassen wird?
- Finanzierbarkeit: Ist die Anforderung, so wie sie geplant ist, bei dem vorgegebenen Budget realisierbar?
- Machbarkeit: Ist die Anforderung technisch und zeitlich realisierbar? Hat das ausführende Team die notwendigen Kenntnisse?

Ergebnis der Bewertung ist eine konsolidierte und mit allen Stakeholdern abgestimmte Liste, in der für jede der im Ermittlungsprozess gewonnenen Anforderungen explizit und gegebenenfalls mit Begründung dokumentiert ist, ob sie

- angenommen,
- mit Änderungen angenommen,
- neu hinzugekommen,
- gestrichen oder
- zurückgestellt ist.

Die Liste der bewerteten Anforderungen dient als Grundlage für die Anforderungsdokumentation und die Anforderungsspezifikation. Sie ist ein reines Zwischenergebnis und darf nicht mit einem vollwertigen Anforderungsdokument verwechselt werden.

3.6 Priorisierung

Mit der Anforderungsbewertung erhält man eine Aussage darüber, welche Anforderungen im Projekt in welcher Reihenfolge umgesetzt werden sollen. Nicht jede der akzeptierten Anforderungen hat jedoch die gleiche Relevanz. So gibt es Anforderungen, die absolut unerlässliche Funktionalität fordern. Ein Fehlen dieser Funktionalität würde den Nutzen des gesamten Systems infrage stellen. Beispielsweise muss ein System zur Kontoverwaltung die Basisfunktionalität „Konto anlegen" unbedingt erfüllen. Andernfalls wäre das System von den späteren Anwendern nicht nutzbar. Die Anforderung wäre somit von höchster Priorität. Im Vergleich dazu könnte eine weitere Anforderung, die die Sortierung der Kontoumsätze nach unterschiedlichen Kriterien fordert, mit niedriger Priorität eingestuft werden. Auch wenn die Anforderung durchaus sinnvoll ist, wäre ein System, welches sie in einer ersten Version eventuell noch nicht umsetzt, immer noch ohne größere Einschränkungen anwendbar.

Eine Priorisierung der Anforderungen dient zur Abfederung nicht kalkulierbarer Risiken im Projektverlauf. Falls Probleme auftreten, kann die Entwicklung von niedrig-priorisierten Anforderungen vorläufig zurückgestellt werden, während hoch-priorisierte Anforderungen in jedem Fall zu liefern sind. Weitere Vorteile einer Priorisierung sind:

- Vermeidung der Weihnachtsmentalität: „Was ich immer schon mal haben wollte ....".

- Kontrolle der Projektkosten: Auf welche Anforderungen kann im Notfall verzichtet werden?

- Kontrolle der Notwendigkeit einer Anforderung: Denkanstoß für Fachbereich: Brauchen wir das wirklich?

Die Priorisierung von Anforderungen kann nach unterschiedlichen Kriterien erfolgen. Das Spektrum reicht von einfachen Techniken, bei denen die Wichtigkeit einer Anforderung anhand eines bestimmten Kriteriums durch die Stakeholder erfolgt, bis hin zu ausgefeilten Befragungsmethoden, wie beispielsweise die Priorisierung nach dem Kano-Modell (siehe Kasten).

Hilfestellung für die Priorisierung nach Kriterien geben die Qualitätsmerkmale für die Anforderungsspezifikation im IEEE-830-1998-Standard (IEEE 830-1998). Danach lassen sich Anforderungen in drei Prioritätsklassen einteilen:

- **Essential:** Das Software-System kann nicht akzeptiert werden, wenn diese Anforderung nicht in der vereinbarten Form geliefert wird.

- **Conditional:** Diese Anforderungen erweitern das Software-System in geeigneter Form, wenn sie fehlen, würden sie den Einsatz des Systems jedoch nicht gefährden.

- **Optional:** diese Anforderungen sind nicht unbedingt notwendig, für die Anwender jedoch eine angenehme Erweiterung (*nice to have*).

Einen ähnlichen Ansatz verfolgt die Dynamic Systems Development Method (DSDM) mit der Methode **MuSCoW** (Kapitel 9 „Agiles RE"). Für Produkte kann zusätzlich die Attraktivität einer Funktionalität oder Systemeigenschaft für den Endanwender ein wichtiges Kriterium für die Priorisierung sein. Zur Messung der Eigenschaft „Attraktivität einer Funktionalität" eignet sich dagegen sehr gut das **Kano-Modell** (siehe Kasten).

Weitere Hilfestellung zur Priorisierung von Produktanforderungen gibt der von Roman Pichler geprägte Begriff des **Minimal Marketable Feature Set** (Pichler). Gemeint ist damit die minimale Menge an Anforderungen, die für sich genommen ein Produkt/System markttauglich machen würden. Dies sind die Anforderungen, auf die man sich zu Beginn eines Projekts konzentrieren sollte und die daher hoch priorisiert werden müssen. Wenn Kunde und Hersteller mit dem Produkt Erfahrung gewonnen haben, können für spätere Releases weitere Anforderungen hinzugenommen werden.

Methode	**Das Kano-Modell**

Entwickelt von Professor Noriaki Kano bietet das Kano-Modell (Kano) eine Methode zur Ermittlung und objektiven Messung der Attraktivität von Systemmerkmalen für den Kunden und ihren Einfluss auf die Kundenzufriedenheit. Ausgewählte Kunden beurteilen anhand eines vorgegebenen Fragebogens das Vorhandensein hypothetischer Eigenschaften oder Funktionalitäten eines Systems als positiv, neutral oder negativ, wobei die Antworten subjektiv für die jeweilige Person gewählt werden. Abschließend werden die Beurteilungen zusammengefasst und anhand einfacher Mehrheiten ausgewertet. Als Ergebnis erhält man eine für die genannte Benutzergruppe weitgehend objektive Bewertung für die Attraktivität einzelner Systemeigenschaften und damit indirekt einen Maßstab für deren Priorität.

Merkmalstypen

Kern des Kano-Modells ist ein Klassifikationsschema für Merkmalstypen. Danach werden fünf Merkmalstypen unterschieden:

Basis-Merkmale sind grundlegend und selbstverständlich. Sie werden von einem System erwartet. So muss beispielsweise eine Waschmaschine die Funktionalität *Wäsche waschen* anbieten, ein Aufzug die Funktionalität *Tür öffnen*. Das Fehlen einer Basisfunktionalität führt zu großer Unzufriedenheit bis zur Ablehnung eines Produktes. Das Vorhandensein der Funktionalität steigert dagegen nicht die Zufriedenheit. Basis-Merkmale werden von den Kunden einfach vorausgesetzt. Sie eignen sich nicht zur Differenzierung von anderen Wettbewerbern.

Leistungsmerkmale werden von den Kunden als positiv eingeschätzt, je mehr desto besser. Ihr Vorhandensein schafft eine gewisse Kundenzufriedenheit. Fehlen sie jedoch, kann dies zu Unzufriedenheit führen, wobei hier der Preis mit eine Rolle spielt. Der Vergleich von Produkten verschiedener Hersteller erfolgt häufig anhand von Leistungsmerkmalen. Leistungsmerkmal einer Waschmaschine wäre beispielsweise die Wahl eines *Ökomodus zum Wassersparen*. Ein Aufzug könnte dagegen das Leistungsmerkmal *Priorisierung der Stockwerkwünsche* aufweisen. Leistungsmerkmale haben die Tendenz, im Bewusstsein der Kunden mit der Zeit zu Basis-Merkmalen zu werden. Bestes Beispiel ist der Wisch-Effekt auf Touch-Screens. Vor einigen Jahren noch bestaunt, wird diese Funktionalität heute bei Smartphones automatisch erwartet.

Begeisterungsmerkmale sind Merkmale, mit denen der Kunde nicht unbedingt rechnet. Wenn vorhanden, schaffen sie Begeisterung. Bei Fehlen schaffen sie dagegen keine Unzufriedenheit. Begeisterungsmerkmal einer Waschmaschine könnte beispielsweise *ein ausgefallenes Design im Stil der 60er Jahre* sein. Ein Aufzug könnte dagegen als Begeisterungsmerkmal unterschiedliche *Beleuchtungsmodi in der Kabine* unterstützen (z.B. Disko, romantisch, Sternenhimmel etc.) Begeisterungsmerkmale rufen bei Vorhandensein Begeisterung hervor, das Fehlen des Merkmals wird dagegen nicht bemerkt.

▶ **Das Kano-Modell**

Unerhebliche Merkmale führen weder zu besonderer Zufriedenheit wenn vorhanden, noch verursachen sie Unzufriedenheit bei Fehlen. Sie sind ohne Belang für den Kunden. So könnte etwa das Design der Füße einer Waschmaschine ein unerhebliches Merkmal sein, bei einem Aufzug dagegen das Material, aus dem das Kabinendach gefertigt wurde. Unerhebliche Merkmale spielen – wie der Name impliziert – für die Entscheidung eines Kunden das Produkt zu kaufen keine Rolle.

Rückweisungsmerkmale führen dazu, dass ein Kunde das Produkt explizit aufgrund des Merkmals nicht kaufen möchte. Sie führen bei Vorhandensein zu Unzufriedenheit, ein Fehlen führt jedoch nicht automatisch zur Zufriedenheit. Rückweisungsmerkmal einer Waschmaschine wäre etwa eine *Tür, die sich nur zu 45 Grad öffnen lässt*. Bei einem Aufzug könnte eine hohe *Schwelle am Eingang* ein Rückweisungsmerkmal darstellen. Rückweisungsmerkmale sind in gewisser Weise das Gegenstück zu den Basis-Merkmalen.

▶ Abbildung 3.9 zeigt die aus der Literatur wohlbekannte grafische Darstellung des Kano-Modells. Die Grafik zeigt, wie sich die Kundenzufriedenheit im Verhältnis zum Abdeckungsgrad der unterschiedlichen Merkmalstypen verändert. Die Grafik konzentriert sich auf die aus Kundensicht relevanten Merkmale: Basis-, Leistungs- und Begeisterungsmerkmale.

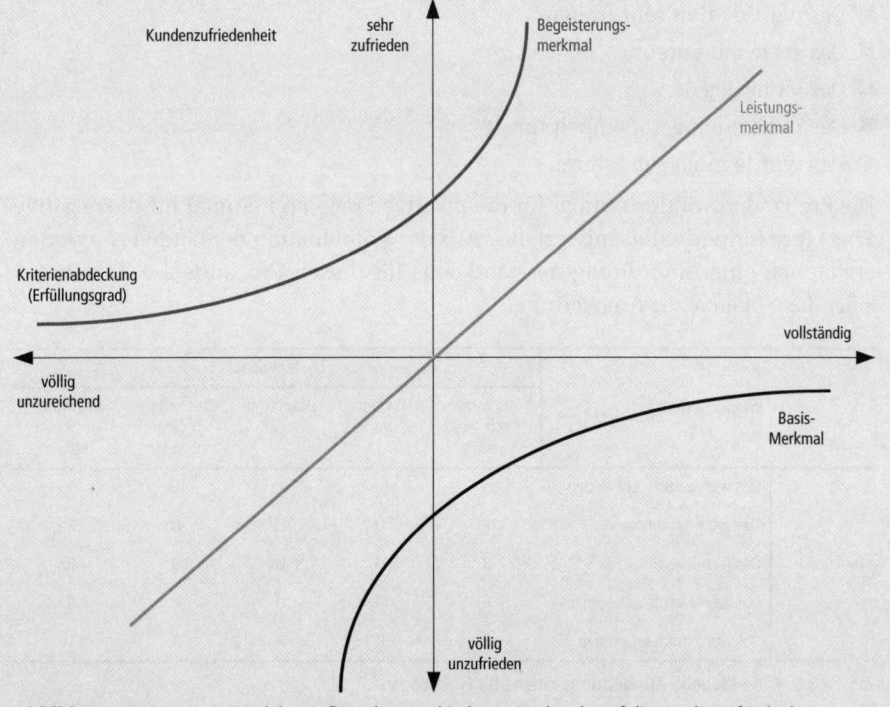

Abbildung 3.9: Das Kano-Model – Einfluss der verschiedenen Merkmale auf die Kundenzufriedenheit.

▶ **Das Kano-Modell**

Messung der Erwartungshaltung

Kano gibt nicht nur die Merkmalstypen vor. Er zeigt auch, wie man mithilfe dieser Kriterien die Erwartungshaltung der Kunden bezüglich eines Merkmals ermitteln kann. Die Methode ist fragebogenbasiert. Die Befragten antworten bezüglich eines konkreten Produktmerkmals zweimal, einmal positiv (funktional), einmal negativ (dysfunktional).

Positive Frage: Was würden Sie davon halten, wenn das Produkt über Eigenschaft X verfügt?

Negative Frage: Was würden Sie davon halten, wenn das Produkt NICHT über Eigenschaft X verfügt?

Eigenschaft X wäre in diesem Fall eine beliebige Produkteigenschaft wie beispielsweise die Funktionalität eines Aufzugs zur Priorisierung der Stockwerke. Die Fragen würden dementsprechend lauten:

Positive Frage: Was würden Sie davon halten, wenn der Aufzug über eine Funktion zur Priorisierung der Stockwerke verfügt?

Negative Frage: Was würden Sie davon halten, wenn der Aufzug nicht über eine Funktion zur Priorisierung der Stockwerke verfügt?

Zur Beantwortung der Fragen stehen vordefinierte Antworten zur Verfügung:

- Das würde mich sehr freuen
- Das setze ich voraus
- Das ist mir egal
- Das nehme ich gerade noch hin
- Das würde mich sehr stören

Die Probanden wählen einmal für die positive Frage und einmal für die negative Frage ihre individuelle Antwort aus. Aus der Kombination der beiden Antworten ergibt sich eine Einordnung des Merkmals für diesen Probanden. ▶ Tabelle 3.5 zeigt das Schema zur Auswertung.

Kundenanforderung		Dysfunktional				
		Das würde mich sehr freuen	Das setze ich voraus	Das ist mir egal	Das nehme ich gerade noch hin	Das würde mich sehr stören
Funktional	Das würde mich sehr freuen	W	Be	Be	Be	L
	Das setze ich voraus	R	U	U	U	Ba
	Das ist mir egal	R	U	U	U	Ba
	Das nehme ich gerade noch hin	R	U	U	U	Ba
	Das würde mich sehr stören	R	R	R	R	W

Tabelle 3.5: Kano-Modelle-Auswertungsschema für Fragebögen[3].

---

3   Quelle: *http://www.re-wissen.de*

▶ **Das Kano-Modell**

Die in der Tabelle verwendeten Abkürzungen sind wie folgt definiert:

- Be = Begeisterungsmerkmal
- L = Leistungsmerkmal
- Ba = Basis-Merkmal
- U = Unerhebliches Merkmal
- R = Rückweisungsmerkmal
- W = Widerspruch

Man kann generell davon auszugehen, dass die Ergebnisse der Probanden pro Eigenschaft je nach persönlicher Einschätzung der Wichtigkeit unterschiedlich ausfallen werden. Um zu einem einheitlichen Ergebnis zu gelangen, werden die Bewertungen der Probanden pro Eigenschaft addiert und nach der Mehrheit entschieden.

Einsatz der Methode

Als Ergebnis der Methode erhält man ein Stimmungsbild der befragten Personengruppe bezüglich eines noch zu entwickelnden Systems oder Produkts. Das Modell hilft beispielsweise bei der Einordnung von Kundenwünschen und ihrer Priorisierung. Es sollte jedoch mit Bedacht eingesetzt werden. Beispielsweise macht es wenig Sinn die Methode mit allen Stakeholdern für alle Anforderungen durchzuführen. Der Aufwand wäre enorm und würde in keinem Verhältnis zum Nutzen stehen. So wäre für viele Anforderungen eine Befragung nach Kano schlichtweg unsinnig, da die Antwort unmittelbar feststeht. Dies betrifft vor allem Basis-Merkmale und Anforderungen aufgrund vorgegebener Randbedingungen.

Sinnvoll ist der Einsatz des Modells dagegen im Rahmen der Entwicklung einer Produktidee, wenn die funktionale Richtung, in die das Produkt gehen soll, noch nicht vollständig entschieden ist. Auch im Rahmen der Entwicklung einer Individualsoftware kann der Einsatz der Methode für ausgewählte Anforderungen mit ausgewählten Probanden sinnvoll sein, um Klarheit über die Relevanz einzelner Anforderungen zu erhalten.

Übungen

Übung 1: Stille Post

Ein Teilnehmer überlegt sich eine beliebige Anforderung an ein System. Die Anforderung sollte mindestens einen etwas komplexeren Nebensatz enthalten. Er sagt die Anforderung in das Ohr seines Nachbarn, dieser gibt es an seinen Nachbarn weiter, bis die Anforderung an allen Teilnehmern vorbeigekommen ist. Der letzte spricht die Anforderung aus. Das Ergebnis unterscheidet sich wahrscheinlich von der ursprünglich gesagten Anforderung. Die Übung soll den Teilnehmern zeigen, wie schwierig es ist, komplexe Informationen ohne Verlust mündlich weiterzugeben.

Übung 2: Beschreiben und Zuhören

Ein Teilnehmer (A) spielt den Auftraggeber im Projekt. Er wählt ein beliebiges Dialogfenster eines Programms auf seinem Laptop, Desktop oder Smartphone aus und beschreibt den anderen Teilnehmern (B), was darauf zu sehen ist. Diese versuchen, anhand der Beschreibung das Dialogfenster zu skizzieren. Die Teilnehmer B dürfen das Original jedoch nicht sehen und sollten es auch nicht kennen. Die Übung kann in unterschiedlichen Varianten ablaufen:

1 Die Kommunikation zwischen A und B findet ausschließlich schriftlich statt.

2 Alle Teilnehmer diskutieren gemeinsam, wie der Dialog aussieht. Die Teilnehmer B erstellen die Grafik jedoch erst im Anschluss an das Gespräch.

3 Alle Teilnehmer diskutieren gemeinsam, wie der Dialog aussieht. Die Teilnehmer B erstellen die Grafik während des Gesprächs.

Das Dialogfenster selbst wird während der Diskussionsphase nicht gezeigt. Auch darf Teilnehmer A keine erläuternden Grafiken erstellen. Ein Durchlauf in dieser Übung sollte nicht länger als 10 Minuten betragen. Nach der Übung werden jeweils Original und Skizzen verglichen und geprüft, wer am besten die Beschreibung erfasst hat. Das Ergebnis sollte mit jeder Variante besser ausfallen.

Übung 3: Interview

Ziel dieser Übung ist die Ermittlung von Informationen mithilfe der Interview-Technik. Zur Durchführung werden zwei Rollen benötigt, der Interviewer und der Interview-Kandidat.

- Der Kandidat überlegt sich einen Prozess, den er häufiger durchführt. Dies kann beispielsweise die Onlinebestellung einer Pizza, die Entleihe eines Buches in der Bibliothek, die Programmierung einer Route im Navigationsgerät, die Bewerbung über eine Onlinejobbörse o.Ä. sein. Der Prozess sollte real sein und mindestens sieben bis zehn relevante Prozessschritte umfassen. Idealerweise sind mehrere Rollen beteiligt.

- Der Interviewer weiß grob, um welche Art von Prozess es sich handelt. Er entwirft einen Fragebogen, mit dem er den aktuellen Prozess erfragen kann.

Das Interview wird entsprechend dem Beispiel in *Abschnitt 3.3.1, Interview-Techniken* durchgeführt. Der Interviewer notiert die Antworten auf dem Fragebogen. Das Interview sollte ausschließlich mündlich erfolgen. Es sind keine erläuternden Zeichnungen oder ergänzenden Dokumente zugelassen, ebenfalls keine Software-Systeme.

Am Ende fasst der jeweilige Interviewer das Ergebnis zusammen und erstellt anhand der ermittelten Antworten ein Prozessmodell des aktuellen Prozesses, beispielsweise mit BPMN oder eEPK (siehe Kapitel 2). Abschließend werden die Prozesse mit dem jeweiligen Interviewpartner hinsichtlich ihrer Korrektheit validiert.

Übung 4: Brainstorming-Workshop

Die Fachschaften aller Fakultäten ihrer Hochschule planen die Entwicklung eines gemeinsamen Systems zur Skriptverwaltung. Das System soll die Bereitstellung und Verwaltung der Skripten zu beliebigen Lehrveranstaltungen ermöglichen. Die Skripten selbst werden von den Dozenten zur Verfügung gestellt. Von der Hochschulleitung wurde das notwendige Budget für das Projekt zugesichert. Nun müssen sich die Fachschaften zusammensetzen und die Anforderungen an das System ermitteln. Da es noch kein entsprechendes System als Vorlage gibt, wird entschieden die Anforderungen mithilfe eines Brainstorming-Workshops zu erheben.

Ihre Aufgabe ist es in der Gruppe (7 bis 10 Teilnehmer) einen Brainstorming-Workshop mithilfe der Metaplan-Technik durchzuführen. Bestimmen Sie in einem ersten Schritt einen Moderator innerhalb der Gruppe. Ermitteln Sie dann die relevanten Stakeholder für das geplante System. Jedes Gruppenmitglied repräsentiert einen der Stakeholder. Eine Rolle kann mehreren Gruppenmitgliedern zugeordnet werden. Führen Sie dann den Workshop durch. Orientieren Sie sich dabei am Beispiel in *Abschnitt 3.3.2, Kreativitätstechniken* Brainstorming.

Übung 5: Szenarien

Modellieren Sie mithilfe eines UML-Sequenzdiagramms den Prozess zum Abheben eines Geldbetrags an einem Geldautomaten. Berücksichtigen Sie, dass der Automat zur Prüfung der Anmeldedaten und zum Zugriff auf die Kontodaten mit einem weiteren Banksystem kommunizieren muss.

Lösungen

Übung 6: Priorisierung nach Kano

Wählen Sie drei bis fünf der Anforderungen, die Sie im Rahmen des Brainstorming-Workshops in Übung 3 erarbeitet haben. Achten Sie darauf, dass es sich nicht um Basisanforderungen handelt, sondern um Anforderungen, deren Nutzen unterschiedlich bewertet werden könnte. Entwickeln Sie eine Vorlage für die Befragung der Stakeholder nach dem Kano-Modell, beispielsweise folgende Tabellen:

Was würden Sie davon halten, wenn das System über Anforderung x verfügt?					
	Das würde mich sehr freuen	Das setze ich voraus	Das ist mir egal	Das nehme ich gerade noch hin	Das würde mich sehr stören
Anforderung 1					
...					

Was würden Sie davon halten, wenn das System nicht über Anforderung x verfügt?					
	Das würde mich sehr freuen	Das setze ich voraus	Das ist mir egal	Das nehme ich gerade noch hin	Das würde mich sehr stören
Anforderung 1					
...					

Tabelle 3.6: Vorlagen zur Befragung der Stakeholder nach Kano.

Jeder Teilnehmer bewertet für sich die Anforderungen unter Verwendung der funktionalen und dysfunktionalen Fragestellung. Abschließend werden im Plenum die Antworten zusammengefasst und daraus wird die Priorisierung der Anforderungen abgeleitet.

Anforderungsdokumentation

Einführung 120

4.1 Dokumentation einzelner Anforderungen 122

    4.1.1   Formulierung von Anforderungen................. 122

    4.1.2   Prüfbarkeit von Anforderungen................... 127

    4.1.3   Verwaltungsinformation......................... 133

    4.1.4   Lebenszyklus von Anforderungen 134

    4.1.5   Qualitätskriterien für Anforderungen 137

4.2 Glossar und Taxonomie 139

4.3 Anforderungsdokumente 141

    4.3.1   Anforderungsspezifikation....................... 142

    4.3.2   Lasten- und Pflichtenheft....................... 144

    4.3.3   Abgrenzung Lastenheft / Pflichtenheft 147

    4.3.4   Vorlagen und Standards 148

4.4 Richtlinien zur Dokumentation 149

    4.4.1   Wie viel dokumentieren? 149

    4.4.2   Wie viel kommunizieren?........................ 150

    4.4.3   Entscheidung im Projekt........................ 150

4.5 Make-or-Buy-Analyse 151

    4.5.1   Vorgehen zur Analyse.......................... 153

    4.5.2   Open-Source-Software 155

4

ÜBERBLICK

Einführung

>> Mit der Anforderungsermittlung erhält man eine Liste von rudimentär ausgearbeiteten Anforderungen, die beschreiben, was die Stakeholder von dem geplanten System erwarten. Die Anforderungsliste wurde in Zusammenarbeit mit den Stakeholdern bewertet und abgestimmt und die einzelnen Anforderungen wurden hinsichtlich ihrer Wichtigkeit priorisiert. Nächster Schritt im Requirements-Engineering-Prozess ist die Analyse der gefundenen Anforderungen und ihre Dokumentation für den weiteren Entwicklungsprozess.

Nun ist eine ausführliche Anforderungsdokumentation mit Aufwand verbunden und ein häufiger Fehler in der Praxis ist, dass zur Vermeidung des Aufwands die Liste der ermittelten Anforderungen ohne weitere Analyse unmittelbar für die Entwicklung verwendet wird. Typische Folgen sind ständige Änderungswünsche während des gesamten weiteren Entwicklungsprozesses. Diese treten beispielsweise durch Missverständnisse zwischen den Stakeholdern auf, die in der Anforderungsermittlung nicht entdeckt wurden (alle sagen das gleiche, jeder meint etwas anderes), oder durch vergessene Anforderungen, deren Fehlen erst später im Entwicklungsprozess offensichtlich wird. Viele nachträgliche Änderungen machen jedoch eine durchgängige Konzeption eines Software-Systems beinahe unmöglich und führen nicht selten zu Flickwerk-Code von schlechter Qualität. Hinzu kommt, dass das Risiko für einen Projektabbruch aufgrund vieler Änderungswünsche steigt (vgl. Emam und Koru).

Eine ausführliche und gute Anforderungsdokumentation erfordert die intensive Analyse der ermittelten Anforderungen und hilft so, Missverständnisse und Konflikte früh auszuräumen, Fehler in den Anforderungen zu beheben und fehlende Anforderungen zu finden.

Nicht immer ist jedoch eine ausführliche Dokumentation der Anforderungen erforderlich. So verzichten agile Vorgehensmodelle beispielsweise auf eine detailliertere Dokumentation und setzen stattdessen auf eine iterative Vorgehensweise mit sehr kurzen Zyklen, an deren Ende der Kunde die Anforderungen am fertigen System prüft und mit den Entwicklern diskutiert. Treten während der Entwicklung Fragen auf, werden sie sofort mit dem Kunden geklärt. Dieses Vorgehen setzt jedoch eine disziplinierte Projektdurchführung entsprechend den agilen Prinzipien voraus und erfordert eine enge Zusammenarbeit mit dem Kunden.

Abgesehen davon, dass schlecht dokumentierte Anforderungen sich negativ auf die Qualität des Systems auswirken, gibt es spezielle Projektsituationen, in denen eine ausführliche Anforderungsdokumentation in jedem Fall notwendig ist.

■ **Zeitliche Trennung von Erfassung und Entwicklung:** Die Anforderungsermittlung ist nicht immer zeitlich mit der Realisierung der Anforderung gekoppelt. Vor allem bei Software-Produkten, die in regelmäßigen Abständen überarbeitet und weiterentwickelt werden, ist es notwendig, Anforderungen über einen längeren Zeitpunkt zu sammeln, bevor sie tatsächlich im Rahmen eines neuen Entwicklungszyklus in das Produkt eingearbeitet werden. Am Ende muss jedoch immer noch klar sein, was mit der Anforderung ursprünglich gemeint war.

■ **Anforderungen als Vertragsgrundlage:** Anforderungen sind häufig Grundlage vertraglicher Vereinbarungen. Falls ein Auftragnehmer die Entwicklung eines Systems gegen einen fest vereinbarten Geldbetrag zusichert, sollte er tunlichst auf eine explizite Dokumentation der Anforderungen bestehen, bevor er sich auf das Abenteuer einlässt, sie zu realisieren. Die dokumentierten Anforderungen sind hier Vertragsgrundlage.

In diesem Kapitel werden alle Aspekte diskutiert, die zu einer umfassenden Anforderungsdokumentation notwendig sind. Dies beginnt mit der Ausformulierung des Anforderungstextes, geht über die Zuordnung von Verwaltungsinformationen und reicht bis hin zur Spezifikation der Abnahmekriterien für den Nachweis der Anforderungserfüllung. Die einzelnen Anforderungen werden in Anforderungsdokumenten zusammengefasst und um Informationen beispielsweise zum Anwendungsbereich, zu den Anwendern und zum Projekt ergänzt.

Nicht immer ist das Ergebnis der Anforderungsanalyse tatsächlich die Entwicklung eines Software-Systems. Vielmehr sollte geprüft werden, ob es am Markt bereits entsprechende Software-Produkte gibt. Die Analyse der Produkte und der Weg zur Entscheidung werden im Rahmen einer Make-or-Buy-Analyse getroffen. **《**

Lernziele

■ Sie kennen die Elemente einer umfassenden Anforderungsdokumentation und können eine Anforderung entsprechend dokumentieren.

■ Sie wissen, welche Probleme bei der Formulierung von textuellen Anforderungen auftreten können, und kennen die Regeln zu ihrer Vermeidung.

■ Sie können eine Anforderung so dokumentieren, dass ihre Erfüllung später im entwickelten System nachgewiesen werden kann.

■ Sie kennen die Qualitätskriterien, die eine Anforderungsdokumentation erfüllen sollte, und wissen, mit welchen Maßnahmen Sie eine qualitativ gute Anforderungsbasis erhalten können.

■ Sie kennen den Unterschied zwischen Lastenheft, Pflichtenheft und Anforderungsspezifikation und können für ein konkretes Projekt entscheiden, welcher Dokumenttyp geeignet ist.

■ Sie wissen, welche Informationen für eine Make-or-Buy-Analyse notwendig sind, und können eine entsprechende Entscheidung durchführen.

4.1 Dokumentation einzelner Anforderungen

Die Ausarbeitung der Anforderungen erfordert einerseits eine ausführliche Beschreibung der Anforderungen selbst, mit allen Ergänzungen und Einschränkungen (welche Funktionalität/Eigenschaft wird gefordert?) und andererseits die Angabe von Abnahmekriterien, mit denen die Erfüllung dieser Funktionalität/Eigenschaft später nachgewiesen werden kann. Hinzu kommen Verwaltungsinformationen. In den folgenden Abschnitten werden Schritt für Schritt die Elemente einer guten Anforderungsdokumentation eingeführt.

4.1.1 Formulierung von Anforderungen

> *Die Sprache ist die Quelle aller Missverständnisse.*
>
> *Antoine de Saint-Exupéry, Der kleine Prinz*

Im Zentrum einer Anforderungsdokumentation steht die Beschreibung dessen, welche konkrete Funktionalität oder Eigenschaft vom System gefordert wird. Die Informationen, die zur Beschreibung notwendig sind, unterscheiden sich je nach Typ der Anforderung:

Anforderungen, die eine Funktionalität beschreiben, sollten mindestens angeben:

- welche Aufgabe der Anwender mit dem System lösen kann,
- wie und unter welchen Bedingungen das System ihn dabei unterstützt,
- welche Schritte der Anwender durchführen muss, um sein Ziel zu erreichen,
- welche alternativen Abläufe gegebenenfalls möglich sein sollten,
- was der Anwender als Ergebnis erhält.

Anforderungen, die Eigenschaften beschreiben, sollten mindestens angeben:

- welches Verhalten das System unter welchen Bedingungen zeigt,
- welche Sonderfälle gegebenenfalls zulässig sind.

Als Dokumentationssprache für Anforderungen hat sich weitgehend die natürliche Sprache etabliert. Anforderungen werden als freier, unstrukturierter Text formuliert, gegebenenfalls um Strukturierungselemente wie Listen oder Tabellen ergänzt. Die Länge der Beschreibung hängt dabei von der Komplexität der Anforderung ab. Die Beschreibung sollte in die Breite vollständig sein. Das bedeutet, alle für die Anforderung relevanten Aspekte sollten zumindest erwähnt werden. Eine Ausarbeitung in die Tiefe erfolgt später mit der Anforderungsspezifikation.

Natürliche Sprache

Natürliche Sprache bietet eine Reihe von Vorteilen, die vor allem in der Zusammenarbeit mit vielen Personen mit unterschiedlichem fachlichem und technischem Hintergrund nicht zu unterschätzen sind:

- **Kein Erlernen notwendig:** Die natürliche Sprache wird von allen Stakeholdern in einem Projekt beherrscht. Sie muss nicht wie eine Modellierungssprache neu erlernt werden.

- **Flexible Ausdrucksweise:** Die natürliche Sprache ist flexibel. Unbekannte oder ungewohnte Begriffe („Fachchinesisch" des Fachbereichs bzw. „IT-Kauderwelsch" der IT-Abteilung) können mit ihrer Hilfe einfach erläutert und umschrieben werden.

Die Nachteile der natürlichen Sprache liegen jedoch ebenfalls auf der Hand:

- **Falsche Interpretationen:** Aussagen werden von unterschiedlichen Menschen auf verschiedene Weise interpretiert. Die jeweilige Interpretation hängt von unterschiedlichen Faktoren ab, wie dem Kontext, in dem die Aussage steht, den Erfahrungen der beteiligten Personen, ihrer Erziehung oder sogar ihrer aktuellen Stimmung. Das Problem unterschiedlicher Interpretationen ist, dass sie häufig nicht oder zu spät aufgedeckt werden, da man in der Regel davon ausgeht, dass die eigene Interpretation die einzig mögliche ist. Dies führt nicht selten zu ungewollten Missverständnissen.

- **Lücken in den Aussagen:** Aussagen, die nicht vollständig sind, werden vom Leser unbewusst vervollständig. Die fehlende Information wird durch implizite Annahmen ersetzt. Die Annahmen beruhen auf subjektiven Erfahrungen und können von Person zu Person vollkommen unterschiedlich ausfallen.

Eine schöne Einführung in die Herausforderungen, welche die natürliche Sprache in Projekten mit sich bringt, bietet das Buch von Peter Siwon „Die menschliche Seite des Projekterfolgs" (Siwon).

Exkurs **Spezifikationslücken**

Das folgende Beispiel soll die Problematik von Anforderungen in natürlicher Sprache verdeutlichen:

In einem Software-Engineering-Praktikum hatten Studierende die Aufgabe einen Chat-Server zu entwickeln. Die zentralen Anforderungen waren vorgegeben, darunter folgende:

- Jeder Chat-Raum muss einen Moderator besitzen. Der Moderator ist die Person, die den Chat-Raum eröffnet und löscht.

- Ein Chat-Raum kann nur gelöscht werden, wenn sich kein Teilnehmer mehr darin befindet.

Diese beiden Anforderungen führten zu mehreren Fragen:

- Darf der Moderator den Chat-Raum löschen, wenn er sich selbst noch darin befindet?

- Darf der Moderator den Chat-Raum verlassen, wenn sich noch andere Teilnehmer darin befinden?

In diesem konkreten Projekt wurde es den Studierenden überlassen, sich selbstständig eine sinnvolle Lösung für das Problem zu überlegen. Am Ende präsentierte jede der 10 Arbeitsgruppen ihre Lösung zum oben dargestellten Problem. Es gab keine zwei identischen Auslegungen der erwähnten Lücke in den Anforderungen!

Solange Anforderungen in natürlicher Sprache verfasst werden, sind Missverständnisse und unterschiedliche Auslegungen nicht vollständig zu vermeiden. Die Verwendung einiger sprachlicher Regeln bei der Formulierung kann jedoch helfen, das Problem soweit wie möglich zu reduzieren.

- Verwendung aktiver Verbformen, kein Passiv, kein Konjunktiv;
- Verwendung ausdrucksstarker Verben und Substantive (z.B. „Studierender" statt „Benutzer", „Lehrveranstaltung bewerten" statt „Fragen beantworten");
- Verwendung gleicher Namen für gleiche Konzepte;
- Vermeidung von Verallgemeinerungen, wenn möglich (z.B. immer, nie, für alle, für keinen, überall, nirgendwo);
- Verwendung kurzer, klar formulierter Hauptsätze und Nebensätze;
- möglichst vollständige Angabe von Ausnahmefällen und Alternativen zu Bedingungen.

Weitere Details zum Thema gutes Formulieren von Anforderungen finden sich in Kapitel 7 Anforderungsvalidierung.

Praxistipp: Gutes Schreiben

Anforderungstexte sollten zwar gut und angenehm lesbar sein, die Regeln für das kreative Schreiben sind hier jedoch ungeeignet und gegebenenfalls sogar kontraproduktiv. So führt die Verwendung von Synonymen für den gleichen Begriff – eine Technik, die gerne zur Auflockerung von Texten verwendet wird – schnell zu Unklarheiten (ist nun wirklich das Gleiche gemeint oder vielleicht doch nicht so ganz?).

Die blumige Umschreibung von trockenen Sachverhalten lässt dagegen mehr Spielraum für Interpretationen und sollte vermieden werden. Hilfestellung für das Formulieren guter Texte geben beispielsweise die Regeln zum guten Schreiben von Wolf Schneider (Schneider).

Formulierung nach Schema

Ergänzend zu den Regeln schlagen einige Autoren vor, sich bei der Formulierung von Anforderungen an einem vorgegebenen Textschema zu orientieren. Ein solches Schema von Rupp und Pohl (Rupp und Pohl) ist in ▶ Abbildung 4.1 dargestellt. Das Schema definiert den Aufbau der Sätze, mit denen die Anforderungen formuliert werden.

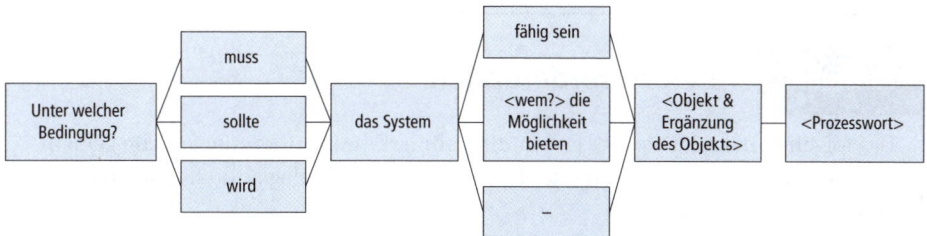

Abbildung 4.1: Satzschema zur Anforderungsformulierung, Quelle (Rupp und Pohl).

Anforderungen, formuliert nach diesem Schema, würden beispielsweise wie folgt lauten:

Beispiel 1: Anforderung an ein System zum Ticketverkauf in einem Kino:

Bei Verfügbarkeit der gewünschten Kategorie und Preisklasse muss das System dem Ticketverkäufer die Möglichkeit bieten, einem Kunden das entsprechende Ticket zu verkaufen.

Beispiel 2: Anforderung an ein System zur Steuerung der Jalousien in einem Gebäude:

Bei einer Windstärke über 60 km/h muss das System fähig sein, die Jalousien im gesamten Gebäude automatisch zu öffnen und die Steuerung für manuelle Betätigung zu sperren.

Schemata sind eine Hilfe, sollten jedoch mit Bedacht eingesetzt werden: So impliziert die Struktur in Abbildung 4.1, dass eine Anforderung mit genau einem Satz formuliert werden sollte und dass die Information in diesem Satz ausreicht, um die Anforderung vollständig zu beschreiben. Anforderungen sind jedoch vielschichtiger und benötigen ergänzende Erläuterungen und Beschreibungen, die so im Schema nicht vorgesehen sind. Beispielsweise fehlen in Beispiel 2 noch Angaben dazu, wie das System reagieren soll, wenn die Windstärke kurzfristig unter 60 km/h fällt (beispielsweise zwischen zwei Windböen).

Ein weiteres Problem stellt die Verwendung festgelegter Verben dar – im Schema sind dies die Hilfsverben „muss", „sollte" und „wird" –, die eine implizite Priorisierung bei den Anforderungen vorwegnehmen. Die Priorität einer Anforderung ist jedoch eine Eigenschaft, die nicht Teil der Anforderung ist, sondern etwas über die Wichtigkeit der Anforderung aussagt. Anforderungen werden hinsichtlich ihrer Priorität eingeordnet, die Reihenfolge ihrer Realisierung kann von ihrer Priorität abhängen. Die Priorität ist daher eine Eigenschaft die explizit zugeordnet wird und über Metadaten (siehe *Abschnitt 4.1.3, Verwaltungsinformation*) verwaltet werden sollte.

Die Vorgabe einer einheitlichen Formulierungsstruktur von Anforderungen kann hilfreich sein. Eine zu restriktive Anwendung der Regeln sollte jedoch vermieden werden.

> **Fallstudie** **EVA-Anforderungen**
>
> Das folgende Beispiel aus der Fallstudie definiert drei Anforderungen, die gemeinsam den Ablauf zur Erstellung der hochschulweiten Vorlage durch den Qualitätsmanager (QM) definieren.
>
> **FA_01:** *Das Evaluierungssystem muss den QM dabei unterstützen, eine neue Vorlage für einen Evaluationsbogen zu erstellen. Der QM kann alternativ einen komplett neuen Bogen erstellen, die Kopie eines archivierten Bogens verwenden oder eine zuvor gespeicherte Draft-Version weiter bearbeiten.*
>
> **FA_02:** *Das Evaluierungssystem muss den QM bei der Überarbeitung des Evaluationsbogens unterstützen. Der QM kann neue Fragen und Antworttypen ergänzen oder bestehende anpassen. Für jede Frage und jeden Antworttyp legt er fest, ob und von wem sie gelöscht oder angepasst werden darf. Für den gesamten Bogen legt er fest, ob und von wem neue Fragen mit ihren Antworten hinzugefügt werden dürfen. Der QM kann die Draft-Version jederzeit zwischenspeichern.*
>
> **FA_03:** *Das Evaluierungssystem muss den QM dabei unterstützen, den fertigen Evaluationsbogen für die Fakultäten freizugeben. Mit der Freigabe schaltet das System den Entwurf für alle Studiendekane der Fakultäten frei. Parallel archiviert das System den Entwurf.*

Granularität von Anforderungen

Die richtige Granularität für Anforderungen zu finden ist nicht immer einfach. Eine Anforderung kann eine einzelne atomare Funktionalität oder Eigenschaft eines Systems beschreiben oder einen vollständigen Ablauf. Jeder der genannten Ansätze hat seine Vor- und Nachteile.

Feingranulare Anforderungen: Werden Anforderungen zu feingranular geschnitten, steigt die Anzahl der zu verwaltenden Anforderungen, vor allem bei größeren Systemen. Mit wachsender Anzahl geht leicht der Überblick über die Systemfunktionalität in ihrer Gesamtheit verloren. Man sieht „den Wald vor lauter Bäumen nicht mehr". Insbesondere wird es mit wachsender Zahl an Anforderungen immer schwieriger, die Abhängigkeiten zwischen ihnen zu überblicken. Ohne geeignete Werkzeugunterstützung stößt man hier schnell an die Grenzen. Vorteil feingranularer Anforderungen ist dagegen der überschaubare fachliche Umfang, der mit einer Anforderung dokumentiert wird. Die Beschreibung konzentriert sich auf wenige Aspekte. Diese sind gut ausgearbeitet. Lücken in der Beschreibung werden damit weniger wahrscheinlich.

Grobgranulare Anforderungen: Bei einem grobgranularen Schnitt der Anforderungen werden zusammenhängende Funktionalitäten, die gemeinsam einen Funktionsbereich repräsentieren, im Zusammenhang beschrieben. Vorteil grobgranularer Anforderungen ist, dass die Funktionalität des Gesamtsystems besser überschaubar bleibt. Auch die Verwaltung der Anforderungen vereinfacht sich signifikant. Nachteil ist dagegen die erhöhte Komplexität der einzelnen Anforderungen. Dies kann dazu führen, dass Sonderfälle, Bedingungen oder notwendige Ergänzungen für einzelne Anforderungen leicht übersehen werden, und erhöht die Gefahr für unterschiedliche Ergänzung und Interpretationen der fehlenden Informationen durch die verschiedenen Stakeholder. Gegebenenfalls macht es Sinn grobgranulare Anforderungen hierarchisch zu verfeinern.

Folgende Regeln können dabei helfen, Anforderungen in der richtigen Granularität und mit dem richtigen Schnitt zu dokumentieren:

- Redundante Information in Anforderungen vermeiden. Die Anforderungen dürfen sich inhaltlich nicht überschneiden.

- Zu komplexe und erzählerische Beschreibungen vermeiden. Die Gefahr besteht, dass mehrere Anforderungen vermischt werden. Die Anforderung sollte sich mit einigen wenigen plakativen Testfällen nachweisen lassen.

- Die Granularität der Anforderungen sollte in einem Projekt möglichst einheitlich gestaltet sein.

4.1.2 Prüfbarkeit von Anforderungen

Anforderungen bilden die Grundlage für die Abnahme des Systems am Ende des Entwicklungsprozesses. Die Anforderungen, die zu Beginn eines Projekts ermittelt und dokumentiert wurden, werden im Entwicklungsprozess als Software-System realisiert und das fertige System wird an den Auftraggeber ausgeliefert. Wurden die Anforderungen wie vorgegeben realisiert, erfolgt die Abnahme. Bei einem Festpreisvertrag zwischen Auftraggeber und IT-Dienstleister bedeutet die Abnahme zusätzlich, dass der Auftragnehmer für seine erbrachte Dienstleistung den vertraglich vereinbarten Geldbetrag erhält.

Damit der Auftraggeber entscheiden kann, ob eine spezifische Anforderung tatsächlich von dem gelieferten System erfüllt wird, braucht er klare Entscheidungskriterien, auch **Abnahmekriterien** genannt. Abnahmekriterien beziehen sich unmittelbar auf die in der Anforderung geforderte Funktionalität oder Eigenschaft. Abnahmekriterien haben folgende Eigenschaften:

- Sie sind unter gleichen Bedingungen immer binär endscheidbar (Kriterium ist erfüllt, Kriterium ist nicht erfüllt).

- Die Prüfung eines Abnahmekriteriums ist mit angemessenem Aufwand durchführbar. Das Ergebnis der Prüfung muss reproduzierbar sein.

Abnahmekriterien werden gemeinsam mit den Anforderungen spezifiziert. Je nach Anforderungstyp unterscheiden sich die Spezifikationsmethoden.

Abnahmekriterien bei Abläufen

Anforderungen, die Abläufe repräsentieren, können fast immer den funktionalen Anforderungen zugeordnet werden. Interaktionen, die an der Systemschnittstelle stattfinden, werden durch Akteure (Personen oder Systeme) getriggert, die mit dem System ein bestimmtes Ziel erreichen oder vom System ein bestimmtes Ergebnis erhalten wollen. Zum Nachweis, ob die Anforderung tatsächlich erfüllt wurde, benötigt man prozessorientierte Abnahmekriterien.

Die Spezifikation von prozessorientierten Abnahmekriterien orientiert sich am Ablauf, den die Anforderung beschreibt. ▶ Abbildung 4.2 zeigt ein Spezifikationsschema für prozessorientierte Abnahmekriterien. Für jede Fallunterscheidung im Ablauf ist ein eigenes Schema zu definieren.

Ausgangssituation	Situation, die zu Beginn des Ablaufs herrschen sollte. Dies betrifft insbesondere den Systemzustand.
Ereignis	Beschreibung des konkreten Testablaufs (Testprozedur).
Akzeptanzkriterium	Erwartetes Ergebnis, welches mit Ende des Ablaufs vorliegen sollte und die Erfüllung der Anforderung bestätigt.

Abbildung 4.2: Spezifikationsschema für Abnahmekriterien von Abläufen.

Aus den so formulierten Akzeptanzkriterien können für die Abnahme konkrete Testfallspezifikationen erzeugt werden.

Abnahmekriterien sind vor allem bei Festpreisprojekten für den Nachweis der Anforderungserfüllung notwendig. Es gibt heute jedoch vermehrt Ansätze, Anforderungen mithilfe ihrer Abnahmekriterien exakter zu beschreiben. Abnahmekriterien werden so zu einem Teil der Spezifikationsmethodik für Anforderungen (siehe Kapitel 9 Agiles RE).

Abnahmekriterien bei Eigenschaften

Der Nachweis von Anforderungen, die eine (Qualitäts-)Eigenschaft eines Systems beschreiben, muss auf andere Art erfolgen. Hier benötigt man eine Möglichkeit, um abstrakte Begriffe wie etwa „Performanz", „Benutzbarkeit" oder „Wartbarkeit" messbar zu gestalten. Dies erfolgt mithilfe von Metriken.

Definition: Metrik

Nach IEEE 1061 ist eine Metrik definiert als:

a function whose inputs are software data and whose output is a single numerical value that can be interpreted as the degree to which software possesses a given attribute that affects its quality.

Eine **Metrik** ist ein Verfahren zur Messung von Qualitätseigenschaften eines Systems. Als Eingabe dienen konkrete Werte, die Kennzahlen, welche die gewünschte Qualitätseigenschaft charakterisieren. Ergebnis der Berechnung ist ein numerischer Wert, der eine Aussage über den Erfüllungsgrad der Eigenschaft im System zulässt.

| Beispiel 4.1 | **Nachweis der Wartbarkeit** |

Das Qualitätsmerkmal der „Wartbarkeit" kann neben anderen beispielsweise durch das Teilmerkmal „Vollständigkeit der Dokumentation" beschrieben werden. Eine mögliche Kennzahl zur Messung der Vollständigkeit, ist „der Prozentsatz vollständig dokumentierter Methoden im Source-Code".

Dieser Wert lässt sich anhand des Source-Codes objektiv mithilfe von Werkzeugen und einer Metrik, die anhand eines Dokumentationsstandards die Vollständigkeit prüft, ermitteln. Als Ergebnis erhält man einen konkreten numerischen Wert, beispielsweise 90%, der besagt, dass 90% aller Methoden in diesem System hinsichtlich des Dokumentationsstandards vollständig dokumentiert sind.

Kennzahlen sind quantifizierbare Werte, die den Zustand des zu messenden Systems beschreiben. Eine Kennzahl drückt nur einen eng begrenzten Aspekt eines Qualitätsmerkmals aus. In gleicher Weise kann auch eine Metrik, die auf dieser Kennzahl basiert, nur eine sehr eingeschränkte Aussage über eine Systemeigenschaft machen. Beispielsweise reicht der Vollständigkeitsgrad der Dokumentation im Source-Code (siehe Kasten) keinesfalls aus, um eine belastbare Aussage über die Wartbarkeit des Systems zu erhalten. Man benötigt eine geeignete Auswahl an Metriken, die das Kriterium unter verschiedenen Gesichtspunkten prüfen.

Um das Ergebnis einer Metrik sinnvoll auswerten zu können, benötigt man zusätzlich ein objektives **Akzeptanzkriterium**, an dem das Ergebnis gemessen werden kann. Das Akzeptanzkriterium gibt vor, welcher Wert der Metrik für dieses konkrete System unter den genannten Bedingungen für eine Abnahme ausreicht.

Im obigen Beispiel zur Vollständigkeit der Dokumentation (siehe Kasten) stellt sich beispielsweise die Frage, was das Ergebnis „90% aller Methoden sind vollständig dokumentiert" tatsächlich bedeutet. Ist dies ein Zeichen für die Qualität des Systems? Ist dies gut, hervorragend, nicht so gut oder vielleicht sogar auf keinen Fall akzeptabel? Immerhin, so könnte man argumentieren, fehlen 10%. Andererseits sind 90% Dokumentation auf jeden Fall besser, als wenn es nur 50% wären? Ein Akzeptanzkriterium, welches mit der Anforderung vom Auftraggeber festgelegt wurde und beispielsweise besagt, dass mindestens 80% des Source-Codes dokumentiert sein muss, würde hier Klarheit schaffen.

Die Prüfung der Anforderungserfüllung erfolgt bei der Abnahme des Systems am Ende des Projekts. Bei Systemeigenschaften wird mithilfe der vorgegebenen Metriken geprüft, ob das System die zugeordneten Akzeptanzkriterien erfüllt. Dies kann in manchen Fällen durchaus aufwendig sein. Um beispielsweise den Nachweis zu erbringen, dass die Antwortzeit bei paralleler Nutzung von mehr als 500 Anwendern nie höher als 7 Sekunden ist, benötigt man eine entsprechende automatisierte Testumgebung, um die hohe Menge an parallelen Nutzern zu simulieren.

Beispiel 4.2 ## Akzeptanzkriterien

Eine Qualitätsanforderung, die ausdrückt, dass das System „performant" sein soll, kann beispielsweise durch die Kennzahl „Antwortzeit" messbar gemacht werden. Als Antwortzeit bezeichnet man die Reaktionszeit eines Systems auf eine Anfrage durch den Anwender. Das Akzeptanzkriterium kann nun wie folgt angegeben werden:

Die Antwortzeit des Systems beträgt weniger als 5 Sekunden bei allen Anfragen.

Nun reagiert ein System nicht immer gleich. Beispielsweise können abhängig von der Auslastung der CPU oder der Menge der Daten, die angefragt werden, starke Schwankungen bei der Antwortzeit auftreten. Entsprechend sollte das Akzeptanzkriterium angepasst werden (hier abhängig vom Lastverhalten):

Die durchschnittliche Antwortzeit bei geringer Auslastung (weniger als 50 parallele Nutzer) beträgt weniger als 3 Sekunden, die durchschnittliche Antwortzeit bei mittlerer Auslastung (zwischen 50 und 500 parallelen Nutzern) beträgt weniger als 5 Sekunden, bei hoher Auslastung (mehr als 500 parallele Nutzer) darf sie 7 Sekunden nicht überschreiten.

Spezifikationsschema für eigenschaftsorientierte Abnahmekriterien

Welche Metriken zur Abnahme einer nichtfunktionalen Anforderung zu prüfen sind, geben die Abnahmekriterien an. ▶ Abbildung 4.3 zeigt ein tabellarisches Schema zur Spezifikation von Abnahmekriterien für Anforderungen, die Eigenschaften beschreiben. Für jede Metrik muss ein eigenes Schema angelegt werden.

Metrik	Explizites Verfahren mit Kennzahl(en) zur Messung der Eigenschaft.
Akzeptanzkriterium	Angabe von Grenzwert(en) oder Grenzbereichen, die bei einer Messung eine Erfüllung der Eigenschaft nachweisen.
Operationalisierung	Optionale Angabe von Testszenarien oder einer Testumgebung, mit der die Erfüllung der Eigenschaft sinnvoll und mit vertretbarem Aufwand geprüft werden kann.

Abbildung 4.3: Spezifikationsschema für Abnahmekriterien von Eigenschaften.

Die Angabe einer Operationalisierung ist hilfreich, um sicherzustellen, dass die Ermittlung und Bewertung des Abnahmekriteriums durchführbar ist. Beispielsweise wäre für eine Anforderung „das System ist gegenüber unbefugten Zugriffen sicher" eine Metrik „Anzahl der erfolgreichen Einbrüche in den nächsten 10 Jahren" mit dem Akzeptanzkriterium „0" ein nach obigen Regeln gültiges Abnahmekriterium Die Frage bleibt jedoch, wie man die Erfüllung des Kriteriums nachweisen möchte ...

Praxistipp: Testszenarien

Für manche Eigenschaftsanforderungen macht es Sinn, als Teil der Operationalisierung manuelle Testszenarien anzugeben, mit denen ihre Erfüllung nachgewiesen werden kann. Ein Szenario beschreibt die Schritte, die der Reihe nach zur Prüfung der Eigenschaft durchzuführen sind. Eine Methode, die szenariobasierte Prüfung von Qualitätsmerkmalen unterstützt, ist SAAM (*Software Architecture Analysis Method*) (Clements, Kazman und Klein).

SAAM wurde ursprünglich zur Bewertung von Software-Architekturen entwickelt. Die Vorgehensweise lässt sich jedoch einfach auf die Bewertung von Qualitätsmerkmalen eines Software-Systems übertragen. Eigenschaften, für die Testszenarien ein geeignetes Mittel zum Nachweis sind, sind beispielsweise die Modifizierbarkeit eines Systems (wie gut lassen sich Änderungen in das System einarbeiten?), die Portierbarkeit (lässt sich das System auf unterschiedlichen Plattformen installieren und anwenden?) oder die Benutzbarkeit (wie lange braucht ein ungeschulter Anwender, um sich in das System einzuarbeiten?).

Beispiele für Metriken

Die große Kunst, gute Abnahmekriterien zu definieren, liegt in der Wahl der richtigen Metriken. Metriken müssen eingehend daraufhin geprüft werden, ob sie für den gewünschten Zweck tatsächlich aussagekräftig genug sind. ▶ Tabelle 4.1 nennt beispielhaft Metriken zu einigen der Qualitätsmerkmale im SQuaRE-Standard (siehe Kapitel 3).

Qualitätsmerkmal	Beispiele für Metriken
Funktionelle Eignung	■ Erfüllungsgrad der Vorgaben zur Genauigkeit zu berechnender Ergebnisse.
Performanz und Effizienz	■ Durchschnittliche/maximale Antwortzeit: Zeitintervall zwischen dem Absenden einer Nachricht und dem Empfang der entsprechenden Antwort. ■ Durchschnittlicher Durchsatz: Menge an Daten/Transaktionen, die von einem System oder Teilsystem pro Zeiteinheit verarbeitet werden kann. ■ Maximal erlaubter Speicherverbrauch.
Kompatibilität	■ Anzahl der Verletzungen von Standardisierungsvorgaben in den angebotenen Schnittstellen (Struktur, Sprache, Datentypen).
Benutzbarkeit	■ Durchschnittlicher Zeitaufwand für Schulungen bzw. zur Verwendung des Systems ohne Schulung. ■ Durchschnittliche Anzahl von Anwenderaktionen zur Durchführung einer vom System bereitgestellten Funktionalität.
Zuverlässigkeit	■ Wahrscheinlichkeit dafür, dass das System zu einer gegebenen Zeit verfügbar ist (Verfügbarkeit = (Gesamtzeit − Gesamtausfallzeit) / Gesamtzeit). ■ Robustheit des Systems gegenüber Systemfehlern. ■ Reparaturzeit bei den wahrscheinlichsten Ausfällen (je kleiner die Reparaturzeit, desto höher die Verfügbarkeit).
Sicherheit	■ Anzahl erfolgreich abgewendeter vordefinierter Missbrauchsszenarien.

Tabelle 4.1: Metriken zur Messung von Qualitätsmerkmalen.

Qualitätsmerkmal	Beispiele für Metriken
Wartbarkeit	■ Vollständigkeit der Dokumentation. Anzahl (nicht) dokumentierter Klassen und Methoden. ■ Zahl der Verletzungen der Programmierrichtlinien. ■ Anzahl identifizierter redundanter Codestellen. ■ Anzahl direkter Methodenaufrufe und transitiver Abhängigkeiten im Code (*Coupling*). ■ Ähnlichkeit der Methoden zweier Klassen auf Grund der von ihnen verwendeten Variablen (*Cohesion*).
Portabilität	■ Anzahl an verwendeten nicht standardisierten Bibliotheken. ■ Anzahl nicht konfigurierbarer Systemeigenschaften im Code.

Tabelle 4.1: Metriken zur Messung von Qualitätsmerkmalen. *(Forts.)*

Metriken werden idealerweise so gewählt, dass ihr Nachweis mithilfe von Werkzeugen erfolgen kann.

Methoden zur Ableitung von Metriken

Um sicherzustellen, dass ein System ein bestimmtes Qualitätsmerkmal erfüllt, benötigt man eine Menge von aussagekräftigen Kennzahlen und Metriken. Wie aber erhält man diese? Es ist ein gewisses Stück Erfahrung nötig, um hier die richtige Entscheidung zu treffen. Wählt man unwichtige Metriken oder vergisst wichtige, birgt dies gewisse Gefahren in sich.

■ Fehlende Metriken werden naturgemäß auch nicht geprüft. Ihr Fehlen wiegt Entwickler und Anwender in der falschen Sicherheit, an alles gedacht zu haben.

■ Die Wahl unwichtiger Metriken kann zu unnötigen Kosten führen, wenn versucht wird, sie dennoch mit großem Aufwand zu erfüllen.

In manchen Fällen benötigt man zum Nachweis einer Eigenschaft keine explizite Metrik. Es reicht eine einfache binäre Entscheidung, die besagt „Ja, die Eigenschaft ist erfüllt" oder „Nein, die Eigenschaft ist nicht erfüllt".

Methode   **GQM**

Die GQM (*Goal Question Metric*) (Basili, Caldiera und Rombach) ist eine Methode, mit deren Hilfe Qualitätsmerkmale messbar gemacht werden. Mit ihrer Hilfe werden Ziele (beispielsweise das Erreichen eines Qualitätsmerkmals) über Fragen konkretisiert. Die Fragen helfen dabei, die Ziele möglichst exakt zu definieren. Zu den Fragen werden Metriken abgeleitet, die messbare Antworten zu den Fragen liefern.

Granularität der Abnahmekriterien

Die Granularität der Abnahmekriterien orientiert sich an der Granularität ihrer Anforderungen. Abnahmekriterien als Mittel zum Nachweis der Erfüllung können nur so detailliert sein, wie die Anforderungen, die sie näher spezifizieren. Generell gilt:

- Aus grobgranularen Anforderungen können nur grobgranulare Abnahmekriterien abgeleitet werden. Sie betreffen in der Regel den Nachweis der Kernfunktionalitäten in der Anforderung.

- Feingranulare Anforderungen, insbesondere Use-Case-Spezifikationen (siehe Kapitel 5 „Anforderungsspezifikation") erlauben dagegen die Ableitung detaillierter Abnahmekriterien, die teilweise unmittelbar als Testfälle für die Abnahme übernommen werden können.

4.1.3 Verwaltungsinformation

Die dokumentierten Anforderungen sind die Treiber für die Durchführung des Entwicklungsprojekts. In allen Projektphasen werden sie nachgelesen, referenziert, diskutiert und geändert. Spezifikationen und Testfälle werden aus ihnen abgeleitet und das System muss sie implementieren. Dies ist nur möglich, wenn Anforderungen selbst als eigenständige Konzepte betrachtet werden, die über den gesamten Projektzeitraum und gegebenenfalls darüber hinaus kontinuierlich verwaltet werden.

Die Verwaltung erfolgt methodisch mithilfe von Metadaten, die Informationen zu Anforderungen liefern. ▶ Tabelle 4.2 listet einige der wichtigsten Metadaten. Die Liste kann jedoch nach Bedarf erweitert werden (siehe (Ebert), (Rupp und Pohl).

Metadatum	Beschreibung
Identifikator	Projektweite eindeutige Identifikationsnummer für diese Anforderung. Das Benennungsschema für Identifikatoren ist frei wählbar, sollte innerhalb eines Projekts jedoch einheitlich gehandhabt werden.
Name	Kurzname der Anforderungen. Der Name ist üblicherweise nach dem Schema <Substantiv><Verb> wie beispielsweise „Reise buchen" aufgebaut, bei Eigenschaften dagegen mit einem beschreibenden Hauptwort, beispielsweise „Performanz".
Version	Aktuelle Version der Anforderung. Jede Anforderungsänderung sollte eine neue Versionsnummer nach sich ziehen. Mithilfe der Versionsnummer können zusammengehörige Konfigurationen an Anforderungen gebildet werden.
Priorität	Angabe der mit den Stakeholdern abgestimmten Priorität zur Realisierung der Anforderung. Das Schema ist frei wählbar. Im einfachsten Fall kann ein zweistufiges System gewählt werden mit den Werten „hoch" und „niedrig". Das Schema sollte innerhalb eines Projekts einheitlich gehandhabt werden.
Quelle	Quelle, von der die Anforderung erhoben wurde. Dies kann beispielsweise ein Stakeholder, ein Dokument oder das Altsystem sein. Diese Information ist wichtig, falls später im Projekt Rückfragen auftauchen sollten. Auch die Notwendigkeit der Anforderung kann damit jederzeit nachvollzogen werden.
Verantwortlich	Verfasser der Anforderungsdokumentation (i.A. nicht die Quelle). Der Verantwortliche für die Anforderung dient als Ansprechpartner bei Fragen zur Anforderung und ist verantwortlich für die Pflege der dokumentierten Anforderung.

Tabelle 4.2: Metadaten zur Verwaltung von Anforderungen.

Metadatum	Beschreibung
Änderungs-historie	Zeitliche Dokumentation von Änderungen bezogen auf die Anforderung selbst (nicht die Realisierung der Anforderung). Sie beginnt bei mit der Erstellung und Abstimmung der Anforderung. Spätere Änderungen an der Anforderung werden hier ebenfalls mit Änderungsverantwortlichem, Änderungsdatum und einer kurzen Beschreibung der Änderung protokolliert.
Offene Punkte	Punkte, die zur aktuellen Anforderungsversion noch zu klären sind. Es ist Aufgabe des Verantwortlichen die Klärung der offenen Punkte voranzutreiben und das Ergebnis gegebenenfalls in die Anforderungsdokumentation einzuarbeiten.
Quer-beziehungen	Anforderungen, zu denen inhaltliche Beziehungen bestehen. Dies können funktionale oder nichtfunktionale Anforderungen sein.
Stabilität	Angabe zur Wahrscheinlichkeit, dass sich die Anforderung noch ändern wird bzw. die Klärung offener Punkte, die vermutlich Änderungen nach sich ziehen werden.

Tabelle 4.2: Metadaten zur Verwaltung von Anforderungen. *(Forts.)*

Werkzeuge zur Anforderungsverwaltung erlauben die Festlegung von Metadaten und die Zuordnung von konkreten Werten zu den einzelnen Anforderungen. Der große Vorteil von Werkzeugen ist, dass sie automatisierte Operationen auf der Menge der Anforderungen erlauben, wie beispielsweise die Suche einer Anforderung nach einem Identifikator, die Sortierung aller Anforderungen nach Priorität oder die Suche nach allen Anforderungen zu einer spezifischen Quelle.

Steht kein Werkzeug zur Verfügung, empfiehlt sich eine einfache tabellarische Verwaltung der Anforderungen auf Dokumentenbasis. Die Verwendung von Dokumenten erfordert jedoch erhöhten Aufwand zur Pflege der Metadaten.

4.1.4 Lebenszyklus von Anforderungen

Anforderungen liefern für sich genommen keinen Mehrwert. Sie repräsentieren vielmehr den Wunsch eines Stakeholders für eine Funktionalität oder Eigenschaft, die ein System bereitstellen soll. Diese Idee wird Schritt für Schritt im Entwicklungsprozess konkretisiert und schließlich in Software umgesetzt. Eine Anforderung befindet sich daher zu jedem Zeitpunkt im Projekt in einem definierten Zustand bezüglich ihrer Umsetzung. Modelliert wird dies mithilfe eines Lebenszyklusmodells. Das Zustandsmodell in ▶ Abbildung 4.4 modelliert einen typischen Lebenszyklus für Anforderungen. Die Ellipsen entsprechen den Zuständen, in denen sich eine Anforderung befinden kann, die Pfeile markieren die erlaubten Zustandsübergänge.

Der Lebenszyklus einer Anforderung beginnt damit, dass sie von jemandem initial in einem Dokument oder in einem Werkzeug angelegt wird. Die Anforderung ist damit im Zustand *angelegt*. Die Anforderung muss zu Beginn noch nicht vollständig ausgearbeitet sein. Dies sollte jedoch erfolgen, damit die Anforderung in den Zustand *vorgelegt* übergehen kann. Eine verantwortliche Rolle – beispielsweise der Produktmanager – entscheidet nun über ihre Realisierung. Als Ergebnis der Entscheidung kann die Anforderung *akzep-*

tiert, *abgelehnt* oder *zurückgestellt* werden. Abgelehnte Anforderungen werden nicht realisiert, zurückgestellte Anforderungen werden für spätere Versionen vorgemerkt, akzeptierte Anforderungen werden im Projektplan für das aktuelle Projekt eingeplant.

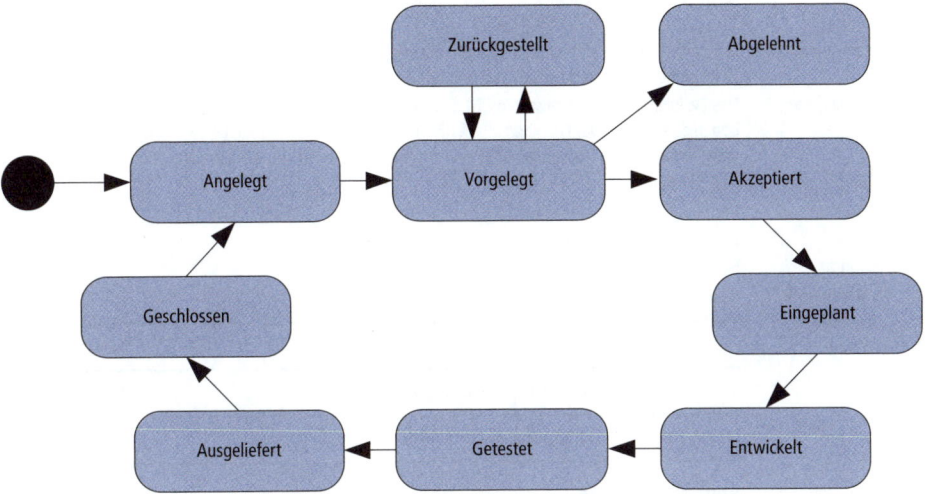

Abbildung 4.4: Typisches Lebenszyklusmodell für Anforderungen.

Eine akzeptierte Anforderung wird entwickelt, getestet und schließlich als Teil des Systems ausgeliefert. Die Anforderung geht damit in den finalen Zustand *abgeschlossen*. Treten bei der Nutzung der Funktionalität Änderungswünsche auf, kann die zugehörige Anforderung wieder geöffnet werden. Der Lebenszyklus beginnt von vorne. Der Lebenszyklus einer Anforderung kann je nach Organisation und Systemtyp unterschiedlich gestaltet sein. Jede Organisation sollte ihr individuelles Lebenszyklusmodell definieren.

Die Verwaltung des Lebenszyklus erfolgt über ein Metadatum *Status*, das den aktuellen Zustand einer Anforderung im Lebenszyklus nachbildet. Die Menge der gültigen Werte für den Status ergeben sich aus den Zuständen des Lebenszyklusmodells. Die Verwaltung des Lebenszyklus ist Teil der Anforderungsverwaltung und wird in Kapitel 8, Anforderungsmanagement, vertieft.

Fallstudie **Eva – Anforderungsdokumentation**

Für das Evaluierungssystem Eva wird beispielhaft die Dokumentation einer funktionalen und einer nichtfunktionalen Anforderung vorgestellt. Das hier verwendete Schema berücksichtigt alle Aspekte, die in den vorangegangenen Abschnitten eingeführt wurden. Die Metadaten erlauben eine effektive Verwaltung der Anforderung, Änderungen an der Anforderung werden in der Änderungshistorie dokumentiert.

Funktionale Anforderung

ID	FA_01
Name	Hochschulweiten Evaluationsbogen anlegen
Version	1.1
Motivation	Um hochschulweit eine einheitliche Gestaltung der Evaluationen zu erreichen, ist die Vorgabe einer einheitlichen Vorlage durch das Qualitätsmanagement notwendig.
Beschreibung	Das Evaluierungssystem muss den QM dabei unterstützen, eine neue Vorlage für einen Evaluationsbogen zu erstellen. Der QM kann alternativ einen komplett neuen Bogen erstellen, die Kopie eines archivierten Bogens verwenden oder eine zuvor gespeicherte Draft-Version weiter bearbeiten.
Querbezüge	NFA_01 Benutzbarkeit
Status	Vorgelegt
Quelle	Frau A. Meier (Qualitätsmanagerin der Hochschule)
Priorität	Hoch
Verantwortlich	Frau R. Luxemburg (RL)

Änderungshistorie

Datum	Beschreibung	Verantw.
1.3.2013	Anforderung initial erstellt	RL
12.4.2013	Anpassung von archivierten EB wurde ergänzt.	RL

Abnahmekriterien

Abnahmekriterium 1

Ausgangssituation	Der QM ist am System angemeldet.
Ereignis	Der QM erstellt mithilfe des Systems einen neuen Evaluationsbogen.
Akzeptanzkriterium	Der Bogen ist angelegt und editierbar.

Abnahmekriterium 2

Ausgangssituation	Der QM ist am System angemeldet. Ein Evaluationsbogen liegt im Archiv vor.
Ereignis	Der QM erzeugt einen neuen Evaluationsbogen auf der Basis eines archivierten Bogens.
Akzeptanzkriterium	Ein neuer Bogen ist angelegt und editierbar. Der ursprüngliche Bogen ist unverändert archiviert.

Abnahmekriterium 3

Ausgangssituation	Der QM ist am System angemeldet. Ein Evaluationsbogen liegt als Draft-Version vor.
Ereignis	Der QM öffnet die Draft-Version.
Akzeptanzkriterium	Der Bogen ist angelegt und editierbar.

Stabilität	Änderungen sind in größerem Maß nicht zu erwarten.
Offene Punkte	Zu klären ist, welche Art von Fragen auf dem Evaluationsbogen zugelassen werden.

Nichtfunktionale Anforderung

ID	NFA_01
Name	Benutzbarkeit
Version	1.0
Motivation	Das System wird von vielen verschiedenen Personen in der Hochschule genutzt, die teilweise aus nicht technischen Bereichen kommen.
Beschreibung	Das System muss für alle Anwendergruppen einfach zu bedienen sein. Für alle Anwender mit Ausnahme der Studierenden muss zur Bedienung des Systems eine etwa einstündige Einführung ausreichen, um das System bedienen zu können. Studierende müssen das System intuitiv anwenden können.
Querbezüge	
Status	Akzeptiert
Quelle	Herr S. Müller (Dekan der Fakultät 20)
Priorität	Hoch
Verantwortlich	Frau I. Schmidt (IS)
Änderungshistorie	

Datum	Beschreibung	Verantw.
1.3.2013	Anforderung initial erstellt	IS

Abnahmekriterien   **Abnahmekriterium 1**

Metrik	Für Studiendekane und Dozenten: Dauer einer Einführung bis zur Fähigkeit, mit dem System adäquat zu arbeiten.
Akzeptanzkriterium	max. 2 Stunden
Operationalisierung	Durchführung einer Einführung mit abschließender Evaluation der Teilnehmer zur Einschätzung ihrer erworbenen Kenntnisse.

Abnahmekriterium 2

Metrik	Für Studierende: Dauer bis zum Verständnis für den Umgang mit der Anwendung.
Akzeptanzkriterium	Unmittelbar
Operationalisierung	Befragung von ausgewählten Studierenden nach Durchführung einer Bewertung.

Offene Punkte   -

4.1.5 Qualitätskriterien für Anforderungen

Qualitätskriterien von Anforderungen wurden bereits an mehreren Stellen im Buch erwähnt. Was aber ist genau darunter zu verstehen? Was unterscheidet eine qualitativ gute Anforderung von einer schlechten? Eine Antwort auf diese Frage liefert der IEEE[1]-Standard 830-1998 (IEEE 830-1998). Der Standard definiert acht Qualitätskriterien für Anforderungen. Die Kriterien beziehen sich teilweise auf einzelne Anforderungen, teil-

---

1   IEEE: Institute of Electrical and Electronics Engineers

weise auf die Gesamtheit aller Anforderungen. Dies ist notwendig, da Qualitätsmängel wie Widersprüche, inkonsistente Beschreibungen und Lücken häufig erst im Kontext mehrerer Anforderungen auffallen. ▶ Tabelle 4.3 listet die Qualitätskriterien nach IEEE 830 (frei übersetzt nach (IEEE 830-1998)).

Eine Verständigung darüber, dass die dokumentierten Anforderungen die geforderten Qualitätskriterien erfüllen sollten, ist normalerweise kein Problem. Die Frage bleibt jedoch, wie man die Eigenschaften tatsächlich umsetzt. Wie stellt man beispielsweise sicher, dass eine Anforderung korrekt oder eindeutig ist? Auch wenn es nicht die eine Methode gibt, die absolut sicherstellt, dass eine Anforderung alle Qualitätskriterien erfüllt, so gibt es doch eine Reihe von Maßnahmen, die dabei helfen, diesem Ziel möglichst nahe zu kommen. Viele der Maßnahmen wurden bereits in anderem Kontext eingeführt. Die dritte Spalte in Tabelle 4.3 nennt beispielhaft Maßnahmen, die eine Erfüllung der geforderten Qualitätskriterien in der Praxis unterstützen können. Die Liste der genannten Maßnahmen ist bei Weitem nicht vollständig, soll jedoch zeigen, dass die zum Teil abstrakt klingenden Qualitätseigenschaften aus dem Standard mit relativ einfachen und gängigen Mitteln sichergestellt werden können.

Kriterium	Beschreibung	Methoden zur Umsetzung
Correct (Korrekt)	Eine Anforderungsspezifikation ist korrekt genau dann, wenn jede Anforderungen, die dokumentiert ist, eine Anforderung ist, die von einem Stakeholder benötigt wird.	Gut durchgeführter Prozess zur Anforderungsermittlung und Bewertung, Durchführung von Reviews.
Unambiguous (Eindeutig)	Eine Anforderungsspezifikation ist eindeutig genau dann, wenn jede Anforderung darin genau eine Interpretation zulässt.	Einheitliche Regeln zur Anforderungsformulierung. Anlegen eines Glossars. (siehe Abschnitt 1.4.4).
Complete (Vollständig)	Eine Anforderungsspezifikation ist vollständig genau dann, wenn sie folgende Elemente enthält: - Alle signifikanten Anforderungen die sich auf Funktionalität, Performanz, Design-Constraints, Eigenschaften oder externe Schnittstellen beziehen. - Eine Definition aller Ergebnisse des Systems auf alle möglichen Arten von Eingaben. Dies betrifft das Verhalten im Fall gültiger wie ungültiger Eingaben. - Eine vollständige Referenzierung aller Abbildungen, Tabellen und Diagramme und eine vollständige Definition aller verwendeten Begriffe und Maßeinheiten.	Verwendung von Vorlagen für Anforderungsdokumente und einzelne Anforderungen. Durchführung von Reviews.
Consistent (Konsistent)	Eine Anforderungsspezifikation ist konsistent genau dann, wenn keine der beschriebenen Anforderungen zueinander im Widerspruch stehen.	Durchführung von Reviews. Verwendung von (semi-) formalen grafischen Modellierungsmethoden.

Tabelle 4.3: Qualitätskriterien Anforderungsspezifikationen nach IEEE 320.

Kriterium	Beschreibung	Methoden zur Umsetzung
Ranked for Importance and/or Stability (Bewertet)	Eine Anforderungsspezifikation ist bewertet genau dann, wenn jede Anforderung in ihr hinsichtlich ihrer Wichtigkeit und/oder Stabilität bewertet ist.	Verwendung der Metadaten Priorität und Stabilität.
Verifiable (Verifizierbar)	Eine Anforderungsspezifikation ist verifizierbar genau dann, wenn jede Anforderung in ihr verifizierbar ist. Eine Anforderung ist verifizierbar genau dann, wenn ihre Erfüllung (maschinell oder manuell) mit sinnvollem Aufwand nachweisbar ist.	Ableitung der relevanten Abnahmekriterien zur Abdeckung der Funktionalität.
Modifiable (Modifizierbar)	Eine Anforderungsspezifikation ist modifizierbar genau dann, wenn ihre Struktur und ihr Stil so angelegt sind, dass jede Änderung an den Anforderungen einfach, vollständig und konsistent durchgeführt werden kann unter Beibehaltung von Struktur und Stil des Dokuments.	Verwendung von Vorlagen. Pflege der Änderungshistorie.
Traceable (Nachverfolgbar)	Eine Anforderungsspezifikation ist nachverfolgbar, wenn die Quelle jeder Anforderung klar definiert ist (Backward Traceability) und eine eindeutige Referenzierung der Anforderung in zukünftigen Entwicklungsdokumenten möglich ist (Forward Traceability).	Backward Traceability: Angabe der Quelle zu jeder Anforderung. Forward Traceability: Zuordnung von eindeutig referenzierbaren IDs zu den Anforderungen.

Tabelle 4.3: Qualitätskriterien Anforderungsspezifikationen nach IEEE 320. *(Forts.)*

4.2 Glossar und Taxonomie

Ein Glossar ist eine Sammlung von Begriffen mit ihren Definitionen. Es ist immer dann notwendig, wenn ein einheitliches Verständnis zu bestimmten Begriffen geschaffen werden soll. Im Requirements-Engineering-Prozess dient das Glossar dazu, eine gemeinsame Begriffswelt und damit eine gemeinsame Sprache der jeweiligen Anwendungsdomäne für alle beteiligten Stakeholder und am Projekt beteiligten Entwickler zu schaffen.

Die im Glossar aufgenommenen Begriffe stammen aus dem Anwendungskontext des geplanten Systems und haben Gültigkeit über das aktuelle Projekt hinaus. Enthalten sind beispielsweise fachspezifische Abkürzungen und Begriffe, Prozesse, Ablaufschritte, Dokumente oder Rollennamen. Nicht in ein Glossar gehören dagegen Begriffe, die sich auf das aktuelle Projekt oder das verwendete Vorgehensmodell beziehen. So macht es keinen Sinn, im Glossar die Rolle *Projektleiter* zu definieren, sehr wohl jedoch die Rolle *Kundenberater* für eine Bankanwendung.

Die Beschreibung der Begriffe im Glossar erfolgt informell, ähnlich zur Definition in einer Enzyklopädie. Neben der Erläuterung, was der Begriff im Kontext des Unternehmens bedeutet, werden gegebenenfalls synonym verwendete Begriffe angegeben. Zur Vermeidung von Missverständnissen wird der Begriff gegen möglicherweise ähnliche Begriffe abgegrenzt.

Glossare helfen, die Bedeutung einzelner Begriffe zu klären. Taxonomien ergänzen das Glossar um Informationen zu den hierarchischen Zusammenhängen zwischen den Begriffen. Mithilfe von Taxonomien wird ausgehend von einem allgemeinen Konzept der Anwendungsdomäne eine baumartige Vererbungshierarchie aufgebaut. Jede Stufe im Baum ist ein Stück konkreter als die darüberliegende Stufe. Bekannt sind Taxonomien vor allem aus der Biologie zur Klassifikation von Lebewesen und Pflanzen. Die Methode lässt sich jedoch auf alle hierarchischen Strukturen übertragen. Typisches Beispiel aus der Informatik wäre etwa eine Bankanwendung, die unterschiedliche Arten von Konten unterstützt. Der allgemeine Begriff Konto lässt sich dementsprechend spezialisieren zu Girokonto, Sparkonto oder Depotkonto.

Fallstudie   ## Eva –Glossar und Taxonomie

Für das Evaluierungssystem Eva wurde eine Reihe von Begriffen als geeignete Kandidaten für ein Glossar identifiziert. Diese sind (in willkürlicher Reihenfolge): *Evaluation, Evaluationsbogen, Lehrveranstaltung, Praktikum, Seminar, Vorlesung, Dozent, Professor, Lehrbeauftragter, Teilnehmer, Studiendekan* und *Qualitätsmanager.*

Die Begriffe *Evaluation* und *Evaluationsbogen* werden im Folgenden stellvertretend für alle anderen definiert.

Begriff	Evaluationsbogen
Synonyme	Feedback-Bogen
Beschreibung	Ein Evaluationsbogen ist eine Sammlung von Fragen zur Bewertung einzelner Lehrveranstaltungen. Er kann online oder in Papierform vorliegen. Im Evaluierungsprozess bezeichnet der Begriff die hochschulweite Vorlage, die fakultätsweite Vorlage, den konkreten Evaluationsbogen für eine Lehrveranstaltung und die Kopie des Studierenden zum Ausfüllen.
Abgrenzung	Der Begriff ist abzugrenzen zum Prozess der Evaluation.

Begriff	Evaluation
Synonyme	Evaluierung
Beschreibung	Als Evaluation wird der Prozess zur Durchführung von Bewertungen einzelner Lehrveranstaltungen durch die Teilnehmer bezeichnet. Die Durchführung der Evaluation ist Aufgabe des jeweiligen Dozenten.
Abgrenzung	

Abbildung 4.5: Beispielhafte Glossareinträge für Eva.

Die Strukturen im Evaluationssystem Eva sind verhältnismäßig einfach und erfordern nicht unbedingt die Verwendung einer Taxonomie. Zur Verdeutlichung soll jedoch an dieser Stelle am Beispiel der Lehrveranstaltungen gezeigt werden, wie eine Taxonomie aussehen könnte.

Eine Evaluation kann prinzipiell für jede beliebige Lehrveranstaltung durchgeführt werden. Die Evaluationsfragen sollten jedoch an den jeweiligen Veranstaltungstyp angepasst sein. Daher ist es notwendig eine Klassifikation der Lehrveranstaltungen vorzunehmen. Die Taxonomie in ▶ Abbildung 4.6 zeigt, welche Lehrveranstaltungstypen an der Hochschule prinzipiell durchgeführt werden können (die Typen werden durch die Prüfungsordnungen der Studiengänge vorgegeben) und wie sie strukturell zusammenhängen. Laut Taxonomie kann eine Lehrveranstaltung ein *Seminar*, eine *Vorlesung* oder ein *Projektstudium* sein. Vorlesungen werden weiter nach Vorlesungen mit Übung und Vorlesungen mit Praktikum unterschieden. Was genau eine Vorlesung, ein Seminar oder ein Projektstudium kennzeichnet und was den Unterschied ausmacht, wird im Glossar definiert.

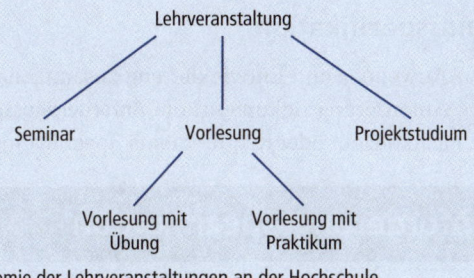

Abbildung 4.6: Taxonomie der Lehrveranstaltungen an der Hochschule.

4.3 Anforderungsdokumente

Eine einzelne Anforderung betrachtet immer nur einen spezifischen Aspekt des geplanten Systems. Alle Anforderungen zusammen beschreiben zwar das gewünschte Systemverhalten umfassend, Hintergrundinformationen zur Anwendungsdomäne, zum ursprünglichen Problem und zur Idee, wie das System später eingesetzt werden soll, fehlen jedoch. Diese Informationen sind jedoch notwendig für jemanden, der später lediglich anhand des Dokuments das System spezifizieren, entwerfen und entwickeln soll. Anforderungsdokumente füllen diese Lücke. Sie enthalten alle dokumentierten Anforderungen an das geplante System und liefern zusätzlich die notwendigen Hintergrundinformationen. Im Folgenden werden die typischen Formen von Anforderungsdokumenten vorgestellt.

Praxistipp: Bildhafte Modelle

Das Anforderungsdokument muss von allen Stakeholdern verstanden werden, damit alle ihre Kompetenzen einbringen können. Die verwendete Methodik wird damit auch durch die Kompetenzen der Stakeholder eingeschränkt. UML-Modelle werden sicher kaum von Bank- oder Versicherungsfachwirten oder einem Regelungstechniker verstanden. Als kleinster gemeinsamer Nenner bleiben daher oft nur die natürliche Sprache und informelle Schaubilder. Das Anforderungsdokument sollte gerne gelesen werden, es darf daher nicht zu lang sein und muss (nur) relevante und aktuelle Informationen enthalten (Rüping)

- es sollte Informationen enthalten, die einen Überblick über das zu entwickelnde System geben (Big Picture),

- es sollte begründen, warum das System genau so gebaut werden soll,

- es sollte Informationen enthalten, die langfristig von Nutzen sind, etwa für die weitere Pflege des Systems.

4.3.1 Anforderungsspezifikation

Bei Projekten, in denen Anwender und Entwickler eng zusammenarbeiten, reicht in der Regel ein gemeinsames Anforderungsdokument, die **Anforderungsspezifikation**, teilweise auch als Spezifikation, Fachkonzept oder Requirements Specification bezeichnet.

Definition: Anforderungsspezifikation

Pohl und Rupp (Rupp und Pohl) definieren eine Anforderungsspezifikation als

eine systematisch dargestellte Sammlung von Anforderungen (typischerweise für ein System oder eine Komponente), die vorgegebenen Kriterien genügt.

Häufig zitierte Vorlage für eine Anforderungsspezifikation ist der IEEE-Standard 830-1998, Software Requirements Specification. Der Standard (IEEE 830-1998) definiert eine allgemeine Struktur für Anforderungsdokumente, wie in ▶ Tabelle 4.4 dargestellt. Die Struktur gibt mithilfe der Kapitelthemen den inhaltlichen Rahmen für ein Anforderungsdokument vor. Wie und mit welchen Methoden die einzelnen Kapitel im Detail ausgearbeitet werden, ist dagegen nur sehr allgemein beschrieben, nicht zuletzt, um den Standard möglichst breit einsetzbar zu halten. Bei der Ausarbeitung der Themen sind die ebenfalls im Standard vorgegebenen Qualitätskriterien (siehe Abschnitt 4.1.5, Qualitätskriterien für Anforderungen) einzuhalten. Sie definieren den qualitativen Rahmen, nicht nur für die einzelnen Anforderungen im Dokument, sondern dokumentenübergreifend. Die Struktur berücksichtigt alle wichtigen Informationen rund um das geplante System. Bei Bedarf kann die Struktur angepasst werden.

1 Introduction	Einführung in das Dokument
1.1 Purpose	Ziel des Dokuments. Für welche Zielgruppe ist das Dokument gedacht?
1.2 Scope	Was für ein System soll entwickelt werden? Welche Funktionalität soll es anbieten? Wie soll das System eingesetzt werden? Welche Vorteile erhofft man sich davon?
1.3 Definitions, Acronyms, Abbreviations	Begriffsdefinitionen, Erklärungen zu Abkürzungen und Akronymen, die im Dokument verwendet werden.
1.4 References	Liste aller im Dokument verwendeten Literaturreferenzen.
1.5 Overview	Überblick über die restlichen Abschnitte im Dokument. Erläuterung zum Aufbau des Dokuments.
2 Overall Description	**Beschreibung des gewünschten Systems**
2.1 Product perspective	Einbettung des Systems in seinen Kontext. Angabe der Schnittstellen (z.B. Benutzerschnittstelle, Schnittstellen zu Nachbarsystemen).
2.2 Product functions	Übersicht über die wichtigsten Funktionalitäten, die das System anbieten soll.
2.3 User characteristics	Eigenschaften der zukünftigen Anwender: Vorkenntnisse, Erfahrungen, technische Expertise.
2.4 Constraints	Angabe aller Randbedingungen, die Einfluss auf die Entwicklung des Systems haben können.
2.5 Assumptions and dependencies	Annahmen, die bei der Ausarbeitung des Dokuments gegolten haben. Änderungen an den Annahmen können Änderungen am Dokument nach sich ziehen.
2.6 Apportioning of requirements	Liste von Anforderungen, die zurückgestellt sind und für spätere System-versionen eingeplant werden sollen.
3 Specific requirements	**Spezifikation der Anforderungen**
3.1 External interfaces	Detaillierte Spezifikation der in Abschnitt 2.1 identifizierten Interfaces.
3.2 Functions	Liste der funktionalen Anforderungen.
3.3 Performance requirements	Anforderungen an das Verhalten des Systems unter Last, z.B. Anzahl paralleler Zugriffe, Anzahl zu unterstützender Clients, Vorgaben zu Antwortzeit, Durchsatz etc.
3.4 Logical database requirements	Anforderungen an das logische Datenmodell mit Konzepten und Beziehungen, Anforderungen an die referenzielle Integrität.
3.5 Design constraints	Vorgaben und Einschränkungen für das Design, beispielsweise durch verpflichtend vorgegebene Standards.
3.6 Software systems attributes	Liste aller weiteren nichtfunktionalen Anforderungen.
Comments, Appendixes, Indizes	

Tabelle 4.4: Dokumentenstruktur Software Requirements Specification, IEEE 830 (IEEE 830-1998).

Ein weiteres Beispiel für eine Anforderungsspezifikation bietet das von James und Suzanne Robertson entwickelte Volere Template[2]. Im Gegensatz zur IEEE-Vorlage ist das Template als 60 Seiten starke Vorlage erhältlich[3] und bietet Beispiele und methodische Unterstützung für die Ausarbeitung. Eine detaillierte Beschreibung zu Prozess und Methodik findet man im Buch „Mastering the Requirements Process" (Robertson und Robertson) das Volere Template bildet gewissermaßen die Quintessenz des Buches.

4.3.2 Lasten- und Pflichtenheft

Die Verwendung eines zentralen Anforderungsdokuments – das natürlich physisch auf unterschiedliche Dokumente, Modelle und Werkzeuge verteilt sein darf – eignet sich nicht in allen Projektsituationen. Arbeiten Anwender und Entwickler sowohl in der Anforderungsphase wie auch später bei der Entwicklung eng zusammen, dann ist die Anforderungsspezifikation das richtige Mittel der Wahl. In Kapitel 2 wurden jedoch verschiedene Modelle für die Beauftragung von Entwicklungsprojekten vorgestellt. Neben Inhouse-Projekten finden sich in der Praxis häufig Projekte mit Auftragssituation. Ein Auftraggeber beauftragt einen Auftragnehmer mit der Entwicklung eines Software-Systems. Zwischen Auftraggeber und Auftragnehmer besteht eine Vertragssituation. Die Beauftragung von Entwicklungsprojekten wirkt sich unmittelbar auf Art und Struktur der Anforderungsdokumente aus. Hintergrund ist, dass sich in Projekten mit Auftraggeber/Auftragnehmer-Situation die Aufgaben im Requirements-Engineering-Prozess auf zwei unabhängige Rollen verteilen: der Auftraggeber hat das fachliche Wissen. Er ist verantwortlich die Anforderungen zu ermitteln, abzustimmen und zu dokumentieren; der Auftragnehmer erhält die dokumentierten Anforderungen, analysiert und spezifiziert sie und leitet daraus den Entwurf für das System ab.

Typisches Modell zur Anforderungsdokumentation im Rahmen einer Projektbeauftragung ist die Verwendung von Lasten- und Pflichtenheft. Der Auftraggeber dokumentiert seine Anforderungen im Lastenheft und beauftragt den Auftragnehmer mit der Realisierung der Anforderungen. Der Auftragnehmer nimmt die Anforderungen aus dem Lastenheft und spezifiziert sie im Pflichtenheft.

Die Konzepte Lasten- und Pflichtenheft im Rahmen einer Beauftragung stammen nicht primär aus der Software-Entwicklung, sondern finden in vielen Bereichen mit Auftraggeber/Auftragnehmer-Situation Verwendung, wie beispielsweise im Bau oder bei Architekten.

Definition: Lastenheft

Nach DIN 69901-5 definiert das Lastenheft die vom Auftraggeber festgelegte Gesamtheit der Forderungen an die Lieferungen und Leistungen eines Auftragnehmers innerhalb eines Auftrags.

---

2   *http://www.volere.co.uk* (abgerufen am 14.10.2012)
3   Für Universitäten kostenlos.

Fehlt dem Auftraggeber die Erfahrung zur Anforderungsermittlung und Dokumentation, kann er sich externe Hilfe holen. In diesem Fall wird die Erstellung eines Lastenhefts als eigenständiges Projekt ausgeschrieben. Externe Dienstleister übernehmen für den Auftraggeber die Aufgabe der Anforderungsermittlung und der Erarbeitung des Lastenhefts. Dieses dient dann als Grundlage für eine weitere Ausschreibung zur Realisierung des Systems.

Das Pflichtenheft ist das Gegenstück zum Lastenheft. Verantwortlich ist in diesem Fall der Auftragnehmer, der sich im Rahmen einer vertraglichen Vereinbarung dazu verpflichtet, das System entsprechend den Vorgaben aus dem Lastenheft zu realisieren.

Definition: Pflichtenheft

Die DIN-69901-5-Norm definiert das Pflichtenheft als Dokument, welches die „vom Auftragnehmer erarbeiteten Realisierungsvorhaben aufgrund der Umsetzung des vom Auftraggeber vorgegebenen Lastenhefts" enthält.

Das Pflichtenheft ist strukturell ähnlich zum Lastenheft aufgebaut. Es werden die gleichen Themen adressiert, jedoch konkreter ausgearbeitet. Redundanzen zum Lastenheft sind unvermeidbar und durchaus gewollt. So steht hier weniger das Dokument an sich im Vordergrund, als vielmehr der Prozess zu seiner Erarbeitung. Durch die Analyse und Spezifikation der Anforderungen aus dem Lastenheft arbeitet sich der Auftragnehmer in die für ihn oft vollkommen neue Problemstellung ein und entwickelt parallel seine Lösungsidee. Offene Punkte müssen mit dem Auftraggeber geklärt werden, Unklarheiten und Inkonsistenzen bei den Anforderungen werden in Rücksprache mit dem Auftraggeber beseitigt. Für den Auftragnehmer stellt das Pflichtenheft die zentrale Quelle für die folgende Systemrealisierung dar. Eine Abstimmung des Pflichtenhefts mit dem Auftraggeber ist daher unerlässlich.

Beispiel 4.3 V-Modell XT

Das V-Modell XT[4] ist das aktuell gültige Vorgehensmodell zur Durchführung von IT-Projekten im Behördenbereich in Deutschland. Im Gegensatz zu anderen Vorgehensmodellen unterstützt das V-Modell explizit die Vergabe von Entwicklungsprojekten an externe IT-Dienstleister und bietet unter anderem Vorlagen für Lasten- und Pflichtenheft in Entwicklungsprojekten.

▶ Tabelle 4.5 stellt die Themen der beiden Dokumente im Vergleich dar. Die Struktur ist weitgehend identisch, mit Ausnahme spezifischer Abweichungen. Unterschiede ergeben sich jedoch in der Tiefe und im Detaillierungsgrad der Ausarbeitung. Eine ausführliche Beschreibung zu den vorgegebenen Themen bietet die Onlineversion des V-Modell-Standards auf der Webseite.

---

4   *http://www.v-modellxt.de* (abgerufen am 20.07.2012)

Themen im Lastenheft	Themen im Pflichtenheft
1. Ausgangssituation und Zielsetzung	1. Ausgangssituation und Zielsetzung
2. Funktionale Anforderungen	2. Funktionale Anforderungen
3. Nichtfunktionale Anforderungen	3. Nichtfunktionale Anforderungen
4. Skizze der Gesamtsystemarchitektur	4. Gesamtsystemarchitektur
5. Sicherheitsrelevante Anforderungen, Risikoakzeptanz und Sicherheitsstufen	5. Sicherheitsrelevante Anforderungen, Risikoakzeptanz und Sicherheitsstufen
	6. Schnittstellenübersicht
6. Lieferumfang	7. Lieferumfang
7. Abnahmekriterien	8. Abnahmekriterien
	9. Anforderungsverfolgung zum Lastenheft
	10. Anforderungsverfolgung

Tabelle 4.5: Vergleich der Themenstruktur von Lastenheft und Pflichtenheft im V-Modell XT.

Im Gegensatz zum IEEE-Standard beschäftigt sich das V-Modell mit organisatorischen Themen, wie beispielsweise dem Lieferumfang und den Abnahmekriterien. Im Lieferumfang wird festgelegt, was am Ende des Projekts ausgeliefert werden soll. Neben dem entwickelten System selbst können dies beispielsweise bestimmte Dokumente, Handbücher oder Schulungsunterlagen sein.

Abnahmekriterien werden ebenfalls als Thema genannt. Sie wurden bisher im Zusammenhang mit einzelnen Anforderungen diskutiert. Das Thema Abnahmekriterien in den Vorlagen definiert die Abnahmekriterien für das vollständige Projekt, wobei die Abnahmekriterien zu den einzelnen Anforderungen in jedem Fall mitberücksichtigt werden müssen.

Eine weitere Besonderheit des V-Modells ist die explizite Forderung zur Anforderungsverfolgung im Pflichtenheft. Das Pflichtenheft als zentrales Dokument der Systementwicklung auf Seiten des Auftragnehmers muss zuverlässig die Anforderungen aus dem Lastenheft widerspiegeln (Thema: Anforderungsverfolgung zum Lastenheft) und andererseits zeigen, dass die Anforderungen sich auf die Gesamtsystemarchitektur abbilden lassen (Thema: Anforderungsverfolgung).

4.3.3 Abgrenzung Lastenheft / Pflichtenheft

Im Idealfall beschränkt sich das Lastenheft ausschließlich auf eine Beschreibung des Problemraums. Es wird beschrieben, was benötigt wird, nicht wie es realisiert werden soll. Das Pflichtenheft kümmert sich dagegen ausschließlich um den Lösungsraum und beschreibt, ausgehend von den Anforderungen im Lastenheft, welche Funktionalitäten und Eigenschaften eine mögliche Lösung anbieten muss.

Diese Sichtweise hat eine Reihe von Vorteilen: So muss sich der Auftraggeber nicht um technische Details kümmern, für die häufig nicht das Know-how vorhanden ist. Auf der anderen Seite wird der Auftragnehmer nicht durch unnötige Vorgaben bei der Entwicklung der Lösungsidee eingeschränkt. Die klare Trennung von Problem- und Lösungsraum mithilfe der beiden Dokumente, dargestellt in ▶ Abbildung 4.7 Fall 1, lässt sich in der Praxis jedoch oft nicht vollständig durchziehen. So kann der Schnitt zwischen Lasten- und Pflichtenheft an sehr unterschiedlichen Stellen liegen. Gründe hierfür sind beispielsweise:

1. Der Auftraggeber / Fachbereich verfügt nicht über die notwendige methodische Kompetenz zur systematischen Ermittlung, Dokumentation und Bewertung der Anforderungen, sodass der Auftragnehmer Teile der Ermittlungsarbeit übernehmen muss, um die notwendige Qualität der Anforderungen für die Erstellung des Pflichtenhefts zu erhalten (▶ Abbildung 4.7, Fall 2).

2. Auf der anderen Seite möchten viele Auftraggeber, wenn sie die Kompetenz haben, nicht nur die Anforderungen selbst an den Auftragnehmer geben, sondern zusätzlich Vorgaben für den Lösungsraum machen. In diesem Fall fällt das Lastenheft sehr viel detaillierter aus und übernimmt bereits Teile aus dem Pflichtenheft (▶ Abbildung 4.7, Fall 3).

3. Der letzte Fall (▶ Abbildung 4.7, Fall 4) beschreibt im Vergleich dazu die Situation, dass Auftraggeber und Auftragnehmer – in diesem Fall Anwender und Entwickler – gemeinsam ein Anforderungsdokument erstellen, welches Problemraum und Lösungsraum vollständig abdeckt.

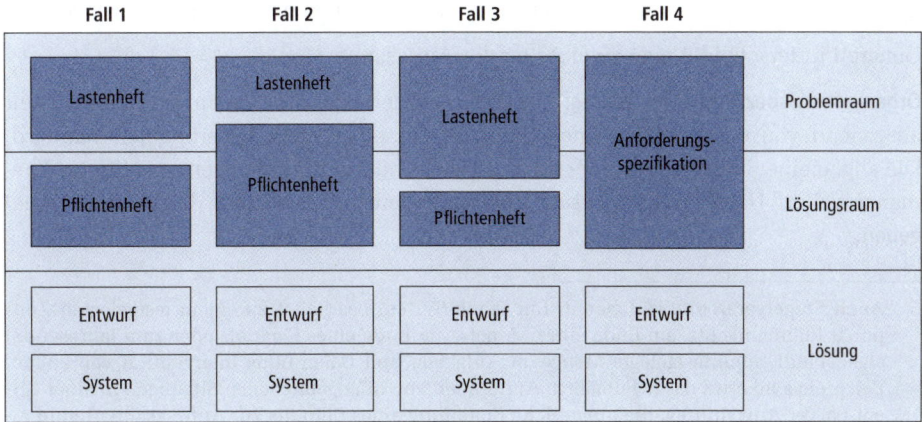

Abbildung 4.7: Varianten der Anforderungsdokumentation.

Der Prozess zur Erarbeitung einer Anforderungsspezifikation unterscheidet sich prinzipiell nicht vom Prozess zur Erarbeitung von Lasten- und Pflichtenheft. In jedem Fall müssen die Anforderungen ermittelt, dokumentiert, spezifiziert und validiert werden. Bei räumlicher Nähe von Anwender und Entwickler und bei Fehlen einer Vertragssituation können der Anforderungsprozess und der Dokumentationsaufwand im Projekt jedoch deutlich verschlankt werden. Insbesondere der oft sehr aufwendige Abstimmungsprozess mit den Stakeholdern entfällt weitgehend. Die Anforderungsspezifikation selbst gleicht in diesem Fall einem Pflichtenheft.

4.3.4 Vorlagen und Standards

Die bereits genannten Beispiele (IEEE 830, Volere, V-Modell XT) zeigen, dass sich in der Praxis einige Vorlagen und Standards für Anforderungsdokumente etabliert haben. Die Verwendung standardisierter Vorlagen ist ein Mittel, um eine Mindestqualität (d.h. objektive Vergleichbarkeit und Vollständigkeit) der Dokumentation sicherzustellen. Die Vorlagen geben den verantwortlichen Personen Hilfestellung für die Durchführung eines qualitativ guten Anforderungsprozesses, an dessen Ende eine adäquate Dokumentation vorliegt.

Selbst im einfachsten Fall, wie beispielsweise beim IEEE-Standard, hilft bereits die Vorgabe der zu berücksichtigenden Themen, wichtige Aspekte nicht zu vergessen und sich auf die wesentlichen Inhalte zu konzentrieren (und unwesentliche herauszulassen). Zusätzlich bieten manche Vorlagen – wie beispielsweise das Volere Template – methodische Unterstützung zur Erarbeitung der Ergebnisse.

Standardisierte Vorlagen sind naturgemäß allgemein gehalten, um für ein möglichst breites Spektrum an Projekten einsetzbar zu sein. Nicht immer passt die Struktur vollständig für das geplante Vorhaben. Zum konkreten Einsatz sollten die Vorlagen daher an die jeweiligen Rahmenbedingungen angepasst werden. Beispielsweise spielt bei der Entwicklung eines Batch-Systems[5] der Entwurf einer Benutzeroberfläche keine Rolle und sollte aus der Vorlage der Anforderungsspezifikation herausgenommen werden. Für Unternehmen, die sich auf die Entwicklung eingebetteter Systeme spezialisiert haben, sollten dagegen entsprechende Abschnitte zur Hardware-Schnittstelle in der Vorlage vorgegeben sein.

Generell unterscheidet man zwei Arten der Anpassung:

Organisationsspezifische Anpassung: Ein Unternehmen oder eine Organisation entwickelt ausgehend von einem allgemeinen Standard seinen eigenen Unternehmensstandard. Die allgemeine Standardvorlage wird angepasst und um unternehmensspezifische Themen erweitert. Häufig werden zusätzliche Methoden zur Erarbeitung der Themen vorgegeben.

---

5 Auch Stapelverarbeitung genannt. Ein Batch-System bearbeitet zu einem festgelegten Zeitpunkt (häufig nachts, am Ende eines Monats, am Ende eines Quartals oder zum Jahresende) eigenständig eine festgelegte Menge an Aufgaben und Daten ohne Intervention von außen. Beispiele sind etwa das regelmäßige Aufräumen von offengebliebenen Sitzungen in einer Client-Server-Anwendung, die monatliche Erstellung eines Berichts zur Auftragssituation in einem Unternehmen oder die nächtliche Übertragung großer Datenmengen zwischen Systemen.

Die Vorlage für den Unternehmensstandard dient nun allen Projekten des Unternehmens als verbindlich einzusetzende Vorgabe. Falls das Unternehmen hinsichtlich des allgemeinen Standards zertifiziert ist – was beispielsweise beim V-Modell XT der Fall sein könnte –, darf die Anpassung des allgemeinen Standards auf Unternehmensaspekte nur in dem vom Standard vorgegebenen Rahmen erfolgen.

Projektspezifische Anpassung: Eine allgemeine Standardvorlage oder eine unternehmensspezifische Vorlage kann bei Bedarf zusätzlich auf eine spezifische Projektsituation angepasst werden. Auch hier gilt, dass die Regeln für zulässige Anpassungen abhängig vom Ursprungsstandard sind.

4.4 Richtlinien zur Dokumentation

Dass ein gewisses Maß an Anforderungsdokumentation in einem Projekt notwendig ist, wird heute sicherlich niemand mehr anzweifeln. Die Frage bleibt jedoch, wie viel Dokumentation ist tatsächlich erforderlich und wie viel kann über gute Kommunikation abgedeckt werden (siehe (Rüping))?

4.4.1 Wie viel dokumentieren?

Die Probleme bei nicht ausreichender Anforderungsdokumentation sind offensichtlich und wurden bereits diskutiert. Es fehlen wichtige Informationen, die zu unvorhergesehenen Änderungen im Projektverlauf führen und die Systementwicklung zum Teil massiv verzögern können.

Aber auch zu viel Dokumentation hat ihre Tücken. Abgesehen von unnötigem und kostenintensivem Mehraufwand, ist es schwieriger bei zu viel Information den Überblick zu behalten und schnell die richtigen Informationen zu finden. Hinzu kommt ein erhöhter Aufwand, die Inhalte aktuell zu halten und unnötige Redundanzen bei den Inhalten zu vermeiden. Ausgelöst wird diese Situation weniger durch übereifrige Projektmitarbeiter als vielmehr durch zu restriktive Vorgaben des verwendeten Vorgehensmodells oder eine ungeeignete Anpassung. Um eine Antwort auf die Frage zu finden, was das richtige Maß an Dokumentation für ein Projekt ist, hilft es sich die Eigenschaften von Dokumentation vor Augen zu halten:

- Sie ist räumlich und zeitlich skalierbar: Dokumentation kann von beliebig vielen Lesern zu verschiedenen Zeitpunkten gelesen werden. Die Leser können räumlich verteilt sein.
- Sie ist langfristig verfügbar: Dokumentation kann archiviert und noch Jahre nach ihrer Erstellung gelesen werden.
- Sie ist reviewfähig: Experten können ein Dokument im Rahmen einer Inspektion oder eines Reviews qualitätssichern.
- Sie ist geduldig: Geschwindigkeit und Reihenfolge des Lesens bestimmt der Leser.

Dokumente sind in gewisser Weise der Ersatz bzw. die Ergänzung für persönliche Kommunikation der Projektteilnehmer. Wie viel dokumentiert werden muss, hängt zu einem großen Teil davon ab, wie viel kommuniziert werden kann.

4.4.2 Wie viel kommunizieren?

Auf der anderen Seite steht die Frage: Wie viel Kommunikation verträgt ein Projekt? Ideal wäre beispielsweise folgende Situation: Das Entwicklungsteam ist mit weniger als 10 Personen überschaubar und sitzt räumlich nahe zusammen. Ein Vertreter des Auftraggebers steht dem Entwicklungsteam jederzeit als Ansprechpartner zur Verfügung. Er sitzt idealerweise im selben Büro oder ist ständig erreichbar und darf im Namen des Auftraggebers Entscheidungen bezüglich des Systems eigenmächtig treffen. Handelt es sich dann noch um ein System mit einer überschaubaren, wohlbekannten Fachlichkeit – etwa Anlegen, Ändern und Löschen von Daten –, dann kommt das Projekt praktisch ohne Dokumentation aus. Das Entwicklungsteam kann in kurzen Iterationen fast auf Zuruf arbeiten. Die Basis für die Zusammenarbeit ist eine häufige und sehr gute Kommunikation zwischen den Projektbeteiligten.

Bei der Beantwortung der Frage, wie viel Informationsaustausch in einem Projekt über einfache Kommunikation laufen darf, hilft es, sich die Eigenschaften von Kommunikation vor Augen zu halten:

- Über Kommunikation ist eine direkte Interaktion zwischen Personen möglich. Die Anzahl der Personen ist jedoch beschränkt.
- Nonverbale Kommunikationskanäle wie Gestik und Mimik können genutzt werden.
- Informationen sind schnell verfügbar (*expert within earshot*), können aber nur schwer aufbewahrt werden.

4.4.3 Entscheidung im Projekt

In der Praxis ist es nicht immer einfach, den dünnen Grad zu finden zwischen zu viel und zu wenig Dokumentation. Für jede Projektsituation muss die adäquate Form gefunden werden. Es muss geklärt werden, was zu dokumentieren ist und zu welchem Detailierungsgrad dokumentiert werden sollte. Die Entscheidung für den Grad der Ausführlichkeit einer Anforderungsdokumentation hängt essenziell von der jeweiligen Projektsituation ab, wie in ▶ Abbildung 4.8 dargestellt.

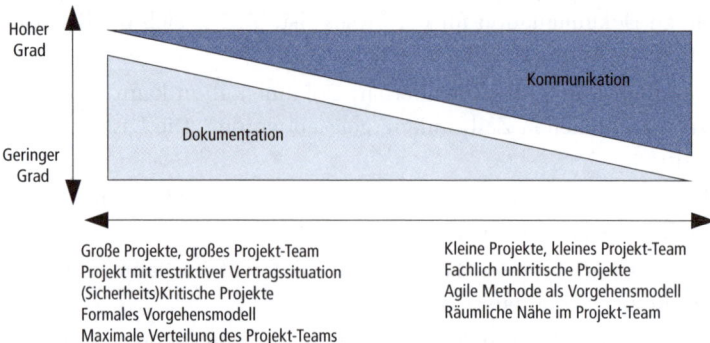

Abbildung 4.8: Dokumentation versus Kommunikation in Projekten.

Kriterien für den Grad, zu dem Dokumentation notwendig bzw. Kommunikation möglich ist, sind:

- **Die Größe des Projekts:** Bei großen Projekt-Teams verschlechtern sich automatisch die Voraussetzungen für eine gute Kommunikation. Das Team sitzt verteilt, der „Flur-Funk" (Informationen, die sich informell per Zuruf oder in der Kaffeeküche verteilen) funktioniert nicht mehr zuverlässig. Mit der Größe des Teams erhöht sich die Notwendigkeit für eine gute Dokumentation.

- **Das Beauftragungsmodell:** Projekte, bei denen eine Vertragssituation zwischen Auftraggeber und Auftragnehmer besteht, benötigen, schon aus rein rechtlichen Gründen, eine sehr viel ausführlichere Dokumentation als etwa ein Inhouse-Projekt. Alle Vereinbarungen zwischen Auftraggeber und Auftragnehmer müssen schriftlich dokumentiert sein, damit sie im Zweifelsfall nachgewiesen werden können. Nachträgliche Änderungswünsche des Auftraggebers, die zu Projektverzögerungen führen, müssen verhandelt und vertraglich fixiert werden.

- **Die räumliche Verteilung des Projekt-Teams:** Stehen Fachbereich und Entwickler in engem Kontakt, kann gegebenenfalls auf eine detaillierte Ausarbeitung der Anforderungen verzichtet werden. Bei räumlicher Verteilung ist dagegen eine ausführliche Dokumentation notwendig.

- **Das gewählte Vorgehensmodell:** Schwergewichtige Vorgehensmodelle wie beispielsweise das V-Modell XT (V-Modell) oder der Rational Unified Process (Kruchten), aber auch viele unternehmensspezifische Vorgehensmodelle gehen von räumlicher Verteilung, Vertragssituation und/oder formalen Kommunikationswegen aus und fordern dementsprechend eine umfassende Dokumentation. Agile Methoden sind dagegen für kleine Projekt-Teams und kurze Kommunikationswege gedacht und arbeiten stärker mit Mitteln der Kommunikation (siehe Kapitel 9 Agiles RE).

4.5 Make-or-Buy-Analyse

Spätestens mit der Anforderungsdokumentation sollte man sich im Requirements-Engineering-Prozess die Frage stellen, ob es wirklich erforderlich ist, das System komplett neu entwickeln zu lassen – was ein gewisses Risiko bedeutet (wird das Software-System rechtzeitig fertig? Wie teuer wird es?) –, oder ob am Markt bereits fertige Produkte existieren, die die gesuchte Funktionalität anbieten.

Die Frage ist nicht immer einfach zu beantworten. Nur weil in einem Unternehmen beispielsweise der Bedarf für ein Dokumentenmanagement-Werkzeug aufgetreten ist und ein Hersteller sein Produkt als Dokumentenmanagement-Werkzeug bezeichnet, heißt das noch lange nicht, dass sich das Produkt tatsächlich für den im Unternehmen geplanten Einsatzzweck eignet. Eine Gegenüberstellung von Anforderungen zu Produkteigenschaften ist notwendig, um fundiert sagen zu können: das Produkt passt oder das Produkt passt nicht. Fehlentscheidungen können einem Unternehmen im wahrsten Sinne des Wortes teuer zu stehen kommen.

Eine Make-or-Buy-Analyse hilft, systematisch an die Entscheidungsfindung heranzugehen und zu einem belastbaren Ergebnis zu kommen. Generell bringt die Verwendung eines vorgefertigten Software-Produkts eine Reihe von Vorteilen gegenüber einer Eigenentwicklung mit sich:

- Der Preis eines Produkts ist vorweg bekannt. Auch Kosten zu Support und Einführung können relativ gut vorweg abgeschätzt werden. Der Aufwand zur Entwicklung eines Systems kann dagegen zwar geschätzt werden, es bleibt jedoch immer ein Unsicherheitsfaktor.

- Produkte haben ihren Entwicklungsprozess bereits hinter sich. Es kann (vor allem bei kostenpflichtigen Produkten) davon ausgegangen werden, dass sie marktreif sind und von hoher Qualität. Je länger ein Hersteller und ein Produkt am Markt sind, desto geringer ist die Wahrscheinlichkeit, dass im Produkt noch gravierende Mängel auftreten werden.

- Die Verantwortung für die Pflege und Weiterentwicklung der Software-Produkte liegt beim Hersteller. Ein Unternehmen, das ein Software-Produkt kauft, benötigt nicht das Know-how und auch keine zusätzlichen Ressourcen zur Weiterentwicklung des Systems (Achtung: dies gilt nicht für Open-Source-Produkte).

- Ergänzend bieten viele Produkthersteller Supportmodelle an, die von den Kunden genutzt werden können. Der Kauf eines Software-Produkts und der Abschluss eines Supportvertrags kommen ein Unternehmen nicht selten billiger als eine Eigenentwicklung mit anschließender Wartung.

Trotz der offensichtlichen Vorteile durch den Kauf eines Software-Produkts gibt es eine Reihe von Nachteilen, die bedacht werden müssen: Software-Produkte bieten eine bestimmte Auswahl an Funktionen. Sie sind auf eine bestimmte Zielgruppe, einen bestimmten Kundenkreis ausgerichtet. Die Funktionalität, die sie anbieten, unterstützt die typischen Aufgaben im jeweiligen Anwendungsbereich. Zu einem gewissen Grad mag das Produkt konfigurierbar sein. Ein Unternehmen muss jedoch sehr genau prüfen, ob die gelieferte Funktionalität des Produkts, auch unter Berücksichtigung der Optionen zur Konfiguration und Erweiterung (Customizing), tatsächlich den gestellten Anforderungen genügt.

Ein weiteres Problem ist die Palette der Funktionen im Produkt. Software-Produkte bieten eine standardisierte Funktionalität an. Dies kann für rein administrative Bereiche (unterstützende Geschäftsprozesse) in einem Unternehmen, wie die Buchhaltung oder die Mitarbeiterverwaltung, die richtige Lösung sein. Im Zweifelsfall kann das Unternehmen zu einem gewissen Grad seine Prozesse an die vom Produkt vorgegebenen Standardprozesse anpassen. Jedes Unternehmen braucht jedoch auch seine Alleinstellungsmerkmale, um sich auf dem Markt zu behaupten. Beispielsweise kann ein Autohersteller beschließen, in seinen Fahrzeugen einen fünfstufigen Fensterwischer mit automatischer Anpassung an die Regenstärke anzubieten, um sich von seiner Konkurrenz abzuheben. In diesem Fall bietet es sich für das Unternehmen an, eine Spezialentwicklung der Steuerungssoftware anzufertigen, die anderen Unternehmen nicht zur Verfügung steht, und so den Wettbewerbsvorteil zu erhalten.

In der Praxis wird oft vorschnell die Entscheidung für eine Eigenentwicklung gefällt, ohne die Vorteile eines Software-Produkts abzuwägen. Dies ist darauf zurückzuführen, dass der Aufwand für eine entsprechende Analyse der zu Verfügung stehenden Produkte gescheut wird, oder die Kenntnis darüber, dass es gegebenenfalls geeignete Produkte gibt, nicht vorhanden ist. Die Entscheidung hat jedoch gravierende Auswirkungen und sollte daher frühzeitig in einem Projekt getroffen werden und gut überlegt sein.

4.5.1 Vorgehen zur Analyse

Eine Make-or-Buy-Analyse kann, je nach gesuchtem Funktionsumfang und Anzahl möglicher Produktkandidaten, durchaus zeitaufwendig sein. Im Folgenden werden die Schritte zur Durchführung der Analyse vorgestellt.

Strategische Analyse: Erster und wichtigster Schritt einer Make-or-Buy-Analyse ist die Klärung der Frage, ob aus Sicht der Unternehmensstrategie der Kauf eines Software-Produkts überhaupt eine Option sein könnte. Handelt es sich beispielsweise um einen Bereich, den das Unternehmen als sein Kerngeschäft betrachtet, mit der Notwendigkeit sich von eventuellen Konkurrenten durch Alleinstellungsmerkmale abzuheben, wird der Kauf eines Software-Produkts eher kontraproduktiv sein.

Festlegung des Auswahlverfahrens: Bevor große Tabellen mit Features von vielen Produkten miteinander verglichen werden, sollte ein systematischer und effizienter Auswahlprozess definiert und abgestimmt werden. Die Prüfung, welche Produkte tatsächlich die geforderten Anforderungen erfüllen, sollte aus Zeitgründen nur mit wenigen Produkten im Detail durchgeführt werden. Der Auswahlprozess wird sonst schnell sehr lang und aufwendig. Wenn nach einer ersten Analyse viele Produkte passen könnten, sollte zunächst eine Vorauswahl anhand von einfachen K.o.-Kriterien erfolgen. Diese K.o.-Kriterien sind in der Regel besonders wichtige und leicht zu prüfende Anforderungen.

Praxistipp: Abgleich mit Anforderungen

Ein beliebter Fehler bei der Auswahl eines Produkts ist der Vergleich der verschiedenen Produktkandidaten untereinander, statt der Abgleich mit den Anforderungen. Nach dem Motto „das Produkt mit den meisten Features hat gewonnen" werden die Funktionalitäten aller Produktkandidaten gesammelt und verglichen. Dieses Verfahren kann bei komplexen Produkten und vielen Produktkandidaten schnell sehr aufwendig werden.

Kritischer als der Aufwand ist jedoch, dass die Anforderungen als die eigentlichen Treiber für die Produktauswahl bei der Produktbewertung nicht ausreichend berücksichtigt werden. Nur weil ein Produkt viele Features anbietet, bedeutet dies nicht, dass es die tatsächlich benötigten sind.

Im Vordergrund der Bewertung sollten daher immer die Anforderungen stehen. Sie stecken den Rahmen für den Vergleich der Produkt-Features.

Suche und Bewertung geeigneter Produktkandidaten: Eine Suche im Internet zeigt normalerweise schnell, ob überhaupt geeignete Produktkandidaten am Markt existieren. Diese gilt es näher zu analysieren. Kriterien sind insbesondere:

- Abdeckungsgrad der Anforderungen durch Produktfunktionalität und Anpassbarkeit bzw. Erweiterbarkeit
- Betriebswirtschaftliche Kosten (Lizenz- und Supportmodell)
- Marktposition und Einschätzung des Herstellers (Investitionssicherheit)

Der Abdeckungsgrad der Anforderungen ist das zentrale Entscheidungskriterium. Falls ein Produkt bestimmte Strukturen der Anwendungsdomäne nicht abbilden kann oder obligatorische Funktionalitäten nicht unterstützt, ist es für den geplanten Zweck unbrauchbar. Ein wichtiges Kriterium ist auch die Stabilität und die Geschäftsstrategie des Herstellers. Wenn der Produkthersteller in den nächsten Jahren insolvent werden sollte oder seine Strategie hinsichtlich seiner Produktpalette wesentlich ändert, kann dies dazu führen, dass für ein gekauftes Produkt in wenigen Jahren kein Support und keine Weiterentwicklung mehr angeboten werden.

Beispiel 4.4 | **Bewertung von Produktkandidaten**

Eine Hochschule plant ein neues System zur Verwaltung und Planung der Prüfungen mit Räumen und Aufsichten. Es wird überlegt ein fertiges Software-System zu kaufen. Eine Ist-Analyse ergibt folgende Situation:

Die Hochschule arbeitet mit mehreren Studiengruppen innerhalb eines Studiengangs. Zu einer Studiengruppe gehören maximal 60 Studierende. Ein Studiengang mit 180 Studierenden wird demnach auf drei Studiengruppen (Züge) aufgeteilt. Bei Pflichtvorlesungen hat jede Studiengruppe ihren eigenen Dozenten. Am Ende einer jeden Veranstaltung findet eine Prüfung statt. Die Dozenten haben die Wahl, eine gemeinsame Prüfung zu schreiben oder ihre Prüfungen komplett getrennt durchzuführen. Möglich sind auch Zwischenversionen, wie beispielsweise Zug 1 und Zug 2 schreiben eine gemeinsame Prüfung. Diese kann also im gleichen Raum stattfinden. Zug 3 schreibt dagegen eine unabhängige Prüfung, die separat durchgeführt werden muss. Ein geeignetes Werkzeug zur Prüfungsverwaltung muss jede mögliche Kombination an Veranstaltungen und Prüfungen abbilden können.

Es werden drei Produktkandidaten identifiziert und ihre Funktionalität mit den zentralen Anforderungen abgeglichen.

Anforderung	Produkt 1	Produkt 2	Produkt 3
Prüfungsplanung für Studiengänge	Ja	Ja	Ja
Mehrere Studiengruppen pro Studiengang	Ja	Nein	Nein
Flexibles Zusammenlegen von Prüfungen	Nein	Nein	Nein

Tabelle 4.6: Kriterienkatalog für die Auswahl eines Prüfungsplanungssystems.

Das Ergebnis der Prüfung in ▶ Tabelle 4.6 zeigt, dass keiner der drei Produktkandidaten die sehr spezielle Konstellation von parallelen Zügen mit flexibler Prüfungs- und Raumzuordnung unterstützt. Eine Eigenentwicklung ist erforderlich.

Dokumentation der Entscheidung: Abschließend werden Prozess und Entscheidung ausführlich dokumentiert. Teil der Dokumentation ist die Liste der analysierten Produktkandidaten, die Entscheidungskriterien, nach denen die Entscheidung durchgeführt wurde, und die Bewertungen der einzelnen Kandidaten. Die Dokumentation sollte immer schriftlich erfolgen, damit später das Ergebnis jederzeit nachvollzogen werden kann.

4.5.2 Open-Source-Software

Bei der Suche nach Produktkandidaten stößt man häufig auf Open-Source-Produkte, also „quelloffene" Produkte, bei denen der Quellcode selbst zur freien Verfügung steht.[6] Verantwortlich für die Entwicklung und Pflege von Open-Source-Software ist eine (mehr oder weniger aktive) Community von freiwilligen Entwicklern.

Da Open-Source-Software entsprechend ihrer Definition kostenfrei zur Verfügung steht, ist das Interesse vieler Firmen sehr groß. Wie bei allen Produkten müssen jedoch auch hier Vor- und Nachteile sorgfältig gegeneinander abgewogen werden:

- Die Weiterentwicklung von Open-Source-Software ist nicht garantiert. Da die Communitys auf freiwilliger Basis arbeiten, kann jederzeit die Arbeit am Produkt eingestellt werden, wie die hohe Zahl verwaister Open-Source-Projekte eindrucksvoll zeigt.[7]

- Die Qualität der Software kann nicht garantiert werden. Open-Source-Projekte beginnen häufig mit einer Idee, die Stück für Stück ausgebaut wird. Jede einigermaßen stabile Version wird veröffentlicht. Rückschlüsse auf den Stand und die Qualität können zu einem gewissen Grad über Onlinebewertungen, Erfahrungsberichte aus der Community oder den Grad der Verbreitung gezogen werden.

- Support für Open-Source-Produkte gibt es aus der Community heraus, ebenfalls auf freiwilliger Basis. Professioneller Support muss, falls überhaupt verfügbar, zugekauft werden.

- Die Freiheit bei der Verwendung von Open-Source-Software kann durch Lizenzmodelle eingeschränkt sein. Um keine unliebsamen Überraschungen zu erleben, ist eine Prüfung des Lizenzmodells notwendig.

Unter den Open-Source-Projekten haben sich in den letzten Jahren einige etabliert, die so stabil sind, dass ihre Software ohne größere Bedenken auch produktiv eingesetzt werden kann. Prominente Beispiele sind etwa das Betriebssystem Linux, der Webserver Apache oder der Browser Mozilla Firefox. Dennoch muss die Entscheidung für ein Open-Source-Produkt mit größter Sorgfalt getroffen werden. Nicht umsonst gibt es eine Reihe von Unternehmen, die aus strategischen Gründen die Verwendung von Open-Source-Produkten kategorisch ablehnen.

---

6 Open-Source-Produkte dürfen im Rahmen einer von der Open Source Initiative anerkannten Lizenz genutzt werden.
7 Unter der Adresse *http://attic.apache.org/* wurde 2008 ein „Friedhof" für verwaiste Apache-Open-Source-Projekte eingerichtet.

Übungen

Übung 1: Lebenszyklus

In *Abschnitt 4.1.4, Lebenszyklus von Anforderungen* wurde beispielhaft ein möglicher Lebenszyklus für neue Anforderungen vorgestellt. Vor allem in der Produktentwicklung müssen nicht nur Anforderungen verwaltet werden, sondern auch Fehlermeldungen. So wird ein Fehler beispielsweise von einem Kunden gemeldet, muss geprüft werden und wird gegebenenfalls für die Entwicklung eines neuen Produktrelease mit eingeplant. Entwerfen Sie ein Lebenszyklusmodell für eine Fehlermeldung. Überlegen Sie, welche Schritte und welche Entscheidungen notwendig sind, um zu einem guten Ergebnis zu kommen. Orientieren Sie sich dabei auch am Lebenszyklus in Abbildung 4.4.

Übung 2: Anforderungsdokumentation

Eine Bibliothek beauftragt Sie mit der Entwicklung eines Entleihsystems. Über das System können die Bibliotheksmitarbeiter Bücher und andere Medien an ihre Kunden entleihen und entliehene Bücher wieder zurücknehmen. Überlegen Sie je zwei funktionale und zwei nichtfunktionale Anforderungen an das System und dokumentieren Sie diese zunächst als Text und vervollständigen Sie diese danach entsprechend der Struktur in Abbildung 4.1.

Übung 3: Glossar und Taxonomie

Im Kern des Systems zur Entleihe aus Übung 2 stehen die Medien, die in der Bibliothek entliehen werden können. Entwerfen Sie eine Taxonomie, die alle entleihbaren Medien der Bibliothek definiert. Überlegen Sie, welche Medien Sie in einer Stadtbibliothek normalerweise entleihen können. Denken Sie neben Büchern beispielsweise auch an Spiele, Zeitschriften und Ähnliches. Wurzel der Taxonomie ist das entleihbare „Medium". Definieren Sie alle Begriffe Ihrer Taxonomie in einem Glossar.

Übung 4: Make-or-Buy-Analyse

Erstellen Sie eine Make-or-Buy-Analyse für eines der folgenden Szenarien:

- Sie planen Ihre Hochzeit und müssen das Kuchenbuffet auswählen. Sie überlegen, ob Sie die Kuchen selbst backen oder eine Konditorei beauftragen.

- Ihr Fahrrad muss endlich wieder einer Jahresinspektion unterzogen werden. Sie haben wenig Zeit und überlegen, ob Sie das Fahrrad in eine Werkstatt bringen.

- Sie benötigen ein UML-Modellierungswerkzeug für Ihr Entwicklungsprojekt. Sie überlegen, ob Sie ein Werkzeug kaufen oder seine Entwicklung beauftragen wollen.

Suchen Sie für das von Ihnen gewählte Szenario die Informationen im Internet. Arbeiten Sie die Make-or-Buy-Analyse vollständig aus mit strategischer Analyse, Festlegung des Auswahlverfahrens, Suche und Bewertung der Kandidaten sowie Auswertung. Dokumentieren Sie das Ergebnis der einzelnen Schritte in einem Dokument.

Anforderungsspezifikation

5

Einführung 158

5.1 Use Cases (Anwendungsfälle). 159

    5.1.1   Use-Case-Spezifikation 160
    5.1.2   Spezifikation der Abläufe 161
    5.1.3   Iterative Verfeinerung 164
    5.1.4   Regeln zur Spezifikation 164
    5.1.5   Darstellung von Use Cases 165
    5.1.6   Schnitt von Use Cases 168
    5.1.7   Use-Case-Diagramme 169
    5.1.8   Use Cases und Anforderungen 172
    5.1.9   Misuse Cases 174

5.2 Dialogspezifikation 175

    5.2.1   Dialogentwurf 176
    5.2.2   Spezifikation der Dialogfenster 177
    5.2.3   Spezifikation der Dialogsteuerung (Dialoglandkarte) . . 180

5.3 Schnittstellenspezifikation 182

5.4 Spezifikation von Regeln 184

ÜBERBLICK

Einführung

>> Mit der Spezifikation der Anforderungen beginnt der Entwurf einer fachlichen Lösung. Entworfen wird die fachliche Schnittstelle, also alle Interaktionspunkte, über die Personen und Nachbarsysteme mit dem System später kommunizieren, Anfragen an das System stellen und Antworten vom System erhalten. Es wird exakt festgelegt, wie Anfragen und Antworten im Detail aussehen und wie die Antworten fachlich aus den Anfragen ermittelt werden.

Die Spezifikationsmethoden unterscheiden sich dabei teilweise, je nachdem, ob es sich beim Interaktionspartner um eine Person oder ein System handelt. Damit Personen mit einem System intergieren können, benötigt man eine wie auch immer geartete Mensch-Maschine-Schnittstelle. Dies ist bei Software-Systemen in der Regel eine grafische, in manchen Fällen eine textuelle Benutzeroberfläche. In einigen Fällen wird auch Spracheingabe unterstützt. Der Anwender gibt über die Oberfläche Informationen ein und wählt eine der angebotenen Aktionen aus. Das System führt mithilfe der eingegebenen Informationen die gewünschte Aktion durch und liefert das Ergebnis zurück, entweder als Anzeige an der Oberfläche oder über andere Ausgabekanäle, wie E-Mail, Drucker, visuelle oder auditive Signale. Als Spezifikationsmethode für Abläufe an der Systemschnittstelle hat sich im Requirements Engineering die Verwendung von Anwendungsfällen oder Use Cases etabliert.

Bei der Spezifikation der Benutzeroberfläche spielen neben rein technischen Aspekten – Eingabedaten, Ergebnis, Ablauf – auch „weiche" Faktoren wie eine ergonomische Bedienung, eine gute Benutzerführung oder ein angenehmes Design eine nicht zu unterschätzende Rolle. Die Anwender wollen die Nutzung des Systems als angenehmes Erlebnis erfahren, wobei die impliziten Erwartungen der Anwender an Funktionalität und Design die Tendenz haben, proportional zu den technischen Möglichkeiten zu steigen. War vor wenigen Jahren noch der Wischeffekt bei Touch-Oberflächen eine Besonderheit, wird er heute von jedem Smartphone erwartet.

Schnittstellen zu Nachbarsystemen erfordern ähnliche Spezifikationsmethoden wie grafische Benutzerschnittstellen. Eingabedaten, Ergebnis und Ablauf der Interaktion müssen festgelegt werden. Hinzu kommen organisatorische Informationen zur Schnittstelle: Um welches System handelt es sich, wer ist dafür verantwortlich, wie oft wird die Schnittstelle genutzt? Keine Rolle spielen dagegen Design- oder Ergonomie-Aspekte.

In diesem Kapitel werden die verschiedenen Methoden der Schnittstellenspezifikation vorgestellt. Die notwendigen Informationen liefern die dokumentierten Anforderungen. Sie beschreiben, welche Funktionalität und welche Eigenschaften aus Sicht des Problemraums von einem Software-System als Lösung erwartet werden. Mit der Schnittstellenspezifikation werden die Anforderungen auf konkretes Systemverhalten abgebildet. <<

Lernziele

- Sie kennen die Elemente einer guten Use-Case-Spezifikation und wissen, wie Sie Abläufe und Ablaufalternativen in einem Use Case spezifizieren.

- Sie kennen die verschiedenen Typen an Use Cases und verstehen, wann und wie sie verwendet werden.

- Sie wissen, was ein Misuse Case ist, wie er spezifiziert und wann er eingesetzt wird.

- Sie kennen die Elemente einer Dialogspezifikation und können eine Spezifikation für eine Anwendung erstellen.

- Sie wissen, welche Elemente eine Schnittstellenspezifikation zu einem Nachbarsystem enthalten muss und können solche Schnittstellen beschreiben.

- Sie wissen, wie Sie mithilfe von Entscheidungstabellen Geschäftsregeln spezifizieren.

5.1 Use Cases (Anwendungsfälle)

Definition: Use Case

Ein Use Case ist die Beschreibung einer Abfolge von zielgerichteten Interaktionen zwischen Akteuren und einem System. Use Cases beschreiben das extern sichtbare Systemverhalten in der Sprache und aus der Sicht der Anwender. Mit einem Use Case wird durch das System ein für den Anwender sinnvoller Dienst erbracht oder ein benutzbares Ergebnis erreicht.

Use Cases beschreiben die fachlichen Interaktionen an der Schnittstelle eines Software-Systems. Sie beschreiben, wie ein Anwender (Akteur) mithilfe des Systems eine Aufgabe erledigt oder ein bestimmtes Ziel erreicht. Initiiert wird die Durchführung des Ablaufs immer durch den Akteur. Dies kann eine Person sein oder ein anderes Software-System. Als Ergebnis der Interaktion erhält der Akteur ein für ihn erkennbares Ergebnis. Die Möglichkeiten, wie Akteur und ein Software-System miteinander interagieren, sind vielfältig und hängen von den technischen Entwicklungen ab. So kann die Eingabe von Daten beispielsweise über die Tastatur oder als Spracheingabe erfolgen. Das Ergebnis kann eine Anzeige am Bildschirm, ein Ausdruck auf dem Drucker oder eine Nachricht im Postkasten sein.

Use Cases beschreiben einen fachlichen Ablauf. Dieser ist unabhängig von den verwendeten Technologien. Ob man sich durch die Eingabe von Benutzername und Passwort am System anmeldet oder über den Fingerabdruck, ist aus Sicht des Use Case unerheblich. Der fachliche Ablauf ist: Der Nutzer meldet sich am System an.

Historie

Eingeführt wurden Use Cases von Ivar Jacobson Anfang der 90er Jahre als Teil des OOSE-Entwicklungsprozesses (Jacobson, Christerson und Jonsson). Jacobson, einer der drei Amigos[1], brachte Use Cases später in den Unified Process (Booch, Rumbaugh und Jacobson) mit ein, den Vater aller UML-basierten Entwicklungsprozesse. Ihre grafische Repräsentation erhielten Use Cases in Form von Use-Case-Diagrammen als Teil der UML.

5.1.1 Use-Case-Spezifikation

Die Beschreibung der Use Cases erfolgt mithilfe von strukturiertem Text. Im Mittelpunkt steht die Beschreibung der Interaktion zwischen Akteur und System. Der Ablauf wird Schritt für Schritt angegeben. Hinzu kommen bedingte Teilabläufe und Fehlerabläufe (vgl. Abschnitt 5.1.2).

Use Cases sind Verfeinerungen von Anforderungen. Wie diese müssen sie verwaltet werden mithilfe entsprechender Metadaten. Die Auswahl der Metadaten kann je nach Bedarf angepasst werden. ▶ Tabelle 5.1 nennt eine Liste typischer Metadaten, wie sie häufig verwendet werden. Neben den allgemeinen Verwaltungsdaten enthält eine Use-Case-Spezifikation im Kern eine detaillierte Beschreibung des Ablaufs.

Metadaten	Beschreibung
Identifikator	Eine ID, um den Use Case eindeutig im Projekt identifizieren zu können. Die ID ist insbesondere für die Anforderungsverfolgung notwendig.
Name	Ein projektweit eindeutiger Name für den Use Case. Der Name sollte das Ziel benennen, das der Akteur mithilfe des Use Cases erreichen möchte. Typischerweise hat der Name die Form <Subjekt><Verb>, wie beispielsweise „Ticket kaufen", „Aufnahme programmieren", „Evaluation auswerten".
Akteur	Der Akteur führt den Use Case aktiv durch und ist an dem Ergebnis interessiert. In manchen Fällen können zusätzliche Akteure angegeben werden, die bei der Durchführung des Use Case mitwirken. Akteure können, müssen jedoch nicht mit organisatorischen Rollen übereinstimmen. Das System selbst kann niemals Akteur für sich selbst sein!
Motivation	Der Akteur nutzt den Use Case aus einer bestimmten Motivation heraus. Diese Motivation wird explizit dokumentiert. Damit kann geprüft werden, ob es sich tatsächlich um einen relevanten Use Case mit einem expliziten Nutzen handelt.

Tabelle 5.1: Tabellarisches Schema einer Use-Case-Spezifikation.

---

[1] Die Begründer der UML, Grady Booch, Ivar Jacobson und James Rumbaugh, wurden am Höhepunkt des UML-Hypes Ende der 90er Jahre scherzhaft als „die drei Amigos" bezeichnet.

Metadaten	Beschreibung
Beschreibung	Eine überblicksartige Beschreibung des Use Case. Was möchte der Akteur mit der Ausführung des Use Case erreichen.
Querverweise	In diesem Abschnitt werden Beziehungen jeglicher Art zu anderen Use Cases oder zu Anforderungen dokumentiert. Dies können Verfeinerungsbeziehungen, Abhängigkeitsbeziehungen oder inhaltliche Beziehungen zu anderen Use Cases sein.
Vorbedingung	Vorbedingungen beschreiben den Zustand, in dem sich das System zu Beginn der Ausführung des Use Case befinden muss. Es werden nur für den Use Case relevante Aspekte berücksichtigt, wie beispielsweise der Status, den der Anwender im Systemablauf erreicht haben muss, um den Use Case tatsächlich durchführen zu dürfen (z.B. registriert, angemeldet, abgemeldet), der Status der Objekte, die der Anwender im Rahmen des Use Case manipulieren möchte (z.B. zugeordnet, bezahlt, nicht bezahlt, reserviert, gültig).
Eingehende Daten	Damit der Use Case durchgeführt werden kann, benötigt das System gegebenenfalls bestimmte Daten. In der Use-Case-Dokumentation werden die Daten informell und ohne Anspruch auf Vollständigkeit aufgeführt. Der Leser des Use Case soll eine Idee bekommen, welche Art von Daten prinzipiell benötigt wird. Eine explizite Spezifikation der Daten erfolgt später in Form von Datenlisten (Abschnitt 5.2.2).
Ergebnis	Der Akteur möchte bei der Ausführung des Use Case ein bestimmtes Ziel erreichen. Das Ergebnis ist das für den Akteur sichtbare Resultat der Durchführung des Use Case, eine Erfolgsmeldung, eine Bestätigung o.Ä.
Nachbedingung	Die Durchführung des Use Case verändert den internen Systemzustand. Nachbedingungen geben den Zustand an, den das System am Ende der Durchführung des Use Case erreicht haben sollte. Im Vordergrund stehen Aspekte, die bereits in den Vorbedingungen berücksichtigt wurden. Es können jedoch neue Zustände hinzukommen.
Invarianten	Invarianten sind Bedingungen im System, die sich durch die Durchführung des Use Case auf keinen Fall ändern dürfen. Invarianten müssen sowohl vor wie nach der Durchführung des Use Case gelten.
Abläufe	Ein Use Case fasst eine Menge an Abläufen zusammen, die alle bei gleichen Ausgangsbedingungen zu einem definierten Ziel führen. Neben dem Standardablauf sind dies Alternativabläufe und Fehlerabläufe. Die Methodik zur Beschreibung der Abläufe ist in Abschnitt 5.1.2 ausführlich beschrieben.

Tabelle 5.1: Tabellarisches Schema einer Use-Case-Spezifikation. *(Forts.)*

5.1.2 Spezifikation der Abläufe

Die Beschreibung der Abläufe ist der Kern einer jeden Use-Case-Spezifikation. Ein Ablauf – auch Szenario genannt – beschreibt einen möglichen Dialogablauf zwischen dem Anwender des Systems und dem System selbst, auf Basis der ausgetauschten Nachrichten. Der Ablauf legt fest, welche Nachrichten in welcher Reihenfolge von wo nach wo versendet werden. Das folgende Beispiel eines Use Case *Buch zum Kauf suchen* für einen fiktiven Onlinebuchhandel soll dies verdeutlichen. Die Spezifikationsmethodik orientiert sich an Cockburn (Cockburn). Ein typischer Ablauf zur Suche nach einem Buch läuft wie folgt ab:

1. Der Anwender gibt die ISBN-Nummer des Buches ein.

2. Das System sucht das gewünschte Buch und zeigt es an.

3. Der Anwender wählt das gewünschte Buch zum Kauf aus.

4. Das System merkt den Kaufwunsch des Anwenders vor.

Die einzelnen Ablaufschritte werden dabei aus Sicht der ausführenden Einheit (Akteur oder System) beschrieben. So ist klar erkennbar, wer im Ablauf gerade welchen Arbeitsschritt ausführt.

Häufig gibt es unterschiedliche Ablaufmöglichkeiten, um das gleiche Ziel zu erreichen. Ein alternativer Ablauf für den Use Case *Buch zum Kauf suchen* unterstützt die Suche nach Schlagwörtern und sieht wie folgt aus:

1. Der Anwender gibt eine Liste von Schlagwörtern als Suchbegriffe ein.

2. Das System sucht alle Bücher zu den genannten Schlagwörtern und zeigt sie an.

3. Der Anwender wählt aus der Liste das gewünschte Buch aus.

4. Das System zeigt die Buchinformationen an.

5. Der Anwender wählt das gewünschte Buch zum Kauf aus.

6. Das System merkt den Kaufwunsch des Anwenders vor.

Nicht immer muss ein Ablauf zum Erfolg führen. So kann auch ein nicht erfolgreicher Ablauf legitim sein:

1. Der Anwender gibt eine Liste von Schlagwörtern als Suchbegriffe ein.

2. Das System sucht alle Bücher zu den genannten Schlagwörtern und zeigt sie an.

3. Der Anwender findet das gewünschte Buch nicht.

Ein Use Case dokumentiert alle Ablaufvarianten, die der Akteur durchführt, um ein bestimmtes Ziel zu erreichen. Einer der Abläufe kann normalerweise als Standardablauf identifiziert werden. Andere beschreiben Alternativen. Für eine vollständige Dokumentation müssen auch Abläufe spezifiziert werden, die zu einem Abbruch führen, entweder durch die explizite Entscheidung des Akteurs oder durch eine Fehlersituation im System.

Eine vollständige Beschreibung aller möglichen Abläufe zu einem Use Case würde zu unnötig hohem Schreibaufwand und zu hoher Redundanz in der Use-Case-Spezifikation führen. Cockburn schlägt daher die Verwendung von nummerierten Erweiterungen (Extensions) vor. Eine Extension beschreibt einen alternativen Teilablauf im Standardablauf abhängig von einer Bedingung.

Die Abläufe zum Use Case *Buch zum Kauf suchen* werden mithilfe von Extensions wie folgt zusammengefasst:

Standardablauf

1. Der Anwender gibt die ISBN-Nummer des Buches ein.

2. Das System sucht das gewünschte Buch und zeigt es an.

3. Der Anwender wählt das gewünschte Buch zum Kauf aus.

4. Das System merkt das Buch für den Anwender vor.

Extensions

- 1.a Suche über Schlagwörter:
- 1.a.1 Der Anwender gibt eine Liste von Schlagwörtern als Suchbegriffe ein.
- 1.a.2 Das System sucht alle Bücher zu den Schlagwörtern und zeigt sie an.
- 1.a.3 Der Anwender wählt aus der Liste das gewünschte Buch aus.
- 1.a.4 Das System zeigt die Buchinformationen an.
- Weiter mit Schritt 3.
- 3.a Der Anwender findet das gewünschte Buch nicht oder ist nicht mehr am Ergebnis interessiert.
- 3.a.1 Der Anwender verlässt die Suche ohne Auswahl eines Buches.
- Use Case endet.

Jede Extension beginnt mit der Bedingung, die den Alternativablauf auslöst. Die führende Nummer der einzelnen Schritte innerhalb einer Extension bezieht sich auf die Nummer des entsprechenden Ablaufschritts im Standardablauf. Um die Spezifikation auch bei komplexen Use Cases noch lesbar zu halten, sollten Extensions selbst nicht weiter in untergeordnete Bedingungen aufgeteilt werden. Alternativ sollten die Bedingungen auf der obersten Ebene unterschiedliche Teilabläufe abdecken:

- 1.a. Suche über Schlagwörter, Es wurden Bücher gefunden
- 1.a.1 ...
- 1.b Suche über Schlagwörter, Ergebnisliste ist leer
- 1.b.1 ...

Use Cases beschreiben das an der Schnittstelle sichtbare Verhalten des Systems bei der Durchführung des Ablaufs möglichst vollständig. Prinzipiell umfasst dies den Standardablauf, alternative Teilabläufe, das Verhalten bei fehlerhaften Eingaben oder das Verhalten bei internen Systemfehlern, die an die Systemoberfläche propagiert werden sollen.

Eine vollständige Use-Case-Spezifikation kann bei Berücksichtigung aller Bedingungen sehr schnell sehr umfänglich werden. Um jedoch das Systemverhalten eindeutig zu spezifizieren, ist der Aufwand notwendig. Insbesondere erzwingt die Spezifikationsmethode von den Anwendern, dass sie sich von Anfang an Gedanken machen müssen zu so unbequemen Fragen wie: „Wie soll das System reagieren, wenn mitten im Zahlvorgang die Verbindung zum Server abbricht?"

5.1.3 Iterative Verfeinerung

Die detaillierte Spezifikation eines Use Cases mit allen Details ist sehr aufwendig und sollte nur dann durchgeführt werden, wenn bereits Einigkeit zwischen den Stakeholdern besteht, dass dieser Use Case auch tatsächlich in einer der nächsten Iterationen in das System einfließen wird.

Um unnötige Mehrarbeit bei der detaillierten Spezifikation überflüssiger oder falscher Use Cases zu vermeiden, sollten die Use Cases iterativ verfeinert werden. So kann immer wieder geprüft werden, ob man noch auf dem richtigen Weg ist. Auch die Spezifikationstiefe lässt sich auf diese Art besser kontrollieren. Cockburn schlägt folgendes Vorgehen vor (Cockburn):

Stufe 1: Bevor es an die explizite Ausarbeitung eines Use Case geht, sollten der Name und der Akteur des Use Case festgelegt werden. Der Name entspricht einer Kurzbeschreibung des Ziels, das der Akteur mit dem Use Case erreichen möchte. Wichtige Punkte sind außerdem die Beschreibung des Use Case und die Motivation. Mit diesen Informationen kann bereits die Vollständigkeit der Use Cases und ihre Korrektheit mit den Stakeholdern abgestimmt werden.

Stufe 2: In einem zweiten Schritt wird der Standardablauf mit Vor- und Nachbedingungen beschrieben. Dies kann eine vereinfachte Form eines Szenarios sein. Mit dem Standardablauf wird geprüft, ob der Use Case überhaupt benutzbar ist, ob wichtige Aspekte vergessen wurden und ob der Use Case korrekt geschnitten wurde (sich korrekt von anderen Use Cases abgrenzt).

Stufe 3: Der Standardablauf wird nun vollständig ausgearbeitet. Erst jetzt werden alle möglichen Fehlerfälle und Ablaufvarianten beispielsweise mithilfe von Brainstorming identifiziert. Zu jedem Fehlerfall und zu jeder Variante wird grob der Ablauf skizziert.

Stufe 4: Abschließend werden die Fehlerabläufe und Ablaufvarianten vollständig ausspezifiziert. Inwieweit tatsächlich alle Details beschrieben werden, sollte im Einzelfall entschieden werden. Gegebenenfalls kann die informelle Beschreibung aus Schritt 3 bereits ausreichend sein. Dies ist beispielsweise der Fall, wenn im Rahmen der Entwicklung weiterhin fachliche Experten zur Verfügung stehen, die im Zweifelsfalls Fragen und offene Punkte sofort klären können.

5.1.4 Regeln zur Spezifikation

Gute Use Cases zu spezifizieren ist eine Kunst und erfordert Erfahrung. Use Cases beschreiben kein reales System, sondern eine Schnittstelle. Jedes beliebige Software-System, das diese Schnittstelle erfüllt, kann als Lösung dienen. Die Schnittstelle muss sich dabei auf die Aspekte konzentrieren, die aus Sicht der Anforderungen zwingend erfüllt sein müssen. Sie darf jedoch keine unnötigen Vorgaben machen, die den Raum der möglichen Lösungen einschränken würden.

Die folgenden Regeln orientieren sich an den Guidelines von Cockburn (Cockburn) zur Use-Case-Spezifikation und sollen dabei helfen, den richtigen Grad zu finden zwischen dem, was vorgegeben werden muss, und dem, was offen bleiben sollte:

Regel 1: Immer die Absicht des Akteurs beschreiben, nicht seine Aktionen im Dialog. Der Use Case selbst definiert ein Ziel, welches der Akteur erreichen möchte. Jeder Teilschritt bringt den Akteur diesem Ziel ein Stück näher. In der Beschreibung sollte die Intention hinter jedem Teilschritt deutlich werden.

Regel 2: Details der grafischen Benutzeroberfläche in der Use-Case-Spezifikation vermeiden. Use Cases beschreiben einen Ablauf unabhängig von einem spezifischen Dialog und unabhängig von einem konkreten System. Details zur Benutzeroberfläche gehören nicht in die Use-Case-Spezifikation.

Regel 3: Zu lange Abläufe vermeiden. Bei komplexen Use Cases reichen in der Regel 7 bis maximal 10 Ablaufschritte zur Beschreibung des Standardablaufs. Bei mehr Schritten sollte kritisch geprüft werden, ob die Granularität der einzelnen Arbeitsschritte stark voneinander abweicht. Gegebenenfalls können mehrere sehr feingranulare Ablaufschritte zu einem übergeordneten Ablaufschritt zusammengefasst werden.

5.1.5 Darstellung von Use Cases

Eine Use-Case-Spezifikation kann mehrere Seiten umfassen, vor allem bei einer vollständigen Beschreibung aller Ablaufalternativen. Die Frage ist, wie man Use Cases dennoch übersichtlich gestalten kann. In der Literatur werden unterschiedliche Formate vorgeschlagen:

Tabellarische Darstellung: Für kürzere Use Cases ist die Verwendung einer Tabelle hilfreich. Sie erlaubt eine sehr übersichtliche Darstellung der Metadaten und Abläufe. Ein schönes Beispiel ist die tabellarische Vorlage von Oestereich (Oestereich und Bremer).

ID	UC_1234
Name	„Buch suchen"
....	...

Abbildung 5.1: Tabellarische Darstellung eines Use Case.

Kapitelstruktur: Bei Use Cases, die sich über mehrere Seiten hinziehen, werden Tabellen schnell unübersichtlich. Hier hat sich stattdessen die Verwendung einer durchgängigen Kapitelstruktur mit Nummerierung bewährt. Alistair Cockburn (Cockburn) verwendet in seinem Buch folgende Darstellungsform:

ID: UC_1234

Name: „Buch suchen"

Vorbedingungen:

...

Standardablauf:

Extensions:

Abbildung 5.2: Kapitelstruktur-Darstellung eines Use Case.

Tabellarische Darstellung des Ablaufs: Constantine und Lockwood (Constantine und Lockwood) schlagen vor, zur übersichtlicheren Gestaltung des Ablaufs die einzelnen Schritte für Akteur und System in einer Tabelle darzustellen. Diese Tabelle kann als Ergänzung der tabellarischen Darstellung oder der Darstellung mit Kapitelstruktur verwendet werden.

Akteur	System
Der Anwender gibt die ISBN-Nummer des Buches als Suchbegriff ein.	
	Das System sucht das Buch zur ISBN-Nummer und zeigt es an.
Der Anwender wählt das gewünschte Buch zum Kauf aus.	
	Das System merkt das Buch für den Anwender vor.

Abbildung 5.3: Tabellarische Darstellung eines einzelnen Ablaufs im Use Case.

Fallstudie   Eva – Use-Case-Spezifikation

Der folgende Use Case spezifiziert für das Evaluierungssystem Eva den Ablauf *Hochschulweiten Evaluationsbogen vorbereiten*. Fachliche Grundlage sind die drei Anforderungen aus Kapitel 4: FA_01, FA_02 und FA_03.

Der Use Case beschreibt den Ablauf mit den verschiedenen Möglichkeiten zum Anlegen, Freigeben und Speichern von Evaluationsbögen. Die Anpassung eines Evaluationsbogens mit Vergabe der Rechte für Änderungen ist in einen eigenen (hier nicht näher spezifizierten) Use Case mit der ID UC_05 ausgelagert. Die Zusammenhänge sind im Use-Case-Diagramm in ▶ Abbildung 5.5 dargestellt.

Identifikator	UC_01
Name	Hochschulweiten Evaluationsbogen vorbereiten
Akteur	Qualitätsmanager (QM)
Motivation	Für alle Fakultäten an der Hochschule soll ein einheitlicher Evaluationsbogen als Vorlage verwendet werden.
Beschreibung	Der QM bereitet für die Fakultäten eine Vorlage des Evaluationsbogens vor.
Querverweise	Verfeinert FA_01, FA_02, FA_03
Vorbedingungen	-
Eingehende Daten	Fragen, Antworten, Rechte
Ergebnis	Evaluationsbogen freigegeben und sichtbar für Fakultäten.
Nachbedingungen	Evaluationsbogen archiviert.
Invariante	QM ist am System angemeldet.
Standardablauf	1. Der QM fordert einen neuen Evaluierungsbogen (EB) an. 2. Das System legt einen neuen EB an. 3. include: UC_05 „Evaluationsbogen anpassen". 4. Der QM fordert die Freigabe des Evaluationsbogens an. 5. Das System schaltet den EB für die Studiendekane frei. 6. Das System archiviert den Bogen unter dem aktuellen Datum.
Extensions	1.a Verwendung einer Archivversion: 1.a.1 Der QM öffnet einen archivierten EB. 1.a.2 Der QM fordert eine Kopie des EB an. 1.a.3 Das System legt eine Kopie des EB an. Weiter mit Schritt 3. 1.b Verwendung einer Draft-Version: 1.b.1 Der QM öffnet die Draft-Version eines Evaluationsbogens. Weiter mit Schritt 3. 4.a Löschen des Evaluierungsbogens: 4.a.1 Der QM löscht den Evaluierungsbogen. Evaluationsbogen gelöscht. Ende des Use Case. 5.a Bogen soll (noch) nicht freigeschalten werden: 5.a.1 Der QM fordert Speicherung als Draft-Version an. 5.a.2 Das System speichert den Bogen als Draft-Version. Evaluationsbogen gespeichert. Ende des Use Case.

5.1.6   Schnitt von Use Cases

Die große Herausforderung bei der Entwicklung guter Use Cases ist die Festlegung der Use-Case-Grenzen. Was gehört zum Use Case, was nicht mehr? Wäre es zum Beispiel möglich, einen Use Case *Buch zum Kauf suchen*, wie in *Abschnitt 5.1.2, Spezifikation der Abläufe* beschrieben, um die Funktionalität *Rechnung zahlen* zu erweitern und daraus einen übergeordneten Use Case *Buch kaufen* zu machen? Fachlich würde dies durchaus Sinn machen.

Ähnlich könnte man argumentieren, dass auch die Buchlieferung mit in den Use Case aufgenommen werden sollte. Immerhin hängen Bezahlen und Lieferung eng zusammen. Wäre ein solcher Use Case immer noch korrekt?

Es gibt zwei Eigenschaften, die dabei helfen, die Grenzen von Use Cases festzulegen:

- ein Use Case wird immer von genau einem Hauptakteur durchgeführt und
- ein Use Case ist transaktional.

Die erste Bedingung fordert, dass ein Use Case einen Ablauf beschreibt, der von genau einer Person, dem Akteur, durchgeführt wird. Bezogen auf das Beispiel oben fällt damit die Lieferung aus einem Use Case *Buch kaufen* bereits heraus. Verantwortlich für die Lieferung wäre der Buchhändler, während der Käufer das Buch wählt und bezahlt.

Bleibt die Frage, ob die Auswahl des Buches und das Bezahlen zusammengefasst werden können. Hier gibt die zweite Eigenschaft Hilfestellung: ein Use Case sollte transaktional sein. Der Begriff stammt aus dem Bereich der Datenbanken. Danach erfüllt eine Transaktion die ACID-Eigenschaften (*Atomicity, Consistency, Isolation, Durability*).

Mit leichter Abwandlung – Use Cases sind nicht so formal wie Datenbankabfragen – lassen sich diese Eigenschaften auf die Spezifikation von Use Cases übertragen. Ein Use Case sollte demnach folgende Eigenschaften erfüllen. Er ist:

- atomar (*Atomicity*): Der Use Case wird vollständig durchgeführt oder gar nicht. Es sollten normalerweise keine signifikanten zeitlichen Unterbrechungen möglich sein.

- konsistent (*Consistency*): Die Durchführung des Use Case führt das System aus einem konsistenten Zustand in einen neuen konsistenten Zustand.

- isoliert (*Isolation*): Ein Use Case wird isoliert ausgeführt. Beschrieben wird nur der Ablauf eines einzelnen Akteurs ohne Berücksichtigung möglicher Interferenzen mit anderen Akteuren, die eventuell gleichzeitig mit dem System arbeiten.

- dauerhaft (*Durability*): Das Ergebnis des Use Case ist für den Akteur sichtbar und kann (bei Bedarf) dauerhaft aufbewahrt werden, beispielsweise abgelegt in einer Datenbank, als Ausdruck oder über eine Audioaufnahme.

Mithilfe dieser Eigenschaften lässt sich die Frage oben nun beantworten. Falls Suche und Kauf eines Buches logisch getrennt ablaufen sollen – und dies ist in der Regel der Fall, da man dem Kunden ja erlauben möchte, mehrere Bücher zu suchen, bevor er zahlt –, würde ein Use Case „Buch kaufen" mit Auswahl und Bezahlen die Eigenschaft der Atomarität nicht mehr erfüllen. Sollten Auswahl und Bezahlen jedoch immer untrennbar zusammen ausgeführt werden, handelt es sich bei *Buch kaufen* tatsächlich um einen gültigen Use Case.

Exkurs | **Use Cases**

Alistair Cockburn erklärt die Eigenschaften eines Use Case sehr anschaulich (Cockburn). Ein Use Case

- "is done by one person, at one time,
- the actor can go away happily as soon as it is completed,
- the actor can ask for a raise after doing many of these".

5.1.7 Use-Case-Diagramme

Die strukturierte Beschreibung von Use Cases mit Tabelle oder Nummernschema hilft, einzelne Use Cases übersichtlich darzustellen und für Stakeholder und Entwickler verständlich zu gestalten. Bei vielen Use Cases, die sich vielleicht sogar auf mehrere Teilsysteme verteilen, verliert man jedoch leicht den Blick für den großen Zusammenhang. Welche Use Cases gibt es? Welches Teilsystem muss welchen Use Case unterstützen? Wer nutzt die Use Cases? Und welche Abhängigkeiten bestehen zwischen den Use Cases?

Use-Case-Diagramme helfen hier den Überblick zu bewahren. Sie bieten eine Möglichkeit System, Teilsysteme, Use Cases und Akteure mit ihren Beziehungen grafisch darzustellen. Use-Case-Diagramme sind eine Notation der UML (siehe Kapitel 6 Anforderungsmodellierung). Im Gegensatz zu manchen anderen UML-Diagrammtypen wurde die Notation explizit einfach und informell gehalten. Ihr Nutzen liegt in der einfach verständlichen Visualisierung der fachlichen Systemschnittstelle. Die Menge der Notationselemente ist überschaubar und die Diagramme können einfach manuell erstellt werden, beispielsweise als Skizzen am Whiteboard. Auch Stakeholder aus IT-fernen Bereichen können so ohne Probleme nachvollziehen, was die Diagramme ausdrücken wollen. Use-Case-Diagramme eignen sich somit sehr gut als Diskussionsgrundlage für die Validierung der Anforderungen. Use-Case-Diagramme stellen dar,

- welcher Akteur welchen Use Case ausführen möchte,
- welches (Teil-)System welchen Use Case anbieten soll und
- in welcher Beziehung Use Cases und Akteure zueinander stehen.

Use-Case-Diagramme bieten eine übersichtliche Visualisierung, anhand derer die Vollständigkeit und die Erfüllung aller Anforderungen durch das Zusammenspiel der Use Cases überprüft werden kann.

▶ Abbildung 5.4 fasst die Elemente der Use-Case-Diagramme zusammen. Kernkonzepte eines Diagramms sind: das System selbst (es dürfen auch mehrere Teilsysteme sein), Use Cases und Akteure. Das System bietet Use Cases an, Akteure führen Use Cases aus.

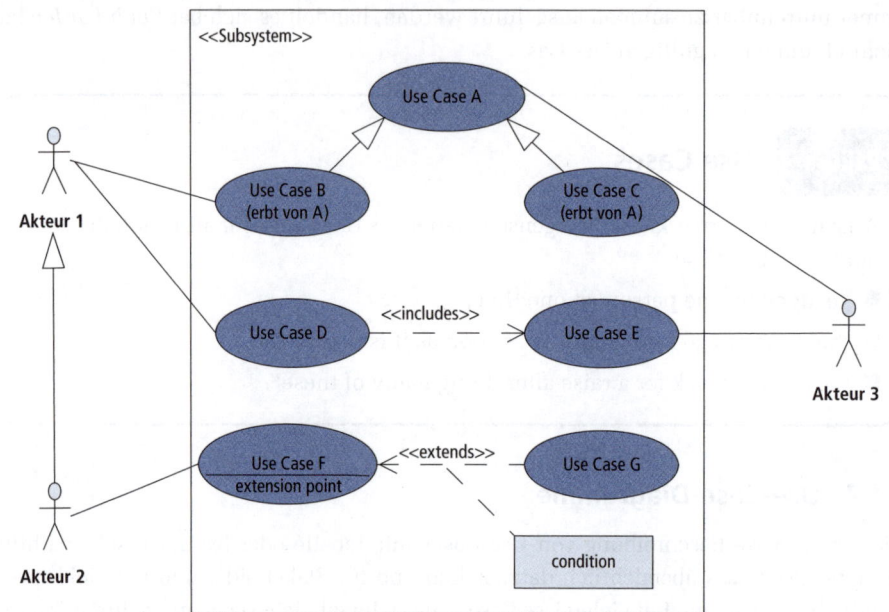

Abbildung 5.4: Elemente eines Use-Case-Diagramms.

Zwischen den Use Cases können Beziehungen existieren. Die UML 2.x definiert explizit folgende Beziehungen[2]:

<<includes>>: In Abbildung 5.4 inkludiert Use Case D den Use Case E. Immer wenn Use Case D ausgeführt wird, wird auch Use Case E ausgeführt. E selbst ist dagegen unabhängig und könnte eigenständig ausgeführt werden. Wichtig ist hierbei, dass es sich bei *includes* nicht um eine optionale Beziehung handelt. Use Case E wird immer ausgeführt, wenn Use Case D ausgeführt wird, nicht nur falls er einmal benötigt werden sollte. Die *includes*-Beziehung ist vergleichbar zu Unterprogrammaufrufen in Programmiersprachen. Idee ist die Auslagerung von gleicher Funktionalität in eigenständige Use Cases.

<<extends>>: Optionalität kommt mit der Erweiterungsbeziehung *extends*. Im Beispiel erweitert Use Case G den Use Case F. Diese Erweiterung ist optional. Nur wenn eine bestimmte Bedingung eintritt (*condition*), wird an einem bestimmten Arbeitsschritt in Use Case F (*extension point*) der Use Case G ausgeführt. Die *extends*-Beziehung ist somit vergleichbar zu einer if-Anweisung. Nur wenn die Bedingung gilt, werden die Anweisungen im if-Block durchlaufen. In der Use-Case-Spezifikation tauchen *includes*- und *extends*-Beziehungen als Referenzen auf die entsprechenden Use-Case-Spezifikationen auf. Damit lassen sich beispielsweise redundante Ablaufspezifikationen vermeiden.

---

2   Aus früheren UML-Versionen tauchen häufig weitere Beziehungstypen auf wie „depends" oder „uses". Auch führen manche Werkzeughersteller zusätzliche Beziehungen ein. Im UML-Standard ab Version 2 sind jedoch nur die hier genannten drei Beziehungen zwischen Use Cases definiert.

Generalisierung/Spezialisierung: Das aus der Objektorientierung bekannte Konzept der Vererbung lässt sich auf eine informelle Art mit dem Konzept der Use Cases verbinden. So sind im Beispieldiagramm die Use Cases B und C Spezialisierungen von Use Case A. Sie erfüllen prinzipiell die gleiche Aufgabe wie A, ihre Ausführung kann sich jedoch im Detail unterscheiden. Ein einfaches Beispiel wäre ein allgemeiner Use Case „Einchecken" (Use Case A). Ein Fluggast kann auf unterschiedliche Art und Weise einchecken, beispielsweise am Automaten (Use Case B) oder Online an seinem Computer (Use Case C). Der Ablauf ist dabei ähnlich, ebenso das Ergebnis (der Fluggast hat einen Sitzplatz und einen Boarding-Pass). Er kann sich jedoch im Detail unterscheiden. Durch die Verwendung von Vererbung erlauben Use-Case-Diagramme solche Zusammenhänge präzise darzustellen. Vererbt werden die Akteure, die einen Use Case ausführen dürfen, sowie alle includes- und extends-Anweisungen. Im Beispieldiagramm darf Akteur 3 den Use Case A ausführen und somit alle Use Cases, die Spezialisierungen von A sind – in diesem Fall Use Case B und C. Akteur 1 darf dagegen nur Use Case B ausführen, nicht jedoch C.

Vererbung ist auch zwischen Akteuren möglich. Akteur 2 erbt im Diagramm von Akteur 1. Er darf somit alle Use Cases ausführen, die auch Akteur 1 ausführen darf, in diesem Fall die Use Cases B und D. Zusätzlich darf Akteur 2 den Use Case F ausführen. Vererbungsbeziehungen helfen das Diagramm übersichtlich zu gestalten, da sie die Anzahl der dargestellten Beziehungen signifikant reduzieren. Sie wirken sich jedoch nicht auf die Use-Case-Spezifikation selbst aus. So macht es keinen Sinn, zusätzlich zu den spezialisierten Use Cases auch den generalisierten Use Case textuell zu spezifizieren.

Fallstudie	Eva – Use-Case-Diagramm

Für das Evaluierungssystem Eva wurde gemeinsam mit den Stakeholdern das Use-Case-Diagramm in ▶ Abbildung 5.5 entwickelt. Danach ist vorgesehen, dass jeder, der das System nutzt, sich authentifizieren muss. Dozenten haben die Möglichkeit, Evaluationen für einzelne Lehrveranstaltungen vorzubereiten und durchzuführen. Der Studiendekan, der gleichzeitig auch Dozent sein kann, bereitet die Evaluation für die Fakultät vor und wertet im Anschluss an die Evaluierungen das Ergebnis fakultätsweit aus. Der Qualitätsmanager schließlich ist verantwortlich für die Vorbereitung der hochschulweiten Evaluation und die abschließende Veröffentlichung. Studierende müssen sich ebenfalls am System anmelden. Sie sind die einzigen, die das Recht haben Evaluationsbögen auszufüllen.

Im Diagramm wurden die Identifikatoren der einzelnen Use Cases angegeben. Dies ist nicht unbedingt notwendig, hilft jedoch den Überblick zu bewahren. Der abstrakte Use Case „EB vorbereiten" wurde eingeführt, um das Diagramm übersichtlicher zu gestalten: Jeder der Use Cases zur Vorbereitung eines Evaluierungsbogens inkludiert den Use Case UC_05 „EB anpassen". Der abstrakte Use Case „EB vorbereiten" wird jedoch nicht explizit ausgearbeitet.

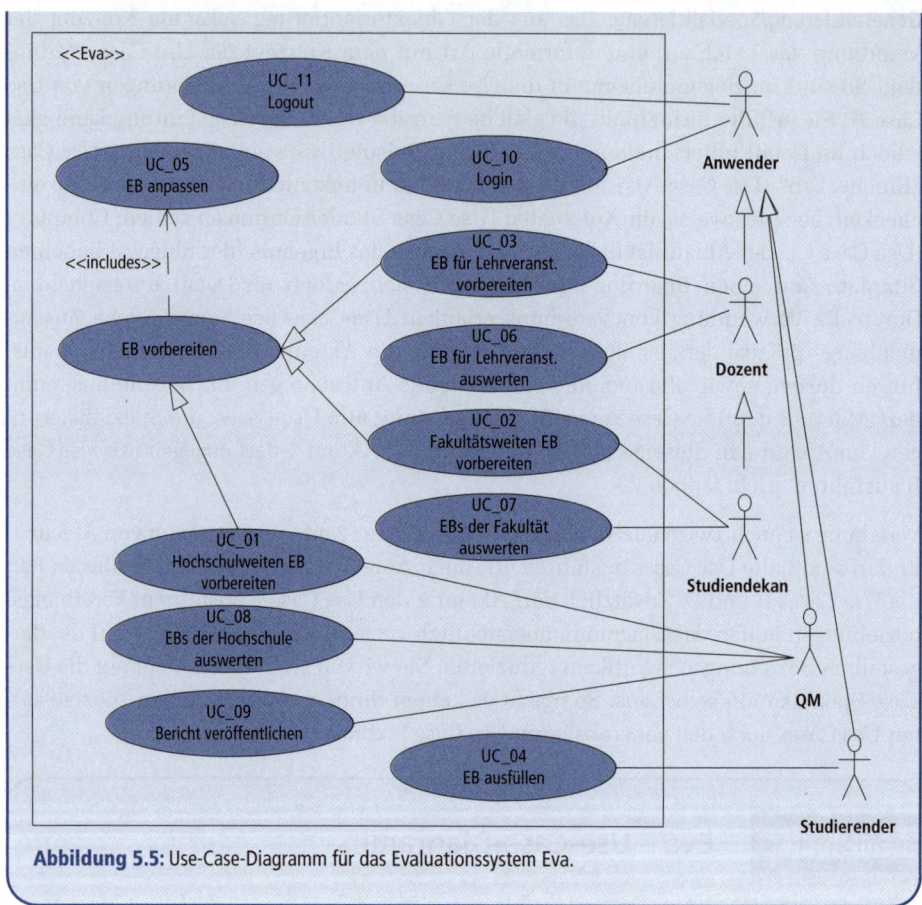

Abbildung 5.5: Use-Case-Diagramm für das Evaluationssystem Eva.

Use-Case-Diagramme haben den Vorteil einfach und intuitiv verständlich zu sein, haben jedoch auch ihre Tücken in der Anwendung. Die im Standard definierten Beziehungen verleiten dazu, die informelle Welt der Anforderungen in ein sehr einfaches Notationsschema zu pressen. Anforderungen sind jedoch vielschichtiger. Die Beziehungen zwischen ihnen sind komplexer, als es eine einfache *includes*- oder *extends*-Beziehung jemals ausdrücken kann. Im Zweifelsfall ist es daher ratsam, auf diese Beziehungen zu verzichten und sich auf einfache Use Cases zu beschränken, statt explizit falsche Information zu modellieren.

5.1.8 Use Cases und Anforderungen

Use Cases spezifizieren Anforderungen, die Interaktionen eines Akteurs mit einem System ausdrücken. Ob die Anforderung unmittelbar in Form von Use Cases spezifiziert oder aus einer informell formulierten Anforderung abgeleitet wird, ist letztlich unerheblich.

Der Use-Case-First-Ansatz birgt jedoch eine gewisse Gefahr: Use Cases beschreiben Abläufe, keine Eigenschaften. So repräsentiert zwar jeder Use Case eine oder mehrere Anforderungen, nicht jede Anforderung kann jedoch als Use Case spezifiziert werden. Dies gilt insbesondere für Qualitätsanforderungen. Die frühe Konzentration auf Use Cases verleitet dazu, sich in der Ermittlungs- und Dokumentationsphase auf Ablaufanforderungen und ihre Spezifikation zu konzentrieren. Die oft unbequemen, aber mindestens ebenso wichtigen Anforderungen an die Systemeigenschaften, werden dann gerne übersehen oder implizit mit der Use-Case-Spezifikation vermischt.

Ein weiteres Problem ist die Detailtiefe: Use Cases gehen bei ihrer Spezifikation bereits sehr in die Tiefe und nicht immer ist klar erkennbar, was konkrete Anforderung ist (Problemraum) und was bereits zum Schnittstellenentwurf gehört (Lösungsraum). Verzichtet man auf eine informelle Dokumentation der Anforderungen und geht sofort auf die Anforderungsspezifikation in Form von Use Cases über, führt dies leicht dazu, dass der Lösungsraum bereits festgesteckt wird, bevor der Problemraum ausreichend analysiert wurde.

Andererseits sind Use Cases exakter in der Darstellung und fordern eine intensivere Auseinandersetzung bei der Beschreibung. Einen möglichen Kompromiss bietet die Verwendung von Use-Case-Spezifikationen auf unterschiedlichen Abstraktionsebenen. Bernd Oestereich (Oestereich und Bremer) unterscheidet beispielsweise:

- Business Use Cases (Geschäftsanwendungsfälle)
- System Use Cases (Systemanwendungsfälle)
- Subsystem Use Cases (Subsystemanwendungsfälle)

Business Use Cases sind auf der höchsten Abstraktionsebene. Sie spezifizieren grobgranulare Prozesse bis hin zu Teilbereichen aus Geschäftsprozessen. Das „System", das spezifiziert wird, ist in diesem Fall das Unternehmen selbst. Business Use Cases laufen üblicherweise über einen längeren Zeitraum. Sie können zeitweise unterbrochen und nach mehreren Tagen wieder aufgenommen werden. Sie können von verschiedenen Akteuren mithilfe unterschiedlicher Systeme durchgeführt werden und dienen einem übergeordneten (strategischen) Ziel. Business Use Cases werden als Use Cases spezifiziert, beschränken sich jedoch auf die zentralen Anforderungsaspekte. Sie ähneln Anforderungen mit einer rudimentären Ablaufbeschreibung.

System Use Cases werden aus den Business Use Cases abgeleitet. Sie spezifizieren das fachliche Schnittstellenverhalten einer möglichen Lösung zu den Anforderungen. Ein System Use Case beschreibt, wie ein Akteur mithilfe des Systems ein konkretes Ziel erreicht. System Use Cases haben im Gegensatz zu Business Use Cases durchaus den Anspruch der Vollständigkeit. Sie wollen die Schnittstelle vollständig beschreiben und alle Informationen liefern, die für den Entwurf einer geeigneten Lösung erforderlich sind.

Komplexe Ablaufschritte in System Use Cases können bei Bedarf in eigenständige **Subsystem Use Cases** ausgelagert werden. Dies gilt auch für Funktionalität, die von mehreren System Use Cases genutzt wird. Subsystem Use Cases werden wie System Use Cases spezifiziert.

5.1.9 Misuse Cases

Misuse Cases, auch Missbrauchsszenarien genannt, sind eine spezielle Form von Use Cases. Sie spezifizieren Abläufe, bei denen ein Akteur das System missbräuchlich nutzt und so Schaden für einen Stakeholder oder das Unternehmen verursacht. Mit der Spezifikation von Misuse Cases versucht man potenzielle Sicherheitsrisiken für ein System frühzeitig zu erkennen und entsprechende Gegenmaßnahmen bei der Entwicklung zu berücksichtigen. Misuse Cases spezifizieren das Verhalten des Systems, wenn die Umgebung oder die Anwender nicht agieren wie vorgesehen oder das System bewusst missbraucht werden soll.

Im Gegensatz zu Use Cases sind in diesem Fall nicht die Misuse Cases selbst die Anforderung – die Konsequenzen, die sich zu ihrer Vermeidung ergeben, sind es jedoch sehr wohl. Der Prozess zur Erhebung der Misuse Cases verläuft parallel zur Spezifikation der Use Cases. Ausgehend von den gefundenen Use Cases wird geprüft, an welchen Stellen Angriffspunkte existieren könnten. Kritische Punkte sind insbesondere der Zugriff auf geschützte Ressourcen wie Passwörter, Kreditkartendaten und persönliche Daten oder die Ausführung geschützter Aktionen (An- oder Abschalten eines kritischen Systems, Übertragung von geheimen Daten, Aktivieren der Selbstzerstörungssequenz eines unbemannten Flugobjekts).

Wurden die zu schützenden Ressourcen identifiziert, müssen mögliche Gefahrenquellen untersucht werden. Dies sind beispielsweise Personen, die aktiv den Missbrauch durchführen wollen, Personen, die versehentlich und damit unbewusst den Missbrauch durchführen können, technisch bedingte Störungen (Stromausfall, Unterbrechung der Datenverbindung) oder sonstige Umstände (Überschwemmung, Erdbeben, Hitze). Anhand dieser Informationen können nun konkrete Misuse Cases mit den potenziellen Angriffspunkten im System identifiziert und geeignete Gegenmaßnahmen entwickelt werden. Die Gegenmaßnahmen führen zu weiteren Anforderungen, die in den Requirements-Engineering-Prozess einfließen.

Im Beispiel in ▶ Abbildung 5.6 wurde für ein beliebiges Onlineshopping-System der Use Case *Online mit Kreditkarte zahlen* identifiziert (Fall a). Ein möglicher Misuse Case wäre, dass die Kreditkarte geklaut wurde und jemand versucht, online damit zu bezahlen. Eine mögliche Gegenmaßnahme, die heute bereits von vielen Onlineshops verwendet wird, ist die Nutzung des 3-D-Secure-Protokolls zur Autorisierung der Kartentransaktion durch die ausgebende Bank (Fall b). Erkennbar ist diese Sicherheitsmaßnahme beispielsweise, wenn man im Rahmen des Zahlvorgangs auf eine Seite zur Verifizierung seiner Kreditkarte bei der Bank weitergeleitet wird (z.B. Verified by Visa, MasterCard SecureCode). Die in der Grafik verwendete Notation ist eine einfache Erweiterung der UML-Use-Case-Diagramme, ursprünglich vorgeschlagen in (Alexander).

Misuse Cases werden gemeinsam mit Use Cases erhoben. Es ist jedoch nicht notwendig und teilweise auch nicht sinnvoll den Missbrauch vollständig zu spezifizieren (im Beispiel wäre dies die etwas unsinnige Spezifikation der Verwendung einer gestohlenen Kreditkarte, um einen Kauf im Onlineshop zu tätigen). Wichtig ist jedoch, dass alle durch die Analyse der Misuse Cases identifizierten Sicherheitsänderungen an bestehenden Use Cases und alle neu hinzugekommenen Anforderungen vollständig beschrieben werden, wie im Beispiel *Karte online bei Bank verifizieren.*

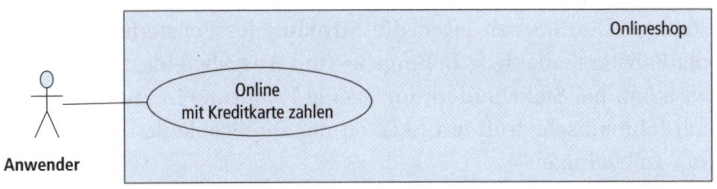

Fall a) Originaler Use Case für Onlineshop

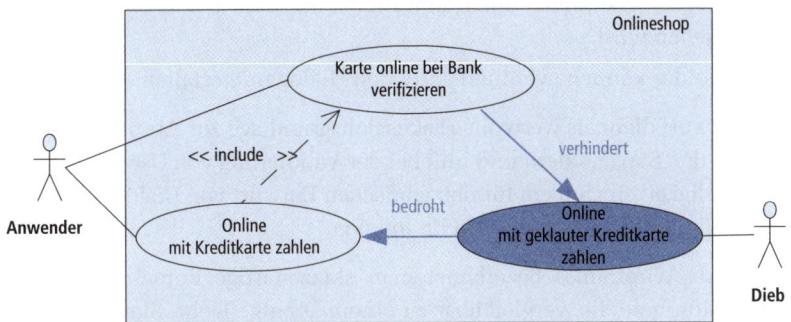

Fall b) Use Case erweitert um Missbrauchsszenario und daraus abgeleiteter Gegenmaßnahme

Abbildung 5.6: Beispiel Misuse Case für Kauf mit geklauter Kreditkarte.

5.2 Dialogspezifikation

Viele Software-Systeme bieten eine grafische Benutzerschnittstelle (*Graphical User Interface*), über die menschliche Akteure die Dienste des Systems nutzen. Die Schnittstelle wird auch als Dialog bezeichnet. Der Begriff Dialog stammt aus dem Griechischen und bedeutet dort „Wechselrede" oder „Gespräch".

Übertragen stehen Anwender und Software-System über diese Schnittstelle in einem „Dialog": sie kommunizieren miteinander. Zur Benutzerschnittstelle gehören zum einen statische Aspekte – die Dialogfenster (Masken) mit ihren Eingabefeldern und Ausgabebereichen – und dynamische Aspekt – die Dialogsteuerung. Die Anwender geben über die einzelnen Dialogfenster ihre Daten ein, das System zeigt auf den Dialogfenstern das Ergebnis an. Die Dialogsteuerung kontrolliert die Reihenfolge, in der die Anwender die Dialogfenster verwenden.

5.2.1 Dialogentwurf

Dialogentwürfe helfen ein gemeinsames Verständnis für die Benutzerschnittstelle des Systems zu entwickeln. Das Design des Dialogs steht daher in der Anforderungsphase im Vordergrund. Zum Design gehören der Aufbau des Dialogs aus den verschiedenen Dialogfenstern, der Entwurf der einzelnen Dialogfenster und der Entwurf der Navigation zwischen den Fenstern.

Der Aufbau der einzelnen Dialogfenster (Masken) wird mithilfe von skizzenhaften Entwürfen festgelegt. Die Skizzen legen die Struktur des Fensterbereichs sowie Art und Position der Fensterelemente (z.B. Eingabe- und Ausgabefelder, Button, Auswahlboxen) fest. Vor allem bei Stakeholdern mit wenig Erfahrung in Entwicklungsprojekten kann es sich lohnen, sehr früh mit Skizzen der Dialogabläufe und Entwürfen für die Dialogfenster zu beginnen:

- Die Dialogfenster machen die Software konkret und vermeiden Missverständnisse.
- Die Stakeholder bekommen einen unmittelbaren Eindruck davon, wie das System später aussehen wird.
- Die Stakeholder können eventuell aktiv den Dialog mitgestalten.

Der Dialogentwurf dient als wertvolle Diskussionsgrundlage zur Abstimmung der Anforderungen mit den Stakeholdern und hilft bei der Validierung von Use Cases hinsichtlich ihrer Vollständigkeit. Techniken für den grafischen Entwurf von Dialogfenstern sind beispielsweise Wireframes, Mockups und Prototypen.

Wireframes: Als Wireframes bezeichnet man skizzenartige Entwürfe für Dialoge in Form eines Gittermodells, vergleichbar zu einem Drahtgeflecht. Sie werden vor allem zur Webentwicklung eingesetzt. Ziel von Wireframes ist die Darstellung des strukturellen Aufbaus einer Seite, welche Elemente enthalten sein müssen und wie sie prinzipiell angeordnet sind.

Mockups: Mockups gehen einen Schritt weiter als Wireframes. Es sind einfache Modelle der Dialogfenster, jedoch noch ohne Funktionalität. Im Gegensatz zu Wireframes definieren Mockups neben der Struktur der Seiten auch gestalterische Elemente wie Farben, Bilder oder Grafiken. Im Sprachgebrauch werden Mockups und Wireframes nicht immer eindeutig unterschieden.

GUI-Prototypen: GUI-Prototypen bieten neben Design und Struktur bereits erste Funktionalität. Der Dialog reagiert auf Eingaben. Fenster werden mit Daten gefüllt. Ereignisse wie Mausklicks werden empfangen und sichtbar für den Anwender verarbeitet. Daten und Funktionalität sind jedoch fest einprogrammiert. Damit die Stakeholder eine klare Vorstellung von der Funktion eines Dialogfensters bekommen, sollten im Entwurf die Felder mit fachlich plausiblen Daten gefüllt sein.

Praxistipp: Handgezeichnete Entwürfe

Für das Erstellen von Wireframes und Mockups werden gerne Werkzeuge verwendet, welche die Entwürfe wie handgezeichnete Bilder aussehen lassen. Damit erreicht man, dass sich die Diskussion mit den Stakeholdern stärker auf die Inhalte der Dialogfenster konzentriert als auf die Darstellung. Im Internet gibt es eine Reihe solcher Werkzeuge, sowohl quelloffen als auch kostenpflichtig.

Zum Dialogdesign gehört neben dem Entwurf der einzelnen Fenster auch die Klärung, ob bestimmte Entwurfsrichtlinien einzuhalten sind, beispielsweise die Richtlinien zum Corporate Design oder Vorgaben und Einschränkungen hinsichtlich der zu verwendeten Technologien und Sprachen. So wird beispielsweise in manchen Fällen die Verwendung von Javascript für Webanwendungen aus Sicherheitsgründen nicht zugelassen.

5.2.2 Spezifikation der Dialogfenster

Dialogfenster erlauben den Datenaustausch zwischen Anwender und System. Im Rahmen der Dialogspezifikation müssen die Daten, die der Anwender dem System gibt, sowie die Daten, die das System dem Anwender als Ergebnis zurückschickt, exakt spezifiziert werden.

Zu jedem Dialogfenster werden mindestens die Informationen aus ▶ Tabelle 5.2 angegeben. Eingabefelder, die gleichzeitig als Ausgabefelder dienen, sollten bei unterschiedlichen Inhalten doppelt spezifiziert werden.

Element	Beschreibung
Identifikator	Projektweit eindeutige ID des Dialogfensters.
Name	Projektweit eindeutiger Name des Dialogfensters.
Beschreibung	Kurze Beschreibung, was mit dem Dialogfenster getan werden soll.
Use Cases	Referenz auf unterstützte Use Cases.
Eingabefelder	Zu jedem Eingabefeld im Dialogfenster der erwartete Datentyp und der gültige Wertebereich.
Ausgabefelder	Zu jedem Ausgabefeld im Dialogfenster der erwartete Datentyp und der gültige Wertebereich.
Aktionselemente	Zu jedem Aktionselement eine Beschreibung und die erwartete Reaktion.
Fehlermeldungen	Meldungen im Fehlerfall und sonstige Reaktionen des Systems.

Tabelle 5.2: Elemente einer Dialogspezifikation.

Zusätzlich kann es notwendig sein, Informationen zu semantischen Abhängigkeiten der Daten über Feldgrenzen hinweg zu spezifizieren. Typisches Beispiel ist ein Kalendersystem, das bei der Eingabe eines neuen Termins prüfen muss, dass der Endzeitpunkt nicht vor dem Startzeitpunkt liegt. Semantische Abhängigkeiten erlauben zudem die kontextabhängige Anzeige bestimmter Informationen. Auf der Webseite einer Fluggesellschaft kann beispielsweise abhängig von der Wahl des Ausgangsflughafens eine kontextabhängige Liste der von diesem Flughafen angeflogenen Zielflughäfen berechnet und angezeigt werden.

Im Folgenden wird die Struktur einer Dialogspezifikation am Beispiel eines einfachen Login-Dialogs (▶ Abbildung 5.7) gezeigt, wie er in vielen Anwendungen vorkommt. Um ein bestimmtes System zu nutzen, muss sich der Anwender mit einem *Benutzernamen* und einem *Passwort* authentifizieren. Falls er sein Passwort vergessen hat, kann er es über den Link *Passwort vergessen* anfordern. Hat ein Anwender noch keine Kennung, kann er sich über den Link *Registrieren* auf einem weiteren Dialogfenstern registrieren. Mit dem Button *Login* wird die Eingabe geprüft. Bei falschen Eingabewerten wird der Anmeldevorgang abgebrochen und dem Anwender wird eine entsprechende Fehlermeldung angezeigt. Im Erfolgsfall wird der Anwender auf den Folgedialog weitergeleitet.

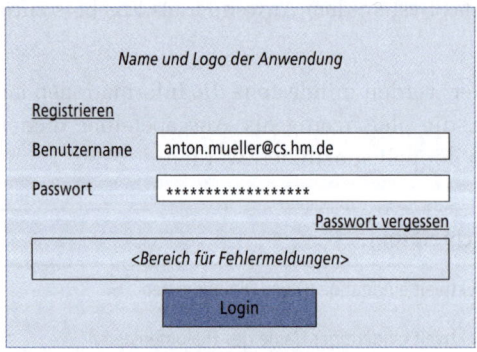

Abbildung 5.7: Beispiel für den Entwurf eines einfachen Dialogfensters zum Login.

Das Dialogfenster in Abbildung 5.7 ist mit zwei Eingabefeldern, einem Button und zwei Links relativ einfach aufgebaut. Dennoch gibt es eine Reihe von Aspekten, die bedacht werden müssen, wie beispielsweise das Format für gültige Eingaben oder die Art von Fehlermeldungen, die auftreten können.

▶ Abbildung 5.8 zeigt die Spezifikation zum Login-Dialog. In der Spezifikation werden bereits einige Anforderungen an die Eingaben definiert. So sind ausschließlich E-Mail-Adressen als Benutzernamen gültig. Das Passwort muss ein bestimmtes Format haben. Bei den Fehlermeldungen wird bewusst nicht zwischen falschem Passwort und falschem Kennwort unterschieden, um es potenziellen Hackern nicht zu leicht zu machen.

Identifikator	M_01
Name	Login-Fenster
Beschreibung	Dialogfenster zur Anmeldung am System. Die Login-Daten dienen zur Authentifizierung des Anwenders. Das System entscheidet anhand der Login-Daten, ob der Anwender der berechtigte Inhaber der von ihm behaupteten Identität ist.
Referenz zu Use Cases	UC_xy „Am System anmelden"

Eingabefelder	Name	Typ	Wertebereich
	Kennwort	Text	gültiges E-Mail-Format
	Passwort	Text	mind. 8 Zeichen, davon mind. eine Ziffer

Ausgabefelder	keine

Aktionselemente	Name	Typ	Aktion
	„Login"	Button	Prüfung der Anmeldedaten. Bei Erfolg Weiterleitung zur Einstiegsseite.
	„Passwort vergessen"	Link	Weiterleiten zur Seite Passwortanforderung
	„Registrieren"	Link	Weiterleiten zur Seite Registrierung.

Fehlermeldungen	Ursache	Fehlermeldung
	Kennwort falsch	Die Anmeldedaten sind nicht korrekt.
	Passwort falsch	Die Anmeldedaten sind nicht korrekt.
	System nicht verfügbar	Das System ist zurzeit leider nicht verfügbar. Bitte versuchen Sie es zu einem späteren Zeitpunkt.

Abbildung 5.8: Spezifikation des Dialogfensters aus Abbildung 5.7.

5.2.3   Spezifikation der Dialogsteuerung (Dialoglandkarte)

Die Dialogsteuerung kontrolliert die Navigation des Anwenders im Dialog, also die Wechsel zwischen den Dialogfenstern. Bei einer stringenten Dialogsteuerung, wie etwa bei einem Wizard oder bei formularbasierten Dialogen (z.B. Flugbuchung), bleiben dem Anwender wenige Entscheidungsmöglichkeiten. Er muss genau dem vorgegebenen Ablauf folgen. Eine flexible Dialogsteuerung erlaubt dem Anwender dagegen mehr Freiheitsgrade bei der Wahl des nächsten Ablaufschritts. Flexible Dialogsteuerungen sind naturgemäß komplexer umzusetzen, für den Anwender sind sie jedoch komfortabler.

Eine geeignete Methodik zur Spezifikation der Dialogsteuerung ist die Verwendung von Zustandsdiagrammen (vgl. Kapitel 6 „Anforderungsmodellierung"). Die Zustände im Diagramm repräsentieren die Dialogfenster in einem bestimmten Zustand. Ereignisse, die der Anwender an der Oberfläche auslöst – beispielsweise durch einen Button-Klick –, können den Wechsel von einem Dialogfenster zum nächsten auslösen.

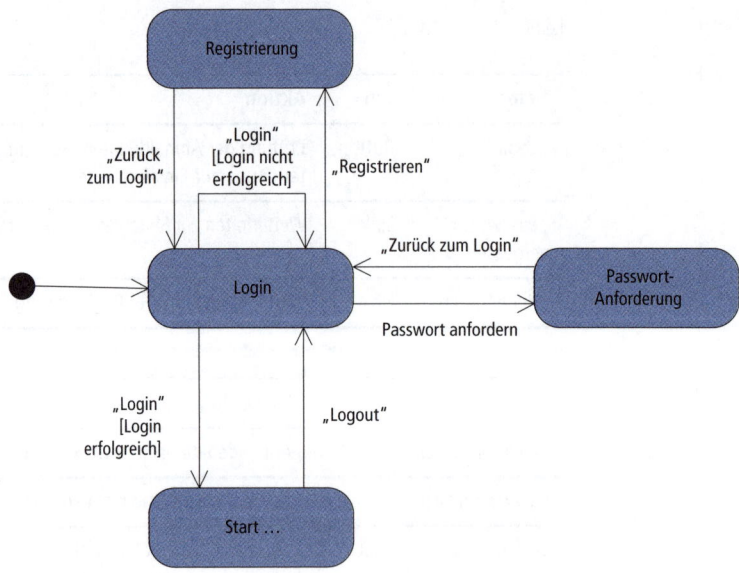

Abbildung 5.9: Fragment einer Dialogsteuerung für das Login-Fenster aus Abbildung 5.7.

▶ Abbildung 5.9 zeigt beispielhaft den Ausschnitt eines Zustandsdiagramms für den Login zu einer hier nicht weiter vorgegebenen Anwendung. Der Anwender muss sich anmelden, wenn er die Anwendung nutzen möchte. Falls er sich noch nicht registriert hat, muss er sich über den Registrierungsdialog registrieren. Die Registrierung ist ein eigenständiger Prozess, der unabhängig von der Anmeldung spezifiziert wird. Als Ergebnis der Registrierung erhält der Anwender einen Benutzernamen und ein Passwort. Damit kann er wieder zum Login-Dialog wechseln und sich anmelden. Bei erfolgreicher Anmeldung wird er zum Startdialog der Anwendung weitergeleitet. Bei nicht erfolgreicher Anmeldung bleibt er auf dem Login-Dialog. Eine entsprechende Fehlermeldung wird angezeigt. Die Anzahl erlaubter Anmeldeversuche ist hier nicht beschränkt.

Bei komplexen Dialogen können Zustandsdiagramme zur Darstellung der Dialogsteuerung schnell unübersichtlich werden. In diesem Fall bietet sich die Verwendung einer Tabelle an.

Ausgangsdialog	Zieldialog	Auslösendes Ereignis	Bedingung
Login	Passwortanforderung	Passwort vergessen	
Passwortanforderung	Login	zurück zu Login	
Login	Registrierung	Registrieren	
Registrierung	Login	zurück zu Login	
Login	Login	Login	Login nicht erfolgreich
Login	Start....	Login	Login erfolgreich
Start.....	Login	Logout	
...	...	...	...

Tabelle 5.3: Tabellarische Darstellung der Dialogsteuerung in Abbildung 5.9.

Die Zustände in der Dialogsteuerung repräsentieren die einzelnen Fenster im Dialog. Die Dialogfenster können sich jedoch selbst wieder in unterschiedlichen Zuständen befinden und abhängig davon reagieren. Viele Dialoge erwarten eine vollständige Eingabe der Daten, bevor der Anwender einen Button zur Verarbeitung der Daten aktivieren kann. Solange nicht alle Pflichtfelder mit Daten im korrekten Format gefüllt sind, wird der entsprechende Button ausgegraut und ist inaktiv. Solche internen Zustände von Dialogfenstern werden als eigene Zustände im Diagramm oder in der Tabelle dargestellt. Zusätzlich müssen in der Spezifikation die aktivierten und deaktivierten Fensterelemente angegeben werden.

Praxistipp: Entwurf der Dialogsteuerung

Hat man bereits einen ersten Entwurf der Dialogfenster, so lässt sich die Dialogsteuerung gut in der Gruppe entwerfen. Die Entwürfe der Fenster werden auf je einem Blatt ausgedruckt. Das erste Dialogfenster wird an die Pinnwand geheftet. Die nun durchzuführende Aktion des Nutzers wird kurz erläutert und diskutiert. Dann wird das Nachfolgefenster an die Pinnwand geheftet. Die beiden Blätter werden mit einem beschrifteten Pfeil verbunden. So entsteht nach und nach eine informelle Übersicht über die Navigation durch den Dialog des Systems. Diese Technik kann gut in kleinen Arbeitsgruppen durchgeführt werden. Die Stakeholder können auf diese Weise aktiv den Dialog mitgestalten.

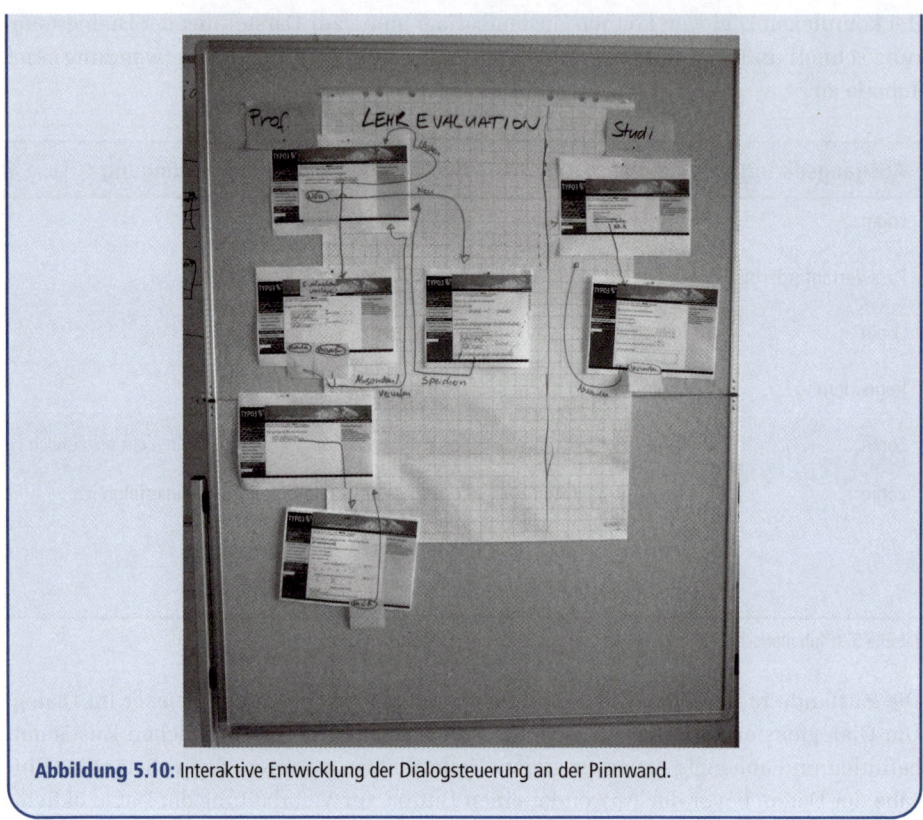

Abbildung 5.10: Interaktive Entwicklung der Dialogsteuerung an der Pinnwand.

5.3   Schnittstellenspezifikation

Dialoge erlauben menschlichen Anwendern mit dem System zu interagieren. Bei Systemen als Kommunikationspartner benötigt man eine andere Art der Schnittstelle und damit der Schnittstellenspezifikation. Die Kommunikation mit Fremdsystemen kann im Gegensatz zur Interaktion mit Personen von beiden Seiten aus getriggert werden. Entweder das System selbst möchte die Funktionalität eines anderen Systems nutzen oder das Fremdsystem ist auf Funktionalität des Systems selbst angewiesen. Die Spezifikation für beide Arten von Schnittstellen ist identisch, lediglich der Blickwinkel ändert sich, je nachdem, welches System die Funktionalität nutzen möchte.

Jede Schnittstelle, über die das System mit seiner Umgebung interagiert, muss explizit spezifiziert werden. Zur Spezifikation eignet sich eine einfache tabellarische Darstellung mit den relevanten Daten. Zu jeder Schnittstelle sind mindestens folgende Information nötig:

Allgemeine Metadaten: Dazu zählen eine eindeutige ID, ein Name und eine kurze Beschreibung, in welchem Zusammenhang die Schnittstelle genutzt werden soll. Diese Daten helfen, die Schnittstelle jederzeit im Projekt zu identifizieren und in Bezug zu anderen Anforderungen zu setzen.

Art der Schnittstelle: Handelt es sich um einen Dienst des Systems? Wie wird dieser Dienst aufgerufen? Wie sieht bei existierenden Systemen die technische Infrastruktur an der Schnittstelle aus? Welche Middleware wird genutzt? Über welche Technologie/ Sprache wird die Schnittstelle genutzt? Wie wird die Schnittstelle im Netz identifiziert?

Verantwortlicher: Wer ist auf Seiten des Fremdsystems verantwortlich für die Schnittstelle? Diese Angabe ist notwendig zur Abstimmung der Schnittstellenspezifikation. Häufig zieht die Entwicklung eines Systems Änderungen an den Schnittstellen der Nachbarsysteme nach sich. Zu klären ist beispielsweise: Was kann das Fremdsystem leisten? Welche Änderungen müssen gegebenenfalls durchgeführt werden? Wer ist für die Durchführung der Änderungen verantwortlich? Wer übernimmt die Kosten?

Datenstrukturen an der Schnittstelle: Welche Art von Daten mit welchen Datentypen wird an der Schnittstelle übertragen? Welche Beziehungen zwischen den Daten müssen berücksichtigt werden? Welches Format müssen die Daten unterstützen. Wichtig ist in diesem Zusammenhang die Klärung, welches der beteiligten Systeme für die Prüfung der Korrektheit der Daten verantwortlich ist und wie im Fehlerfall reagiert werden soll.

Kommunikation an der Schnittstelle: Wie sieht der Ablauf zur Kommunikation an der Schnittstelle aus? Aus welchen Teilschritten ist der Ablauf aufgebaut? Welche Daten werden mit jedem Ablaufschritt mitgeschickt? Welche Vor- und Nachbedingungen müssen gelten? Zur Spezifikation der Kommunikation eignet sich beispielsweise das Spezifikationsschema für Use Cases.

Mengengerüst und Nutzungsprofil: Wie groß sind die Datenmengen, die bei Abfragen übertragen werden, und wie häufig finden diese Abfragen statt? Die Antwort auf diese Fragen liefert einen ersten Hinweis auf die Wichtigkeit der Schnittstelle. Wird der Dienst eines Nachbarsystems sehr häufig genutzt – beispielsweise bei jeder Transaktion –, dann müssen zusätzlich Aspekte wie Verfügbarkeit und Performanz des Nachbarsystems bei der Spezifikation berücksichtigt werden.

Transaktionsverhalten und Fehlerbehandlung: Vor allem in datenzentrierten Systemen muss sichergestellt sein, dass auch über Systemgrenzen hinweg Transaktionen unterstützt werden, bzw. es muss geklärt werden, wie im Fall eines Fehlers mit einer offenen Transaktion verfahren werden soll.

Die Schnittstellenspezifikation und das Aushandeln der Schnittstellenverträge mit den Verantwortlichen der Nachbarsysteme sollte möglichst früh im Projekt durchgeführt werden. Falls der Vertrag Änderungen an einem der Nachbarsysteme erforderlich macht, muss geklärt werden, bis wann die Änderungen zur Verfügung stehen und wer für die Kosten aufkommt. Steht bei der Abnahme eines Systems die Schnittstelle zu einem Nachbarsystem nicht zur Verfügung, kann dies bedeuten, dass das System nicht verwendet werden kann.

5.4   Spezifikation von Regeln

Viele Software-Systeme müssen in der Lage sein, Berechnungen nach bestimmten Regeln vorzunehmen. Eine Regel ist eine Vorschrift, die bei einer bestimmten Kombination von Bedingungen anzuwenden ist. Solche Regeln sind beispielsweise üblich, wenn es um die Berechnung von Versicherungsbeiträgen abhängig von bestimmten Vorbedingungen geht. Beispiele sind etwa Geschlecht und Alter zur Berechnung des Beitrags einer Kfz-Versicherung oder Alter, Geschlecht und Vorerkrankungen zur Berechnung des Krankenversicherungsbeitrags.

Regeln, die durch eine einzelne Bedingung festgelegt sind, lassen sich noch relativ gut textuell beschreiben. Ein Beispiel ist der Verkauf von Zigaretten. Hier gilt die Regel:

Regel: Nur wer 18 oder darüber ist, darf Zigaretten kaufen.

Die Bedingung, mit der die Erfüllung der Regel geprüft werden kann, ist in diesem Fall das Alter des Käufers.

Anders sieht dies aus, wenn mehrere Bedingungen in Kombination geprüft werden müssen. Die folgenden Regeln könnten beispielsweise für die Berechnung des Eintrittspreises in einem Kino gelten:

Regel1: Kinder und Jugendliche bis 18 Jahre zahlen 7 Euro Eintritt.

Regel2: Erwachsene zahlen 9 Euro Eintritt.

Regel3: Bei Filmen mit Überlänge zahlen Erwachsene einen Aufschlag von 3 Euro. Für Kinder und Jugendliche bleibt der Preis gleich.

Regel 4: Bei 3-D-Filmen muss generell eine Brille für 2 Euro zugekauft werden.

Die relevanten Bedingungen sind in diesem Fall das *Alter* des Kinobesuchers und die *Länge* des Films. Eine textuelle Beschreibung solcher Regeln ist möglich, wird jedoch mit wachsender Zahl an Bedingungen fehleranfällig. Nicht immer kann vollständig überblickt werden, ob wirklich alle Fälle abgedeckt wurden.

Eine Technik zur Spezifikation von Regelwerken sind Entscheidungstabellen. Eine Entscheidungstabelle besteht aus zwei Bereichen, einem Bereich zur Definition der Bedingungen und einem Bereich für die resultierenden Aktionen. ▶ Abbildung 5.11 zeigt beispielhaft die Entscheidungstabelle zur Berechnung des Kinopreises nach den oben spezifizierten Regeln.

Bedingungen	Regeln							
Alter	< 18 Jahre				>= 18 Jahre			
Länge	Überlänge		Normal		Überlänge		Normal	
3-D	Ja	Nein	Ja	Nein	Ja	Nein	Ja	Nein
Aktionen								
Preis in Euro	9	7	9	7	14	12	11	9

Abbildung 5.11: Entscheidungstabelle zur Berechnung der Kinopreise.

Eine Entscheidungstabelle wird als **vollständig** bezeichnet, wenn alle möglichen Kombinationen an Bedingungen berücksichtigt werden. Bei n Bedingungen sind dies 2^n Kombinationen. Im obigen Beispiel ergeben sich demnach:

3 Bedingungen => 2^3 = 8 Kombinationen

Die Anzahl der Kombinationen entspricht der Anzahl der Spalten in der Tabelle. Gleiche Werte zu einer Bedingung können zusammengefasst werden, wie im Beispiel die Werte zur Bedingung *Alter*. Dies hilft, die Tabelle übersichtlicher zu gestalten. Eine Bedingung darf jedoch niemals weniger Spalten aufweisen als die Bedingung in ihrer darüberliegenden Zeile.

Gelesen wird die Tabelle von oben nach unten. So zahlt ein Kinobesucher, der jünger als 18 Jahre ist und einen Film mit Überlänge besuchen möchte, 7 Euro Eintritt. Ein Kinobesucher, der 18 oder älter ist und einen Film von normaler Länge ansehen möchte, zahlt 9 Euro.

Entscheidungstabellen eigenen sich zur Spezifikation von Regelwerken, aber vor allem auch zum Test ihrer Realisierung. Jede Kombination von Bedingungen muss im final entwickelten System über einen entsprechenden Testfall nachgewiesen werden.

Übungen

Übung 1 Spezifikation eines Use Case

Spezifizieren Sie den zugehörigen Use Case zum Login-Dialog in Abbildung 5.7. Entwerfen Sie die Spezifikationsstruktur und arbeiten sie den Use Case vollständig aus. Beschreiben Sie insbesondere den Standardablauf für einen Login sowie alle möglichen Extensions.

Lösungen

Übung 2 Use-Case-Diagramm

Entwerfen Sie in der Gruppe ein Use-Case-Diagramm für ein beliebiges elektronisches Gerät aus ihrem täglichen Umfeld, beispielsweise eine Kamera, einen Fernseher oder einen DVD-Player. Diskutieren Sie gemeinsam das Ergebnis. Achten Sie darauf, dass Sie an alle Akteure denken und die Menge der Use Cases möglichst vollständig ist.

Lösungen

Übung 3 Misuse Case

Sie sind Kurator des Ägyptischen Museums in Berlin. Ihre Aufgabe ist es, die Büste der Nofretete den Besuchern des Museums zugänglich zu machen. Die Büste soll in einem eigens dafür eingerichteten Raum ausgestellt werden. Sie sollen die Anforderungen an die Einrichtung des Raums finden, die sicherstellen, dass der Büste nichts geschieht.

Überlegen Sie, ausgehend von dem Use Case „Ausstellen der Nofretete", mögliche Misuse Cases und entwerfen Sie Gegenmaßnahmen. Überlegen Sie, wie der Raum und die Einrichtung beschaffen sein muss, um die Büste bestmöglich gegen jeglichen Missbrauch oder Schaden zu schützen.

Übung 4 Dialogspezifikation

Erstellen Sie eine vollständige Dialogspezifikation für einen beliebigen Dialog Ihrer Wahl. Achten Sie darauf, dass möglichst unterschiedliche Eingabe- und Ausgabefelder sowie Aktionselemente vorhanden sind.

Lösungen

Übung 5 Dialogsteuerung

Entwerfen Sie eine vollständige Dialogsteuerung für einen Automaten zur Flaschenrückgabe. Modellieren Sie die Dialogfenster als Zustände und die Navigation als Transitionen. Achten Sie darauf, die relevanten Informationen zu auslösendem Event, Guard und Aktion bei den Transitionen anzugeben.

Lösungen

Übung 6 Spezifikation von Regeln

Die Sparkasse Lichterwald legt folgende Regeln zur Kreditvergabe fest:

- Regel 1: Falls ein Antragsteller noch keinen Kredit bei der Bank hat und ein festes Einkommen nachweisen kann, wird dem Kreditantrag stattgegeben.

- Regel 2: Falls der Antragsteller eines oder beide der oben genannten Kriterien nicht erfüllt, jedoch in den letzten zwölf Monaten sein Konto nicht überzogen hat, benötigt er einen Bürgen. Dem Antrag wird vorerst nicht stattgegeben.

- Regel 3: Bei Kreditanfragen von über 20000 Euro muss der Kreditantrag zusätzlich dem Filialleiter der Bank vorgelegt werden. Dem Antrag wird vorerst nicht stattgegeben.

Spezifizieren Sie eine entsprechende Entscheidungstabelle.

Anforderungsmodellierung

Einführung 188

6.1 Grundlagen der Modellierung 189

    6.1.1   Modelle und Sichten 190

    6.1.2   Sprachen und Notationen...................... 192

    6.1.3   Modellbildung................................ 196

6.2 Modellierungstechniken 197

    6.2.1   Objektorientierte Modellierungstechniken 197

    6.2.2   Weitere Modellierungstechniken 214

6.3 Entwicklung des Anforderungsmodells 223

6.4 Modellbasierte Entwicklung 225

6

ÜBERBLICK

Einführung

》 Modelle sind ein bewährtes Mittel, um komplexe Sachverhalte übersichtlich darzustellen. Im Entwicklungsprozess werden sie an vielen Stellen eingesetzt, insbesondere auch im Requirements-Engineering-Prozess. Dabei ist die Modellierung nicht als eigenständige Aktivität am Ende des Prozesses zu sehen, sondern sie begleitet alle Phasen, von der Ermittlung bis zur Spezifikation der Anforderungen.

In den Phasen der Anforderungsermittlung und -dokumentation helfen Modelle den Problemraum zu analysieren und strukturiert aufzubereiten. Verwendet werden in der Regel einfache grafische Notationen, die möglichst von allen Stakeholdern verstanden werden. Die Modelle helfen, die ermittelten Anforderungen auf ihre Vollständigkeit und Konsistenz hin zu prüfen, sowie Unklarheiten oder Widersprüche zeitnah aufzuklären.

Mit der Spezifikation beginnt die Entwicklung des Lösungsraums. Die Modelle, die jetzt erstellt werden, geben den Rahmen für mögliche Lösungssysteme vor. Die verwendeten Notationen sind teilweise die gleichen, wie sie zur Modellierung des Problemraums verwendet werden, jedoch ist der Anspruch der Vollständigkeit und Exaktheit hier höher.

Bei einer durchgängigen Verwendung von Modellen im Entwicklungsprozess spricht man von modellbasierter Entwicklung. Von den Anforderungen über den Systementwurf bis hin zu Code und Testfällen wird mit Modellen gearbeitet. Der Grad, zu dem bestimmte Schritte automatisiert werden können, wie beispielsweise die Modellanalyse, die Verifikation oder die Modelltransformation, hängt von den verwendeten Modellierungssprachen ab. Ziel ist es, durch die Verwendung von Modellen und automatisierter Modelltransformation den Verlust von wichtigen Informationen im Entwicklungsprozess zu minimieren.

Dieses Kapitel beschäftigt sich mit den verschiedenen Aspekten der Anforderungsmodellierung. Nach einer allgemeinen Einführung in die Grundlagen der Modellbildung werden im Weiteren verschiedene Modellierungstechniken vorgestellt, die im Anforderungsprozess weitverbreitet sind. Viele der vorgestellten Techniken stammen aus der objektorientierten Analyse (OOA) oder der strukturierten Analyse (SA), zwei in die Jahre gekommenen Modellierungsansätzen, die in ihrer Reinform nur noch selten verwendet werden. Viele ihrer Notationen haben sich jedoch als hilfreich 《 erwiesen und werden bis heute eingesetzt.

Lernziele

- Sie kennen die Begriffe Modell, Sicht und Perspektive und können sie im Zusammenhang einordnen.

- Sie kennen den Unterschied zwischen formalen, semiformalen und informellen Notationen und wissen, wann und wie sie eingesetzt werden.

- Sie kennen verschiedene Notationen zur Modellierung von statischen und dynamischen Sachverhalten der Anwendungsdomäne.

- Sie können die vorgestellten Notationen geeignet einsetzen, um das Anforderungsmodell zu entwickeln.

- Sie kennen den Begriff des Model Driven Development und können die Modelltypen CIM, PIM und PSM einordnen.

6.1 Grundlagen der Modellierung

Ziel der Modellierung ist die Entwicklung eines Abbilds (eines Modells) eines beliebigen Originals. Mithilfe des Modells können bestimmte strukturelle und dynamische Eigenschaften des Originals nachgebildet, analysiert oder simuliert werden. Im Entwicklungsprozess werden Modelle an vielen Stellen eingesetzt. Dies hängt nicht zuletzt damit zusammen, dass die entwickelte Software selbst nichts anderes ist als ein Modell – das ausführbare Modell eines Ausschnitts der Realität.

Modellbildung ist eine wesentliche Aufgabe im Requirements-Engineering-Prozess. Bevor jedoch Modellierungstechniken und Notationen im Detail besprochen werden, ist es notwendig ein paar Grundbegriffe der Modellierung einzuführen.

6.1.1 Modelle und Sichten

> ## Definition: Modell und Sicht
>
> Ein Modell ist eine Abstraktion eines beliebigen Originals. Es beschreibt die für den Einsatzzweck des Modells relevanten Aspekte des Originals. Eine Sicht ist ein Modell, welches das Original aus einer bestimmten Perspektive heraus beschreibt.

Ein Modell beschreibt einen konkreten oder gedachten Gegenstand bzw. einen bestimmten Sachverhalt aus der Realität. Bei der Beschreibung konzentriert sich das Modell auf bestimmte Aspekte seines Originals, beispielsweise die Form, das Verhalten oder bestimmte Eigenschaften. Als Original eines Modells kann jedes beliebige Konzept dienen:

- physische Objekte, wie beispielsweise ein Auto, ein Buch, ein Paket, eine Hardware-Komponente,
- virtuelle Objekte, wie beispielsweise ein Konto, eine Reisebuchung oder eine Software-Komponente,
- Personen oder Rollen, wie beispielsweise ein Kunde, ein Mitarbeiter oder ein Sachbearbeiter,
- Prozesse, wie beispielsweise „Geld abheben", „Gebrauchtwagen kaufen" oder „Entwicklungsprojekt durchführen".

Welche Aspekte in einem Modell dargestellt werden, hängt von seiner Zielsetzung ab. Aspekte, die aus Sicht des Originals zwar durchaus relevant sind, für den Einsatzzweck des Modells jedoch keine Rolle spielen, werden ignoriert. So beschreibt beispielsweise ein Grundriss das zweidimensionale Modell einer Wohnung mit der Aufteilung in Zimmer sowie Lage und Öffnungsrichtung der Türen. Aufgabe des Grundrisses ist dagegen nicht die Beschreibung des Fußbodenbelags, die Höhe der Fenster oder die Verteilung der Steckdosen.

Komplexe Modelle, die sehr viele Informationen beinhalten, können in Sichten unterteilt werden. Eine Sicht ist ein (Teil-)Modell, welches das Original aus einer bestimmten Perspektive (Blickwinkel) heraus beschreibt. In der Sicht werden nur die Aspekte berücksichtigt, die aus dieser Perspektive heraus relevant sind. So würde beispielsweise ein elektrischer Schaltplan eine weitere Sicht auf die Wohnung bieten, diesmal mit Verteilung der Steckdosen.

Alle Sichten zu einem Original bilden gemeinsam das Modell des Originals. Die Verfeinerung eines Modells zu Sichten ist immer dann sinnvoll, wenn es sich um komplexe Originale und/oder viele sehr unterschiedliche darzustellende Aspekte handelt, die sich nicht mehr übersichtlich in einem einzelnen Modell darstellen lassen.

Beispiel 6.1 ## U-Bahnnetzplan

U-Bahnnetzpläne sind Modelle des U-Bahnnetzes einer Stadt. Ein Netzplan, wie in
▶ Abbildung 6.1 dargestellt, beschreibt, welche U-Bahnlinien mit welchen Haltestellen es gibt, in welcher Reihenfolge die Haltestellen von welcher Linie abgefah-
ren werden und an welchen Stellen sich verschiedene Linien treffen.

Die korrekte Positionierung der Haltestellen innerhalb der Stadt spielt in den Plänen dagegen eine untergeordnete Rolle. Auch sind die Abstände zwischen den
Haltestellen häufig zu Gunsten einer besseren Lesbarkeit verzerrt. Für Passagiere,
die sich in der U-Bahn befinden, sind diese Informationen tatsächlich irrelevant.

Ergänzend zu den Netzplänen, findet man in den U-Bahnhöfen weitere Pläne, wie
beispielsweise den Umgebungsplan, der den Passagieren einen Überblick über die
unmittelbare Umgebung der U-Bahnstation gibt. Für Passagiere, die zusätzlich wissen möchten, wie die U-Bahnlinien real innerhalb der Stadt verlaufen und wo im
Stadtplan eine U-Bahnhaltestelle exakt positioniert ist, hängen in den Bahnhöfen
zusätzlich Stadtpläne mit den eingezeichneten Bahnhöfen und den Linien aus.

Jeder der genannten Pläne beschreibt aus einem bestimmten Blickwinkel heraus
eine Sicht auf das U-Bahnnetz der Stadt. Weitere Sichten sind etwa der Fahrplan
und das Bezahlmodell zur Nutzung der U-Bahn. Hinzu kommen Verhaltensmodelle,
die Auskunft über die aktuelle Position der Züge in den Leitschaltzentralen machen.
Alle Sichten gemeinsam bilden das Modell des U-Bahnnetzes der Stadt.

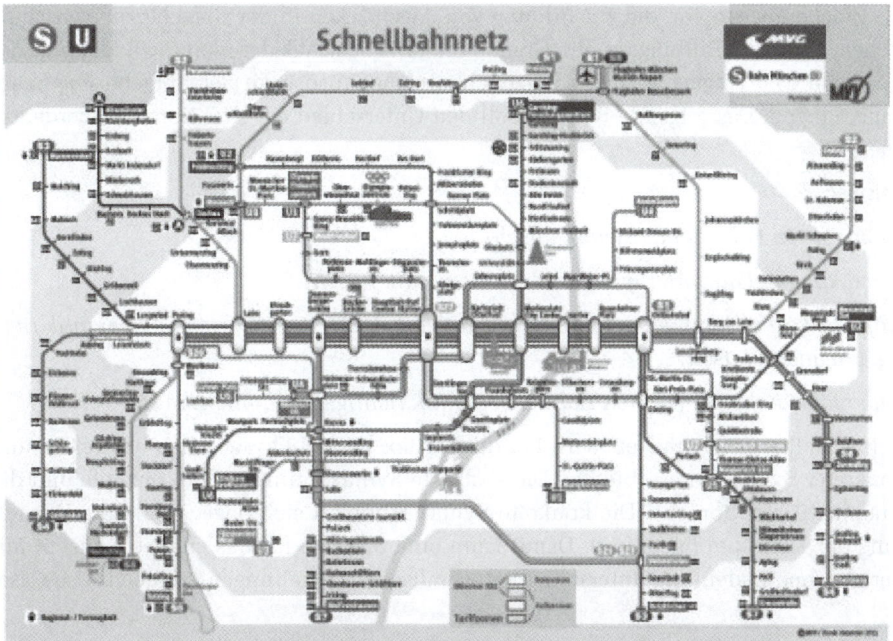

Abbildung 6.1: Münchner Schnellbahnnetzplan (mit freundlicher Genehmigung der MVV GmbH).

6.1.2 Sprachen und Notationen

Sprachen sind die Grundlage der Kommunikation. Eine Sprache erlaubt, dass eine Person zu einer anderen etwas sagt und diese die Bedeutung des Gesagten versteht. Es gibt unterschiedliche Kulturkreise mit unterschiedlichen Sprachen. Wollen zwei Personen, die unterschiedliche Sprachen gelernt haben, sich miteinander unterhalten, brauchen sie einen Vermittler, einen Übersetzer, der beiden Sprachen beherrscht und eine Abbildung herstellen kann. Die meisten Sprachen auf dem Globus haben eine schriftliche Repräsentation, seien es das lateinische, griechische oder kyrillische Alphabet mit den jeweiligen Zeichen und Konstruktionsregeln, seien es japanische oder chinesische Schriftzeichen. Die schriftliche Repräsentation einer Sprache nennt man seine Notation. Notationen definieren die Zeichen – das Alphabet – der Sprache sowie die Konstruktionsregeln für eine korrekte Zusammensetzung der Zeichen.

Der Hauptzweck einer Sprache muss nicht immer sein, dass sie gesprochen wird. So gibt es viele Sprachen mit ausschließlich schriftlicher Repräsentation, wie beispielsweise Programmiersprachen. Mit ihrer Hilfe lassen sich Algorithmen so formal beschreiben, dass ein Computer sie automatisiert ausführen kann. Ein anderes Beispiel sind Modellierungssprachen. Ihr Ziel ist die strukturierte Darstellung und gegebenenfalls Analyse von beliebigen Informationen. Modellierungssprachen können eine textuelle oder grafische Darstellung haben. Sie werden im Rahmen der Modellbildung zur Beschreibung der Teilmodelle bzw. Sichten verwendet. Für jede Sicht wird dabei die geeignete Modellierungssprache gewählt.

Eine Sprache besteht aus drei Teilen:[1] Syntax, Semantik und Pragmatik. Die **Syntax** gibt die Zeichenmenge vor, die zur Bildung von Ausdrücken in der Sprache zur Verfügung stehen, sowie die Bildungsregeln (Grammatik). Die **Semantik** definiert die Bedeutung der Konzepte. Die **Pragmatik** zeigt schließlich, welche Ausdrücke der Sprache überhaupt sinnvoll sind. Das folgende Beispiel soll den Unterschied der drei Konzepte verdeutlichen:

Beispiel:

Anna fahren Fahrräder. (Syntax falsch)

Anna klingelt Fahrrad. (Syntax richtig, Semantik falsch)

Anna bewegt sich mit einem zweirädrigen Vehikel fort. (Syntax richtig, Semantik richtig, Pragmatik falsch)

Anna fährt Fahrrad. (Syntax richtig, Semantik richtig, Pragmatik richtig)

Bei Modellierungssprachen wird bei der Syntax zusätzlich zwischen abstrakter und konkreter Syntax unterschieden. Die abstrakte Syntax definiert die Konzepte und die Grammatik der Sprache. Die konkrete Syntax kümmert sich dagegen um die Darstellung der Konzepte (Notation). Damit kann eine Sprache für das gleiche Konzept mit der gleichen Bedeutung unterschiedliche grafische Darstellungen erlauben. Use-Case-

---

1 Die Unterteilung einer Sprache in Syntax, Semantik und Pragmatik geht auf Charles William Morris und seinen Artikel „Esthetics and the theory of signs" zurück und wird heute generell in den Sprachwissenschaften verwendet.

Diagramme in der UML erlauben beispielsweise die unterschiedliche Darstellung des abstrakten Konzepts „Akteur", einmal als Strichmännchen, wenn es sich um eine Person handelt, und einmal als Rechteck bei Fremdsystemen.

Sprachen unterscheiden sich hinsichtlich ihres Formalisierungsgrads. Der Formalisierungsgrad beschreibt, wie eindeutig die Semantik der Sprache spezifiziert ist. So zeichnet sich eine formale Sprache durch eine formale Semantik aus. Jedes Zeichen der Syntax erhält eine eindeutige, mit mathematischer Präzision festgelegte Bedeutung. Ausdrücke einer Sprache mit formaler Semantik erlauben so die automatisierte Interpretation durch einen Computer. Beispielsweise zählen alle Programmiersprachen zu den formalen Sprachen. Software-Programme sind Algorithmen, formuliert in einer beliebigen Programmiersprache. Das Programm wird mithilfe eines Compilers in maschinenlesbaren Code übersetzt und von einem Interpreter ausgeführt. Das Ergebnis der Programmausführung ist bei gleichen Eingaben und gleichen Vorbedingungen immer identisch, unabhängig davon, wie oft es ausgeführt wird. Jede Anweisung im Programm wird vom Interpreter auf eine eindeutige Art und Weise interpretiert. Der Interpreter implementiert die formale Semantik der Programmiersprache.

Während Programmiersprachen generell formal sein müssen, gilt dies nicht unbedingt für Modellierungssprachen. Hier ist die Bandbreite sehr viel größer. Sie reicht von Modellierungssprachen mit formaler Semantik bis hin zu rein informellen Notationen ohne abstrakte Syntax und explizit definierter Semantik.

Informelle Notationen

Typische Beispiele von informellen Notationen sind freie Diagramme oder Grafiken, die ad hoc entwickelt werden, um bestimmte Sachverhalte zu erläutern. Nach dem Prinzip: „Ein Bild sagt mehr als 1000 Worte" werden sie beispielsweise in Diskussionen, etwa an einem Whiteboard, gemeinsam entwickelt oder sie dienen zur Erläuterung von Texten.

Ein Beispiel für eine informelle Notation sind Kasten-und-Pfeil-Diagramme (Boxes-and-Arrows-Diagramme). Die Diagramme folgen keiner speziellen Notation; erlaubt ist alles, was gezeichnet werden kann. Ihre Darstellung ist von dem Ersteller, den Lesern und dem Kontext inspiriert. Die Symbole werden ad hoc erfunden. Ein Verständnis der Darstellung ohne erläuternden Text ist nur schwer möglich, dennoch helfen die Grafiken den Text zu visualisieren und damit besser verständlich zu gestalten.

Informelle Notationen haben den Vorteil, dass sie gut verständlich und einfach anzuwenden sind. Diese Eigenschaft ist vor allem in den frühen Phasen eines Entwicklungsprojekts sehr nützlich, wenn Stakeholder unterschiedlicher Herkunft und mit unterschiedlichem Vorwissen bei der Ermittlung der Anforderungen zusammenarbeiten und später die Spezifikation der ermittelten Anforderungen auf ihre Richtigkeit hin beurteilen müssen. So wird ein Versicherungsfachwirt ein vielleicht unvollständiges, aber aussagekräftiges Kasten-Pfeil-Diagramm, über das er gerade diskutiert hat, leichter verstehen als eine semantisch korrekte und vollständige prädikatenlogische Spezifikation.

Die Schattenseite informeller Notationen ist das Fehlen einer eindeutigen Semantik der dargestellten Elemente. So wie einzelne Sätze in natürlicher Sprache von verschiedenen Personen, je nach persönlichem Hintergrund oder Erfahrungshorizont, unterschiedlich interpretiert werden können, erlauben auch Grafiken mit freien Notationen, besonders wenn sie ad hoc erfunden werden, unterschiedliche Auslegungen. Um hier wenigstens eine gewisse Orientierung zu geben, sollten solche Diagramme immer um Legenden mit einer informellen Erläuterung zu den einzelnen Darstellungselementen ergänzt werden.

Einige informelle Notationen sind inzwischen so verbreitet, dass ihre Darstellung als bekannt vorausgesetzt werden kann. Dies sind beispielsweise die verschiedenen Diagrammtypen der strukturierten Analyse (DeMarco), wie Kontextdiagramm, Datenflussdiagramm und Funktionsbaum, das Ursache-Wirkung-Diagramm (Ishikawa-Diagramm) aus dem Qualitätsmanagement oder die ereignisgesteuerten Prozessketten von Aris. Weitere Beispiele für informelle Notationen im Entwicklungsprozess, finden sich bei Hohpe und Wolff (Hohpe und Woolf).

Formale Sprachen

Formale Sprachen zeichnen sich durch eine formale Spezifikation ihrer Semantik aus. Jedes Notationselement ist hinsichtlich seiner Bedeutung eindeutig definiert, ebenso Verknüpfungs- und Ableitungsregeln. Die mit einer formalen Sprache entwickelten Modelle sind ebenfalls formal. Die formale Semantik der Modellierungssprache erlaubt, wie bei Programmiersprachen, eine automatisierte Verarbeitung der Sprachelemente. So können formale Modelle einer automatisierten Analyse und Verifikation (Model Checking) unterzogen werden, mithilfe von formalen Verhaltensmodellen können beliebige Abläufe simuliert werden.

Spezifikationen, die mithilfe formaler Sprachen beschrieben werden, sind eindeutig interpretierbar und lassen keinen Platz für individuelle Auslegungen. Die Notation kann textuell oder grafisch sein. Bekannte grafische formale Modellierungssprachen sind beispielsweise Petri-Netze zur Modellierung von Prozessen (Petri) oder Entity-Relationship-Diagramme von Peter Chen zur Modellierung von Datenstrukturen (Chen). Beispiele für textuelle formale Sprachen in der Software-Entwicklung sind etwa die Z-Notation (ISO/IEC 13568), Communicating Sequential Processes (CSP) von Hoare (Hoare) oder die Vienna Development Method[2] (VDM).

Exkurs | **FME**

Mit ihrer Webseite[3] versucht die Organisation FME (Formal Method Europe) formale Methoden stärker in die Praxis der Software-Entwicklung zu bringen. Dazu werden in regelmäßigen Abständen Symposien veranstaltet mit dem expliziten Ziel, Forschung und Industrie im Bereich der formalen Methoden zusammenzubringen.

---

2   *http://www.vdmportal.org/twiki/bin/view* (abgerufen am 20.09.2012)
3   *http://www.fmeurope.org*

Während informelle Notationen eher aus der Praxis heraus entwickelt werden, stammen formale Sprachen in der Regel aus der Forschung. Sie werden im Rahmen von Forschungsprojekten entwickelt, um bestimmte Fragestellungen zu untersuchen, etwa Ausfallwahrscheinlichkeiten, Performanz oder Verklemmungsverhalten. Sie werden vorrangig im Universitätsbereich eingesetzt. Den Sprung in die freie Wirtschaft schaffen sie vor allem im Rahmen von Forschungskooperationen (siehe (Aichernig und Lucas)). Als prominente Ausnahme kann das Entity- Relationship-Diagramm genannt werden, das in der Wirtschaft breite Verwendung findet.

Hintergrund für die eher geringe Verbreitung ist die Komplexität der Sprachen, welche umfangreiche Einarbeitung und gewisse Erfahrung im Umgang erfordert. Eine gewisse Komplexität ist jedoch erforderlich, um komplexe Sachverhalte vollständig beschreiben zu können. Andererseits helfen formale Sprachen den Sprung von informellen Anforderungen zu formalen Programmiersprachen besser ohne Informationsverlust zu überbrücken.

Semiformale Sprachen

Informelle Notationen sind nicht exakt genug, formale Sprachen sind häufig zu unflexibel und komplex in der Anwendung. Als Lösung für dieses Problem entstanden die sogenannten semiformalen Sprachen. Semiformale Sprachen geben die Menge der Darstellungselemente ihrer Notation vor mit den Konzepten und der Grammatik, die zur Modellbildung verwendet werden dürfen (abstrakte und konkrete Syntax). Sie liefern zusätzlich eine Beschreibung der Semantik. Diese ist jedoch im Gegensatz zu formalen Sprachen nicht vollständig formal spezifiziert. Semiformale Sprachen sind in der Regel grafisch, es gibt jedoch auch textuelle Varianten.

Die mit Abstand bekannteste Vertreterin einer grafischen, semiformalen Sprache ist die Unified Modeling Language[4] (UML), die Mitte der 90er Jahre aus verschiedenen objektorientierten Notationen als einheitlicher Standard hervorgegangen ist. Die UML definiert 13 verschiedene Diagrammtypen zur Modellierung im Entwicklungsprozess. Der UML-Standard gibt exakt Art und grafische wie textuelle Darstellung der Notationselemente für alle seine Diagrammtypen vor. Die Semantik ist mithilfe von freiem Text und UML-Klassendiagrammen in der UML-Spezifikation beschrieben. Zur Formulierung von Bedingungen und Abhängigkeiten, die mit grafischen Mitteln nicht ausgedrückt werden können, nutzt der UML-Standard eine textuelle semiformale Sprache, die Object Constraint Language[5] (OCL). Die OCL stützt sich in Teilen auf die Prädikatenlogik[6], ihre Semantik ist jedoch, wie die Semantik der UML, als Mischung aus UML-Diagrammen, OCL und Text beschrieben.

---

4 *http://www.omg.org/spec/UML/*
5 *http://www.omg.org/spec/OCL/*
6 Prädikatenlogik erster Stufe ist eine formale Sprache der Logik zur Formulierung von Aussagen und zur Prüfung ihrer Gültigkeit. Kennzeichen der Prädikatenlogik sind der Allquantor $\forall x$ (für alle x gilt ...) und der Existenzquantor $\exists x$ (es gibt genau ein x, für das gilt ...).

> ### Exkurs   Formalisierung der UML
>
> Auch wenn die UML-Spezifikation selbst keine formale Semantik für ihre Diagrammelemente definiert, gibt es in der Forschung eine Reihe von Veröffentlichungen, die versuchen dem Problem wenigstens teilweise zu begegnen. Im Fokus stehen dabei die Verhaltensdiagramme. Eine formale Semantik für UML-Aktivitätsdiagramme definieren beispielsweise (Grönniger, Reiss und Rumpe) und (Störrle und Hausman). Mit der Semantik von UML-Zustandsdiagrammen beschäftigt sich dagegen (Jürjens).

Semiformale Sprachen verbinden die Vorteile informeller Notationen mit einigen Vorteilen formaler Sprachen. Vor allem grafische Varianten sind mit anschaulicher Dokumentation relativ gut zu verstehen, ihre Interpretation ist jedoch durch den Standard weitgehend festgelegt. Die UML, als wichtigster Vertreter einer semiformalen Sprache, ist heute so verbreitet, dass sie selbst wieder zur Spezifikation neuer semiformaler Sprachen verwendet wird, wie viele domänenspezifische Modellierungssprachen (DSL). Domänenspezifische Sprachen sind auf die Modellierung einer konkreten fachlichen oder technischen Anwendungsdomäne angepasst. Beispiele sind unter anderem die verschiedenen UML-Profile der OMG.[7]

6.1.3 Modellbildung

Unter Modellbildung versteht man den Prozess zur Ableitung eines Modells aus einem Original. Das virtuelle oder reale Original wird analysiert und in Bezug auf den geplanten Einsatzzweck modelliert. Modellbildung ist zentraler Bestandteil aller (Ingenieur-) Wissenschaften. Zu einer guten Modellbildung gehören:

- die Identifikation und Abgrenzung des zu modellierenden Originals,
- die Festlegung des Einsatzzwecks für das Modell,
- die Auswahl der geeigneten Sichten und Notationen,
- die Festlegung der Abbildungsvorschrift und
- die Modellierung der Sichten.

Modelle selbst entstehen durch die Anwendung von Operationen auf die Informationen des Originals. Diese sind:

- Reduktion: Unwichtige Details des Originals werden weggelassen.
- Abstraktion: Die relevanten Informationen im Original werden verallgemeinert, beispielsweise durch Klassenbildung.

---

7   *http://www.omg.org/technology/documents/profile_catalog.htm* (abgerufen am 15.09.2012)

Herausforderung der Modellbildung ist die Wahl geeigneter Sichten und Notationen. Sichten helfen das Modell übersichtlich und fokussiert auf die jeweilige Stakeholder-Gruppe zu halten. Notationen liefern die Darstellungselemente zur Beschreibung der Sichten. In der Software-Entwicklung haben sich zwei Arten von Sichten etabliert. Die Sichten beschreiben entweder

- dynamische Aspekte (Verhalten, Ablauf, Kommunikation) oder
- statische, strukturelle Aspekte (Typen, Eigenschaften, Beziehungen).

Das zu modellierende Original ist zu Beginn die Anwendungsdomäne. Mit Beginn des Entwurfs wird das zukünftige System modelliert. Welche Notationen für ein Modell geeignet sind, hängt von den dargestellten Informationen und dem Verwendungszweck ab. Dieser kann sehr unterschiedlich sein und reicht vom informellen Modell als reine Informationsbasis und Diskussionsgrundlage bis hin zum formalen Modell, das interpretiert, verifiziert und simuliert werden soll.

Bei der Entwicklung von formalen Modellen ist die Wahl der Modellierungssprache auf formale Sprachen eingeschränkt. Da die Modelle in der Regel interpretierbar bzw. ausführbar bleiben müssen – beispielsweise um das Verhalten zu simulieren oder um eine automatisierte Transformation in ein anderes Modell zuzulassen –, sind informelle Ergänzungen oder individuelle Auslegungen der Notationselemente nicht mehr möglich. Informelle und semiformale Modelle lassen hier mehr Spielraum. Die Wahl der Notationen orientiert sich in diesem Fall vorrangig an den Vorkenntnissen der beteiligten Stakeholder. Sie müssen das Modell verstehen, darüber diskutieren und mit ihm arbeiten können.

6.2 Modellierungstechniken

Die im Folgenden vorgestellten Notationen stellen eine Auswahl an Modellierungstechniken dar, die in der Praxis etabliert sind und häufig genutzt werden. Für den Requirements Engineer ist es wichtig, die Notationen mit ihren Stärken und Schwächen zu kennen, um sie an geeigneter Stelle einzusetzen. Die Auswahl der Techniken sollte jedoch mit Bedacht geschehen. Es ist keinesfalls gedacht, dass alle der vorgestellten Techniken innerhalb desselben Projekts eingesetzt werden.

6.2.1 Objektorientierte Modellierungstechniken

Objektorientierung betrachtet die Welt als ein System von Objekten, die miteinander interagieren. Ein Objekt kann ein beliebiges reales oder virtuelles Konzept der Welt darstellen: einen Beruf, eine Person, ein Auto, einen Versicherungsvertrag, eine Zeiteinheit (beispielsweise Semester) und vieles mehr. Die Objekte als Instanzen der Konzepte interagieren miteinander:

Beispiel: *Otto Müller schließt für seinen roten Fiat 500 mit der Versicherungsgesellschaft Happy Car eine Kfz-Versicherung ab.*

In diesem Beispiel interagieren eine Reihe von Objekten: *Otto Müller*, sein *Fiat 500*, die Versicherungsgesellschaft *Happy Car* sowie der *Vertrag* zwischen *Happy Car* und *Otto Müller*. Jedes Objekt ist gekennzeichnet durch seine Eigenschaften (Attribute), seinen Zustand (Werte) und sein Verhalten (Methoden).

Beispiel: *Der Fiat 500 ist rot (Eigenschaft), hat gerade keinen Versicherungsvertrag (Zustand) und kann fahren (Verhalten).*

Aus Sicht der Modellierung ist es normalerweise nicht so interessant einzelne Objekte zu betrachten. Das Modell der Versicherungsgesellschaft Happy Car würde schnell aus dem Ruder laufen bei dem Versuch, alle Verträge mit allen Versicherungskunden auf Objektebene zu modellieren. Stattdessen werden mithilfe von Abstraktion Mengen von Objekten mit ähnlichen Eigenschaften und Verhalten zu Klassen zusammengefasst und ihre Interaktion wird modelliert.

Beispiel: *Ein Versicherungskunde schließt mit einer Versicherungsgesellschaft eine Kfz-Versicherung für sein Auto ab.*

In der abstrakten Variante des Beispiels interagieren Objekte der Klassen *Versicherungskunde*, *Versicherungsgesellschaft*, *Kfz-Versicherung* und *Auto*. Die beschriebene Aussage gilt in dieser Form für einen Versicherungskunden Otto Müller und seinen roten Fiat ebenso wie für eine Kundin Erika Muster mit ihrem BMW Z4. Auch die Versicherungsgesellschaft ist nicht festgelegt. Ein Modell, das diese Aussage beschreibt, kann sehr viel breiter eingesetzt werden.

Die UML als bekannteste der objektorientierten Modellierungssprachen unterstützt sowohl die Modellierung auf Ebene der Objekte wie die Modellierung auf Ebene der Klassen. So modellieren Objektdiagramme die Beziehungen zwischen konkreten Objekten, während Klassendiagramme die Beziehungen zwischen Klassen darstellen.

Exkurs **Die UML**

Die Objektorientierung in der Software-Entwicklung geht zurück in die 80er Jahre, als in Programmiersprachen wie Smalltalk, Eiffel und C++ die Idee der Modularisierung und Wiederverwendung explizit in den Sprachkonzepten verankert wurde. Die Übertragung der Idee auf frühe Phasen im Entwicklungsprozess kam dagegen erst später. Anfang der 90er begann ein wahrer Boom an konkurrierenden objektorientierten Analysemethoden, jede mit individueller Ausrichtung und eigener Notation.

Erst mit der Standardisierung der UML Mitte der 90er fand dieser Methodenwildwuchs ein Ende. Federführend bei der Entwicklung waren Grady Booch, James Rumbaugh und Ivar Jacobson, die bei der Firma Rational Software[8] an einer gemeinsamen objektorientierten Notation arbeiteten. Jeder der drei brachte seine Methode und seine Notation mit in diese „Ehe" ein:

---

8   Heute ist die Firma Teil der IBM.

- Grady Booch die Booch Method (Booch),

- James Rumbaugh die Object Modeling Technique (Rumbaugh) und

- Ivar Jacobson die Object Oriented Software Engineering Method (Jacobson, Christerson und Jonsson).

Ergebnis der Zusammenarbeit war die Entwicklung und Standardisierung der UML als objektorientierter Modellierungssprache. Die UML ist eine Sammlung an grafischen, diagrammartigen Notationen mit gemeinsamer objektorientierter Semantik. Sie ist – auch wenn dies manchmal fälschlich behauptet wird – keine Methode. Das bedeutet, sie gibt nicht vor, wie die Diagramme einzusetzen sind. Diese Unabhängigkeit zusammen mit ihrer semiformalen Semantik (siehe *Abschnitt 6.1.2, Sprachen und Notationen*) gibt der Sprache eine hohe Flexibilität bei der Anwendung. Heute ist die UML unangefochten die objektorientierte Modellierungssprache der Wahl.

Die UML unterstützt den gesamten Entwicklungsprozess von den Anforderungen bis hin zum Feindesign. Nicht alle ihrer Diagrammtypen eignen sich zur Anforderungsmodellierung. Im Folgenden werden die Diagrammtypen vorgestellt, die üblicherweise im Requirements Engineering Verwendung finden, und es wird gezeigt, welchen Beitrag sie zur Anforderungsmodellierung bringen.

Klassendiagramm

UML-Klassendiagramme sind eine sehr mächtige und in vielen Bereichen einsetzbare Notation. Im Anforderungsprozess werden Klassendiagramme zur Modellierung der strukturellen Zusammenhänge in der Anwendungsdomäne verwendet. Diese Art von Modell, im Folgenden als **Domänenmodell** bezeichnet, konzentriert sich auf die Darstellung rein fachlicher Aspekte.

Notationselemente für das Domänenmodell sind Klassen, Attribute und Beziehungen. Eine Klasse repräsentiert eine Menge ähnlicher Objekte. Der Name der Klasse kennzeichnet den Typ der Objekte, Attribute beschreiben gemeinsame Eigenschaften der Objekte. Beziehungen stellen die Zusammenhänge zwischen den Objekten zu den Klassen dar. Das fachliche Verhalten der Objekte kann mithilfe von Methoden modelliert werden. Diese sind jedoch im Domänenmodell nicht unbedingt erforderlich und werden im Folgenden nicht weiter betrachtet. Die im Domänenmodell identifizierten Klassen sind Konzepte der Anwendungsdomäne und sollten daher auf jeden Fall im Glossar dokumentiert werden (siehe Kapitel 4 Anforderungsdokumentation).

Das Diagramm in ▶ Abbildung 6.2 modelliert schematisch die für Domänenmodelle reduzierte Elementauswahl eines Klassendiagramms. Das Beispieldiagramm definiert sieben Klassen (A bis G). Jede Klasse repräsentiert ein beliebiges Konzept der Anwendungsdomäne. Das Konzept wird durch einen Namen und eine Menge von Eigenschaften näher beschrieben. Die Eigenschaften werden als Attribute modelliert.

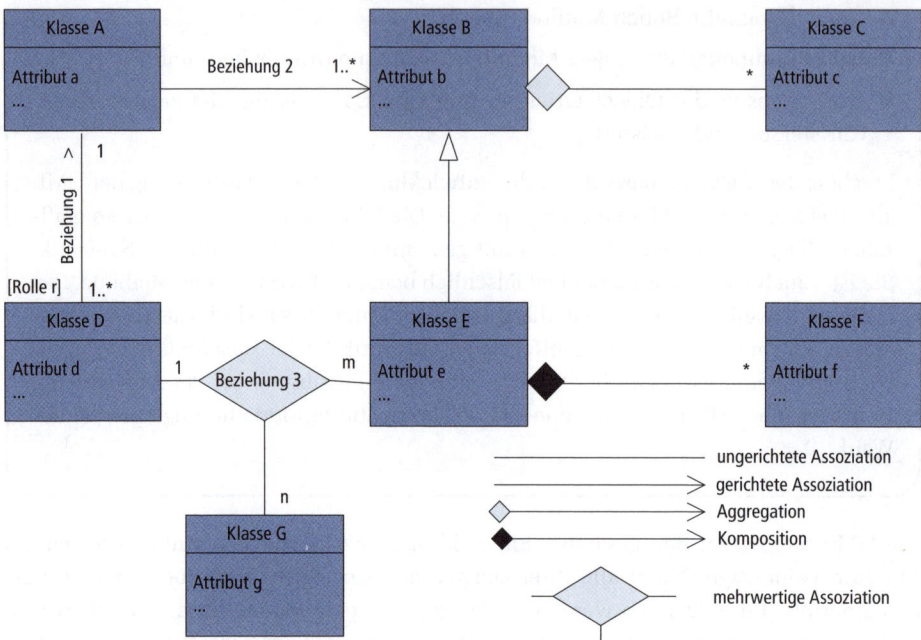

Abbildung 6.2: Notationselemente für Fachklassendiagramme.

Zwischen den Klassen existieren Beziehungen. Die UML unterstützt zwei Arten von Beziehungen: Assoziationen und Vererbung.

Assoziationen modellieren allgemeine Beziehungen zwischen Objekten zu den Klassen. Eine Beziehung sagt aus, dass eine bestimmte Menge von Objekten einer Klasse mit einer bestimmten Menge von Objekten einer anderen Klasse in einer bestimmten Beziehung steht. Um die Ausdruckskraft zu erhöhen, unterstützt die UML verschiedene Arten von Assoziationen:

- gerichtete Assoziation: Die Assoziation wird nur in der vorgegebenen Richtung spezifiziert und gelesen. Über die Beziehung in die entgegengesetzte Richtung wird keine Aussage gemacht: Im Diagramm haben Objekte der Klasse A eine gerichtete Beziehung vom Typ *Beziehung1* zu Objekten der Klasse B. Objekte der Klasse B kennen dagegen Objekte der Klasse A nicht.

  Beispiel: *Ein Kunde kauft ein oder mehrere Bücher. Die Bücher haben dagegen keinen Bezug zu ihrem Käufer.*

- ungerichtete Assoziation: Die Assoziation wird in beide Richtungen gelesen. Im Beispiel haben Objekte der Klasse A eine Beziehung vom Typ *Beziehung2* zu Objekten der Klasse D. Objekte der Klasse D haben eine nicht weiter spezifizierte Beziehung zu Objekten der Klasse A. Ungerichtete Assoziationen entsprechen zwei entgegengesetzten gerichteten Assoziationen.

  Beispiel: *Ein Kunde hat ein oder mehrere Konten; ein Konto gehört immer genau einem Kunden.*

■ mehrwertige Assoziationen: Assoziationen können mehrwertig sein. In diesem Fall stehen mehrere Objekte gemeinsam in einer Beziehung. Prinzipiell ist die Menge der möglichen Beziehungen nicht beschränkt. Bei mehr als drei wird es jedoch schwierig, die Semantik der Beziehung in allen Fällen zu überblicken. Sie sollten daher vermieden werden. Im Diagramm stehen Objekte der Klassen D, E und F in einer dreiwertigen Beziehung vom Typ *Beziehung 3*.

Beispiel: *Ein Kunde kauft ein Buch zu einem bestimmten Autor.*

■ Komposition: eine Komposition ist eine spezielle Form der Assoziation. Sie entspricht einer Teil-Ganzes-Beziehung, wobei die Beziehung für das Teil existenzabhängig ist. So ist ein Objekt der Klasse F Teil eines Objekts der Klasse E. Das Objekt zu F ist existenzabhängig vom Objekt zu E.

Beispiel: *Eine Mietwohnung ist Teil eines Wohnhauses. Ohne Wohnhaus kann die Mietwohnung nicht existieren.*

■ Aggregation: Entspricht einer abgeschwächten Teil-Ganzes-Beziehung. Die Beziehung ist nicht mehr existenzabhängig für das Teil. So ist ein Objekt der Klasse C Teil eines Objekts der Klasse B. Das Objekt zu C kann jedoch auch unabhängig vom Objekt zu B existieren.

Beispiel: *Ein Rad ist Teil eines Autos. Ein Rad kann ohne Problem unabhängig vom Auto existieren.*

Assoziationen können zusätzlich um Multiplizitäten erweitert werden. Multiplizitäten geben an, mit wie vielen Objekten einer Klasse ein Objekt der anderen Klasse eine Beziehung eingeht. Die UML unterscheidet vier Formen der Multiplizitäten:

0...1   *null bis 1 Objekt*

1   *genau ein Objekt*

*   *beliebig viele Objekte, auch null*

1...*   *ein bis beliebig viele Objekte*

Gegebenenfalls können auch exakte (positive) numerische Werte angegeben werden.

Im Beispieldiagramm steht ein Objekt der Klasse A mit einem bis beliebig vielen Objekten der Klasse D in einer nicht weiter benannten Beziehung. Ein Objekt der Klasse D steht mit keinem bis beliebig vielen Objekten der Klasse A in einer Beziehung vom Typ *Beziehung1*.

Falls mehrere Beziehungen zwischen den Objekten zweier Klassen existieren, können Objekte in einer unterschiedlichen Rolle an jeder dieser Beziehung teilnehmen. In ▶ Abbildung 6.3 nimmt eine *Person* an einem *Meeting* einmal in der Rolle eines *Moderators* und einmal in der Rolle eines *Teilnehmers* teil. Ein Meeting hat genau einen Moderator und einen bis beliebig viele Teilnehmer.

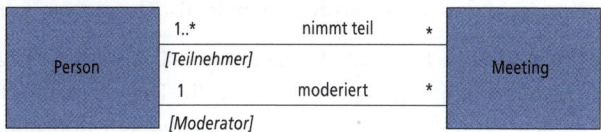

Abbildung 6.3: Rollen in Klassendiagrammen.

Vererbung ist eines der Kernprinzipien der Objektorientierung. Es besagt, dass eine Klasse Eigenschaften und Verhalten von einer anderen Klasse erben und beliebig erweitern oder verfeinern kann. Im Diagramm in ▶ Abbildung 6.4 erben die Klassen *Auto* und *Fahrrad* von der Oberklasse *Fahrzeug* die Eigenschaft *Farbe*. Ein Auto hat zusätzlich einen speziellen *Motor*, ein Fahrrad eine bestimmte *Schaltung*.

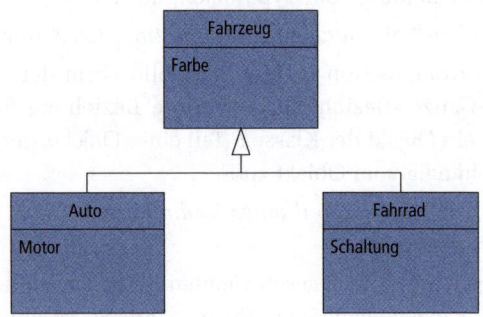

Abbildung 6.4: Beispiel einer Vererbungshierarchie.

Die UML erlaubt im Gegensatz zu den meisten objektorientierten Programmiersprachen auch **Mehrfachvererbung**. Das bedeutet, eine Klasse erbt Eigenschaften und Verhalten von mehreren Basisklassen.

Klassendiagramm in der Anforderungsmodellierung

In der Anforderungsmodellierung werden Klassendiagramme in der hier vorgestellten vereinfachten Form zur Entwicklung von Domänenmodellen verwendet. Die Modelle beschreiben strukturelle Zusammenhänge der Anwendungsdomäne. Sie müssen informell und gut verständlich sein und sollten keine technischen Details enthalten.

Das Domänenmodell ist ein wichtiges Instrument zur Validierung der Anforderungen. Konzepte und Beziehungen werden im Rahmen der Modellierung mit den Stakeholdern diskutiert. Dabei können relativ früh im Entwicklungsprozess Fehler und Lücken in der Anforderungsbeschreibung oder unterschiedliche Sichtweisen der verschiedenen Stakeholder aufgeklärt und diskutiert werden. Um dies zu erreichen, muss das Modell für alle Beteiligten, insbesondere den Fachbereich als Experten der Anwendungsdomäne, verständlich bleiben. Die folgenden Regeln helfen dabei ein gutes und aussagekräftiges Domänenmodell zu erhalten:

- Das Modell einfach halten, nicht zu viele Entitäten verwenden.
- Aussagekräftige Namen für Klassen und Beziehungen verwenden.
- Keine technischen Datentypen im Modell verwenden.
- Sparsam mit Vererbung umgehen, um das Modell verständlich zu halten,
- Nur wichtige Konzepte der Anforderungsdomäne als Klassen modellieren.

Insbesondere der letzte Punkt hilft, das Domänenmodell aussagekräftig und dennoch übersichtlich zu gestalten. Wichtige Konzepte sind die Treiber in der Domäne und im Modell. Sie haben fachlich relevante Beziehungen zu anderen Konzepten: „Ein Kunde *leiht* einen Wagen", „ein Kunde *kauft* einen Fernseher". Untergeordnete Konzepte liefern Zusatzinformationen zu den wichtigen Konzepten, wie beispielsweise die Adresse zu einem Kunden oder die Produktinformation zu einem Fernseher. Unwichtige Konzepte können im Domänenmodell noch als einfache Attribute modelliert werden. Die Attribute agieren als Platzhalter für die an dieser Stelle noch zu ergänzende Information. Die Ausarbeitung erfolgt jedoch erst später im Systementwurf.

Technische Datentypen gehören generell nicht in ein Domänenmodell. Anders sieht dies aus mit fachlichen Datentypen. Die folgenden Beispiele sollen den Unterschied zwischen technischen und fachlichen Datentypen verdeutlichen:

- Technische Datentypen sind Datentypen, die in Programmiersprachen verwendet werden und keine spezielle fachliche Bedeutung haben: z.B. String, int, boolean.
- Fachliche Datentypen werden aus der Anwendungsdomäne abgeleitet: z.B. der Code eines Flughafens, die Fahrgestellnummer eines Fahrzeugs, die ISBN-Nummer eines Buches.

In ähnlicher Weise haben auch technische Methoden (z.B. equals(), hashCode(), Konstruktoren) nichts in einem Domänenmodell verloren. In manchen Fällen kann jedoch die Modellierung aussagekräftiger fachlicher Methoden eine sinnvolle Ergänzung darstellen.

Das Domänenmodell hilft dem Requirements Engineer und den Entwicklern, ein besseres Verständnis für die Anwendungsdomäne zu erhalten. Es eignet sich außerdem als Vorlage für das Entwurfsmodell und für das Datenbankmodell im Systementwurf.

Fallstudie   **Eva – Domänenmodell**

Das Domänenmodell in ▶ Abbildung 6.5 modelliert die fachlichen Zusammenhänge der Anwendungsdomäne für das Evaluationssystem Eva. Vom Qualitätsmanager der Hochschule wird ein Evaluationsbogen als Vorlage für die Fakultäten erstellt. Die Studiendekane erstellen anhand der Vorlage eine fakultätsweite Vorlage und passen diese an. Die Dozenten nutzen die fakultätsweite Vorlage, um spezifische Evaluationen für ihre Lehrveranstaltungen zu entwickeln. Die Studierenden schließlich besuchen die Lehrveranstaltungen und dürfen diese bewerten. Dazu erhalten sie online ihre persönliche Kopie des Evaluationsbogens zum Ausfüllen. Für jede Lehrveranstaltung darf ein Studierender maximal einen Evaluationsbogen ausfüllen. Dozenten können laut Modell Lehrbeauftragte (LBA) und Professoren (Prof) sein. Als Typ für Lehrveranstaltungen sind Projektstudium (PS), Seminar (S), Vorlesung mit Praktikum (VP) oder Vorlesung mit Übung (VÜ) vorgesehen.

Bei genauerer Betrachtung stellt man fest, dass im Modell manche Informationen nicht exakt genug modelliert sind. So erstellt der QM beliebig viele Vorlagen, pro Semester darf es jedoch nur eine offizielle Vorlage geben. Ein weiterer kritischer Punkt ist, dass Dozenten laut Modell aus der fakultätsweiten Vorlage beliebig viele Evaluationsbögen für ihre Lehrveranstaltung ableiten können. Selbst kein Evaluationsbogen ist zulässig. Dies bedeutet konkret, dass ein Dozent in einem Semester einzelne oder alle seiner Lehrveranstaltungen nicht evaluieren muss.

Ob dies überhaupt erlaubt sein soll, muss mit den Stakeholdern abgestimmt sein und beispielsweise im Einklang mit der Satzung zur studentischen Lehrevaluation stehen, der rechtlichen Grundlage zur Durchführung von Evaluationen an einer Hochschule.

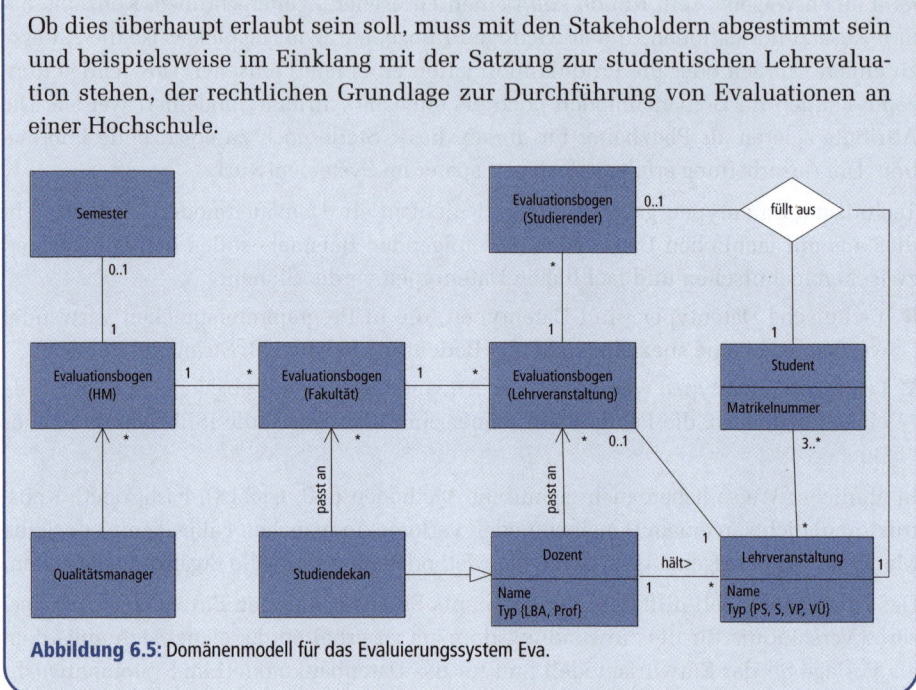

Abbildung 6.5: Domänenmodell für das Evaluierungssystem Eva.

Aktivitätsdiagramm

UML-Aktivitätsdiagramme eignen sich zur Modellierung beliebiger Abläufe, beispielsweise in der Systemumgebung (Geschäftsprozesse), an der Systemschnittstelle (Use Cases) oder auch innerhalb des Systems (Methoden). Aktivitätsdiagramme verfolgen einen kontrollflussorientierten Ansatz. Das bedeutet, der Fokus der Ablaufbeschreibung liegt auf den einzelnen Arbeitsschritten im Ablauf und ihrer Reihenfolge. Die Informationen, die verarbeitet werden, spielen nur eine untergeordnete Rolle.

Jedes Aktivitätsdiagramm modelliert genau einen Ablauf. In der Notation wird das Diagramm selbst als Aktivität[9] bezeichnet. Die Aktivität unterteilt sich in verschiedene atomare Aktionen oder weitere Aktivitäten, die untergeordnete Abläufe repräsentieren. Damit können mit Aktivitätsdiagrammen beliebig tiefe Prozesshierarchien modelliert werden. Hintergrund für diese nicht ganz unerhebliche Änderung im UML-Standard war die Umstellung der Semantik von Aktivitätsdiagrammen auf Petri-Netz-Semantik. Dies war ein erster Schritt in Richtung Formalisierung und damit hin zur potenziellen Möglichkeit einer automatisierten Ausführbarkeit der Diagramme (siehe *Abschnitt 6.1.2, Sprachen und Notationen* Semiformale Sprachen).

Jedes Aktivitätsdiagramm hat genau einen Start- und mindestens einen Endknoten. Weitere Elemente sind verschiedene Knotentypen, die den Kontrollfluss steuern (▶ Abbildung 6.6):

---

9   In UML-1.x-Versionen wurden Aktionen noch als Aktivitäten bezeichnet. Erst seit der UML 2.0 ist eine Aktivität ein vollständiges Diagramm, ihre atomaren Arbeitsschritte sind Aktionen.

■ Fork: Ein Ablauf wird in parallele Teilabläufe aufgesplittet.

■ Join: Parallele Teilabläufe werden zusammengeführt.

■ Bedingter Knoten: Abhängig von einer Bedingung, wird der Kontrollfluss aufgeteilt oder zusammengeführt.

Abläufe haben häufig das Ziel den Zustand von bestimmten Objekten zu verändern. Diese Objekte können bei Bedarf im Diagramm angegeben werden. Da es meistens ein und dasselbe Objekt ist, das an mehreren Stellen im Diagramm bearbeitet wird, wird zusätzlich zum Objektnamen der Zustand angegeben.

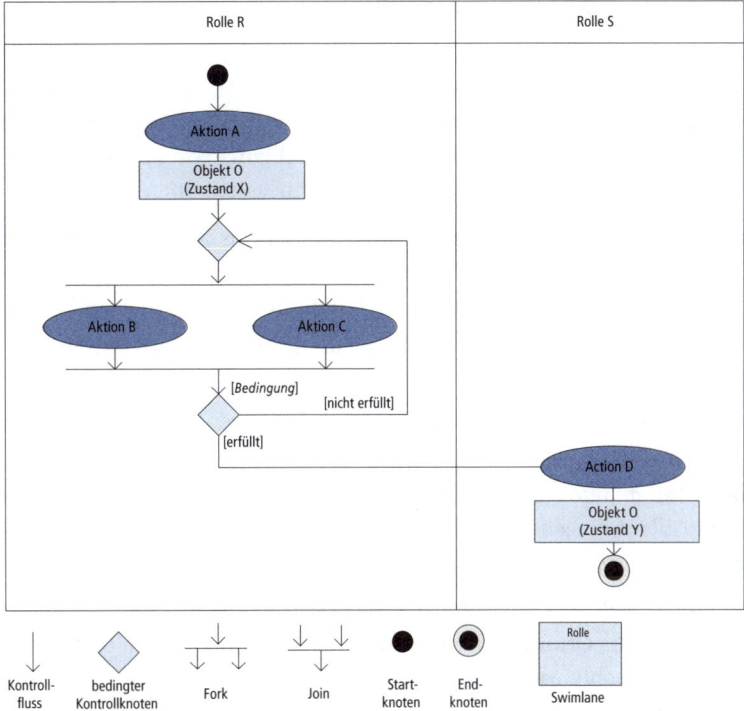

Abbildung 6.6: Elemente eines Aktivitätsdiagramms.

Das Beispieldiagramm in Abbildung 6.6 hat einen Start- und einen Endknoten. Zu Beginn liefert Aktion A als Ergebnis ein Objekt O in einem Zustand X. Im Anschluss werden Aktion B und C parallel durchgeführt. Parallel bedeutet: die Reihenfolge ihrer Ausführung spielt keine Rolle, da keine Abhängigkeit zwischen den beiden Aktionen besteht. Es müssen jedoch beide Aktionen ausgeführt werden. Der Gesamtablauf kann erst fortgeführt werden, wenn beide Aktionen beendet sind. Anhand einer Bedingung kann nun der Ablauf unterschiedlich fortgeführt werden. Falls die Bedingung nicht erfüllt ist, geht der Kontrollfluss zurück, die Aktionen B und C werden erneut ausgeführt. Gilt dagegen die Bedingung, wird Aktion D ausgeführt. Aktion D versetzt das Objekt O in Zustand Y. Der Ablauf ist damit beendet.

Swimlanes markieren den Verantwortungsbereich für eine bestimmte Rolle im Ablauf. Im Diagramm gibt es zwei Swimlanes, einmal für die Rolle R, einmal für die Rolle S.

Verantwortlich für die Durchführung von Aktion A, B und C ist die Rolle R. Die Aktion D, welche den Ablauf beendet, wird dagegen von Rolle S durchgeführt.

Bedingte Knoten werden im Diagramm auf zwei Arten eingesetzt. Zum einen modellieren sie bedingte Verzweigungen im Kontrollfluss, zum anderen sind sie für die Zusammenführung der verzweigten Abläufe zuständig. Aus Gründen der Wohlgeformtheit der Diagramme sollte jeder verzweigende bedingte Knoten explizit wieder zusammengeführt werden. Ausgenommen sind bedingte Abläufe, die zu unterschiedlichen Endzuständen führen.

Aktivitätsdiagramme in der Anforderungsmodellierung

In der Anforderungsmodellierung können Aktivitätsdiagramme überall dort eingesetzt werden, wo es um die Modellierung von Abläufen geht. Dies beginnt bei der Modellierung der betroffenen Geschäftsprozesse, die den Kontext für das zu entwickelnde System bilden, und geht über die Modellierung des Ablaufs wie ein Anwender das System nutzt, bis hin zur Darstellung der Szenarien eines einzelnen Use Cases.

Wie Klassendiagramme müssen Aktivitätsdiagramme von verschiedenen Stakeholdern mit unterschiedlichen Vorkenntnissen verstanden werden. Die folgenden Regeln zur Modellierung helfen die Diagramme übersichtlich und verständlich zu halten:

- Der Kontrollfluss in einem Aktivitätsdiagramm sollte möglichst von links oben nach rechts unten verlaufen.

- In einem Diagramm sollten möglichst Aktionen ähnlicher Granularität verwendet werden. Sehr detaillierte und sehr allgemeine Aktionen sollten nicht vermischt werden.

- Komplexe Teilabläufe sollten in eigenständige Diagramme auslagern und als Aktivitäten im Ablauf eingebunden werden.

- Es sollte auf die Wohlgeformtheit der Diagramme geachtet werden. Jeder geöffnete Kontrollknoten wird explizit über sein Gegenstück geschlossen.

- Objekte sollten aus Gründen der Übersichtlichkeit nur sparsam eingesetzt werden. Sie sollten eine echte Mehrinformation bieten, beispielsweise einen signifikanten Zustandswechsel anzeigen.

Fallstudie ## Eva – Aktivitätsdiagramm

Das Aktivitätsdiagramm in ▶ Abbildung 6.7 modelliert den in Kapitel 5 spezifizierten Use Case „Hochschulweiten Evaluationsbogen vorbereiten". Das Diagramm stellt die verschiedenen Möglichkeiten zum Anlegen eines Evaluationsbogens und zur Weiterverwendung dar. Der Qualitätsmanager hat demnach die Wahl zwischen drei Optionen. Er kann

- einen neuen Evaluationsbogen anlegen,
- die Kopie eines archivierten Bogens verwenden oder
- eine zuvor angelegte Draft-Version verwenden.

Die Anpassung des Bogens ist im untergeordneten Use Case UC_05 „EB anpassen" (siehe Kapitel 5) spezifiziert und wird im Diagramm als Teilprozess in Form einer Aktivität (*Activity*) eingebunden. Am Ende hat der Qualitätsmanager wieder die Wahl zwischen mehreren Optionen. Er kann

- den Bogen freigeben. Der Bogen wird damit für die Studiendekane sichtbar und automatisch im Archiv aufgenommen,
- den Bogen als Draft-Version speichern oder
- den Bogen löschen.

Das Diagramm modelliert parallel zur Beschreibung des Use Case beide Seiten der Schnittstelle, einmal die Aktionen des Qualitätsmanagers und einmal die fachliche Reaktion des Systems.

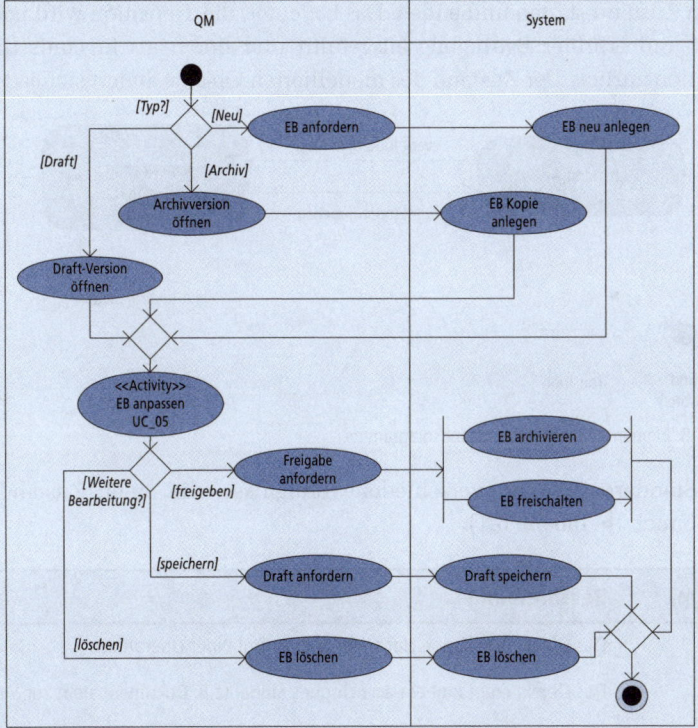

Abbildung 6.7: Aktivitätsdiagramm zum Use Case UC_01 „Hochschulweiten Evaluationsbogen vorbereiten".

Zustandsdiagramm

Theoretische Grundlage der Zustandsmodellierung ist die Automatentheorie (siehe beispielsweise (John E. Hopcroft)), eine grundlegende Disziplin der Theoretischen Informatik. Ein endlicher Automat ist eine theoretische Maschine zur Verhaltensmodellierung mithilfe von Zuständen, Zustandsübergängen und Aktionen. UML-Zustandsdiagramme sind nur eine von vielen möglichen Notationen zur grafischen Darstellung endlicher

Automaten. Sie beschränken sich auf eine überschaubare Anzahl an Notationselementen, von denen viele optional sind.

▶ Abbildung 6.8 zeigt die Elemente eines UML-Zustandsdiagramms im Überblick. Unverzichtbar sind in einem Zustandsdiagramm die beiden Grundelemente: Zustände und Transitionen. Jedes Zustandsdiagramm hat maximal einen Startzustand. Es kann keinen oder beliebig viele Endzustände haben. Zusätzlich wird mindestens ein „normaler" Zustand benötigt.

Ein Zustandsübergang findet statt, wenn unter einer Bedingung (*guard*) ein Ereignis (*event*) auftritt. Ist dies der Fall, kann durch den Übergang eine Aktion (*action*) als ein nach außen sichtbares Ergebnis ausgelöst werden. Jedes der Elemente zur Annotation einer Transition ist optional. Es sind alle Kombinationen der drei Elemente erlaubt. Auch eine Transition, die keines der Elemente aufweist, ist gültig. In diesem Fall wird die Transition ausgelöst, sobald ihr Ausgangszustand erreicht wird. Eine Transition darf im gleichen Zustand starten und enden. Das bedeutet, die Transition wird bei eintretendem Event und erfüllter Bedingung ausgeführt und liefert als Ergebnis die entsprechende Aktion zurück. Der Zustand des modellierten Objekts ändert sich jedoch nicht.

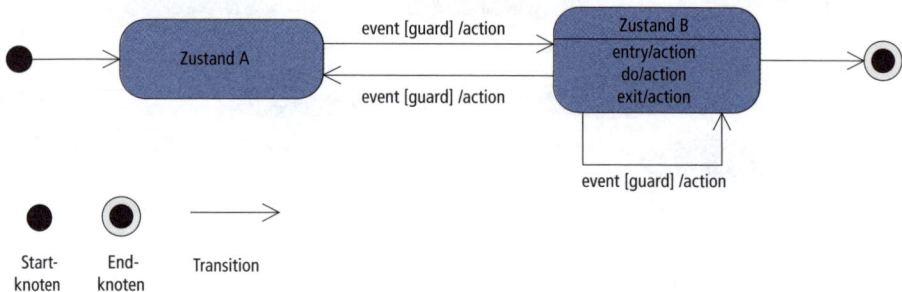

Abbildung 6.8: Elemente eines UML-Zustandsdiagramms.

Der UML-Standard definiert verschiedene Ereignisse, die einen Zustandsübergang auslösen können (▶ Tabelle 6.1).

Ereignistyp	Beschreibung
Call Event	Das Objekt erhält eine Nachricht (z.B. Aufruf einer Operation).
Signal Event	Das Objekt empfängt ein asynchrones Signal (z.B. Dokument steht zur Verfügung).
Change Event	Ein Zustand ändert sich und die für die Transition definierte Bedingung wird damit erfüllt (z.B. Lagerbestand <10).
Time Event	Zeitpunkt oder Zeitspanne, nach der die Transition ausgelöst werden soll (z.B. at(10 Uhr), after(20 h)).
Any Receive Event	Ein Ereignis tritt auf, welches keinem der anderen Typen zugeordnet werden kann.
Leeres Event	Das leere Event löst automatisch eine Transition aus, wenn alle Aktionen im Zustand beendet sind.

Tabelle 6.1: Ereignisse an Zustandsübergängen.

Zustände können bei festgelegten Ereignissen interne Aktionen definieren. Die zulässigen Ereignisse für interne Aktionen (▶ Tabelle 6.2) sind fest vordefiniert und können nicht verändert werden. Sobald ein Zustand erreicht wird, treten die vorgegebenen Ereignisse ein und es werden die zugeordneten Aktionen durchgeführt. Es findet jedoch kein Zustandsübergang statt (auch nicht in den gleichen Zustand).

Internes Ereignis	Beschreibung
Entry Event	Die zugeordnete Aktion wird bei Betreten des Zustands ausgeführt.
Do Event	Die zugeordnete Aktion startet nach Betreten des Zustands.
Exit Event	Die zugeordnete Aktion wird vor dem Verlassen, jedoch nach den Aktionen zu Entry und Do Event ausgeführt.

Tabelle 6.2: Events innerhalb eines Zustands.

Zustandsdiagramme in der Anforderungsmodellierung

In der Anforderungsmodellierung lässt sich mithilfe von Zustandsdiagrammen sehr schön das Verhalten komplexer Objekte der Anwendungsdomäne diskutieren und exakt modellieren. Typische Beispiele sind etwa das Zustandsmodell eines Kreditantrags von seiner Beantragung bis zur Genehmigung oder Ablehnung, oder das Zustandsmodells eines Seminars, das geplant, gebucht und gehalten wird.

Es gibt jedoch auch andere Einsatzszenarien für Zustandsdiagramme, wie beispielsweise die Modellierung der Dialogsteuerung einer grafischen Benutzeroberfläche. Zustandsdiagramme sind außerdem eine zentrale Modellierungstechnik in der Entwicklung eingebetteter Systeme. Sie eignen sich hervorragend zur Modellierung des Verhaltens einzelner Steuerungskomponenten wie beispielsweise eines Fensterhebers oder der Fernbedienung eines Fernsehers.

Bei der Modellierung von Zustandsdiagrammen sollten folgende Regeln beachtet werden:

- Zustände exakt identifizieren, voneinander abgrenzen und benennen. Verschiedene Zustände sollten sich nicht überschneiden. Zustände sollten nicht zusammengelegt werden.
- Das Zustandsdiagramm zusammenhängend definieren. Jeder Zustand muss vom Startzustand aus irgendwann erreicht werden können. Von jedem Zustand, der kein Endzustand ist, muss ein anderer Zustand erreicht werden können.

Für die Definition von Ereignis, Bedingung und Aktion können im einfachsten Fall informelle Begriffe verwendet werden. Für Bedingungen eignen sich beispielsweise „pseudoformale" Bezeichnungen (eine Kombination aus informellen Begriffen und formalen logischen Operatoren). Die Bedingung, unter der ein Kreditantrag positiv entschieden wird, kann beispielsweise wie folgt lauten:

Der Kreditantrag muss vollständig vorliegen und der Kredit darf 20000 Euro nicht überschreiten.

Dies lässt sich pseudoformal wie folgt ausdrücken:

[vollständig && betrag < 20000]

Der Begriff *vollständig* im Ausdruck repräsentiert informell eine boolesche Variable, die entweder den Wert *wahr* oder *falsch* annehmen kann. Der Begriff „betrag" repräsentiert dagegen eine beliebige positive Zahl. Wichtig ist bei solchen Ausdrücken, dass der Leser eine Vorstellung davon bekommt, was das Diagramm fachlich ausdrücken möchte. Ist die Generierung von ausführbarem Code geplant, müssen jedoch korrekte Ausdrücke der entsprechenden Programmiersprache inklusive gültiger Variablen- und Methodennamen verwendet werden.

Fallstudie   **Eva – Zustandsdiagramm**

Das Evaluierungssystem Eva arbeitet mit unterschiedlichen Evaluationsbögen, die verschiedenen Zustandsmodellen folgen. Das Diagramm in ▶ Abbildung 6.9 beschreibt das Zustandsmodell für einen hochschulweiten Evaluationsbogen.

Der Bogen wird vom Qualitätsmanager initial erstellt. Ob neu erstellt oder anhand einer Archivversion, spielt aus Sicht des Zustandsmodells keine Rolle. Mit der Erstellung geht der Evaluationsbogen automatisch in den Zustand „In Bearbeitung". Er kann nun beliebig bearbeitet und gespeichert werden.

Ein Evaluationsbogen in Bearbeitung kann gelöscht oder freigegeben werden. Mit der Freigabe wird er automatisch archiviert. Ein einmal freigegebener Bogen darf nicht mehr gelöscht werden. Wird die Freigabe zurückgenommen, verbleibt der Bogen im Zustand „Archiviert" und kann nun gegebenenfalls gelöscht werden.

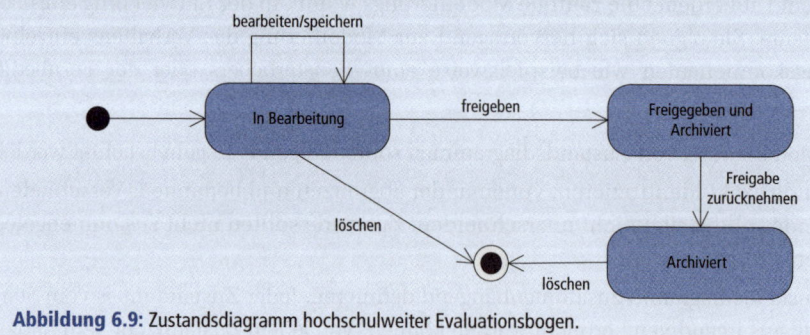

Abbildung 6.9: Zustandsdiagramm hochschulweiter Evaluationsbogen.

Sequenzdiagramm

UML-Sequenzdiagramme modellieren den Nachrichtenaustausch zwischen Objekten in Abhängigkeit von der Zeit. Kernelemente eines Sequenzdiagramms sind die Objekte, die an der Kommunikation beteiligt sind, dargestellt durch einen Kasten mit senkrechter Lebenslinie. Ein dicker Balken auf der Lebenslinie zeigt, wann das Objekt aktiv ist.

Der Nachrichtenaustausch zwischen den Objekten wird über Pfeile dargestellt. Es gibt drei Arten von Nachrichtenaustausch:

■ Synchrone Nachricht: Ein Objekt schickt eine Nachricht an ein anderes Objekt. Es wartet mit der weiteren Ausführung, bis es eine Antwort vom anderen Objekt erhalten hat.

■ Asynchrone Nachricht: Ein Objekt schickt eine Nachricht an ein anderes Objekt. In diesem Fall erwartet das Sendeobjekt keine Antwort.

■ Initialisierung: Ein Objekt kann ein neues Objekt erzeugen, bevor es Nachrichten mit ihm austauscht.

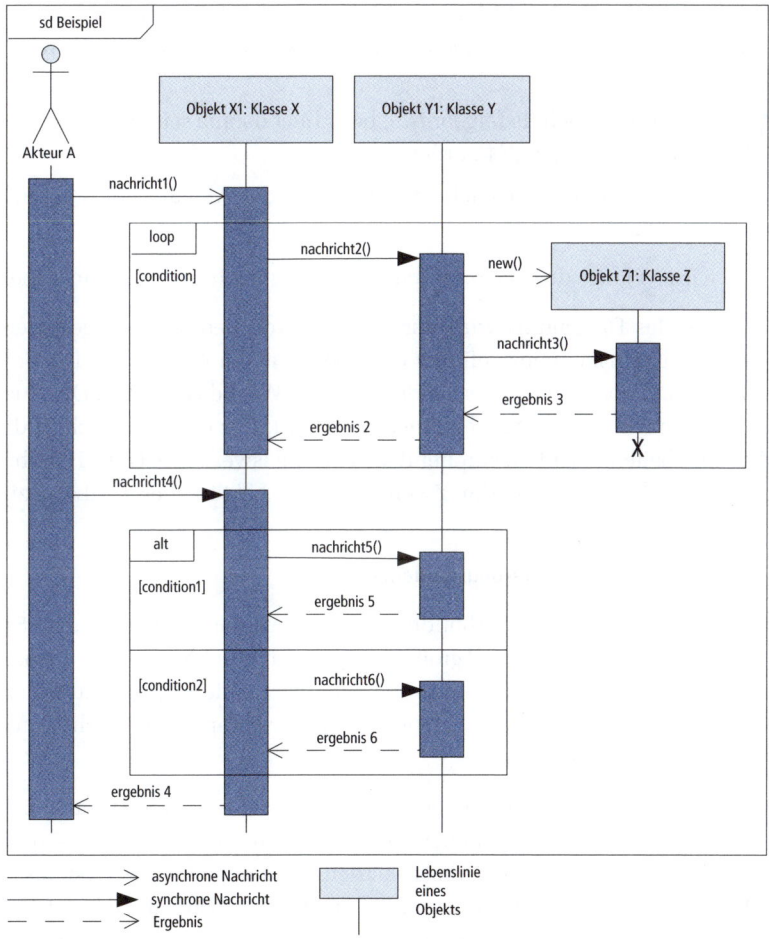

Abbildung 6.10: Auswahl an Elementen eines Sequenzdiagramms.

Mit der UML 2.0 wurde das Konzept der Interaktionsrahmen im Standard aufgenommen. Mit Interaktionsrahmen lassen sich komplexe Abläufe wie beispielsweise Schleifen oder bedingte Abläufe modellieren.

Das Diagramm in ▶ Abbildung 6.10 modelliert einen Ablauf, an dem ein Akteur A und drei Objekte (X1, Y1 und Z1) beteiligt sind. Akteur A startet den Nachrichtenaustausch, indem er eine asynchrone Nachricht (*nachricht1()*) an das Objekt X1 schickt. Damit wird eine Schleife (*loop*) mit folgendem Teilablauf gestartet:

- Objekt X1 erhält die Nachricht (*nachricht1()*) und sendet eine synchrone Nachricht (*nachricht2()*) an Objekt Y1.

- Objekt Y1 erhält die Nachricht (*nachricht2()*) und initialisiert mit *new()* ein neues Objekt vom Typ Z1.

- Objekt Y1 schickt eine synchrone Nachricht (*nachricht3()*) an Objekt Z1.

- Objekt Z1 erhält die Nachricht (*nachricht3()*), berechnet ein entsprechendes Ergebnis und schickt das Ergebnis (*ergebnis3*) an Objekt Y1 zurück. Danach wird Objekt Z1 zerstört.

- Objekt Y1 erhält das Ergebnis (*ergebnis3*), berechnet daraus sein Ergebnis (*ergebnis2*) und schickt dieses an Objekt X1 zurück.

- Da die Ursprungsnachricht asynchron war, erhält der Akteur kein Ergebnis seiner Nachricht zurück.

Die Schleife wird so lange durchgeführt, bis die Bedingung (*condition*) nicht mehr gilt.

Im zweiten Teil des Diagramms wird der Ablauf durch Bedingungen gesteuert. Jeder Bereich des Interaktionsrahmens definiert einen alternativen Ablauf (*alt*). Die Bedingungen (*condition1* und *condition2*) entscheiden über die Wahl des Ablaufs. Die Anzahl der Bereiche in einem bedingten Ablauf ist nicht festgelegt. Für Leser, die sich in die Notation stärker einarbeiten möchten, empfiehlt sich beispielsweise das UML-Handbuch von Christoph Kecher (Kecher) oder im Zweifelsfall die Lektüre der UML-Spezifikation selbst (OMG).

Sequenzdiagramme in der Anforderungsmodellierung

Wie das relativ kleine Beispiel in Abbildung 6.10 bereits demonstriert, haben Sequenzdiagramme die Tendenz sehr schnell groß und unübersichtlich zu werden. Insbesondere wenn man versucht, einen Ablauf vollständig mit allen Sonderfällen darzustellen. Auch ist die Syntax im Vergleich zu anderen Notationen eher komplex und nicht immer intuitiv zu verstehen.

In der Anforderungsmodellierung gibt es daher nur wenig sinnvolle Einsatzmöglichkeiten für Sequenzdiagramme. Im Rahmen der Anforderungsermittlung lassen sich mit ihrer Hilfe sehr gut Skizzen zu Beispielszenarien zur Nutzung eines Systems mit den Stakeholdern entwickeln und diskutieren. Sie eignen sich bedingt auch zur Spezifikation einzelner Szenarien in Use Cases.

Fallstudie   **Eva – Sequenzdiagramm**

Das Diagramm in ▶ Abbildung 6.11 beschreibt einen möglichen Ablauf aus dem Use Case UC_01 „Evaluationsbogen anlegen, die Erzeugung eines neuen Evaluationsbogens durch den Qualitätsmanager".

In diesem Szenario wird der Evaluationsbogen zu Beginn neu erstellt. Der Bogen wird dann bearbeitet und automatisch gespeichert. Am Ende hat der Qualitätsmanager die Möglichkeit den Bogen freizugeben, zu löschen oder einfach zur späteren Verwendung zu schließen.

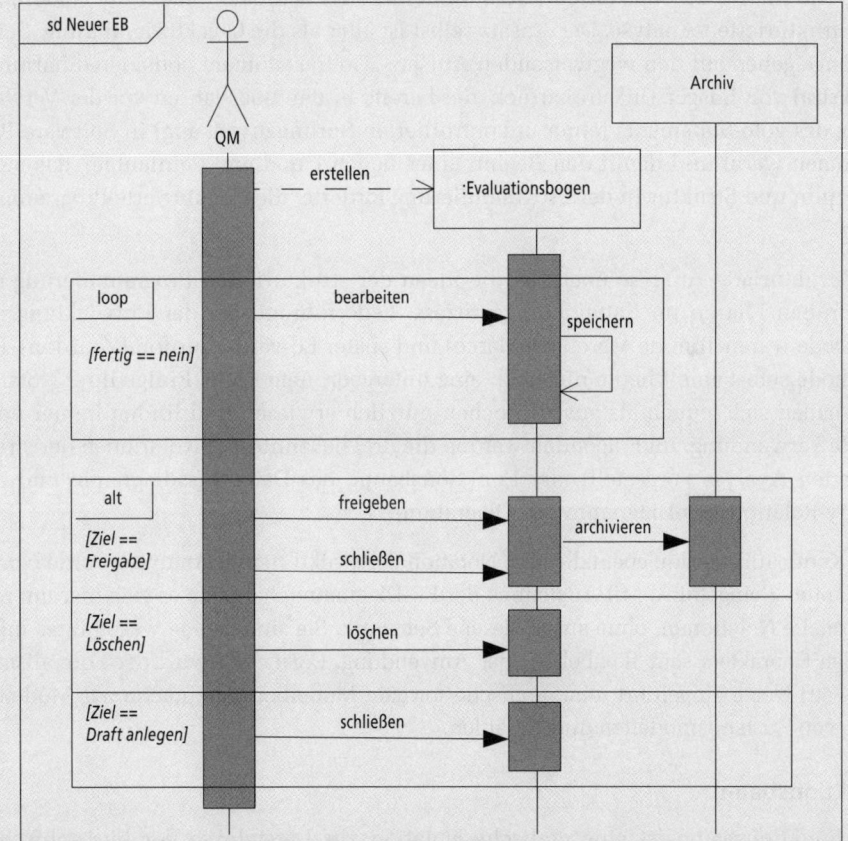

Abbildung 6.11: Sequenzdiagramm zur Erstellung einer neuen Evaluation.

Sequenzdiagramme modellieren Abläufe auf konkreten Objekten, nicht auf Klassen. Die Darstellung im Diagramm beschreibt die Aktionen, die auf einem konkreten Evaluationsbogen – beispielsweise für das Sommersemester 2012 – durchgeführt werden. Der Bogen wird in diesem Fall neu erstellt. Er stammt nicht von einer Archivversion und wurde auch nicht zuvor als Draft gespeichert.

Die Schreibweise „:Evaluationsbogen" in der Lebenslinie erlaubt eine gewisse Verallgemeinerung des Ablaufs. Sie bedeutet, dass der Ablauf für jedes Objekt vom Typ Evaluationsbogen gilt, das neu erstellt wird.

Im Diagramm wurde auf die explizite Unterscheidung von synchronen und asynchronen Nachrichten verzichtet, da diese Information auf der modellierten Abstraktionsebene keinen Mehrwert bringt und das Diagramm unnötig aufblähen würde.

6.2.2   Weitere Modellierungstechniken

Eine Alternative zu objektorientierten Modellierungstechniken bieten die Notationen der strukturierten Analyse. Der Ansatz selbst ist älter als die Objektorientierung. Seine Anfänge gehen auf den wegweisenden Aufsatz „Go to statement considered harmful" (Dijkstra) von Edsger Dijkstra zurück, der bereits in den 60er Jahren vor der Verwendung des goto-Statements (einer unkontrollierten Sprunganweisung) in Software-Programmen warnt und damit den Beginn eines neuen Paradigmas einläutete, das mehr Disziplin und Struktur in der Programmierung forderte: die strukturierte Programmierung.

Die strukturierte Analyse überträgt die Ideen der strukturierten Programmierung auf die frühen Phasen im Entwicklungsprozess. Federführend bei der Entwicklung der Methode waren Tom de Marco (DeMarco) und später Edward Yourdon (Yourdon). Die Methode selbst spielt heute nur noch eine untergeordnete Rolle. Einige ihrer Notationen haben sich jedoch als ausgesprochen nützlich erwiesen und finden immer noch breite Verwendung. Im Folgenden werden die drei bekanntesten Notationen der strukturierten Analyse vorgestellt, der Funktionsbaum, das Datenflussdiagramm und das Entity-Relationship-Diagramm (ER-Diagramm).

Das Kontextdiagramm, ebenfalls eine Notation der strukturierten Analyse, wurde bereits in Kapitel 2 eingeführt. Mit Ausnahme der ER-Diagramme handelte es sich hier um rein informelle Notationen, ohne ausgewiesene Semantik. Sie sind gerade wegen ihres informellen Charakters sehr flexibel bei der Anwendung. Ergänzend wird der Formalismus der Petri-Netze eingeführt, eine grafische formale Modellierungssprache zur Modellierung von Zustandsmodellen und Abläufen.

Funktionsbaum

Ein Funktionsbaum ist eine grafische Notation zur Darstellung der hierarchischen Zerlegung von Funktionen in Teilfunktionen. Als Ergebnis erhält man eine Baumdarstellung mit den Knoten als komplexe Funktionen und den Blättern als atomare Teilfunktionen. Die Menge der Teilfunktionen bildet in ihrer Gesamtheit die hierarchisch übergeordnete Funktion.

Die Notation kennt nur zwei Elemente, (Teil-)Funktionen und eine Zerlegungsbeziehung mit der Semantik: „verfeinert". ▶ Abbildung 6.12 zeigt beispielhaft die Elemente eines Funktionsbaums. Funktion A, die Basisfunktion und Wurzel des Funktionsbaums, setzt sich zusammen aus den Teilfunktionen A1, A2 und A3. Jede dieser Teilfunktionen kann hierarchisch in weitere Teilfunktionen zerlegt werden. Das Beispieldiagramm zeigt die Zerlegung einer Funktion. Prinzipiell lässt sich diese Form der Darstellung auf andere Situationen übertragen, in denen ein beliebiges Konzept hierarchisch in seine Teilkonzepte zerlegt werden soll, wie beispielsweise ein System in seine Komponenten, ein Problem in seine Teilprobleme oder ein Ziel in seine Teilziele.

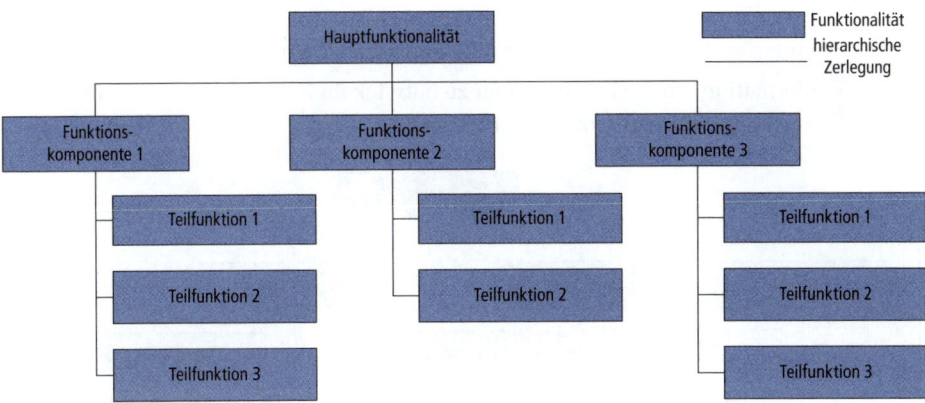

Abbildung 6.12: Notationselemente eines Funktionsbaums.

Funktionsbaum in der Anforderungsmodellierung

Die Notation der Funktionsbäume basiert auf einer einfachen Dekompositionssemantik, die sich auf viele Situationen übertragen lässt. In der Anforderungsermittlung helfen Funktionsbäume durch die konsequente Dekomposition komplexer Funktionsbereiche relevante Anforderungen zu identifizieren.

Die Notation kann einfach, gerade wegen ihres informellen Charakters, um individuelle Notationselemente erweitert werden, die zusätzliche Informationen über die gefundenen (Teil-)Funktionalitäten liefern. So nutzt Ebert Funktionsbäume zur Spezifikation von Delta-Anforderungen (Ebert), also Anforderungen, die gegenüber den ursprünglichen Anforderungen verändert wurden. In ähnlicher Weise können Funktionsbäume um die Information erweitert werden, welche Funktionalität bereits von einem anderen System bereitgestellt wird und wo gegebenenfalls Anpassungen notwendig sind.

Eva – Funktionsbaum

Das Evaluationssystem nutzt zwei Funktionalitäten, die von anderen Systemen geliefert werden. Dies ist einerseits die Prüfung der Zugangsberechtigung über das Hochschulberechtigungssystem und andererseits die Veröffentlichung der Ergebnisse auf der Webseite der Hochschule über ihr Content-Management-System.

Der Funktionsbaum in ▶ Abbildung 6.13 modelliert neben der funktionalen Zerlegung diese Zusatzinformation. Dazu erweitert das Diagramm die Notation des Funktionsbaums um

■ eine einfache Darstellung zur Unterscheidung des Ursprungs einer Funktion und

■ die Information, ob die Funktion neu zu entwickeln ist, angepasst werden muss oder unverändert übernommen werden kann.

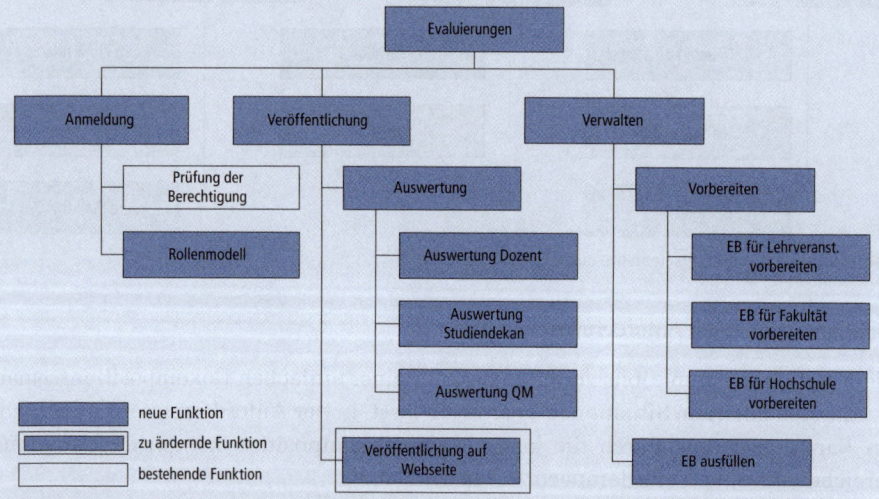

Abbildung 6.13: Erweiterter Funktionsbaum Evaluierungssystem Eva.

Das Berechtigungssystem wird über eine definierte Schnittstelle genutzt und erfordert keine Anpassung. Anders sieht dies aus für die Veröffentlichung auf der Webseite. Hier sind Anpassungen am Content-Management-System der Hochschule erforderlich. Alle übrigen Funktionen liegen in der Verantwortung von Eva und müssen explizit neu entwickelt werden.

Datenflussdiagramm

Datenflussdiagramme sind eine datenflussorientierte Notation zur Modellierung von Abläufen. Sie zeigen den Fluss der Daten durch informationsverarbeitende Systeme. In ihrer ursprünglichen Form ist die Notation in der DIN-Norm 66001 von 1966 definiert. Die hier vorgestellte Variante ist eine vereinfachte Form, die 1979 von Tom de

Marco für die Notation der Datenflussdiagramme in der strukturierten Analyse abgeleitet wurde.

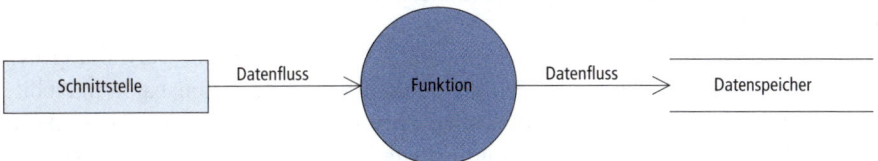

Abbildung 6.14: Elemente des Datenflussdiagramms.

Im Zentrum der Notation stehen Daten und ihre Verarbeitung. Die Notation unterstützt Konzepte zur Modellierung von Funktionen (Prozessen, Prozessschritten), Datenspeichern und Schnittstellen sowie den Datenfluss in Form von Pfeilen (siehe ▶ Abbildung 6.14). Funktionen bearbeiten die Daten und legen das Ergebnis in einem oder mehreren Datenspeichern persistent ab.

Die Datenspeicher (vergleichbar zu Feldern einer Datenbanktabelle) stellen die Daten weiteren Funktionen als Eingabe zur Verfügung. Schnittstellen sind externe Akteure, beispielsweise Personen oder Fremdsysteme, die mit dem System interagieren. Je nachdem, ob sie Daten liefern oder Daten aufnehmen, werden sie als Datenquelle oder Datensenke bezeichnet.

Zur Modellierung von Datenflussdiagrammen gilt folgende Regel: Daten fließen von Datenquellen zu Funktionen und von Funktionen zu Datensenken. Alternativ fließen sie von Funktionen zu Datenspeichern oder von Datenspeichern zu Funktionen. Die Reihenfolge der Bearbeitung ist bei der Modellierung zweitrangig. Auch der Kontrollfluss mit bedingten Verzweigungen, Schleifen und Parallelität spielt in der Datenflussmodellierung keine Rolle.

Datenflussdiagramm in der Anforderungsmodellierung

Datenflussdiagramme modellieren wie Aktivitätsdiagramme Abläufe. Der Schwerpunkt liegt hier jedoch nicht auf dem Kontrollfluss, sondern auf der Verarbeitung der Daten. Mit Datenflussdiagrammen werden Antworten auf folgende Fragen gesucht:

- wo kommen die Daten her,
- welche Funktion verarbeitet sie,
- welche Datenspeicher werden benötigt?

Die Notation eignet sich zur Modellierung von datengetriebenen Workflows, vergleichbar zu Geschäftsprozessen, die später in einem System umgesetzt werden. Datenflussdiagramme spielen heute in der Software-Entwicklung keine bedeutende Rolle mehr als eigenständige Modellierungsnotation. Der datenflussorientierte Ansatz ist jedoch einzigartig und wurde in viele kontrollflussorientierte Modellierungssprachen integriert. Zu nennen sind hier beispielsweise die Objekte in Aktivitätsdiagrammen oder die explizite Modellierung des Datenflusses zwischen Prozessen in der BPMN (siehe Kapitel 2 Systemkontext).

Eva – Datenflussdiagramm

Das Diagramm in ▸ Abbildung 6.15 modelliert den Prozess zur Verwaltung der Evaluationsbögen. Die zentralen Funktionen wurden im Funktionsbaum in Abbildung 6.13 identifiziert. Im Datenflussdiagramm wird dargestellt, wie die Funktionen im Kontext eingesetzt werden und welche Arten von Daten notwendig sind.

Der Prozess startet mit der initialen Erstellung eines hochschulweiten Evaluierungsbogens durch den Qualitätsmanager und geht über die Anpassung durch Studiendekane und Dozenten bis hin zur Bewertung der Lehrveranstaltungen durch die Studierenden. Die Funktionen im Diagramm sind in diesem Fall vergleichbar zu Use Cases im objektorientierten Ansatz. Das zugehörige Datenflussdiagramm beschreibt die eingehenden Daten und das von der Funktion erstellte Ergebnis. Zusätzlich liefert das Diagramm Hinweise zu den benötigten Datenspeichern.

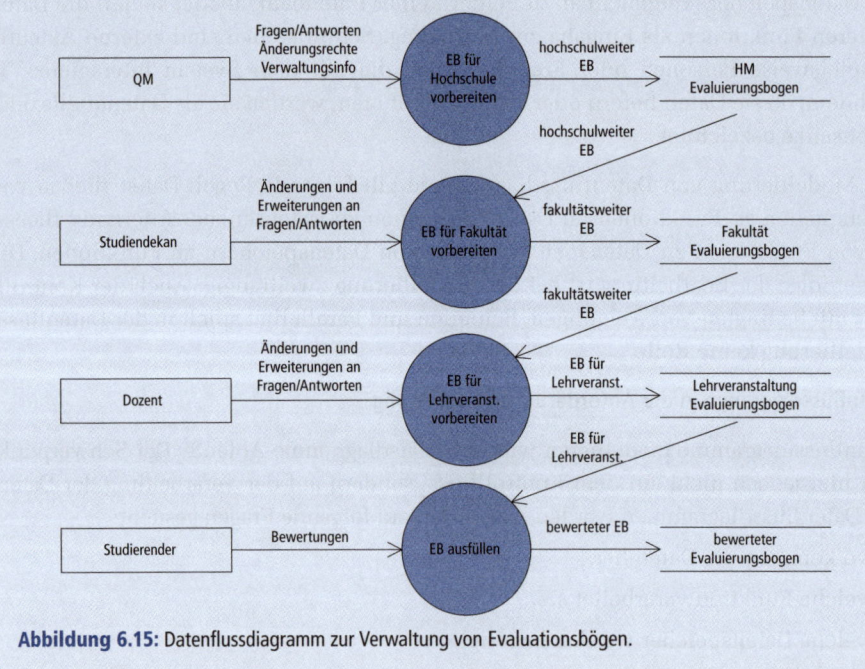

Abbildung 6.15: Datenflussdiagramm zur Verwaltung von Evaluationsbögen.

Entity-Relationship-Diagramm

Entity-Relationship-Diagramme (ER-Diagramme) sind eine relativ alte und ausgereifte formale Modellierungssprache aus dem Datenbankbereich. Entwickelt wurde sie 1976 von Peter Chen (Chen). Die Sprache erwies sich jedoch in mancher Hinsicht als nicht aussagekräftig genug und wurde in den folgenden Jahren erweitert.[10] Die Notation

---

10 J.M. Smith, D.C.P. Smith: Database Abstractions: Aggregation and Generalization, ACM Transactions on Database Systems, Vol. 2, No. 2 (1977), S. 105–133.

wird häufig zur informellen Darstellung von Datenstrukturen verwendet. Die formale Semantik erlaubt jedoch bei entsprechender Werkzeugunterstützung die Generierung von Datenbankschemata aus den Datenbankmodellen.

Notationselemente sind Entitäten, Relationen (Beziehungen) und Attribute. Entitäten repräsentieren beliebige Konzepte, ähnlich zu Klassen. Die Ausprägungen einer Entität nennt man Instanzen. Attribute beschreiben die Eigenschaften der Entitäten. Zwischen den Entitäten existieren Beziehungen. Diesen sind Kardinalitäten zugeordnet, die ausdrücken, mit wie vielen Instanzen einer Entität die Instanzen einer anderen Entität in Beziehung stehen. Die Angabe der Kardinalitäten im Diagramm orientiert sich an der ursprünglichen Notation von Chen. So steht im Diagramm in ▶ Abbildung 6.16 eine Instanz vom Entitätstyp A in Relation zu n Instanzen vom Entitätstyp B. Jede Instanz vom Entitätstyp B steht dagegen mit genau einer Instanz vom Entitätstyp A in Beziehung. Die Relation selbst ist vom Typ Y und bezeichnet die Art und Weise, in der die Entitäten in Beziehung stehen.

Beziehungen können zwischen mehr als zwei Entitäten existieren. So steht eine Instanz von Entität D mit jeweils einer Instanz der Entitäten A und C in einer Relation X.

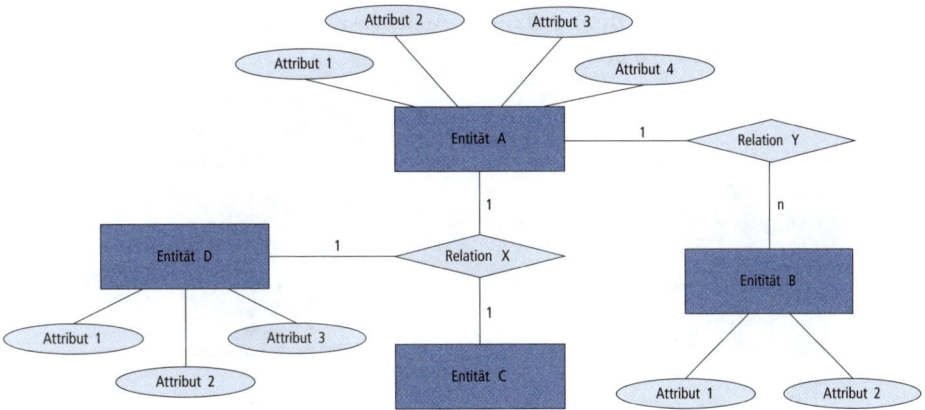

Abbildung 6.16: Elemente der ER-Diagramme nach Chen.

ER-Diagramme in der Anforderungsmodellierung

ER-Diagramme eignen sich wie Klassendiagramme zur Modellierung der Anwendungsdomäne. Mit ihrer Hilfe lassen sich Konzepte und ihre strukturellen Zusammenhänge systematisch darstellen. Sie können daher in der Anforderungsmodellierung in gleicher Weise wie Klassendiagramme eingesetzt werden. Die Entscheidung für oder gegen eine der beiden Notationen hängt nicht so sehr von der Eignung der Notation selbst ab, sondern vom Kontext, in dem sie eingesetzt werden soll. Werden im Entwicklungsprozess objektorientierte Modellierungsmethoden und eine objektorientierte Programmiersprache verwendet, sind UML-Klassendiagramme, auch in der Anforderungsmodellierung, die Notation der Wahl. Wird dagegen nach dem Ansatz der strukturierten Analyse vorgegangen oder handelt es sich um ein System mit hohem Datenbankanteil und wenig Ablauflogik, sind ER-Diagramme eine gute Alternative.

ER-Diagramme können alternativ zu Klassendiagrammen verwendet werden. Dementsprechend modelliert das Diagramm in ▶ Abbildung 6.17 die gleiche Information wie das Klassendiagramm in Abbildung 6.5, mit kleinen Ausnahmen: Für das Diagramm wurde die ursprüngliche Notation nach Chen verwendet. Diese unterstützt noch nicht das Konzept der Vererbung. Das Diagramm drückt somit nicht aus, dass ein Studiendekan immer auch ein Dozent ist.

Ein weiterer (feiner) Unterschied ist die Semantik der Kardinalitäten in ER-Diagrammen. Im Gegensatz zur Semantik von Multiplizitäten in Klassendiagrammen geben Kardinalitäten in ER-Diagrammen die Anzahl der Instanzen an, die an einer konkreten Beziehung teilnehmen (z.B. 1:1, 1:n, m:n). Die Multiplizität einer Beziehung definiert dagegen den Bereich der erlaubten Kardinalitäten (z.B. 0..1:1..*). Multiplizitäten sind in der ursprünglichen Chen-Notation nicht vorgesehen. Es gibt jedoch Erweiterungen, wie beispielsweise die modifizierte Chen-Notation (MC-Notation), die zusätzliche Angaben zu gültigen Bereichen für die erlaubten Kardinalitäten erlaubt.

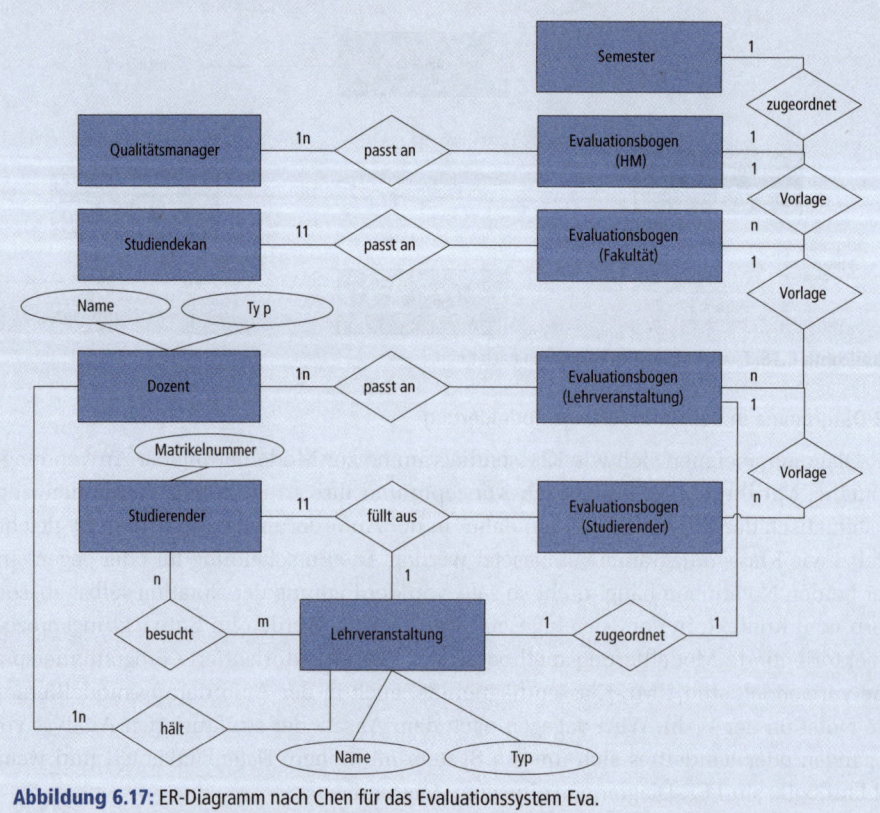

Abbildung 6.17: ER-Diagramm nach Chen für das Evaluationssystem Eva.

Petri-Netze

Petri-Netze wurden 1962 von Carl Adam Petri in seiner Dissertation (Petri) als grafische Modellierungssprache zur Prozessmodellierung und Prozessanalyse entwickelt. Ein Petri-Netz ist ein Graph aus Stellen und Transitionen, die über Kanten verbunden sind. Es beginnt und endet immer mit einer Stelle. Kanten verbinden Stellen mit Transitionen und Transitionen mit Stellen.

Das Diagramm in ▶ Abbildung 6.18 zeigt ein einfaches Petri-Netz mit drei Transitionen und vier Stellen. Stellen sind Platzhalter zur Modellierung des Zustands, in dem sich das Petri-Netz zu einem bestimmten Zeitpunkt im Prozessablauf befindet. Der Zustand selbst wird über Marken ausgedrückt, die den Stellen zugeordnet sind.

Die Menge aller Stellen, von denen eine Kante zu einer Transition führt, wird als der **Vorbereich** der Transition bezeichnet. Die Menge aller Stellen, zu denen eine Kante von einer Transition führt, wird als der **Nachbereich** der Transition bezeichnet.

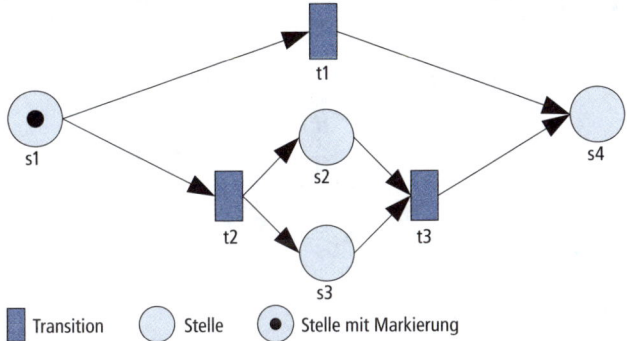

Abbildung 6.18: Elemente eines Petri-Netzes (Bedingungs-Ereignis-Netz).

Ein großer Vorteil der Petri-Netze gegenüber anderen Notationen zur Zustandsmodellierung ist ihre formale Semantik. Sie können nicht nur Prozesse modellieren, sondern auch ihr Verhalten simulieren. Transitionen sind der aktive Teil eines Petri-Netzes. Sie können „schalten". Durch das Schalten „verbraucht" die Transition die Marken in ihrem Vorbereich und erzeugt neue Marken in ihrem Nachbereich. Durch das Schalten verändert sich die Belegung der Stellen und somit der Zustand des Petri-Netzes. Eine Transition kann nur schalten, wenn alle Vorbedingungen erfüllt sind, wenn also alle Stellen in ihrem Vorbereich die erforderliche Anzahl an Marken enthalten. Das Verhalten eines Petri-Netzes ist nicht deterministisch: Jede Transition, die schaltbereit ist, kann theoretisch als Nächstes geschaltet werden.

Wie eine Prozesssimulation des Netzes in Abbildung 6.18 aussehen kann, zeigt ▶ Abbildung 6.19. Bei diesem Netz handelt es sich um ein Bedingungs-Ereignis-Netz, eine sehr einfache Variante eines Petri-Netzes, das nie mehr als eine Marke auf einer Stelle zulässt. Zu Beginn ist die Marke der Stelle s1 zugeordnet. Durch Schalten von Transitionen verändert sich die Markenbelegung im Netz. Ziel ist es, die Transitionen so zu schalten, dass die Marke der Stelle s4 zugeordnet ist. Da es keine ausgehenden Kanten von s4 gibt, hat der Prozess damit seinen Endzustand erreicht.

Das Netz erlaubt zwei mögliche Wege, um das Ziel zu erreichen.

Möglichkeit 1: Transition t2 kann schalten, da alle Stellen im Vorbereich, in diesem Fall s1, mit einer Marke belegt sind. Die Marke aus Stelle s1 wird „verbraucht", die Stellen s2 und s3 erhalten jeweils eine neue Marke. Sie liegen im Nachbereich von t2 und bilden gleichzeitig den Vorbereich von t3. Die Transition t3 kann nun ebenfalls schalten. Die Stelle s4 erhält eine Marke und der Prozess erreicht seinen Endzustand.

Möglichkeit 2: Transition t1 kann schalten, da die Stelle s1 auch ihren Vorbereich bildet. Die Marke aus Stelle s1 wird verbraucht und eine neue Marke wird in Stelle s4 erzeugt. Das Netz geht somit unmittelbar in den Endzustand über.

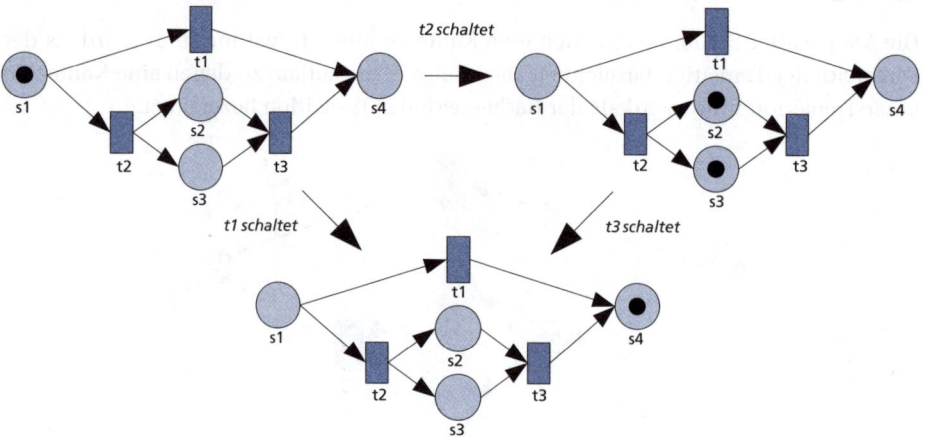

Abbildung 6.19: Simulation eines Prozesses.

Das hier dargestellte Beispiel verwendet die einfachste Variante der Petri-Netze mit verhältnismäßig eingeschränkter Aussagekraft. Der Formalismus kennt viele weitere Arten von Petri-Netzen, mit deren Hilfe komplexe Prozessgeflechte modelliert werden können. Auf eine umfassende Einführung in das Thema Petri-Netze wird an dieser Stelle jedoch verzichtet und stattdessen auf das breite Angebot an Literatur zum Thema verwiesen (z.B. (van der Aalst und van Hee)).

Durch ihre anschauliche grafische Darstellungsweise ist die Notation relativ einfach zu erlernen. Der formale Hintergrund erlaubt (mit geeigneter Werkzeugunterstützung) die Simulation der Prozesse und eine Analyse des Prozessverhaltens. Beispielsweise kann geprüft werden, ob der Prozess in manchen Situationen in eine Endlosschleife gerät oder ob bei parallelen Prozessen Deadlocks entstehen können, wenn sie auf die gleiche Ressource zugreifen möchten.

Petri-Netze in der Anforderungsmodellierung

Petri-Netze modellieren Prozesse, sie sind jedoch nicht das Mittel der Wahl zur grafischen Veranschaulichung des Kontrollflusses. Ihr Ziel ist die Modellierung und Analyse von Abläufen, sei dies das Verhaltensmodell einzelner Objekte oder das Verhaltensmodell eines Prozesses. Ihre Stärke liegt in der Modellierung von parallel ablaufenden Verhaltensmodellen, die zu bestimmten Zeitpunkten synchronisiert werden müssen.

Fallstudie   **Eva – Petri-Netz**

Das Bedingungs-Ereignis-Netz in ▶ Abbildung 6.20 modelliert das Zustandsmodell eines hochschulweiten Evaluationsbogens. Das modellierte Verhalten entspricht dem Zustandsmodell in Abbildung 6.9. Der Evaluationsbogen wird erstellt und kann beliebig oft bearbeitet und gespeichert werden. Ist er fertig, wird er freigegeben und parallel archiviert. Ein archivierter Bogen darf erst gelöscht werden, wenn die Freigabe explizit zurückgenommen wurde, der Bogen also nicht mehr für die Fakultäten zugreifbar ist. Ein Bogen in Bearbeitung darf unmittelbar gelöscht werden.

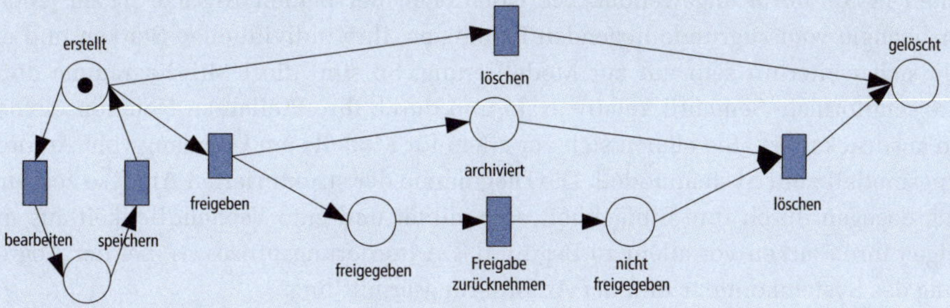

Abbildung 6.20: Zustandsmodell des hochschulweiten Evaluationsbogens als Petri-Netz.

6.3 Entwicklung des Anforderungsmodells

Die vorgestellten Modellierungstechniken helfen bestimmte Sichten aus dem Anforderungsmodell darzustellen. Wie werden Sie nun im Requirements Engineering tatsächlich eingesetzt? Die Entwicklung eines Software-Systems beginnt mit der Ermittlung der Anforderungen, am Ende steht das Software-System selbst, das die Anforderungen in einer beliebigen Programmiersprache implementiert. Im Entwicklungsprozess muss Schritt für Schritt der Bruch zwischen informellen Anforderungen und formalem System überwunden werden. Modelle auf unterschiedlichen Abstraktionsebenen unterstützen diesen Prozess.

Im Anforderungsprozess wird das Anforderungsmodell entwickelt. Es modelliert die Anforderungen, wie sie von den Stakeholdern ermittelt werden, und setzt sie in den Kontext der Anwendungsdomäne. Das Anforderungsmodell ist selbst kein Modell der Lösung und sollte auch nicht als solches betrachtet werden. Es steckt lediglich den Rahmen für die Entwicklung einer Lösung. Erst das Systemmodell, das im Rahmen des Entwurfs erstellt wird, beschreibt die geplante Softwarelösung. Das Systemmodell wird weiter verfeinert und schließlich in Code umgesetzt.

Anforderungsmodell und Systemmodell setzen sich aus verschiedenen Teilmodellen zusammen, die jeweils eine Sicht auf die Anforderungen oder auf das System beschreiben. Damit es an der Schnittstelle zwischen den Modellen nicht zu unerwünschtem Informationsverlust kommt, sollten sich die Teilmodelle des Anforderungsmodells einfach auf Teilmodelle des Systemmodells übertragen und verfeinern lassen.

In der Informatik sind vor allem zwei Methoden bekannt, die einen durchgängigen Ansatz zur Entwicklung des Anforderungsmodells bieten, die objektorientierte Analyse OOA (Coad und Yourdon) und die strukturierte Analyse SA (DeMarco). Die OOA stützt sich zentral auf die UML als objektorientierte Modellierungssprache. Die SA dagegen bringt ihre eigenen Notationen mit und integriert existierende Formalismen wie ER-Diagramme. Als Methoden geben OOA und SA nicht nur die Notationen zur Modellierung der Teilmodelle vor, sondern auch den übergeordneten Analyse- und Modellierungsprozess. Beide Methoden sind bereits relativ alt und werden nur noch selten in Reinform angewendet. Die Notationen der beiden Ansätze haben jedoch, unabhängig vom zugrunde liegenden Paradigma, ihre individuellen Stärken und eignen sich weiterhin sehr gut zur Modellierung. So sind die UML-Diagramme durch ihre semiformale Semantik relativ exakt und durch ihre Vielfalt an Notationselementen ausdrucksstark. Sie eignen sich vor allem für Modelle am Übergang vom Anforderungsmodell zum Systemmodell. Die Diagramme der strukturierten Analyse zeichnen sich dagegen durch ihre Einfachheit, Flexibilität und gute Verständlichkeit aus und zeigen ihre Stärken vor allem zu Beginn des Anforderungsprozesses, bei der Abgrenzung des Systemkontexts und der Anforderungsermittlung.

Moderne Ansätze zum Requirements Engineering konzentrieren sich nicht mehr auf die exakte Vorgabe einer durchgängigen Methodik zur Anforderungsanalyse. Stattdessen erhält der Requirements Engineer eine Art Methodenbaukasten an die Hand. Vorgegeben werden die Teilmodelle bzw. Sichten, die für das Anforderungsmodell zu entwickeln sind, sowie eine Auswahl geeigneter Notationen zur Modellierung. Welche Sichten in einem Projekt sinnvoll sind und welche Notationen verwendet werden, liegt in der Entscheidung des Requirements Engineer. Dieser erhält so die nötige Flexibilität bei der Modellierung. Beispiele für solche Ansätze finden sich etwa bei Pohl und Rupp (Rupp und Pohl) sowie bei Ebert (Ebert). Balzert (Balzert) geht einen Schritt weiter und führt neben den üblichen grafischen Notationen verschiedene formale Ansätze ein, die im Rahmen der Anforderungsmodellierung verwendet werden können.

Tabelle 6.3 stellt eine Auswahl an Sichten mit ihren Notationen vor, die alle relevanten Aspekte eines Anforderungsmodells erfassen. Kontext-, Funktions-, Struktur- und Verhaltenssicht helfen bei der Modellierung des Problemraums. Die Schnittstellensicht unterstützt die Modellierung des Lösungsraums. Die Notationen und ihr Einsatz im Requirements Engineering wurden in *Abschnitt 6.2, Modellierungstechniken* eingeführt.

Sicht	Beschreibung	Notationen
Kontextsicht	Modelliert die Einbettung des Systems in seine Umgebung.	Kontextdiagramm
Funktionssicht	Modelliert die funktionale Einbettung des Systems in die existierende Systemlandschaft.	Funktionsbaum
Struktursicht	Modelliert strukturelle Zusammenhänge der Anwendungsdomäne. Dies sind fachliche Konzepte mit ihren Eigenschaften und Beziehungen.	UML-Klassendiagramm ER-Diagramm
Verhaltenssicht	Modelliert das Verhalten fachlicher Objekte der Anwendungsdomäne.	UML-Zustandsdiagramm Petri-Netz Entscheidungstabellen
Schnittstellen-sicht	Modelliert das Schnittstellenverhalten des Systems.	Use-Case-Diagramm UML-Aktivitätsdiagramm UML-Sequenzdiagramm UML-Zustandsdiagramm

Tabelle 6.3: Sichten und Notationen für das Anforderungsmodell.

6.4 Modellbasierte Entwicklung

Im Entwicklungsprozess werden verschiedene Modelle benötigt: das Anforderungsmodell in den frühen Phasen zur Beschreibung der gewünschten Fachlichkeit, ein Modell der Schnittstelle zur Beschreibung der fachlichen Lösung, das Entwurfsmodell und schließlich der fertige Code als ausführbares Systemmodell. Jedes Modell, mit Ausnahme des Anforderungsmodells, ist eine Verfeinerung seines Vorgängermodells. Mit einer automatisierten Transformation der Modelle wird ein vollständig modellbasierter Entwicklungsprozess möglich, auch als modellbasierte Entwicklung bezeichnet.

Modellbasierte Entwicklung sieht einen durchgängig modellgetriebenen Entwicklungsansatz von den Anforderungen bis zur Software vor. Die Idee ist dabei, die Entwicklung komplexer Software-Systeme durch Modelle auf unterschiedlichen Abstraktionsebenen besser zu beherrschen. Werden formale Modellierungssprachen verwendet, können die Modelle mit entsprechender Werkzeugunterstützung einer automatisierten Analyse und Verifikation unterzogen und ihr Verhalten simuliert werden. Ein durchgängig modellbasierter Ansatz erlaubt zusätzlich die automatisierte Transformation abstrakter Modelle zu konkreteren Modellen bis hin zum Code.

In diesem Zusammenhang entstand Ende der 90er Jahre, mit Aufkommen der UML, ein objektorientierter Ansatz zur durchgängigen modellbasierten Entwicklung, die Model Driven Architecture[11] (MDA). Entwicklung und Standardisierung der MDA wurden von der Object Management Group vorangetrieben, der Organisation, die auch für den UML-Standard verantwortlich zeichnet. Die MDA sieht vier Modellstufen auf dem Weg von

---

11 *http://www.omg.org/mda/*

den Anforderungen zum System vor. Mit jeder Stufe wird das Modell konkreter. Die Modelle werden über eine automatisierte Transformation ineinander überführt.

- CIM (*Computation Independent Model*): Modelliert werden die von den Stakeholdern ermittelten Anforderungen, unabhängig von der Verwendung eines Software-Systems.

- PIM (*Platform Independent Model*): Das PIM verfeinert das CIM. Es geht bereits von einer Umsetzung mithilfe eines möglichen Software-Systems aus, macht jedoch keine Annahmen über die verwendete Plattform oder Programmiersprache.

- PSM (*Platform Specific Model*): Das PSM verfeinert das PIM und ergänzt plattformspezifische Details. Die Idee ist, dass aus dem PSM lauffähiger Code für die gegebene Plattform generiert werden kann.

- Das *Code Model*: Dies entspricht dem finalen lauffähigen Software-System.

Die MDA ist prinzipiell unabhängig von einer bestimmten Modellierungssprache, die Nähe zur UML ist jedoch unverkennbar. Es gab in der Forschung eine Reihe von Versuchen, die UML so formal zu gestalten, dass tatsächlich eine automatisierte Transformation, beispielsweise vom PIM zum PSM, möglich wird. In Ansätzen und für sehr spezifische Plattformen ist dies auch gelungen. Vor allem die Transformation des PSM zum Code Model und zurück – auch als Round-Trip-Engineering bezeichnet – wird heute von vielen Entwicklungsumgebungen erfolgreich eingesetzt. Eine Formalisierung des CIM, also des Anforderungsmodells, hat sich dagegen bisher als nicht praktikabel erwiesen. So sinnvoll die Idee ist, konnte sich doch bisher eine durchgängige modellbasierte Entwicklung nicht durchsetzen. Probleme bereitet neben der Automatisierung der Modelltransformation vor allem die vollständige Darstellung beliebiger Anforderungsinformationen mithilfe formaler Modellierungssprachen.

Übungen

Übung 1: Modellierung eines Domänenmodells

Der Pizzabestellservice *myPizzaFactory.com* möchte seinen Kunden in Zukunft den Service anbieten, über das Internet Pizzen beliebig zusammenzustellen und sich liefern zu lassen. Der Verantwortliche der Pizza Factory beschreibt im Rahmen der Anforderungsanalyse seinen Anwendungsbereich wie folgt:

■ Eine Bestellung umfasst beliebig viele, jedoch mindestens eine Pizza und ist immer genau einem Kunden zugeordnet. Ein Kunde kann jedoch beliebig viele Bestellungen ordern. Ein Kunde hat einen Namen und eine Adresse. Die Adresse besteht aus Straße, Hausnummer, PLZ und Ort.

■ Eine Pizza besteht aus einem Pizzaboden und verschiedenen Toppings. Sie hat einen Grundpreis.

■ Für den Boden kann der Kunde zwischen Crunchy (dünn und knusprig) oder Soft (dick und weich) wählen. Crunchy ist im Grundpreis enthalten, für Soft-Böden muss ein Aufschlag gezahlt werden.

■ Ein Topping kann kostenlos oder kostenpflichtig sein. Alle kostenpflichtigen Toppings haben den gleichen Preis. Jedes (kostenlose und kostenpflichtige) Topping hat einen Namen.

■ Jede Pizza enthält im Grundpreis zwei kostenlose Toppings. Standardmäßig sind das eine Portion Tomatensoße und eine Portion Käse. Der Kunde kann sich jedoch auch für zweimal Käse oder zweimal Tomatensoße entscheiden oder die kostenlosen Toppings einzeln oder ganz abwählen (ohne Preisnachlass).

■ Jede Pizza kann zusätzlich auf Wunsch des Kunden mit beliebig vielen kostenpflichtigen Toppings (z.B. Schinken, Zwiebeln, müssen nicht im Einzelnen modelliert werden) belegt werden. Es muss pro Pizza mindestens ein kostenpflichtiges Topping gewählt werden.

■ Der Gesamtpreis der Pizza berechnet sich aus dem Grundpreis, gegebenenfalls dem Zuschlag für den Soft-Boden und der Anzahl der gewählten kostenpflichtigen Toppings.

Erstellen Sie für den oben beschriebenen Pizzabestellservice das Domänenmodell, mithilfe eines UML-Klassendiagramms. Achten Sie darauf die Multiplizitäten korrekt wiederzugeben.

Übung 2: Ablaufmodellierung

Modellieren Sie zum Login-Use-Case in Kapitel 5, Aufgabe 1 das zugehörige Aktivitätsdiagramm. Achten Sie darauf, alle Möglichkeiten im Ablauf zu berücksichtigen. Modellieren Sie auch das Verhalten im Fehlerfall, beispielsweise bei Eingabe falscher Daten.

Übung 3: Zustandsmodellierung

Modellieren Sie mithilfe eines UML-Zustandsdiagramms das vollständige Zustandsmodell eines Sparschweins. Ein Sparschwein ist zu Beginn leer und kann solange mit einzelnen Eurostücken aufgefüllt werden, bis es voll ist. Es passen genau 100 Eurostücke in das Sparschwein. Solange das Sparschwein nicht leer ist, können jederzeit wieder einzelne Euros entnommen werden. Solange es nicht voll ist, kann jederzeit wieder ein Euro eingezahlt werden. Achten Sie darauf, alle prinzipiell möglichen Zustandsübergänge zu berücksichtigen.

Lösungen

Übung 4: Strukturierte Analyse

Verschiedene Banken überlegen aktuell die Funktionalität von Geldautomaten und Serviceterminals in einem Automaten zusammenzulegen. Der neue Automat soll folgende Funktionalitäten anbieten: Geld abheben, Geld einzahlen, Geld überweisen, Kontostand abfragen, Dauerauftrag einrichten, Dauerauftrag löschen. Spezifizieren Sie den Funktionsbaum (funktionale Dekomposition) für einen solchen Geldservice-Automaten. Spezifizieren Sie anschließend das zugehörige Datenflussmodell.

Lösungen

Übung 5: Prozessmodellierung mit Petri-Netzen

Modellieren Sie das Zustandsmodell für ein Buch in einer Bücherei mithilfe eines Bedingungs-Ereignis-Netzes. Ein Buch durchläuft folgende Zustände: Es ist zu Beginn entleihbar, wird dann entliehen. Irgendwann wird es zurückgegeben; entweder rechtzeitig, oder nicht rechtzeitig. In diesem Fall muss eine Gebühr bezahlt werden, bevor es erfolgreich zurückgegeben werden kann. Das zurückgegebene Buch wird einer Reinigung unterzogen, bevor es wieder entleihbar ist. Beachten Sie, dass der Prozess nicht endet, da das Buch beliebig oft entliehen werden kann.

Anforderungsvalidierung

7

Einführung 230

7.1 Was ist Validierung? 231

7.2 Prüfen, aber wann? 232
    7.2.1 So früh wie möglich! 232
    7.2.2 Fortlaufend prüfen: Schnelles Feedback ermöglichen . . 233
    7.2.3 An Meilensteinen und Quality Gates. 234

7.3 Qualitätskriterien und ihre Prüfung 235

7.4 Prüfung der Inhalte 236
    7.4.1 Beitrag zum Projektziel. 236
    7.4.2 Nichtfunktionale Anforderungen in natürlicher Sprache. 237
    7.4.3 Funktionale Anforderungen in natürlicher Sprache. . . 239
    7.4.4 Inhaltliche Prüfung von (UML-)Modellen 245
    7.4.5 Inhaltliche Prüfung informeller Schaubilder 250
    7.4.6 Einsatz von Metriken für Texte und Modelle 252

7.5 Prüfung der Verständlichkeit 252
    7.5.1 Wer sind die Leser? 253
    7.5.2 Verständliches Deutsch. 253
    7.5.3 Verständliche Schaubilder und UML-Diagramme. 256
    7.5.4 Erklärende Texte prüfen 258

7.6 Prüfung der Übereinstimmung 258

7.7 Prüfung formaler Kriterien 259
    7.7.1 Identifizierbarkeit und Nachverfolgbarkeit 259
    7.7.2 Rechtschreibung, Grammatik und Syntax 259
    7.7.3 Professionelle Dokumente 260
    7.7.4 Einhaltung der Dokumentvorlagen 261
    7.7.5 Namenskonventionen 261

7.8 Prüfen, aber wie? – Prüftechniken (Reviews) 261
    7.8.1 Walkthrough 262
    7.8.2 Stellungnahme (Peer-Review) 262
    7.8.3 Inspektionen 264
    7.8.4 Prüfung über Prototypen 269
    7.8.5 Zusatznutzen von Prüfungen 271

7.9 Hilfsmittel bei der Prüfung 272
    7.9.1 Fragenkataloge und Prüfanweisungen 272
    7.9.2 Richtlinien. 274
    7.9.3 Perspektiven einnehmen 274
    7.9.4 Beispiele simulieren 275

ÜBERBLICK

Einführung

>> Die Korrektur eines Fehlers im Pflichtenheft für ein Steuergerät im Auto ist eine einfache Textänderung. Die Rückrufaktion bereits gelieferter Fahrzeuge, in denen ein Steuergerät mit diesem Fehler verbaut ist, kann teuer werden. Ein Image-Schaden, die Kosten für die Werkstattaufenthalte der Fahrzeuge und viele weitere Kosten schlagen hier zu Buche.

Fehler in den Anforderungen können große Schäden verursachen, wenn sie erst nach der Lieferung des Systems entdeckt werden. Anforderungen dürfen daher nicht ungeprüft in den nachfolgenden Projektphasen verwendet werden. Die Prüfung der Anforderungen wird auch als Validierung bezeichnet.

Die Prüfung der Anforderungen sollte so früh wie möglich beginnen und kontinuierlich durchgeführt werden. Typischer Zeitpunkt für detaillierte Prüfungen sind Qualitätstore (*Quality Gates*) vor Meilensteinen im Projekt, beispielsweise bevor der Entwurf der Architektur beginnt oder bevor die Implementierung startet.

Für Anforderungsdokumente gibt es vier Bereiche in denen die Qualität geprüft werden muss:

Inhalt: Können die Anforderungen mit bezahlbarem Aufwand umgesetzt werden? Ist das Anforderungsdokument schlüssig? Sind die Anforderungen korrekt, vollständig, testbar, widerspruchsfrei und priorisiert?

Verständlichkeit: Verstehen alle Stakeholder die Anforderungsdokumente, also die Texte, Modelle und andere Schaubilder?

Übereinstimmung: Gibt es noch ungelöste Konflikte zwischen Stakeholdern in Bezug auf die Anforderungen?

Formalia: Die Prüfung formaler Kriterien wie die Einhaltung von Dokumentvorlagen oder der korrekten Rechtschreibung ist ebenfalls wichtig und gehört zum professionellen Vorgehen.

Anforderungsdokumente können in Reviews geprüft werden: **Walkthroughs** sind informelle Reviews, Autor und Gutachter treffen sich und gehen gemeinsam beispielsweise das Anforderungsdokument durch. Bei **Stellungnahmen** prüfen Team-Mitglieder ihre Anforderungsdokumente gegenseitig und notieren ihre Anmerkungen meistens im Dokument selbst. **Formale Inspektionen** enthalten einen Begutachtungsprozess, der mit dem Versenden der Dokumente an die Gutachter beginnt. Die in einer Befundliste gesammelten Anmerkungen werden in einer Sitzung besprochen und die Einarbeitung der wichtigsten Anmerkungen wird kontrolliert.

Reviews können über Hilfsmittel effektiver und effizienter gemacht werden: Das sind Fragenkataloge (**Checklisten**), die in der Prüfung abgearbeitet werden können. Dazu gehören auch **Anweisungen für Gutachter**, wie eine Prüfung durchzuführen ist. Das **Durchgehen von Beispielen** und das **perspektivenbasierte Lesen** sind zwei weitere Hilfsmittel, die vorgestellt werden.

Die Prüfung des Vorgehens bei der Anforderungsanalyse wird im Kapitel mit dem Thema Prozessverbesserung beschrieben.

Lernziele

1 Sie kennen den Begriff Anforderungsvalidierung und verstehen, warum eine Validierung der Anforderungen für Projekte essenziell ist.

2 Sie haben einen Überblick über die wichtigsten Qualitätskriterien für Anforderungen und können diese Kriterien selbstständig im Rahmen einer Anforderungsvalidierung anwenden.

3 Sie können die wichtigsten Verfahren zur Validierung praktisch anwenden: Walkthrough, Stellungnahme und formale Inspektion sowie die Prüfung über Prototypen.

4 Sie kennen Hilfsmittel zur Validierung und können einschätzen, wann welches Hilfsmittel eingesetzt werden kann.

7.1 Was ist Validierung?

Falsche Anforderungen und Fehler im Vorgehen bei der Anforderungsermittlung können in späteren Projektphasen und nach der Lieferung großen Schaden verursachen, zum Beispiel:

- Das System enthält viel zu viele Funktionen (goldene Henkel), welche die Anwender vielleicht gerne hätten, aber nicht wirklich brauchen. Damit sind Erstellung und Pflege des Systems aufwendiger, als es nötig gewesen wäre.

- Das System ist nicht geeignet. Es unterstützt seine Anwender nicht im gewünschten Umfang bei der Bewältigung ihrer Aufgaben – weil seine Bedienung beispielsweise zu aufwendig ist oder weil wichtige Funktionen fehlen.

- Das System kann nicht in Betrieb gehen, da sich eine oder mehrere Stakeholder dagegen sperren. Weil diese beispielsweise nicht oder nur unzureichend an der Anforderungsermittlung beteiligt wurden oder weil bestehende Konflikte zwischen Stakeholder-Gruppen in Bezug auf das System nicht ausreichend geklärt wurden.

- Das System lässt sich nicht oder nur schlecht in die bestehende Umgebung integrieren – beispielsweise weil Randbedingungen wie Nachbarsystemschnittstellen oder vorhandene Hardware-/Software-Infrastruktur nicht erfasst wurden oder weil die beteiligten Stakeholder vom IT-Betrieb die entsprechenden Dokumente nicht verstanden haben.

- Das System verursacht beim Testen große Probleme, da die Anforderungen zu vage formuliert wurden und die Tester nicht entscheiden können, ob es sich bei bestimmten Systemreaktionen tatsächlich um Fehler oder um gewolltes Verhalten handelt.

Diese Fehler sind durch ausreichende Prüfung der Anforderungen vermeidbar.

Validierung und Verifikation

In der Literatur zur Prüfung von Software werden die beiden Begriffe Verifikation und Validierung häufig zusammen verwendet (vgl. (Boehm). Verifikation bezeichnet dabei den Vergleich des Systems mit den Dokumenten, die es beschreiben. Bei der Verifikation wird getestet, ob das System sich genauso verhält, wie es spezifiziert wurde (bauen wir das System richtig?)[1]. Dagegen wird im Rahmen der Validierung geprüft, ob die Software für ihren geplanten Einsatzzweck tauglich ist (bauen wir das richtige System?)[2].

Der Validierungsbegriff wird in der Literatur (Rupp und Pohl) noch umfassender verwendet und schließt den Anforderungsanalyseprozess mit ein:

Definition: Validierung

Validierung bezeichnet die Prüfung der Ergebnisse der Anforderungsanalyse sowie des -prozesses anhand vorab definierter Qualitätskriterien. (Rupp und Pohl)

7.2   Prüfen, aber wann?

Abhängig vom Projekt- und Systemtyp wird die Prüfung von Anforderungen unterschiedlich gehandhabt. Kriterium für das Vorgehen ist vor allem der Schaden, den Fehler im System bzw. bei der Durchführung des Projekts anrichten können. Je höher der Schaden, umso intensiver muss geprüft werden. Bei sicherheitskritischen Systemen müssen diese Prüfungen zusätzlich über Prüfprotokolle nachgewiesen werden.

7.2.1   So früh wie möglich!

Die Behebung eines Fehlers in einer Anforderung ist im Architekturentwurf bereits dreimal teurer als in der Anforderungsanalyse (McConnell). Der Aufwand steigt in der Implementierungsphase schon auf das Fünf- bis Zehnfache, nach der Freigabe ist die Behebung bis zu 100-mal teurer. McConnell hat diese Daten aus mehreren verschiedenen Quellen zusammengetragen. Alle weiteren Aktivitäten eines Projektes wie der Architekturentwurf, der (System-)Test und auch die weitere Projektplanung fußen auf den Ergebnissen der Anforderungsanalyse. Daher sollte die Prüfung der Ergebnisse, also der Dokumente, Modelle oder Anforderungslisten, so früh wie möglich geschehen.

Praxistipp: Frühe Abstimmung der Struktur

Die Strukturierung der Anforderungen und der entsprechenden Dokumente wird zu Beginn der Anforderungsanalyse festgelegt. Je mehr Anforderungen, Texte und Modelle entstanden sind, desto teurer werden spätere Änderungen der Struktur. Die Strukturen sollten daher so früh wie möglich im Team und mit den wichtigsten Stakeholdern, also den anderen Autoren und Lesern, abgestimmt werden.

---

1   Boehm: "to establish the truth of the correspondence between a software product and its specification".
2   Boehm: „to establish the fitness or worth of a software product for its operational mission".

Die Struktur eines Dokuments oder die Strukturierung von Anforderungslisten kann in ersten Workshops oder einem frühen Walkthrough (siehe unten) mit den Stakeholdern abgestimmt werden. Wenn das Team mit einer unpassenden Struktur startet, sind die Korrekturen wegen der bis dahin entstandenen Text- und Anforderungsmenge aufwendig.

Zu ersten Textentwürfen oder zu ersten Modellen können Team-Mitglieder Feedback geben, z.B. im Rahmen einer informellen Besprechung vor einem Rechner oder einem Whiteboard oder etwas formaler bei einer Stellungnahme (siehe unten).

7.2.2 Fortlaufend prüfen: Schnelles Feedback ermöglichen

Intensive Zusammenarbeit und Feedback zwischen den Stakeholdern ist während der gesamten Anforderungsanalyse wichtig. Die Zusammenarbeit sollte so organisiert sein, dass die entstehenden Anforderungen fortlaufend geprüft werden.

Iterativ verfeinern

In Kapitel 4 ist bereits angeklungen, dass Anforderungen iterativ verfeinert werden sollten. Ein Use Case wird zunächst nur über eine Überschrift (z.B. „Evaluationsbogen erstellen") und einen Hauptakteur (z.B. den Studiendekan) spezifiziert. Details werden mit zunehmendem Wissen ergänzt. Diese iterative Verfeinerung erlaubt es, vor jedem Verfeinerungsschritt zu prüfen, ob der Use Case überhaupt notwendig ist bzw. ob er in dieser Form notwendig ist. Nach jedem Verfeinerungsschritt kann in kleinen Schritten geprüft werden, ob das Ergebnis stimmt.

Dies hat mehrere Vorteile:

- Die Validierung der Anforderungen wird in mehrere überschaubare Prüfungen zerlegt.
- Das Feedback von den Stakeholdern ist intensiver, da kleinere Portionen geprüft werden, und es erfolgt schneller, da nicht bis zur endgültigen Verfeinerung gewartet werden muss.
- Sollte die Anforderung tatsächlich überflüssig sein oder in die falsche Richtung gehen, wird überflüssige Spezifikations- und Modellierungsarbeit eingespart.

Kooperatives Spezifizieren und Modellieren

Eine besondere Form der Prüfung ist die Dokumentation, Spezifikation oder die Modellierung von Anforderungen im Team. So entsteht ein Modell nicht durch einen einsamen Autor hinter verschlossenen Türen, sondern wird von mindestens zwei Personen beispielsweise an einem Whiteboard erstellt und diskutiert. Die Qualitätsprüfung nach dem Vier-Augen-Prinzip findet so bereits während der Erstellung statt. Auch Dokumente oder Anforderungslisten in einem Werkzeug können von zwei Personen kooperativ erstellt werden: Der Langsamere von beiden hat die Tastatur und tippt. Der Schnellere von beiden prüft den entstehenden Text und behält den Überblick. Diese Aufgabenteilung stellt sicher, dass beide Personen wirklich mitarbeiten – hätte der Schnellere die Tastatur, würde er den Langsameren eventuell abhängen.

Das Ergebnis der kooperativen Arbeit wird (eher als Ergebnisse Einzelner) von allen Beteiligten getragen, da sie an der Erstellung beteiligt waren. Die Qualität ist wegen des Vier-Augen-Prinzips wahrscheinlich besser und das Wissen ist über die Beteiligten bereits verteilt. Damit werden auch Abhängigkeiten von einzelnen Personen (Wissensmonopole) vermieden.

7.2.3 An Meilensteinen und Quality Gates

Projekte werden über Meilensteine strukturiert. Die Meilensteine bestimmen, zu welchem Termin welche (Zwischen-)Ergebnisse *in einer definierten Qualität* vorliegen müssen. Meilensteine markieren häufig das Ende einer Phase (Fortschrittsstufe) in dem jeweils gewählten Vorgehensmodell. Jede dieser Phasen kann es genau einmal im Projekt geben, wie beim klassischen Wasserfallmodell, oder auch mehrfach in iterativ durchgeführten Projekten.

> ## Definition: Meilenstein
>
> Ein Meilenstein ist nach DIN 69000-1 ein „Ereignis besonderer Bedeutung". Typischerweise ist ein Meilenstein mit der Erreichung messbarer, qualitätsgesicherter Teilergebnisse eines Projektes verknüpft.

Damit die nachfolgenden Projektphasen sich auf die Ergebnisse der vorhergehenden Phasen verlassen können, ist eine Qualitätsprüfung am Ende der Phase erforderlich. Für Dokumente, Modelle und Anforderungslisten kann eine (formale) Inspektion stattfinden (siehe unten).

In der Inspektion werden Fehler in den zu prüfenden Ergebnissen gesucht. Wenn keine kritischen (die Abnahme verhindernden) Fehler gefunden werden, erhalten die Ergebnisse eine Freigabe. Auf ihrer Grundlage darf weitergearbeitet werden. Wenn kritische Fehler enthalten sind, wird die Freigabe verweigert und die Fehler müssen zunächst behoben werden. Das kann für das Projekt bedeuten, dass bis zur Behebung der Fehler die nächste Projektphase nicht begonnen werden darf.

> ## Definition: Entscheidungspunkt (Quality Gate)
>
> Ein Entscheidungspunkt (*Quality Gate*) ist ein Meilenstein im Verlauf eines Projektes, bei dem anhand von im Voraus definierten Qualitätskriterien über die Fortsetzung des Projektes und die Freigabe der nächsten Projektphase entschieden wird.

Im V-Modell XT (V-Modell XT) ist für jedes Produkt (= Zwischen- oder Endergebnis, z.B. Lastenheft oder Pflichtenheft) ein Zustandsmodell definiert, das seinen Qualitätszustand angibt. Der Qualitätszustand eines Produktes beschreibt, wie verlässlich seine Inhalte sind: Ohne Qualitätsprüfung kann keine Aussage über die Qualität der Inhalte eines Dokuments gemacht werden – Papier ist geduldig.

Ein Produkt ist nach seiner Erstellung zunächst im Zustand *In Bearbeitung*, seine Qualität ist nicht definiert. Sobald die Bearbeitung abgeschlossen ist und der Autor bzw. der Auftragnehmer das Produkt intern geprüft hat, ist das Produkt im Zustand *Vorgelegt*. Jetzt darf es nicht mehr geändert werden. Ist die eigenständige Qualitätsprüfung erfolgreich, dann hat das Produkt den Zustand *Fertiggestellt*. Die Qualitätsprüfung kann eine formale Inspektion sein. Erst jetzt hat es eine *definierte Qualität*. Erst jetzt kann mit seinen Inhalten verlässlich weitergearbeitet werden. Sobald die erste Änderung am Produkt vorgenommen wird, ist es wieder im Zustand *In Bearbeitung*.

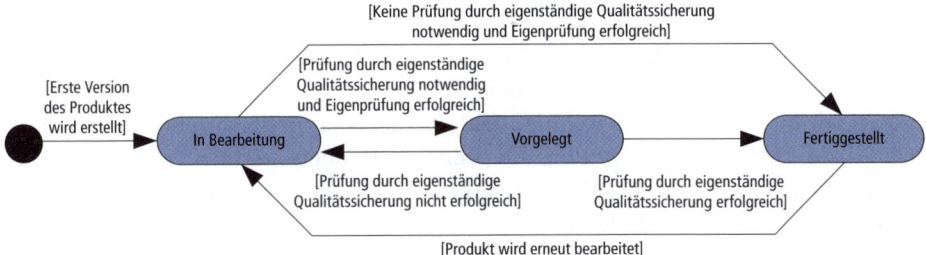

Abbildung 7.1: Zustandsmodell für Produkte aus dem V-Modell XT.

7.3 Qualitätskriterien und ihre Prüfung

Eine Prüfung ist wenig effektiv, wenn keine Qualitätskriterien definiert werden, gegen die geprüft werden kann. Einige der Kriterien wurden in den vorangegangenen Kapiteln bereits diskutiert. Die IEEE 830-1998 definiert als Kriterien für „gute" Anforderungsspezifikationen beispielsweise: Korrektheit, Eindeutigkeit, Vollständigkeit, Konsistenz, Priorisiertheit nach Wichtigkeit und/oder Stabilität, Prüfbarkeit, Modifizierbarkeit und Verfolgbarkeit. Was diese Kriterien konkret bedeuten und wie sie geprüft werden können, darum soll es in diesem Abschnitt gehen. Zusätzliche wichtige Kriterien, wie die Verständlichkeit für alle Stakeholder, werden auch ausgeführt.

Die nachfolgenden Abschnitte stellen exemplarisch Kriterien vor, die im Rahmen einer Prüfung betrachtet werden. Sie sind in die vier Kategorien gegliedert:

1. Inhalt: Treffen Anforderungen die tatsächlichen Bedürfnisse der Stakeholder? Sind sie vollständig und konsistent [siehe IEEE 830] dargestellt?

2. Verständlichkeit: Sind die Anforderungen für alle Stakeholder verständlich dargestellt? Haben alle Stakeholder dasselbe Verständnis der Anforderungen?

3. Übereinstimmung: Stimmen alle Stakeholder den Anforderungen in gleichem Maße zu oder gibt es noch nicht geklärte Konflikte?

4. Form: Halten die dokumentierten Anforderungen formale Richtlinien ein?

Pohl und Rupp unterscheiden nur drei Kategorien (Rupp und Pohl): Inhalt, Dokumentation und Abgestimmtheit. Sie fassen Form und Verständlichkeit zum Aspekt Dokumentation zusammen. In diesem Lehrbuch wird besonderer Wert auf die Verständlichkeit von Dokumenten und Modellen gelegt, daher wird dieser Aspekt besonders betont:

Wenn ein Stakeholder die Spezifikation nicht versteht, kann er nicht mehr sinnvoll am Projekt beteiligt werden.

Im Folgenden werden die Qualitätskriterien und ihre Prüfung detaillierter erläutert. Viele der dargestellten Kriterien sind eigentlich selbstverständlich, beispielsweise korrekte Rechtschreibung, andere stammen aus der Disziplin des technischen Schreibens oder aus der Modellierung.

7.4   Prüfung der Inhalte

Anforderungen beschreiben ein zu entwickelndes System. Wenn die Beschreibung unvollständig, widersprüchlich und/oder fehlerhaft ist, gibt es in den späteren Projektphasen Probleme oder es wird ein fehlerhaftes oder vielleicht überflüssiges System gebaut. Deshalb ist die Prüfung der Inhalte besonders wichtig. Dabei sollte jede einzelne Anforderung auch auf ihren Nutzen für die Stakeholder besonders für die späteren Nutzer hinterfragt werden.

7.4.1   Beitrag zum Projektziel

Bevor die Inhalte der Spezifikation bzw. der Modelle inhaltlich hinterfragt werden, ist grundsätzlich zu prüfen, ob die dargestellten Anforderungen überhaupt umgesetzt werden sollen. Nach einer Untersuchung der Standish Group aus dem Jahr 2002[3] werden bei ausgelieferter Software 45% der Funktionen und Features niemals genutzt und weitere 19% nur sehr selten. Ein großer Teil des investierten Aufwands hätte damit gespart werden können, wenn die Anforderungen kritischer hinterfragt worden wären.

Anforderungen hinterfragen: Weniger ist mehr!

Im Rahmen der Validierung sollte für jede spezifizierte Anforderung hinterfragt werden, ob diese tatsächlich einen Beitrag zum Ziel des Projektes leistet oder ob es sich um einen Sonderwunsch handelt, einen „goldenen Henkel" (*requirements gold plating*). Fragen zu jeder Anforderung sind beispielsweise:

- Welchen Beitrag liefert die Anforderung zum Projektziel? Welcher geschäftliche Nutzen wird wirksam, wenn die Anforderung umgesetzt wird? Eine alternative Frage könnte lauten: Warum soll diese Anforderung umgesetzt werden?

- Gibt es einen einfacheren Weg, das Ziel zu erreichen bzw. das Problem zu lösen? Vielleicht schlägt die Anforderungsspezifikation eine vollautomatische Lösung bestimmter seltener Probleme vor, für die es auch eine einfache manuelle Lösung gäbe? Vergleiche hierzu die „Straßenbau-Metapher" aus Kapitel 9.

- Was passiert, wenn diese Anforderung nicht (oder später) umgesetzt wird? Wenn nichts Wesentliches fehlt und die geplante Software nach der Streichung der Anforderung immer noch ihren Zweck erfüllt, sollte die Anforderung gestrichen werden!

---

3   Die Originalquelle ist leider nicht online verfügbar. De Luca zitiert sie in seinem Newsletter: *http://www.featuredrivendevelopment.com/node/614* (abgerufen am 01.07.2012)

> ## Praxistipp: Zeitdruck hilft!
>
> Natürlich wird jeder Stakeholder versuchen, die Anforderungen durchzusetzen, die ihm oder ihr wichtig sind. Wenn seine Anforderungen nicht oder nicht in den ersten Iterationen umgesetzt werden, könnte das als Misserfolg gewertet werden. Das ist einer der Gründe dafür, dass überflüssige Anforderungen umgesetzt werden. Um niemandem wehzutun.
>
> In solchen Situationen ist Zeitdruck über einen festen Liefertermin hilfreich: Alle Stakeholder wollen im Interesse des Unternehmens, dass das System zum Lieferzeitpunkt fertig wird und sind daher eher zu Kompromissen bereit.
>
> Alle Anforderungen, die es nicht in das erste (das aktuelle) Release geschafft haben, können in späteren Releases eingeplant werden.

Minimal Marketable Feature Set anstreben

Die Konzentration auf das Minimal Marketable Feature Set (Denne und Cleland-Huang) als „kleinste Menge an mehrwertschaffender Funktionalität" kann für Diskussionen während der Validierung und auch für die Priorisierung der Anforderungen hilfreich sein: Alle Stakeholder sollen sich auf das Wesentliche konzentrieren und versuchen, möglichst viele Anforderungen abzumildern oder ganz wegzulassen. Dies kann das zu bauende System wesentlich vereinfachen.

Gerade wenn das entwickelte System als neues Produkt vermarktet werden soll, ist es wichtig, so früh wie möglich Feedback von den potenziellen Kunden zu bekommen. Erst wenn die Kunden das System ausprobieren können, wird klar, welche Funktionen des Systems tatsächlich verwendet werden und in welcher Art und Weise. Je kleiner das System am Anfang ist, desto schneller ist das Feedback der ersten Kunden da und teure Entwicklungen überflüssiger Funktionen werden vermieden.

7.4.2 Nichtfunktionale Anforderungen in natürlicher Sprache

In der Testphase muss zu jeder Anforderung geprüft werden, ob das erstellte System diese im akzeptablen Umfang umsetzt. Eine Anforderung muss daher so spezifiziert werden, dass daraus ein Testfall abgeleitet werden kann. Kapitel 4 führt dazu die Begriffe der Akzeptanzkriterien und der Metriken ein. Häufig werden Anforderungen an die Qualitätseigenschaften eines Systems zu vage formuliert oder viel zu weit gefasst. Typische nicht testbare Anforderungen sind:

- Das System soll performant und skalierbar sein. Es darf die üblichen Antwortzeiten nicht überschreiten. Es soll von einem bis 10 Millionen Benutzern skalieren.
- Das System soll sicher sein und den üblichen Angriffen aus dem Internet standhalten.
- Das System soll für ungeübte Benutzer intuitiv bedienbar sein.
- Das System soll gut änderbar sein und geringe Wartungskosten haben.

Die Eigenschaften „sicher", „intuitiv bedienbar", „performant", „skalierbar" oder „gut änderbar" sind nicht direkt am System feststellbar. Hier fehlen Vergleichswerte, Metriken sowie konkretere Szenarien.

Präzisierung über Metriken und Akzeptanzkriterien

Akzeptanzkriterien (Vergleichswerte) können als Grenzwerte dienen, mit denen die Eigenschaften des Systems im Rahmen eines Tests verglichen werden können. Anstelle von „performant" wäre besser: *Alle Dialoge sollen eine Antwortzeit von weniger als 5 Sekunden haben.* Hierbei ist *5 Sekunden* das Akzeptanzkriterium und eine erste (naive) Messung wäre möglich. Wenn beim Test des Systems immer und in jedem Dialog die gemessene Antwortzeit kleiner oder gleich 5 Sekunden ist, dann ist die Anforderung erfüllt. Bei komplexeren Systemen reicht diese einfache Darstellung nicht mehr aus. Der Vergleichswert muss über weitere Informationen angereichert werden: *Der Dialog X hat in 90% der Fälle tagsüber eine Antwortzeit von unter 3 Sekunden.* Hier kann tatsächlich eine Messung durchgeführt werden, die tagsüber (d.h. mit der entsprechenden Hintergrundlast) im Dialog X die Antwortzeiten misst und feststellt, ob diese in 90% der Fälle unter 3 Sekunden liegt oder nicht. Neben dem Akzeptanzkriterium ist daher auch immer ein Verfahren zu seiner Bestimmung wichtig.

Sogar die „intuitive" Bedienbarkeit für ungeübte Benutzer kann durch ein Akzeptanzkriterium konkretisiert werden: *Ein ungeübter Benutzer kann sein Ziel X mithilfe des Systems innerhalb von 10 Sekunden erreichen.* Auch hier sind Tests möglich, in denen mehrere ungeübte Benutzer das System ausprobieren und die Zeit bis zur Erreichung des Ziels X gemessen wird. Details zum Thema Usability Engineering finden sich in Kapitel 10.

Die beiden genannten Beispiele gehen bereits über typische Vergleichswerte hinaus. Sie geben Szenarien an, die in der Testphase direkt in Messungen umgesetzt werden können.

Präzisierung über Szenarien für Qualitätseigenschaften

Eigenschaften wie Bedienbarkeit, Änderbarkeit oder Sicherheit sind nicht direkt messbar. Anstelle der geforderten Eigenschaft „sicher" sollten beispielsweise Misuse Cases bzw. Angriffsszenarien aufgelistet werden, wie das Abhören der Netzwerkkommunikation durch Dritte mit einem Protokoll-Sniffer oder typische Webangriffe wie Cross-Site-Scripting oder SQL-Injection. Hierzu gibt es beispielsweise Listen mit den häufigsten Angriffen. Auch die Eigenschaft „Änderbarkeit" kann über Änderungsszenarien konkret und für die Stakeholder nachvollziehbarer dargestellt werden: *Die Ergänzung eines neuen Eingabefeldes in einem Dialog darf nicht länger als 2 Personentage Aufwand kosten.* Details zu Szenarien für bestimmte Qualitätsanforderungen finden sich in Kapitel 10.

7.4.3 Funktionale Anforderungen in natürlicher Sprache

Bei der Spezifikation funktionaler Anforderungen ist das Kriterium der Prüfbarkeit wie schon bei den nichtfunktionalen Anforderungen besonders wichtig. Jede Anforderung muss so klar beschrieben sein, dass ein oder mehrere Testfälle dazu eindeutig formuliert werden können.

Nachfolgend werden typische Fehler von Spezifikationen in natürlicher Sprache dargestellt. Vertiefende Literatur zu dem Thema findet sich bei Berry et al. (Berry, Kamsties und Krieger) in ihrem Ambiguity Handbook. Rupp et al. geben in (Rupp und Sophisten) ein viel zitiertes, gut nachvollziehbares Verfahren zur Prüfung von Texten in natürlicher Sprache an.

Fehlende Informationen identifizieren: Die W-Fragen

Funktionale Anforderungen werden häufig zu vage oder zu abstrakt formuliert, sodass ein nahezu beliebiges Verhalten des Systems als Erfüllung der Anforderung gedeutet werden kann. Beispiele für zu allgemeine Anforderungen sind:

- Das System soll E-Mails versenden können.
- Das System soll Formulare drucken können.
- Das System soll die Korrektheit von Benutzereingaben prüfen und erkannte Fehler an den Benutzer zurückmelden.

Die erste Anforderung ist erfüllt, wenn das System irgendwann an irgendwen unter welchen Bedingungen auch immer eine E-Mail mit einem beliebigen Inhalt versendet. Offenbar fehlen in den Beispielen Informationen.

Autoren von Anforderungen setzen häufig zu viel **Kontextwissen** voraus, das sie in ihrem Kontext als selbstverständlich erachten. Andere Stakeholder haben eventuell einen anderen kulturellen Hintergrund, eine andere Ausbildung, andere Erfahrungen gesammelt, bekleiden andere Positionen im gleichen oder anderen Unternehmen. Bei der Spezifikation kann daher nur wenig gemeinsames Wissen, nicht einmal eine Sprache, die von allen Stakeholdern in gleicher Weise verstanden wird, sicher vorausgesetzt werden.

Ein weiteres Problem sind bewusst oder unbewusst weggelassene Informationen. Einige Stakeholder fühlen sich mit so abstrakt formulierten Anforderungen wie in dem Beispiel wohl, da sie sich nicht auf etwas Konkretes festlegen müssen. Konflikte können so verschleiert und damit in die Abnahmephase des Systems verschleppt werden: Im Nachhinein sind so noch leicht Nachforderungen an den Lieferanten möglich (*So war das nicht gemeint!*).

Den Entwicklern und den Testern fehlt in beiden Fällen mindestens ein Teil der notwendigen Informationen. Gute Entwickler und Tester fragen dann bei den Stakeholdern nach, andere Entwickler und Tester treffen irgendwelche (hoffentlich plausible) Annahmen.

Die Dokumente, Modelle oder Anforderungslisten müssen daher zu jeder funktionalen Anforderung die typischen W-Fragen beantworten, um möglichst wenige Informationslücken zu hinterlassen:

Wer	Wer ist der Auslöser dafür, dass eine bestimmte Funktion ausgeführt werden soll? Wer ist der Akteur? Ist es ein Nutzer aus einer bestimmten Benutzergruppe, ist es ein Nachbarsystem oder ein Batch-Programm? Benutzer unterscheiden sich in ihren Bedürfnissen (Anfänger oder ewiger Fortgeschrittener?) und ihren Berechtigungen (Sachbearbeiter oder Administrator?).
Wem	Mit wem interagiert der Akteur? Ist es das System bzw. eine seiner Komponenten? In Anwendungsfällen kann beispielsweise der Interaktionspartner anstelle des Systems auch ein Unternehmen sein, das sind Geschäftsanwendungsfälle.
Was	Was genau sind die Nutzereingaben, Ereignisse oder Eingabesignale? Was wird als beobachtbares Resultat vom System erwartet, wenn es die Funktion erfolgreich durchführen konnte? In der oben dargestellten E-Mail müssten beispielsweise der Inhalt der E-Mail und der Adressat genannt werden. Was ist das beobachtbare Resultat, wenn ein Fehler auftritt?
Wann	Wird die Anforderung in jedem oder einem bestimmten Zeitraum vom System erfüllt oder gibt es Ausnahmen? Bestimmte Funktionen sind nur während der Geschäftszeiten tagsüber verfügbar, andere können im 24*7-Betrieb auch mitten in der Nacht verwendet werden. Einige Funktionen des Systems werden nur zu bestimmten Zeitpunkten ausgeführt, beispielsweise ein Batch zur Rechnungserstellung in der (Batch-)Nacht am Ende des Quartals.
Wo	Unternehmen können weltweit verteilt sein. Funktionen können nur für bestimmte Länder freigeschaltet sein, beispielsweise für den Kfz-Vertrieb in den USA, da die Funktionen landesspezifische Gegebenheiten implementieren. Funktionen können nur für bestimmte Organisationseinheiten, für bestimmte Niederlassungen oder in bestimmten Ländern verfügbar sein.
Welche Bedingungen	Welche Bedingungen müssen erfüllt sein? Das System kann beispielsweise über verschiedene Betriebsmodi verfügen: einen Modus für Normalbetrieb und eingeschränkter Funktionsumfang in einem Not- oder Wartungsbetrieb.
Warum	Warum findet die Interaktion mit dem System statt, welches Ziel wird damit verfolgt? Welchen Beitrag leistet die Interaktion, die Bedürfnisse der Nutzer oder Nachbarsysteme zu erfüllen?

Tabelle 7.1: W-Fragen

Wenn sich die W-Fragen beantworten lassen, kann daraus wenigstens ein abstrakter Testfall erstellt werden. Die Anforderung ist prüfbar sowie vollständig spezifiziert. Dies ist schon eine gute Basis, auch für die Automatisierung der funktionalen Tests.

Praxistipp: Passiv entfernen

Formulierungen im Passiv wie *Berechtigungen werden geprüft* enthalten den handelnden Akteur (Wer?) häufig nicht. Im Beispielsatz fehlt die Information, wer genau die Berechtigungen prüft. Passivformulierungen sollten daher möglichst aus den Anforderungen entfernt und gegen Formulierungen im Aktiv ersetzt werden. Dies macht den Text nicht nur vollständiger (W-Fragen), sondern auch besser verständlich und angenehmer zu lesen (Schneider).

Prüfung der Begriffe

Wichtig für die Eindeutigkeit und Konsistenz von Spezifikationen und Modellen ist die konsistente und schlüssige Verwendung von Begriffen und deren Beziehungen. Um diese zu prüfen, müssen die Prosatexte mit dem Glossar und dem Domänenmodell abgeglichen werden.

Die Verwendung zu allgemeiner Begriffe deutet auf fehlende Informationen hin. Diese Begriffe sollten durch Erklärungen präzisiert oder gegen konkretere Begriffe ausgetauscht werden:

- Allgemeine **Oberbegriffe** wie „Daten", „Werte", „Benutzer", „Anträge" sollten durch präzisere Informationen ersetzt werden: Welche Daten/Werte/Benutzer/Anträge genau? Die Anforderung *Das System soll Daten speichern können* ist offensichtlich genauso allgemein wie nutzlos.

- **Nominalisierungen** von komplexeren Prozessen wie „Registrierung", „Archivierung", „Prüfung", „Speicherung" verbergen Informationen (Rupp und Sophisten). Hinter der Anforderung *Das System soll die Prüfung von Anträgen ermöglichen* steckt vermutlich ein komplexer Prüfprozess mit mehreren Schritten, z.B. kann eine Bonitätsprüfung über eine Bankauskunft enthalten sein.

Praxistipp: Beispiele und Gegenbeispiele generieren

Wenn Stakeholder Probleme mit der präzisen Dokumentation von Anforderungen haben bzw. sich mit der Validierung (zu) abstrakter Anforderungen schwer tun, denken Sie sich zusammen mit ihnen Beispiele und Gegenbeispiele aus.

Bei der Anforderung *Das System soll die Prüfung von Anträgen ermöglichen*, können verschiedene Beispiele für zu prüfende Anträge gesucht bzw. überlegt werden und die Prüfung wird für jedes Beispiel durchgespielt. Über die Diskussion der Gemeinsamkeiten und Unterschiede der Beispiele gewinnen alle Parteien in der Regel ein genaueres und plastischeres Verständnis der Anforderungen. Die Gegenbeispiele tragen ebenfalls zur Präzisierung bei, da sie das Verhalten bei Fehlern klarer machen. Gegenbeispiele wären Anträge, die nicht geprüft werden (dürfen) oder deren Prüfung fehlschlägt.

Prüfung der Terminologie – Synonyme und Homonyme

Typische Fehler in der Terminologie sind Synonyme und Homonyme. Synonyme sind zwei oder mehr Wörter mit ähnlicher oder gleicher Bedeutung. Ein Homonym ist ein Wort, das mehrere Bedeutungen hat.

Bei Synonymen in Texten ist nicht immer klar, ob verschiedene Begriffe tatsächlich synonym sind oder ob es doch marginale, aber entscheidende Unterschiede gibt.

> ### Beispiel 7.1 · Synonyme und Homonyme
>
> Ein kleines Beispiel aus dem Alltag gegriffen: Wikipedia (am 21.02.2012) definiert den Begriff „Software-Architektur" wie folgt:
>
> *Eine Software-Architektur [...] beschreibt die grundlegenden Komponenten und deren Zusammenspiel innerhalb eines Software-Systems. Eine Definition [...] beschreibt den Begriff als „eine strukturierte oder hierarchische Anordnung der Systemkomponenten sowie Beschreibung ihrer Beziehungen" [...]. Die Architekturkomponenten bilden eine Zerlegung des Gesamtsystems, was bedeutet, dass jedes Software-Element mindestens einer Architekturkomponente zugeordnet ist.*
>
> In diesem kurzen Abschnitt ist von „grundlegenden Komponenten", „Systemkomponenten" und „Architekturkomponenten" sowie „Software-Elementen" die Rede. Es bleibt unklar, ob die genannten Wörter dasselbe Konzept beschreiben. Einige Leser werden die Begriffe synonym sehen, andere sehen eventuell Unterschiede.

Im Rahmen der Prüfung sollten Synonyme als solche identifiziert werden. Sie sollten entweder im Glossar gekennzeichnet oder vollständig aus dem Text entfernt werden. Homonyme machen Anforderungen insgesamt unklar. Diese sollten in jedem Fall ersetzt werden.

Prüfung der Terminologie – Zusammenhänge darstellen

Die Zusammenhänge von Begriffen aus dem Glossar und den Prosatexten können über UML-Klassendiagramme visualisiert werden. Diese Klassendiagramme sollten als Domänenmodell (siehe Kapitel 6) eigentlich schon vorliegen. Über das Klassendiagramm können fehlende Informationen und Unklarheiten gefunden werden. Dieses Diagramm steht häufig schon teilweise als Domänenmodell zur Verfügung:

> ### Beispiel 7.2 · Terminologie-Untersuchung
>
> In der Spezifikation des Eva-Systems könnte folgender Satz stehen:
>
> *Der Dozent passt den Evaluationsbogen an und gibt ihn frei.*
>
> Dieser Text kann leicht in ein UML-Klassendiagramm umgesetzt werden: Jeder Begriff wird eine Klasse und jede Beziehung (z.B. Verben) wird als Assoziation dargestellt. Das Diagramm zeigt, ob der Begriffsapparat stimmig ist und ob Informationen fehlen. Das Diagramm hat damit zwei Klassen, *Dozent* und *Evaluationsbogen*, sowie zwei Assoziationen *anpassen* und *freigeben*.

Bei genauerer Betrachtung fällt auf, dass die Beziehung zwischen Dozent und Evaluationsbogen noch genauer hinterfragt werden könnte: Darf ein anderer Dozent genau diesen Evaluationsbogen auch anpassen? Die linke Seite der Assoziation „anpassen" suggeriert, dass jedem Dozenten ein eigener Fragebogen zugeordnet ist (die Multiplizität ist hier implizit 1).

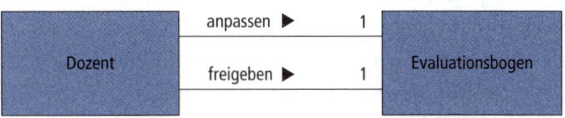

Abbildung 7.2: Darstellung von Begriffen als UML-Klassendiagramm.

Prüfung der Logik in natürlicher Sprache

Bei der Formulierung von Anforderungen in natürlicher Sprache kann es durch Satzkonstruktionen mit logischen Bedingungen oder mit Fallunterscheidungen zu Informationslücken oder zu tatsächlichen Spezifikationsfehlern kommen. Gerade in der Interpretation von Bedingungen unterscheidet sich das umgangssprachliche Verständnis von der mathematischen Interpretation. Nachfolgend werden typische Logikfehler dargestellt:

- **Unvollständige Fallunterscheidungen:** Bei Bedingungen wie *Wenn eine Evaluation nach dem Start abgebrochen wird, dann erfolgt eine Meldung an den Studiendekan* können der *sonst*-Fall oder sogar noch weitere Fälle fehlen. Im Beispiel wäre zu klären, ob der Studiendekan auch eine Meldung erhält, wenn die Evaluation nicht abgebrochen wird. Auch der Fall des Abbruchs vor dem Start bleibt unklar. Zur Prüfung auf diesen Fehler kann der Text nach Formulierungen durchsucht werden, die auf Fallunterscheidungen hindeuten, die mit „wenn" oder „falls" beginnen.

- Die **Logik mit UND und ODER** entspricht nicht immer der alltäglichen Wahrnehmung: *Die Evaluation der Mensa soll von Studierenden oder Professoren durchgeführt werden können.* Hier ist die Bedeutung des *oder* unklar. Bedeutet die Anforderung, dass entweder Professoren oder Studierende evaluieren sollen (XOR) oder können auch Professoren und Studierende gemeinsam evaluieren (OR)? Wenn sich beide Bedingungen gegenseitig ausschließen (XOR), muss dies durch ein Entweder-Oder klar formuliert sein.

- **Unabhängige Bedingungen:** Die folgende Anforderung hat eine Lücke: *Professoren müssen zwei Vorlesungen evaluieren. Wenn ein Professor in Altersteilzeit ist, muss er nur eine Vorlesung evaluieren. Wenn ein Professor mehr als 20% Entlastungsstunden durch Forschung hat, muss er ebenfalls nur eine Vorlesung evaluieren.* Was passiert mit einem Professor, der in Altersteilzeit ist UND mehr als 20% Entlastungsstunden durch Forschung hat? Die beiden Bedingungen sind voneinander unabhängig. Sie können also gemeinsam eintreten. Dieser Fall ist nicht geregelt.

- **Geschachtelte Fallunterscheidungen und große Logik-Ausdrücke:** Wenn in einer Spezifikation Fallunterscheidungen in anderen Fallunterscheidungen enthalten sind oder die logische Verknüpfung von Teilbedingungen umfangreicher wird, ist die natürliche Sprache kaum noch geeignet, entsprechende Anforderungen zu dokumentieren. Folgende Anforderung könnte aus der Gesundheitsprüfung einer Lebensversicherung stammen: *Wenn der Antragsteller Normalgewicht hat und er Nichtraucher ist und noch keine schwere Krankheit hatte und ..., dann bekommt er eine Lebensversicherung. Wenn der Antragsteller leichtes Übergewicht hat und zu hohen Blutdruck oder Raucher ist und ..., so muss er zu einer Gesundheitsprüfung.* Bei so formulierten Anforderungen ist es praktisch unmöglich, einen Überblick über alle Fälle zu bekommen: Was passiert mit Antragstellern, die hohen Blutdruck haben UND Raucher sind? Zusätzlich ist die Klammerung der Teilaussagen nicht klar. Bei der zweiten Bedingung gilt vielleicht *(leichtes Übergewicht UND hoher Blutdruck) ODER Raucher* oder es gilt *leichtes Übergewicht UND (hoher Blutdruck ODER Raucher)*? Hier hilft nur noch eine Entscheidungstabelle.

- ■ **Vergleichswerte und Intervalle (>,>=, <, <=, =):** Die Anforderung *Wenn die Evaluation eine Woche vor Ablauf abgebrochen wird, wird der Studiendekan benachrichtigt* enthält zwei Vergleichswerte „Ablaufzeitpunkt minus eine Woche" und den Ablaufzeitpunkt selbst. Bei dieser Anforderung bleibt unklar, wie mit diesen Vergleichswerten umgegangen wird. Handelt es sich um ein offenes oder geschlossenes Intervall oder nur um einen Zeitpunkt? Eine spitzfindige Interpretation der Anforderung würde „eine Woche" als Zeitpunkt interpretieren und damit würde die Bedingung nur für einen Tag oder eine Stunde/Minute/Sekunde (je nach Messgenauigkeit) genau eine Woche vor Ablaufzeitpunkt gelten. Der Autor der Anforderung meinte vermutlich das Intervall *[Ablaufzeitpunkt – 7 Tage, Ablaufzeitpunkt)*. Der Ablaufzeitpunkt ist sicher nicht enthalten, daher ist das Intervall dort offen. Der Zeitpunkt eine Woche vorher ist vermutlich enthalten, daher ist das Intervall dort geschlossen. Hier kann über Formulierungen etwas mehr Präzision erreicht werden: Ist ein Zeitpunkt gemeint, könnte von „genau eine Woche vor Ablauf" gesprochen werden. Ist ein Intervall gemeint, sollte dies auch so dargestellt werden: *Wenn die Evaluation genau eine Woche oder weniger vor Ablauf abgebrochen wird, ...*

- ■ **Verallgemeinerte Aussagen (Logik: Allquantoren)** werden in Spezifikationen mathematisch interpretiert. Beispiele dafür sind Aussagen über die Benutzer wie *alle* oder *kein* Benutzer, zeitlich verallgemeinerte Aussagen wie *immer* oder *niemals*, örtlich verallgemeinerte Aussagen wie *überall* oder *nirgendwo* oder verallgemeinerte Aussagen über die Art und Weise wie *auf jede Weise, in keiner Weise*. Das heißt, die Anforderung *Kein Benutzer hat Zugriff auf die Gehälterdatenbank* duldet keine Ausnahme (kein Gegenbeispiel) – es gibt also keinen Benutzer, der unter irgendwelchen besonderen Umständen doch die Gehälterdatenbank sehen darf. Umgangssprachlich werden bei Formulierungen wie „alle" oder „kein" durchaus Ausnahmen akzeptiert. Im Rahmen der Validierung sollten verallgemeinernde Aussagen auf eventuelle Ausnahmen geprüft werden.

Sobald logische Bedingungen in einer Spezifikation mehrere (unabhängige) Bedingungen enthalten oder die Fallunterscheidungen mehr als zwei Fälle enthalten, sollten diese Anforderungen über eine (Entscheidungs-)Tabelle klarer dargestellt werden. Spätestens bei der Validierung ist eine Entscheidungstabelle erforderlich, um zu überprüfen, ob die Spezifikation auf jede (denkbare) Kombination erfüllter/nicht erfüllter Bedingungen eine Antwort gibt und das Verhalten des Systems definiert.

7.4.4 Inhaltliche Prüfung von (UML-)Modellen

Modelle in der UML und anderen Modellierungssprachen müssen genau geprüft werden, gerade weil solche (semi-) formalen Modelle eine gewisse Präzision und Korrektheit suggerieren. Hier schleichen sich gerade durch unerfahrene Modellierer Fehler ein. Die Modelle aus der Anforderungsanalyse bilden die Grundlage für das Design, die Implementierung und den Test. Eventuell wird sogar Code daraus generiert.

Konsistenz

Auch innerhalb der Anforderungsspezifikation gibt es unter den Spezifikationsteilen große Abhängigkeiten, bei denen auf Konsistenz geachtet werden muss, beispielsweise:

- Für einen Anwendungsfall gibt es, z.B. in den Mockups der grafischen Oberfläche, jeweils ein oder mehrere Bedienelemente. Ein Anwendungsfall sorgt für Zustandsübergänge eines Objekts einer Fachklasse.

- Der Anwendungsfall verwendet die Klassen des Domänenmodells. Diese sind beispielsweise Eingabedaten des Anwendungsfalls oder Eingabefelder in der GUI. Damit gelten die Plausibilitätsregeln für Attribute der Fachklasse auch in der GUI und im Anwendungsfall.

Jedes entstandene Modell muss für sich geprüft werden. Zusätzlich ist eine Konsistenzprüfung über die verschiedenen Modelle bzw. Modellteile notwendig.

Klassendiagramme und Domänenmodell

Klassendiagramme sind die am häufigsten verwendete Diagrammart aus der UML. Sie werden in der Anforderungsanalyse vor allem für das **Domänenmodell** verwendet.

Für die Klassendiagramme gelten zunächst alle Qualitätsregeln der objektorientierten Analyse. Checklisten dazu finden sich z.B. bei McConnell (McConnell). Folgende Prüfungen sind für jedes Klassendiagramm und insbesondere für Domänenmodelle wichtig:

- Stellt die Klasse genau ein fachliches Konzept dar bzw. hat die Klasse genau eine fachliche Aufgabe? Dazu muss die Klasse einen aussagekräftigen Namen tragen. Es sollte ein Hauptwort sein, das aus der Anwendungsdomäne stammt. Das Hauptwort muss im Singular formuliert sein (z.B. *Dozent* anstelle von *Dozenten*).

- Stimmen die Beziehungen zwischen den Klassen mit der Realität bzw. den Anforderungen des geplanten Systems überein? Besonders die Multiplizitäten müssen kritisch hinterfragt werden. Das Beispiel in ▶ Abbildung 7.3 enthält zwei typische Modellierungsfehler. (1) Die Beziehung zwischen Lehrveranstaltung und Dozent ist eigentlich eine m:n-Beziehung, da eine Lehrveranstaltung auch von mehreren Dozenten gehalten werden kann. (2) Bei den Evaluationsbögen wurde vergessen, dass wenn der Evaluationsbogen der Fakultät erzeugt wird, noch kein Evaluationsbogen für eine Lehrveranstaltung vorliegen kann.

- Werden Aggregation und Komposition korrekt unterschieden? Für jede Klasse in einer dieser Beziehungen sollte gefragt werden: *Was geschieht, wenn einer der beiden Partner gelöscht wird?* Wenn das Hauptobjekt gelöscht wird, werden bei einer Kompositionsbeziehung alle abhängigen Objekte mitgelöscht. Handelt es sich dagegen um eine Aggregation, so existieren diese weiter.

Wenn das Klassendiagramm ein Domänenmodell darstellt, sollte es sich auf der richtigen Abstraktionsebene befinden: Die Klassen sollten nur fachliche Attribute enthalten. Technische Attribute wie eine künstliche Objekt-ID oder technische Methoden aus einer Programmiersprache wie *toString* oder *equals* sollten nicht enthalten sein (siehe Beispiel). Diese werden erst im Datenbankentwurf oder während der Programmierung ergänzt.

Die dargestellten Klassen sollten sich auch auf derselben Abstraktions- und Detaillierungsebene befinden. Es sollte also nicht vorkommen, dass einige Klassen abstrakte Konzepte und andere konkrete Details darstellen.

Beispiel 7.3   Fehler im Domänenmodell

Folgendes Domänenmodell könnte sich in der Spezifikation des Evaluationssystems Eva befunden haben. Die Fehler sind jeweils mit Kommentaren gekennzeichnet.

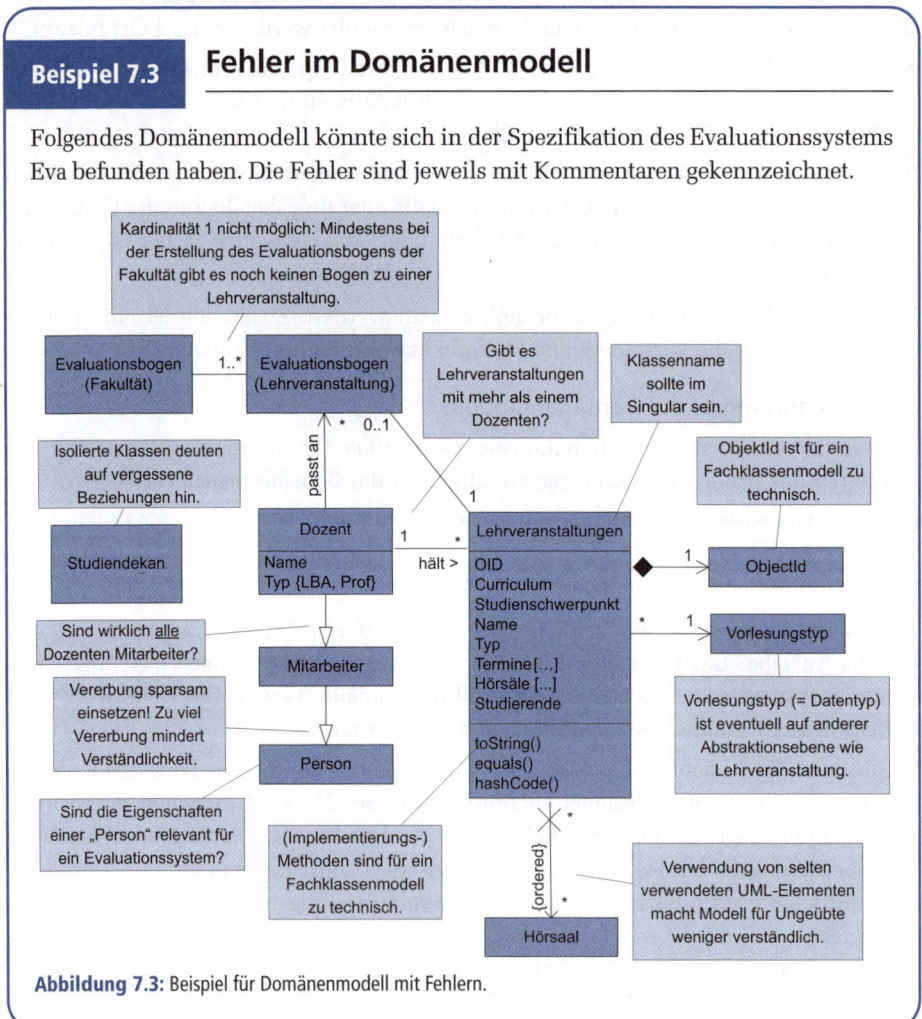

Abbildung 7.3: Beispiel für Domänenmodell mit Fehlern.

Das Domänenmodell muss besonders gründlich geprüft werden, da es letzthin im Projekt die gemeinsame Sprache festlegt. Es besteht eine enge Beziehung zum Glossar. Außerdem hat es enge Verbindungen zu den Anwendungsfällen, den Dialogentwürfen und auch zum Code.

Praxistipp: Laut vorlesen!

Die Beziehungen zwischen Klassen können über lautes Vorlesen geprüft werden: Zu jeder Assozia-tion, Aggregation, Komposition und Generalisierung wird die Beziehung mit ihren Kardinalitäten jeweils laut und in beiden Richtungen formuliert. Die ▶ Abbildung 7.4 enthält mehrere typische Modellierungsfehler.

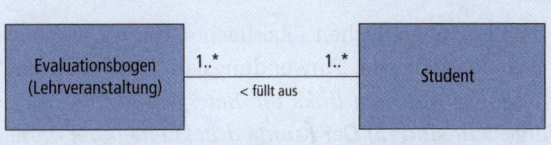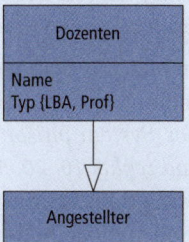

Abbildung 7.4: Lautes Vorlesen von Klassendiagrammen zeigt Fehler auf.

Wenn die Abbildung 7.4 laut vorgelesen wird, könnte das so klingen:

Ein Studierender füllt einen oder mehrere Evaluationsbögen aus und *Ein Evaluationsbogen wird von einem oder mehreren Studierenden ausgefüllt.*

Ein Dozenten ist ein Angestellter und *Es gibt mindestens einen Angestellten, der ein Dozenten ist.*

Das Vorlesen zwingt dazu, jede Assoziation und Vererbungsbeziehung in beiden Richtungen zu prüfen und auch darüber nachzudenken und diese mit dem Alltagswissen zu vergleichen. Nach dem Vorlesen sollten sich folgende Fragen aufdrängen:

- Füllt ein Studierender tatsächlich *mindestens einen* Evaluationsbogen aus? Es gibt sicher Stu-dierende, die gerade keine Lust haben oder die nicht da sind.

- Füllen tatsächlich mehrere Studierende *denselben* Evaluationsbogen aus? Das Diagramm zeigt einen der typischen Modellierungsfehler: Es wurde eine Klasse für Bewegungsdatensätze ver-gessen. Der Evaluationsbogen wird mit entsprechenden Evaluationsfragen z.B. vom Professor erstellt, doch die Antworten der Studierenden zu jeder Frage müssen mithilfe einer entspre-chenden Klasse, z.B. *Antwortbogen*, modelliert werden.

- Das Vorlesen wird bei der Vererbungsbeziehung holprig, da der Klassenname *Dozenten* im Sin-gular formuliert sein sollte. Korrekt wäre daher der Klassenname *Dozent.*

- Nun zur Sachaussage: Sind wirklich alle Dozenten Mitarbeiter? Dies deutet auf einen weiteren typischen Modellierungsfehler hin: Die Vererbung bzw. Spezialisierung enthält eine verallge-meinernde Aussage – sie macht eine Aussage über *alle Dozenten.* Das erste Gegenbeispiel, z.B. ein Lehrbeauftragter, der kein Mitarbeiter ist, falsifiziert das Modell.

Anwendungsfälle

Cockburn weist auf typische Fehler in spezifizierten Anwendungsfällen hin (Cock-burn). Mithilfe der nachfolgenden Fragen kann besonders der Standardablauf eines Anwendungsfalls geprüft werden:

■ Ist der Standardablauf tatsächlich eine Interaktion zwischen einem Akteur und dem System? Einer der beiden Partner (oder auch beide) wird gerne vergessen. Betrachten wir als Beispiel den Anwendungsfall „Geld abheben am Geldautomaten": *(1) die Karte wird eingeschoben (2) PIN wird eingegeben (3) Betrag wird eingegeben (4) Geld wird entnommen.* In diesem Standardablauf fehlen sowohl der Akteur wie auch das System. Besser wäre: *(1) Der Kunde gibt die EC-Karte in den Kartenleser des Systems (2) Das System liest die Kontonummer und die verschlüsselte PIN von der Karte und erfragt PIN vom Kunden. (3) Kunde gibt PIN am Ziffernblock des Systems ein, usw.*

■ Enthält der Standardablauf Details zur grafischen Oberfläche? Diese Details sollten entfernt werden. Als Beispiel dient wieder der Anwendungsfall „Geld abheben": *(4) Das System präsentiert einen Dialog, auf dem links die Beträge 100, 200, 400 Euro und rechts 10, 20, 50 Euro dargestellt sind (5) Der Kunde drückt einen der dargestellten Buttons, usw.* Anwendungsfälle sollen lediglich die Interaktionen von Akteur und System modellieren, aber keine Details der grafischen Oberfläche vorwegnehmen.

■ Enthält der Standardablauf zu viele Details der Interaktion? Diese Details sollten abstrakter dargestellt werden. Der Anwendungsfall „Kontaktdaten ändern" ist so zu detailliert: *(1) Kunde gibt Straße und Hausnummer ein (2) Kunde gibt Stadt und Postleitzahl ein (3) Kunde gibt Telefonnummer ein* usw. Besser wäre hier eine zusammenfassende Darstellung: *(1) Kunde gibt persönliche Kontaktdaten ein (Straße, Hausnummer, Stadt, Postleitzahl, Telefonnummer).*

Aktivitätsdiagramme

Bei der Modellierung von **Aktivitätsdiagrammen** kommen einige typische Fehler vor, die im Rahmen der Validierung gefunden werden sollten. Nachfolgend werden diese typischen Fehler in Form von Prüffragen dargestellt:

■ Gibt es genau einen Startknoten und mindestens einen Endknoten?

■ Ist jede Aktion vom Startknoten aus erreichbar? Wenn die Aktion nicht erreichbar ist, dann ist sie eventuell überflüssig oder es liegt ein Modellierungsfehler vor.

■ Ist von jeder Aktion aus der Endknoten erreichbar? Sonst endet der Ablauf, den das Aktivitätsdiagramm darstellt, niemals.

■ Wurden bei den Entscheidungsknoten alle vorhandenen Alternativen modelliert und sind diese auch im Diagramm erkennbar? Sind die Alternativen tatsächlich disjunkt?

■ Wurden die Synchronisation (*join = alle* Aktionen davor müssen abgeschlossen sein) und Zusammenführung (*merge = eine* der Aktionen davor muss abgeschlossen sein) korrekt verwendet?

■ Wurden die Verzweigungen im Kontrollfluss korrekt wieder zusammengeführt?

Wie bei Klassendiagrammen ist es auch bei Aktivitätsdiagrammen wichtig, jedes Element des Modells einzeln zu prüfen. Dazu kann der im Diagramm dargestellte Ablauf mit mehreren Beispielen durchgespielt werden: Der Gutachter simuliert den Ablauf im Kopf bzw. denkt laut und geht jede Aktion Schritt für Schritt durch.

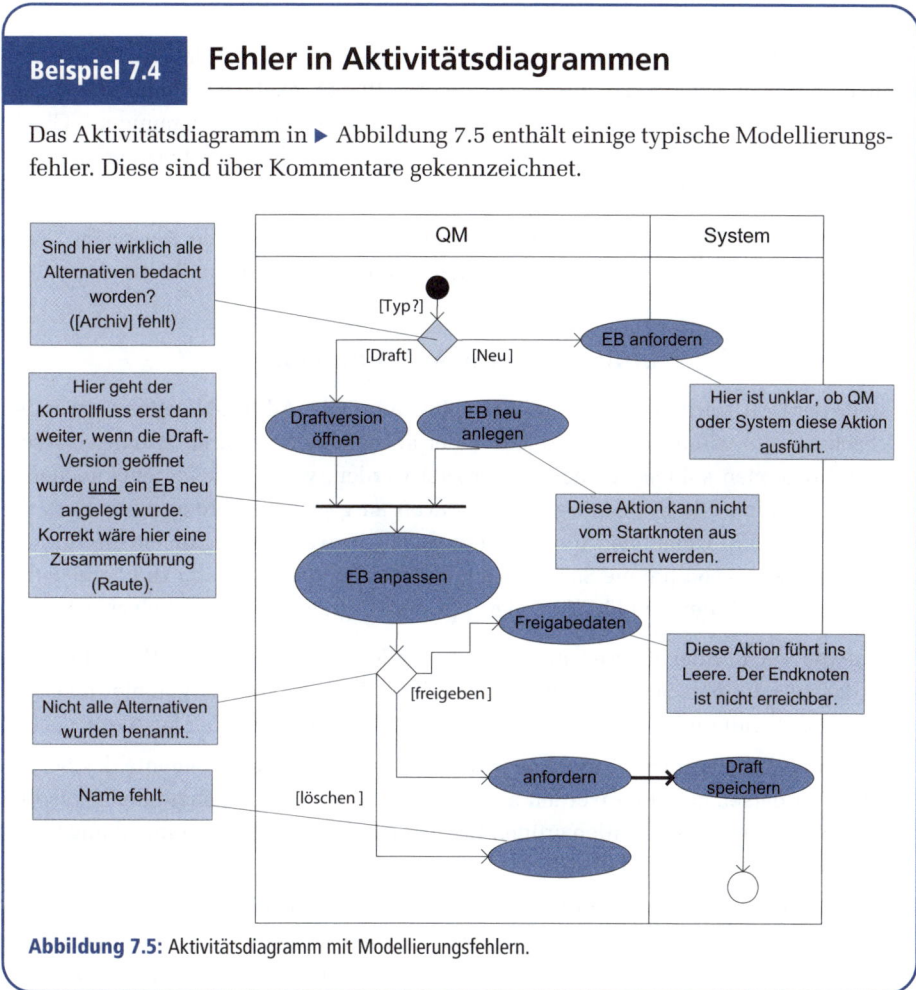

Beispiel 7.4 **Fehler in Aktivitätsdiagrammen**

Das Aktivitätsdiagramm in ▶ Abbildung 7.5 enthält einige typische Modellierungs-fehler. Diese sind über Kommentare gekennzeichnet.

Abbildung 7.5: Aktivitätsdiagramm mit Modellierungsfehlern.

Zustandsdiagramme

Ähnliche Fragen können auch für **Zustandsdiagramme** gestellt werden. Auch hier ist es wichtig, dass es genau einen Startzustand gibt und dass jeder Zustand erreicht werden kann.

Typischer Fehler bei Zustandsdiagrammen sind vergessene Zustandsübergänge. Eigent-lich muss für einen endlichen Automaten, den das Zustandsdiagramm darstellt, für jedes mögliche Ereignis (Element des Eingabealphabets) in jedem möglichen Zustand eine Reaktion spezifiziert sein. Daher ist es sinnvoll, für die Prüfung das Zustandsdia-gramm in eine Tabelle zu überführen, mit den Zuständen als Zeilen und den möglichen Ereignissen als Spalten. Die erwarteten Zustandsübergänge und Reaktionen werden in die Tabellenfelder eingetragen.

Konsistenz der verschiedenen Diagramme

Ein UML-Modell besteht selten nur aus einem einzigen Diagramm. Mehrere Diagramme können denselben Sachverhalt aus einem anderen Blickwinkel darstellen. Ein Klassendiagramm stellt die statische Sicht dar, während in einem Sequenzdiagramm mit Objekten derselben Klassen die dynamische Sicht gezeigt wird. Die Konsistenz der verschiedenen Diagramme sollte geprüft werden:

Gibt es zu jedem Objekt im Sequenzdiagramm eine entsprechende Klasse im UML-Modell und hat diese Klasse alle im Sequenzdiagramm verwendeten Methoden?

7.4.5 Inhaltliche Prüfung informeller Schaubilder

Anstelle der UML wird in einigen Projekten eine informelle Ad-hoc-Notation verwendet, um Sachverhalte wie allgemeine Abläufe oder allgemeine Strukturen zu visualisieren. Ad-hoc-Notationen sollten nur dann eingesetzt werden, wenn es keine entsprechende Standard-Notation wie die UML gibt oder davon ausgegangen werden muss, dass die Leser die Standard-Notationen nicht beherrschen. Ein weiteres Argument für Ad-hoc-Notationen ist, dass bestimmte Sachverhalte in einer Standard-Notation zu komplex dargestellt werden würden, um für die Zielgruppe des Diagramms verständlich zu sein.

Informelle Schaubilder müssen mit einer Legende versehen werden. Diese Legende stellt dar, was in dem Schaubild die verwendeten Farben, Fonts, Symbole (meistens Kästen und Pfeile) und Piktogramme bedeuten. Die Legende stellt sicher, dass

- Farben und Fonts bewusst und konsistent verwendet werden. Elemente des Schaubilds mit derselben Farbe werden als zusammengehörig wahrgenommen. So sollte beispielsweise zwischen allen grünen Elementen ein anderer Zusammenhang bestehen als zwischen den roten.

- die Bedeutung von Farben und Fonts definiert ist. Farben und Fonts dienen nicht (nur) der Ästhetik. Die Rot, Gelb und Grün haben häufig eine Ampel-Semantik: Rot wird beispielsweise als Warnhinweis wahrgenommen – Achtung, Stopp. Grün steht eher für „alles in Ordnung" oder „weiterfahren".

- Symbole wie Rechtecke, Pfeile oder Kreise sowie deren Linienstärken und Linienarten konsistent verwendet werden. Ein Rechteck mit einer bestimmten Linienstärke und -art sowie Hintergrundschraffierung sollte immer dasselbe bedeuten und nicht unterschiedliche Dinge darstellen.

Beispiel 7.5	**Informelle Schaubilder**

Das Schaubild aus ▶ Abbildung 7.6 ist ein typisches Beispiel aus einem studentischen Projekt. Informelle Schaubilder werden verwendet, um Prozesse, Workflows oder fachliche Komponenten und Daten darzustellen. Das Schaubild aus Abbildung 7.6 ist ohne Legende kaum korrekt interpretierbar.

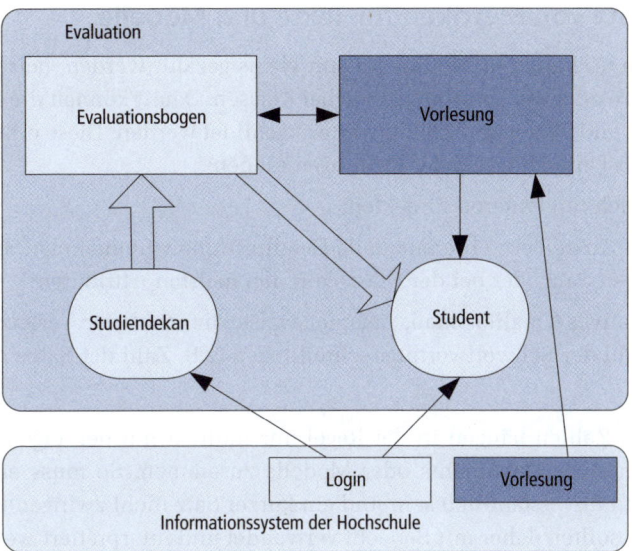

Abbildung 7.6: Informelles Schaubild des Eva-Systems.

Bei genauerer Betrachtung des Bildes ergeben sich unter anderem folgende Fragen:

- Was genau ist in der Abbildung dargestellt: geht es um einen Prozess (Pfeil = Kontrollfluss oder Datenfluss), geht es um die Zusammenhänge von Datensätzen (Pfeil = Assoziation) oder geht es um Abhängigkeiten (Pfeil = „hängt ab von" oder „verwendet")? Vielleicht ist auch die grafische Oberfläche gemeint?

- Was bedeuten die Formen? Ein Kreis könnte ein Akteur sein – die Namen „Student" und „Studiendekan" legen das nahe. Ein Rechteck könnte einen Datensatz, vielleicht auch eine Fachklasse modellieren, mit „Evaluationsbogen" könnte die Entität Evaluationsbogen gemeint sein, ebenso möglich wäre auch das Dialogfenster, das den Evaluationsbogen darstellt.

- Was bedeuten die Pfeile? Die Abbildung zeigt drei Arten von Pfeilen, mögliche Bedeutungen sind: „hängt ab von", „verwendet/ruft auf", „sendet Daten an", „gleicht Daten ab mit", „nächster Schritt im Kontrollfluss" ...

- Haben die Farben eine Bedeutung? Warum haben beispielsweise die beiden Kästen für Vorlesung dieselbe Farbe?

An den genannten Fragen wird deutlich, dass das Schaubild ohne Legende kaum korrekt zu verstehen ist, außerdem lässt sich nicht entscheiden, ob Farben, Formen und Pfeile konsistent verwendet wurden. Vielleicht ist mit dem Kasten „Login" tatsächlich ein Datensatz gemeint, während der gleich aussehende Kasten „Evaluationsbogen" ein Dialogfenster darstellt?

7.4.6 Einsatz von Metriken für Texte und Modelle

In Prosatexten und auch in Modellen kann vieles gezählt werden, beispielsweise die Länge der Sätze oder die Vererbungstiefe bei Klassen. Damit können die Eigenschaften von Modellen und Texten auf Zahlenwerte abgebildet werden. Diese erhobenen Metriken können als Unterstützung der Prüfungen dienen:

- zum Vergleich mit anderen Projekten;
- um bei den Ausreißern eine manuelle Detailprüfung vorzunehmen, beispielsweise beim längsten Satz oder bei der Klasse mit den meisten Attributen;
- als quantitatives Qualitätsmaß, beispielsweise die Zahl der verletzten Vorgaben oder die Zahl der Schwellwertüberschreitungen (z.B. Zahl der Sätze mit mehr als 6 Wörtern).

Die erhobenen Zahlen hängen in der Regel nur indirekt mit den eigentlichen Qualitätsmerkmalen eines Dokuments oder Modells zusammen. So muss ein langer Satz nicht zwingend unverständlich sein und ein kurzer Satz nicht zwingend gut verständlich. Metriken sollten daher mit Bedacht verwendet und interpretiert werden: als Indikator für Stellen, die von einem Gutachter manuell geprüft werden sollten.

Für die Verständlichkeit von Texten können folgende Zahlen erhoben werden, eine typische Textverarbeitung liefert diese Zahlen automatisch:

- durchschnittliche Länge eines Absatzes sowie längster Absatz
- durchschnittliche Länge der Sätze bzw. längster Satz in Wörtern
- durchschnittliche Länge der Wörter sowie die längsten Wörter

Das Zählen von Wort-, Satz- und Absatzlängen schafft eine normale Textverarbeitung. In UML-Modellen können die bekannten objektorientierten Metriken verwendet werden. Auch sie können auf Probleme in den Anforderungen wie Komplexitätsnester hinweisen:

- durchschnittliche Vererbungstiefe sowie Klassen mit maximaler Vererbungstiefe
- durchschnittliche Zahl der Attribute sowie Klassen mit maximaler Zahl von Attributen
- eingehende und ausgehende Assoziationen einer Klasse als Maß für die Abhängigkeiten zwischen den Klassen

Weiterführende Informationen zu Qualitätsmetriken für Spezifikationen finden sich beispielsweise bei Sneed et al. (Sneed, Seidl und Baumgartner). Sie geben einen umfassenden und ausführlichen Überblick über Metriken in allen Bereichen der Software-Entwicklung.

7.5 Prüfung der Verständlichkeit

Anforderungsdokumente müssen so formuliert sein, dass alle beteiligten Stakeholder sie verstehen. Alle Stakeholder müssen die Anforderungen auf gleiche Weise interpretieren, d.h., sie sollten vom zu erstellenden System auf der Basis der dokumentierten Anforderungen eine ähnliche Vorstellung haben. Verständlichkeit ist damit eine wesentliche Eigenschaft guter Anforderungen.

Praxistipp: Technisches Schreiben

Ein Kurs über technisches Schreiben kann die Qualität Ihrer Dokumente deutlich verbessern. Aspekte wie Identifikation des Leserkreises, verständliches Deutsch oder Englisch, korrektes Zitieren oder der richtige Umgang mit Abbildungen und Tabellen sind dort Thema.

7.5.1 Wer sind die Leser?

Um sicherzustellen, dass alle Leser ein Dokument verstehen, ist es offensichtlich wichtig, die Leser mit ihren Vorkenntnissen, ihrer Ausbildung und ihren Erwartungen zu kennen. Hierzu sollte jedes Dokument am Anfang Lesehinweise enthalten und dort auch den erwarteten Leserkreis explizit benennen. Die Autoren eines Dokuments müssen Ausdrucksweise, Fachbegriffe und spezifische Notationen entsprechend an die erwarteten Leser anpassen.

Wenn ein Pflichtenheft beispielsweise auch von Versicherungsfachwirten verstanden werden soll, kann die UML nur noch eingeschränkt angewendet werden, da ein Teil der Leser diese Notation nicht (exakt) versteht. Wenn Entwickler das Dokument verstehen sollen, muss die Versicherungsfachsprache definiert und erläutert werden, direkt oder über Verweise zu entsprechender Fachliteratur.

7.5.2 Verständliches Deutsch

Für Spezifikationen und andere Dokumente gelten ähnliche Qualitätskriterien wie für einen guten Zeitungsartikel. Je besser das Dokument bzw. der Artikel geschrieben ist, desto eher wird es aufmerksam und vollständig gelesen. Dies ist auch für Anforderungsdokumente wichtig, besonders dann, wenn die Leser das Dokument prüfen sollen oder das Dokument als Basis für Quelltexte dient. Schneider gibt zum Thema „Deutsch für Profis" ausführliche Hinweise (Schneider), er schreibt: *Einer muß sich plagen, der Schreiber oder der Leser.*

Das Hamburger Verständlichkeitsmodell (Langer, Schulz von Thun und Tausch) nennt vier Merkmale für Verständlichkeit von Texten:

- Einfachheit
- Gliederung/Ordnung
- Kürze/Prägnanz
- zusätzliche Stimulanz

Einfache Texte enthalten nur **gebräuchliche Wörter** und nur den Fachwortschatz, den alle Stakeholder beherrschen. **Kurze, einfach strukturierte Sätze** machen einen Text gut lesbar (Schneider):

- Ein Satz sollte in einem Atemzug laut vorgelesen werden können. Wenn der Leser zwischendurch Luft holen muss, ist der Satz zu lang.
- Wichtige Informationen, die „Hauptsachen", werden als Hauptsätze formuliert.
- Nebensätze sollten sparsam eingesetzt werden. Sie sollten vollständig nach dem Hauptsatz stehen und möglichst nicht in den Hauptsatz geschachtelt sein.
- Schachtelsätze sollten in kürzere Sätze aufgeteilt werden. Schachtelsätze entstehen durch Einfügen von Nebensätzen in einen Hauptsatz. Schwerer verständlich werden Sätze, wenn ein Verb in zwei Teile zerlegt wird: „stellt ... dar", „fällt ... auf", aber auch „hat ... geholfen".

Die Länge der verwendeten Wörter und ihre Geläufigkeit spielen ebenfalls eine wichtige Rolle für die Verständlichkeit:

- Fremdwörter und der Informatik-Jargon sollten sparsam eingesetzt werden. Beispiele hierfür sind Bezeichnungen von Datentypen „Integer" (Ganzzahl), „String" (Zeichenkette) oder ein „Enum" (Aufzählung), Elemente der grafischen Oberfläche wie Button, Treeview oder Combobox oder Tätigkeiten wie „hosten" oder „flashen".
- Wörter sollten gekürzt werden (z.B. Wetter anstelle von Witterungsbedingungen). Schneider (Schneider) nennt als Indikatoren die Wortendungen „-setzung" und „-stellung", diese können häufig gestrichen werden, z.B. „Ziel" statt „Zielsetzung" oder „Aufgabe" statt „Aufgabenstellung".
- Fachwörter sollten Sie im Text bzw. im Glossar definieren, bevor diese im Text verwendet werden.

Eine **Gliederung** gibt dem Leser Orientierung im Text und vermindert die Zeiten, in denen nach Informationen im Text gesucht werden muss. Aus dem Inhaltsverzeichnis eines Dokuments muss ein roter Faden erkennbar sein. Informationen, die inhaltlich zusammengehören, sollten nahe im Text beieinanderstehen, sodass der Leser nicht suchen oder blättern muss. Um den Überblick zu behalten, sollte die Gliederung nicht zu feinteilig sein. Mehr als drei Gliederungsebenen sind selten notwendig.

Ordnung ist auch in Fallunterscheidungen erkennbar: Es muss geprüft werden, ob alle zu unterscheidenden Fälle klar gekennzeichnet sind, beispielsweise über Aufzählungspunkte, Zwischenüberschriften oder durch tabellarische Darstellung.

Kürze und Prägnanz: Für jedes Wort eines Satzes sollte geprüft werden, ob eine wesentliche Information fehlt, wenn das Wort gestrichen wird. Wenn keine Information verloren geht, kann das Wort entfernt werden. Füllwörter und Floskeln können leicht gestrichen werden: „insbesondere", „nämlich", „also" oder „im Klartext heißt das ...", „im Rahmen des" oder „in diesem Zusammenhang".

Beispiele bilden in einer Spezifikation **anregende Zusätze**, da Leser den Inhalt des Dokumentes besser nachvollziehen können als bei abstrakten Texten. Außerdem wird der Text konkreter.

Fallstudie	**Eva**

Folgender (leicht übertriebener) Text könnte in der Anforderungsspezifikation stehen:

Für jede Frage des Evaluationsbogens muss ein Antworttyp bestimmt werden, das sind insbesondere skalare Antworten oder frei formulierte Texte, wobei bei den skalaren Antworten ein Integer-Wert, der zwischen zwei beliebigen Grenzen liegen kann, eingegeben werden kann, und bei frei geschriebenem Text ist ein String mit 400 Zeichen möglich, weiterhin kann für Antworten auch ein Enum, der konkret maximal 5 Elemente haben darf, angegeben werden.

Dieser Text verletzt mehrere Merkmale für verständliche Texte:

- Die Anforderungen sind in einem einzigen Bandwurmsatz formuliert. Dieser enthält mehrere eingeschachtelte Nebensätze.
- Der Satz enthält Füllwörter: insbesondere, konkret.
- Es werden nicht gebräuchliche Wörter verwendet, wie Integer-Wert, String oder Enum. Sie sind eventuell für einen Programmierer verständlich, ein Professor der Innenarchitektur wird diese Begriffe vermutlich nicht verstehen.
- Die Anforderung enthält eine Fallunterscheidung (die Antworttypen), diese ist nicht aus der Textstruktur erkennbar.
- Es fehlen anregende Zusätze, wie beispielhafte Ausprägungen der Aufzählung (Enum).

Eine verbesserte Fassung des Textes könnte so lauten:

Der Qualitätsmanager (QM) bestimmt für jede Frage des Evaluationsbogens einen Antworttyp. Es gibt drei Antworttypen:

Antworttyp	Beschreibung	Beispiel
Freier Text	*Der Studierende kann einen frei formulierten Text eingeben. Der Text darf bis zu 400 Zeichen lang sein.*	*„Gastvortrag der Firma Art-of-Quality war super, mehr davon!"*
Ganzzahl	*Der Studierende kann eine ganze Zahl eingeben. Der QM muss den kleinsten und den größten zulässigen Wert vorgeben.*	*„50"* *Für Prozentangaben: Kleinster Wert: 0 Größter Wert:100*
Aufzählung	*Der Studierende kann zwischen mehreren vorgegebenen Antworten wählen. Es sind maximal 5 vorgegebene Antworten möglich.*	*Ja / Nein Trifft voll zu / Trifft zu / Trifft nicht zu*

Der Satz wurde in wenige Hauptsätze zerlegt und die Füllwörter wurden gestrichen. Die für Nichttechniker unverständlichen Wörter wurden ersetzt. Die drei möglichen Antworttypen werden als Tabelle dargestellt, so ist die Struktur klar erkennbar. Die Beispiele liefern anregende Zusätze.

7.5.3 Verständliche Schaubilder und UML-Diagramme

Die Merkmale des Hamburger Verständlichkeitsmodells (Langer, Schulz von Thun und Tausch) sind auch auf Schaubilder und Diagramme übertragbar. Auch hier spielen Einfachheit, Gliederung und Ordnung, Kürze und Prägnanz sowie zusätzliche Stimulanz eine wichtige Rolle. Ein Grundverständnis der visuellen Wahrnehmung kann auch aus den Gestaltgesetzen (Böhringer) gewonnen werden. Die Gestaltgesetze liefern Aussagen darüber, welche Elemente eines Schaubildes bevorzugt wahrgenommen werden und wann Elemente als zusammengehörig bzw. als Einheit wahrgenommen werden. Bei Schaubildern und UML-Diagrammen sollte die Sachaussage zur wahrscheinlichen Wahrnehmung des Bildes oder Diagrammes passen, sonst sind Missverständnisse vorprogrammiert.

Einfachheit: Millner (Millner) beschreibt, dass der Mensch nur zwischen fünf und neun Informationseinheiten in seinem Kurzzeitgedächtnis präsent halten kann. Damit sollten auch Schaubilder und Diagramme möglichst nicht mehr als fünf bis neun (wichtige) Elemente enthalten. Farben, Fonts und Formen sollten sparsam eingesetzt werden. Diagramme und Schaubilder sollten nicht bunt wirken.

Diagramme mit vielen Elementen sollten daher in kleinere zerlegt werden. Daraus wird ein Überblicksdiagramm mit den wichtigsten Klassen, Anwendungsfällen und Aktivitäten, zusätzlich können entsprechende Verfeinerungen in Detail-Diagrammen hinzukommen.

Kürze und Prägnanz: „Weniger ist mehr" gilt auch für Schaubilder und Diagramme. Jedes Diagramm sollte nur die für den jeweils dargestellten Sachverhalt unbedingt notwendigen Elemente enthalten. Überflüssige Elemente verstellen den Blick für das Wesentliche und erschweren das Verständnis.

Gliederung und Ordnung: Chaotisch verteilte Elemente, die mit gebogenen Linien verbunden sind (sozusagen Linien-Spaghetti), erschweren das Verstehen eines Diagramms oder Schaubildes erheblich. Ein Gestaltungsraster an dem Diagramm-/Schaubild-Elemente ausgerichtet sind, kann dafür sorgen, dass die dargestellten Elemente leichter gelesen werden können. Weitere Regeln für Ordnung sind:

- Zusammengehörende Elemente nahe beieinander darstellen.
- Zusammengehörende Elemente ähnlich darstellen (Form, Farbe, Fonts, ...)
- Die Elemente sollten möglichst Zeilen und Spalten bilden.
- Gerade oder rechtwinkelige Verbindungslinien verwenden, keine Kurven.

Beim Lesen eines Schaubildes ist der typische Einstiegspunkt eines (westlichen) Lesers die obere linke Ecke, wie es in der ▶ Abbildung 7.7 dargestellt ist. Von dort aus wird dann nach rechts unten „gelesen". Damit wichtige Aspekte eines Schaubildes bemerkt werden, müssen sich diese in dem oberen linken Viertel des Schaubildes befinden (siehe z.B. (Ambler)). Ambler schlägt beispielsweise für Anwendungsfalldiagramme vor, den Hauptakteur in die obere linke Ecke des Diagramms zu zeichnen.

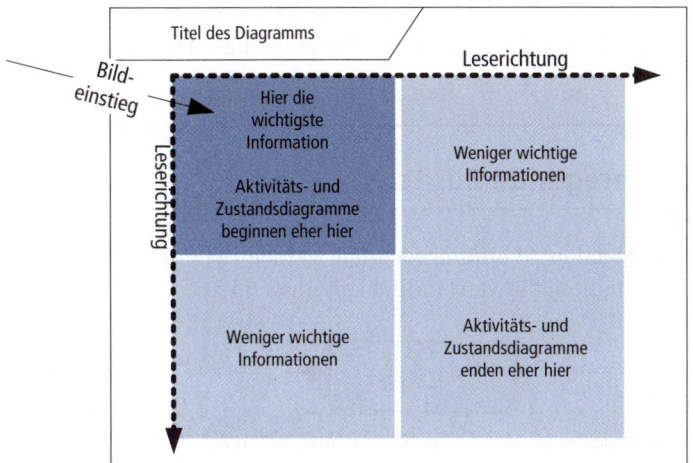

Abbildung 7.7: Quadranten einer Abbildung.

Diese Regel kann gut auf **Aktivitäts-** und **Zustandsdiagramme** angewendet werden. In beiden Fällen sollte der Startzustand bzw. der Startknoten in der oberen linken Ecke des Diagramms sein und der Endzustand bzw. Endknoten in der unteren rechten Ecke. So kann das Diagramm wie ein Zeitungsartikel gelesen werden.

Auch für **Klassendiagramme** gibt es typische Leseerwartungen: Vererbungsbeziehungen werden vertikal (Vaterklasse oben, Kinder unten) dargestellt und Assoziationen werden horizontal (von links nach rechts) dargestellt.

Die Größe und Farbe eines Diagrammelementes wird in der Regel mit dessen Bedeutung assoziiert. Das größte Element, das rote Element oder das Element mit dem breitesten Rahmen wird für besonders bedeutsam gehalten. Für jedes Diagramm sollte hinterfragt werden, ob die tatsächliche Wirkung eines Elements durch seine Größe, Form und Farbe der beabsichtigten Wirkung entspricht. Durch UML-Modellierungswerkzeuge kann es leicht zu solchen Fehlern kommen, da beispielsweise die Klasse mit den meisten Methoden und Attributen am größten dargestellt wird. Diese Klasse ist nicht immer die wichtigste. Einige Werkzeuge erlauben auch das Einfärben der Modelle, diese Farben sollten eine klare, dokumentierte Bedeutung haben. Im Zweifelsfall sollten alle Diagrammelemente dieselbe Größe und Farbe haben, dann kommt es nicht zu Missverständnissen.

Auch für UML-Diagramme gilt: Elemente, die sich nahe beieinander befinden, werden als zusammengehörig empfunden (Böhringer). Das sollte beim Erstellen und Prüfen von Diagrammen und Schaubildern berücksichtigt werden, hier sollte die Wahrnehmung möglichst mit der beabsichtigten Aussage übereinstimmen.

Anregende Zusätze sind auch bei informellen Schaubildern und Diagrammen möglich, z.B. durch ästhetische Gestaltung: Bei informellen Schaubildern können für bestimmte Diagrammelemente „schöne" Piktogramme verwendet werden. UML-Modelle können über ansprechende Farben und Fonts ansprechend gestaltet werden.

Mit einigen Werkzeugen können UML-Modelle erstellt werden, die wie Handzeichnungen aussehen. Dies ist ein Beispiel für den Versuch, diese Diagramme ästhetischer zu machen.

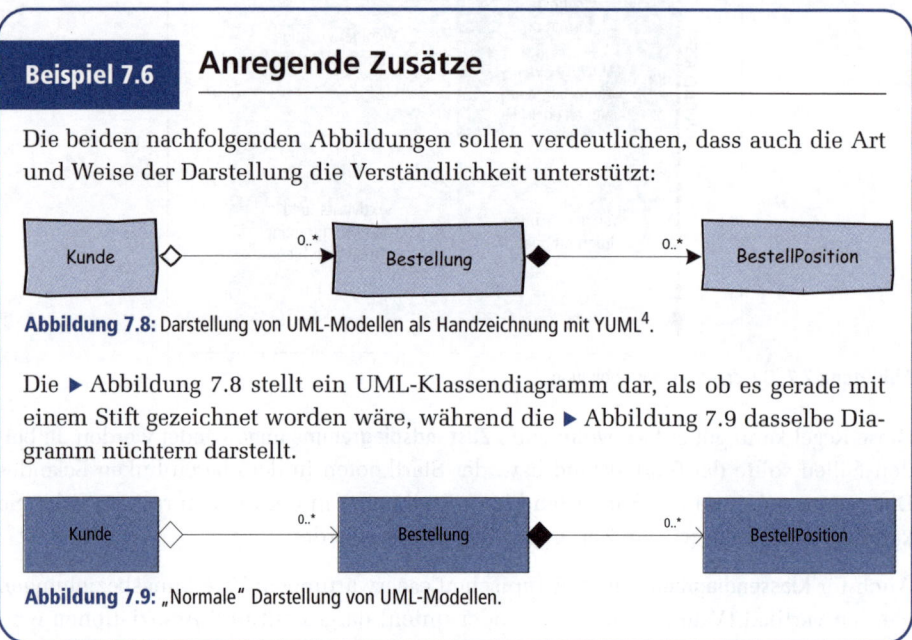

Beispiel 7.6 ## Anregende Zusätze

Die beiden nachfolgenden Abbildungen sollen verdeutlichen, dass auch die Art und Weise der Darstellung die Verständlichkeit unterstützt:

Abbildung 7.8: Darstellung von UML-Modellen als Handzeichnung mit YUML[4].

Die ▶ Abbildung 7.8 stellt ein UML-Klassendiagramm dar, als ob es gerade mit einem Stift gezeichnet worden wäre, während die ▶ Abbildung 7.9 dasselbe Diagramm nüchtern darstellt.

Abbildung 7.9: „Normale" Darstellung von UML-Modellen.

7.5.4 Erklärende Texte prüfen

Ein Bild sagt zwar mehr als tausend Worte, jedoch werden Schaubilder häufig überlesen. Jedes Schaubild und jedes UML-Diagramm sollte daher von einem erklärenden Text begleitet werden. Der Text soll auch weiterführende Informationen enthalten, wie eine Begründung (ein Rationale) für die im Schaubild enthaltenen Informationen und Entwurfsentscheidungen.

7.6 Prüfung der Übereinstimmung

An Projekten sind viele Stakeholder beteiligt. Diese haben in der Regel unterschiedliche Interessen und Ziele. Anforderungen dürfen keine Meinungen einzelner Stakeholder sein, in einem System, das allen Stakeholdern gerecht werden soll.

Gerade wenn externe IT-Dienstleister in ein Unternehmen kommen und ein Projekt durchführen, finden sie sich leicht in der Rolle eines Mediators zwischen mehreren Abteilungen mit gegensätzlichen Interessen wieder. Diese treten spätestens dann zutage, wenn die Spezifikation in einem Quality Gate nicht von allen Beteiligten abgenommen wird oder das fertige System im Akzeptanztest scheitert.

---

4   z.B. das Werkzeug yuml unter *http://yuml.me* (abgerufen am 03.08.2012)

Bestehende Konflikte müssen daher so früh wie möglich erkannt werden, damit diese rechtzeitig gemildert oder gelöst werden können. Eine Technik zum Erkennen von Konflikten ist, so früh wie möglich mit formalen Inspektionen anzufangen, vergleiche dazu die Fallstudie in Abschnitt 7.8.3, Inspektionen.

Eine Technik zur Auflösung von Konflikten kann sein, bei strittigen Anforderungen zu den dahinterliegenden Zielen und Interessen zurückzugehen. Eventuell findet sich dann ein Kompromiss, der die Interessen aller Stakeholder über völlig andere Anforderungen berücksichtigt.

7.7 Prüfung formaler Kriterien

Für Anforderungen gibt es eine Reihe von allgemein anerkannten formalen Qualitätskriterien. Sie gelten auch für alle anderen relevanten Arbeitsergebnisse im Projekt. Diese formalen Kriterien sind vom Inhalt unabhängig und ihre Prüfung erfordert kein besonderes fachliches Wissen.

7.7.1 Identifizierbarkeit und Nachverfolgbarkeit

Auf eine Anforderung wird im Laufe der Anforderungsanalyse mehrfach Bezug genommen. Eine einfache dokumentierte Anforderung wird beispielsweise in einem Anwendungsfall verfeinert, dieser wird durch ein GUI-Mockup konkretisiert usw. In einer formalen Inspektion wird auf eine Anforderung z.B. im Prüfprotokoll verwiesen.

Jede Anforderung, jeder Anwendungsfall, jeder GUI-Mockup und alle anderen Zwischenergebnisse der Anforderungsanalyse müssen eindeutig identifizierbar sein. Beispielsweise können Anforderungen, Anwendungsfälle oder GUI-Mockups nummeriert werden. Die Eindeutigkeit dieser Nummer sollte über ein Werkzeug sichergestellt werden. Im Rahmen der Validierung der Anforderungen sollte geprüft werden, ob wirklich alle Anforderungen und die damit zusammenhängenden Artefakte eindeutig identifizierbar sind.

7.7.2 Rechtschreibung, Grammatik und Syntax

Eine fehlerfreie Rechtschreibung, Zeichensetzung und Grammatik verstehen sich eigentlich von selbst. Dennoch muss die korrekte Verwendung der deutschen bzw. englischen Sprache geprüft werden. Grammatik- und Zeichensetzungsfehler können die Verständlichkeit eines Textes beeinträchtigen und zu falschen Interpretationen eines Textes führen. Ein mit Rechtschreibfehlern übersätes Dokument wirkt zudem unprofessionell, auch wenn Rechtschreibfehler den eigentlich entscheidenden Inhalt des Dokuments kaum beeinträchtigen.

Auch Modellierungssprachen wie die UML haben eine fest vorgegebene, teilweise standardisierte Syntax. (UML-)Modellierungswerkzeuge erlauben in der Regel keine oder kaum syntaktisch falsche Verwendung der UML. Wenn im Projekt die Modelle mit einem Grafik-Werkzeug erstellt werden, sollte auch die korrekte Verwendung der UML-Syntax geprüft werden.

7.7.3 Professionelle Dokumente

Für professionelle Dokumente haben sich allgemeine Qualitätskriterien etabliert (siehe z.B. Rüping (Rüping), hierzu gibt es im Bereich des technischen Schreibens vertiefende Literatur, z.B. von Rechenberg (Rechenberg). Zu prüfende Kriterien sind unter anderem:

- Hat das Dokument einen eindeutigen Titel?
- Sind die Seiten nummeriert und gibt es ein Inhaltsverzeichnis?
- Werden die Autoren bzw. der Autor des Dokuments genannt und ist für das Dokument genau ein(e) Verantwortliche(r) benannt?
- Enthält das Dokument eine Änderungshistorie, die dokumentiert, welche Autoren wann welche Änderungen vorgenommen haben?
- Enthält das Dokument einen Nachweis über stattgefundene Qualitätsprüfungen?
- Ist erkennbar, in welchem Zustand sich das Dokument gerade befindet (beispielsweise „Freigegeben" oder „In Bearbeitung"?).

Korrekte Verwendung der Textverarbeitungssoftware

Allgemein sollte geprüft werden, ob die Textverarbeitungssoftware korrekt verwendet wurde. Ein häufiger Fehler ist beispielsweise, dass Abbildungen oder auch Textabschnitte durch die direkte Nennung der jeweiligen Abbildungsnummer oder der Kapitelnummer referenziert werden. Im Text findet sich beispielsweise: *In Abbildung 6 wird dargestellt....* Wenn sich die Abbildungsnummer *6* durch davor gelöschte oder neue Abbildungen ändert, bezieht sich dieser (statische) Text auf eine falsche Abbildung, die nach dem Einfügen oder Löschen zufällig die Nummer *6* trägt. Eine Textverarbeitungssoftware bietet hierzu Verweise an, die sich automatisch aktualisieren.

Praxistipp: Ein Tag Textverarbeitung

Investieren Sie einen Tag, um sich intensiv mit Ihrer Textverarbeitungssoftware wie Microsoft-Word, OpenOffice, LibreOffice oder auch LaTeX auseinanderzusetzen. Wenn Sie Dokumente erstellen, sollten Sie mindestens Folgendes können:

- Inhaltsverzeichnis erzeugen und entsprechende Seitennummerierung einstellen
- Abbildungen beschriften und im Text korrekt referenzieren (dynamisch!)
- Formatvorlagen korrekt nutzen, sodass alle Überschriften als solche erkennbar sind und dass deren Font, Font-Größe und -Farbe an einer einzigen Stelle zentral geändert werden können
- Mit der Gliederungsansicht einen Überblick über das Dokument gewinnen
- Änderungsverfolgung und Kommentarfunktion korrekt verwenden
- Verschiedene Dokumentversionen vergleichen und zusammenführen

---

7.7.4 Einhaltung der Dokumentvorlagen

In großen Organisationen gibt es in der Regel Formatvorlagen für die im Rahmen der Software-Entwicklung zu erstellenden Dokumente. Diese Vorlagen legen Layout, Fonts, Font-Größen, Zeilenabstände, Farbschemata, Tabellenlayout etc. gemäß vorhandener Unternehmensstandards fest – gemäß Corporate Identity.

Häufig findet sich der wesentliche Teil der Definition eines Software-Entwicklungsprozesses dort: Die Vorlagen definieren neben dem Layout auch die Kapitelstruktur und damit die Inhalte der zu erstellenden Dokumente. Hier muss geprüft werden, ob jedes Kapitel auch „ausgefüllt" wurde bzw. ob eine plausible Begründung für das Fehlen eines Kapitels oder Abschnitts vorliegt.

7.7.5 Namenskonventionen

Für Dokumente, aber auch für Modellelemente wie Klassen, Anwendungsfälle oder Aktivitätsdiagramme können Namenskonventionen definiert sein. Beispielsweise kann jeder Anwendungsfall das Präfix AF_ und jede Klasse das Präfix ET_ (Entitätstyp) haben. Gegebenenfalls wird das Projektkürzel im Namen mit aufgeführt. Namenskonventionen sind ebenfalls formale Kriterien.

7.8 Prüfen, aber wie? – Prüftechniken (Reviews)

In informellen und formalen Prüfungen, sogenannten Reviews, lesen ein der mehrere Gutachter ein Dokument, beispielsweise die Spezifikation der Anforderungen. Die Gutachter prüfen das Dokument und machen mündlich oder schriftlich Anmerkungen.

Praxistipp: Druckbares prüfen

Am besten können Ergebnisse geprüft werden, die sich ausdrucken lassen, da das auch handschriftliche Kommentare oder Skizzen erlaubt. Der Gutachter benötigt für die Prüfung keine speziellen Werkzeuge und kann die Prüfung auch während Dienstreisen im Zug oder Flugzeug durchführen.

Dokumente können auf verschiedene Arten geprüft werden. Informell kann dies über einen Walkthrough geschehen: Gutachter und Autor setzen sich ohne besondere Vorbereitung zusammen und diskutieren. Das andere Extrem ist eine formale Inspektion, bei der ein Team aus Gutachtern in einer oder mehreren Sitzungen die Prüfung vornimmt und eine Nachkontrolle der Korrekturen stattfindet, wenn schwere Fehler gefunden wurden.

Der Nutzen von Reviews wurde häufig diskutiert und nachgewiesen:

- Dokumente und Anforderungslisten können nur manuell in Reviews geprüft werden. Nur so ist eine Prüfung früh in der Anforderungsanalyse möglich.
- Nur durch die Kombination von Reviews (z.B. Inspektionen) und Tests wird eine gute Quote gefundener Fehler erreicht (McConnell).

- Reviews verbreiten Wissen im Projekt-Team, der Gutachter muss sich eingehend mit dem Dokument befassen.
- Reviews schaffen Konsens, da sie den Gutachter am Ergebnis beteiligen und Konflikte früh aufdecken. Der Gutachter kann während der Prüfung seine Bedenken äußern und Vorschläge machen.

7.8.1 Walkthrough

Bei einem Walkthrough treffen sich ein oder mehrere Gutachter und Autor(en) in der Regel ohne Vorbereitung und sprechen das (Zwischen-)Ergebnis durch. Der Autor stellt seine Ergebnisse vor. Gutachter und Autor(en) diskutieren diese und geben Feedback dazu. Der Ablauf eines Walkthrough ist nicht festgelegt und kann spontan von Gutachter und Autor bestimmt werden.

Ergebnis eines Walkthrough

Ergebnis eines Walkthrough ist eine Reihe von mündlichen oder schriftlichen Anmerkungen. Denkbar ist auch, dass Gutachter und Autor während des Walkthrough bereits die Änderungen und Anmerkungen umsetzen und beispielsweise die Kapitelstruktur eines Dokuments anpassen.

Wofür eigenen sich Walkthroughs?

Ein Walkthrough eignet sich immer dann, wenn eine Aufgabe gerade begonnen wurde oder ein Dokument neu strukturiert wurde. Im Walkthrough wird festgestellt, ob die Richtung stimmt, der angestrebte Leserkreis richtig adressiert wird und ob die gewählte Struktur angemessen ist. Auch Anregungen und Ideen können über einen Walkthrough eingeholt werden. Wenn noch wenig Inhalt vorliegt, können Struktur und Inhalte noch wesentlich geändert werden, dies ist mit (fast) fertiggestellten Dokumenten kaum noch möglich.

Walkthroughs sind wegen des geringen Vorbereitungs- und Durchführungsaufwands sehr preiswert und können mehrfach und auch spontan durchgeführt werden.

Für Prüfungen an Meilensteinen sind Walkthroughs ungeeignet, da sie zu wenige Fehler aufdecken. Es gibt keine (dauerhafte) Dokumentation der gefundenen Fehler und auch ihre Behebung wird nicht kontrolliert.

7.8.2 Stellungnahme (Peer-Review)

Die Stellungnahme ist die häufigste Form der manuellen Prüfung, sie findet insbesondere unter Mitgliedern desselben Teams statt, also unter „Ebenbürtigen". Die Stellungnahme wird daher häufig auch als Peer-Review bezeichnet (Peer = ebenbürtig).

Der Autor versendet sein Arbeitsergebnis an einen oder mehrere Gutachter. Diese lesen das zu prüfende Ergebnis durch und machen Anmerkungen, z.B. handschriftlich in einen Ausdruck. Gutachter und Autor treffen sich geplant oder spontan und sprechen die Anmerkungen durch.

Ergebnis einer Stellungnahme

Die Stellungnahme verhilft einem Autor zu Feedback von Gutachtern. Dieses Feedback liegt in der Regel in Form von Kommentaren, Ergänzungen und Korrekturen zu einem Ergebnis vor, das sind zum Beispiel:

■ Ein handschriftlich kommentierter und ergänzter Ausdruck des Ergebnisses ist häufig das Ergebnis einer Stellungnahme, da handschriftliche Ergänzungen mit wenig Aufwand erstellt werden können.

■ Moderne Textverarbeitungen bieten die Möglichkeit, Ergänzungen und Korrekturen im Änderungsmodus (→ Änderungen nachverfolgen) zu machen. Dieser Modus muss gesondert aktiviert werden. Er stellt Ergänzungen im Text für jeden Gutachter in einer anderen Farbe dar und Löschungen werden durch durchgestrichenen Text visualisiert. Kommentare sind ebenfalls möglich, diese Möglichkeit gibt es auch in Tabellenkalkulationen.

■ Inzwischen sind Tablet-Computer weitverbreitet. Mit entsprechenden Apps können PDF-Dokumente quasi handschriftlich über einen Eingabestift kommentiert werden.

Wofür eignen sich Stellungnahmen?

Die Stellungnahme dient dazu, sich im Team zu verbessern und das kontinuierliche Lernen voneinander zu unterstützen. Sie unterstützt das Vier-Augen-Prinzip und schützt die Autoren vor „Betriebsblindheit".

Ein detailliertes Protokoll oder eine Nachkontrolle, ob die Anmerkungen auch eingearbeitet worden sind, findet nicht statt. Damit eignet sich eine Stellungnahme nicht für Quality Gates.

Praxistipp: Review-Kultur pflegen

Die Mitarbeiter vieler Organisationen tun sich mit Reviews schwer, besonders mit Stellungnahmen. Sie sind es häufig nicht gewohnt, dass Dokumente oder Quelltexte von Kollegen zur Qualitätsverbesserung gelesen werden.

Einige fühlen sich bei einem Feedback persönlich angegriffen und fangen an, sich bei gefundenen Fehlern zu rechtfertigen. Andere zweifeln bei gefundenen Fehlern gleich an der Qualifikation des Autors. Beide Wahrnehmungen sind falsch! Jeder einzelne muss üben, Feedback zu empfangen und zu geben. Reviews beziehen sich immer auf Arbeitsergebnisse und niemals auf den Autor.

Dass Reviews effizient und notwendig sind, wurde bereits oben begründet. Daher sollte jede Organisation Reviews zum Projektalltag machen. Hieran müssen sich die Mitarbeiter aber zunächst gewöhnen.

Das Lernen muss vom Management gewollt sein und unterstützt werden, damit typische Ausreden wie „man habe da kein Budget für sowas" nicht verwendet werden können.

7.8.3 Inspektionen

M.E. Fagan hat Inspektionen bei der Firma IBM für Code und Design eingeführt (Fagan) und deren Nutzen empirisch belegt (Fagan). Inspektionen nach Fagan oder in modifizierter Form haben einen definierten und dokumentierten Ablauf. Sie sind deutlich aufwendiger als Stellungnahmen oder Walkthroughs. Formale Inspektionen werden für wichtige Zwischenergebnisse wie beispielsweise die Spezifikation verwendet. Die Inspektion kann Vorbedingung für ein Quality Gate sein, in dem die Qualität eines Dokumentes formal festgestellt wird.

Eine Inspektion hat im Allgemeinen fünf bis sieben Schritte, von denen die Wesentlichen im Folgenden dargestellt werden. Je nach Organisation können diese Schritte unterschiedlich ausgeprägt sein:

1. Planung
2. Vorbereitung
3. Sitzung
4. Überarbeitung
5. Nachkontrolle

Planung

Ein Qualitätsbeauftragter wird benannt, welcher die Inspektionen im Projekt organisiert. Dies kann notfalls auch der Projektleiter sein. Besser ist es allerdings, die Rolle mit einer externen Person zu besetzen, die nicht die Verantwortung für das Projektbudget und den Liefertermin trägt. Die Planung einer Inspektion umfasst folgende Aufgaben:

- Budget einplanen: Eine Inspektion kostet Aufwand, das erforderliche Budget muss im Projekt eingeplant werden.
- Gutachter bestimmen: Der Qualitätsbeauftragte bestimmt die Gutachter, welche die eigentliche Prüfung durchführen. Die Gutachter dürfen keine Autoren sein, um Betriebsblindheit zu vermeiden. Eventuell werden für jeden Gutachter auch Prüfaufgaben festgelegt.
- Termine festlegen: Die Inspektion kann erst dann stattfinden, wenn das zu prüfende Ergebnis lange genug vorliegt. Zwischen der Vorlage des Ergebnisses und dem Inspektionstermin muss ausreichend Zeit, in der Regel etwa eine Woche, eingeplant werden.
- Verfügbarkeit der Gutachter und der Autoren sicherstellen: Der Qualitätsbeauftragte stellt sicher, dass die Gutachter und die Autoren verfügbar sind, um an der Sitzung und der Nachkontrolle teilzunehmen sowie die vorgelegten Dokumente zu prüfen.

Da sich vor größeren Meilensteinen die Inspektionen häufen, sollten die Inspektionen möglichst gleichmäßig über den Projektverlauf verteilt werden. Größere Dokumente oder andere Ergebnisse sollten in kleinen Schritten geprüft und daher auf mehrere Inspektionen verteilt werden.

Für jedes Dokument sollte überprüft werden, ob es wirklich einer Inspektion unterzogen werden sollte. Eine Diskussion zum Thema Qualitätskosten findet sich in Kapitel 10.

Praxistipp: Gutachter bewusst aussuchen

Die Gutachter für eine Inspektion sollten sorgfältig ausgewählt werden. Neben dem Ziel der eigentlichen Qualitätsprüfung können weitere Ziele mit der Prüfung erreicht werden.

■ Die Gutachter dürfen untereinander und mit den Autoren keine ungelösten Konflikte haben, sonst wird die Prüfung von diesen Konflikten überschattet.

■ Die Gutachter müssen über die notwendigen Kompetenzen verfügen, um die Inhalte eines Dokuments beurteilen zu können. Hierzu sollte jede jeweils relevante Stakeholder-Gruppe in Form eines Gutachters vertreten sein. Achten Sie besonders darauf, dass auch „echte" künftige Benutzer an den Inspektionen beteiligt werden.

■ Gutachter, die fachfremd sind, konzentrieren sich in der Regel auf formale Aspekte.

■ Eine Inspektion beteiligt einen Gutachter am Ergebnis: Der Gutachter übernimmt mit der Inspektion Verantwortung dafür. Als Gutachter sollten daher bewusst Kritiker und Verantwortungsträger unter den Stakeholdern ausgewählt werden. Eine Inspektion ist eine Form der Wertschätzung und der Beteiligung am Ergebnis.

Vorbereitung

Der Qualitätsbeauftragte nimmt die zu prüfenden Ergebnisse entgegen und führt eine erste Qualitätskontrolle durch. Die Qualität muss hoch genug sein, damit eine detaillierte Inspektion sinnvoll ist.

Ist das der Fall, lädt er die Gutachter und die Autoren zur Sitzung ein. Er versendet die zu prüfenden Ergebnisse sowie eine einheitliche Liste zur Erfassung der Anmerkungen. Zusätzlich werden häufig Hilfsmittel wie Prüfanweisungen, Checklisten, Styleguides, Normen und Vorschriften versendet.

Die Gutachter lesen die zu prüfenden Ergebnisse durch und halten ihre Anmerkungen (Ergänzungen, Fragen und die gefundenen Fehler) schriftlich fest. Für eine Anmerkung sind folgende, in ▶ Tabelle 7.2 dargestellte, Informationen wichtig.

Nr.	Eindeutige Nummer der Anmerkung, damit später darauf Bezug genommen werden kann.
Gutachter	Name des Gutachters. In der Regel werden die Anmerkungen mehrerer Gutachter in einer formalen Inspektion zu einer gemeinsamen Befundliste zusammengefasst.
Gegenstand	Welche Anforderungen, welche Spezifikation, welches Modell wurde inspiziert? In welcher Version?
Bezug	Die Anmerkung bezieht sich beispielsweise auf eine konkrete Anforderung, eine Seite, einen Absatz oder ein Element eines Modells (z.B. einen Anwendungsfall). Damit dieser Bezug wieder hergestellt werden kann, muss zur Anmerkung auch die Seite, der Absatz, die Nummer der Anforderung oder des Anwendungsfalls genannt werden.

Tabelle 7.2: Inhalte einer Anmerkung für eine formale Inspektion.

Anmerkung	Die eigentliche Anmerkung. Diese sollte möglichst sachlich und für die anderen Gutachter und die Autoren nachvollziehbar formuliert sein. Sie darf auf keinen Fall persönliche Angriffe oder Wertungen enthalten. Die Anmerkung sollte sich auf genau einen Fehler beziehen oder genau eine Ergänzung bzw. Streichung fordern. Sonst gehen eventuell Teile der Anmerkung verloren.
Kategorie	Handelt es sich bei der Anmerkung um einen Fehler, eine Frage, einen Hinweis, eine Ergänzung oder eine Streichung?
Priorität	Beschreibt die Anmerkung einen abnahmeverhindernden Fehler? Möglich sind auch feinere Unterscheidungen zwischen kritischen (abnahmeverhindernden) Fehlern, normalen Fehlern und Schönheitsfehlern.

Tabelle 7.2: Inhalte einer Anmerkung für eine formale Inspektion. (Forts.)

Jeder Gutachter sendet die Liste mit seinen Anmerkungen vorab den Qualitätsbeauftragten zu. Er erstellt daraus vor der Sitzung eine gemeinsame Liste der Anmerkungen aller Gutachter.

Praxistipp: Tabellenkalkulation verwenden

Für die Erfassung von Anmerkungen in formalen Inspektionen eigenen sich die Tabellen einer Tabellenkalkulation sehr gut: Die Gutachter können in der Regel mit einer Tabellenkalkulation umgehen und die Anmerkungen können nach Priorität oder Kategorie sortiert werden, sodass in der Sitzung mit den wichtigsten Anmerkungen begonnen werden kann.

Nr.	Gutachter	Gegenstand	Bezug	Anmerkung	Kategorie	Prio
1.	GB	Spez.V. 2.5	Titel-blatt, Seite 1	Verantwortlicher für das Dokument wird nicht genannt	Ergänzung	A.V.
2.	...	...	...	...	...	...

Sitzung

Der Qualitätsbeauftragte moderiert die Sitzung oder bestimmt einen Moderator, zusätzlich bestimmt er einen Protokollanten, der die Ergebnisse und Beschlüsse der Sitzung dokumentiert.

Zu Beginn der Sitzung achtet der Qualitätsbeauftragte darauf, dass die Gutachter vorbereitet zur Sitzung erschienen sind, d.h., alle sollten vorab ihre Anmerkungen zur Verfügung gestellt haben. Stellt der Qualitätsbeauftragte fest, dass die Mehrheit der Gutachter nicht vorbereitet ist, wird die Sitzung abgebrochen.

Die Inspektionssitzung kann unterschiedlich durchgeführt werden:

a Die Gutachter nennen die Fehler, die sie gefunden haben, und machen Anmerkungen. Wenn sehr viele Fehler und Anmerkungen vorliegen, sollte nach der Priorität der Fehler in der Befundliste vorgegangen werden: Die wichtigsten Fehler werden zuerst genannt, formale Fehler wie Rechtschreib- und Grammatikfehler kann der Gutachter auch schriftlich an die Autoren mitteilen.

b Die Gutachter gehen das Dokument Seite für Seite oder Anforderung für Anforderung durch und besprechen die Fehler und Anmerkungen.

Ergebnis der Sitzung ist ein Protokoll. Dieses enthält

- eine Befundliste mit gefundenen Fehlern. Abnahmeverhindernde Fehler sind besonders hervorgehoben. Mindestens diese müssen während der Überarbeitung ausgebessert werden, hier ist eine Nachkontrolle erforderlich.
- einen Beschluss der Gutachter zur Freigabe des Ergebnisses, also ob das Projekt auf der Grundlage der vorliegenden Ergebnisse fortgesetzt werden darf oder nicht.

Während der Sitzung achtet der Moderator darauf, dass die allgemeinen Regeln für Inspektionen eingehalten werden:

- Die Gutachter und Autoren bleiben beim Thema und diskutieren nicht über andere Themen.
- Es wird nur das Ergebnis beurteilt und nicht der Autor! Der Moderator unterbindet daher persönliche Angriffe von Gutachtern sowie Verteidigungen der Autoren.
- Fehler werden nur genannt und nicht behoben, Lösungsvorschläge werden erst in der Überarbeitungsphase gemacht.

Überarbeitung

Nach der Sitzung überarbeiten die Autoren das Dokument und kommentieren die Anmerkungen (z.B. *Anmerkung eingearbeitet ...* oder *nicht eingearbeitet, weil ...*). Die Autoren korrigieren die von den Gutachtern gefundenen Fehler entsprechend den Beschlüssen in der Sitzung. Im Vordergrund stehen vor allem die Fehler, welche die Abnahme verhindern.

Nachkontrolle

Wenn schwere Fehler in der Inspektion gefunden wurden und die Abnahme nicht erteilt wurde, findet in der Regel eine Nachkontrolle statt: Die Gutachter überprüfen, ob die in der Sitzung beschlossenen Korrekturen von den Autoren durchgeführt worden sind. Nach erfolgreicher Nachkontrolle kann die Freigabe eines Dokumentes ohne weitere Inspektion erteilt werden.

Ergebnisse einer formalen Inspektion

Endergebnis einer formalen Inspektion ist eine Anforderungsspezifikation und/oder ein Anforderungsmodell mit *definierter* Qualität. Damit enthält die Inspektion zwei Teile: eine Prüfung (als analytische Qualitätssicherungsmaßnahme) und anschließend auch die Korrektur der Fehler. Ergebnisse einer formalen Inspektion sind:

- **Protokoll** der Inspektionssitzung mit einem Beschluss zur Freigabe der geprüften Artefakte (unter Auflagen),
- **Befundliste** mit den gefundenen Fehlern und
- dem Nachweis über die Korrektur der (wichtigsten) Fehler, sowie
- dem Nachweis über die erfolgreiche Nachkontrolle zu den korrigierten Fehlern.

Formale Inspektion

Der Text aus ▶ Abbildung 7.10 könnte in der Spezifikation der Lehrevaluation Eva stehen:

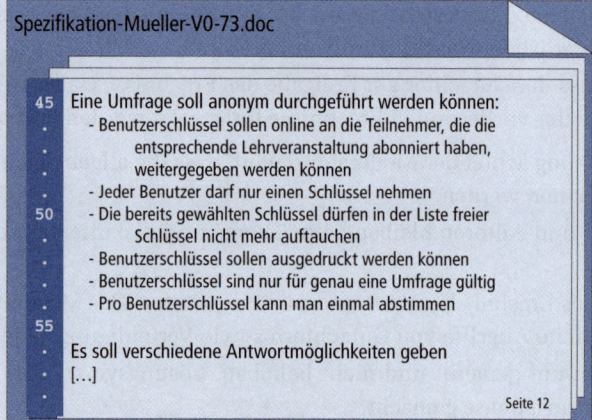

Spezifikation-Mueller-V0-73.doc

45	Eine Umfrage soll anonym durchgeführt werden können:
•	- Benutzerschlüssel sollen online an die Teilnehmer, die die entsprechende Lehrveranstaltung abonniert haben, weitergegeben werden können
•	- Jeder Benutzer darf nur einen Schlüssel nehmen
50	- Die bereits gewählten Schlüssel dürfen in der Liste freier Schlüssel nicht mehr auftauchen
•	- Benutzerschlüssel sollen ausgedruckt werden können
•	- Benutzerschlüssel sind nur für genau eine Umfrage gültig
•	- Pro Benutzerschlüssel kann man einmal abstimmen
55	
•	Es soll verschiedene Antwortmöglichkeiten geben
•	[...]

Seite 12

Abbildung 7.10: Ausschnitt aus einem Spezifikationsdokument.

Die ▶ Tabelle 7.3 stellt mehrere Anmerkungen aus einer formalen Inspektion zu dem Dokument dar. Diese Anmerkungen werden unten noch diskutiert.

Nr.	Gut.	S.	Textstelle	Anmerkung	Kategorie	Abnahme verh.
1.	GB		Dokument-name	Sie lernen das wohl nie! Versionsnummer und Autor gehören nicht in den Namen!!!!	Fehler	Ja
2.	BB	12	Zeile 45 Zeile 51	Die Anforderungen sind nicht identifizierbar.	Fehler	Ja
3.	GB	12	Zeile 45	Ich will die Namen der Studenten wissen, die mich evaluiert haben!	Fehler	Ja
4.	UH	12	Zeile 46	Was ist ein Benutzerschlüssel? Ist eine Transaktionsnummer (TAN) gemeint?	Frage	Nein
5.	UH	12	Zeile 48	Nur der Dozent darf die Schlüssel weitergeben.	Ergänzung	Ja
6.	BB	12	Zeile 49	„Benutzer" statt „Bemutzer" und „Schlüssel" statt „Schüssel"	Fehler	Nein
7.	...	...	...	...		...

Tabelle 7.3: Beispiele für Anmerkungen aus einer formalen Inspektion.

Aus den Anmerkungen aus formalen Inspektionen können wertvolle Informationen gewonnen werden.

- Anmerkungen dürfen keine beleidigenden Inhalte oder persönlichen Angriffe auf die Autoren enthalten. Hier muss der Qualitätsbeauftragte GB zur Sachlichkeit ermahnen.

- Der Gutachter BB hat nur auf Formfehler geprüft. Seine Anmerkungen beziehen sich lediglich auf Rechtschreibfehler und formale Mängel. Wie steht er wirklich zum Inhalt?

- Es gibt einen noch nicht geklärten Konflikt zwischen den Stakeholdern GB auf der einen Seite und UH auf der anderen. GB lehnt die Anforderung ab, während UH implizit zustimmt. BB hat eventuell eine ungeklärte Haltung.

Wofür eignen sich formale Inspektionen?

Formale Inspektionen sind aufwendig in der Vorbereitung und ihrer Durchführung. Aufwand und Nutzen müssen gegeneinander abgewogen werden. Sie eignen sich für Quality Gates, an denen die Qualität der Anforderungen bzw. der Spezifikation mindestens einen vorher festgelegten Grad erreichen muss. Dies ist dann der Fall, wenn z.B. das Lastenheft oder das Pflichtenheft auch Vertragsbestandteil zwischen Auftraggeber und Auftragnehmer ist. Für kritische Systeme sind die Protokolle der Inspektionssitzungen ein Nachweis, dass qualitätssichernde Maßnahmen stattgefunden haben. In diesem Fall sind formale Inspektionen zwingend vorgeschrieben.

Für einfache Prüfungen zur Richtungsbestimmung oder zur internen Qualitätsprüfung sind formale Inspektionen in der Regel zu aufwendig.

7.8.4 Prüfung über Prototypen

Endbenutzer und andere Stakeholder sind häufig kaum in der Lage, ihre tatsächlichen Bedürfnisse in Form von Anforderungen zu dokumentieren. Einigen Stakeholdern fällt es schwer, sich mithilfe eines eher abstrakten Spezifikationsdokuments das fertige System vorzustellen. Sowohl das Ermitteln wie auch das Validieren von Anforderungen auf der Grundlage von Dokumenten sind so schwierig.

In solchen Fällen bietet sich die Ermittlung *und* Validierung von Anforderungen über Prototypen an. Ein Prototyp des Systems kann eine teilweise funktionsfähige Vorabversion sein. Diese setzt bereits einige wichtige Anforderungen um. Der Prototyp kann aber Defizite bei den Qualitätseigenschaften (Performanz, Zuverlässigkeit, Robustheit) oder bei der fachlichen Korrektheit haben. Möglich sind auch Prototypen, die keine Funktionalität aufweisen, sondern nur den Dialog mit Beispieldaten repräsentieren.

Ein Prototyp ermöglicht es den Stakeholdern, das System früh auszuprobieren und so ihre eigentlichen Bedürfnisse herauszufinden bzw. festzustellen, ob die im Prototyp umgesetzten Anforderungen ihre Bedürfnisse erfüllen (I know it, when I see it). Missverständnisse werden so vermieden und auch Lücken in Anforderungen werden so eher erkannt (Sommerville).

Im Rahmen der Prüfung können die Gutachter ohne Anleitung mit dem Prototypen „spielen" und ihren Eindruck mündlich schildern oder auch eine Befundliste liefern. Hierbei ist nicht sichergestellt, ob der Anwender alle wichtigen Anforderungen ausprobiert oder eventuell interessante Sonderfälle berücksichtigt.

Alternative ist, dass die Gutachter einen Fragenkatalog oder eine Liste mit zu prüfenden Anwendungsfällen abarbeiten und die dann gefundenen Fragen und Fehler in einer Befundliste notieren. Dies stellt sicher, dass das Ziel der Prüfung auch erreicht wird.

Auswahl der Anforderungen

Da der Bau eines Prototyps Aufwand und Zeit kostet, können dort nicht alle Anforderungen berücksichtigt werden. Im Prototyp wird daher nur ein kleiner Teil der Anforderungen umgesetzt. Ein GUI-Prototyp zeigt beispielsweise nur einen Teil der grafischen Oberfläche und hat wenig Funktionalität. Ein technischer Prototyp implementiert eventuell nur einen wichtigen Anwendungsfall, integriert dafür aber die wichtigsten technischen Komponenten.

Zur Auswahl der Anforderungen bzw. der dazugehörenden Dialogfenster sowie Anwendungsfälle dient deren Priorisierung. So kommen die wichtigsten Anforderungen in den Prototyp, die anderen werden nicht berücksichtigt. Zweites Auswahlkriterium sind Risiken, die über den Prototypen genauer eingeschätzt oder gemildert werden sollen. Ein technischer Prototyp stellt beispielsweise früh fest, ob es bei der Integration der technischen Komponenten Probleme gibt.

Prototypen werden häufig eingesetzt, um die Gebrauchstauglichkeit (Usabilty) des Dialogdesigns zu ermitteln und um schnell Feedback von den zukünftigen Benutzern zu erhalten.

Umsetzung von Prototypen

Grundsätzlich können Prototypen auf zwei Arten in der Software-Entwicklung eingesetzt werden (Sommerville).

- **Wegwerfprototypen:** Sie dienen lediglich der Ermittlung und/oder der Validierung von Anforderungen. Sie werden jedoch nicht weiter verwendet.
- **Evolutionäre Prototypen:** Sie sind Zwischenergebnisse eines iterativen Entwicklungsprozesses. Sie sind frühe Vorabversionen der Software, die an den Auftraggeber ausgeliefert werden (können) und mit denen dieser eventuell arbeitet. Nach der Validierung werden sie weiterentwickelt.

Wegwerfprototypen können beispielsweise mit Werkzeugen wie Balsamiq[5] erzeugt werden. Balsamiq bietet die Möglichkeit, die gezeichneten Entwürfe über ihre Bedienelemente zu verknüpfen (Click-Through Prototypes). Hierbei werden in den Dialogfenstern

---

5   *www.balsamiq.com*

immer dieselben (fachlich sinnvollen!) Daten „angezeigt" und zwischen ihnen kann über die Bedienelemente navigiert werden. Eine fachliche Logik fehlt jedoch völlig.

Eine weitere Möglichkeit ist die Programmierung in einer Sprache, welche die schnelle Entwicklung von Software unterstützt. Typische Beispiele dafür sind Microsoft Visual-Basic oder Borland-Delphi zusammen mit einem dazu passenden GUI-Builder. Auch mit Sprachen wie Ruby zusammen mit dem Rails Framework können sehr schnell lauffähige Prototypen programmiert werden. Diese Prototypen können bereits erste fachliche Logik und Plausibilitätsprüfungen enthalten.

Die programmierten Prototypen können eventuell evolutionär weiterentwickelt werden, wenn Qualitätsanforderungen und Rahmenbedingungen Sprachen wie Visual-Basic oder Ruby erlauben.

Ergebnisse einer Prüfung über Prototypen

Ergebnis der Prüfung über Prototypen ist Feedback der künftigen Anwender auch zur Gebrauchstauglichkeit des Systems. Typischerweise verstehen die Anwender die umgesetzten Anforderungen damit besser und sind eher in der Lage, Fehler und Lücken zu finden. Sommerville führt in (Sommerville) mehrere Untersuchungen an, die das belegen.

Bei evolutionärem Vorgehen ist der Prototyp bereits eine erste lieferbare Version des Systems. Diese wird in weiteren Iterationen erweitert und verfeinert.

Wofür eignen sich Prototypen?

Prototypen eignen sich für Stakeholder, die wenig mit abstrakt dokumentierten oder modellierten Anforderungen anfangen können. Sie können eher über funktionsfähige Prototypen eingebunden werden.

Bei völlig unklaren Anforderungen, z.B. bei neuen Produkten für unbekannte Käuferschichten, kann über Prototypen erste Klarheit gewonnen werden. Hier kann von Prototyp zu Prototyp das Verständnis der Anforderungen geschärft werden.

7.8.5 Zusatznutzen von Prüfungen

Neben der eigentlichen Prüfung von (Zwischen-)Ergebnissen in der Software-Entwicklung haben manuelle Prüfungen einige positive Seiteneffekte:

Informationen verbreiten

Im Rahmen eines Reviews muss sich ein Gutachter in die vorliegenden Anforderungen und Dokumente einarbeiten. Damit dient ein Review auch zur Verbreitung von Informationen und streut das vorhandene Wissen.

Inhalte abstimmen, Verbindlichkeit schaffen

Gutachter werden im Rahmen eines Reviews in die Erstellung von Anforderungen und Dokumenten mit einbezogen. Werden die Anmerkungen eines Gutachters berücksichtigt, trägt dieser das Ergebnis eher mit, denn er ist über das Review mit für die Ergebnisse verantwortlich.

Informationen über Projektteilnehmer gewinnen

Aus den Anmerkungen der Gutachter bei formalen Inspektionen können Informationen über die Gutachter selbst gewonnen werden: Wer ist Meinungsführer? Wer kennt sich mit dem Thema aus? Gibt es inhaltliche oder persönliche Konflikte? Diese Informationen sind für die weitere Projektdurchführung wertvoll.

Vorhandensein einer Prüfung erhöht die Qualität

Bereits die Existenz einer Prüfung verbessert die Qualität von Dokumenten und Anforderungen, da sich die Autoren mehr Mühe geben. Eine Prüfung ist zusätzlich eine Form der Wertschätzung.

7.9   Hilfsmittel bei der Prüfung

Um die Effizienz von manuellen Prüfungen zu verbessern, können verschiedene Hilfsmittel verwendet werden. In den nachfolgenden Abschnitten werden typische Hilfsmittel vorgestellt.

7.9.1   Fragenkataloge und Prüfanweisungen

Ein Fragenkatalog (Checkliste) ist eine Liste mit abzuarbeitenden Fragestellungen. Ein Fragenkatalog für formale Kriterien könnte z.B. folgende Fragen enthalten:

- Hat das Dokument einen eindeutigen Titel?
- Werden die Autoren des Dokumentes genannt?
- …

Ein Fragenkatalog stellt sicher, dass in der Prüfung mindestens die aufgeführten Fragen bearbeitet werden bzw. die dort genannten Bedingungen erfüllt sind. Sie gibt den Gutachtern eine Hilfestellung und strukturiert deren Vorgehen.

Ein Fragenkatalog eignet sich besonders gut zur Prüfung von formalen Kriterien, da diese Kriterium für Kriterium abgehakt werden können. Für die inhaltliche Prüfung von Dokumenten und die Prüfung auf Verständlichkeit eignen sich eher Prüfanweisungen.

> ## Praxistipp: Fehler in Hilfsmitteln korrigieren
>
> Während der Durchführung von Reviews werden auch Fehler in Hilfsmitteln wie Fragenkatalogen (Checklisten), Prüfanweisungen oder Dokumentvorlagen gefunden. Auch diese Fehler sollten protokolliert und den Verantwortlichen für die entsprechenden Hilfsmittel mitgeteilt werden. Eine Inspektion dient damit auch zu deren Verbesserung.
>
> Bei Fragekatalogen (Checklisten) sind beispielsweise folgende Verbesserungen möglich:
>
> - Für Fehler, die nicht über die Checkliste gefunden wurden, wird eine neue Frage ergänzt.
> - Fragen, die noch nie zur Auffindung eines Fehlers geführt haben, können gestrichen werden.
> - Wenn die Checkliste den Umfang von einer bedruckten Seite übersteigt, wird sie neu strukturiert und auf mehrere Checklisten aufgeteilt.

Bei der Verwendung von Fragenkatalogen besteht das Risiko, dass nur noch die genannten Kriterien und Fragen abgearbeitet werden, ohne dass der Gutachter noch weiter denkt oder plausibilisiert.

Prüfanweisungen

Die Fragen müssen im Fragenkatalog so gestellt sein, dass der Gutachter eine Idee hat, was genau er prüfen soll und wie die Prüfung funktioniert. Folgende Fragen sind beispielsweise ungeeignet:

- Sind alle Anforderungen eindeutig spezifiziert?
- Ist die Spezifikation vollständig?

Die beiden Fragen sind berechtigt und entsprechen auch der IEEE 830 (IEEE 830-1998). Jedoch ist der Gutachter bei der Prüfung auf Eindeutigkeit und Vollständigkeit auf sich allein gestellt, da eine Prüfanweisung fehlt. Wie soll der Gutachter Vollständigkeit und Eindeutigkeit feststellen? Wie schwierig das ist, wird aus *Abschnitt 7.4, Prüfung der Inhalte* deutlich.

Eine Prüfanweisung für die Vollständigkeit muss ausführlicher sein als die banale Frage *Ist die Spezifikation vollständig?*. Einige Verfahren zur Prüfung der Vollständigkeit wurden in diesem Kapitel diskutiert, wie die W-Fragen oder die Darstellung eines Zustandsmodells als Tabelle.

Fragenkataloge entstehen nach und nach. Sie sollten nach jeder Prüfung verbessert und erweitert werden. Initiale Fragenkataloge können aus der Literatur entnommen werden:

- Allgemeine Fragenkataloge zur Dokumentation, Spezifikation und Modellierung finden sich bei Ebert (Ebert) oder Pohl (Pohl).
- Die objektorientierte Analyse und das objektorientierte Design werden von Oestereich beschrieben. Für jedes Teilergebnis (Fachklassen, Anwendungsfälle etc.) finden sich bei inhaltliche und auch formale Fragen (Oestereich und Bremer).
- Ambler liefert ausführliche Fragenkataloge für formale und inhaltliche Kriterien sowie zum Layout von UML-2.x-Modellen (Ambler).

7.9.2 Richtlinien

Richtlinien definieren Rahmenbedingungen, die von den spezifizierten Anforderungen eingehalten werden müssen. Beispiele für Richtlinien sind:

- GUI-Styleguides, die dafür sorgen, dass alle Anwendungen auf einem bestimmten Betriebssystem oder in einem bestimmten Unternehmen gleichartig aussehen und ähnlich bedient werden können. Bekannt sind hier besonders die Styleguides für Smartphones und Tablet-Computer von Apple oder Google.
- Gesetzestexte, wie das Datenschutzgesetz oder das Urheberrecht.
- Firmeninterne Richtlinien, wie Regelungen zum Thema IT-Sicherheit oder Festlegungen der IT-Strategie zu Hardware, Betriebssystemen oder Programmiersprachen, die jeweils verwendet werden müssen.

Wenn die Richtlinien nicht für die Prüfung aufbereitet wurden, wird die Prüfung ineffizient. Ein Gutachter muss die Richtlinie vor der Prüfung durcharbeiten, um entsprechend prüfen zu können und um eventuell aus einigen Hundert Seiten Gesetzestext oder Styleguide zu prüfende Fragen ableiten zu können.

7.9.3 Perspektiven einnehmen

Ein Gutachter prüft nicht mehr allgemein und sucht nach allen Arten von Fehlern, sondern er bekommt über eine Perspektive einen Prüfauftrag. Eine Perspektive kann

- eine bestimmte Stakeholder-Gruppe (z.B. Marketing, Management, Betrieb, Architekten, Tester oder Entwickler),
- eine bestimmte Nutzergruppe bzw. Persona (z.B. ambitionierte Nutzer, Gelegenheitsnutzer, Einsteiger, siehe Kapitel 10) oder
- einen Aspekt (z.B. Änderbarkeit, Sicherheit, Zuverlässigkeit)

darstellen. Der Gutachter versucht sich möglichst gut in die Perspektive zu versetzen und prüft nur aus dieser Perspektive. Er sucht und dokumentiert nur für seine Perspektive Fehler. Der Gutachter kann dabei durch spezialisierte Fragenkataloge oder Richtlinien unterstützt werden und er erhält eventuell nur einen Teil der zu prüfenden Ergebnisse.

Das Verfahren hat den Vorteil, dass nicht mehr jeder Gutachter alles lesen und verstehen muss. Außerdem kann der Qualitätsberater bestimmen, welche Aspekte der Anforderungen oder der Dokumente nur durch einen Gutachter oder durch mehrere Gutachter geprüft werden sollen. Die Prüfung ist damit insgesamt umfassender und zielgerichteter.

Wenn sich ein Gutachter in eine Nutzergruppe versetzen muss, führt dies auch zu einem besseren Verständnis (Empathie) für die Nutzergruppe. So kann bewusst ein Entwickler als Gutachter gewählt werden, damit dieser gezwungen wird, sein System mit der Brille der Benutzer anzusehen.

7.9.4 Beispiele simulieren

Auf der Grundlage der Anforderungsdokumente wird versucht, Abläufe im System anhand von Beispielen manuell durchzugehen. Grundlage hierfür bilden die Bestandteile der Spezifikation, beispielsweise Anwendungsfälle oder Workflow-Beschreibungen. Für Qualitätsanforderungen können Szenarien vorhanden sein (siehe Kapitel 10). Die Gutachter gehen jedes Beispiel Schritt für Schritt während der Prüfung durch.

Die Beispiele haben den Vorteil, dass sie in der Regel leicht nachvollziehbar und konkret sind. Darüber können auch unerfahrene Stakeholder an der Prüfung von funktionalen Anforderungen und Qualitätsanforderungen beteiligt werden. Sie können selber Beispiele definieren oder vorgegebene Abläufe anhand vorhandener Beispiele durchgehen. In der Regel können darüber auch Spezifikationslücken und Widersprüche aufgedeckt werden.

Die gefundenen Beispiele können für die Testphase auch als Testfälle weiter veredelt werden: Ein (automatisierter) Testfall spielt den jeweiligen Ablauf durch.

Beispiele zur Prüfung von funktionalen Anforderungen

Grundlage für die manuelle Simulation des Systems sind die Use Cases, Geschäftsprozess- oder Workflow-Beschreibungen sowie Zustandsmodelle. Die Gutachter gehen diese Schritt für Schritt anhand konkreter Beispiele durch. Das Durchspielen erfolgt immer aus der Perspektive der Nutzer.

- Use Cases werden mit Beispielen für Vorbedingungen, Eingabedaten und Interaktionen zwischen System und Akteur Schritt für Schritt abstrakt oder mit den Dialogentwürfen durchgespielt.
- Abläufe werden Aktion für Aktion vom Startknoten bis zum Endknoten durchgegangen. Dafür werden geltende Vorbedingungen, durchgeführte Aktivitäten und daraus entstehende Bedingungen als Beispiel angenommen.
- Zustandsmodelle werden Zustandsübergang für Zustandsübergang durchlaufen. So wird beispielsweise der Lebenszyklus eines Versicherungsvertrags plausibilisiert, mit den Zuständen „Entworfen", „Angeboten", „Laufend", „Ruhend" etc.

Dialogentwürfe (Wireframes oder GUI-Mockups, siehe Kapitel 5) stellen die geplante grafische Oberfläche dar. Sie eignen sich gut für die Simulation, da damit das geplante System nahe an seinem späteren Aussehen simuliert werden kann.

Die Dialogentwürfe werden ausgedruckt und der Autor simuliert das Verhalten des Systems. Er legt dem Gutachter das jeweils aktive Dialogfenster vor und erklärt, was das System gerade tut. Der Stakeholder spielt dann einen Anwendungsfall oder einen ganzen Workflow durch und betätigt dabei die Bedienelemente des Dialogfensters. Der Autor zeigt die geplante Reaktion des Systems, beispielsweise den Wechsel auf ein neues Fenster.

Praxistipp: Simulation mit Pinnwand

Ein Anwendungsfall kann an einer Pinnwand zusammen mit mehreren Stakeholdern nachvollzogen werden.

1 Jedes Dialogfenster der Anwendung wird auf ein Blatt Papier ausgeduckt.

2 Der Anwendungsfall beginnt mit dem ersten sichtbaren Dialogfenster, dieses wird an der Pinnwand befestigt.

3 Der Autor spielt die Eingaben des Nutzers durch und trägt diese mit einem Stift direkt in das Fenster ein oder verwendet vorab beschriftete Post-its.

4 Führt eine Eingabe zu einem Wechsel des Dialogfensters, wird das nachfolgende Fenster an der Pinnwand befestigt.

5 Zwischen beiden Fenster macht ein mit der vorausgegangenen Eingabe beschrifteter gezeichneter Pfeil den Übergang deutlich.

Nach und nach entsteht so eine Übersicht über die Fensterfolge und damit über die Dialoge der Anwendung. Der Anwendungsfall wird anhand eines konkreten Beispiels Schritt für Schritt besser verständlich.

Die Pinnwand-Technik beteiligt die Stakeholder intensiv an der Prüfung: Jeder kann beim Durchspielen des Anwendungsfalls Fragen stellen und Anmerkungen machen oder auch mit einem Stift eingreifen oder einen neuen Dialog auf einer neuen Seite skizzieren.

Szenarien für Qualitätsanforderungen

Szenarien für Qualitätsanforderungen werden in Kapitel 10 genauer diskutiert. Sie sind eine wichtige Schnittstelle zwischen der Anforderungsanalyse und dem Architekturentwurf. Beispiele für solche Szenarien sind:

- Angriffsszenarien mit Beispielen für mögliche Angriffe auf zu schützende Informationen des Systems (Anforderungen zur IT-Sicherheit).

- Änderungsszenarien mit Beispielen für mögliche Änderungen des Systems als Anforderungen zur Wartbarkeit.

- Ausfallszenarien mit Beispielen für den Ausfall von Hard- und Software-Komponenten (Anforderungen zur Verfügbarkeit).

Solche Szenarien dienen dazu, abstrakte und nicht direkt am System messbare Eigenschaften wie Zugriffsschutz, Wartbarkeit oder Zuverlässigkeit konkreter zu machen. So gewinnen die Stakeholder über diese Beispiele eine bessere Vorstellung von ihren Anforderungen und ob das System diese so erfüllen kann. Auch diese Szenarien werden auf der Grundlage der Architekturentwürfe durchgespielt.

Übungen

Übung 1: Minimal Marketable Feature Set

Der Präsident Ihrer Hochschule will mit dem Eva-System bereits in der ersten Iteration auch die Bibliothek, die Mensa und das Prüfungsamt evaluieren lassen. Was würde das bedeuten? Gehört das zum MMF?

Lösungen

Übung 2: W-Fragen

Prüfen Sie folgende dokumentierte Anforderungen mithilfe der W-Fragen, notieren Sie dazu Ihre Befunde in einer Tabelle:

Lösungen

- Das Absenden eines Evaluationsbogens darf höchstens 10 Sekunden dauern.

- Alle Änderungen sollen vom System dokumentiert werden.

- Evaluationsbögen, die seit drei Jahren nicht mehr verwendet wurden, sollen erkannt und automatisch gelöscht werden.

- Die Studierenden sollen sich zum Evaluieren einer Vorlesung am System authentifizieren, der ausgefüllte Evaluationsbogen soll aber nicht auf den Studierenden zurückverfolgbar sein.

Übung 3: Domänenmodelle prüfen

Lesen Sie das Domänenmodell aus der ▶ Abbildung 7.11 laut vor und vergleichen Sie es mit dem Modell aus Abbildung 7.4. Sind die Fehler des Modells jetzt verbessert?

Lösungen

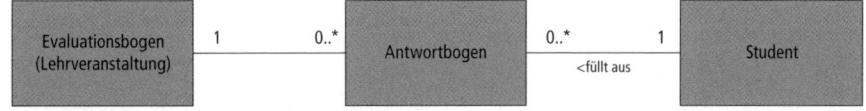

Abbildung 7.11: Korrigierte Version der Abbildung 7.4.

Übung 4: Prüfung mithilfe von Fragenkatalogen

Betrachten Sie die Checkliste[6] von Scott Ambler (Ambler) und führen Sie damit eine Stellungnahme zum Domänenmodell zu Eva aus Kapitel 6 durch. Reflektieren Sie das Vorgehen während der Stellungnahme: War die Checkliste für Sie hilfreich? Haben Sie besser oder schlechter geprüft?

Lösungen

Übung 5: Prüfanweisungen erarbeiten

Bilden Sie eine Gruppe mit drei bis vier Personen. Erarbeiten Sie eine Prüfanweisung, die zur Qualitätsprüfung einer Bachelorarbeit verwendet werden kann. Sie können mehrere spezialisierte Teams bilden: inhaltliche Qualität, Verständlichkeit, formale Kriterien.

Lösungen

Übung 6: Anmerkungen aus formalen Inspektionen

Ein Gutachter hat unter anderem folgende Anmerkungen geschrieben: „Aua", „Das haben wir noch nie so gemacht!" und „Unsinn!". Zusätzlich hat er einen Absatz mit einem hübschen Totenkopf verziert. Was tun Sie als Autor in einer Stellungnahme, was tun Sie als Moderator in einer Inspektion?

---

6 *http://www.agilemodeling.com/style/classDiagram.htm* (abgerufen am 19.07.2012)

Übung 7: Prüfverfahren wählen

Ihre Stakeholder sind teilweise Lkw-Fahrer und Sie sollen ein Terminal entwerfen, mit dem die Fahrer selbst ihre Ladung verbuchen können. Sie wollen das Feedback der Lkw-Fahrer. Welche Form der Prüfung schlagen Sie vor?

Übung 8: Leserkreis verstehen

Sie machen eine Übersicht über die wichtigsten Anforderungen der neuen Skill-Verwaltung in einer Versicherung. Diese wollen Sie mit dem Betriebsrat durchsprechen. Diskutieren Sie die Einsatzmöglichkeiten von UML in diesem Zusammenhang.

Verwalten von Anforderungen

	Einführung	280
8.1	**Wozu Anforderungen verwalten?**	281
8.2	**Was genau wird verwaltet?**	282
8.3	**Wie wird verwaltet?**	282
8.4	**Identifikation von Anforderungen**	283
8.5	**Lebenszyklus**	284
8.5.1	Zustände einer Anforderung	284
8.5.2	Prozess der Anforderungsbearbeitung	285
8.6	**Strukturierung**	286
8.6.1	Ablagestruktur und Dokumenttypen	287
8.6.2	Dokumente: Kapitelstruktur aus Standards	288
8.6.3	Fachliche Strukturen: Subsysteme und Schichten	288
8.6.4	Strukturierung über Modellelemente	291
8.6.5	Zeitliche Struktur: Iterationen und Releases	291
8.6.6	Strukturierung über andere Attribute (Metadaten)	291
8.6.7	Sichten auf Anforderungen	292
8.7	**Nachverfolgbarkeit (Traceability)**	292
8.7.1	Beitrag zum Projektziel	293
8.7.2	Vorwärtsverfolgbarkeit	293
8.7.3	Rückwärtsverfolgbarkeit	294
8.7.4	Verfeinerung und andere Beziehungstypen	294
8.7.5	Techniken zur Umsetzung der Verfolgbarkeit	296
8.7.6	Bedeutung der Verfolgbarkeit und Pflegeaufwand	297
8.8	**Versionen und Varianten von Anforderungen**	297
8.8.1	Versionen von Anforderungen	298
8.8.2	Varianten von Anforderungen	298
8.8.3	Änderungshistorie	298
8.8.4	Verwaltung von Versionen und Varianten	299
8.9	**Änderungsmanagement**	301
8.9.1	Formales Änderungsmanagement	302
8.9.2	Problem- und Fehlermanagement	305
8.10	**Konfigurationsmanagement**	306
8.11	**Release-Management**	307
8.12	**Werkzeuge zur Anforderungsverwaltung**	308
8.12.1	Wiki-Systeme	309
8.12.2	Standard-Bürosoftware	309
8.12.3	Ticket-Systeme	311
8.12.4	Spezialisierte Requirements-Engineering-Werkzeuge	313

8

ÜBERBLICK

Einführung

>> Stellen Sie sich ein Projekt vor mit vielen Stakeholdern und einigen Hundert oder Tausend Anforderungen: Wenn in dieser Situation jeder Stakeholder diverse Dokumentversionen mit einigen der Anforderungen auf seiner jeweiligen Festplatte hat, kann das Projekt eigentlich nicht mehr erfolgreich sein. Denn niemand kann mehr sagen welche Anforderungen in welcher Variante umgesetzt werden sollen oder schon umgesetzt sind.

Um die Kontrolle im Projekt zu behalten, müssen Anforderungen zentral verwaltet werden. Dieses Kapitel begründet, warum das Verwalten von Anforderungen wichtig ist, und stellt mehrere Methoden und Werkzeuge dazu vor.

Im Laufe der Anforderungsanalyse entsteht eine Reihe von Dokumenten und anderen Artefakten, in denen Informationen über Anforderungen enthalten sind. Diese müssen richtig verwaltet werden: So ist es beispielsweise wichtig, dass jeder Stakeholder auf die Artefakte bzw. Anforderungen zugreifen kann, und jede Anforderung sowie jedes Artefakt muss eindeutig identifizierbar sein.

Anforderungen haben einen Lebenszyklus: Sie werden entdeckt und danach akzeptiert oder wieder verworfen, sie werden implementiert und danach getestet. Der jeweilige Zustand einer Anforderung zeigt, in welcher Phase des Entwicklungsprozesses sich die Anforderung gerade befindet.

Große Mengen von Anforderungen können nur dann verwaltet werden, wenn sie strukturiert sind. Hierfür gibt es verschiedene Möglichkeiten, das sind unter anderem die Strukturierung über fachliche Subsysteme oder über verschiedene Releases des Systems.

Für bestimmte Systeme ist die Nachverfolgbarkeit von Anforderungen wichtig. Damit kann beispielsweise ermittelt werden, ob es zu jeder Anforderung einen Testfall gibt oder ob eine Anforderung zu einem der Ziele des Projekts beiträgt.

Anforderungen können sich im Laufe der Zeit ändern. Das Anforderungsmanagement muss darüber Buch führen und in der Lage sein, auch ältere Versionen und auch verschiedene Varianten einer Anforderung zu referenzieren und auch wieder herzustellen.

Das Änderungsmanagement ist wichtig, um die Kontrolle über Änderungen in den Anforderungen zu behalten und das System nicht zum Moving Target werden zu lassen. Über das Konfigurationsmanagement wird sichergestellt, dass konsistente, zueinander passende Versionen der Anforderungen (Konfigurationen) gekennzeichnet werden und wiederhergestellt werden können. Im Release Management wird geplant, wann welche Konfigurationen des Systems geliefert werden.

Als Werkzeug für das Anforderungsmanagement kann eine einfache Tabellenkalkulation genauso verwendet werden wie ein umfassendes Requirements-Engineering-Werkzeug. <<

Lernziele

- Sie verstehen, warum Anforderungen verwaltet werden müssen.

- Sie wissen, was Nachverfolgbarkeit (*Traceability*) von Anforderungen bedeutet und für welche Projekte Sie diese benötigen.

- Sie haben einen Überblick über die wichtigsten Werkzeugklassen zur Verwaltung von Anforderungen – vom einfachen Wiki bis hin zum vollständig ausgebauten Requirements-Engineering-Werkzeug.

- Sie wissen, wozu Änderungsmanagement notwendig ist, und können dies in Ihren Projekten selbst durchführen.

- Sie kennen die Auftraggeber-Auftragnehmer-Schnittstelle und wissen, wie Sie über diese Grenze hinweg Anforderungen verwalten müssen.

8.1 Wozu Anforderungen verwalten?

Anforderungsmanagement befasst sich mit der Pflege, Verwaltung und Weiterentwicklung von Anforderungen im Lebenszyklus eines Systems. Je größer und verteilter ein Projekt ist, je langlebiger das zu entwickelnde oder pflegende System ist, desto wichtiger wird das Verwalten der Anforderungen:

Überblick geht verloren: Wenn für das System viele Anforderungen (einige Hundert) dokumentiert wurden, können leicht Übersicht und Struktur verloren gehen. Wenn Stakeholder die Übersicht verloren haben, wird zunehmend unklar, was für ein System eigentlich gebaut wird, und es werden eher weitere redundante, schlimmstenfalls widersprüchliche Anforderungen ergänzt, bevor „verschollene" Anforderungen geändert werden.

Kein Versionsmanagement: Im Laufe des Projektes entstehen viele Dokumente, Modelle und andere Artefakte. Wenn diese nicht zentral abgelegt werden, sind sie über diverse Festplatten und E-Mail-Folder in verschiedenen Versionen und Varianten verteilt. Irgendwann ist nicht mehr klar festlegbar, auf welchem Stand der Artefakte die weitere Entwicklung aufsetzen soll.

Verlorene Dokumentation: Software kann leicht dreißig Jahre und älter werden und in Benutzung bleiben. Es ist sprichwörtlich so, dass irgendwann die Dokumentation veraltet ist und niemand mehr weiß, welche Anforderungen das System überhaupt umsetzt. Das kann so weit gehen, dass sich keiner traut, das System abzuschalten, da unklar ist, was es eigentlich tut.

Keine Kontrolle über Änderungen: Wenn im Projekt jeder immer alle Anforderungen ändern darf, fehlt eine stabile Basis für die weitere Entwicklung. Das kann so weit gehen, dass Anforderungen, bevor sie überhaupt stabil im System laufen, schon wieder geändert werden. Damit ist das System instabil.

Offenbar müssen die Anforderungen richtig verwaltet werden und es müssen Prozesse und Organisationsstrukturen geschaffen werden, die es erlauben im Team zusammen Projekte durchzuführen (sonst bricht Chaos aus). Dies kann zusammenfassend als Anforderungsmanagement bezeichnet werden.

> ## Definition: Anforderungsmanagement
>
> Anforderungsmanagement umfasst alle Maßnahmen, die notwendig sind, um Anforderungen zu strukturieren, für verschiedene Rollen aufzubereiten sowie konsistent zu ändern und umzusetzen (Rupp und Sophisten).

8.2 Was genau wird verwaltet?

Im Laufe der Anforderungsanalyse entstehen in der Regel viele unterschiedliche Artefakte, die relevante Informationen enthalten. Mögliche Ergebnisse der Anforderungsanalyse könnten etwa folgende Artefakte sein:

- Diverse Dateien einer Tabellenkalkulation, deren Tabellen Anforderungen in verschiedenen Varianten enthalten
- Dokumente mit Anwendungsfällen und dem Domänenmodell
- Handbücher, Gesetztestexte, Systemdokumentationen von Vorgängersystemen
- Wireframe-Modelle der grafischen Oberfläche als pdf-Dokument und im Speicherformat des Prototyping-Werkzeugs
- UML-Modelle als png-Bilder und im Speicherformat des Modellierungswerkzeugs.
- Protokolle und Präsentationen von Workshops mit den Stakeholdern
- Fotos von Whiteboards, Flipcharts oder Pinnwänden, die Arbeitsergebnisse aus mehreren kleineren Arbeitstreffen enthalten
- Video- oder Audioaufnahmen von Tests mit Prototypen

Diese Artefakte müssen zentral verwaltet und versioniert werden. Sonst fehlt im weiteren Projekt eine solide Grundlage.

8.3 Wie wird verwaltet?

In vielen Projekten sind die Stakeholder über Büros, Städte, Länder oder sogar Kontinente verteilt. Die Verwaltung der Anforderungen muss so organisiert sein und technisch unterstützt werden, dass diese Zusammenarbeit reibungslos funktioniert.

Damit ergeben sich folgende Ziele bei der Verwaltung von Artefakten im Zusammenhang mit Anforderungen:

- Jede Anforderung (und die dazu gehörenden Artefakte) muss weltweit und auch über längere Zeiträume eindeutig identifizierbar sein, damit darauf Bezug genommen werden kann.

- Für jedes Artefakt gibt es genau einen zentralen Speicherort.

- Jeder Stakeholder muss die für ihn relevanten Anforderungen bzw. Artefakte wiederfinden können, es ist also eine Strukturierung der Anforderungen erforderlich.

- Jeder Stakeholder muss auf die für ihn relevanten Artefakte zumindest lesenden Zugriff haben.

- Wenn ein Artefakt bearbeitet wird, wird es danach an den Speicherort zurückgelegt. Findet eine gleichzeitige Bearbeitung durch mehrere Stakeholder statt, werden solche Konflikte erkannt oder sie werden vermieden.

- Die Erstellung und Änderung von Anforderungen und den entsprechenden Artefakten geschieht nach einem vorab festgelegten Prozess mit klaren Verantwortlichkeiten. Im Prozess ist auch die Qualitätssicherung der Artefakte geregelt.

- Über Änderungen in Anforderungen wird Buch geführt, sodass alte Versionen wiederhergestellt werden können und erkennbar ist, wer aus welchem Grund welche Änderung durchgeführt hat.

- Abhängigkeiten zwischen den Artefakten werden dokumentiert. Es ist möglich eine Anforderung durch die verschiedenen Artefakte zu verfolgen.

Die folgenden Abschnitte stellen dar, wie das Anforderungsmanagement organisatorisch, methodisch und technisch so umgesetzt werden kann, dass es die genannten Punkte berücksichtigt. Wird auf eine dieser Eigenschaften im Anforderungsmanagement verzichtet, hat das normalerweise Probleme für das Projekt zur Folge. Einige dieser Probleme werden in der Einführung beispielhaft vorgestellt.

8.4   Identifikation von Anforderungen

Um auf Anforderungen Bezug nehmen zu können, müssen diese eindeutig identifizierbar sein. Einzelnen Anforderungen kann dazu eine eindeutige Kennung z.B. **EVA-UC-015** zugeordnet werden. Problem dabei ist es, die Kennung innerhalb der Organisation und über längere Zeiträume (= mehrere Releases, Projekte, Varianten) eindeutig zu halten. Sobald zwei Anforderungen dieselbe Kennung haben könnten, bricht die Identifizierbarkeit zusammen.

Kapitelnummern oder Seitenzahlen können nicht als Kennung dienen, da diese nicht über längere Zeiträume eindeutig gehalten werden können. Wird in einem Dokument ein neues Kapitel eingefügt, ändern sich automatisch die Kapitelnummern und Seitenzahlen der nachfolgenden Kapitel. Der Name der Anforderung ist kaum eindeutig zu halten, da nicht sicher gestellt werden kann, dass nicht zwei Stakeholder auf einen ähnlichen Namen kommen. Ein Name ist zusätzlich sperrig in der weiteren Arbeit. Es spricht also vieles dafür, eine künstliche Kennung zu erzeugen.

Künstliche Kennungen können aus mehreren Teilinformationen zusammengesetzt werden. So wird die Kennung sprechend und es können zusätzliche Informationen aus der Kennung entnommen werden:

- Ein Kürzel für das Projekt oder das Subsystem, auf das sich die Anforderung bezieht, sollte in der Kennung enthalten sein. So kann die Anforderung auch in anderen Projekten mit derselben Kennung verwendet werden (z.B. **EVA**-UC-015).

- Ein weiteres Kürzel kann sich auf die Ausprägung der Anforderung als Teil des Lastenheftes oder als Anwendungsfall bzw. Datenmodell beziehen (z.B. Eva-**UC**-015).

- Eine fortlaufende Nummer kennzeichnet dann die Anforderung innerhalb des Projekts bzw. des Subsystems eindeutig. Die Nummer sollte höchstens 5 Stellen haben (Rupp und Sophisten), längere Nummern kann sich kaum ein Stakeholder merken (z.B. EVA-UC-**015**).

Wenn Anforderungen von verschiedenen Personen zur selben Zeit definiert werden, kommt es ohne Werkzeugunterstützung zu einem Problem: Jede Person überlegt sich für ihre Anforderung eine Kennung, beispielsweise eine fortlaufende Nummer. Es ist nicht ausgeschlossen, dass beide Personen dieselbe Kennung vergeben. Aus diesem Grund muss die Vergabe der Kennungen zentral erfolgen. Möglich sind hier beispielsweise folgende Lösungen:

- Alle Anforderungen werden in einer zentralen Tabelle einer Tabellenkalkulation aufgeführt, hier wird zentral die Kennung vergeben.

- Jede Anforderung hat eine URL. Die URL enthält die Kennung oder ist die Kennung. Ein Wiki-System macht dies beispielsweise möglich, wenn jede Anforderung als eigene Wiki-Seite dargestellt wird.

- Ein spezialisiertes Requirements-Engineering-Werkzeug stellt die Eindeutigkeit sicher.

8.5 Lebenszyklus

Eine Anforderung durchläuft im Laufe ihres Lebens verschiedene Zustände, nach ihrer Entdeckung bis zur Abschaltung des Systems, in dem sie umgesetzt ist. Sie beginnt beispielsweise als Idee oder Wunsch eines Stakeholders, wird dann analysiert und mit den anderen Stakeholdern abgestimmt, danach spezifiziert, implementiert und getestet, irgendwann wird sie produktiv genutzt.

8.5.1 Zustände einer Anforderung

Die Zustände von Anforderungen decken sich häufig mit den Phasen des gewählten Vorgehensmodells. Sobald die Anforderung eine Phase durchlaufen hat, findet der Zustandsübergang statt, etwa nach der Testphase vom Zustand *Entwickelt* in den

Zustand *Getestet*. Die ▶ Tabelle 8.1 gibt eine Übersicht über typische Zustände einer Anforderung.

Angelegt	Die Anforderung ist gerade entdeckt worden, ein Autor hat diese schriftlich erfasst. Über die weitere Verwendung der Anforderung ist noch nicht entschieden und sie ist noch nicht geprüft.
Vorgelegt	Die Anforderung ist dokumentiert und wird nun zur Entscheidung darüber, ob sie jetzt oder später umgesetzt wird, dem Gremium vorgelegt.
Zurückgestellt	Das Gremium hat die Anforderung in das nächste Release bzw. die nächste Iteration verschoben.
Akzeptiert	Ein Gremium, das für Änderungen am System zuständig ist, hat die Anforderung geprüft, abgestimmt und akzeptiert.
Abgelehnt	Das Gremium hat die Anforderung endgültig abgelehnt.
Eingeplant	Die Anforderung ist fertig spezifiziert und zur Entwicklung eingeplant.
Entwickelt	Die Anforderung ist im System umgesetzt und integriert worden, etwa durch Ergänzung der Quelltexte oder durch Änderungen in der Konfiguration oder den Daten.
Getestet	Die Anforderung wurde durch einen Test verifiziert.
Ausgeliefert	Das System befindet sich in Produktion bzw. wurde an den Kunden geliefert.
Geschlossen	Anforderung ist für eventuelle spätere Verwendungen archiviert.

Tabelle 8.1: Typische Zustände einer Anforderung.

Dieser Lebenszyklus kann durch einen endlichen Automaten beschrieben werden. Je nach Projektumfeld kann der Lebenszyklus einer Anforderung unterschiedlichen Umfang haben. Bei großen und/oder sicherheitskritischen Systemen hat der Lebenszyklus viele Zustände, wegen der vielen beteiligten Rollen und den aufwendigen Prozessen. Bei einer einfachen Webanwendung kommt man auch mit vier Zuständen gut aus.

8.5.2 Prozess der Anforderungsbearbeitung

Über die Zustände und die Zustandsübergänge der Anforderungen kann der Prozess der Anforderungsanalyse und das weitere Vorgehen im Projekt festgelegt werden. Für jeden (wichtigen) Bearbeitungsschritt wird ein Zustandsübergang eingeführt, an dem Zustand der Anforderung kann dann abgelesen werden, welche Schritte schon erfolgreich durchgeführt wurden. Die ▶ Abbildung 8.1 stellt den Lebenszyklus einer Anforderung dar, dieser wurde in Kapitel 4 bereits dargestellt.

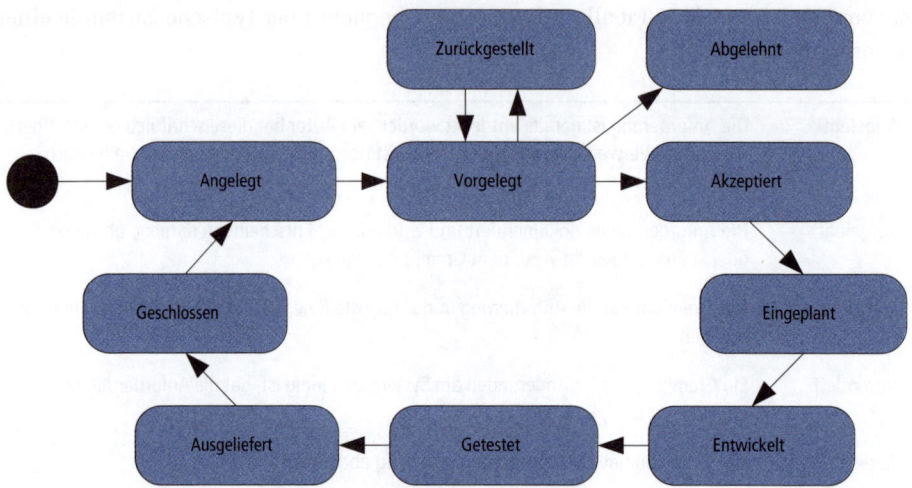

Abbildung 8.1: Lebenszyklus einer Anforderung (aus Kapitel 4).

Für die Zustandsübergänge werden Rollen festgelegt, die diese ausführen dürfen. So werden Verantwortlichkeiten in der Anforderungsanalyse und im Rest des Projekts festgelegt. Nicht jeder darf alles, sondern die Berechtigungen sind an die jeweilige Rolle im Projekt gebunden: Der Projektleiter darf und tut andere Dinge als der Requirements Engineer. Beispielsweise sollte der Zustandsübergang von „Angelegt" zu „Vorgelegt" vom Projektleiter durchgeführt werden, als Eingangsprüfung für neue Anforderungen im Projekt.

Die Prozesse im Umfeld des Requirements Engineering können über solche Zustandsmodelle unterstützt werden: Einer Anforderung, einem Änderungswunsch (siehe *Abschnitt 8.9.1, Formales Änderungsmanagement*), einer Problemmeldung (*Abschnitt 8.9.2, Problem- und Fehlermanagement*) wird jeweils ein Zustand zugeordnet und die jeweiligen Schritte der Bearbeitung sind die Zustandsübergänge.

8.6 Strukturierung

Während der Anforderungsanalyse und auch in späteren Projektphasen fallen sehr viele Informationen an. Um den Überblick über diese Informationen zu behalten, ist es notwendig, sie zu strukturieren. Verschiedene Möglichkeiten stehen dazu zur Verfügung. Die Möglichkeiten können auch in Kombination verwendet werden. Die Strukturierung hat folgende Ziele:

■ Informationen mit wenig Aufwand aktuell halten, veraltete Informationen mit wenig Aufwand archivieren.

■ Informationen schnell und eindeutig wiederfinden. Von jeder Information darf es nur genau einen eindeutigen Ablageort geben, dieser muss leicht auffindbar sein.

- Redundanzen begrenzen und Widersprüche vermeiden: Wenn sich dieselben Informationen in mehreren Dokumenten und Modellen befinden, sind Redundanzen und Widersprüche wahrscheinlich.

- Grundlage für eine Anforderungsverfolgung schaffen. Informationen, die eindeutig auffindbar sind, können auch referenziert werden.

8.6.1 Ablagestruktur und Dokumenttypen

In einem Projekt entstehen typischerweise verschiedene Dokumente, Modelle und andere Artefakte, die Informationen (zu Anforderungen) enthalten. Diese Artefakte finden sich in der Regel in Dateien auf irgendeiner (hoffentlich gemeinsamen) Festplatte oder besser in einer zentralen Versionsverwaltung wie Subversion oder GIT. Um Informationen zum Projekt und zu den Anforderungen wiederzufinden, sind zwei Festlegungen zu Strukturen wichtig:

1. Eine festgelegte **(kleine) Menge von „erlaubten" Artefakttypen** (Dokumenttypen, Diagrammtypen, Spreadsheet-Typen). Für jede Information muss klar sein, in welchem Artefakttyp sich diese wiederfinden soll. Denkbar wären etwa folgende „erlaubte" Artefakttypen: Spreadsheets mit Anforderungsliste, Dokumente mit jeweils einem Use Case, ein Dokument für das Domänenmodell, Dokumente für Inspektionsprotokolle usw. Verboten wäre dann ein Dokument, das gleichzeitig das Domänenmodell und einen Use Case enthält. Jeder Artefakttyp kann durch ein Namensschema kenntlich gemacht werden, etwa „UC" für Use Case am Ende des Dateinamens.

2. Eine **festgelegte Ablagestruktur** (Verzeichnisstruktur). Die Ablagestruktur legt bestimmte Verzeichnisse für Themen oder Artefakttypen fest. Denkbar wäre ein Verzeichnis für Use-Case-Dokumente, eins für Inspektionsprotokolle, ein weiteres für die GUI-Mockups etc. Auch für Artefakte, aus denen Anforderungen und Informationen gewonnen werden, ist eine definierte Ablagestruktur wichtig.

Die Ablagestruktur sowie die erlaubten Artefakttypen müssen an einer Stelle dokumentiert werden, die für alle Stakeholder auffindbar ist. Hierfür bietet sich etwa ein zentrales Projektwiki an oder ein zentrales Projekthandbuch.

Wenn bei Ablagestruktur und Artefakttypen keine Festlegungen getroffen werden, kann das Projekt leicht in einer Situation enden, dass viele Dokumente und andere Artefakte in verschiedenen Varianten und Kopien mehr oder weniger willkürlich über die Festplatten und E-Mail-Accounts aller Stakeholder verteilt sind. Irgendwann ist nicht mehr feststellbar, welche der vielen Dokumentversionen die gültige ist, stattdessen werden immer neue Versionen oder sogar neue Dokumente erzeugt.

8.6.2 Dokumente: Kapitelstruktur aus Standards

Die Vorlagen für das Lasten- oder das Pflichtenheft (Systemspezifikation) aus dem V-Modell XT (V-Modell XT) oder eine Gliederung aus einer Norm (Kapitel 4 Anforderungsdokumentation) helfen bei der groben Strukturierung von Informationen bzw. Anforderungen nach Kategorien, wie etwa die Kapitel „External Interfaces", „Functions" oder „Performance Requirements" aus IEEE 830-1998 (IEEE 830-1998). Der Nutzen dieser definierten Kapitelstrukturen wird in Kapitel 4 dargestellt, siehe auch Rüping (Rüping).

8.6.3 Fachliche Strukturen: Subsysteme und Schichten

Große Systeme sind in der Regel keine fachlichen Monolithen. Fachlich monolithisch wäre ein System, das bei der Entfernung auch nur einer Anforderung zusammenbrechen würde, da alle Anforderungen voneinander abhängen.

In der Regel kann eine fachliche Struktur gefunden werden, über die die Anforderungen in verschiedene fachliche Subsysteme aufgeteilt werden können. Die Aufteilung in Subsysteme hat folgende Vorteile:

■ Die Aufteilung erlaubt es große Systeme nach dem Prinzip „Teile-und-Herrsche" zu bauen.

■ Die Aufteilung der Anforderungen kann als Mittel zur Definition der Spezifikations-, Modellierungs- und anderer Arbeiten genutzt werden: Jedes Subsystem wird von einer anderen Person bzw. einem anderen Team bearbeitet.

■ Die Aufteilung kann als Grundlage für eine erste Release-Planung dienen, z.B. wenn die Subsysteme nacheinander gebaut werden können.

Diese Subsysteme sind eine Vorstufe zum Architekturentwurf des Systems und sollten daher eng mit dem Architekten abgestimmt bzw. mit diesem zusammen definiert werden.

Korrekturen in der Struktur der Anforderungen sind aufwendig. Die Subsysteme sollten daher sorgfältig definiert werden. Qualitätskriterien für Subsysteme finden sich in der Literatur zum Thema Software-Architektur. Ein gutes Subsystem hat folgende Eigenschaften:

■ Es erfüllt genau eine Aufgabe, lässt sich also durch ein zentrales Ziel beschreiben. Die Anforderungen zu diesem Ziel und ihre Verfeinerungen beschreiben dann das Subsystem im Detail.

■ Es ist ohne Kenntnis der anderen Subsysteme für sich verständlich. Es enthält genau ein fachliches Konzept, beispielsweise Benutzer oder Evaluationsbögen oder Antworten.

- Änderungen von Anforderungen wirken sich möglichst nur lokal auf das Subsystem aus. Das Subsystem ist fachlich möglichst unabhängig von anderen Subsystemen.
- Es kann separat spezifiziert, modelliert, implementiert oder getestet werden.

Fallstudie   **Struktur über Subsysteme**

Die ▶ Abbildung 8.2 zeigt ein Beispiel für die Aufteilung von Anforderungen auf Subsysteme. Die dort dargestellten Subsysteme können als Kapitelüberschriften oder Dokumenttitel in einer Spezifikation dienen.

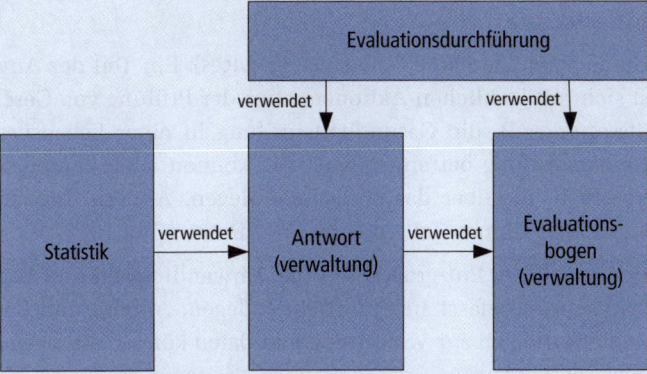

Abbildung 8.2: Strukturierung von Anforderungen nach Subsystemen.

Das System zur Lehrevaluation könnte beispielsweise folgende Subsysteme enthalten: Benutzerverwaltung mit Rollen und Rechten, Verwaltung der Evaluationsbögen, Verwaltung der studentischen Antworten, Archivierung der Antworten, Statistik, ...

Neben den Subsystemen kann auch eine fachliche oder technische Schichtung verwendet werden. Für die fachlichen und technischen Schichten gelten dieselben Qualitätskriterien wie für die Subsysteme. Zusätzlich gilt die Einschränkung, dass jede Schicht nur auf die direkt darunterliegende(n) Schicht(en) zugreifen darf.

Beispiel 8.1

Struktur über Schichten

Die ▶ Abbildung 8.3 zeigt eine mögliche Aufteilung in fachlich motivierte Schichten. Jede Schicht darf nur auf die darunterliegenden Schichten zugreifen. Die Schichten haben folgende Aufgaben:

Grafische Oberfläche und Batches: Die grafische Oberfläche ist die Schnittstelle zum Benutzer und enthält alle Aspekte der Darstellung der Daten und Bedienelemente sowie der direkten Mensch-Maschine-Interaktion.

Prozesse bzw. Workflows: Die Workflow- bzw. Prozessschicht enthält die übergreifenden fachlichen Abläufe. Sie setzt die direkte technische Unterstützung von Geschäftsprozessen um.

Plausibilitätsprüfung und fachliche Funktionen (Services): Ein Teil der Anwendungsfälle befasst sich mit fachlichen Aktionen, etwa der Prüfung von Geschäfts- und Plausibilitätsregeln, z.B. die Gesundheitsprüfung in einer Lebensversicherung oder die Bonitätsprüfung bei einer Bank. Sie können auch komplexere Datenpflege beschreiben, die über das einfache Anlegen, Ändern, Löschen hinausgehen. Die Aktionen können Teil größerer Workflows sein.

(Stamm-)Datenverwaltung: Ein großer Teil der Anwendungsfälle in betrieblichen Informationssystemen befasst sich mit dem Anlegen, Ändern und Löschen von Daten. Die Anforderungen zur Verwaltung von Daten können als eigene fachliche Schicht aufgefasst werden.

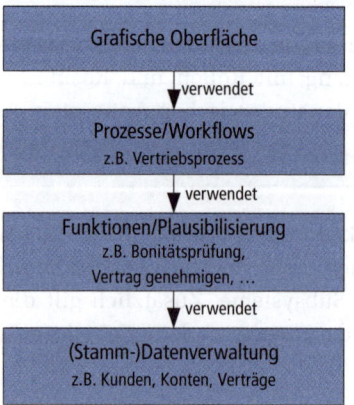

Abbildung 8.3: Strukturierung der Anforderungen nach fachlichen Schichten.

Über diese fachlichen Schichten können verschiedene Themen der Anforderungsanalyse getrennter betrachtet werden. Der Weg von dieser fachlichen Schichtung zur serviceorientierten Architektur ist nicht weit: Die fachlichen Funktionen werden zu Diensten bzw. Services. Die Workflow-Schicht wird über die Orchestrierung der Dienste umgesetzt (Humm, Voß und Hess).

8.6.4 Strukturierung über Modellelemente

Die Modelle des Systems können ebenfalls als Strukturierungsmittel für funktionale Anforderungen verwendet werden. Rupp et al. stellen dies ausführlich dar (Rupp und Sophisten):

Ein Use-Case-Diagramm dient als Übersicht über die Use Cases des geplanten Systems. Das Use-Case-Diagramm befindet sich beispielsweise im Kapitel mit dem Titel *Funktionale Anforderungen*. Jeder einzelne Use Case aus dem Diagramm kann dann ein Unterkapitel oder auch ein eigenes Dokument bilden. Der Name des Use Case gleicht in diesem Fall dem Namen des Unterkapitels bzw. des Dokuments.

Gleichermaßen können auch Aktivitäts- und Zustandsdiagramme verwendet werden. Das Diagramm bietet jeweils einen Überblick über den gesamten Ablauf. Jede Aktion bzw. jeder Zustand wird in einem eigenen Unterkapitel dargestellt.

8.6.5 Zeitliche Struktur: Iterationen und Releases

Selten werden alle Anforderungen an ein neues System gleich in der ersten Iteration des Entwicklungsprojekts umgesetzt oder mit dem ersten Release der Software ausgeliefert. Damit können Anforderungen nach Iterationen sowie Releases strukturiert werden. Diese Strukturierung hängt mit der Priorität der Anforderungen zusammen.

Das gibt zusätzlich einen Hinweis darauf, wie präzise die Anforderungen jeweils zu spezifizieren sind. Bei weit in der Zukunft liegenden Releases reicht eventuell ein vages Verständnis einer Anforderung, während die Anforderungen für die nächste Iteration genau verstanden sein müssen, da diese die Planungs- und Implementierungsgrundlage bilden.

8.6.6 Strukturierung über andere Attribute (Metadaten)

In Kapitel 4 wurde schon ausführlich dargestellt, dass Anforderungen Attribute (Metadaten) wie etwa Priorität oder Stabilität zugeordnet werden können. Attribute können auch zur Strukturierung von Anforderungen verwendet werden, indem ein Attribut als Kriterium zur Strukturierung verwendet wird. Denkbar wäre, die verantwortlichen Stakeholder als Attribut zu formulieren und über die Attribute dann nach Zuständigkeit zu strukturieren, d.h. Strukturierung über organisatorische Kriterien. Oder es wird nach den für den Nutzer sichtbaren Funktionen strukturiert.

Auch die oben genannte rein fachliche Strukturierung kann über Attribuierung der Anforderungen dargestellt werden: Jeder Anforderung wird das Subsystem, zu dem sie gehört, als Attribut zugeordnet.

8.6.7 Sichten auf Anforderungen

Die beteiligten Stakeholder haben unterschiedliche Informationsbedürfnisse. Nicht jeder Stakeholder braucht jedes Detail in derselben Form. Es ist kaum möglich alle der oben dargestellten Strukturierungsideen innerhalb desselben Dokuments umzusetzen.

Um für jeden Stakeholder die passenden Informationen darzustellen, sollten Sichten definiert werden. Dies ist mit einer einfachen Tabellenkalkulation genauso möglich wie mit einem Requirements-Engineering-Werkzeug. Eine Sicht kann etwa über einen Filter erzeugt werden, der nur die interessanten Informationen herausfiltert und anzeigt. Als Filterkriterium können die Werte von Attributen zu Anforderungen verwendet werden. Typische Filterkriterien sind etwa:

- Nur die wichtigsten (und stabilsten) Anforderungen anzeigen = Filtern nach den Attributen Priorität = „must" und Stabilität = „hoch".
- Nur die gröbsten Anforderungen (die „Vater-Anforderungen") anzeigen, Filtern über die hierarchische Struktur der Anforderungen, nur die oberste Ebene anzeigen.
- Nur die Anforderungen aus Subsystem X anzeigen, Filtern nach dem Attribut Subsystem = „X".
- Nur die Qualitätsanforderungen anzeigen, Filtern nach dem Attribut Anforderungstyp = „Qualität".

Wenn die Abhängigkeiten zwischen den Anforderungen gepflegt werden, können auch diese als Filterkriterium verwendet werden. Damit lassen sich Sichten erzeugen, die beispielsweise alle Verfeinerungen zu einer bestimmten Anforderung anzeigen oder alle Anforderungen im Pflichtenheft, die zu einer speziellen Anforderung im Lastenheft gehören.

8.7 Nachverfolgbarkeit (Traceability)

Je nach Rahmenbedingungen müssen Anforderungen innerhalb der Anforderungsanalyse und über die nachfolgenden Phasen des Projektes verfolgbar sein. Die Nachverfolgbarkeit von Anforderungen wird auch als Traceability bezeichnet.

Nachverfolgbarkeit bedeutet, dass Beziehungen innerhalb der Anforderungen und von den Anforderungen zu anderen Artefakten dokumentiert werden. Die ▶ Abbildung 8.4 stellt das grafisch dar: Zu jeder Anforderung wird dokumentiert, zu welchem Projektziel sie beiträgt. Für jeden Anwendungsfall wird festgehalten, welche Anforderungen dieser verfeinert. Jeder Anwendungsfall wird durch mindestens einen Testfall verifiziert. Bei der Testdurchführung kann ein Testfall fehlschlagen, dann wird dazu eine Fehlermeldung notiert. Wenn diese Beziehungen gepflegt werden, kann von der Fehlermeldung ausgehend nachvollzogen werden, welches Projektziel gefährdet ist (Rückwärtsverfolgbarkeit). Zu jeder Anforderung kann umgekehrt nachvollzogen werden, ob diese überhaupt durch einen Testfall abgedeckt ist (Vorwärtsverfolgbarkeit).

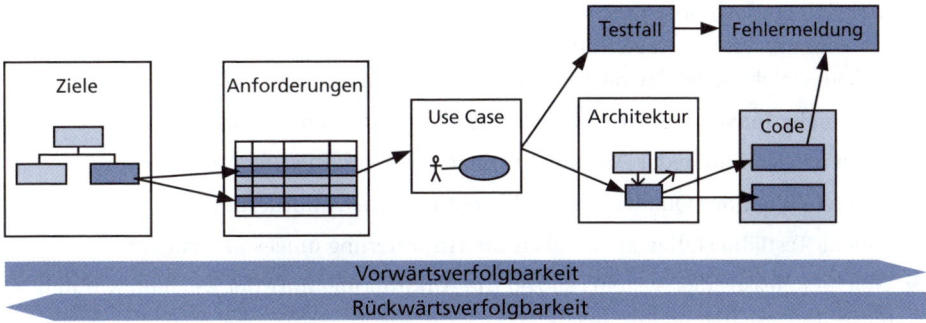

Abbildung 8.4: Vorwärts-und Rückwärtsverfolgbarkeit.

8.7.1 Beitrag zum Projektziel

Im Laufe eines Projekts kann es geschehen, dass das eigentliche Projekt- bzw. Produktziel aus den Augen verloren wird. Daher ist es wichtig, für jede Anforderung zu wissen, ob diese wirklich relevant ist, d.h. zu einem der Projektziele beiträgt. Für jede Anforderung muss daher eine Verbindung zum Projektziel hergestellt werden können. Die Anforderungen müssen so verwaltet werden, dass die folgenden Fragen beantwortet werden können:

- Zu welchen Projekt-/Produktzielen trägt die Anforderung bei?
- Wer will bzw. wollte die Anforderung?
- Was ist die Begründung für eine Anforderung?
- Wer ist die Quelle für die Anforderung, wer ist der Autor?
- Welchen Ursprung hat die Anforderung: Marktanalyse, Altsystem, Produktidee, gesetzliche Rahmenbedingungen?

8.7.2 Vorwärtsverfolgbarkeit

Eine Anforderung wird später im Entwurf berücksichtigt, im Quelltext implementiert und in Testfällen verifiziert. Fehlermeldungen können sich darauf beziehen. Die Beziehungen zwischen einer Anforderung und den daraus abgeleiteten Artefakten ist etwa für das Projektcontrolling wichtig. Nur wenn diese Beziehungen verfolgt werden, kann festgestellt werden, ob

- die geplanten Anforderungen tatsächlich im System umgesetzt worden sind. Dies ist ein erstes Maß für den Fertigstellungsgrad des Systems.
- für jede Anforderung auch ein Testfall existiert, der diese verifizieren kann. So kann gemessen werden, wie groß die Testabdeckung über Testfälle ist. Dies ist ein Maß für das Vertrauen in das System, das nach den Tests erreichbar ist.
- ein positives Testprotokoll vorliegt, sodass die Anforderung auch korrekt umgesetzt ist. So kann etwa gemessen werden, wie viel Prozent der Anforderungen tatsächlich funktionieren.

Ändert sich eine Anforderung, so sind deren Beziehungen zu den nachfolgenden Artefakten wichtig, um die Auswirkungen der Änderung beurteilen zu können und um zu verstehen, welche Artefakte nachfolgend zu ändern sind. Fragen könnten sein:

- Allgemein: In welchen Artefakten kommt die Anforderung vor?
- Welche Bestandteile der Architektur setzen die Anforderung um?
- Welche Zeilen des Quelltextes implementieren die Anforderung?
- Welche Testfälle stellen sicher, dass die Anforderung umgesetzt wurde?
- Welche Releases des Systems setzen die Anforderung um? Bei welchen Kunden ist dieses Release bereits im Einsatz?

Sind die Spezifikationsbestandteile, Komponenten, Quelltexte und Testfälle bekannt, die zu einer Anforderung gehören, dann ist es möglich diese untereinander konsistent zu halten. Sind die Beziehungen zwischen den verschiedenen Artefakten unbekannt, ist es wahrscheinlich, dass diese Artefakte über die Zeit inkonsistent werden.

8.7.3 Rückwärtsverfolgbarkeit

Eine Komponente oder ein Quelltextabschnitt, zu dem es keine Anforderung gibt, ist offenbar überflüssig und sollte daher nicht erstellt werden. Ein Testfall, der ohne Bezug zu den Anforderungen einfach einmal irgendetwas testet, ist eigentlich überflüssig. Die Rückverfolgung von den Testfällen oder Quelltexten hin zu den Anforderungen liefert diese Informationen. Sie ermöglicht bei Fehlern oder Änderungen in Quelltexten eine Auswirkungsanalyse auf die davon betroffenen Anforderungen. Sind die Rückwärtsbeziehungen gepflegt, können folgende Fragen beantwortet werden:

- Welche Anforderungen setzt ein bestimmter Architekturbestandteil um?
- Welche Anforderungen setzt ein bestimmter Quelltextausschnitt um?
- Welche Anforderungen werden durch einen bestimmten Testfall verifiziert?
- Welche Anforderungen setzt ein bestimmtes Release des Systems um?

Zu jeder Anforderung kann die jeweilige Quelle gefunden werden, beispielsweise welcher Stakeholder diese Anforderung wollte und/oder formuliert hat. Dies unterstützt die Klärung von Informationslücken zu Anforderungen im weiteren Projektverlauf, da der Stakeholder erneut befragt werden kann. Konflikte zwischen Anforderungen können mit den beteiligten Personen direkt geklärt werden.

8.7.4 Verfeinerung und andere Beziehungstypen

Im Laufe der Anforderungsanalyse werden Anforderungen fortlaufend verfeinert: Zu einer Anforderung werden viele weitere Teilanforderungen aufgeschrieben. Auch diese Beziehungen müssen verfolgt werden. Wenn beispielsweise die Vater-Anforderung gelöscht wird, müssen offenbar auch alle Teilanforderungen entfernt werden.

Beispiel 8.2 ## Verfeinerungsbeziehung

Im nachfolgenden Beispiel wird die Identifikation der Anforderungen auch dazu verwendet, um die hierarchischen Beziehungen darzustellen. Ausgangspunkt ist die Anforderung *EVA-LH-15* aus dem Lastenheft. Im Pflichtenheft wird über schrittweise Verfeinerung eine Lösung für diese Anforderung vorgeschlagen.

EVA-LH-15: *Jeder Student darf eine Vorlesung nur einmal evaluieren.*

EVA-PH-15: *Jeder Student darf eine Vorlesung nur einmal evaluieren.*

EVA-PH-15-1: *Zur Evaluation muss er sich mit einem nur einmal gültigen Schlüssel anmelden, dann darf er die Evaluation durchführen.*

EVA-PH-15-1-1: *Das System führt über verbrauchte Schlüssel Buch.*

EVA-PH-15-1-2: *Wenn sich ein Student mit einem verbrauchten Schlüssel anmeldet, erzeugt das System eine Fehlermeldung „Schlüssel ist bereits verbraucht". Wenn der Schlüssel noch nicht verbraucht ist, darf der Student die Evaluation durchführen.*

EVA-PH-15-1-3: *Das System markiert den Schlüssel als verbraucht, wenn der Student die Evaluation abgeschlossen hat. Bricht der Student die Evaluation vorzeitig ab, kann der Schlüssel weiterverwendet werden.*

EVA-PH-15-1-4: *Gibt der Student dreimal nacheinander einen falschen oder bereits verbrauchten Schlüssel ein, beendet das System die Sitzung.*

Zwischen Anforderungen sind weitere Beziehungstypen möglich: Eine Anforderung kann beispielsweise die Voraussetzung für eine andere sein oder zwei Anforderungen können als Alternativen umgesetzt werden. Folgende Beziehungstypen sind möglich:

- VORAUSSETZUNG: Nur wenn Anforderung EVA-1 umgesetzt wurde, kann Anforderung EVA-2 umgesetzt werden.
- AUSSCHLUSS: Wenn Anforderung EVA-1 umgesetzt wurde, kann Anforderung EVA-2 nicht mehr umgesetzt werden.
- ODER: Anforderung EVA-1 ist eine Alternative zu Anforderung EVA-2, es können aber auch beide gleichzeitig umgesetzt werden.
- XOR: Anforderung EVA-1 ist eine Alternative zu Anforderung EVA-2, es darf aber nur eine von beiden umgesetzt werden.
- AND: Anforderung EVA-1 kann nur zusammen mit Anforderung EVA-2 umgesetzt werden.

Wenn solche Beziehungen für das Projekt wichtig sind, werden die Anforderungen zu einem eventuell stark vernetzten gerichteten Graphen, in dem für jede Beziehungsart ein eigener Kantentyp zur Verfügung steht. Dies ist ohne ein Werkzeug kaum noch zu beherrschen. Der Pflegeaufwand steigt durch die zusätzliche Verwaltung dieser Beziehungen.

8.7.5   Techniken zur Umsetzung der Verfolgbarkeit

Beziehungen innerhalb der Anforderungen und von den Anforderungen zu anderen Artefakten, wie Testfällen oder Testprotokollen, können als gerichteter Graph aufgefasst werden: Die Anforderungen und Artefakte bilden die Knoten und die Beziehungen bilden die Kanten.

Listen und Hyperlinks

Eine einfache Möglichkeit, Beziehungen zwischen Anforderungen und vorhergehenden oder nachfolgenden Artefakten herzustellen, sind Listen, die Verweise auf in Beziehung stehende Dokumente, Modelle oder Anforderungen enthalten. Technisch können das einfache Hyperlinks in einem Dokument und/oder einer Tabelle sein, die auf ein anderes Dokument verweisen.

Typischerweise sehen die Schablonen zur Dokumentation von Anwendungsfällen Verweise zum Domänenmodell vor. Die Verweise dokumentieren, welche Daten im Anwendungsfall verwendet und geändert werden. Diese Daten werden in der Regel im Domänenmodell modelliert. Wenn die grafische Oberfläche über Dialogentwürfe und ein entsprechendes Dokument spezifiziert wird, bieten sich hier Verweise zu den Anwendungsfällen und zum Domänenmodell an: Welcher Anwendungsfall wird gestartet, wenn Button X gedrückt wird? Die Attribute der Objekte welcher Fachklasse(n) werden im Dialogfenster dargestellt oder geändert?

Wenn die Anforderungen mithilfe einer Tabellenkalkulation verwaltet werden, können Hyperlinks in einer Spalte der Tabelle ergänzt werden. Wenn die Hyperlinks Dokumente referenzieren sollen, setzt das aber voraus, dass die referenzierten Informationen jeweils in einer eigenen Datei gespeichert sind.

Wichtige Voraussetzung für dieses Verfahren ist jedoch, dass alle Dateien im Projekt einen definierten und dauerhaften Speicherort haben, d.h. eine konstante URL. Sonst wären die Hyperlinks sehr schnell tot und zeigen ins Leere.

Wenn die Verzeichnisstruktur, in der die Dateien abgelegt sind, nicht geändert wird, sollten Verweise verwendet werden, die die relative Lage der referenzierten Datei darstellen, beispielsweise *..\UseCases\EvaluationsbogenSuchenUC.docx*(relativ) anstelle von *C:\Daten\EVA\UseCases\EvaluationsbogenSuchenUC.docx* (absolut).

Matrizen

Eine Matrix, die in ihren Zeilen und Spalten jeweils die in Beziehung stehenden Anforderungen bzw. referenzierte Artefakte dokumentiert, ist eine zweite Möglichkeit, die Nachverfolgbarkeit von Anforderungen zu ermöglichen. Haben zwei Anforderungen eine Beziehung, beispielsweise eine Verfeinerungsbeziehung, so wird in die entsprechende Zelle ein Hinweis darauf eingetragen.

In Matrizen können wegen ihrer Größe nur kleine Mengen von Beziehungen verwaltet werden, also nur für wenige oder für vergröberte Anforderungen. Schon bei gerade 100 Anforderungen hat die entsprechende Matrix 10000 Zellen.

Gerichtete Graphen und Metamodelle

Beziehungen können explizit als Graph mit verschiedenen Knoten- und Kantentypen dargestellt werden. Während Listen oder die Matrix-Darstellung noch mit einfacher Textverarbeitung oder Tabellenkalkulation verwaltet werden können, wird für die Graph-Darstellung ein entsprechendes Werkzeug benötigt.

Praxistipp: Versionsverwaltung ausnutzen

Wenn Anforderungen als Tickets in einem Ticket-System verwaltet werden, gibt es zu jeder Anforderung und jedem Änderungswunsch ein Ticket. Jedes Ticket hat eine eindeutige Nummer sowie eventuell eine eigene URL und kann damit referenziert werden.

Wenn die Anforderung genauer spezifiziert oder implementiert wird, kann eine Verbindung zwischen dem Ticket und den Modellen, Dokumenten oder Quelltexten technisch einfach hergestellt werden: Die Ticketnummer wird jeweils beim Einchecken (*commit*) der Änderungen in das Repository der Versionsverwaltung (etwa Subversion oder GIT) mit angegeben. Im Nachhinein können damit die Änderungen leicht den Anforderungen zugeordnet werden und damit ist verfolgbar, welche Dokumente, Modelle oder Quelltexte welche Anforderung darstellen oder implementieren.

Die Ticket-ID ist im Grunde ein einfacher Verweis auf die Anforderung in der Änderungshistorie des Repository (bzw. in der Änderungshistorie der dort verwalteten Dateien).

8.7.6 Bedeutung der Verfolgbarkeit und Pflegeaufwand

Die Pflege der Verfolgbarkeitsbeziehungen ist – abhängig von der verwendeten Technik – mit zum Teil erheblichem Aufwand verbunden, etwa um alle Hyperlinks in den beteiligten Dokumenten aktuell zu halten. Ob und inwieweit diese Beziehungen gepflegt werden, hängt davon ab, ob die damit gewonnenen Informationen für das Projekt bzw. Produkt nützlich sind.

Bei unkritischen Systemen und Prototypen ist eventuell nur eine rudimentäre oder keine Verfolgbarkeit notwendig. Beim Bau von sicherheitskritischen Systemen schreiben zu erfüllende Normen die bidirektionale Verfolgbarkeit zwingend vor.

8.8 Versionen und Varianten von Anforderungen

Im Laufe des Lebens eines Systems entstehen verschiedene Versionen und eventuell auch Varianten einer Anforderung. Denn Anforderungen ändern sich. Das Anforderungsmanagement muss damit umgehen und die entstandenen Versionen und Varianten verwalten.

8.8.1 Versionen von Anforderungen

Im Laufe eines Entwicklungsprojektes und später im Lebenszyklus des Systems bzw. des Produktes ändern sich Anforderungen. Bei der Verwaltung der Anforderungen müssen diese Änderungen über verschiedene Versionen einzelner Anforderungen oder Versionen mehrerer zusammengehörender Anforderungen verfolgt werden.

Eine neue Version einer Anforderung kann beispielsweise durch ihre Korrektur oder durch ihre Verfeinerung oder Konkretisierung entstehen:

EVA-017 *(v. 1.0)*: *Für die Evaluation einer Vorlesung durch einen Studierenden muss das System den Studierenden authentisieren.*

EVA-017 *(v. 2.0)*: *Für die Evaluation einer Vorlesung durch einen Studierenden muss das System den Studierenden mithilfe einer vom Professor ausgeteilten TAN-Nummer authentisieren.*

Wichtig ist dabei, dass zu jedem Zeitpunkt auf jede Version einer Anforderung zurückgegriffen werden kann. Auch alte Versionen von Anforderungen müssen referenziert werden können. Deshalb ist die Versionsnummer normalerweise auch Teil der Kennung einer Anforderung.

8.8.2 Varianten von Anforderungen

Wenn ein Produkt in verschiedenen Varianten verkauft wird bzw. für verschiedene Kunden angepasst wird, können Varianten von Anforderungen entstehen, d.h., eine Anforderung unterscheidet sich abhängig vom jeweiligen Kunden.

EVA-017 *(v. 2.0)*: *Für die Evaluation einer Vorlesung durch einen Studierenden muss das System den Studierenden mithilfe einer vom Professor ausgeteilten TAN-Nummer authentisieren.*

EVA-017 *(v. 2.1)*: *Für die Evaluation einer Vorlesung durch einen Studierenden, muss das System den Studierenden mithilfe seines Logins und seines Passworts authentisieren.*

8.8.3 Änderungshistorie

Die Änderungshistorie zu einer Anforderung belegt jede Änderung, die seit der ersten Dokumentation an der Anforderung durchgeführt wurde: jede Ergänzung, jede Löschung, teilweise auch die Änderungen an Attributen der Anforderung.

Die Historie gibt Auskunft darüber, wer zu welchem Zeitpunkt was genau und aus welchem Grund geändert hat.

Beispiel 8.3 **Änderungshistorie**

Im Kapitel 4 wird die Änderungshistorie bereits als Attribut einer Anforderung mit mehreren Beispielen vorgestellt. Auch zu Anwendungsfällen oder Domänenmodellen sollte eine solche Historie vorhanden sein. Als Beispiel hier ein Ausschnitt aus der Dokumentation einer Anforderung von Kapitel 4.

ID	FA_01		
Name	Evaluationsbogen für Fakultäten vorbereiten		
...	...		
Änderungshistorie	Datum	Beschreibung	Verantw.
	01.03.2013	Anforderung initial erstellt	RL
	12.04.2013	Anpassung von archivierten EB wurde ergänzt	RL

Tabelle 8.2: Änderungshistorie „Evaluationsbogen für Fakultät vorbereiten"

Die Änderungshistorie kann manuell gepflegt werden, etwa wenn die Änderungen in einem größeren Gesamtdokument stattfinden oder auch automatisch, sodass der Autor nur den Änderungskommentar eintragen muss. Requirements-Engineering-Werkzeuge oder auch eine Versionsverwaltung führen die Änderungshistorie automatisch.

Auch bei Dokumenten findet sich in der Regel eine Änderungshistorie. Sie ist häufig eine einfache Tabelle, in der jede Änderung als eigene Zeile notiert wird. Die Änderungshistorie wird immer dann ergänzt, wenn ein Autor eine Änderung oder ein Review durchgeführt hat.

8.8.4 Verwaltung von Versionen und Varianten

Wenn die Anforderungen und andere Informationen in Dateien auf einer Festplatte gespeichert werden, sollten sie in einem Versionsmanagementsystem wie Subversion oder GIT verwaltet werden.

Ein Versionsmanagement-Werkzeug verwaltet Dateien in einem zentralen und/oder lokalen Repository. Dort führt es Buch über die Änderungen an diesen Dateien. Jeder Stakeholder hat eine lokale Kopie der Datei (in seinem Workspace), die er dort unter bestimmten Bedingungen bearbeiten kann. Das Versionsmanagement-Werkzeug bietet Möglichkeiten zum Abgleich (*commit, update, revert, merge*) der Änderungen an der lokalen Kopie mit Änderungen der Datei im Repository.

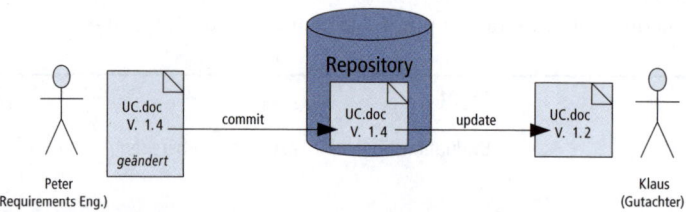

Abbildung 8.5: Versionsmanagement.

Die ▶ Abbildung 8.5 gibt ein grafisches Beispiel dafür: Klaus hat eine alte Version 1.2 der Datei UC.doc lokal auf seiner Festplatte, er holt sich die gerade aktuelle Version 1.4. Peter stellt parallel seine Änderungen ins Repository. Wenn dies erfolgreich war, bekommt die Datei UC.doc im Repository und bei Peter die Version 1.5.

Dass diese Werkzeuge nur für Quelltexte gedacht sind, ist ein beliebter Irrtum. Alle Zwischenergebnisse eines Projektes sollten mithilfe dieser Werkzeuge verwaltet werden, besonders wenn die Dokumente, Tabellen oder Modelle im Team erarbeitet werden. Eine Versionsverwaltung löst folgende Probleme, die im Team auftreten können:

■ Jede Änderung an Dateien (Dokumenten, Modellen, ...) wird durch die Versionsverwaltung dokumentiert. Erstens dokumentiert der Autor über den Commit-Kommentar, worin die Änderung bestand. Zweitens führt die Versionsverwaltung darüber Buch, wer wann welche Datei geändert hat. Moderne Versionsverwaltungen können die Änderungen an mehreren Dateien zu einer Änderung (einem Change-Set) zusammenfassen. So können etwa auch voneinander abhängige Dokumente gemeinsam geändert werden.

■ Microsoft Word kann seit der Version 2007 Unterschiede zwischen zwei Dokumentversionen ermitteln und darstellen (*diff* und *merge*). Damit können (ohne den Änderungsmodus der Textverarbeitung zu verwenden) Unterschiede zwischen zwei Dokumentversionen festgestellt werden.

■ Der parallele Zugriff auf Dokumente wird durch die Versionsverwaltung geregelt. Entweder muss jeder Autor ein Dokument sperren, um es zu ändern. Solange kann kein anderer Autor etwas ändern. Oder jeder Autor darf parallel ändern und die Versionsverwaltung erkennt, wenn sich zwei Autoren ihre Änderungen überschreiben würden.

■ Alte Versionen können wiederhergestellt werden. Wenn zu einer alten Version der Software etwas recherchiert werden soll, können auch die dazu passenden Dateien, also auch Dokumente und andere Informationsquellen, wiederhergestellt werden.

Die Versionsverwaltung ist damit auch eine sichere Undo-Funktion auf Dateiebene, die bis an den Anfang des Projekts zurückreicht.

- Konfigurationen definieren konsistente Releases. Spätestens vor jeder Lieferung des Systems sollten die dazu gehörenden Anforderungen mit eingefroren werden. Quelltexte, Skripte und die Dokumente bilden zusammen eine Konfiguration des Systems und werden als Release ausgeliefert (siehe unten).

- Eine Rollen- oder Rechteverwaltung ermöglicht es, den verschiedenen Stakeholdern unterschiedliche Zugriffsrechte zu den Dokumenten zu geben (nur lesend, auch schreibend).

Versionsverwaltungen sind in der Lage, Varianten von Dateien parallel zu verwalten. Dies geschieht über Verzweigungen (*Branches*). Die verschiedenen Varianten untereinander konsistent zu halten, bleibt derzeit leider noch manuelle Aufgabe: Änderungen in einem Branch, die auch für andere Branches relevant sind, müssen weitgehend manuell kopiert werden. Daher sollten Branches besonders für Dokumente sparsam verwendet werden.

8.9 Änderungsmanagement

Anforderungen und Rahmenbedingungen ändern sich während eines Projektes laufend. Die Ursachen für diese Änderungen sind vielfältig. Unter anderem sind das:

Lernen: Die Stakeholder lernen im Laufe des Projektes mehr über ihre eigene Fachlichkeit und die Möglichkeiten der verwendeten Technik. Dies führt zur Präzisierung und Korrektur von Anforderungen und der Veränderung von Prioritäten.

Bedürfnisse: Produkte erfüllen Bedürfnisse von Kunden, die diese kaufen. Die Bedürfnisse ändern sich im Laufe der Zeit, neue Bedürfnisse entstehen, beispielsweise nach Smartphones. Erst wenn Kunden mit den ersten Releases eines Produktes arbeiten, wird klar, welche Funktionen sie wie verwenden. Dadurch können sich Annahmen, die im Rahmen der Produktentwicklung getroffen wurden, als falsch oder unpräzise erweisen. Andere neue Bedürfnisse werden nach der ersten Nutzung von Prototypen erst klar.

Rückkoppelung: Ein neu eingeführtes System ändert seine Umgebung. Sachbearbeiter müssen ihre Vorgänge eventuell anders abarbeiten, da ein neues betriebliches Informationssystem Teile der Verarbeitung automatisiert. Diese Veränderung der Umgebung des neuen Systems führt zu anderen oder zu neuen Bedürfnissen der Anwender und dies führt zu neuen Anforderungen.

Rahmenbedingungen: Gesetze werden fortlaufend geändert, diese muss auch das System eventuell berücksichtigen, z.B. neue Berichtspflichten oder veränderter Datenschutz.

Die Änderung einer Anforderung kann unterschiedlicher Natur sein:

- Präzisierung einer Anforderung (mehr Details und Sonderfälle kommen dazu), eventuell Zerlegung der Anforderung in mehrere Detailanforderungen
- Änderung und Korrektur an einzelnen gegebenen Anforderungen
- Wegfallen von Anforderungen
- Ergänzung von Anforderungen
- Änderung der Bedeutung (Priorität) einer Anforderung

Änderungen in den Anforderungen müssen kontrolliert werden, um zwei Ziele damit zu erreichen.

Stabilität: Wenn Änderungen ungefiltert im Projekt umgesetzt werden, kann das den Projekterfolg gefährden. Durch eine Änderung kann sich der Liefertermin verzögern oder das Budget kann überschritten werden. Bei zu vielen Änderungen kann das Projekt zum *Moving Target* werden, das eventuell nie fertiggestellt wird.

Flexibilität: Auf Änderungen muss ein Projekt flexibel reagieren, um nicht Lerneffekte zu ignorieren oder an den Bedürfnissen des Kunden vorbeizubauen.

Um einerseits flexibel gegenüber geänderten Anforderungen zu sein, aber andererseits das Projekt und die Ziele stabil zu halten, muss Änderungsmanagement stattfinden. Eine Alternative dazu ist agiles Vorgehen (siehe Kapitel 9).

8.9.1 Formales Änderungsmanagement

Jeder Änderungswunsch (*change request*) muss im Rahmen des formalen Änderungsmanagements gesondert beantragt und genehmigt werden. Der Wunsch wird im Grunde wie ein eigenes kleines Projekt behandelt, das alle Projektphasen durchläuft.

Ein Änderungswunsch ist ein Antrag auf Änderung einer Anforderung oder Rahmenbedingung. Zu dem Änderungswunsch muss Folgendes dokumentiert werden:

- Was soll genau geändert werden?
- Wer will die Änderung und wer wird sie bezahlen?
- Begründung für die Änderung, welcher Nutzen wird erwartet?

Für jeden Änderungswunsch ist dann zu klären,

- welche Auswirkungen die Änderung auf das System sowie auf Budget und die Projekttermine haben werden und
- was die Änderung an zusätzlichem Zeit- und Budgetaufwand erfordert oder auch einspart.

Ein Änderungswunsch wird in der Regel in einem (vertraglich) definierten Verfahren bearbeitet. Die ▸ Abbildung 8.6 gibt ein Beispiel für die Schritte eines Änderungsmanagementverfahrens.

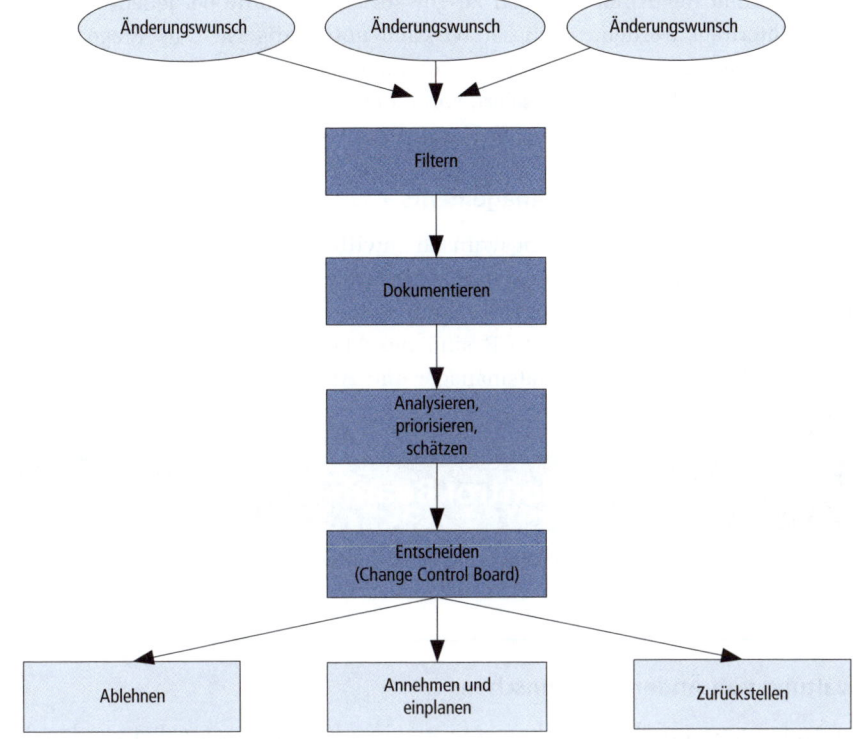

Abbildung 8.6: Änderungsmanagementverfahren.

Je nach Projekt können die einzelnen Schritte variieren, dennoch sind die im Folgenden beschriebenen Aktivitäten für jedes Projekt wichtig:

1. Filtern: Bevor Aufwand in die Dokumentation und die Abschätzung eines Änderungswunsches fließt, wird zunächst gefiltert, um nur Wünsche mit Aussicht auf Erfolg weiterbearbeiten zu müssen.

2. Dokumentation: Jeder Änderungswunsch wird als Änderungsantrag dokumentiert. Der Antrag kann beispielsweise ein eigenes Dokument sein oder ein Ticket in einem Ticket-System. Der Antrag muss eine eindeutige Identifikation (ID) haben und eine Beschreibung und sollte eventuell bereits einen ersten Lösungsvorschlag enthalten.

3. Analyse: Die Auswirkungen der Änderung auf das Projekt und das zu bauende System werden untersucht: Wie viel Aufwand kostet die Änderung? Welche Auswirkungen hat das auf den Liefertermin? Was muss zusätzlich geändert werden, wenn der Antrag umgesetzt wird? Welche Risiken gibt es?

4. Entscheiden: Mit den Daten aus der Analyse kann nun entschieden werden, was mit dem Änderungsantrag gemacht wird. Es gibt drei Optionen: (1) ablehnen, (2) annehmen und einplanen sowie (3) vertagen in das nächste Release.

Um die Stabilität der Anforderungen zu gewährleisten, sollte bei jedem Änderungswunsch hinterfragt werden, ob dieser wirklich notwendig ist. Eine Frage für jeden Wunsch ist beispielsweise: Was passiert, wenn der Änderungswunsch nicht umgesetzt wird? Wenn nichts Besonderes passiert, sollte der Änderungswunsch nicht umgesetzt werden.

Organisation des Änderungsmanagements

Die Entscheidung, ob ein Änderungswunsch bewilligt wird, muss von einer befugten Stelle getroffen werden. Häufig wird hierzu ein Gremium definiert, das aus Vertretern verschiedener Stakeholder-Gruppen zusammengesetzt ist –das Change Control Board (CCB). Typische Teilnehmer des CCB sind das Management von Auftraggeber und Auftraggeber, Projektleiter, Qualitätsmanager und Architekt sowie Vertreter der wichtigsten Nutzergruppen.

> ## Definition: Change Control Board
>
> Das Change Control Board ist ein Gremium, das in regelmäßigen Abständen tagt und über Änderungswüsche entscheidet.

Verwaltung von Änderungswünschen

Wenn Änderungswünsche als Dokumente auf einer Festplatte verwaltet werden, kann schnell die Übersicht verloren gehen, eine Sortierung nach Priorität, Risiken oder veranschlagtem Aufwand wird schwierig. Eine Software zur Verwaltung von Änderungswünschen vermeidet dieses Problem.

Als Änderungsmanagement-Software kann ein einfaches Ticket-System (Issue-Tracker) verwendet werden. Diese Software bietet spezielle Ticket-Typen für Änderungswünsche an. Sie erlaubt es, einem Änderungswunsch die notwendigen Informationen zuzuordnen, wie

- Autor des Antrags
- Titel des Antrags
- Beschreibungstext (worin besteht die Änderung genau?)
- Priorität
- veranschlagter Aufwand

zuzuordnen. Die Verwaltung und Verfolgung eines Änderungswunsches ist über den Ticket-Workflow der Software möglich. Darüber kann der Status des Antrags dokumentiert und verfolgt werden. Die Änderungsmanagement-Software bietet über ihre Berichtsfunktion die Möglichkeit, Übersichten über offene, bearbeitete oder abgelehnte Änderungswünsche zu bekommen.

> ## Praxistipp: Änderungsmanagement ist Vertragsbestandteil
>
> Wenn Sie als Auftragnehmer die Umsetzung eines Systems zum Festpreis anbieten, sollten Sie bereits zum Zeitpunkt des Angebots mit Ihrem Auftraggeber das Verfahren festlegen, wie mit Änderungswünschen umzugehen ist.
>
> Das Änderungsmanagementverfahren und auch die Besetzung des Change Control Board sind Vertragsbestandteile.

Festpreisprojekte

Bei Festpreisprojekten ist ein CCB und formales Änderungsmanagement besonders wichtig, da jede Änderung in den Anforderungen gleichzeitig auch eine Änderung des Vertrages darstellt. Damit sind Änderungswüsche separat zu beauftragen und mit einem eigenen Budget zu versehen.

> ## Praxistipp: Budget für CRs einplanen
>
> Wenn Sie in der Rolle des Auftraggebers für ein System sind und Sie die Umsetzung an einen Lieferanten weitergeben, werden Sie diesen vermutlich über einen Festpreis beauftragen.
>
> Da auch in Ihrem Projekt Änderungswünsche wahrscheinlich sind, sollten Sie für etwaige Änderungswünsche zusätzliches Budget bereitstellen, beispielsweise 20% des Festpreisbudgets.

8.9.2 Problem- und Fehlermanagement

Problem- und Fehlermanagement bezeichnet die Dokumentation und strukturierte Bearbeitung von Fehlermeldungen. Dies kann auch die Diagnose und die Reparatur des Fehlers beinhalten, wenn im Rahmen des Fehlermanagements entschieden wird, dass

- die Fehlermeldung tatsächlich einen Fehler beschreibt und
- der Fehler wichtig genug ist, dass er sofort oder später behoben werden muss.

Oft wird Fehlermanagement als Teil des Änderungsmanagements organisiert (oder umgekehrt). Beides findet im selben Ticket-System statt, für Fehler gibt es ein Fehler-Ticket, während es für Änderungswünsche ein Enhancement-Ticket gibt.

Welche Fehler vorrangig behoben werden, kann auch über das CCB entschieden werden, denn das CCB kann die fachlichen Auswirkungen eines Fehlers eher abschätzen als ein Entwickler, der sich spontan überlegt, auf welchen Fehler er jetzt Lust hätte.

8.10 Konfigurationsmanagement

Da sich Anforderungen und die entsprechenden Dokumente, Modelle und anderen Artefakte unabhängig voneinander ändern, kann es schnell zu Inkonsistenzen kommen. Konsistente Stände zueinander passender Artefakte müssen daher als Konfigurationen festgehalten werden.

Was gehört zu einer Konfiguration?

Eine Konfiguration besteht aus Konfigurationselementen. Ein Konfigurationselement ist ein Artefakt in einer bestimmten Version und/oder Variante, das während der Anforderungsanalyse oder späterer Projektphasen entsteht und gepflegt wird. Beispiele für Konfigurationselemente sind:

- Dokumente, die jeweils einen Use Case beschreiben
- Dateien einer Tabellenkalkulation mit einer Liste von Anforderungen
- Datensatz, der eine Anforderung innerhalb eines Requirements-Engineering-Werkzeugs beschreibt
- Java-Klasse, die in einer *.java Datei gespeichert ist

Jedes Konfigurationselement wird im Laufe eines Projektes in der Regel mehrfach geändert, es kann daher in verschiedenen Versionen vorliegen. Zusätzlich können noch verschiedene Varianten (der Versionen) dazukommen, zum Beispiel wenn das System für verschiedene Auftraggeber mit teilweise unterschiedlichen Anforderungen gebaut wird.

Definition: Konfiguration

Eine Konfiguration ist eine benannte Menge konsistenter zusammenpassender Versionen von Konfigurationselementen.

Baselines – Bezugskonfigurationen

Eine Baseline (Bezugskonfiguration) ist eine besondere Konfiguration. Sie kennzeichnet einen lieferbaren bzw. gelieferten Stand der Konfigurationselemente. Die Qualität der Konfigurationselemente hat dabei einen definierten Stand – die Qualität der Elemente hat durch qualitätssichernde Maßnahmen und entsprechende Nacharbeiten ein bestimmtes Mindestmaß erreicht.

Die ▶ Abbildung 8.7 stellt dies in einem Beispiel dar: Das Dokument EvaluationPlanenUC.docx wird in der Version 4 einer formalen Inspektion unterzogen und dort werden Fehler gefunden. Diese sind in Version 5 des Dokuments behoben. Diese Version passiert die Nachkontrolle ohne Beanstandungen. Damit kann die Version 5 des Dokuments in der Baseline „Spezifikation 1.0" enthalten sein. Zu dieser Baseline gehört auch die Version 3 des Dokuments EvaluationPlanenMockup.pdf.

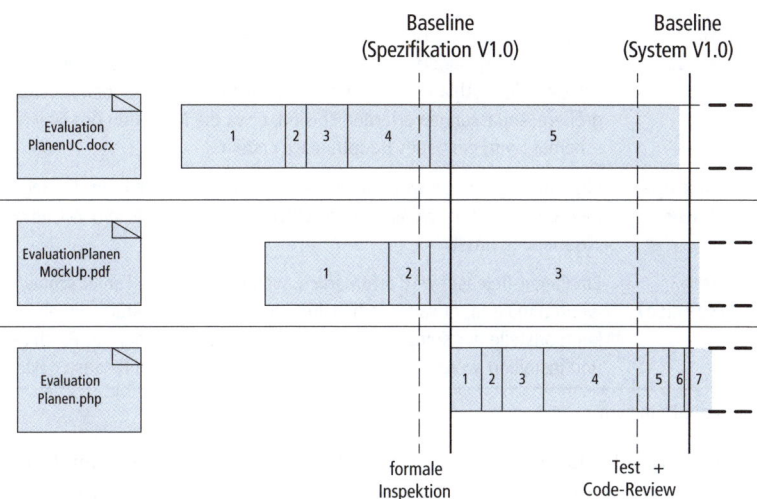

Abbildung 8.7: Baselines.

Wenn ein Dokument oder ein anderes Artefakt vor der Erstellung einer Baseline mithilfe von qualitätssichernden Maßnahmen überprüft wird, dürfen bis zur Baseline keine Änderungen außer den Korrekturen stattfinden. Dies wird auch als *Feature Freeze* bezeichnet. Wenn andere Änderungen erlaubt wären, könnten sich darüber neue Fehler einschleichen, und die Baseline hätte einen weniger vertrauenswürdigen Zustand.

8.11 Release-Management

Das Release-Management hängt eng mit dem Konfigurations- und dem Änderungsmanagement zusammen.

Ein Release ist eine Version des Systems, die an den Auftraggeber ausgeliefert wird. Es fasst Änderungswünsche, Fehlerbehebungen und auch langfristig eingeplante Umsetzungen von Anforderungen zusammen.

Definition: Release

Ein Release ist eine an den Auftraggeber gelieferte Version des Systems. Es ist gekennzeichnet durch eine eindeutige Release-Nummer.

Release-Nummern sind häufig dreistellig (Popp), etwa **1.2.35**. In diesem Beispiel handelt es sich um das 1. Hauptrelease des Systems, zu diesem wurden bereits 2 Wartungsreleases geliefert. Im 2. Wartungsrelease wurden bereits 35 Patches ergänzt.

1.2.35	Haupt-release	Ein neues Hauptrelease wird erstellt, wenn am System etwas Wesentliches ergänzt oder geändert wurde, etwa komplett neue Komponenten oder wesentlich geänderte Abläufe. Auch wenn beim Auftraggeber für den Release-Wechsel größere Anpassungen erforderlich sind, etwa die Migration des Datenbankschemas, wird ein neues Hauptrelease erstellt.
1.2.**3**5	Wartungs-release	Ein Wartungsrelease wird für kleinere Änderungen erstellt. In der Regel werden mehrere Änderungswünsche und Fehlerkorrekturen zu einem Wartungsrelease zusammengefasst.
1.2.**35**	Patch (-Release)	Ein Patch(-Release) wird erforderlich, wenn gravierende Fehler schnell behoben werden müssen, etwa Sicherheitslücken oder Systemabstürze. In einigen Fällen kann anstelle der Komplettlieferung des Systems auch nur der Patch geliefert und installiert werden: Es wird „Flicken" (*patch*) auf ein Release geklebt.

Tabelle 8.3: Release-Nummern

Der Release-Plan gibt langfristig darüber Auskunft, welche umgesetzten Anforderung(sversionen) bzw. Änderungswünsche zu welchem Zeitpunkt für den Auftraggeber verfügbar sind. Dieser Plan wird auch als Roadmap bezeichnet. Der Release-Plan gibt zusätzlich eine Übersicht über die bereits gelieferten Releases.

Rel.Nr.	Inhalt	Termin
1.0.0	Minimal Marketable Featureset gem. Spezifikation V. 1.0	01.06.2012
1.1.0	Änderungswünsche CR001, CR007, CR012 Fehler: 002, 005, 006, 008	01.07.2012
1.2.0	Änderungswünsche CR002, CR003, CR004 Fehler: 003, 004, 007	01.08.2012
1.2.1	Fehler 017	03.08.2012
2.0.0	Archivierung von Evaluationsbögen, gem. Spezifikation V 2.0.1 Änderungswünsche: CR 013, CR 014	01.12.2012 (geplant)
3.0.0	Evaluationsstatistiken gem. Änderungswunsch CR 005	01.06.2013 (geplant)

Tabelle 8.4: Beispiel für einen Release-Plan

Im Rahmen der Release-Planung wird entschieden, was zu welchem Zeitpunkt geliefert werden soll. Diese Entscheidungen hängen unter anderem davon ab, wie viel es kostet, ein neues Release auszuliefern. Wenn ein neues Release mit geringen Kosten geliefert werden kann, da etwa ein automatischer Update-Mechanismus vorhanden ist (wie etwa bei Microsoft-Betriebssystemen), kann sehr häufig geliefert werden. Ist ein Release mit hohen Kosten verbunden, etwa weil an alle Kunden eine neue Installations-DVD versendet werden muss, wird in der Regel nur dann ein neues Release geliefert, wenn dies unbedingt erforderlich ist.

8.12 Werkzeuge zur Anforderungsverwaltung

Zur Verwaltung von Anforderungen können unterschiedliche Werkzeuge verwendet werden: angefangen bei einem einfachen und kaum strukturierten Wiki-System bis hin zu einem vollständig an das Unternehmen angepassten umfangreichen Requirements–Engineering-Werkzeug.

Je nach Projektkontext kann ein einfaches Wiki ausreichen oder ein umfangreiches Werkzeug zwingend erforderlich sein, damit kein Chaos ausbricht.

8.12.1 Wiki-Systeme

Wiki-Systeme sind webbasiert und können von jedem (berechtigten) Benutzer leicht erweitert oder geändert werden. Im Laufe der Zeit entsteht so eine vernetzte Menge von Wiki-Seiten.

Jede Wiki-Seite kann dazu verwendet werden, eine Anforderung darzustellen. Die Anforderung wird damit über die URL der Seite eindeutig identifiziert. Abhängig vom verwendeten Wiki-System können jeder Seite zusätzliche Attribute zugeordnet werden. Abbildungen können verwendet werden und Verfolgbarkeit ist über Hyperlinks zu internen Seiten oder externen Dokumenten möglich.

> ### Praxistipp: Kombinieren Sie!
>
> Ein Wiki-System kann leicht mit einer Versionsverwaltung und/oder einem Ticket-System kombiniert werden. Kombinationen aus Wiki- und Ticket-Systemen sind häufig anzutreffen.
>
> Bei der Kombination aus Wiki und Versionsverwaltung kann im Wiki ein Überblick über Anforderungen gegeben werden und per Hyperlink wird ein entsprechendes Dokument oder Modell in der Versionsverwaltung referenziert.

8.12.2 Standard-Bürosoftware

Standard-Bürosoftware ist sehr weitverbreitet, auf den meisten Rechnern finden sich eine Textverarbeitung und eine Tabellenkalkulation. Die meisten Stakeholder haben zumindest Grundkenntnisse in der Bedienung. Das ist der Grund, warum in vielen Projekten mit Dokumenten aus einer Textverarbeitung und mit Tabellen aus der Tabellenkalkulation gearbeitet wird. Zusammen mit einem Werkzeug zur Versionsverwaltung können damit zumindest kleinere Projekte durchgeführt werden.

Verwendung einer Textverarbeitung

Vorgehensmodelle wie das V-Modell XT fordern als Ergebnis der Anforderungsanalyse Dokumente ein, wie das Lastenheft oder das Pflichtenheft (Systemspezifikation). Vielfach dienen einfache Dokumente als Speicher von Anforderungen sowie dazugehörigen Modellen und anderen Artefakten.

Mit den Mitteln einer Textverarbeitung ist es im Allgemeinen schwierig Anforderungen eindeutig zu identifizieren. Möglichkeiten wie Kapitelnummern sollten nicht genutzt werden, da durch die Restrukturierung eines Dokuments auch die Kapitelnummern und damit auch die Kennungen der damit identifizierten Anforderungen geändert werden. Die Autoren müssen sich hier selbst um eine Alternative kümmern. Bei einer großen Zahl von Anforderungen können schnell Übersicht und Änderbarkeit verloren gehen.

Wie oben dargestellt, ist die Verfolgbarkeit von Anforderungen mit Dokumenten eher umständlich, beispielsweise über Hyperlinks, machbar.

Um die Verfügbarkeit der Dokumente für alle Stakeholder sicherzustellen, bietet sich entweder eine Versionsverwaltungssoftware an. Alle Stakeholder können sich die Dokumente auf ihre lokale Festplatte holen und dort bearbeiten (siehe Abschnitt 8.8, Versionen und Varianten von Anforderungen). Eine Alternative dazu ist, das Dokument gemeinsam zu bearbeiten, wie dies beispielsweise Google-Docs[1] ermöglicht.

Möglich ist die Kombination aus Requirements-Engineering-Werkzeug und Dokumenten. Das Requirements-Engineering-Werkzeug verwaltet alle Informationen rund um die Anforderungen. Ein aktueller Stand wird regelmäßig als Dokument exportiert.

Praxistipp: Regelmäßig aufräumen!

Wenn ein Projekt über einen längeren Zeitraum läuft, entstehen oft sehr viele Dokumente in unterschiedlichen Versionen und Varianten. Eine Versionsverwaltung und eine definierte Verzeichnisstruktur sowie festgelegte Dokumenttypen schützen Sie vor Wildwuchs.

Die Verzeichnisstruktur sollte trotzdem regelmäßig aufgeräumt und restrukturiert werden.

Änderungen sind in Projekten Alltag. Diese Änderungen müssen auch in den Dokumenten jeweils umgesetzt werden, daher ist es wichtig, eine einfache Verzeichnisstruktur mit wenigen, aber dafür aktuellen Dokumenten zu pflegen.

Praxistipp: Vorsicht! Delta-Dokumente

Eine Idee, mit Änderungen umzugehen ist, die Änderung als solche in einem eigenen Dokument zu beschreiben. Diese Dokumente heißen dann Delta-Dokumente, da nur die Veränderung beschrieben wird. Wenn Sie über Jahre alle Änderungen so erfassen, ist es praktisch unmöglich festzustellen, welche Anforderungen das aktuelle System genau umsetzt. Um das zu wissen, müssten Sie die ursprünglichen Dokumente und sämtliche Delta-Dokumente lesen. Das wäre zu aufwendig.

Daher sollte es für das System genau ein aktuelles Gesamtdokument geben, das den aktuellen Stand der Anforderungen, wie sie im System umgesetzt sind, beschreibt.

Verwendung einer Tabellenkalkulation

Eine Tabelle stellt die Anforderungsliste dar, für jede Anforderung gibt es eine Zeile. Die Attribute der Anforderungen werden über die Spalten modelliert, d.h. jeweils eine Spalte für ID, Kurzbezeichnung, Beschreibung, Quelle, erwarteter Nutzen, Priorität oder Stabilität.

Die Anforderungen können nach jedem Attribut sortiert und/oder gefiltert werden: beispielsweise nach ihrem Nutzen oder ihrer Stabilität. Für die Spalten der Tabelle können

---

1 *http://docs.google.com* (abgerufen am 12.08.2012)

auch bestimmte Zellwerte erlaubt werden. In der Spalte für die Priorität einer Anforderung kann beispielsweise das MuSCoW-Priorisierungsschema (Kapitel 9) erzwungen werden, in dem nur die Zellwerte *Must*, *Could*, *Should* und *Won't* erlaubt werden.

Nachteile sind dagegen, dass große Mengen von Anforderungen (einige Hundert) leicht unübersichtlich werden können. Beziehungen zwischen den Anforderungen können nur über Verweise oder Hyperlinks dargestellt werden, eine gesonderte Verwaltung oder eine Darstellung als gerichteter Graph erfordert zusätzliche Software. Modelle, Grafiken und längere Texte werden besser außerhalb der Tabelle als gesonderte und über Hyperlinks referenzierte Dokumente abgelegt.

Team-Mitglieder können nur nacheinander, aber nicht gleichzeitig die Anforderungen editieren, es sei denn, es werden spezielle Tabellenkalkulationen verwendet, wie beispielsweise Google-Docs.

8.12.3 Ticket-Systeme

In vielen Projekten werden Ticket-Systeme genutzt, um Anforderungen, Änderungsanträge und Fehler zu verfolgen. Sie werden auch Bug- oder Issue-Tracker genannt.

Eine Anforderung, ein Änderungsantrag oder ein Fehler wird jeweils als Ticket dargestellt. Eine eindeutige Identifikation wird automatisch zu jedem Ticket erzeugt. Felder wie Beschreibung, Autor oder Priorität sind bereits in den Basiseinstellungen vorgesehen, abhängig vom Werkzeug können weitere Attribute ergänzt werden.

Ein großer Vorteil von Ticket-Systemen ist deren Lebenszyklus- und Rollenkonzept. Für jeden Tickettyp (Fehler, Änderungsantrag, Anforderung, Task, ...) kann ein eigener Workflow, der den jeweiligen Lebenszyklus modelliert, definiert werden: Tickets werden Zustände zugeordnet, etwa wie in *Abschnitt 8.5.1, Zustände einer Anforderung* beschrieben (Neu, Akzeptiert, Spezifiziert, ...). In jedem Schritt des Workflows findet der Zustandsübergang des jeweiligen Tickets statt. Der Zustandsübergang darf nur von einer bestimmten Rolle ausgeführt werden.

Während der Abarbeitung des Workflows wird ein Ticket jeweils dem nächsten Bearbeiter oder der nächsten Gruppe von Personen zugeordnet. Zusammen mit dem Rollenkonzept kann so die Zusammenarbeit im Team über dieses Werkzeug unterstützt werden.

Zu jedem Ticket kann eine Änderungshistorie geführt werden, die darüber Auskunft gibt, wer wann was aus welchem Grund geändert hat.

Sichten auf die Anforderungen können flexibel über Berichte (Reports) erstellt werden. Die Berichte berücksichtigen etwa Attributwerte und den aktuellen Zustand des Tickets.

Am Markt sind viele kommerzielle und freie Ticket-Systeme verfügbar. Beispiele sind freie Systeme wie Trac, Mantis oder RedMine oder kommerzielle Systeme wie Jira. Die Systeme unterscheiden sich in ihren Möglichkeiten, insbesondere in den Bereichen Workflow, Strukturierung und Verfolgbarkeit:

■ Können auch Subprojekte angelegt und eigenständig verwaltet werden, mit eigenen Berichten für das Projektcontrolling? Können diese Berichte auch im Bericht des Gesamtprojektes integriert werden?

■ Können sich Tickets gegenseitig referenzieren (etwa Vater- und Kindertickets oder Hängt-ab-von- oder andere Typen von Beziehungen)? Inwieweit wird die Verfolgbarkeit unterstützt?

■ Wie flexibel können neue Attribute zu Tickets ergänzt werden bzw. wie flexibel lassen sich Attribute ändern?

■ Wie flexibel können das Rollenmodell sowie der Ticket-Lebenszyklus beeinflusst werden?

Fallstudie | **Trac 0.11 als Ticket-System**

In mehreren studentischen Projekten wurde Trac 0.11 zur Verwaltung von Anforderungen verwendet.[2] Folgende Erfahrungen wurden damit gemacht:

■ Trac ist einfach zu bedienen, die Studierenden verstehen die Grundfunktionen innerhalb einer Stunde.

■ Für Anforderungen kann ein besonderer Tickettyp z.B. „Requirement" definiert werden.

■ Die eindeutige Identifikation wird automatisch erzeugt. Jedes Ticket kann über eine eindeutige URL (mit ID am Ende) referenziert werden.

■ Attribute können diesem Tickettyp flexibel zugeordnet werden. Attribute wie Titel, Beschreibung oder Priorität sind schon vorhanden.

■ Der Lebenszyklus bzw. Workflow des Tickettyps „Anforderung" kann (eher umständlich) definiert werden.

■ Einfache „Vater-Sohn"-Beziehungen zwischen Tickets sind möglich. Andere Beziehungstypen müssen über Hyperlinks dargestellt werden.

■ Zu jedem Ticket wird eine Änderungshistorie geführt.

■ Strukturierung ist etwa über frei definierbare Releases oder Subsysteme möglich. Leider kann keine komplexere Projektstruktur (Hauptprojekt / Teilprojekt) angelegt werden. Auch geschachtelte Releases oder Subsysteme sind nicht möglich.

■ Über Reports können flexibel Sichten erzeugt werden.

Trac wird in Rosenheim in Kombination mit Subversion verwendet. Auf diese Art ist in den Tickets auch per Hyperlink ein eindeutiger Bezug auf Dokumente und andere Artefakte aus dem Subversion-Repository möglich. Das Trac-Wiki wird verwendet, um allgemeine Informationen darzustellen, wie etwa die Dokumentation der Ablagestruktur.

---

2   *http://2009.reconf.de/fileadmin/PDF_Dateien/REConf_2009/Vortraege/Gerd_Beneken.pdf*
    (abgerufen am 20.07.2012)

8.12.4 Spezialisierte Requirements-Engineering-Werkzeuge

Was unterscheidet Requirements-Engineering-Werkzeuge von einfachen Texteditoren oder Ticket-Systemen? Der wesentliche Vorteil von Requirements-Engineering-Werkzeugen gegenüber Texteditoren sind Funktionen zur strukturierten Darstellung, Aufbereitung und Verwaltung der Anforderungen. So unterstützen die meisten Requirements-Engineering-Werkzeuge

- die systematische Verwaltung der Anforderungen mithilfe von Attributen (Metadaten): Dies erlaubt beispielsweise Operationen wie Suchen nach oder Sortieren von Anforderungen.

- die systematische Verwaltung von Beziehungen zwischen den Anforderungen. Querbeziehungen zwischen Anforderungen können übersichtlich dargestellt werden, ebenso Verfeinerungsbeziehungen zur Sicherstellung der Nachverfolgbarkeit.

- die systematische Verwaltung des Anforderungslebenszyklus. Dazu gehören die Definition von Lebenszyklus-Modellen zu Anforderungstypen und die Verfolgung des Lebenszyklus einzelner Anforderungen.

- eine rollenbasierte, verteilte Bearbeitung der Anforderungen mit klarer Zuordnung von Zugriffsrechten.

- der Export von Anforderungen und ergänzenden Informationen in unterschiedliche Dokumentenformate.

- gegebenenfalls eine integrierte Versionsverwaltung oder eine Schnittstelle zur Integration eines externen Konfigurationsmanagement-Werkzeugs.

- gegebenenfalls die Möglichkeit zur Anforderungsmodellierung durch Integration eines UML-Modellierungswerkzeugs.

Viele der genannten Funktionen lassen sich auch mit einfachen Anforderungsdokumenten und einer tabellarischen Anforderungsdokumentation umsetzen. Dokumente haben jedoch die Tendenz bei schlechter Pflege schnell zu altern. Die Informationen im Dokument, wenn nicht ständig konstant aktuell gehalten, können sehr bald nicht mehr als zuverlässige Quelle genutzt werden.

Ein weiterer Vorteil von Requirements-Engineering-Werkzeugen ist, dass sie allein durch formale strukturelle Vorgaben mehr Disziplin von ihren Nutzern einfordern, als dies bei Dokumenten überhaupt möglich wäre. Sie garantieren allein durch ihre Anwendung eine gewisse Mindestqualität der Anforderungsbasis.

Nachteile von Werkzeugen sind dagegen die oft sehr hohen Lizenzkosten, der Lernaufwand für die Anwendung und die Tendenz, schnell unübersichtlich zu wirken – ein Effekt, dem Hersteller mit Funktionalitäten wie Sichten-basierter Anzeige der Anforderungen oder Export-Möglichkeiten in verschiedene Dokumentenformate zu begegnen versuchen.

Die Auswahl der am Markt verfügbaren Requirements-Engineering-Werkzeuge ist breit und heterogen. Es gibt nicht das richtige Werkzeug für alles. Jedes Werkzeug muss in den jeweiligen Projekt- und Unternehmenskontext passen. Bei der Suche nach dem geeigneten Werkzeug können folgende Fragen helfen:

Fragen aus betriebswirtschaftlicher Sicht:

- Welche Lizenzkosten fallen für das Werkzeug an? Welche Supportkosten kommen hinzu?

- Welche Betriebskosten fallen voraussichtlich für das Werkzeug an? Existiert eventuell eine SAAS (Software As A Service)-Version? Wie würde sich ihre Verwendung auf die Betriebskosten auswirken?

- Welche Schulungskosten sind voraussichtlich einzuplanen? Ist ein Coaching durch einen Berater erforderlich?

- Wie ist die Stabilität des Anbieters bezüglich längerfristiger Geschäftsbeziehungen einzuschätzen? Welche Erfahrungen gibt es zur Kostenstabilität des Anbieters bezüglich Lizenz- und Supportmodell?

Fragen aus funktionaler Sicht:

- Werden die minimal erforderlichen Funktionen eines guten Requirements-Engineering-Prozesses unterstützt (z.B. Erstellen, Ändern, Verwalten von Anforderungen und von Beziehungen zwischen Anforderungen, Anforderungsverfolgung, Lebenszyklus-Management, Versionsverwaltung und Export in Dokumentenformat)?

- Wie komplex ist das zugrunde liegende Anwendungsmodell im Werkzeug? Wie hoch ist der Lernaufwand, um sich einzuarbeiten? Gibt es bereits entsprechende Erfahrung im Unternehmen? Diese Fragen zielen darauf ab, als wie „schwergewichtig" das Werkzeug eingeschätzt wird.

- Ist das vom Werkzeug angebotene Rollen- und Rechtemodell mächtig genug für den geplanten Einsatz? Dieser Punkt ist von hoher Relevanz, da ein nicht ausreichendes Modell schnell die völlige Nutzlosigkeit des Werkzeugs bedeuten kann.

- Wie flexibel ist das Werkzeug hinsichtlich seiner Inhalte? Besteht beispielsweise die Möglichkeit zur Integration von Modellen, fremden Dokumenten, Grafiken, etc.?

- Erlaubt das Werkzeug verteilten Zugriff?

Fragen aus technischer Sicht:

- Welche Systemvoraussetzungen sind zum Betrieb des Werkzeugs erforderlich?

- Wie hoch ist der Installationsaufwand? Ist bei einer verteilten Anwendung die Installation eines lokalen Clients auf allen Client-Rechnern notwendig oder handelt es sich um eine Webanwendung mit Browser-Zugriff?

- Welche Schnittstellen bietet das Werkzeug an? Wie gut lässt sich das Werkzeug mit anderen Werkzeugen im Entwicklungsprozess integrieren?

- Welche sonstigen technischen Eigenschaften bietet das Werkzeug, beispielsweise bezüglich Sicherheit oder Skalierbarkeit?

Hinweise zur Auswahl solcher Werkzeuge finden sich etwa bei Rupp et al. (Rupp und Sophisten) oder bei Ebert (Ebert).

Übungen

Übung 1: Verzeichnisstruktur und Namensschema definieren

In einem Projekt entstehen viele verschiedene Dokumenttypen: Anwendungsfälle, GUI-Wireframe-Modelle, Protokolle und Anforderungslisten. Überlegen Sie sich eine geeignete Verzeichnisstruktur, um diese Dokumente abzulegen. Überlegen Sie zusätzlich ein Namensschema zur Benennung dieser Dokumente.

Lösungen

Übung 2: Versionsmanagement kennenlernen

Sie bilden ein Team mit mindestens drei Personen. Jeder hat einen eigenen Rechner. Installieren Sie sich ein Versionsmanagement-Werkzeug (empfohlen: Subversion) auf einem der Rechner. Installieren Sie auf jedem Rechner eine dazu passende Client-Software (empfohlen: TortoiseSVN). Probieren Sie folgende Fälle aus:

- Ein Team-Mitglied legt eine Datei an, überträgt diese ins Repository (*commit*), die anderen holen sich diese Datei aus dem Repository (*update*).

- Ein Team-Mitglied ändert diese Datei und überträgt sie wieder ins Repository (commit). Der Autor der Datei synchronisiert seine Version der Datei mit den Änderungen (update).

- Betrachten Sie die Änderungshistorie zu der Datei (*show log*). Welche Informationen hat das Repository über die Änderung gespeichert?

- Zwei Team-Mitglieder ändern die Datei und beide versuchen, sie an das Repository zu übertragen. Was passiert?

Übung 3: Änderungshistorie

Sie bilden ein Team mit vier oder mehr Personen. Der Erste malt ein Klassendiagramm auf einen Zettel, etwa ein mögliches Domänenmodell zu der hier vorgestellten Evaluationssoftware. Der Nächste im Team ergänzt das Diagramm mit weiteren Informationen und dokumentiert seine Änderungen auf der Rückseite in Form einer Änderungshistorie. Der Dritte ändert ebenfalls und dokumentiert wiederum seine Änderungen.

Die vierte Person versucht anhand der Änderungshistorie das Diagramm zu rekonstruieren, das der Erste gezeichnet hat. Ist das noch möglich? Diskutieren Sie über den Zweck und den Nutzen der Änderungshistorie in Anforderungen und Dokumenten.

Übung 4: Verfolgbarkeit

Bilden Sie jeweils Teams aus drei Personen. Diskutieren Sie, wozu und ob Sie die Vorwärtsverfolgbarkeit von Anforderungen vom Projektziel bis hin zur Fehlermeldung benötigen. Jedes Team diskutiert einen anderen Systemtyp:

- Kühlwassersteuerung in einem Atomkraftwerk
- ABS-System in einem Auto
- Shop-System zum Verkauf von Faschingsartikeln
- Image Smartphone-App für eine Brauerei.

Übung 5: Werkzeugauswahl

Erstellen Sie mit den in diesem Kapitel dargestellten Aufgaben des Anforderungsmanagements eine Liste mit Anforderungen für ein Werkzeug, mit dem Sie in ihrem nächsten Projekt die Anforderungen verwalten wollen. Untersuchen Sie nun auf der Grundlage dieser Anforderungen

■ eine Tabellenkalkulation (z.B. Microsoft-Excel, oder Apache-OpenOffice),

■ ein Ticket-System ihrer Wahl (z.B. Trac oder RedMine),

■ ein spezialisiertes Requirements-Engineering-Werkzeug (z.B. IBM-Rational-Doors),

Agiles Requirements Engineering

Einführung 318

9.1 Was bedeutet „agil"? 319
  9.1.1 Das Team ist verantwortlich 320
  9.1.2 Nützliche Software steht im Mittelpunkt 320
  9.1.3 Schnelles Feedback, kurze Iterationen 320

9.2 Ermitteln der Anforderungen 321
  9.2.1 Just-in-time-Anforderungen 321
  9.2.2 Kunde und Fachexperte sind gut verfügbar 321
  9.2.3 Genau ein Entscheider 322

9.3 Funktionale Anforderungen mit User Storys 322
  9.3.1 User Storys sind Platzhalter für Kommunikation 323
  9.3.2 Benutzerrollen in User Storys 324
  9.3.3 „Gute" User Storys: INVEST 325
  9.3.4 Schrittweiser Ausbau von User Storys 327
  9.3.5 Schneiden von User Storys 328
  9.3.6 User Storys sind keine Anwendungsfälle 329
  9.3.7 Nicht alles ist eine User Story 329

9.4 Spezifikation durch Beispiele 330
  9.4.1 FitNesse 331
  9.4.2 Behaviour-Driven-Development 332

9.5 Nichtfunktionale Anforderungen 333
  9.5.1 Lokale Constraints 333
  9.5.2 Globale Constraints 334

9.6 Scrum als agiles Framework 334
  9.6.1 Elemente des Frameworks 334
  9.6.2 Ablauf eines Sprints 336
  9.6.3 Product Owner: Verantwortlich für den Produkterfolg . . 341

9.7 Anforderungsverwaltung: Product Backlog 343
  9.7.1 Wie sieht ein Product Backlog aus? 343
  9.7.2 Struktur über Themen, Sprints und Releases 344
  9.7.3 Ein guter Product Backlog ist DEEP 345

9.8 Release-Planung 346

9.9 Agiles und klassisches RE 347
  9.9.1 Die Rolle des Requirements Engineer 347
  9.9.2 Anforderungsdokumente 347
  9.9.3 Änderungsmanagement 349

9

ÜBERBLICK

Einführung

>> Agile Praktiken wie User Storys und Vorgehensmodelle wie Scrum, XP oder Kanban sind in der praktischen Projektarbeit sehr weitverbreitet. Dieses Kapitel soll einen Überblick über „agiles" Requirements Engineering geben und die Gemeinsamkeiten und Unterschiede zu den anderen in diesem Buch beschriebenen Ansätzen aufzeigen.

Die Ermittlung der Anforderungen findet in agilen Vorgehensmodellen just in time statt. Auf eine umfangreiche Anforderungsspezifikation wird in der Regel verzichtet, stattdessen sprechen Entwickler und Kunde (bzw. Fachexperte) direkt miteinander.

User Storys sind ein häufig verwendetes Mittel, um funktionale Anforderungen festzuhalten. User Storys sollen so kurz gehalten werden, dass sie auf einer Karteikarte Platz haben. Sie dienen nicht wie beispielsweise Anwendungsfälle als vollständige und dauerhafte Dokumentation, sondern sind nur Platzhalter für ein persönliches Gespräch.

Zu jeder User Story werden Akzeptanzkriterien festgelegt. Diese Kriterien werden im Abnahmetest überprüft. Erfüllt die User Story eines der Kriterien nicht, gilt sie als nicht fertiggestellt.

Nichtfunktionale Anforderungen können als sogenannte Constraints erfasst werden.

Scrum ist das am weitesten verbreitete agile Vorgehensmodell. Eine für das Anforderungsmanagement zentrale Rolle ist der Product Owner. Anforderungen werden im Product Backlog verwaltet.

Den Abschluss des Kapitels bildet eine kurze Diskussion der Gemeinsamkeiten und Unterschiede des „agilen" Requirements Engineering mit den in diesem Buch dargestellten Ideen. <<

Lernziele

- Sie verstehen, was „agil" für das Requirements Engineering bedeutet und welche Rolle der Requirements Engineer spielt.

- Sie kennen die Vorteile und die Grenzen, wenn sie Anforderungen just in time detaillieren und sofort in Software umsetzen.

- Sie können selbstständig User Storys formulieren und zu umfangreiche Storys in kleinere zerlegen. Sie haben verstanden, was eine gute User Story ausmacht.

- Die „Spezifikation über Beispiele" können Sie praktisch anwenden.

- Sie haben ein grobes Verständnis, wie das agile Vorgehensmodell Scrum funktioniert, und Sie kennen dort die besondere Verantwortung des *Product Owner*.

- Sie verstehen, wie mit Anforderungen in Scrum umgegangen wird, und können unter Anleitung als *Product Owner* arbeiten.

9.1 Was bedeutet „agil"?

Agile Vorgehensmodelle haben in den vergangenen Jahren sehr große Bedeutung gewonnen. Viele Firmen führen ihre Projekte mithilfe agiler Vorgehensmodelle durch. Am häufigsten wird Scrum (Sutherland und Schwaber)verwendet.[1] Auch Literatur zum „agilen Requirements Engineering" ist inzwischen verfügbar, z.B. von Cohn (Cohn) oder Leffingwell (Leffingwell). Wenn es ein „agiles" Requirements Engineering gibt, was ist dann der Unterschied zum „klassischen", eher dokumentgetriebenen Requirements Engineering? Wie verändert sich dadurch die Rolle des Requirements Engineer?

Die gemeinsamen Leitsätze agiler Vorgehensmodelle sind im „agilen Manifest" (Manifesto for Agile Software Development) zusammengefasst:

1. **Individuen und Interaktionen** mehr als Prozesse und Werkzeuge

2. **Funktionierende Software** mehr als umfassende Dokumentation

3. **Zusammenarbeit mit dem Kunden** mehr als Vertragsverhandlung

4. **Reagieren auf Veränderung** mehr als das Befolgen eines Plans

Die Formulierung *mehr als* in jedem Leitsatz bringt Prioritäten zum Ausdruck, aber keine Verbote. Der zweite Leitsatz verbietet beispielsweise (umfassende) Dokumentation nicht, sondern er bringt lediglich zum Ausdruck, dass funktionierende Software im Mittelpunkt steht und eben nicht Dokumente. Der Projektfortschritt wird entlang funktionierender Software (= umgesetzter Anforderungen) gemessen. Ein umgekehrter Eindruck kann bei den dokumentgetriebenen Vorgehensmodellen entstehen, wo der Projektfortschritt auch am Umfang der fertiggestellten Dokumente gemessen wird.

---

[1] *http://www.versionone.com/pdf/2010_State_of_Agile_Development_Survey_Results.pdf*, (abgerufen am 02.01.2012).

Agile Vorgehensmodelle wie Scrum (Sutherland und Schwaber), Kanban (Anderson) oder XP (Beck) richten sich an den vier Leitsätzen aus. Die Leitsätze haben spürbare Auswirkungen auf das Requirements Engineering.

Die folgenden Abschnitte stellen die Eigenschaften des „agilen" Requirements Engineering vor:

9.1.1 Das Team ist verantwortlich

Agile Vorgehensmodelle stellen die *Kompetenz* und die *Eigenverantwortung* des Projekt-Teams und der anderen Stakeholder in den Mittelpunkt. *Alle sind gemeinsam für den Projekterfolg verantwortlich*, jeder muss seinen Beitrag leisten. Die Verantwortung kann nicht abgeschoben werden, nicht auf den Projektmanager oder den Architekten, der jedem sagt, was er zu tun hat. Und auch nicht auf ein detailliertes Vorgehensmodell, das jede Tätigkeit bis ins Detail festlegt.

9.1.2 Nützliche Software steht im Mittelpunkt

Ziel agiler Vorgehensmodelle ist es, so schnell wie möglich, eine *nützliche* Software an den Kunden zu liefern. Der während der Entwicklung erzeugte Geschäftswert des Systems für den Kunden steht im Mittelpunkt. (Anforderungs-)Dokumentation ist dabei nicht verboten, die Dokumente müssen aber direkt oder indirekt zum Geschäftswert beitragen.

Dieses Ziel zwingt zu einer klaren Priorisierung der Anforderungen nach Nutzen für den Kunden. Das Minimal Marketable Featureset (siehe Kapitel 7) passt in diesem Zusammenhang gut (Pichler): Es ist die kleinste mögliche Menge an Anforderungen, die zusammen gerade eben das Ziel des Systems erfüllen. Genau dies ist der Umfang des ersten Release.

9.1.3 Schnelles Feedback, kurze Iterationen

Agile Vorgehensmodelle arbeiten in kurzen Iterationen. Diese haben eine Dauer von wenigen Wochen. Nach jeder Iteration wird eine Software an den Kunden geliefert. Der Kunde sieht schnell, wie seine Anforderungen umgesetzt werden und kann dazu Feedback geben. Weil er die umgesetzten Anforderungen ausprobieren kann, versteht er eventuell besser, was er tatsächlich gebraucht hätte. Auch das Entwicklungsteam bekommt frühzeitig Feedback, ob es die Anforderungen richtig verstanden und umgesetzt hat.

Das Entwicklungsteam gewöhnt sich an das Liefern als Ergebnis kurzer Entwicklungszyklen. Das bedeutet auch, während der Anforderungsanalyse und der anschließenden Entwicklung Qualitätsanforderungen wie Performanz oder Zuverlässigkeit von Anfang an zu berücksichtigen und scheinbare Randthemen wie Nachbarsystemschnittstellen oder den Datenimport aus einem Vorgängersystem früh zu beachten. Nur so kann die Software tatsächlich geliefert und (eventuell) produktiv gesetzt werden. Technische Risiken und Qualitätsprobleme in Fremdkomponenten werden früh erkannt und können beseitigt werden.

9.2 Ermitteln der Anforderungen

Zur Art und Weise, wie die Anforderungen ermittelt werden, machen agile Vorgehensmodelle kaum Vorgaben. Das Team entscheidet weitgehend über das Vorgehen und
die Werkzeuge. Das gesamte in Kapitel 3 beschriebene Instrumentarium der Anforderungsermittlung steht damit zur Verfügung – *wenn* es das Team für sinnvoll hält.

Trotz dieser Freiheit gibt es wichtige Grundeigenschaften, die bei der agilen Ermittlung von Anforderungen gewährleistet sein müssen. Diese werden nachfolgend vorgestellt.

9.2.1 Just-in-time-Anforderungen

Die Anforderungen an das zu liefernde System werden nicht mehr vorab im Detail festgelegt. In der Regel gibt es keine längere Anforderungsanalyse- oder Spezifikationsphase
mehr. Die Anforderungen werden zunächst nur grob mit wenigen Sätzen erfasst. Die
Beschreibung einer Anforderung soll auf einer Karteikarte Platz haben.

Details zu einer Anforderung werden erst dann diskutiert, wenn die Implementierung der
Anforderung eingeplant wird und unmittelbar bevorsteht. Erst dann muss das Entwicklungsteam alle Einzelheiten verstehen, um die Implementierung in einzelne Arbeitspakete (Tasks) zu zerlegen und um zu entscheiden, ob die Anforderung in der nächsten
Iteration umgesetzt werden kann.

Erst wenn ein Entwickler mit der Arbeit an der Anforderung beginnt, klärt das Team die
letzten offenen Fragen – *just in time*. Ist die Anforderung fertig implementiert, so führen
Team und der Kunde einen Akzeptanztest durch. Spätestens jetzt werden anhand der
laufenden Software die letzten verbliebenen Informationslücken sichtbar.

Eine Diskussion der Vor- und Nachteile der Just-in-time-Anforderungsermittlung findet sich in *Abschnitt 9.9, Agiles und klassisches RE* am Ende dieses Kapitels.

9.2.2 Kunde und Fachexperte sind gut verfügbar

Das Festlegen der Anforderungen im letzten möglichen Moment erfordert eine intensive
und zeitnahe Kommunikation im Projekt. Kunde und Entwicklungsteam tauschen Informationen überwiegend mündlich aus. Häufig wird deswegen gefordert, dass sich der
Kunde oder sein Vertreter (z.B. ein Fachexperte) permanent vor Ort befindet. Eine gute
Verfügbarkeit des Kunden ist wichtig, da er

- die Anforderungen aufschreibt;
- Rückfragen zu Anforderungen beantworten muss und er Details möglichst zusammen mit dem Entwickler klärt;
- die Implementierung der Anforderungen testen muss. Nur der Kunde kann entscheiden, ob die Anforderung so umgesetzt wurde, wie er sich das vorgestellt hat.
- entscheiden muss, welche Anforderungen implementiert werden sollen.

Wenn der Kunde sich mit einer Entscheidung Zeit lässt oder notwendige Details zu einer Anforderung nicht liefert, kann die Just-in-time-Anforderungsanalyse so nicht mehr durchgeführt werden. Ein Entwickler sollte nicht große Mengen halb implementierter Anforderungen bis zur Entscheidung einfrieren, siehe dazu beispielsweise Anderson (Anderson).

9.2.3   Genau ein Entscheider

Wie gerade schon angedeutet, gehen agile Vorgehensmodelle davon aus, dass genau eine Person darüber entscheidet, ob und wie eine Anforderung umgesetzt wird. Scrum definiert für den Entscheider die Rolle des Product Owner. Bei XP ist das der vor Ort befindliche Kunde. Auf diese Weise werden Entscheidungen schnell und verbindlich getroffen. Die Verantwortlichkeiten sind klar – solange sich ein geeigneter „Entscheider" mit genügend Sachkenntnis und Entscheidungsbefugnis vor Ort befindet.

Eventuell längere Abstimmungsprozesse über Anforderungen entfallen aber nicht. Bei komplexen fachlichen Problemen oder bei Konflikten der Stakeholder untereinander muss diskutiert und abgestimmt werden. Es ist die Aufgabe des Entscheiders (des Product Owner, des Kunden vor Ort), diese Klärungen schnell herbeizuführen.

9.3   Funktionale Anforderungen mit User Storys

Beck schlägt im Vorgehensmodell Extreme Programming (XP) vor, die für den Benutzer sichtbare Funktionalität des Systems in sehr kurzer Form zu beschreiben. Eine Überschrift und wenige Sätze und/oder eine kleine Grafik genügen (Beck).

Jeffries nennt diese Idee *User Storys*. Sie sind seiner Ansicht nach in XP das alleinige Mittel der Spezifikation: *Each user story is a short description of the behavior of the system, from the point of view of the user of the system. In XP, the system is specified entirely through stories* (Jeffries). Cohn ist da anderer Ansicht, siehe *Abschnitt 9.3.7, Nicht alles ist eine User Story.*

> ### Definition: User Story
>
> Eine User Story ist eine kurze Beschreibung einer Funktion des Systems aus der Perspektive des Benutzers. Sie ist Gesprächsgrundlage für die Klärung der Details zu der Funktion.

Zur Dokumentation von User Storys hat sich der Vorschlag von Cohn durchgesetzt (Cohn):

Als [Benutzerrolle] will ich [eine Aktivität ausführen], sodass [ein bestimmtes Ziel erreicht wird].[2]

---

2   As a [person in a role] I want to [perform some activity] so that [some goal is achieved].

Eine User Story für ein Hochschul-Informationssystem könnte beispielsweise wie folgt lauten:

„Als **Student** will ich **mich online zu einer Vorlesung anmelden**, sodass **ich einen Platz in der Übung erhalte.**"

Dieses Format zwingt den Autor der User Story dazu, eine Reihe von Qualitätskriterien für Anforderungen einzuhalten: Die *Benutzerrolle* muss explizit genannt werden. Damit wird die Story aus der Perspektive dieser Benutzerrolle beschrieben. Die Bedürfnisse und Ziele verschiedener Benutzergruppen werden so besser unterschieden. Das Ziel der Benutzerrolle muss explizit genannt werden. Die User Story muss also einen klaren Nutzen haben.

Größere Änderungen und Wünsche werden vager formuliert. Diese User Storys werden auch Epen (*epic*) genannt. Sie können so noch nicht in der nächsten Iteration umgesetzt werden, sondern müssen erst noch verfeinert werden.

Definition: Epos (*epic*)

Epen sind grobgranulare User Storys, die noch in kleinere User Storys zerlegt werden müssen. Sie dienen als Platzhalter für die noch durchzuführende Ermittlung der Details.

9.3.1 User Storys sind Platzhalter für Kommunikation

User Storys enthalten bewusst nur wenige Informationen. Diese Informationen sind in der Regel nicht ausreichend, um die User Story zu implementieren. Jeffries (Jeffries) beschreibt das Konzept mit CCC: Karte (*Card*), Konversation (*Conversation*) und Akzeptanzkriterien (*Confirmation*).

Karte (*Card*)

Die User Story kann auf einer Karteikarte notiert werden. Die Karteikarte bietet kaum Platz, um dort viele Details unterzubringen. Sie zwingt zur Kürze. Die Karte hat den Vorteil, dass das Entwicklungsteam die User Story anfassen und herumschieben kann. Sie wird dann in Planungsrunden und zur Projektdurchführung verwendet, z.B. an einem Whiteboard (bzw. einer Wand, die mit magnetischer Farbe gestrichen ist) herumgeschoben oder an eine Pinnwand geheftet.

Konversation (*Conversation*)

Erst in den Planungs- und Schätzrunden werden zu einer User Story weitere Informationen eingeholt, um den (relativen) Aufwand zu ihrer Fertigstellung zu schätzen. Hier kommuniziert das Entwicklungsteam mündlich mit der Person, welche die User Story festlegen und priorisieren darf. Wenn die User Story implementiert und getestet wird, diskutieren Entwickler und der entsprechende Stakeholder weitere Details.

Akzeptanzkriterien (*Confirmation*)

Jeder User Story werden *Akzeptanzkriterien* zugeordnet. Diese liefern weitere Details zu der Story. Das sind beispielsweise Sonderfälle oder mögliche Fehlbedienungen. Die Akzeptanzkriterien sind die Grundlage für den Akzeptanztest durch den Kunden. Die Akzeptanzkriterien sind damit die Kriterien, wann die User Story als fertig implementiert angesehen werden darf, nämlich genau dann, wenn sie die Implementierung die Akzeptanztests bestanden hat.[3] Hat der Kunde Probleme konkrete Akzeptanzkriterien festzulegen, ist die User Story eventuell noch zu grob oder unklar.

Beispiel 9.1	**Akzeptanzkriterien**

Akzeptanzkriterien zu der User Story

Als Student will ich mich online zu einer Vorlesung anmelden, sodass ich einen Platz in der Übung erhalte.

sind beispielsweise:

- Wenn sich ein Student einer anderen Fakultät anmeldet, muss eine Fehlermeldung erscheinen.
- Wenn der Studierende bereits angemeldet ist, muss eine Fehlermeldung erscheinen.
- Wenn bereits alle Plätze in einer Vorlesung mit begrenzter Teilnehmerzahl vergeben sind, kann sich der Studierende nicht mehr anmelden.
- Der Studierende kann sich bei einer Vorlesung mit begrenzter Teilnehmerzahl anmelden, wenn noch nicht alle Plätze vergeben sind.

9.3.2 Benutzerrollen in User Storys

Pichler (Pichler) schlägt vor, die oben schon vorgestellten Rollen aus den User Storys mithilfe von Personas (Cooper, Reimann und Cronin) festzulegen (siehe auch Kapitel 10).

Eine Persona ist eine Beispielperson aus einer Benutzergruppe, die mit vielen persönlichen Eigenschaften wie Name, Alter, einem Foto sowie Interessen und Verantwortlichkeiten definiert wird. Beispielsweise: *Sigrid Studentin, 23 Jahre alt, studiert im 6. Semester Informatik, will Nachholprüfung in Mathe und andere Prüfungen des 6. Semesters mitschreiben, ...* Dies erlaubt, verschiedene Benutzergruppen mit ihren jeweils speziellen Bedürfnissen besser zu verstehen und zu berücksichtigen. Eine konkret ausgearbeitete Persona ermöglicht dem Entwicklungsteam, sich besser in die Nutzer des Systems einzufühlen (Empathie zu den künftigen Benutzern zu entwickeln).

---

3 Das Vorgehensmodell Scrum fügt hier noch weitere Kriterien hinzu, die in der „Definition-of-Done" zusammengefasst sind (siehe unten).

9.3.3 „Gute" User Storys: INVEST

Wake verwendet das Akronym INVEST, um Eigenschaften einer „guten" User Story zu beschreiben.[4] Diese Kriterien haben sich mittlerweile allgemein etabliert, siehe (Leffingwell; Cohn; Wirdemann). Eine „gute" User Story soll

- Independent (unabhängig),
- Negotiable (verhandelbar),
- Valuable (Geschäftswert haben),
- Estimable (schätzbar),
- Small (klein) und
- Testable (testbar) sein.

Independent (Unabhängig)

Eine User Story soll möglichst unabhängig von anderen User Storys sein. Wenn eine User Story auf eine andere User Story angewiesen ist, kann sie nicht mehr unabhängig in der nächsten Iteration eingeplant werden, denn bei ihrer Implementierung ist eine Reihenfolge zu beachten.

Die User Storys

Als Personalsuchender will ich eine Stellenanzeige im Hochschul-Informationssystem mit einer Visa Karte bezahlen, um ... und

Als Personalsuchender will ich eine Stellenanzeige im Hochschul-Informationssystem auf Rechnung bezahlen, um ...

sind beispielsweise voneinander abhängig, da beide das Bezahlen einer Stellenanzeige beinhalten und sich überschneiden. Beide User Storys müssen entweder kombiniert oder anders geschnitten werden:

Als Personalsuchender will ich die Zahlungsart für eine Stellenanzeige im Hochschul-Informationssystem wählen können, um ... sowie

Als Personalsuchender will ich die Zahlung auf Rechnung durchführen, um ... und

Als Personalsuchender will ich die Zahlung per Kreditkarte durchführen, um ...

Negotiable (Verhandelbar)

Vor oder während der Planung der nächsten Iteration können größere User Storys in kleinere zerlegt werden. Die Prioritäten der Storys können abhängig von der Situation geändert werden. Daher sollte eine User Story noch verhandelbar sein. Zu viele Details mindern die Verhandelbarkeit und schränken die Lösungsmöglichkeiten unnötig ein.

Valuable (Hat Geschäftswert)

Alle agilen Vorgehensmodelle orientieren ihr Vorgehen am Wert der User Storys für den Kunden (echte Benutzer und Firmen bzw. Personen, welche das System bereitstellen).

---

4 Wake, B. (2003) INVEST in Good Stories, and SMART Tasks:
   http://xp123.com/articles/invest-in-good-stories-and-smart-tasks/ (abgerufen am 29.07.2012)

Die Storys, welche gerade den größten Wert für den Kunden liefern, werden als Nächstes umgesetzt.

Der Geschäftswert kann auch durch die Einhaltung von Standards gewährleistet werden:

Als Team will ich Dokumentation nach Norm ISO 9001 erzeugen, damit die Firma das ISO-9001-Zertifikat erhält.

Gegenbeispiel ist eine User Story, die nur den Entwicklern oder niemandem nutzt:

Als Entwickler will ich mit der Software über JDBC auf eine relationale Datenbank zugreifen, damit ich die Kundendaten lesen kann.

Estimable (Abschätzbar)

Die User Story muss konkret genug sein, damit das Team den Aufwand zu ihrer Umsetzung beurteilen kann. Ist das Team nicht in der Lage, den Aufwand zu schätzen, oder differieren die Schätzungen im Team wesentlich, kann das folgende Ursachen haben:

- Die Story ist noch zu grobgranular und muss aufgeteilt werden.
- Domänenwissen oder bestimmte fachliche Details fehlen.
- Technische Einzelheiten sind im Team unklar oder technische Risiken lassen sich noch nicht richtig abschätzen.

Beck schlägt vor, die Aufwandsschätzung für eine User Story so früh wie möglich durchzuführen (Beck). Diese Schätzung gibt dem Kunden sehr früh die Möglichkeit, Kosten und Nutzen der Story zu vergleichen und so die weitere Anforderungsanalyse und Systementwicklung besser zu steuern.

Small (Klein genug)

Eine Story muss klein genug sein, damit sie von einem Team-Mitglied innerhalb einer Iteration umgesetzt werden kann. Zu große User Storys müssen in kleinere aufgeteilt werden. In nächsten *Abschnitt 9.3.5, Schneiden von User Storys* werden dazu einige Verfahren angegeben.

Testable (Testbar)

Eine User Story muss Akzeptanzkriterien definieren. Damit kann am laufenden System festgestellt werden, ob das System die Anforderung tatsächlich, richtig und vollständig umsetzt (siehe oben). So wird vermieden Anforderungen zu vage zu formulieren. Folgende User Story ist beispielsweise nicht testbar:

Als Student will ich das Hochschul-Informationssystem intuitiv bedienen können, um Zeit in der Einarbeitung zu sparen.

Das Adverb „intuitiv" ist unklar, hierfür ist es kaum möglich Testfälle zu finden, da jeder Benutzer unter „intuitiv" etwas anderes versteht. Hier wird das Formulieren der Akzeptanzkriterien schwierig.

9.3.4 Schrittweiser Ausbau von User Storys

Häufig sind User Storys zu groß, um sie innerhalb einer Iteration umzusetzen. Es handelt sich dann eher um Epen. Diese müssen zerlegt oder schrittweise aufgebaut werden, damit sie klein genug für eine Iteration werden. In diesem Abschnitt werden Strategien zur Zerlegung von zu großen User Storys und Epen vorgestellt.

In den ersten Releases eines Systems geht es zunächst darum, bestimmte Funktionen überhaupt einmal anzubieten. Die ersten Releases dürfen eventuell noch umständlich und mit viel manuellem Aufwand verbunden sein und bestimmte Zusatzeigenschaften und Sonderfälle dürfen fehlen.

Zum schrittweisen Ausbau des Funktionsumfangs kann die Straßenbau-Metapher verwendet werden (Wirdemann):[5] Es gibt verschieden gut ausgebaute Möglichkeiten, um ein Ziel zu erreichen:

- Feldweg: Funktion ist mit einiger manueller Arbeit und Workarounds verfügbar
- Pflasterstraße: Einfache, minimale Implementierung der Funktion
- Asphaltierte Straße: Implementierung mit Sonderfällen und Zusatzfeatures
- Autobahn: Vollausgebaute Implementierung mit allen Sonderfällen, Konfigurierbarkeit und Komfortfunktionen

Im ersten Release wird dann nur der Feldweg umgesetzt. Wenn das System sich als Produkt erfolgreich verkauft oder wenn weiteres Budget vorhanden ist, kann der Feldweg schrittweise zur Autobahn ausgebaut werden.

Beispiel 9.2 **Straßenbau-Metapher**

Die Erstellung von Rechnungen kann unterschiedlich komfortabel für den Buchhalter gestaltet werden:

- Feldweg: Als Buchhalter will ich die Rechnungsdaten aus dem System kopieren und eine Rechnung selber mit einer Textverarbeitung erstellen und versenden, um die geleisteten Arbeiten abzurechnen.
- Pflasterstraße: Als Buchhalter will ich eine minimale Rechnung (Rechnungsdatum, Kunde, MwSt, Gesamtsumme) automatisch erstellen und selbst versenden, um ...
- Asphaltierte Straße: Als Buchhalter will ich eine ausführliche Rechnung mit allen Rechnungspositionen und Teileinformationen automatisch erstellen und selbst versenden, um ...
- Autobahn: Als Buchhalter will ich eine ausführliche und für den Kunden personalisierte Rechnung mit allen Zusatzinformationen und Werbung automatisch an den Kunden versenden, um ...

---

5   Originalzitat von XP Days Benelux, 2007: *http://www.xpday.net/Xpday2007/session/ DimensionalPlanning.html* (abgerufen am 29.07.2012)

9.3.5 Schneiden von User Storys

Zu umfangreiche User Storys und User Storys mit zu vielen Abhängigkeiten können nicht in einer Iteration umgesetzt werden. Bei zu großen User Storys und bei Epen müssen Kunde und Entwicklungsteam die User Story in kleinere Storys zerlegen. Für das Zerlegen und Umschreiben von User Storys gibt es mehrere Strategien. Als Beispiel wird das folgende Epos aus einem Hochschul-Informationssystem nach verschiedenen Strategien zerlegt:

Als Benutzer will ich Informationen zu Vorlesungen verwalten können.

Nach Daten	User Storys gehen mit möglicherweise komplexen Datenstrukturen um. Zu den „Informationen" zu einer Vorlesung können Skripte, Übungsblätter, Termine, Benachrichtigungen, Teilnehmer, Beschreibungen oder Räume gehören. Eine solche Story kann entlang dieser Daten aufgeteilt werden: ▪ Als Benutzer will ich Titel und Beschreibung einer Vorlesung verwalten können. ▪ Als Benutzer will ich Skripte und Übungsblätter zu einer Vorlesung verwalten. ▪ Als Benutzer will ich die Teilnehmer einer Vorlesung verwalten können. ▪ Als Benutzer will ich Termine zu einer Vorlesung verwalten können.
Nach Schritten im Workflow/ Prozess bzw. nach Teilaufgaben	Große User Storys bilden eventuell ganze Workflows ab. Hier können aus jedem einzelnen Schritt eigene User Storys gemacht werden. Das Verwalten lässt sich in die Teilbereiche Anlegen, Ändern und Löschen sowie Suchen (CRUD) zerlegen. Anlegen und Ändern haben häufig noch den Teilschritt, in denen Plausibilitäten geprüft (validiert) werden: ▪ Als Benutzer will ich Informationen zu einer Vorlesung anlegen können. ▪ Als Benutzer will ich (neue) Informationen zu einer Vorlesung validieren können. ▪ Als Benutzer will ich Informationen zu einer Vorlesung suchen können. ▪ Als Benutzer will ich Informationen zu einer Vorlesung löschen können.
Nach Benutzerrolle	Bei umfangreichen User Storys können mehrere Benutzergruppen betroffen sein. Hier können abstrakte Rollen in konkretere aufgeteilt werden. Der Benutzer kann beispielsweise in Professor, Prüfungsamt und Student zerlegt werden. Verschiedene Benutzergruppen sehen von einer User Story verschiedene Funktionsumfänge. ▪ Als Professor will ich Informationen zu einer Vorlesung verwalten können (= Skripte, Termine). ▪ Als Student will ich Informationen zu einer Vorlesung verwalten können (= Notizen, Nachrichten, Klausuranmeldung, Evaluation, ...). ▪ Als Prüfungsamt will ich Informationen zu einer Vorlesung verwalten können (= Klausurtermin, Raum für die Klausur, ...).

Tabelle 9.1: Schneiden von User Storys – Beispiele

9.3.6 User Storys sind keine Anwendungsfälle

User Storys sind keine Anwendungsfälle (Cohn), obwohl sich eventuell grob skizzierte Anwendungsfälle (einige Zeilen Prosa, Cockburn nennt sie *use case briefs* (Cockburn)) und User Storys eventuell ähnlich sehen. Auch weil beide Dokumentationsformen beschreiben, wie ein User bzw. Akteur mit dem System ein (geschäftliches) Ziel erreicht.

	User Story	Anwendungsfall
Ziel	Hinweis auf eine noch zu führende Diskussion (CCC). Beschreibt eine Aktivität des Users, um sein Ziel zu erreichen.	Vollständige Spezifikation, wie ein Akteur mit dem System (in mehreren Schritten) interagiert, um sein Ziel zu erreichen.
Lebensdauer	Lagert im Product Backlog und wird nach der Umsetzung weggeworfen (die Karte wird zerrissen).	Dient als langfristige Dokumentation von Interaktionen der Akteure mit dem System.
Form der Beschreibung	Ein oder wenige Sätze und Akzeptanzkriterien	Kurzform mit wenigen Sätzen (*use case brief*), ausführliche Fassung enthält Tabellen und zusätzlich beispielsweise UML-Aktivitätsdiagramme.
Sonderfälle	Als eigene User Storys oder als Akzeptanzkriterien	Als Extensions des Standardablaufs
Lösungsbezug	Abstrakte Beschreibung ohne technische Details	Risiko, bereits viele Besonderheiten der grafischen Oberfläche in der Interaktionsbeschreibung zu verwenden.
Umfang	Kann in wenigen Stunden/Tagen umgesetzt werden.	Kann aufwendig sein und einige Aufwandswochen erfordern.

Tabelle 9.2: Unterschiede und Gemeinsamkeiten von User Storys und Anwendungsfällen.

9.3.7 Nicht alles ist eine User Story

User Storys sind nicht immer der geeignete Weg, Anforderungen aufzuschreiben. Cohn bemerkt dazu: *While user stories are a very flexible format [...], they are not appropriate for everything. If you need to express some requirements in a form other than user stories, then do so* (Cohn). Cohn nennt dazu als Beispiel Styleguides für die grafische Benutzeroberfläche. Hier eignet sich ein Dokument am besten, das ein Farbschema, Fonts, ein grobes Dialoglayout und die wichtigsten Bedienelemente vorgibt. Die Möglichkeiten der Anforderungsspezifikation und -modellierung aus den Kapiteln 5 und 6 stehen auch in agilen Projekten zur Verfügung.

9.4   Spezifikation durch Beispiele

Da Testfälle das gewünschte Verhalten des Systems beschreiben, können sie im Grunde auch als besondere Form der (lösungsorientierten) Anforderungsspezifikation aufgefasst werden. Adzyk (Adzyk) bezeichnet dies als *Specification by Example*. Konkrete Testfälle sind Beispiele für die Interaktion des Systems mit einem Benutzer. Sie legen also einen Teil des Verhaltens des Systems fest und können damit auch als Spezifikation verwendet werden. Alternative Namen sind „Akzeptanztest-getriebene Entwicklung (ATDD = Acceptance Test Driven Development)“, „Story Testing“ oder auch „beispielgetriebene Entwicklung“.

Idee der Spezifikation durch Beispiele ist es, die Akzeptanzkriterien zu einer Anforderung (einer User Story) über Beispiele zu konkretisieren. Diese sind so formuliert, dass damit der Akzeptanztest durchgeführt werden kann, d.h., auch Eingabedaten und das erwartete Ergebnis sind angegeben.

Sie sind die Grundlage für die Automatisierung der Akzeptanztests. Die Beispiele sollen so geschrieben sein, dass sie ohne Überarbeitung direkt als Eingabe für ein Automatisierungsskript verwendet werden können.

Die Beispiele sind damit genau so aktuell wie die Quelltexte bzw. Oberfläche des Systems. Eine Spezifikation auf dieser Grundlage bleibt zwingend aktuell, da sonst die automatisierten Akzeptanztests während der Entwicklung fehlschlagen. Adzyk spricht hier von *lebender* Dokumentation (Adzyk).

Vorteil solcher Beispiele ist, dass diese in der Regel von den Stakeholdern besser verstanden werden als eine abstrakte Spezifikation. Mithilfe der Beispiele gewinnen die Stakeholder eine gute Vorstellung vom Verhalten des Systems. Um damit allerdings alle Sonderfälle und komplexere Abläufe zu spezifizieren, sind viele Beispiele erforderlich.

Im Folgenden werden Verfahren und entsprechende Werkzeuge vorgestellt, um Akzeptanztestfälle zu spezifizieren. Die Verfahren funktionieren sowohl für den Akzeptanztest von User Storys als auch für funktionale Anforderungen, die in anderer Form aufgeschrieben wurden. Idee der Verfahren ist jeweils, dass die Akzeptanztestfälle direkt zur Automatisierung der Tests genutzt werden können. Zwei Ansätze werden derzeit überwiegend in der Literatur erwähnt (Adzyk; Leffingwell):

- FitNesse: Hier erfolgt die Spezifikation der Testfälle über Tabellen.
- Behaviour-Driven-Development (BDD): Die Testfälle werden über normierte Given-When-Then Sätze dargestellt.

Die ▸ Abbildung 9.1 stellt dar, wie die Testautomatisierung in beiden Varianten funktioniert. Die Testfallbeschreibung liegt als Text (BDD) oder als Tabelle (FitNesse) vor. Diese Beschreibung wird von einem Framework wie JBehave[6] oder FitNesse[7] interpretiert. Die Entwickler des Systems müssen eine eigene Zwischenschicht implementieren, die als Bindeglied zwischen FitNesse bzw. JBehave und dem getesteten System fungiert. Diese Zwischenschicht wird auch als (Test)Fixture bezeichnet. Die Zwischenschicht kann als klassischer XUnit-Test implementiert sein, der direkt die Implementierung des Systems aufruft. Sie kann aber auch die grafische Oberfläche des Systems fernbedienen, wie dies beispielsweise mit Selenium[8] möglich ist.

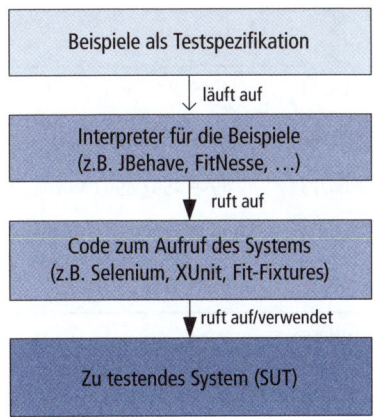

Abbildung 9.1: Architekturschema für die Automatisierung von Akzeptanztests.

9.4.1 FitNesse

FitNesse ist ein Wiki-System, in dem Tests über Tabellen spezifiziert werden können: Ein Testfall wird über eine Wiki-Seite dargestellt. Diese enthält eine oder mehrere Tabellen. Der Name der Wiki-Seite ist der Name des Testfalls und deutet auf die zu testenden Funktionen hin, zusätzlich wird dazu der Name der Tabelle(n) verwendet. Die Spalten der Tabelle(n) sind grundlegende Testdaten, die Eingabedaten gegebenenfalls auch Eingabeaktionen wie das Betätigen einer Funktion der grafischen Oberfläche und das erwartete Ergebnis, z.B. Ausgabedaten. Solche Testfälle können als *datengetrieben* bezeichnet werden.

---

6   *http://jbehave.org/* (abgerufen am 29.07.2012).
7   *http://fitnesse.org/* (abgerufen am 29.07.2012).
8   *http://seleniumhq.org/* (abgerufen am 29.07.2012).

| Beispiel 9.3 | **Beispieldaten als Test** |

Die ▶ Tabelle 9.3 kann in FitNesse als Teil einer Wiki-Seite erfasst werden. Das nachfolgende Beispiel stellt eine Kreditkartenprüfung dar. Die Spalten *Kartentyp*, *Bis* und *Nummer* werden über eine sogenannte Fixture an das System übergeben, danach wird *gueltig()* aufgerufen und geprüft, ob das Ergebnis dem in der Tabelle spezifizierten Wert entspricht.

Kartentyp	Bis	Nummer	gueltig()
Visa	05/13	4999 4567 8901 1234	True
Visa	05/22	4999 4567 8901 789	False
MasterCard	04/13	4999 4567 8903 1783	True
MasterCard	12/04	4999 4567 8901 785	False
American Express	4/13	5123 4567 8901 7	True

Tabelle 9.3: Akzeptanztestfälle in FitNesse.

Die Erwartung an diesen Ansatz ist, dass die meisten Stakeholder solche Tabellen pflegen können. So werden sie in die Erstellung der Akzeptanztests direkt integriert.

9.4.2 Behaviour-Driven-Development

North schlug 2006 das *Behaviour-Driven-Development* (North) als Weiterentwicklung der testgetriebenen Entwicklung vor und stellte das Framework JBehave[9] zur Unterstützung bereit.

Testfälle werden als Verhaltensbeispiele (*behaviours*) dargestellt, damit wird das System spezifiziert und getestet. Ein Beispiel wird als strukturierter Satz mit den Schlüsselworten **Given (Gegeben), When (Wenn)** und **Then (Dann)** und der Konjunktion **And (Und)** dargestellt (deutsche Übersetzungen siehe Gherkin[10]):

Given<*Initialisierung, Testvoraussetzung*>,
When<*ein Ereignis tritt ein*>,
Then<*sichere ein bestimmtes Ergebnis zu*>.

Wie auch bei FitNesse sollen möglichst viele Stakeholder Akzeptanztestfälle spezifizieren. Dafür wird diese einfache *Given-When-Then*-Grammatik bereitgestellt.

---

9   *http://jbehave.org/* (abgerufen am 29.07.2012)
10   *https://github.com/cucumber/cucumber/wiki/Gherkin* (abgerufen am 29.07.2012)

> **Beispiel 9.4**   **BDD-Testfall**
>
> ___
>
> Ein Testfall für einen Geldautomaten könnte etwa so aussehen:
>
> **Szenario 1**: Geld abheben
> **Gegeben** das Konto hat 1000 Euro Guthaben
> **Und** die Karte ist valide
> **Und** der Automat hat Bargeld,
> **Wenn** der Kunde Geld anfordert,
> **Dann** sichere zu, dass das Konto belastet ist,
> **Und** sichere zu, dass das Geld ausgeworfen wurde,
> **Und** sichere zu, dass die Karte ausgeworfen wurde.

Die so entstandenen Given-When-Then-Sätze müssen von den Entwicklern an das System angeschlossen werden. In JBehave wird beispielsweise eine Testmethode über eine Java-Annotation gekennzeichnet:

```
@Given(„Das Konto hat $betrag Euro Guthaben").
public void hat Guthaben (int betrag) { ...}
```

JBehave interpretiert dann die Testfälle und sorgt dafür, dass die entsprechend gekennzeichneten Methoden aufgerufen werden.

9.5 Nichtfunktionale Anforderungen

Funktionale Anforderungen können über User Storys beschrieben werden. Nichtfunktionale Anforderungen können unter anderem als lokale Constraints einer User Story oder als globale Constraints dem ganzen Projekt zugeordnet werden (Pichler). Für Anforderungen zur Gebrauchstauglichkeit stehen die Ansätze des Usability Engineering zur Verfügung (siehe Kapitel 10).

9.5.1 Lokale Constraints

Einige nichtfunktionale Anforderungen können einer User Story direkt zugeordnet werden. Beispielsweise wenn für diese Story besondere Anforderungen an Durchsatz und Antwortzeitverhalten gelten (z.B. *Als Buchhalter will ich 100000 Rechnungen pro Tag versenden, um ...*).

Diese nichtfunktionalen Anforderungen werden als *lokale* Constraints bezeichnet, sie beschränken die Freiheitsgrade des Entwicklungsteams in der Umsetzung dieser Story. Lokale Constraints können beispielsweise als Akzeptanzkriterium zu der User Story notiert werden. Weitere Alternative ist es, sie direkt in den Text der Story zu integrieren, sofern davon ein direkter Geschäftswert ausgeht (Leffingwell), wie bei dem obigen Beispiel mit den 100000 Rechnungen.

9.5.2 Globale Constraints

Nichtfunktionale Anforderungen, die für das gesamte System gelten sollen, können in der *Definition-of-Done* hinterlegt werden: Entwicklungsteam und Kunde einigen sich in der *Definition-of-Done* darauf, wann eine User Story als fertiggestellt betrachtet wird. Diese Liste kann auch nichtfunktionale Anforderungen enthalten, etwa Anforderungen an die Code-Qualität oder an die Performanz. Diese Anforderungen müssen bei der Abnahme jeder User Story auch getestet oder überprüft werden. Der Code wird beispielsweise einem Code-Review unterzogen und mit der Software wird ein Lasttest durchgeführt.

Alternativ dazu können die nichtfunktionalen Anforderungen als Constraint-Karten notiert werden. Diese Karten werden dann gut sichtbar an einem für alle Entwickler sichtbaren Ort befestigt.

Dritte Möglichkeit ist die Verwaltung der nichtfunktionalen Anforderungen als eigene Backlog-Einträge im Vorgehensmodell Scrum.

9.6 Scrum als agiles Framework

Scrum (Sutherland und Schwaber) war im Jahr 2010 nach einer Umfrage von Version-One[11] das am häufigsten eingesetzte agile Vorgehensmodell (58% reines Scrum), vielfach in Kombination mit den Praktiken aus XP (17%). Dieses Kapitel konzentriert sich daher auf Scrum und streift andere agile Vorgehensmodelle nur kurz.

9.6.1 Elemente des Frameworks

Dieser Abschnitt gibt einen kurzen Überblick über Scrum und stellt dann im Detail dar, wie mit Anforderungen in Scrum umgegangen wird. Scrum gibt einen Rahmen für die Durchführung von Projekten vor. Dieser Rahmen legt die im Folgenden beschriebenen Elemente fest.

Scrum unterscheidet drei Rollen

Scrum verteilt die Verantwortlichkeiten in einem Projekt auf vergleichsweise wenige Rollen. Es wird nur zwischen Product Owner, Scrum Master und Entwicklungsteam unterschieden. Die sonst typischen Rollen wie Requirements Engineer, Architekt oder Tester werden nicht unterschieden.

---

11   *http://www.versionone.com/pdf/2010_State_of_Agile_Development_Survey_Results.pdf*
(abgerufen am 29.07.2012)

Product Owner	Der Product Owner ist für die Anforderungen verantwortlich, er priorisiert sie und entscheidet, was als Nächstes gemacht wird. Er nimmt die fertig umgesetzten Anforderungen ab.
Scrum Master	Der Scrum Master stellt sicher, dass der Prozess eingehalten und verbessert wird. Er kümmert sich um Probleme während des Projekts und hilft dem Team und dem Product Owner, den Scrum-Prozess besser zu verstehen.
Entwicklungsteam	Das Entwicklungsteam macht die eigentliche Arbeit: es setzt die Anforderungen in laufende Software um und liefert diese dem Product Owner aus.

Tabelle 9.4: Rollen in Scrum

Kurze Iterationen: Sprints

Scrum arbeitet mit Iterationen fester Länge, den Sprints. Die Sprints können eine bis vier Wochen dauern. Leffingwell empfiehlt beispielsweise eine Dauer von zwei Wochen, da in dieser Zeitspanne größere Umfänge an Anforderungen umgesetzt werden können. Diese Zeitspanne ist aber kurz genug ist, um schnell Feedback zu erhalten (Leffingwell).

In einem Sprint hat das Entwicklungsteam eine feste Kapazität. Es kann einen bestimmten Umfang von Anforderungen umsetzen. Wie viel das genau ist, lernt das Entwicklungsteam im Laufe mehrerer Sprints. Am Ende jedes Sprints wird eine laufende Software geliefert.

Scrum unterscheidet drei Artefakte

Bei den zu erstellenden (Zwischen-)Ergebnissen ist Scrum auch minimalistisch. Scrum unterscheidet nur drei Artefakte.

Product Backlog (= Anforderungs- verwaltung)	Die Anforderungen werden im Product Backlog gesammelt und priorisiert. Jede Anforderung ist dort ein Backlog-Eintrag (Backlog Item). Das Product Backlog ist die *einzige* Stelle, an der Anforderungen gesammelt werden (dürfen). Backlog-Einträge können auch Fehlermeldungen oder Erprobungsaufträge (Spikes) sein.
Sprint-Backlog (= Plan)	Das Sprint-Backlog ist der Arbeitsvorrat – der Plan – für den nächsten Sprint. Er enthält die Arbeitspakete (Tasks) zur Umsetzung der Anforderungen. Ein Diagramm im Sprint-Backlog, wie beispielsweise das „Burndown Chart", liefert einen Überblick über den Fortschritt in einem Sprint. Es zeigt an, wie viele der geplanten Anforderungen bereits lieferbar sind.
Inkrement (= Ergebnis)	Die Menge der im aktuellen Sprint fertiggestellten, lieferbaren Anforderungen bildet das Inkrement des Systems bzw. der Software.

Tabelle 9.5: Artefakte in Scrum

9.6.2 Ablauf eines Sprints

Der Product Owner überlegt sich ein möglichst klares, gut verständliches Ziel für den nächsten Sprint und wählt die dazu passenden Anforderungen aus dem Product Backlog aus. Diese Auswahl wird aber noch mit dem Team diskutiert. Dann folgen drei Phasen, diese werden in ▶ Abbildung 9.2 dargestellt:

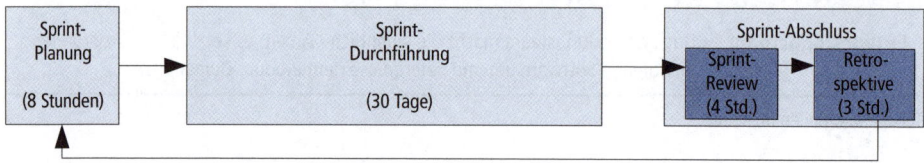

Abbildung 9.2: Ablauf eines Sprints in Scrum.

Sprint-Planung (maximal 8 Stunden): Jeder Sprint beginnt mit einem Planungsmeeting. Dort stellt der Product Owner das Sprint-Ziel vor. Dann verhandelt das Entwicklungsteam auf der Grundlage der Vorgaben mit dem Product Owner. Es werden die Anforderungen für den nächsten Sprint ausgewählt. Das Entwicklungsteam plant dann die Arbeitspakete für die Durchführung des Sprints und dokumentiert sie zusammen mit den Anforderungen im Sprint-Backlog.

Sprint-Durchführung (maximal 30 Tage): Während des Sprints arbeitet das Entwicklungsteam die Tasks aus dem Sprint-Backlog ab. Ein Task wird von jeweils einem Team-Mitglied bearbeitet. Das Team trifft sich täglich zu einem kurzen Meeting, dem Daily Scrum, um sich zu koordinieren. Ist eine Anforderung komplett umgesetzt und vom Product Owner abgenommen, wird dies am Burndown Chart dokumentiert.

Sprint-Abschluss (maximal 4+3 Stunden): Am Ende des Sprints wird die zu liefernde Software im Sprint Review Meeting dem Product Owner und anderen interessierten Stakeholdern demonstriert und übergeben (maximal 4 Stunden). Im Rahmen einer darauffolgenden Retrospektive (maximal 3 Stunden) wird versucht, aus den Erfahrungen des Sprints zu lernen und das Vorgehen zu verbessern.

Schwaber und Sutherland (Sutherland und Schwaber) begrenzen nicht nur die Sprint-Länge auf 30 Kalendertage oder weniger, sondern auch die Dauer der Projektmeetings: Wenn eine Sprint-Länge reduziert wird, muss auch die Dauer der Meetings proportional angepasst werden. Wird ein Sprint zum Beispiel auf eine Woche verkürzt, darf das Planungsmeeting nicht länger als zwei Stunden dauern.

0. Vor dem Sprint: Ermitteln und Verwalten der Anforderungen

Der Product Owner sammelt fortlaufend Anforderungen von den Stakeholdern und stimmt diese mit ihnen ab. Wie er das tut, bleibt ihm überlassen. Hier bieten sich die in den vorangegangenen Kapiteln beschriebenen Methoden des Requirements Engineering an, insbesondere die Stakeholder-Analyse (Kapitel 2) sowie die Ermittlungstechniken wie Interviews oder Workshops (Kapitel 3). Der Product Owner muss ein guter Requirements Engineer sein. Er kann diese Tätigkeiten delegieren. Wenn er das tut, bleibt er dennoch alleine verantwortlich für die Ergebnisse, d.h. für den Inhalt des Product Backlog. Er trifft schlussendlich die Entscheidung, welche Funktionen das System haben soll und welche nicht.

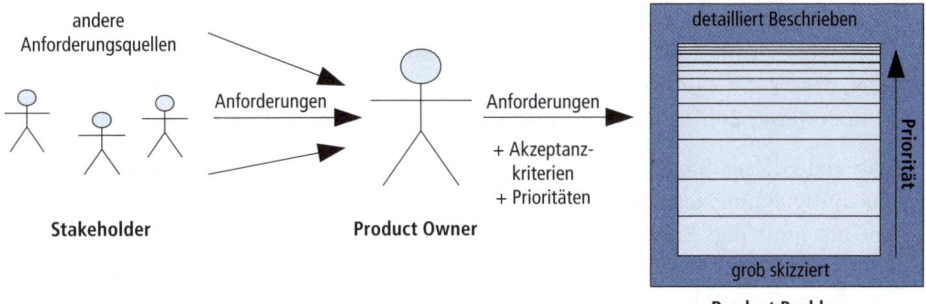

Abbildung 9.3: Anforderungsermittlung in Scrum.

Die funktionalen Anforderungen werden zum Beispiel als User Storys aufgeschrieben. Diese haben sich als Best Practice in Scrum etabliert (Wirdemann; Leffingwell), die Anforderungen können aber auch in anderer Art und Weise im Product Backlog verwaltet werden.

Entwicklungsteam und Product Owner pflegen das Product Backlog gemeinsam, dieser Prozess wird auch als *grooming* bezeichnet. Während eines laufenden Sprints werden bereits die Anforderungen für den nächsten Sprint vorbereitet. Sutherland empfiehlt, hierfür etwa 10% der verfügbaren Arbeitskapazität des Entwicklungsteams zu verwenden (Sutherland und Schwaber).

Zur Pflege des Product Backlog gehören die Aufwandsschätzung und die Präzisierung der Anforderungen: Der Product Owner erläutert eine Anforderung und das Team schätzt den Aufwand zur Umsetzung dieser Anforderung. Zwei Verfahren zur Aufwandsschätzung können hierfür verwendet werden:

Absolute Aufwandsschätzung: Der Aufwand wird in *idealen* Personenstunden/-tagen geschätzt: Wie viele Stunden/Tage braucht ein durchschnittliches Team-Mitglied, um die Anforderung vollständig (= implementiert, integriert, getestet, geliefert) umzusetzen? Das Wort *ideal* bedeutet dabei, dass die Arbeit ungestört durchgeführt wird, also Pausen, der Ringkampf mit der Technik oder Meetings werden nicht dazugezählt.

Relative Aufwandsschätzung: Bei der relativen Aufwandsschätzung werden die Anforderungen miteinander verglichen: Eine Anforderung ist z.B. doppelt so aufwendig umzusetzen wie eine andere, eine dritte ist halb so aufwendig. Einer Anforderung mit mittlerem Aufwand wird eine willkürliche Zahl zugeordnet (siehe Kasten), die anderen Anforderungen werden relativ dazu bewertet. Der Zusammenhang zwischen den Zahlen und dem absoluten Aufwand in Stunden muss empirisch ermittelt werden.

> ### Exkurs   Story Points und Project Velocity
>
> Die relative Schätzung funktioniert so: Anforderung X ist etwas aufwendiger als Anforderung Y und Anforderung Z ist etwa so aufwendig wie Y und X zusammen. Jetzt wird der Anforderung X beispielsweise die Zahl 3 zugeordnet. Daraus folgt, dass Y die 2 (etwas weniger) und Z die Zahl 5 (= 2+3) zugeordnet wird. Die Einheit dieser Zahlen kann beispielsweise mit *Story Points* bezeichnet werden.
>
> Wie viele dieser Story Points in einem Sprint umgesetzt werden können, muss das Entwicklungsteam erst lernen (empirisch ermitteln). Während der ersten Sprints lernt das Entwicklungsteam, welchen Umfang an Story Points es im Laufe eines Sprints umsetzen kann, dies wird auch als *Project Velocity* (= Story Points pro Sprint) bezeichnet.

Eine Anforderung aus dem Product Backlog muss zur Umsetzung „bereit" (*ready*) sein, bevor sie in einem Sprint umgesetzt werden kann. Was genau „bereit" bedeutet, entscheiden Product Owner, Scrum Master und Team gemeinsam und dokumentieren diese Festlegung als *Definition-of-Ready*. Diese legt beispielsweise fest, dass alle Beteiligten ein gemeinsames Verständnis der Anforderung haben sollten und dass die Anforderung geschätzt und klein genug sein muss, damit sie in den nächsten Sprint passt. In der Sprint-Vorbereitung werden die Anforderungen für den nächsten Sprint durch das Entwicklungsteam und den Product Owner „bereit" gemacht. Dazu werden z.B. zu große User Storys noch in kleinere zerlegt.

Vor dem Sprint-Planungsmeeting definiert der Product Owner ein Ziel für den nächsten Sprint. Ein Sprint-Ziel im Eva-System könnte die Fertigstellung der Statistikfunktionen sein. Das Sprint-Ziel sollte klar und für das Entwicklungsteam verständlich sein. Denn im Planungsmeeting soll sich das Team auf dieses Ziel verpflichten.

1. Sprint-Planungsmeeting

Am Anfang jedes Sprints steht das Planungsmeeting. In der ersten Hälfte erläutert der Product Owner dem Team das Ziel des nächsten Sprints und die aus seiner Sicht wichtigsten Anforderungen (als Vorauswahl) aus dem Product Backlog.

Das Entwicklungsteam *verhandelt* mit dem Product Owner aus der Vorauswahl die Anforderungen, die im Sprint umgesetzt werden.

Der Umfang der umsetzbaren Anforderungen entspricht der gemessenen *Project Velocity*, wenn die Anforderungen mit Story Points bewertet wurden.

Mit dem Planungsmeeting *verpflichtet* sich das Entwicklungsteam, die versprochenen Anforderungen im nächsten Sprint umzusetzen (*commitment*). Jedes Team-Mitglied ist jetzt für den Erfolg des Sprints mitverantwortlich.

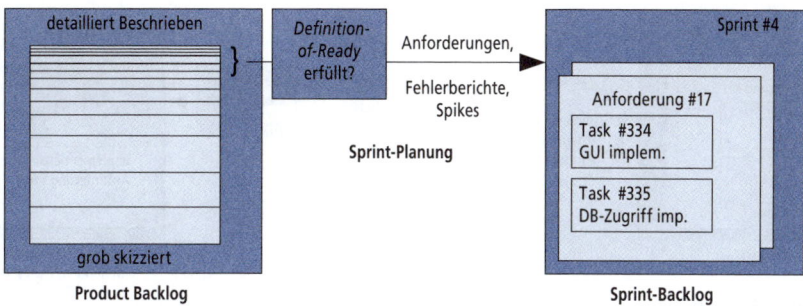

Abbildung 9.4: Sprint-Planung in Scrum.

In der zweiten Hälfte des Planungsmeetings überlegt sich das Team, mit welchen Arbeitspaketen die jeweilige Anforderung umgesetzt werden kann. Diese Arbeitspakte werden zusammen mit den Anforderungen im Sprint-Backlog dokumentiert.

2. Sprint-Durchführung

Das Team setzt im Laufe des Sprints die Anforderungen um. Ziel ist es ein potenziell auslieferbares Inkrement des Systems zu erstellen. Es arbeitet Task für Task das Sprint-Backlog ab. Dies wird in ▶ Abbildung 9.5 dargestellt.

Aufgaben, die sich erst während des Sprints ergeben, werden als Tasks im Sprint-Backlog nachdokumentiert. Auch Fehler, die dringend in bereits gelieferten Releases behoben werden müssen, können als Tasks in das Sprint-Backlog wandern.

Während des Sprints dürfen die Anforderungen im Sprint-Backlog nicht mehr geändert werden, es dürfen keine neuen Anforderungen dazukommen und es dürfen keine Anforderungen gestrichen werden. Hier hat das Team Planungssicherheit.

Das Team koordiniert sich täglich in einem kurzen Meeting (*Daily Scrum*), mit einer Maximaldauer von 15 Minuten. Nur Entwicklungsteam, Scrum Master und Product Owner nehmen teil. Das Entwicklungsteam hat Rederecht, Scrum Master und Product Owner können in Abstimmung mit dem Team Rederecht bekommen. Jedes Team-Mitglied stellt dar, (1.) was es gestern getan hat, (2.) was es heute tun will und (3.) welche Hindernisse aufgetreten sind. Der Scrum Master hat die Aufgabe, die Hindernisse aus dem Weg zu räumen. Das Team kann die Beseitigung der Hindernisse auch selbst organisieren.

Während des Sprints ist intensive Kommunikation zwischen dem Entwicklungsteam und dem Product Owner erforderlich. Zur Umsetzung einer Anforderung diskutiert ein Team-Mitglied intensiv mit dem Product Owner, um Plausibilitäten, Sonderfälle und andere Details besser zu verstehen. Erst jetzt legt der Product Owner diese Details verbindlich fest.

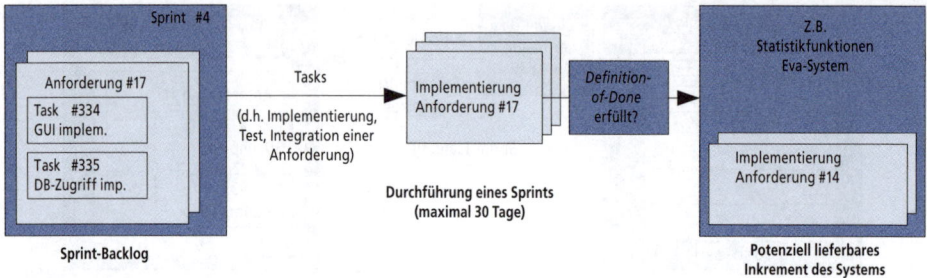

Abbildung 9.5: Durchführung eines Sprints in Scrum.

Das Team-Mitglied liefert die aus seiner Sicht fertige Anforderung dem Product Owner aus. Der Product Owner führt einen Akzeptanztest – unterstützt durch die dokumentierten Akzeptanzkriterien – durch. Danach können noch weitere Tests und Prüfungen beispielsweise von einer zentralen Qualitätssicherung stattfinden. Erst wenn die Anforderung alle Tests ohne Fehler passiert hat, gilt sie als abgeschlossen (*done*).

Wann eine Anforderung als fertiggestellt gilt, entscheiden das Entwicklungsteam, der Product Owner und der Scrum Master gemeinsam. Sie legen die Kriterien in Form der *Definition-of-Done* fest. Neben den bestandenen Akzeptanztests können zur *Definition-of-Done* auch bestandene Lasttests, bestandene Code-Reviews oder erstellte (technische) Dokumentation gehören. Eine Anforderung, die während des Sprints nicht die *Definition-of-Done* erreicht, gilt nicht als fertiggestellt und muss im nächsten Sprint neu bearbeitet werden. Anforderungen, die selbst kleinste Fehler enthalten, gelten als nicht fertiggestellt und werden in den nächsten Sprint oder zurück in das Product Backlog verschoben.

Damit wird ein sehr klares und binäres Verständnis des Projektfortschritts erreicht, denn nur wirklich lieferbare Funktionen gelten als fertig, „halb fertig" oder „fast fertig" gibt es nicht (siehe Diskussion zu „fast fertig" in Kapitel 10). Zusätzlich wird vermieden Qualitätsprobleme auf die Zeit nach der Lieferung zu verschleppen.

3. Sprint-Abschluss: Review Meeting und Retrospektive

Am Ende des Sprints wird das Ergebnis im Review Meeting überprüft: Wie viel von dem Sprint-Ziel aus dem Sprint-Backlog wurde tatsächlich erreicht? Das Entwicklungsteam demonstriert das Sprint-Ergebnis dem Product Owner und anderen interessierten Stakeholdern und geht die Akzeptanzkriterien durch.

Im Anschluss findet eine Retrospektive statt. Sie dient dazu, das Vorgehen des Teams zu verbessern und den Team-Zusammenhalt zu stärken. Hierzu werden folgende Fragen bearbeitet:

■ Was lief gut? Das sollten wir wiederholen!

■ Was lief schlecht? Das sollten wir anders machen!

■ Gab es Ereignisse, über die wir noch einmal sprechen sollten?

Ergebnis der Retrospektive ist eine Liste von Verbesserungsvorschlägen für den nächsten Sprint. Mithilfe der Retrospektive kann das Entwicklungsteam zusammen mit dem Product Owner und dem Scrum Master von Sprint zu Sprint besser werden. Auch auf Veränderungen in der Umgebung des Projektes kann mithilfe der Retrospektive und einer anschließenden Anpassung des Vorgehens reagiert werden.

9.6.3 Product Owner: Verantwortlich für den Produkterfolg

Der Product Owner ist dafür verantwortlich, dass das Produkt ein wirtschaftlicher Erfolg wird. Er bestimmt, welche Anforderungen in welcher Reihenfolge umgesetzt werden und wie das Gesamtziel des Projektes erreicht wird. Damit bestimmt er, wann welcher wirtschaftliche Nutzen des Systems verfügbar ist.

Viele der in diesem Buch vorgestellten Techniken des Requirements Engineering können dem Product Owner helfen, seine Ziele zu erreichen. Aufgaben des Product Owner sind unter anderem:

Management der Stakeholder	Der Product Owner muss sicherstellen, dass jeder relevante Stakeholder über ihn am Produkt beteiligt wird. Er informiert die Stakeholder über den Produktfortschritt.
Produktvision und Scoping	Der Product Owner definiert die Produktvision.
Anforderungs-ermittlung	Der Product Owner ist verantwortlich für die Ermittlung der Anforderungen von den Stakeholdern und aus anderen Quellen. Er muss zum Experten der jeweiligen Fachdomäne werden bzw. selbst einer sein oder schnellen Zugriff auf entsprechende Experten haben. Der Product Owner darf diese Ermittlung und Abstimmung der Anforderungen delegieren, aber er bleibt verantwortlich und muss sicherstellen, dass diese Arbeiten getan werden.
Anforderungs-dokumentation	siehe oben
Anforderungs-validierung	Der Product Owner muss sicherstellen, dass die ermittelten Anforderungen nützlich sind. Jede Anforderung sollte den Geschäftswert des erstellten Systems erhöhen und dessen Anwender in der Erreichung ihrer Ziele unterstützen. Der Product Owner klärt auch Konflikte zwischen den verschiedenen Stakeholdern und stellt dann ein gemeinsames Verständnis über Inhalte und Prioritäten her.
Anforderungs-management	Management des Product Backlog (siehe oben)
Release-management	Jedes Sprint-Ergebnis wird an den Product Owner geliefert. Der tatsächliche Lieferzeitpunkt des Systems an die relevanten Stakeholder wird vom Product Owner bestimmt. Er ist verantwortlich für die Releaseplanung.
Fortschritts- und Zielkontrolle	Der Product Owner lässt sich jede Anforderung demonstrieren, die das Team umgesetzt hat. Er entscheidet, ob eine Anforderung als „fertiggestellt" betrachtet werden kann. Stellt der Product Owner fest, dass das Sprint-Ziel nicht mehr erreicht werden kann oder es überflüssig ist, hat er das Recht bzw. die Pflicht, den Sprint abzubrechen.

Tabelle 9.6: Aufgaben des Product Owners

Der Product Owner ist für vieles verantwortlich, was in anderen Vorgehensmodellen auf verschiedene Rollen und damit meistens auch verschiedene Personen aufgeteilt ist. Er ist Produktmanager, teilweise auch Projektmanager, er ist Requirements Engineer und fachlicher Architekt des Systems. Wenn diese Rolle falsch besetzt ist, wird das Projekt große Schwierigkeiten haben, ein Erfolg zu werden. Typische Probleme sind:

- Der Product Owner ist selbst kein Experte: Wenn er zu langsam oder falsch auf Anfragen des Entwicklungsteams reagiert, wird das Team entweder ausgebremst oder läuft in die falsche Richtung. Probleme werden dann erst bei der ersten „echten" Lieferung an die Stakeholder bemerkt.
- Der Product Owner entscheidet nicht oder darf nicht entscheiden. Das Entwicklungsteam ist darauf angewiesen, dass der Product Owner Entscheidungen trifft: Welche User Story wird auf welche fachliche Art und Weise umgesetzt? Wenn der Product Owner diese Entscheidungen nicht trifft oder nicht treffen darf, kann das Team nicht arbeiten oder ist gezwungen zu raten.
- Der Product Owner ist nicht eine Person, sondern ein Gremium wie beispielsweise ein klassischer Steuerkreis oder ein Change Control Board. In Scrum ist es wichtig, dass Entscheidungen schnell und verbindlich getroffen werden. Eventuelle Konflikte werden im Vorfeld durch den Product Owner geklärt. Ein Gremium muss sich für jede Entscheidung abstimmen, es wird damit langsamer. Eventuell fehlt bei den Aussagen einzelner Gremiumsmitglieder die Verbindlichkeit.
- Der Product Owner ist nicht im ausreichenden Umfang verfügbar. Scrum und andere agile Methoden basieren auf intensiver Kommunikation aller Beteiligten. Dies ist notwendig, da nur wenige Informationen aufgeschrieben werden (müssen). Ist der Product Owner kaum verfügbar, so wird das Team dadurch ausgebremst.

Fallstudie   **Werkstudent als Product Owner**

Für einen Kunden sollte ein Studenten-Team in Rosenheim einen elektronischen Ersatzteilkatalog umsetzten. Als Product Owner wurde vom Kunden ein Werkstudent ernannt, der seit einigen Monaten dort tätig war. Im Verlauf des Projektes stellte sich dies als Problem heraus:

- Der Product Owner hatte selbst kein klares Verständnis von den Prioritäten seines Arbeitgebers. Aussagen zu Prioritäten waren damit unzuverlässig. Das Team ist die ersten beiden Sprints in die falsche Richtung gelaufen.
- Der Product Owner konnte Fragen nicht selbst beantworten, sondern musste erst nachfragen. Antworten dauerten bis zu einer Woche. Das hat das Team aufgehalten und auch frustriert. Letztlich hat das dazu geführt, dass das Team irgendwelche plausiblen Annahmen über Anforderungen und technische Sachverhalte getroffen hat.

In diesem Projekt wurde klar, wie wichtig die gute Verfügbarkeit, Sachkenntnis und Entscheidungsbefugnis des Product Owner ist.

9.7 Anforderungsverwaltung: Product Backlog

Anforderungen werden im Product Backlog gesammelt. Eine Anforderung ist damit ein Backlog-Eintrag. Schwaber und Sutherland formulieren das so: *Das Product Backlog ist eine geordnete Liste mit allem, was in dem Produkt benötigt werden könnte. Es ist die einzige Quelle von Anforderungen für jedwede Änderung an dem Produkt. Der Product Owner ist für das Product Backlog verantwortlich, inklusive dessen Inhalte, Bereitstellung und Reihenfolge* (Sutherland und Schwaber)

Backlog-Einträge sind funktionale Anforderungen, beispielsweise in Form von User Storys. Weitere Einträge im Product Backlog können unkritische Fehlermeldungen sein (Sutherland und Schwaber). Kritische Fehler (*blocker*) wandern als Tasks sofort direkt in das Sprint-Backlog. Auch wenn etwas fachlich oder technisch erprobt werden soll, z.B. ein fachlicher Algorithmus oder ein neues technisches Framework, so kann dieser Test als *Spike* im Backlog gespeichert werden.

9.7.1 Wie sieht ein Product Backlog aus?

Scrum gibt nicht vor, wie die Anforderungen im Product Backlog zu erfassen sind. Häufig werden funktionale Anforderungen als User Storys bzw. als gröbere Epen erfasst, Qualitätsanforderungen und Randbedingungen als Constraints. Dazu müssen eventuell zusätzliche Informationen verwaltet werden, wie etwa UML-Modelle oder GUI-Mockups.

Als Product Backlog bieten sich ähnliche technische Möglichkeiten an, wie im klassischen Anforderungsmanagement (siehe Kapitel 8). Mögliche Formen, die Anforderungen und zusätzliche Informationen zu verwalten, sind:

- Eine Tabelle (einer Tabellenkalkulation), in der jede Anforderung eine Zeile ist und Zusatzinformationen wie Akzeptanzkriterien, Aufwand oder Priorität als zusätzliche Spalten dargestellt werden.

- Eine Tafel (ein Whiteboard, eine Pinnwand), auf der jede Anforderung als Klebezettel (Achtung: „super stickynotes" kaufen!) oder Karteikarte dokumentiert ist. Die Zusatzinformationen werden z.B. auf der Rückseite der Karte bzw. des Klebezettels notiert.

- Ein (modifiziertes) Ticket-System, in dem jede Anforderung ein Ticket ist und Zusatzinformationen deren Attribute, Anhänge und Kommentare sind.

- Ein spezialisiertes Scrum-Werkzeug oder Requirements-Engineering-Werkzeug, das ein Product Backlog als Feature anbietet.

Minimalanforderung an einen Backlog-Eintrag ist die Identifizierbarkeit der Anforderungen. Jede Anforderung muss über eine projekt- bzw. produktweit eindeutige Identifikationsnummer verfügen. Zusätzlich hat jeder Eintrag eine Aufwandsschätzung und eine Priorität. Aufgaben wie Nachverfolgbarkeit oder Versionierung von Anforderungen sind für das Product Backlog in der Regel zweitrangig.

Beispiel 9.5	**Product Backlog**

Die ▶ Tabelle 9.7 ist ein Beispiel für ein einfaches Product Backlog zu dem Lehr-evaluationssystem Eva. Dieses Backlog enthält zusätzlich eine erste Release-Planung, welche die Anforderungen auf verschiedene Sprints verteilt und außerdem mehrere Sprints zu Releases zusammenfasst.

Id.	Beschreibung	Priorität	Aufwand in Story Points
	Release 1.0: Minimale Evaluationssoftware nur für Vorlesungen		
...	...	...	...
	Sprint #3: Ziel: Evaluationsbogen ausfüllen		
2	Als Student will ich einen Evaluationsbogen absenden können, um mein Feedback dem Professor mitzuteilen	Hoch	3
4	Als Student will ich eine Ja/Nein-Frage im Evaluationsbogen beantworten können, um den Evaluationsbogen auszufüllen.	Hoch	8
17	Als Student will ich eine Freitextfrage im Evaluationsbogen beantworten können, um den Evaluationsbogen auszufüllen.	Hoch	5
23	Als Student will ich eine Auswahlfrage mit bis zu 7 möglichen Antworten im Evaluationsbogen beantworten können, um den Evaluationsbogen auszufüllen.	Hoch	2
...	...	...	...

Tabelle 9.7: Beispiel für ein Product Backlog in Scrum.

9.7.2 Struktur über Themen, Sprints und Releases

Das Product Backlog kann die Anforderungen für viele nachfolgende Sprints enthalten. Er wird bei so vielen Einträgen schnell unübersichtlich. Die Anforderungen sollten daher strukturiert werden. Hierfür bieten sich zwei Konzepte an:

Themen (Themes): Über Themen kann das Backlog inhaltlich strukturiert werden. Ein Thema fasst eine Menge zusammengehöriger Anforderungen unter einer Überschrift zusammen. In einem Hochschul-Informationssystem wären mögliche Themen: Skripteverwaltung, Terminverwaltung oder Studierendenverwaltung.

Sprints und Releases: Im Rahmen der Release-Planung werden Anforderungen zu Sprints und Sprints wiederum zu Releases gruppiert.

Das Beispiel des Product Backlog aus Tabelle 9.7 strukturiert die Einträge nur über Sprints und Releases. Themen könnten zusätzlich über eine eigene Spalte berücksichtigt werden.

9.7.3 Ein guter Product Backlog ist DEEP

Pichler (Pichler) nennt vier Eigenschaften für ein *gutes* Product Backlog. Es muss **DEEP** sein: **D**etailed appropriately (adäquat detailliert), **E**stimated (Aufwand ist geschätzt), **E**mergent (sich verändernd) und **P**rioritized (Priorisiert).

Adäquat detailliert (*Detailed appropriately*)

Anforderungen, die im nächsten Sprint umgesetzt werden, müssen im Detail bekannt sein. Anforderungen, bei denen die Implementierung noch in weiterer Zukunft liegt, sollten eher grob, beispielsweise als Epen, beschrieben sein. Das wird in ▶ Abbildung 9.3 und ▶ Abbildung 9.4 angedeutet.

Das Entwicklungsteam einigt sich mit dem Product Owner über eine Menge von Eigenschaften, die ein Backlog-Eintrag erfüllen muss, damit er im nächsten Sprint umgesetzt werden kann. Diese Festlegung wird auch *Definition-of-Ready* genannt. Pichler beschreibt Kriterien, die in der *Definition-of-Ready* typischerweise enthalten sind (Pichler):

- Entwicklungsteam und Product Owner haben ein gemeinsames Verständnis davon, was genau zu tun ist.
- Der Eintrag muss klein genug und technisch machbar sein, sodass er im nächsten Sprint umgesetzt werden kann.
- Der Eintrag muss so formuliert sein, beispielsweise über zusätzliche Akzeptanzkriterien, dass er testbar ist.

Weniger wichtige Anforderungen werden nur grob beschrieben. Dies vermeidet Mehrarbeiten, wenn sich im Laufe der Lagerung im Backlog noch Details verändern, und es führt insgesamt zu kleineren und damit übersichtlicheren Backlogs.

Abgeschätzt (*Estimated*)

Jede Anforderung muss geschätzt sein. Dies hat zwei Vorteile: Es ist bekannt, welche Anforderungen im nächsten Sprint machbar sind und was grob in die darauffolgenden Sprints passt. Die Release-Planung wird damit möglich. Zweitens gibt es dem Product Owner ein Gefühl für die Kosten einer Anforderung. Kostspielige Anforderungen werden so eventuell vereinfacht oder ganz weggelassen.

Sich verändernd (*Emergent*)

Das Product Backlog ist ein lebendes *Zwischenlager* für Anforderungen, die auf ihre Umsetzung warten (aber kein Endlager). Neue Anforderungen entstehen fortlaufend und werden dort eingetragen. Gelagerte Anforderungen werden überarbeitet und detailliert, wenn die Umsetzung näher rückt. Anforderungen können auch gelöscht werden, wenn sie beispielsweise schon zu lange auf die Umsetzung warten.

Product Owner und das Entwicklungsteam pflegen das Product Backlog regelmäßig. Diese Pflege wird auch als *grooming* bezeichnet.

Andere Themen des Anforderungsmanagements wie die Nachverfolgbarkeit von Anforderungen, ihre Versionierung oder eine Änderungshistorie haben in Scrum eine geringere Bedeutung. Dies liegt daran, dass die Anforderungen im Product Backlog nur als Erinnerung an eine noch zu führende Diskussion über diese Anforderung, aber nicht als vollständige Verhaltensspezifikation des Systems gesehen werden.

Priorisiert (*Prioritized*)

Die Anforderungen im Backlog müssen priorisiert sein. Viele Autoren (etwa (Pichler) oder (Wirdemann)) empfehlen hierzu das MuSCoW-Schema mit vier Prioritäten.

Must have	Wenn die Anforderung fehlt, kann die Produktvision, das Ziel des Sprints und/oder die Ziele des Systems nicht mehr erreicht werden.
Should have	Wenn die Anforderung fehlt, kann die Produktvision bzw. das Ziel des Systems erreicht werden, aber eventuell nur noch mit einem Workaround.
Could have	Wenn die Anforderung fehlt, fehlt es für einen Benutzer am Komfort oder ein unwesentliches Nebenziel des Systems kann nicht mehr erreicht werden.
Won't have this Time	Die Anforderung ist nur eine erste Idee. Es passiert derzeit nichts, wenn sie fehlt.

Tabelle 9.8: MuSCoW-Schema

> ## Praxistipp: Anforderungen sortieren, um zu priorisieren
>
> Wenn eine Priorisierung nach MuSCoW oder anderen Schemata nicht funktioniert, weil der Product Owner oder die Stakeholder keine Prioritäten setzen wollen oder können, sollten die Anforderungen nach ihrer Wichtigkeit sortiert werden.
>
> Die Einträge des Backlogs werden beim Sortieren paarweise miteinander verglichen. Der jeweils wichtigere Eintrag wird dann vor den weniger wichtigen Eintrag sortiert. Stakeholder tun sich beim direkten Vergleich von zwei Anforderungen mit Prioritäten leichter als mit pauschalen Wichtigkeitsklassen.

9.8   Release-Planung

Der Release-Plan stellt dar, zu welchen Zeitpunkten Lieferungen an den Endkunden stattfinden und was in jeder Lieferung enthalten ist. Eine Lieferung fasst die Ergebnisse von einem oder mehreren Sprints zusammen. Da zu jedem Sprint noch Änderungen in den (Details der) Anforderungen stattfinden können, kann der Release-Plan nur die wichtigsten stabilen Anforderungen bzw. Themen enthalten.

Das Beispiel für das Product Backlog in ▶ Tabelle 9.7 enthält auch den Release-Plan: Ein Release fasst dort die Ziele der einzelnen Sprints zu einem Gesamtziel für das Release zusammen.

9.9 Agiles und klassisches RE

Dieser Abschnitt soll die Unterschiede zwischen „klassischem" Requirements Engineering und agilem Vorgehen darstellen. Ziel ist auch, die Möglichkeiten und Grenzen agiler Vorgehensweisen aufzuzeigen. An vielen Stellen können agile Vorgehensmodelle durch Elemente des klassischen Requirements Engineering ergänzt werden, um so vorhandene Lücken zu schließen.

9.9.1 Die Rolle des Requirements Engineer

In agilen Vorgehensmodellen ist die Rolle des Requirements Engineer nicht explizit vorgesehen. Es ist dennoch möglich, dass Mitglieder des Entwicklungsteams oder Personen, die beispielsweise dem Product Onwer zuarbeiten, diese Rolle ausfüllen. Der Requirements Engineer wird zum Team-Mitglied oder zum Berater.

Agile Teams sind in der Regel entweder *interdisziplinär* besetzt oder jedes Team-Mitglied spezifiziert, entwickelt und testet gleichermaßen. *Interdisziplinär* bedeutet, dass Requirements Engineer, Tester und Entwickler Mitglieder *desselben* Teams sind und eng zusammenarbeiten. Der Requirements Engineer analysiert nur die Anforderung, die gerade gebraucht wird. Der Tester stellt sicher, dass diese Anforderung prüfbar ist und der Entwickler stellt ihre technische Machbarkeit sicher. Missverständnisse oder Informationslücken werden so weniger wahrscheinlich.

Eine Aufteilung in verschiedene spezialisierte Teams ist unüblich. Ein Spezifikationsteam, ein Entwicklerteam und ein Testteam inklusive eines Über-den–Zaun-Werfens von Dokumenten gibt es nicht – man arbeitet miteinander und schreibt nicht gegeneinander.

Der Requirements Engineer arbeitet in agil durchgeführten Projekten kontinuierlich mit bzw. jedes Mitglied des Entwicklungsteams ist auch Requirements Engineer und hilft dem Kunden und dem Product Owner für ein gegebenes fachliches Problem eine geeignete IT-Lösung zu finden.

Im „klassischen" Requirements Engineering fällt der wesentliche Aufwand zu Beginn des Projekts beim Schreiben der Spezifikation an, danach sind Änderungswünsche zu bearbeiten und der Requirements Engineer sollte für Fragen der Entwickler zur Verfügung stehen.

9.9.2 Anforderungsdokumente

Das „klassische" Requirements Engineering fußt auf vollständig spezifizierten Anforderungen mindestens für das nächste geplante Release. Es gibt eine explizite Phase der Anforderungsanalyse und Spezifikation, jeweils mit Reviews, beispielsweise eine formale Inspektion. Die Rückkoppelung zwischen den Autoren einer Spezifikation und den Entwicklern ist dadurch natürlich verzögert.

Agile Vorgehensmodelle machen dagegen kaum Vorgaben an die zu erstellenden Arte-fakte. Ein Lasten- oder ein Pflichtenheft sind nicht vorgeschrieben, es gibt keine defi-nierten Gliederungen oder abzuarbeitende Themen in der Anforderungsdokumenta-tion. Die Anforderungen werden nicht vollständig und detailliert aufgeschrieben und geprüft, bevor die Entwicklung beginnt.

Die Anforderungen werden in XP oder Scrum im Wesentlichen mündlich detailliert und dann implementiert. Der Vorteil dieses Vorgehens ist, dass Anforderungen bis zum letzten möglichen Moment geändert werden können. Diese Änderungen sind mit wenig Aufwand möglich, denn es müssen keine Spezifikationsdokumente angepasst werden. Kunde und der Entwickler lernen sehr schnell voneinander. Da beide kurz nach dem Gespräch bereits über die umgesetzte Anforderung diskutieren können, sieht der Kunde sofort, ob der Entwickler ihn richtig verstanden hat. Der Entwickler lernt, was der Kunde meint.

Eine reine Just-in-time-Spezifikation hat gegenüber einer vollständigen Spezifikation des Systems Nachteile, die ihren alleinigen Einsatzbereich einschränken:

Überblick fehlt: Wenn auf der fachlichen Seite oder in der Entwicklung neue Mitarbei-ter in das Projekt kommen, müssen diese sich einarbeiten. Sie benötigen eine fach-liche Landkarte des produktiven Systems und der noch geplanten Systemteile, um sich darin zurechtzufinden. Das Product Backlog voll mit User Storys, Spikes und Fehlerberichten reicht dafür offensichtlich nicht aus. Ein Überblick über die wichtigs-ten fachlichen Konzepte, Geschäftsprozesse und Geschäftsregeln ist für den Einstieg besser geeignet und sollte auch in agil durchgeführten Projekten erstellt werden.

„Elefanten-Carpaccio": Wenn sich Kunde und Entwickler von User Story zu User Story vorarbeiten, können sie vor lauter Details den Gesamtzusammenhang aus den Augen verlieren. So ergibt sich zwar in jeder Iteration ein Fortschritt, jedoch wird das Gesamtziel, z.B. die vollständige Unterstützung eines komplexen Geschäftsprozesses eventuell niemals erreicht. Cockburn vergleicht dieses Vorgehen damit, aus Carpaccio (= hauchdünne Scheiben von rohem Fleisch) einen Elefanten zusammenzusetzen.[12] Auch hier kann ein fachlicher Überblick hilfreich sein.

Keine Review-Fähigkeit: Gespräche sind nicht reviewfähig: Die Details zu einer Anforde-rung können nur mündlich besprochen werden. Eine formale Inspektion ist nicht mög-lich. Damit hängt die Qualität der Anforderung nur an der Person, die mit dem Entwick-ler diskutiert. Eventuelle *fachliche* Fehler oder Konflikte zwischen Stakeholdern werden erst dann sichtbar, wenn das System geliefert wird. Gerade bei einer großen Zahl von Sta-keholdern und einer komplexen Fachlichkeit kann das zum Problem werden.

Wartungsdokumentation fehlt: Gespräche sind keine Basis für die Wartung des Systems, denn das Gespräch ist nur als Code oder als Testfall konserviert. Fachlich komplexere Workflows und Plausibilitätsregeln müssen gesondert festgehalten werden, um diese bei Änderungen später noch zu verstehen. Hier reichen Code und Testfälle alleine nicht aus.

---

12 *http://alistair.cockburn.us/Elephant+carpaccio* (abgerufen am 10.08.2012)

Kritische Systeme: Sobald ein System großen Schaden verursachen kann, beispielsweise in einem Fahrzeug, Flugzeug oder in der Medizin, müssen bei der Erstellung Standards eingehalten werden. Diese Standards fordern Dokumente und auch die eindeutige Nachverfolgbarkeit von Anforderungen in das System und die Tests ein. Eine ausschließliche Just-in-time-Spezifikation ist hier nicht möglich.

9.9.3 Änderungsmanagement

Beck überschrieb das erste Buch zum Thema Extreme Programming mit den Worten: *Embrace Change* (Änderungen begrüßen) (Beck). Wichtiges Prinzip agiler Vorgehensmodelle ist die schnelle Reaktion auf Änderungen.

Vor jeder Iteration (jedem Sprint) entscheidet der Kunde (Product Owner) unterstützt durch das Entwicklungsteam, welche Anforderungen als Nächstes umgesetzt werden. Damit können vor jeder Iteration neue Anforderungen oder Änderungen in umgesetzten Anforderungen problemlos eingebracht werden. Während der Iteration ist das Team aber vor Änderungen sicher, in eine laufende Iteration darf nicht eingegriffen werden, hier hat das Team Planungssicherheit.

Das formale Änderungsmanagement ist beim „klassischen" Requirements Engineering überlebenswichtig. Im agilen Requirements Engineering ist es in dieser Form weniger erforderlich.

Dennoch sollte der Kunde bzw. Product Owner sich am Release-Plan orientieren, um das Gesamtziel des Projektes nicht aus den Augen zu verlieren. Änderungen, die auf den Release-Plan durchschlagen, sollten daher genauso vorsichtig behandelt werden wie Änderungen im „klassischen" Requirements Engineering. Denn auch sie haben Einfluss auf die Liefertermine und das Gesamtbudget.

Änderungen in den Anforderungen können keine Vertragsänderungen mehr sein, wie das bei dem in Kapitel 8 beschriebenen Änderungsmanagement teilweise der Fall ist. Der Abnahmetest der Software prüft nicht mehr, ob der Vertrag (= die Anforderungen) erfüllt wurde.

Festpreisprojekte werden mit agilen Vorgehensmodellen schwierig: Zum Projektbeginn kann vertraglich nicht mehr (exakt) definiert werden, was geliefert wird oder wann das System mit allen bekannten Details vollständig fertiggestellt ist. Der Kunde kann im Prinzip nur Entwicklungskapazitäten von Iteration zu Iteration weiterbeauftragen und, falls das Projekt in die falsche Richtung läuft, sofort nach der laufenden Iteration abbrechen. Verschiedene Ansätze versuchen hier Kompromisse zu finden und „agile Festpreise" zu ermöglichen.

Das Projekt verläuft wie oben schon erwähnt nicht völlig willkürlich und sprunghaft, sondern entlang eines groben Release-Plans. Dieser legt fest, wann wichtige Anforderungen geliefert werden. Damit hat der Kunde eine Vorstellung über den Inhalt der nächsten Releases.

Übungen

Lösungen

Übung 1: Rolle des Requirements Engineer

Erstellen Sie eine Tabelle, welche die Aufgaben des Requirements Engineer in agil durchgeführten Projekten den Aufgaben in „klassisch" durchgeführten Projekten gegenüberstellt.

Übung 2: Feature-Teams

Bilden Sie ein Team aus drei oder vier Personen. Diskutieren Sie Vor- und Nachteile der folgenden Organisationsmöglichkeiten in Projekten: (a) Für jede (grobgranulare) Anforderung wird ein Team bestehend aus Testern, Entwicklern und gegebenenfalls Requirements Engineers gebildet. Solch ein Team wird auch *Feature-Team* genannt. (b) Ein Team aus Requirements Engineers erstellt alle User Storys und spricht später mit dem Team der Entwickler. Die fertigen User Storys werden später an das Testteam übergeben. Dies könnte als *Fließband* bezeichnet werden.

Lösungen

Übung 3: User Storys

In Kapitel 5 wird ein Use Case *Hochschulweiten Evaluationsbogen vorbereiten* dargestellt. Erstellen Sie für diesen Use Case entsprechende User Storys, die den INVEST-Kriterien genügen.

Lösungen

Übung 4: User Storys validieren

Betrachten Sie die nachfolgenden User Storys. Untersuchen Sie diese auf Fehler und machen Sie entsprechende Verbesserungsvorschläge:

- *Als Student will ich einen Evaluationsbogen mit einer PHP-basierten Software abgeben, damit diese leicht änderbar ist.*
- *Als User will ich einen Evaluationsbogen erstellen, damit ich eine Evaluation durchführen kann.*
- *Als Studiendekan will ich eine Liste durchgeführter Evaluationen sehen, damit ich meine Kollegen kontrollieren kann.*
- *Als Student will ich einen Evaluationsbogen innerhalb von 60 Sekunden ausfüllen können.*
- *Als Professor will ich mich einloggen können, damit ich meine Daten bearbeiten kann.*

Lösungen

Übung 5: Schneiden von User Storys

Wenden Sie die Verfahren zum Schneiden von User Storys auf folgende User Story an:

Als User will ich einen Evaluationsbogen verwalten können, um eine Lehrevaluation durchzuführen.

Übung 6: Risiken von User Storys

Bilden Sie ein Team mit drei oder vier Personen und diskutieren Sie über die Risiken von User Storys: Was fehlt Ihnen, wenn Sie eine vollständige Spezifikation (Pflichtenheft) nicht mehr haben? Diskutieren Sie das am Beispiel (a) eines Webshops für Faschingsartikel, (b) für den ABS-Controller in Ihrem Auto und (c) für ein System zur Bilanzierung eines global verteilten Konzerns.

Schnittstellen zu anderen Disziplinen

Einführung		352
10.1	**Requirements Engineering ist Teil des Ganzen**	353
10.2	**Projektmanagement**	354
10.2.1	Der Regelkreis des Projektmanagements	354
10.2.2	Die fünf Regelgrößen	355
10.2.3	Schnittstelle zum Projektmanagement	356
10.2.4	Projektplanung	356
10.2.5	Aufwandsschätzung	359
10.2.6	Projektkontrolle	362
10.2.7	Projektsteuerung	366
10.2.8	Risikomanagement	367
10.3	**Qualitätssicherung und Test**	371
10.3.1	Schnittstelle zur Qualitätssicherung: Produktrisiken	372
10.3.2	Qualitätsziele festlegen	374
10.3.3	Planung der Qualitätssicherung	374
10.3.4	Prioritäten nach Wichtigkeit für die Stakeholder	375
10.3.5	Prüfkonzepte und Testspezifikationen	377
10.3.6	Testfälle	377
10.3.7	Testfälle für funktionale Anforderungen	379
10.3.8	Testfälle für nichtfunktionale Anforderungen	381
10.4	**Software-Architektur-Entwurf**	383
10.4.1	Schnittstelle zum Architekturentwurf	384
10.4.2	Typische Architekturtreiber	386
10.4.3	Szenarien für Qualitätseigenschaften	390
10.4.4	Präzisierung und Priorisierung der Architekturtreiber	392
10.5	**Usability Engineering und User Experience**	393
10.5.1	Was ist Usability (Gebrauchstauglichkeit)?	394
10.5.2	Was ist User Experience?	395
10.5.3	Gestaltungsprozess	396
10.5.4	Schnittstelle zum Usability Engineering	398
10.5.5	Ermittlung von Usability-Anforderungen	398
10.5.6	Personas	400
10.5.7	Modellieren von Personas	401
10.5.8	Usability-Szenarien	402
10.5.9	Usability-Szenarien sind keine Anwendungsfälle	403
10.5.10	Bedürfnisse und Anforderungen	404

10

ÜBERBLICK

Einführung

>> Requirements Engineering steht nicht isoliert im Software-Lebenszyklus, sondern Projektmanagement und Qualitätssicherung laufen parallel und der Architekturentwurf sowie der Softwaretest nutzen die Ergebnisse.

Fehler im Requirements Engineering fallen häufig erst in späteren Phasen auf: Beispielsweise wird erst beim Testen festgestellt, dass bestimmte Anforderungen unklar sind, weil das implementierte Verhalten des Systems weder als Fehler noch als Feature gedeutet werden kann. Dieses Kapitel stellt die Schnittstellen zu den verschiedenen Disziplinen dar, da die Ergebnisse jeweils aufeinander abgestimmt sein müssen.

Die Schnittstelle zum Projektmanagement wird in diesem Kapitel diskutiert: Aus den Anforderungen wird schrittweise der Projektstrukturplan entwickelt. Dieser dokumentiert, mit welchen Arbeitspaketen die Anforderungen realisiert werden sollen.

Das Requirements Engineering hat enge Beziehungen zur Software-Qualitätssicherung: In der Testphase muss für jede Anforderung überprüft werden, ob diese korrekt implementiert wurde. Auch die Anforderungsspezifikation unterliegt der Qualitätssicherung.

Auf der Grundlage der Anforderungen entsteht auch der Entwurf der Software-Architektur. Eine besondere Rolle spielen Anforderungen, die Entwurfsentscheidungen beeinflussen, sogenannte Architekturtreiber.

Den Abschluss dieses Kapitels bildet die Betrachtung des Usability Engineering. Es beschäftigt sich teilweise mit denselben Problemen wie das Requirements Engineering. Die Schnittstelle zwischen beiden Disziplinen ist derzeit eher unklar. <<

Lernziele

- Sie verstehen, dass das Requirements Engineering mit den Disziplinen Projektmanagement, Qualitätssicherung, Architekturentwurf und Usability Engineering eng zusammenhängt.

- Sie kennen die Schnittstellen zwischen dem Requirements Engineering und seinen Nachbardisziplinen und Sie wissen, wie sie Anforderungen aufbereiten müssen, damit Software-Architekten, Tester und Projektmanager damit arbeiten können.

- Sie können aus funktionalen Anforderungen selbstständig einfache Testfälle ableiten und diese Testfälle nach Produktrisiken priorisieren.

- Sie können selbstständig Anforderungen als Architektur-Szenarien aufbereiten, damit ein Software-Architekt diese verwerten kann.

- Sie können einfache Verfahren des Usability Engineering wie das Modellieren von Personas und Szenarien selbstständig durchführen.

- Sie kennen die Schnittstelle zwischen Usability Engineering und dem Requirements Engineering.

10.1 Requirements Engineering ist Teil des Ganzen

Die Schnittstelle des Requirements Engineering zu den anderen Disziplinen in der Software-Entwicklung soll hier dargestellt werden, denn ohne Anforderungen gibt es

- kein **Projektmanagement**, da erst die Anforderungen festlegen, was die Ziele des Projekts sind und wie das erwartete Ergebnis aussehen soll.

- keine **Qualitätssicherung**, da erst die ermittelten Anforderungen die Qualitätsziele eines Projektes (für Prozess und System) festlegen und erst über die Priorisierung der Anforderungen festgelegt werden kann, was in welchem Umfang einem Review unterzogen und getestet wird.

- keine **Software-Architektur**, denn der Software-Architekt kennt weder die Randbedingungen (z.B. Frameworks, die er verwenden muss) noch Qualitätsanforderungen, welche die Architekturentscheidungen bestimmen, oder die funktionalen Anforderungen, die die Struktur der Software bestimmen.

Die Anforderungen müssen so dokumentiert sein, dass der Projektleiter, der Software-Architekt, der Qualitätsbeauftragte, der Tester und andere Rollen damit arbeiten können. Die Informationen, die von diesen Rollen benötigt werden, werden in diesem Kapitel dargestellt.

Eine zusätzliche Disziplin ist das Usability Engineering. Sie hat große Parallelen zum Requirements Engineering. Im Usability Engineering geht es zunächst darum, die künftigen Benutzer und ihre Bedürfnisse besser zu verstehen. Damit kann das Usability Engineering vor oder parallel zum Requirements Engineering stattfinden. Dies wird in *Abschnitt 10.5, Usability Engineering und User Experience* besprochen.

10.2 Projektmanagement

Die Anforderungen legen das Projektergebnis fest. Teilweise wird auch das Vorgehen im Projekt vorgeschrieben, beispielsweise machen viele große Auftraggeber über eigene Vorgehensmodelle solche Vorgaben, auch das sind Anforderungen. Sie sind damit wichtiger Treiber des Projektmanagements und die Basis für Verhandlungen mit dem Auftraggeber. Projektmanagement und Requirements Engineering hängen damit sehr eng zusammen. Es ist für die Durchführung beider Disziplinen wichtig, diesen Zusammenhang zu verstehen. Der nachfolgende Abschnitt stellt diesen Zusammenhang und seine Konsequenzen dar.

10.2.1 Der Regelkreis des Projektmanagements

Die ▶ Abbildung 10.1 stellt den Regelkreis des Projektmanagements dar. Grundlage für die Projektplanung bilden die bis dahin bekannten Anforderungen. Zu den Anforderungen wird geschätzt, wie viel Aufwand die genauere Spezifikation, die Umsetzung und Lieferung des Systems kosten. Der Projektplan legt dann unter anderem fest, in welcher Reihenfolge die Anforderungen umgesetzt werden. Diese Planung geschieht unter Berücksichtigung des festgelegten Liefertermins, des verfügbaren Budgets und der verfügbaren Mitarbeiter und anderer Ressourcen.

Die Umsetzung des Plans wird im Rahmen der Projektkontrolle überwacht. Es wird beispielsweise geprüft, wie viel Prozent der geplanten Ergebnisse zu einem bestimmten Zeitpunkt erzielt wurden. Dies wird auch als Fertigstellungsgrad bezeichnet. Wird im Rahmen der Kontrolle eine Abweichung vom Plan festgestellt, dann wird steuernd in das Projekt eingegriffen oder gegebenenfalls auch der Plan angepasst. Projektkontrolle und -steuerung werden zusammenfassend als Projektcontrolling bezeichnet.

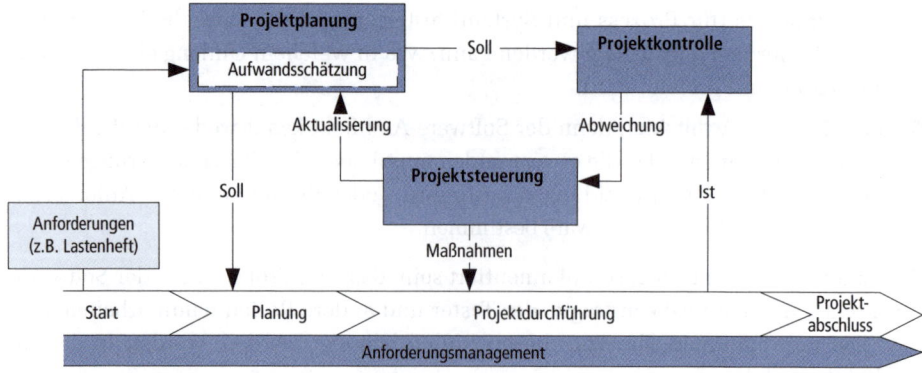

Abbildung 10.1: Regelkreis des Projektmanagements.

10.2.2 Die fünf Regelgrößen

In Entwicklungsprojekten gibt es fünf allgemeine Größen, die durch das Projektmanagement beeinflusst werden können. Das sind: Funktionalität, Qualität, Zeit (Liefertermin), Kosten (Budget) und Produktivität des Teams (z.B. gemessen in Function Points[1] pro Personentag). Diese Größen hängen voneinander ab. Wenn beispielsweise mehr Funktionalität gewünscht wird und Liefertermin sowie verfügbarer Aufwand (= Kosten) bleiben gleich, kann dies nur zu Lasten der Qualität gehen – solange das Team nicht produktiver arbeitet. Sneed stellt den Zusammenhang dieser Größen als Teufelsquadrat[2] dar (Sneed, Seidl und Baumgartner). Die ▶ Abbildung 10.2 zeigt ein Beispiel für das Teufelsquadrat.

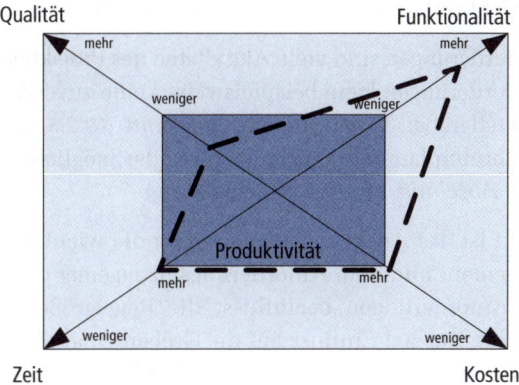

Abbildung 10.2: Teufelsquadrat nach Sneed.

Wird im Teufelsquadrat die Produktivität als konstant angenommen, so hat die von ihr aufgespannte Fläche eine konstante Größe. Zuwächse auf einer Achse werden mit Verlusten auf einer anderen erkauft: Wenn mehr Funktionalität (= mehr Anforderungen) gewünscht werden, wird entweder die Qualität weniger oder die Projektdauer bzw. die Kosten müssen vergrößert werden.

Der Auftraggeber gibt in Projekten in der Regel mehrere der Größen vor, bei anderen Projekten gibt es jeweils noch Verhandlungsspielraum. Wenn ein Auftraggeber ein erstes Angebot für ein Projekt einholt, gibt er beispielsweise den gewünschten Funktionsumfang vor, also die funktionalen Anforderungen. Eventuell wird auch ein Liefertermin gefordert. Potenzielle Auftragnehmer ermitteln nun vor dem Hintergrund ihrer internen Produktivität den notwendigen Aufwand. Daraus ergibt sich dann mit etwaigen Zu- oder Abschlägen der Angebotspreis.

Wenn im Laufe des (Festpreis-)Projekts Probleme auftreten – d.h., eine der fünf Stellgrößen verändert sich negativ (z.B. die Produktivität sinkt oder zeitliche Verzögerungen treten ein)–, dann muss das kompensiert werden, d.h., die fünf Stellgrößen müs-

---

1   Vgl. Abschnitt 10.2.5, Aufwandsschätzung.
2   Sneed beschreibt das Teufelsquadrat erstmals 1987 in seinem Buch über Projektmanagement. Hier zitieren wir indirekt aus (Sneed, Seidl und Baumgartner).

sen verändert werden. Da Liefertermin und Budget in der Regel kaum noch zu ändern sind und die Produktivität sich nicht schnell genug ändern kann (Sneed, Seidl und Baumgartner), bleiben Qualität und Funktionsumfang übrig. Im Zweifelsfall sollte hier der Funktionsumfang reduziert werden. Vermindern der Qualität ist in der Regel keine gute Idee.

10.2.3 Schnittstelle zum Projektmanagement

Die Ergebnisse der (anfänglichen) Anforderungsanalyse bestimmen mindestens zwei der Regelgrößen des Projektmanagements: Qualität und Funktionalität. Die Funktionalität wird durch die funktionalen Anforderungen festgelegt, die erwartete Qualität findet sich in den nichtfunktionalen Anforderungen wieder.

Ohne belastbare Anforderungen sind viele Aktivitäten des Projektmanagements wertlos: Ohne belastbare Anforderungen kann beispielsweise keine zuverlässige Aufwandschätzung stattfinden (Stellgröße: Kosten, siehe *Abschnitt 10.2.5, Aufwandsschätzung*), damit ist auch die Terminplanung und die Planung der möglichen Meilensteine nicht mehr möglich (siehe *Abschnitt 10.2.4, Projektplanung*).

Im laufenden Projekt ist das *Änderungsmanagement* die wichtigste Schnittstelle zwischen Projektmanagement und dem Anforderungsmanagement (siehe Kapitel 8). Eine Änderung in den Anforderungen beeinflusst die Regelgröße Funktionsumfang in Sneeds Teufelsquadrat. Das hat Einfluss auf die Größen Qualität, Kosten und Zeit. Im Rahmen des Änderungsmanagements wird dieser Einfluss ermittelt und der Plan wird gegebenenfalls entsprechend geändert, z.B. wird der Liefertermin verschoben und mehr Budget eingefordert.

Ein zweites Bindeglied zwischen den Anforderungen auf der einen Seite und dem Projektmanagement auf der anderen ist die Qualitätssicherung: Ob die Spezifikation einer Anforderung oder deren Implementierung fertig sind, kann nur über Maßnahmen der Qualitätssicherung festgestellt werden, beispielsweise über formale Inspektionen oder Tests. Die Qualitätssicherung wird in *Abschnitt 10.3, Qualitätssicherung und Test* diskutiert.

10.2.4 Projektplanung

Um ein Projekt zu organisieren und um die Kosten und den Liefertermin zu garantieren, muss das Projekt geplant werden. Das Ergebnis der Planung wird im Projektplan dokumentiert. Der Plan ist nicht statisch. Er wird am Anfang des Projektes begonnen und dann aufgrund des Lernens im Projekt und wegen fortlaufend eintreffender Änderungen kontinuierlich aktualisiert.

Der Projektplan besteht aus mehreren Teilen (Hindel, Hörmann und Müller). Nachfolgend werden die Teilpläne mit den direkten Beziehungen zu den Anforderungen vorgestellt:

- **Projektdefinition:** In der Projektdefinition werden die wesentlichen Informationen aus der ersten Anforderungsanalyse (Lastenheft) festgehalten. Das sind die Projektziele, die Projektergebnisse (Liefergegenstände), das geplante Vorgehen(smodell) und wichtige Stakeholder. Zusätzlich finden sich Informationen zur Projektorganisation, zu bekannten Risiken und getroffenen Annahmen. Auch die Schnittstelle zwischen Auftraggeber und Auftragnehmer wird dort dokumentiert.

- **Meilensteinplan:** Aus dem Meilensteinplan ist erkennbar, zu welchem Zeitpunkt besondere Ereignisse im Projektverlauf stattfinden. Das sind in der Regel Fertigstellungstermine für bestimmte Ergebnisse wie das Spezifikationsdokument, das Architekturdokument oder verschiedene Subsysteme. Auch die Lieferung des Systems ist ein Meilenstein. Ein Meilensteinplan, insbesondere mit Lieferterminen, wird häufig schon als erster Rahmen für die Planung festgelegt, bevor weitere Details bekannt sind.

- **Projektstrukturplan (PSP):** Der Projektstrukturplan stellt dar, aus welchen Arbeitspaketen das Projekt besteht, also was genau im Projekt zu tun ist, um das Projektziel zu erreichen und die Anforderungen zu realisieren. Ein Arbeitspaket hat dabei jeweils ein klares Endergebnis, das zum Projektziel beiträgt.

Weitere Pläne sind der Terminplan, der festlegt, wann welches Arbeitspaket von wem bearbeitet wird, der Ressourcenplan, der über die Verfügbarkeit und die aktuelle Auslastung der Team-Mitglieder Auskunft gibt, die Risikoliste (siehe *Abschnitt 10.2.8, Risikomanagement*), der Release-Plan sowie der Qualitätsplan (siehe *Abschnitt 10.3.3, Planung der Qualitätssicherung*).

Projektstrukturplan

Die im Projekt zu erledigenden Arbeitspakete werden über einen Projektstrukturplan (PSP) hierarchisch strukturiert. Zur Erstellung des PSP wird die Durchführung des Projekts in die dafür notwendigen Arbeitspakete zerlegt.

Die Arbeitspakete des PSP hängen eng mit den Anforderungen zusammen, sind aber nicht deckungsgleich: Die Arbeitspakete können den Prozess der Anforderungsumsetzung widerspiegeln, d.h., es gibt Arbeitspakete für das Spezifizieren, Modellieren, Implementieren, Testen und Integrieren. In diesen Arbeitspaketen können auch mehrere oder alle Anforderungen zusammengefasst werden, z.B. mit einem Arbeitspaket „Spezifikation erstellen", das die Spezifikation aller Anforderungen enthält. Alternativ kann für jede Anforderung ein Arbeitspaket definiert werden, das den gesamten Prozess widerspiegelt. Der Schnitt der Arbeitspakete liegt in der Verantwortung der Projektleitung.

Die Arbeitspakete werden im Projektstrukturplan erfasst. Der PSP kann nach verschiedenen Kriterien strukturiert werden, beispielsweise nach

- den organisatorischen Einheiten, welche die Arbeitspakete ausführen (z.B. Marketing, Entwicklungsteam, IT-Betrieb),

- den Ergebnissen (z.B. Subsystemen, Dokumenten), die zu liefern sind,

- den Prozessschritten, die auszuführen sind (z.B. Spezifikation, Implementierung).

Die ▶ Abbildung 10.3 zeigt ein Beispiel für einen Projektstrukturplan, der auf oberster Ebene nach den Prozessschritten des Vorgehensmodells gegliedert ist. Bei größeren Projekten gibt es noch mehr Gliederungsebenen als im Beispiel dargestellt. Die Blätter des Plans sind die Arbeitspakete.

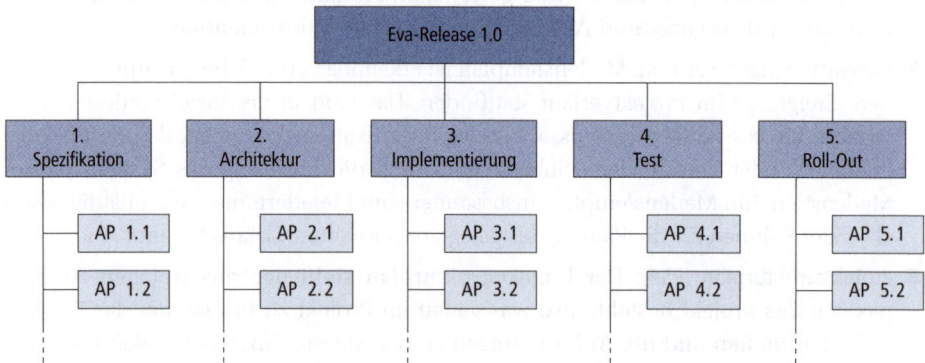

Abbildung 10.3: Projektstrukturplan, nach Prozessschritten gegliedert.

Die gesamte Projektplanung basiert auf den zum Zeitpunkt der Planung bekannten Projektzielen, Anforderungen und Risiken, wie sie in der Projektdefinition dokumentiert sind: Nachdem der Projektstrukturplan fertiggestellt ist, wird für jedes Arbeitspaket der Aufwand zur Erreichung des jeweiligen Ergebnisses geschätzt. Sobald der Aufwand bekannt ist, kann für jedes Arbeitspaket geplant werden, welches Team-Mitglied oder Teilteam das Paket bearbeitet und wann dies geschehen soll. Dies wird im Terminplan dokumentiert. Der Terminplan orientiert sich an den im Meilensteinplan festgelegten (Liefer-)Terminen.

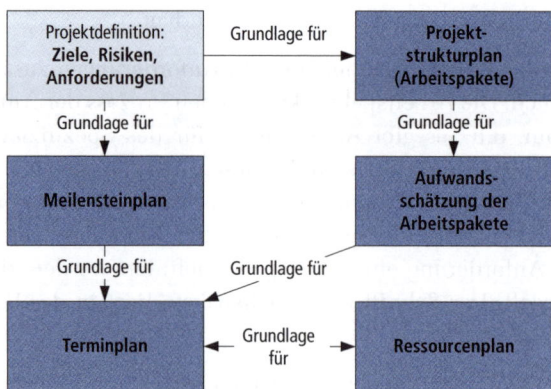

Abbildung 10.4: Zusammenhänge im Projektplan.

Die ▶ Abbildung 10.4 zeigt die dargestellten Zusammenhänge grafisch auf. Unklare oder unbekannte Anforderungen sowie Anforderungen, die sich permanent ändern, führen zu Änderungen im Projektstrukturplan und damit in den darauf aufbauenden Plänen. Auf dieser Grundlage sind keine zuverlässige Planung und keine zuverlässigen Aussagen über Termine oder erforderliches Budget mehr möglich. Die Abbildung 10.4 macht erneut deutlich, wie wichtig in solchen Projekten das Änderungsmanagement ist.

10.2.5 Aufwandsschätzung

Bei der Beauftragung eines Projekts und auch bei der Erstellung eines neuen Produkts müssen die Entwicklungskosten geschätzt werden. Grundlage für die Schätzung bilden die zum Zeitpunkt der Schätzung bekannten Anforderungen.

Nachfolgend wird die Breitband-Delphi-Methode als Beispiel für ein Verfahren zur Schätzung des (Entwicklungs-)Aufwands vorgestellt: Mindestens zwei Experten schätzen die Bearbeitungsaufwände für jedes Arbeitspaket.

Danach wird die Function-Point-Analyse (FPA) als Beispiel für eine Kalkulationsmethode besprochen. Ein oder mehrere Experten zählen bestimmte Elemente in den Anforderungen und kalkulieren so den fachlichen Umfang des Software-Systems. Über Erfahrungswerte kann daraus der Aufwand berechnet werden.

Breitband-Delphi-Methode

Die (Breitband-)Delphi-Methode arbeitet mit einer Stückliste. Die Stückliste enthält die Arbeitspakete (Tasks) zur Erreichung der jeweiligen Projektziele oder bestimmter Zwischenergebnisse. Die Stückliste kann beispielsweise die Arbeitspakete aus dem Projektstrukturplan enthalten. Ergebnis der Schätzung ist der Netto-Aufwand in Personentagen zur Erreichung des jeweiligen Ziels.

Vorbereitung: Zunächst wird die Stückliste erstellt bzw. der PSP wird vorbereitet. Zu jedem Arbeitspaket aus der Stückliste wird zunächst der Schwierigkeitsgrad erfasst, z.B. leicht, mittel, schwer. Dieser spiegelt den fachlichen Umfang wieder (z.B. eine Fachklasse oder Maske mit wenigen Feldern ist einfach, mit sehr vielen Feldern ist sie schwer) oder die Kompliziertheit (z.B. mit wenigen Sonderfällen einfach und mit vielen Sonderfällen schwer) oder ein Maß für nicht vorhandene Informationen (z.B. der Algorithmus muss noch gefunden werden, also schwer).

Ablauf: Mindestens zwei Experten gehen unabhängig voneinander die Stückliste durch und schätzen zu jedem Arbeitspaket den Aufwand, beispielsweise in Personentagen. Nach der individuellen Schätzung werden die Schätzpositionen diskutiert, in denen die Schätzungen wesentlich abweichen.[3] Dort schätzen beide Experten den Aufwand unterschiedlich ein, eventuell hat hier ein Experte mehr Informationen als der andere. Das Diskussionsergebnis wird übernommen, es sollte nicht einfach der Mittelwert gebildet werden.

---

3   Dies ist der Unterschied zwischen der normalen und der Breitband-Delphi-Methode: Die „normale" Delphi-Methode erlaubt keine Diskussion der Experten.

Ergebnis: Der so gewonnene geschätzte Aufwand ist der Netto-Aufwand für die Erstellung des jeweiligen Ergebnisses (z.B. des Systems). Querschnittaktivitäten wie das Projektmanagement, die Qualitätssicherung oder das Konfigurationsmanagement werden häufig pauschal als prozentuale Aufschläge berücksichtigt (Siedersleben). So könnte das Projektmanagement mit 10%–20% des Netto-Aufwands zusätzlich zu Buche schlagen.

Beispiel 10.1   ## Stückliste in einer Schätzung

Die ▶ Tabelle 10.1 ist ein Beispiel für eine Stückliste, wie sie in einer Schätzung verwendet werden könnte. Die Stückliste führt jedes Arbeitspaket auf und enthält für die Schätzung jedes Experten jeweils eine eigene Spalte. Die Tabelle zeigt die Zusammenstellung der Schätzungen in Personentagen nach der ersten unabhängigen Schätzrunde. Eine Tabellenkalkulation ist besonders geeignet für diese Methode.

Nr.	Arbeitspaket	Schwierigkeit	Experte 1	Experte 2	Experte 3
...	...	...	...	...	...
7.2.1	„Evaluationsbogen anlegen" spezifizieren	Mittel	3 PT	3 PT	2 PT
7.2.2	„Evaluationsbogen anlegen" Maskenentwurf	Mittel	**1 PT**	**7 PT**	**2 PT**
7.2.3	„Evaluationsbogen anlegen" implementieren und testen	Schwer	8 PT	7 PT	9 PT
7.2.4	„Evaluationsbogen anlegen" integrieren und liefern	Leicht	2 PT	2 PT	2 PT

Tabelle 10.1: Beispiel für eine Tabelle als Grundlage für eine Aufwandsschätzung.

Das Arbeitspaket 7.2.2 ist hervorgehoben, da hier die Schätzungen weit auseinandergehen. Hier müssen die Experten diskutieren.

Einsatzbereich: Über die Breitband-Delphi-Methode können auch Zwischenergebnisse und -aktivitäten geschätzt werden, zum Beispiel die Erstellung der Spezifikation oder durchzuführende Workshops.

Function-Point-Analyse (FPA)

Die Function-Point-Analyse (FPA) wurde von Albecht (Albrecht) vorgeschlagen. Das Verfahren ist gut dokumentiert und liegt in mehreren ISO-Normen in unterschiedlichen Varianten vor. Eine Variante ist das FPA-Verfahren der International Function Points User Group (IFPUG). Diese liegt in der Norm ISO/IEC 20926 vor. Die FPA verwendet die Spezifikation der Anforderungen und kalkuliert daraus den fachlichen Umfang des zu erstellenden Systems gemessen in „Unadjusted Function Points". Der Aufwand wird durch Multiplikation des fachlichen Umfangs mit Erfahrungswerten zur Produktivität des Teams (Function Points pro Personenmonat) und anderen Faktoren gewonnen.

Vorbereitung: Die Spezifikation der Anforderungen (= Lastenheft oder Pflichtenheft) wird vorbereitet. Die FPA definiert Zählregeln für Elemente der Spezifikation und zwar für Daten und für Funktionen (auch Elementarprozesse genannt). Was und wie zu zählen ist, wird von der FPA genau festgelegt, sodass mehrere zählende Personen zu annähernd gleichen Ergebnissen kommen. Jeder Experte macht sich mit den Zählregeln vertraut.

Ablauf: Jeder Experte zählt interne Datenstrukturen (*interne Daten*) und externe Datenstrukturen (*Referenzdaten*), auf die Bezug genommen wird. Diese Daten können beispielsweise am Domänenmodell und der Spezifikation der externen Schnittstellen abgezählt werden. Gezählt werden Datenstrukturen (Klassen) und deren Felder (Attribute).

Als Elementarprozesse werden jeweils die kleinsten für den Nutzer als Einheit erkennbaren Funktionen gezählt: reine *Eingaben* von Daten in das System, *Abfragen* (ohne Verarbeitung der Daten) sowie *Ausgaben* von Daten, die zuvor umgerechnet wurden. Für jede Eingabe, Ausgabe oder Abfrage werden jeweils die für den Nutzer erkennbaren Felder gezählt und die darin verwendeten Datenstrukturen (Klassen). Diese Daten können beispielsweise an den Anwendungsfällen oder auch an den Mockups der Oberfläche gewonnen werden. Bei den Mockups werden z.B. die Ein-/Ausgabeelemente der grafischen Oberfläche gezählt: Das sind die „erkennbaren Felder". Die dahinterstehenden Datenstrukturen sind die zweite Zählgröße.

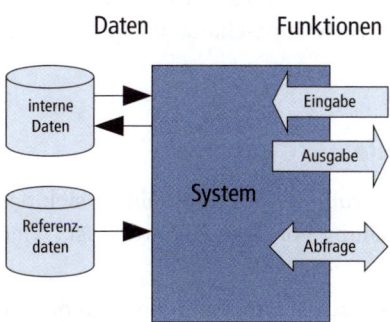

Abbildung 10.5: Zählende Größen der FPA.

Die erhobenen Zahlen werden mithilfe von Zuordnungstabellen umgerechnet: Die Tabellen ordnen den gezählten Datenstrukturen/Feldern/... jeweils eine Zahl zu, die *Unadjusted Function Points*.

Ergebnis: Die Unadjusted Function Points sind ein objektives Maß für den fachlichen Umfang eines Systems.

Nichtfunktionale Anforderungen, besonders Qualitätsanforderungen, können über gesonderte Regeln berücksichtigt werden. Sie werden zu einem Faktor, der mit den Unadjusted Function Points multipliziert wird. Das Ergebnis, die *Adjusted Function Points*, können dann über Erfahrungswerte in den tatsächlichen Aufwand zur Umsetzung des Systems umgerechnet werden.

Einsatzbereich: Vorteil der FPA ist, dass es normierte Zählregeln gibt, sodass der fachliche Umfang von Systemen auch über Unternehmensgrenzen hinweg verglichen werden kann. Aus dem fachlichen Umfang können notwendiger Aufwand und optimale Projektdauer direkt abgeleitet werden, hierbei spielen Faktoren wie die Größe, Erfahrung und Produktivität des Teams eine wichtige Rolle.

Eine große Zahl von Weiterentwicklungen der FPA ist in den vergangenen Jahren veröffentlicht worden. Die Use Case Points (Karner) sind ein Beispiel für eine Methode, bei der die Zählung direkt an den Inhalten einer Spezifikation stattfindet.

Anforderungsqualität bestimmt die Schätzqualität

Je weniger über die Anforderungen und Risiken des zu bauenden Software-Systems bekannt ist, desto größer ist offenbar der mögliche Schätz- bzw. Kalkulationsfehler: Eine vergessene Anforderung taucht nicht als Arbeitspaket in der Stückliste der Experten oder als Zählposition in der FPA auf, dadurch werden der Aufwand sowie der fachliche Umfang unterschätzt. Eine nicht gut verstandene Anforderung wird in der Regel als zu einfach bewertet, auch das führt zu entsprechenden Fehlern. Anders herum formuliert bedeutet das: Je mehr über die Anforderungen bekannt ist, je präziser diese erfasst sind, desto genauer ist die Schätzung bzw. die Kalkulation.

Fazit ist: Die Qualität der Anforderungsanalyse bestimmt die Qualität und Zuverlässigkeit der Verfahren zur Aufwandsschätzung und zur Kalkulation des fachlichen Umfangs.

10.2.6 Projektkontrolle

Im Rahmen der Projektkontrolle wird festgestellt, ob sich das Projekt in dem Rahmen bewegt, der durch die Planung vorgegeben worden ist. Wichtig sind dabei zwei Fragen:

- Ist der Liefertermin noch zu halten? Wenn nein, so muss das rechtzeitig den wichtigsten Stakeholdern mitgeteilt werden, damit diese sich darauf einstellen und entsprechend reagieren können.

■ Bleibt das Projekt im geplanten Budget? Überschreitungen des Budgets können beispielsweise bei Festpreisprojekten zu Verlusten des Auftragnehmers führen. Darauf sollte der Auftragnehmer rechtzeitig reagieren und z.B. den Verlust bewusst akzeptieren, nachverhandeln oder das Projekt abbrechen.

Die Kontrolle erfolgt auf der Grundlage der geplanten Arbeitspakete. Jedes Arbeitspaket wird dabei als kleines Projekt aufgefasst, mit Terminen (einer Dauer), Aufwand (Kosten), einem messbaren Ergebnis (z.B. ein Dokument oder Code) in definierter Qualität. Das sind die vier Ecken des Teufelsquadrats (siehe *Abschnitt 10.2.2, Die fünf Regelgrößen*). Jeder der Parameter kann und sollte für jedes Arbeitspaket und damit direkt oder indirekt für jedes (Zwischen-)Ergebnis kontrolliert werden:

■ Meilenstein- und Terminkontrolle: Ist das Arbeitspaket zum geplanten Zeitpunkt fertiggestellt worden bzw. wurde der geplante Termin für den Meilenstein eingehalten?

■ Aufwandskontrolle: Wurde das Arbeitspaket im Rahmen des geplanten Aufwands fertiggestellt?

■ Ergebniskontrolle: Hat das Arbeitspaket das Ergebnis im geplanten Umfang geliefert?

■ Qualitätskontrolle: Entsprechen das Ergebnis und der Erstellungsprozess den vorgegebenen Qualitätsanforderungen?

Die für die Kontrollen notwendigen Daten können auf verschiedene Arten erhoben werden, beispielsweise über regelmäßige schriftliche Berichte oder über Gespräche in regelmäßigen Projektmeetings (Hindel, Hörmann und Müller).

Abweichungen in einer der vier Größen beeinflussen auch die anderen Größen. Ergebnisse der Kontrolle werden daher in der Regel zu einer Kennzahl wie beispielsweise dem Fertigstellungsgrad verdichtet. Nachfolgend wird dieser exemplarisch beschrieben:

Der Fertigstellungsgrad

Für die Projektkontrolle in Software-Entwicklungsprojekten ist eine Größe besonders wichtig: der Fertigstellungsgrad. Dieser ist ein Maß dafür, wie viel Prozent der (nach Aufwand gewichteten) Arbeitspakete bereits umgesetzt sind. Die Erhebung des Fertigstellungsgrads ist naiv durchgeführt kein Problem:

Fertigstellungsgrad = Erbrachter Aufwand / Geplanter Aufwand

Um diese Größe zu erheben, wird der erbrachte Aufwand gezählt, diese Zahl kann aus der Zeiterfassung eines Projektes gewonnen werden. Geteilt durch den geplanten Aufwand ergibt sich der Fertigstellungsgrad.

Dieses Vorgehen hat zwei wesentliche Probleme:

■ Schätzfehler: Die Formel geht davon aus, dass der erbrachte Aufwand am Ende des Projektes genau dem geplanten Aufwand entspricht. Wenn der geplante Aufwand wegen Schätzfehlern zu niedrig ist, so ist der gemessene Fertigstellungsgrad falsch.

■ **Fast-fertig-Problem:** Ein Arbeitspaket ist erst dann wirklich fertiggestellt, wenn das Ergebnis vollständig erarbeitet wurde. Es dürfen keine Fehler oder Lücken mehr enthalten sein. Außerdem muss die Qualität des Ergebnisses einen definierten Grad erreicht haben. Qualitätsprobleme, verbliebene Fehler und Lücken können nur festgestellt werden, wenn Qualitätssicherung stattfindet. Wenn Arbeitspakete als „fast fertig" (= fertig bis auf QS) gemeldet werden, sollten sie besser als nicht fertig gewertet werden. Ohne formale Inspektionen der Spezifikation oder Tests der Software sind Aussagen zur Fertigstellung von Ergebnissen nicht zuverlässig.

Fertigstellungsgrad und Schätzfehler

Dem Problem der Schätzfehler kann über regelmäßige Schätzungen des Restaufwandes begegnet werden: Für alle Arbeitspakete, die noch in Arbeit sind, und für alle noch nicht begonnenen Arbeitspakete findet eine erneute Aufwandsschätzung statt. Mit den neuen Zahlen wird der geschätzte Gesamtaufwand korrigiert:

Fertigstellungsgrad

= Erbrachter Aufwand / (Erbrachter Aufwand + Geschätzter Restaufwand)

So wird der Fertigstellungsgrad zuverlässiger festgestellt und Fehler in der Aufwandsschätzung werden erkannt und es kann schnell reagiert werden.

Fertigstellungsgrad und das Fast-fertig-Problem

Nur weil jemand ein Ergebnis für fertiggestellt hält, muss dieses Ergebnis noch lange nicht fertiggestellt sein: Spezifikationsdokumente (Lasten- und Pflichtenhefte) sind hier ein besonderes Problem, denn Papier ist geduldig! Wenn Anforderungen von den Autoren der Spezifikation nicht vollständig verstanden und dokumentiert werden, kommt es zu Problemen. Wenn die Zeit in der Anforderungsanalyse knapp wird, kann das über vage bzw. abstrakt aufgeschriebene Anforderungen „behoben" werden. Diese vagen Anforderungen werden dann unterschätzt, da wichtige (aufwendige) Details wegabstrahiert wurden. Die Anforderung: *Das System soll Werbebanner darstellen können* ist ein Beispiel für eine solch abstrakte Anforderung. Erst während der Entwicklung (der Werbebanner) wird erkannt, dass Nacharbeiten notwendig sind, um das fehlende Verständnis herzustellen, z.B. wie die Banner abgerechnet werden oder wie ihre Präsentation zeitlich eingeteilt wird. Die Planung des entsprechenden Arbeitspakets und eventuell aller nachfolgenden Arbeitspakete wird wegen dieser verschleppten Spezifikationsarbeiten und enthaltener Fehler zur Makulatur.

Die beiden Beispiele belegen, dass die Zuverlässigkeit des gemessenen Fertigstellungsgrades und damit der Projektkontrolle an der Güte der Qualitätssicherung hängt: Die Qualität der formalen Inspektion, durch die eine Spezifikation beispielsweise qualitätsgesichert wird, bestimmt die Zuverlässigkeit der Aussage, dass diese wirklich „fertig" ist.

Kontrolle der Beistellungen (Mitwirkungspflichten des Auftraggebers)

Ein wichtiges Thema der Projektkontrolle ist die Kontrolle der Beistellungen. Eine Beistellung ist ein Ergebnis oder eine Ressource, die vom Auftraggeber für den Auftragnehmer bereitgestellt wird, um das Projektziel zu erreichen. Hindel et al. bezeichnen sie als *Mitwirkungspflichten* des Auftraggebers (Hindel, Hörmann und Müller). Beispiele für Beistellungen sind:

- **Ansprechpartner** aus Fachabteilungen und anderen Organisationseinheiten für Interviews, Workshops, Fragen, alte Systeme, ...

- **Dokumente** aus vorhergehenden Projekten, Strategiepapiere, Vorschriften, Styleguides, Handbücher, Spezifikationen bestimmter Subsysteme, ...

- **Zugriffsrechte** auf vorhandene Software, Netzwerkdienste, ...

- (Test-)**Daten**

- (Test-)**Hardware und Software**

Bestimmte Arbeitspakete benötigen Beistellungen, wie die Dokumentation aus den Vorgängerprojekten. Andere Arbeitspakete können nicht durchgeführt werden, wenn der versprochene Ansprechpartner keine Zeit hat oder kein Zugriff mit ausreichenden Rechten auf das Vorgängersystem besteht.

Wenn Beistellungen zu spät oder nicht in ausreichender Qualität vom Auftraggeber bereitgestellt werden, gefährdet das den Liefertermin, das Projektbudget, den Funktionsumfang oder die Qualität des Ergebnisses.

Praxistipp: Beistellungen vertraglich fixieren

Beistellungen müssen im Vertrag zwischen Auftraggeber und Auftragnehmer geregelt sein:

- Wann sind welche Ansprechpartner in welchem Umfang verfügbar?
- Wann stehen Dokumente, Daten, Lizenzen und Zugriffsrechte zur Verfügung? Welche Qualität haben die Dokumente (mindestens)?
- Wann steht die benötigte (Test-)Hardware zur Verfügung?

Ohne eine solche Festlegung sind die Beistellungen nicht im Projektverlauf einklagbar und die darauf aufbauende Planung ist weniger zuverlässig.

Qualität und Verfügbarkeit der Beistellungen müssen durch die Projektkontrolle geprüft werden. Auf Verzögerungen in der Bereitstellung, auf mangelnde Verfügbarkeit von Ansprechpartnern oder auf nicht vorhandene Zugriffsrechte oder Hardware muss schnell reagiert werden.

10.2.7 Projektsteuerung

Wenn bei der Projektkontrolle Abweichungen zwischen Plan und dem aktuellen Zustand des Projektes festgestellt werden, sollte steuernd eingegriffen werden. Die fünf Regelgrößen können folgendermaßen angepasst werden:

- Liefertermin verschieben;
- Budget erhöhen oder senken, damit muss auch die Mitarbeiterzahl erhöht oder gesenkt werden, eventuell sind (mehr) Überstunden zu leisten;
- Funktionsumfang erweitern oder kürzen;
- Qualität erhöhen oder senken;
- Produktivität beeinflussen.

Liefertermin und Budget sind in der Regel kaum verhandelbar: Der Auftraggeber hat auf der Grundlage des geplanten Budgets eventuell eine Wirtschaftlichkeitsrechnung durchgeführt und das Projekt wird unwirtschaftlich, wenn es mehr kostet. Anschließende Projekte benötigen das Projektergebnis zu einem bestimmten Zeitpunkt und wichtige Ressourcen sind nur innerhalb der geplanten Projektlaufzeit verfügbar.

Häufig bilden die Anforderungen die einzige verbleibende Verhandlungsmasse des Projektleiters mit dem Auftraggeber. Wenn Budget oder Liefertermin in Gefahr geraten, ist eine typische Maßnahme der Projektsteuerung eine Diskussion über die Anforderungen: Über das Weglassen oder die weniger aufwendige Umsetzung einzelner Anforderungen kann eventuell Budget gespart und das Projekt beschleunigt werden. Voraussetzung dafür ist allerdings, dass Anforderungen in der Reihenfolge ihrer Priorität eingeplant worden sind.

> ### Praxistipp: First Things First
>
> Planen Sie Ihre Projekte immer so, dass Anforderungen in der Reihenfolge ihrer (wirtschaftlichen) Bedeutung umgesetzt werden. Anforderungen mit großem Nutzen sollten immer zuerst umgesetzt werden. Die weniger wichtigen Anforderungen sind Ihre Verhandlungsmasse mit dem Auftraggeber, wenn Probleme auftreten.

Alternativ an der Qualität zu sparen, etwa den Testaufwand zu kürzen, ist in der Regel keine gute Idee, da dann die Risiken für Probleme beim gelieferten System steigen (siehe unten).

Sneed et al. führen aus, dass sich die Produktivität eines Teams in der Regel nur sehr langsam verbessern lässt (Sneed, Seidl und Baumgartner). Dort sind also nur langfristige Maßnahmen Erfolg versprechend.

10.2.8 Risikomanagement

Ein Risiko ist ein mögliches Ereignis, das negative Auswirkungen auf das Projekt und/oder auf das Projektergebnis hat. Ein eingetretenes Risiko ist ein Problem, das in der Regel gelöst werden muss. Ein Risiko ist also ein Problem, das eintreten kann, aber nicht muss.

Die Größe eines Risikos wird durch die Höhe des möglichen Schadens und die Eintrittswahrscheinlichkeit angegeben:

*Höhe des Risikos = Eintrittswahrscheinlichkeit * Schadenhöhe*

Es werden zwei Arten von Risiken unterschieden: Projektrisiken bedrohen das Projekt, Produktrisiken gehen von dem gelieferten Produkt beim Auftraggeber bzw. Benutzer aus. Die Projektrisiken werden in den folgenden Abschnitten angegangen. Die Produktrisiken sind Thema des *Abschnitts 10.3, Qualitätssicherung und Test*

Projektrisiken bedrohen die fünf Stellgrößen eines Projektes:

- den Liefertermin, der verschoben werden muss,
- Budget und Ressourcen, die aufgestockt werden müssen, was möglicherweise zu einem Festpreisverlust führt,
- den Funktionsumfang, der reduziert werden muss, da mehrere zugesagte Anforderungen nicht umgesetzt und geliefert werden können, weil technische, fachliche oder organisatorische Probleme aufgetreten sind,
- die Qualität, die nicht den Erwartungen entspricht, weil zugesagte Qualitätsanforderungen nicht eingehalten werden können aufgrund technischer Probleme, und
- die Produktivität, die zu niedrig ist, weil es beispielsweise im Team organisatorische Probleme gibt oder die gewählten Werkzeuge mehr stören als helfen.

Vorgehen

Risikomanagement ist der systematische proaktive Umgang mit Risiken. Es sorgt dafür, dass trotz vieler Unwägbarkeiten und Bedrohungen das Projekt mit hoher Wahrscheinlichkeit erfolgreich wird, d.h., dass Budget und Liefertermin eingehalten werden und dass der vereinbarte Funktionsumfang in der entsprechenden Qualität vorliegt. Dazu müssen die Risiken bekannt sein, denn nur dann kann agiert werden, *bevor* das Risiko zu einem Problem wird. Auf Probleme kann nur noch reagiert werden.

Für jedes Risiko können Maßnahmen ergriffen werden, um seine Eintrittswahrscheinlichkeit oder seine Schadenshöhe zu verringern, außerdem kann ein Eventualfallplan (der „Plan B") erstellt werden, für den Fall, dass das Risiko tatsächlich zum Problem wird.

Die ▶ Abbildung 10.6 stellt die wichtigsten Teilaktivitäten des Risikomanagements vor, wie es DeMarco und Lister sehen (DeMarco und Lister).

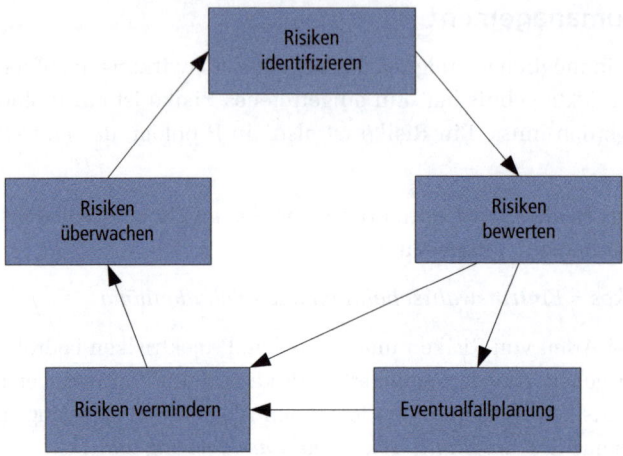

Abbildung 10.6: Risikomanagementprozess.

Risiken identifizieren

Während des Projektes werden fortlaufend neue Risiken identifiziert und dokumentiert. Dies geschieht beispielsweise mithilfe einer Tabelle, die zu jedem Risiko mindestens eine ID, einen Namen, eine Beschreibung und einen Eintrittsindikator enthält.

Die ▶ Tabelle 10.2 gibt eine Übersicht über typische Risiken, die mit der Anforderungsanalyse und dem Anforderungsmanagement zusammenhängen. Diese Risikoliste ist nicht vollständig: Die Risiken sind noch nicht bewertet und es fehlen unter anderem Maßnahmen zu deren Minderung.

Nr.	Name	Beschreibung
1.	Unklare Ziele	Unklare Ziele machen es kaum möglich eine stabile Menge von Anforderungen mit Prioritäten festzulegen, da für jede Anforderung nicht klar entschieden werden kann, ob und wie sie zu einem der Ziele beiträgt.
2.	Zielkonflikte	Stakeholder haben unterschiedliche und zum Teil widersprüchliche Interessen. Das kann zu einem Konflikt über die Ziele eines Projektes bzw. Systems führen. Beispiel: Ein Abteilungsleiter will ein genaues Bild von den persönlichen Arbeitsleistungen einzelner Mitarbeiter haben, der Betriebsrat verbietet solche Leistungsmessungen jedoch grundsätzlich.
3.	Instabile Anforderungen	Jede Änderung der Anforderungen kann Auswirkungen auf den Liefertermin sowie das Budget und damit auf die Planung haben. Je häufiger sich Anforderungen ändern, desto instabiler werden auch die Planung und Aussagen über Liefertermin, notwendiges Budget oder Funktionsumfang.

Tabelle 10.2: Beispiele für Projektrisiken im Zusammenhang mit Anforderungen.

Nr.	Name	Beschreibung
4.	Unklare Anforderungen (+ Schätzfehler)	Ungenau erhobene oder fehlende Anforderungen verfälschen die Aufwandsschätzung und damit die Planung. Eventuell stellt sich erst bei der Lieferung heraus, dass das System an den tatsächlichen Bedürfnissen der Nutzer vorbeigeht.
5.	Falsche Anforderungen	Wenn die Anforderungen an den tatsächlichen Bedürfnissen der Nutzer vorbeigehen, ist das gelieferte System eventuell unbrauchbar.
6.	Over Engineering	Zu viele Anforderungen (Over Engineering, „goldene Henkel") sind ebenfalls ein Risiko. Das System wird teurer als notwendig, unnötig komplex und seine Fertigstellung verzögert sich.
7.	Vergessene Stakeholder	Wenn Stakeholder in der Anforderungsanalyse nicht berücksichtigt wurden, kann das die Einführung des Systems gefährden und/oder zu wesentlichen Änderungen führen. Der Betriebsrat kann beispielsweise die Einführung eines Systems stoppen, das die individuelle Leistung von Mitarbeitern misst.
8.	Zusammenarbeit mit Auftraggeber	Probleme in der Zusammenarbeit mit dem Auftraggeber, beispielsweise durch überlastete oder unmotivierte Stakeholder oder durch nicht oder zu spät gelieferte Beistellungen in schlechter Qualität, können dazu führen, dass Anforderungen vergessen werden oder Entscheidungen zu spät getroffen werden. Wenn Beistellungen (Experten, Dokumente) zu spät bereitgestellt werden, verzögert das alle darauf aufbauenden Arbeiten.

Tabelle 10.2: Beispiele für Projektrisiken im Zusammenhang mit Anforderungen. (Forts.)

Risiken bewerten

Da aus Kosten- und Zeitgründen nicht alle Risiken im Detail betrachtet werden können, müssen die wichtigsten Risiken identifiziert werden. Für jedes Risiko wird eine Eintrittswahrscheinlichkeit geschätzt und der mögliche Schaden und seine Auswirkungen werden überschlagen. Hieraus ergibt sich dann, wie schon dargestellt, die Höhe des Risikos.

Die Analyse liefert zusätzlich Anhaltspunkte, wie das jeweilige Risiko vermieden oder seine Auswirkungen gemindert werden können.

Eventualfallplanung

Wenn ein Risiko zum Problem wird, sollte es einen Plan geben, was dann zu tun ist. Außerdem sollten Zeit und Budget vorhanden sein, den Plan in die Tat umzusetzen.

Typisches Vorgehen ist ein pauschaler Risikoaufschlag auf den geschätzten Projektumfang, der Risikopuffer. So wird dem Auftraggeber beispielsweise ein späterer Liefertermin genannt, als laut Planung möglich wäre. Die Differenz beider Termine ist der Risikopuffer. DeMarco und Lister geben ein Verfahren an, mit dem aus typischen Risiken der Zeitaufschlag und damit der wahrscheinlichste Liefertermin berechnet werden kann (DeMarco und Lister).

Auch Anforderungen können als Puffer verwendet werden: Unwichtige Anforderungen werden erst am Ende des Projektes eingeplant und können weggelassen werden, falls Risiken eintreten.

Risiken abschwächen

Um Risiken abzuschwächen, gibt es zwei Stellschrauben: die Eintrittswahrscheinlichkeit und die Schadenshöhe. Im Rahmen des Risikomanagements können verschiedene Maßnahmen zur Abschwächung ergriffen werden. Viele der in diesem Buch vorgestellten Methoden führen letzthin zur Abschwächung von Projektrisiken.

Dieses Buch beschreibt viele Methoden, um Projektrisiken zu mindern. Die ▶ Tabelle 10.3 zeigt einen Ausschnitt aus einer Risikoliste, die Beispiele für diese Maßnahmen dokumentiert.

Nr.	Name	Beschr.	Maßnahmen
1.	Unklare Ziele	...	Ziele explizit dokumentieren über Zielediagramm (Kapitel 2) oder ähnliche Methode. Ziele mit Stakeholdern in Workshop präzisieren und abstimmen.
2.	Zielkonflikte	...	Konflikt explizit machen und dokumentieren (siehe Kapitel 7). Frühzeitig Kompromisse auf der Basis der Interessen und nicht der Anforderungen suchen.
3.	Instabile Anforderungen	...	Eher träges Änderungsmanagement, das für Änderungen einen längeren Reflektions- und Genehmigungszeitraum erzwingt (siehe Kapitel 8)
4.	Unklare Anforderungen	...	Validierung der Anforderungen über eine formale Inspektion (Kapitel 7).
5.	Falsche Anforderungen	...	Validierung der Anforderungen über eine formale Inspektion (vgl. Kapitel 7).
6.	Over Engineering	...	Identifikation des Minimal Marketable Featuresets (Kapitel 7 und 9). Schätzworkshop mit Auftraggeber, um Kosten transparent zu machen (siehe oben).
7.	Vergessene Stakeholder	...	Aktives Stakeholder-Management (Kapitel 2)
8.	Zusammenarbeit mit Auftraggeber	...	Regelmäßige JourFixes. Termine für Beistellungen im Vertrag dokumentieren (siehe oben). Aktive Projektkontrolle und -steuerung.

Tabelle 10.3: Maßnahmen, um die Risiken aus Tabelle 10.2 zu mindern.

Risiken beobachten

Die Eintrittsindikatoren der wichtigsten Risiken werden regelmäßig beobachtet, um möglichst schnell festzustellen, ob eines der Risiken zum Problem geworden ist oder wahrscheinlich eins wird. Dies ist notwendig, damit rechtzeitig agiert werden kann und nicht reagiert werden muss. Ein eventuell vorhandener Eventualfallplan sollte rechtzeitig in die Tat umgesetzt werden können.

10.3 Qualitätssicherung und Test

Ein Fehler in einem Software-System liegt vor, wenn das Verhalten des Systems abweicht von dem Verhalten, das von den Anforderungen definiert wird. Ursache dafür kann ein Programmierfehler in der Software sein. Ein Fehler liegt auch vor, wenn das System ein Bedürfnis des Auftraggebers bzw. der Nutzer nicht erfüllt. Ursache dafür kann ein Fehler in den Anforderungen sein.

Die Qualität ist dann besonders hoch, wenn das System genau den expliziten und impliziten Erwartungen und Bedürfnissen des Auftraggebers entspricht. Dies führt zur Definition des Begriffs Software-Qualität aus der Norm ISO 25000 (ISO/IEC 25000).

Definition: Qualität

Software quality: Capability of a software product to satisfy stated and implied needs when used under specified conditions (ISO/IEC 25000).

Damit hängt die Qualität eines Software-Systems davon ab, wie gut es die gegebenen impliziten oder explizit dokumentierten Anforderungen unter den festgelegten Einsatzbedingungen (= nichtfunktionale Anforderungen bzw. Rahmenbedingungen) erfüllt. Offenbar lässt sich Qualität nicht universell gültig festlegen, sondern nur abhängig von den konkreten Anforderungen innerhalb eines Projekts und innerhalb einer Organisation.

In Kapitel 7 wurden bereits einige Review-Techniken diskutiert, wie Walkthroughs, Stellungnahmen oder formale Inspektionen. Die Verfahren dienen dazu, frühzeitig Fehler in den Anforderungen zu erkennen.

Wird mit einer ungeprüften Spezifikation gearbeitet, dann sind ihre Inhalte nicht vertrauenswürdig: Es ist unklar, wie viele Fehler in ihr enthalten sind. Wenn eine Software ungetestet ausgeliefert wird, gilt dasselbe. Die Zahl der Fehler in der Software ist unbekannt. Es kann nicht einmal zugesichert werden, dass elementare Funktionen der Software korrekt funktionieren.

Reviews und Tests messen die aktuelle Qualität eines Dokumentes bzw. einer Software. Sie ermöglichen damit Maßnahmen zu ergreifen, die Qualität über Nacharbeiten an Dokumenten oder die Fehlerbehebung in der Software zu verbessern.

Definition: Qualitätssicherung

Quality Assurance:

(1) A planned and systematic pattern of all actions necessary to provide adequate confidence that an item or product conforms to established technical requirements.

(2) A set of activities designed to evaluate the process by which products are developed or manufactured
(IEEE 610.12-1990).

Die Qualitätssicherung ist ein systematisches Vorgehen. Sie erzeugt Vertrauen, dass ein Liefergegenstand (Dokumente, das System) die vorgegebenen Anforderungen erfüllt. Auch Maßnahmen für die Evaluation des Entwicklungsprozesses sind in der Qualitätssicherung enthalten (siehe Kapitel 11).

Die Qualitätssicherung kann jedoch keine Garantien geben, beispielsweise für das Funktionieren einer Software: Im Rahmen des vorhandenen Budgets kann nur in Ausnahmefällen *bewiesen* werden, dass ein System bestimmte Anforderungen erfüllt. Auch in sorgfältigen formalen Inspektionen und bei ausführlichen Tests werden in der Regel nicht alle Fehler gefunden (Siedersleben).

Walkthroughs oder formale Inspektionen sind ebenso wie das Testen der Software **analytische Qualitätssicherungsmaßnahmen**. Sie dienen dazu festzustellen, wie viele Fehler in Dokumenten und den anderen Artefakten vorhanden sind. Die Behebung der Fehler wird nicht zur Qualitätssicherung gerechnet.

Maßnahmen der **konstruktiven Qualitätssicherung** sorgen dafür, dass Fehler nicht erst entstehen. Die Weiterqualifikation von Mitarbeitern, regelmäßige Meetings oder die Definition, Befolgung und Verbesserung eines eigenen Vorgehensmodells (siehe Kapitel 11) sind Beispiele für konstruktive Maßnahmen zur Vermeidung von Fehlern.

10.3.1 Schnittstelle zur Qualitätssicherung: Produktrisiken

Ein Fehler in einer Software oder einem technischen Gerät kann beispielsweise große finanzielle Schäden oder sogar den Verlust von Menschenleben verursachen. Auch nicht vollständig erfüllte Qualitätsanforderungen, beispielsweise zu große Antwortzeiten oder zu geringer Transaktionsdurchsatz, verursachen Schäden: Ein zu langsames Produkt wird eventuell nicht gut verkauft, ein Informationssystem mit zu geringem Durchsatz kann nicht in Betrieb genommen werden, da es unter der Nutzerlast zusammenbricht.

Produktrisiken

Ein Produktrisiko ist ein möglicher Schaden, den ein System beim Auftraggeber bzw. Nutzer anrichten kann, multipliziert mit der Eintrittswahrscheinlichkeit. Also wie oben schon:

*Produktrisiko = Schadenshöhe bei einem Fehler * Eintrittswahrscheinlichkeit.*

Mithilfe der Qualitätssicherung kann die Eintrittswahrscheinlichkeit gesenkt werden, da viele Fehler erkannt werden, bevor sie beim Nutzer Schaden anrichten können. Mithilfe des Architekturentwurfs (siehe *Abschnitt 10.4, Software-Architektur-Entwurf*) kann die Schadenshöhe begrenzt werden. Beispielsweise kann eine spezielle Komponente (ein Watch Dog (Bass, Clements und Kazman)) dafür sorgen, dass Ausfälle des Software-Systems früh erkannt werden und dann das System neu gestartet wird.

Kosten und Nutzen der Qualitätssicherung

Da für die Qualitätssicherung nicht beliebig viel Budget und Zeit zur Verfügung steht, muss sich diese vorrangig um die großen Produktrisiken kümmern. Das sind Risiken mit sehr großem möglichen Schaden und/oder Risiken, die mit hoher Wahrscheinlichkeit eintreten.

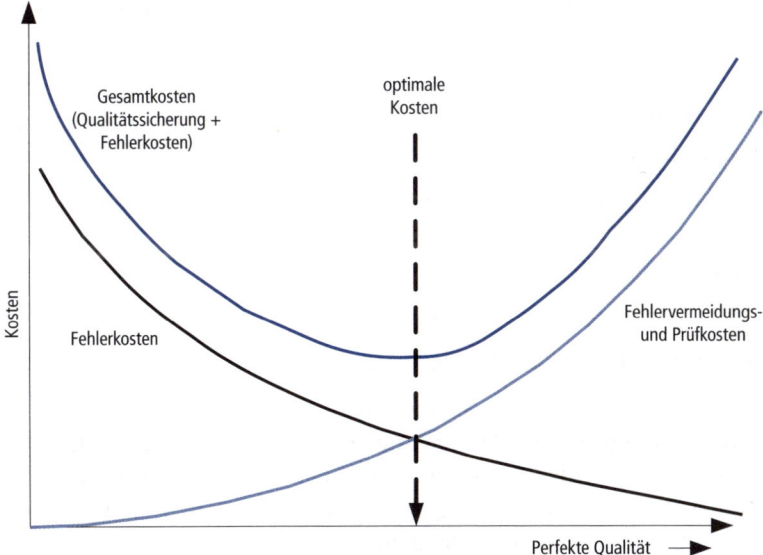

Abbildung 10.7: Fehlerkosten gegen Fehlervermeidungs- und Prüfkosten. (Juran).

Die ▶ Abbildung 10.7 aus Juran (Juran) veranschaulicht den Zusammenhang zwischen den Fehlerkosten sowie den Fehlervermeidungs- und Prüfkosten. Die Fehlerkosten sind alle Kosten, die anfallen, wenn ein Fehler beim Benutzer auftritt. Dazu gehören die Diagnosekosten, um den Fehler zu finden, die Reparaturkosten und die Kosten für Entschädigungen sowie Vertragsstrafen. Fehlervermeidungskosten sind alle Kosten für konstruktive Qualitätssicherung, also Kosten für Schulungen, Werkzeuge oder die Verbesserung der Kommunikation. Prüfkosten sind alle Kosten zur analytischen Qualitätssicherung, also Kosten für formale Inspektionen oder Tests.

Je mehr Budget in die Fehlervermeidung und in die Prüfung investiert wird, desto geringer sind die wahrscheinlichen Fehlerkosten. Denn potenzielle Fehler werden entweder vermieden oder gefunden, bevor sie beim Auftraggeber bzw. Nutzer Schaden anrichten können.

Betrachtet man die Gesamtkosten (auch Qualitätskosten genannt), gibt es ein Optimum, sodass die Summe aus den wahrscheinlichen Fehlerkosten und den Kosten für die Qualitätssicherung ein Minimum erreichen. Maximale Qualitätssicherung ist damit ebenso unbezahlbar wie keine Qualitätssicherung. Mithilfe der Planung von analytischen und konstruktiven Qualitätssicherungsmaßnahmen wird versucht, dieses Optimum zu erreichen.

10.3.2 Qualitätsziele festlegen

Das Vorgehen zur Qualitätssicherung wird durch Qualitätsziele beeinflusst. Qualitätsziele legen fest, welche Qualitätseigenschaften Zwischen- und Endergebnisse sowie der Entwicklungsprozess erreichen sollen. Qualitätsziele werden festgelegt für

- alle (End-)Ergebnisse eines Projektes, also das System und begleitende Dokumente wie Benutzerhandbuch oder Schulungsunterlagen;
- Zwischenergebnisse, die im Laufe des Projektes erstellt werden, wie eine Anforderungsliste oder ein Spezifikationsdokument;
- den Entwicklungsprozess.

Die Qualitätsziele bestimmen, wie die Qualitätssicherung durchgeführt wird. Denn die Qualitätssicherung soll Vertrauen schaffen, dass die Qualitätsziele von den Zwischen- und Endergebnissen sowie vom Entwicklungsprozess erreicht werden.

10.3.3 Planung der Qualitätssicherung

Am Anfang eines Projektes wird abhängig von den bis dahin bekannten Produkt- und Projektrisiken ein Konzept zur Qualitätssicherung entwickelt. Und die Qualitätssicherung im Projekt wird geplant. Diese Informationen werden abhängig vom gewählten Vorgehensmodell beispielsweise im QS-Handbuch (siehe z.B. V-Modell XT (V-Modell XT)) dokumentiert, vgl. auch IEEE 730-2002.

Um kostenbewusst zu arbeiten, muss die Qualitätssicherung nach Risiken priorisiert stattfinden: Durch welche Fehler wird wahrscheinlich der größte Schaden durch (Zwischen-)Ergebnisse wie ein Spezifikationsdokument oder durch Liefergegenstände wie das System verursacht? Wo sind welche Fehler wahrscheinlich? Welche Fehler bedrohen die Qualitätsziele? Die größten Risiken sollten vorrangig behandelt werden.

Das QS-Handbuch dokumentiert die Anforderungen an die Qualitätssicherung und die Qualitätsziele und leitet daraus unter Berücksichtigung der Risiken die Maßnahmen zur Qualitätssicherung ab. Konstruktive und analytische Maßnahmen werden für den Entwicklungsprozess sowie alle (Zwischen-)Ergebnisse geplant.

Das QS-Handbuch legt fest, welche (Zwischen-)Ergebnisse geprüft werden, welche Verfahren dafür verwendet werden und welche Voraussetzungen für die Prüfung erforderlich sind. Auch Prüftermine und die Festlegung, wer die Prüfungen durchführt, können enthalten sein. Das QS-Handbuch legt beispielsweise fest, dass die Spezifikation vor der eigentlichen Fertigstellung mithilfe einer formalen Inspektion geprüft wird.

Aus dem QS-Handbuch können sich Arbeitspakete ergeben, wie beispielsweise der Aufbau einer Testdatenbank, die Implementierung von Lasttests oder ein Workshop mit Experten, um Architekturentscheidungen mithilfe von Szenarien zu validieren.

Ergänzend zum QS-Handbuch kann ein Testplan beispielsweise nach IEEE 829-2008 (IEEE 829-2008) festgelegt werden. Dieser dokumentiert zusammen mit dazu passenden Testspezifikationen, wie genau der Test des Software-Systems ablaufen soll.

10.3.4 Prioritäten nach Wichtigkeit für die Stakeholder

Die Reihenfolge und die Tiefe der Qualitätssicherung sollten von der Bedeutung der jeweiligen Funktionen für die Stakeholder abhängen. Je wichtiger eine Funktion ist, d.h. je höher der Schaden bei einer Fehlfunktion ist, desto früher und intensiver muss getestet bzw. ein Review durchgeführt werden.

Die aktuelle Version des Standards IEEE 829 aus dem Jahr 2008 führt dazu das Konzept der *Integritätsstufen* (*Integrity Level*) ein. Diese sind ein Maß dafür, wie schwerwiegend ein Fehler in der Realisierung einer Anforderung bzw. in einer Funktion oder einem Subsystem für die jeweiligen Stakeholder wäre (IEEE 829-2008).

Eine Integritätsstufe kann einzelnen Anforderungen, Funktionen, Gruppen von Funktionen oder auch ganzen Subsystemen zugewiesen werden. Die Integritätsstufe entscheidet über den Umfang der Qualitätssicherung und damit auch der Testdokumentation und der dadurch gesteuerten Tests.

Der Standard schlägt vier Stufen vor, diese können projektspezifisch angepasst werden. Die Stufen beschreiben jeweils die Folgen, wenn eine Anforderung nicht erfüllt wird, d.h. wenn das System bzw. die Software nicht korrekt funktioniert:

4	Katastrophal (*catastrophic*)	Schwerwiegende Folgen (Verlust von Menschenleben, Verlust des Systems, schwere Umweltschäden, schwerwiegende finanzielle Verluste, z.B. Insolvenz, ...). Eine Abschwächung der Folgen ist nicht möglich.
3	Kritisch (*critical*)	Ernsthafte Folgen (dauerhafte Verletzungen, wesentlicher Wertverlust des Systems, Umweltschäden, große finanzielle Verluste, ...). Teilweise oder vollständige Abschwächung der Folgen ist möglich.
2	Geringfügig (*marginal*)	Geringfügige Folgen: Vollständige Abschwächung der Folgen ist möglich.
1	Vernachlässigbar (*negligible*)	Vernachlässigbare Folgen. Die Abschwächung ist nicht erforderlich.

Tabelle 10.4: Integritätsstufen nach IEEE 829-2008 (IEEE 829-2008).

Der Typ des Systems entscheidet maßgeblich über die Integritätsstufen, die jeweils den Anforderungen zugewiesen werden. Bei einem Airbag-Controller werden viele Anforderungen die Stufe 4 (Katastrophal) haben. Bei einem einfachen webbasierten Informationssystem wird dagegen keine Anforderung die Stufe 3 erreichen, wenn keine Finanztransaktionen stattfinden oder wichtige Benutzerinformationen gespeichert werden, die geklaut werden könnten.

Um die Qualitätssicherung, besonders den Softwaretest, in einer angemessenen Tiefe durchzuführen, sollte für jede Anforderung bekannt sein, welcher Schaden verursacht wird, wenn sie nicht (ganz) erfüllt wird. Dies kann beispielsweise mithilfe der Integritätsstufen aus der IEEE 829 geschehen, die jeweils einer einzelnen Anforderung zugewiesen werden. Anhaltspunkte für den (geschäftlichen) Schaden bei einem Ausfall können folgende Fragen liefern:

- Kann es zu Personenschäden oder Umweltschäden kommen? Können ein oder mehrere Menschen durch eine Fehlfunktion verletzt werden?

- Kann es zu einem Image-Schaden kommen, z.B. durch eine Sicherheitslücke? Dieser müsste aufwendig beispielsweise durch eine Werbekampagne behoben werden.

- Kann ein finanzieller Schaden entstehen, beispielsweise durch falsche Abrechnungen oder irrtümlich versendete Briefe an Kunden (Druck- und Portokosten sowie nachfolgender Brief zur Klärung des Irrtums)?

- Kann es zu einem Nutzungsausfall kommen? Wie lange kann dieser dauern und wie viele Benutzer sind betroffen? Innerhalb eines Unternehmens können bestimmte Sachbearbeiter ohne das System nicht arbeiten. Externe Kunden können beispielsweise nichts bestellen und es gibt Umsatzausfälle. Darüber lassen sich die Kosten des Ausfalls grob überschlagen: Stundensatz der Sachbearbeiter mal Ausfallzeit in Stunden.

- Kann es zu einer Vertragsstrafe oder einer juristischen Auseinandersetzung kommen, z.B. weil Gesetze nicht richtig umgesetzt worden sind?

Häufig kann die Höhe des Schadens zumindest grob überschlagen werden, das genügt für die Risikobewertung völlig. Für sicherheitskritische Systeme ist eine detaillierte Untersuchung der möglichen Risiken zwingend erforderlich und durch entsprechende Normen vorgeschrieben.

10.3.5 Prüfkonzepte und Testspezifikationen

Boehm schlägt einen V-förmigen Entwicklungsprozess vor, in dem es für jede Phase der Software-Entwicklung eine entsprechende Qualitätssicherungsphase (Feedback-Phase) gibt (Boehm). Die ▶ Abbildung 10.8 zeigt ein V-Modell.

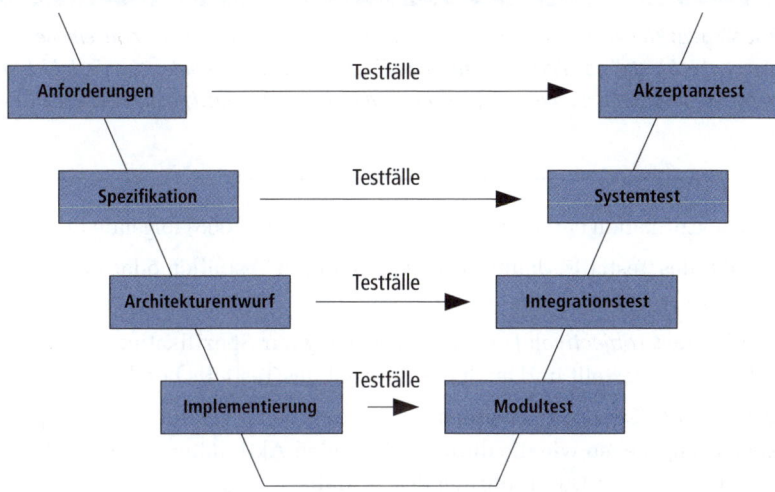

Abbildung 10.8: V-Modell für die Projektdurchführung.

Erweiterte Konzepte sehen für ausgewählte Ergebnisse einer Projektphase ein dazu passendes Prüfkonzept vor, in dem beschrieben wird, wie und mit welchen Zielen die Prüfung der (Zwischen-)Ergebnisse stattzufinden hat (V-Modell XT). Ein Prüfkonzept enthält exakte Anweisungen an den Gutachter bzw. Tester, wie das Review bzw. der Test durchzuführen ist. Ein Prüfkonzept für eine Software enthält beispielsweise einen oder mehrere Testfälle.

10.3.6 Testfälle

Über die Softwaretests wird geprüft, ob das (teilweise) fertiggestellte Software-System die spezifizierten Anforderungen erfüllt: Zu jeder (wichtigen) Anforderung wird mindestens ein Testfall spezifiziert, der überprüft, ob die Anforderung korrekt umgesetzt wurde und die Akzeptanzkriterien erfüllt sind. Das liefert Kriterien, wann das System *ausreichend* getestet wurde:

■ Wie viele Anforderungen sind über mindestens einen Testfall abgedeckt?

■ Wie viele der spezifizierten Testfälle (und damit der Anforderungen) wurden erfolgreich/nicht erfolgreich getestet?

Die Abdeckung der Anforderung durch einen Testfall ist erforderlich, da sonst nicht geprüft wird, ob die Anforderung überhaupt korrekt umgesetzt wurde. Um dies zu überprüfen, müssen die Testfälle den Anforderungen eindeutig zugeordnet sein, die Anforderungen müssen verfolgbar sein (siehe Kapitel 8, Thema Verfolgbarkeit).

> ## Definition: Testfallspezifikation
>
> Eine Testfallspezifikation *umfasst folgende Angaben: die für die Ausführung notwendigen Vorbedingungen, die Menge der Eingabewerte (ein Eingabewert je Parameter des Testobjekts), die Menge der vorausgesagten Ergebnisse, sowie die erwarteten Nachbedingungen* (German Testing Board).

Eine Testfallspezifikation enthält nach IEEE 829 (IEEE 829-2008) folgende Informationen:

■ **Identifikator** des Testfalls, damit dieser von anderen Testfällen oder in Fehlerberichten referenziert werden kann.

■ **Ziele des Testfalls** (*objective*): Hier wird der Bezug zur Spezifikation der zugehörigen Anforderung hergestellt und auch die Priorität des Testfalls beschrieben.

■ **Eingaben** (*input*): Die einzugebenden Daten oder die zu verarbeitenden Signale werden ebenso angegeben wie die durchzuführenden Aktivitäten, also eine Schritt-für-Schritt-Anleitung zur Durchführung des Testfalls.

■ **Erwartete Ergebnisse** (*outcome*): Welche Reaktion des Systems wird erwartet, wenn die Eingaben korrekt durchgeführt worden sind? Wie kann also überprüft werden, ob ein Testfall bestanden wurde? In welchem Zustand befindet sich das System nach der erfolgreichen Ausführung des Testfalls?

■ **Anforderungen an die Umgebung** (*environmental need*): Vorbedingungen, damit der Testfall ausgeführt werden kann. Voraussetzung, damit die Testergebnisse festgestellt werden können.

■ **Querverweise** (*intercase dependency*): Sortierte Liste der Testfälle, die ausgeführt sein müssen, bevor dieser Testfall ausgeführt wird.

Testfälle können *abstrakt* oder *konkret* sein. Konkrete Testfälle beschreiben die Vorbedingungen im Detail und spezifizieren die einzugebenden Daten und auszuführenden Aktionen exakt. Abstrakte Testfälle nennen lediglich Anforderungen an die einzugebenden Testdaten und die erwarteten Ergebnisse.

10.3.7 Testfälle für funktionale Anforderungen

Testfälle können aus der Spezifikation abgeleitet werden. Cockburn schlägt beispielsweise vor, Use Cases als Grundlage für Testfälle zu verwenden (Cockburn). Die ▶ Tabelle 10.5 gibt einen Überblick, wie die Elemente der Spezifikation zur Entwicklung von Testfällen genutzt werden können. Wichtig beim Erstellen der Testfälle ist es dabei, systematisch vorzugehen, damit die funktionalen Anforderungen *vollständig* getestet sind. Es muss darauf geachtet werden, dass alle Akzeptanzkriterien zu den jeweiligen Anforderungen in mindestens einem Testfall geprüft werden.

Use Cases	Ein Use Case beschreibt dieselben Informationen wie ein Testfall: Vorbedingungen, die Interaktionen mit dem System und auch die erwarteten Ergebnisse. Einfache Use Cases enthalten nur den (linearen) Standardablauf. Ein einfacher Use Case kann als abstrakter Testfall noch ohne konkrete Eingabewerte und ohne konkrete Nachbedingungen aufgefasst werden. Ist der Standardablauf über Verzweigungen (Extensions) erweitert, reicht ein Testfall nicht mehr aus. Dann müssen aus dem Use Case mehrere Testfälle erstellt werden, mindestens einer für jede Verzweigung (Cockburn). Dieser abstrakte Testfall kann über Beispieldaten zu Vorbedingungen, Eingabedaten und erwarteten Nachbedingungen konkretisiert werden. Testfälle können damit umgekehrt als Beispiele zur Konkretisierung der Spezifikation dienen.
Workflows (UML-Aktivitätsdiagramme)	Workflows und aufwendigere Use Cases werden über UML-Aktivitätsdiagramme beschrieben (anstelle der oben erwähnten tabellarischen Spezifikation). Die Testfälle müssen so definiert sein, dass die wichtigsten oder wenn möglich alle Pfade getestet worden sind. Ein Verfahren zum Finden solcher Testfälle findet sich beispielsweise bei Koomen et al. (Koomen, van der Aalst und Broekman). Aus der Beschreibung eines Workflows werden damit leicht sehr viele Testfälle.
Zustandsautomaten	Zustände einer Fachklasse oder die Abläufe in einer grafischen Oberfläche können mithilfe von Zustandsautomaten beschrieben werden. Die Testfälle dazu müssen jeden Zustand des Automaten mindestens einmal besucht haben und jeder Zustandsübergang muss mindestens einmal besucht worden sein.
Geschäftsregeln	Geschäftsregeln können als Entscheidungstabelle formuliert werden. Jede Spalte der Entscheidungstabelle kann als eigener Testfall verwendet werden. Die Bedingungen der jeweiligen Regel sind dabei Vorbedingungen bzw. Eingaben des Testfalls. Das erwartete Ergebnis des Testfalls kann in der Entscheidungstabelle abgelesen werden.

Tabelle 10.5: Testfälle für funktionale Anforderungen aus der Spezifikation.

Fallstudie	**Eva**

In Kapitel 5 findet sich als Fallstudie der Anwendungsfall „Hochschulweiten Evaluationsbogen vorbreiten". Dieser kann als Grundlage für die Spezifikation abstrakter und konkreter Testfälle dienen. Für jede Extension des Anwendungsfalls ist ein separater Testfall erforderlich. Hier wird nur der Standardablauf getestet. Es wird angenommen, dass dieser am häufigsten aufgerufen wird und damit am wichtigsten ist.

Identifikator	Testfall: TC_01_UC_01
Ziel des Testfalls	Test des Standardablaufs des Anwendungsfalls UC_01 „Hochschulweiten Evaluationsbogen vorbereiten"
Vorbedingungen und Anforderungen an die Umgebung	Tester ist in der Rolle „QM" angemeldet QM befindet sich im Dialog „Pflege Evaluationsbogen"
Eingaben	

Schritt	Eingabe	Erwartetes Ergebnis
1	Aufruf „Neuen Evaluationsbogen anfordern"	Eingabemaske „Evaluationsbogen anpassen" erscheint
2.	*Siehe Testfall TC_01_UC_05*	
3.	Aufruf „Freigabe Evaluationsbogen"	Meldungsfenster „Hochschulweiter Evaluationsbogen freigeben"

Erwartete Ergebnisse	Evaluationsbogen freigegeben und sichtbar für Fakultäten
Querverweise	Anwendungsfall UC_01 „Hochschulweiten Evaluationsbogen vorbereiten" Testfall TC_01_UC_05 „Evaluationsbogen anpassen"

Tester und Requirements Engineers arbeiten eng zusammen

Das Qualitätskriterium Verifizierbarkeit (Testbarkeit) ist für Anforderungen allgemein anerkannt. Um die Testbarkeit sicherzustellen und um die Spezifikation der Anforderungen, besonders der Anwendungsfälle, zu verbessern, schlagen Autoren wie Adzyk

(Adzyk) oder Graham (Graham) vor, die Tester an der Spezifikation der Anforderungen zu beteiligen. Aufgabe der Tester ist es dabei sicherzustellen, dass

- funktionale Anforderungen detailliert und konkret genug aufgeschrieben werden, sodass ein Test dafür erstellt werden kann;

- Anwendungsbeispiele dokumentiert werden, welche direkt als Testfälle, die auch Testdaten enthalten, verwendet werden können;

- Qualitätsanforderungen so spezifiziert werden, dass ihre Erfüllung gemessen oder über Szenarien festgestellt werden kann.

10.3.8 Testfälle für nichtfunktionale Anforderungen

Die Erfüllung der nichtfunktionalen Anforderungen, besonders der Qualitätsanforderungen, muss ebenfalls über Testfälle geprüft werden. Als Grundlage hierfür dienen die Akzeptanzkriterien, wie sie in Abschnitt 4.1.2 bereits beschrieben sind. Zu jeder Qualitätseigenschaft des Systems wird ein zu erreichender Grenzwert angegeben: Beispielsweise eine zu erreichende Antwortzeit des Systems unter bestimmten Lastbedingungen. Eine Beschreibung, wie die entsprechende Metrik zu erheben ist, ist optional angegeben. Die Szenarien für Qualitätseigenschaften, wie sie in *Abschnitt 10.4.3, Szenarien für Qualitätseigenschaften* dargestellt sind, können als Konkretisierung verwendet werden.

Bei der Spezifikation der Testfälle für Qualitätseigenschaften bzw. bei der Durchführung der Tests werden häufig Spezifikationslücken gefunden. So ist beispielsweise nur die geforderte Antwortzeit angegeben, aber nicht die Belastung, unter der das System während der Messung stehen soll. Am Beispiel der Eigenschaft Performanz soll hier aufgezeigt werden, welche Informationen für die Messung der Antwortzeiten eigentlich erforderlich sind (Bath und McKay).

Performanz und Effizienz

Im Rahmen eines **Lasttests** werden die Antwortzeiten und der Ressourcenverbrauch des Systems wiederholbar gemessen. Ziel ist, die Einhaltung der Performanz-Anforderungen zu überprüfen. Weitere Ziele können das Finden von möglichen Flaschenhälsen oder Messung des erforderlichen Hauptspeicher-Bedarfs sein.

Damit der Lasttest realistische Ergebnisse liefert, muss es eine Hintergrundlast auf dem System geben, die parallel arbeitende Nutzer, Batch-Programme und Nachbarsysteme simuliert. Eine exakte Simulation, die alle realisierten Anwendungsfälle verwendet und über den Tag verteilt das Verhalten verschiedenster Benutzertypen darstellt, ist in der Regel zu teuer. Hier sind Modelle erforderlich, die sich auf die wichtigsten Charakteristika des Benutzerverhaltens konzentrieren, die Nutzungsprofile (Bath und McKay).

Ein Nutzungsprofil modelliert jeweils das Verhalten einer Menge verschiedener parallel arbeitender Typen von Benutzern. Diese werden später über ein Werkzeug simuliert. Ein Nutzungsprofil kann beispielsweise vier Typen von Benutzern enthalten, und zwar Benutzer

- die sich nur informieren wollen und nur Übersichten abrufen,
- die aus der Übersicht einzelne Datensätze auswählen und diese im Detail betrachten,
- die einzelne Datensätze modifizieren oder
- die Mengen von Daten ändern.

Für jeden Benutzertyp werden Anwendungsfälle oder Teile davon ausgewählt, welche die oben genannten Charakteristika erfüllen und die sich zu einem schlüssigen Ablauf zusammensetzen lassen.

Daraus wird ein Lastprofil entwickelt, welches darstellt, wie häufig pro Zeiteinheit die jeweiligen Anwendungsfälle durchgeführt werden, also wie viele Benutzer eines bestimmten Typs gleichzeitig (maximal) auf das System zugreifen (sollen). Eventuell hängt die Häufigkeit auch von der Tageszeit ab.

Beispiel 10.2   **Nutzungsprofil für Eva**

Um einen Lasttest für die Durchführung der Lehrevaluation zu erstellen, wird zunächst ein Nutzungsprofil erarbeitet: Es werden zwei Benutzertypen modelliert:

- Studierender, der für eine oder mehrere Vorlesungen den Evaluationsbogen ausfüllt.
- Evaluierter: Professor oder Lehrbeauftragter, der sich zwischendurch das Ergebnis der Evaluation ansieht.

Die Studierenden verwenden die beiden Anwendungsfälle: „Vorlesung auswählen" und danach „Evaluationsbogen ausfüllen". Die Evaluierten verwenden die Anwendungsfälle „Vorlesung auswählen" und dann „Evaluation auswerten".

Über Annahmen, Erfahrungswerte und Informationen aus der Anforderungsanalyse muss nun auf die zu erwartende Hintergrundlast auf dem System geschlossen werden: Wie viele Studierende füllen gleichzeitig einen Bogen aus? Wie viele Professoren werten gleichzeitig ihre Evaluation aus?

Ein einfaches Lastprofil könnte folgende Annahmen treffen: ca. 200 Studierende rufen im Zeitraum von 15 Minuten (typische Pausenlänge) den Anwendungsfall „Evaluationsbogen ausfüllen" auf. Das Ausfüllen dauert durchschnittlich 5 Minuten.

Mit einem Werkzeug wird dann beispielsweise die Hintergrundlast simuliert: 200 virtuelle Benutzer rufen verteilt über den Zeitraum von 15 Minuten den Anwendungsfall auf.

Die Anforderungsanalyse sollte die Grundlage für die Erstellung von Nutzungs- und Lastprofilen darstellen. Tester und Requirements Engineer müssen eng zusammenarbeiten, damit die für die Lasttests erforderlichen Informationen bereits in der Anforderungsanalyse ermittelt werden, beispielsweise:

- Wie viele Benutzer greifen (durchschnittlich/maximal) gleichzeitig auf das Software-System zu?

- Können diesen Benutzern bestimmte charakteristische Anwendungsfälle oder Abfolgen von Anwendungsfällen zugeordnet werden, die besonders häufig aufgerufen werden? Gibt es verschiedene Typen von Benutzern?

- Wie häufig werden diese Anwendungsfälle bzw. Abfolgen durchschnittlich/maximal pro Stunde durchgeführt? Gibt es Abhängigkeiten von der Tageszeit?

- Gibt es Anwendungsfälle, die sich negativ auf die Antwortzeiten des Systems auswirken können, weil sie beispielsweise sehr viele Daten ändern oder große Übersichten erzeugen?

- Gibt es Situationen, in denen eine besonders große Last erzeugt wird, z.B. den Quartalsabschluss oder einen Datenexport in ein Nachbarsystem?

Besonders häufig verwendete Anwendungsfälle können ganz oder teilweise in den Nutzungsprofilen verwendet werden. Für besondere Last-Situationen sollte jeweils ein eigenes Lastprofil erstellt werden.

10.4 Software-Architektur-Entwurf

Bereits während der Anforderungsanalyse wird in der Regel mit dem Entwurf der Architektur begonnen. Das System wird unter Berücksichtigung der funktionalen und nichtfunktionalen Anforderungen iterativ konstruiert.

Ergebnis ist eine Beschreibung der Software-Architektur. Diese stellt dar, aus welchen Bestandteilen (Komponenten) sich das System zusammensetzt und wie diese Bestandteile interagieren. Die Norm IEEE 1471 (IEEE 1471-2000) definiert den Begriff der Software-Architektur wie folgt:

Definition: Software-Architektur

Eine Software-Architektur ist:

The fundamental organization of a system embodied in its components, their relationships to each other, and to the environment, and the principles guiding its design and evolution (IEEE 1471-2000).

Im Entwurf werden die Bestandteile des Systems und deren Beziehungen und Schnittstellen untereinander festgelegt. Ziel dabei ist es, dass das entworfene System die Anforderungen möglichst gut erfüllt und dabei die Randbedingungen einhält. Abbildung 10.9 stellt einen möglichen Entwurfsprozess dar:

1. Die in der Anforderungsanalyse gefundenen Anforderungen werden durchsucht nach Anforderungen, welche die Architektur beeinflussen können. Diese sogenannten Architekturtreiber werden näher untersucht und eventuell verfeinert. Häufig wird erst im Entwurf festgestellt, dass noch Informationen zu bestimmten Anforderungen fehlen (Bass, Clements und Kazman).

2. Auf der Grundlage der Anforderungen legt ein erster Entwurf die Komponenten des Software-Systems und deren Beziehungen bzw. Schnittstellen genauer fest.

3. Der Entwurf wird qualitätsgesichert. Hierfür wird über Prototypen oder bestimmte Formen von Reviews geprüft, ob die Architektur passend dokumentiert wurde (d.h. gemäß der Richtlinien und verständlich) und ob das beschriebene System die Anforderungen voraussichtlich erfüllt.

Die Erstellung einer Architektur ist ein iterativer Prozess: angefangen bei vagen Entwürfen und einem groben Verständnis der Anforderungen wird der Entwurf verfeinert.

Während des Entwurfs und der Dokumentation kann sich herausstellen, dass bestimmte Anforderungen noch unzureichend verstanden wurden bzw. nicht genau genug festgelegt worden sind. Ein Rücksprung in die Anforderungsanalyse ist daher wahrscheinlich. Auf ein sauberes Anforderungsmanagement und eine enge Zusammenarbeit des Software-Architekten und des Requirements Engineer ist dabei zu achten.

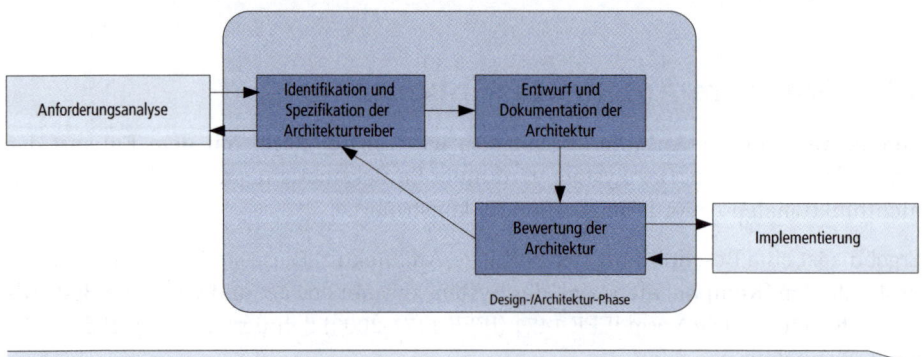

Abbildung 10.9: Ablauf des Architekturentwurfs.

10.4.1 Schnittstelle zum Architekturentwurf

Qualitätsanforderungen und bestimmte Rahmenbedingungen beeinflussen den Architekturentwurf wesentlich. Sie erzwingen beispielsweise bestimmte Komponenten oder schränken den Entscheidungsspielraum des Architekten ein. Wenn beispielsweise eine sehr hohe Verfügbarkeit gefordert ist (z.B. 99,9%, d.h., das System darf im Jahr gerade noch ca. 9 Stunden ausfallen), so kann das bedeuten, dass bestimmte Teile des Systems redundant ausgelegt werden müssen. Außerdem ist eine Komponente erforderlich, die solche Ausfälle erkennt. Solche Anforderungen werden *Architekturtreiber* genannt (Bass, Clements und Kazman).

Definition: Architekturtreiber

Ein Architekturtreiber ist eine Anforderung, welche die Architektur eines Systems beeinflusst.

Für Architekturtreiber gibt es einen besonderen Qualitätsanspruch, denn Architekturentscheidungen werden auf der Grundlage dieser Anforderungen getroffen. Sind diese Anforderungen falsch und/oder unpräzise spezifiziert, kann das zu Fehlentscheidungen im Entwurf führen. Das kann teuer werden, wie es Rozanski und Woods beschreiben. Sie definieren Software-Architektur folgendermaßen: *The set of design decisions that, if made wrongly, cause your project to be cancelled* (Rozanski und Woods). Folgende Fehlentscheidungen können beispielsweise hohe Kosten verursachen:

- Die Architektur enthält ein Framework, das vom Auftraggeber nicht genehmigt wurde (z.B. aus Lizenzgründen). Das Framework muss aufwendig wieder entfernt werden.

- Die Software benötigt 2 GB Hauptspeicher. Hierzu wurde keine Anforderung festgelegt. Die Clients, auf denen die Software laufen soll, sind aber nur mit 1 GB Speicher ausgestattet. Hier müssen entweder die Clients aufgerüstet werden oder die Software muss optimiert werden.

Zweites wichtiges Thema ist die Verfolgbarkeit von Anforderungen in den Entwurf der Architektur: Jede Anforderung muss in mindestens einer Komponente des Systems berücksichtigt worden sein. Ist dies dokumentiert, können die Auswirkungen von Änderungen in den Anforderungen auf bereits realisierte Systemteile besser beurteilt werden, denn die jeweils betroffenen Komponenten sind bekannt.

Für Zörner besteht eine Architekturdokumentation auch aus der Dokumentation der Entwurfsentscheidungen (Zörner). Zörner empfiehlt zu jeder Entscheidung auch die Qualitätsanforderungen und Randbedingungen zu dokumentieren, auf deren Grundlage die Entscheidung getroffen wurde. Dies würde eine zumindest rudimentäre Verfolgbarkeit gewährleisten (siehe Kapitel 8).

Wenn bestimmte Anforderungen besonders hohen Wert für den Auftraggeber haben, kann dieser Wert den Komponenten zugeordnet werden, die diese Anforderungen umsetzen. Dies ist wichtig für den risikobasierten Test. Diese Komponenten müssen einer umfangreicheren Prüfung unterzogen werden als Komponenten mit geringerem Wert.

10.4.2 Typische Architekturtreiber

Für den Entwurf einer tragfähigen Architektur ist es wichtig, die Architekturtreiber und ihre Zusammenhänge genau zu kennen. In den folgenden Abschnitten werden einige Architekturtreiber und ihr Bezug zu den vorangegangenen Kapiteln beschrieben. Architekturtreiber können aus folgenden Bereichen stammen:

- Funktionale Anforderungen
- Technische Rahmenbedingungen
- Qualitätsanforderungen
- Wirtschaftliche Rahmenbedingungen
- Rahmenbedingungen in der Organisation

Funktionale Anforderungen

Art und Umfang der funktionalen Anforderungen haben Einfluss auf die Grobarchitektur des Systems. Die funktionalen Anforderungen müssen bei größeren Systemen gruppiert werden. Das ist Grundlage für die später entstehenden fachlich motivierten Komponenten oder Dienste.

Eine gute Komponente soll so entworfen sein, dass die meisten Änderungen sich nur lokal auf die Komponente auswirken. Anforderungen, die besonders stabil sind, werden in eigenen Subsystemen zusammengefasst und von den instabilen Anforderungen getrennt. Änderungen instabiler Anforderungen sollten möglichst keine Auswirkungen auf die Schnittstellen der Komponente haben. Die Komponente sollte diese kapseln. Für den Entwurf der Komponenten ist es daher wichtig zu wissen, welche Anforderungen stabil sind und welche sich wahrscheinlich noch ändern.

Für den Entwurf betrieblicher Informationssysteme sind sowohl Mengenangaben im Fachklassen- bzw. Datenmodell als auch die Benutzungshäufigkeit von Anwendungsfällen wichtig: Für jede in der Anforderungsanalyse gefundenen Klasse muss ein **Mengengerüst** vorliegen, das Aussagen darüber macht, wie viele Objekte dieser Klasse in der Datenbank gespeichert oder im Hauptspeicher gehalten werden müssen. Im Datenbankdesign und beim Datenzugriff ist zum Beispiel bei 10 Millionen Datensätzen mehr Aufmerksamkeit erforderlich als bei einigen 100 Datensätzen. Bei sehr großen Datenmengen könnte z.B. eine Partitionierung des Datenbestandes in mehrere Datenbanken erforderlich sein.

Zweite wichtige Information ist die **Änderungshäufigkeit**: Aufzählungen wie Flughafen-Codes (MUC für München oder FRA für Frankfurt) oder Währungssymbole (EUR für Euro oder USD für US-Dollar) werden sehr selten geändert. Auch Kunden- oder Vertragsdaten (Name, Adresse, ...) gehören in der Regel zu diesen sogenannten Stammdaten. Einzelverbindungslisten bei einer Telefonabrechnung ändern sich dagegen häufig. Im Entwurf werden Daten, die sich häufig ändern, von den selten geänderten Daten getrennt und z.B. in verschiedenen Masken gezeigt (Stammdatenpflege getrennt von der Bearbeitung von Bewegungsdaten) und in verschiedenen Tabellen gespeichert.

Wichtiger weiterer Aspekt ist die **Nutzungshäufigkeit** bestimmter (Online- oder Offline-) Anwendungsfälle. Häufig genutzte Anwendungsfälle sind eventuell wichtiger als selten genutzte. Mithilfe der Nutzungshäufigkeiten kann auch ein realistisches Belastungs-profil für Lasttests entwickelt werden, siehe *Abschnitt 10.3.8, Testfälle für nichtfunk-tionale Anforderungen.*

Technische Rahmenbedingungen

Normalerweise werden neue Systeme in ein Netzwerk bestehender Systeme im Rahmen der vorhandenen Unternehmens-IT oder beispielsweise in ein Netzwerk bestehender Steuergeräte in einem technischen System verbaut. Die vorhandene Umgebung gibt Rahmenbedingungen für neue Systeme vor.

Große Unternehmen machen in der Regel im Rahmen ihres Architekturmanagements (siehe z.B. (Titmeyer)) Vorgaben an

- Hardware (z.B. nur von einer bestimmten Firma),
- Betriebssysteme (z.B. nur Linux),
- Datenbankmanagementsysteme (z.B. nur MySQL),
- Netzwerkinfrastrukturen und
- die erlaubten Programmiersprachen (z.B. nur Java oder Cobol).

Ziel ist dabei, die Software-Systeme eines Unternehmens einheitlich zu gestalten. Dies vereinfacht die Erhaltung der Systeme, senkt Betriebskosten und erlaubt das spe-zialisierte Wissen auf wenige Plattformen zu begrenzen.

Infrastrukturdienste sind in großen Unternehmen in der Regel ebenfalls vorgegeben, beispielsweise Infrastrukturen zur Authentifizierung und zur Berechtigungsprüfung, zum Workflow-Management oder zum Drucken.

In technischen Systemen gibt es ähnliche Vorgaben. Für ein neues Steuergerät in einem Auto stehen Betriebssystem und die Netzwerkinfrastruktur ebenfalls fest, da diese durch die vorhandene Netzwerkinfrastruktur des Fahrzeugs vorgegeben sind.

Wenn ein neues System entwickelt wird, ist es wichtig, diese technischen Rahmen-bedingungen möglichst früh im Projekt zu kennen, da sie wesentliche Einschränkun-gen für den Entwurf des Systems darstellen.

Wichtige Stakeholder, die technische Rahmenbedingungen liefern können, sind der IT-Betrieb, das zentrale Architekturmanagement des Unternehmens bzw. der Gesamt-architekt bei großen Systemen.

Wirtschaftliche Rahmenbedingungen

Wirtschaftliche Rahmenbedingungen haben in der Regel wesentlichen Einfluss auf die Architektur, siehe z.B. Hohmann (Hohmann). Solche Randbedingungen sind bei-spielsweise:

- Liefertermin
- Stückkosten
- Lebenszykluskosten
- Geplante Lebensdauer und Investitionssicherheit

Der **Liefertermin** kann die Abwicklung des gesamten Projektes wesentlich beeinflussen. Sehr enge Zeitpläne sind eventuell nur noch durch Zukauf bestimmter Komponenten und nur noch geringe Eigenentwicklung zu halten. Hier muss der Auftraggeber eventuell mit den vom Kaufprodukt angebotenen Features leben. Der Lieferzeitpunkt entscheidet wesentlich über „Make-or-Buy" (Kapitel 4).

Für technische Systeme spielen die **Stückkosten**, also die Herstellungskosten pro System eine wichtige Rolle, insbesondere im Bereich des Automobilbaus und der Haushaltselektronik. Die Software muss auf einer möglichst kostengünstigen Hardware laufen. So darf der Programmcode beispielsweise nicht zu lang sein, da er sonst den vorhandenen Speicher des geplanten Mikrocontrollers sprengt.

Die Entwicklung des Systems muss mit dem vorhandenen Budget möglich sein. Dies kann den Handlungsspielraum des Architekten wesentlich einschränken, da er z.B. auf kostenlose Open-Source-Entwicklungswerkzeuge und Software-Komponenten zurückgreifen muss. Das Entwicklungsbudget ist aber nur ein Teil der Lebenszykluskosten.

Die **Lebenszykluskosten** für ein System enthalten auch die Kosten für die Erhaltung (Wartung, Instandhaltung) und den Betrieb des Systems, eventuell sind sogar Entsorgungskosten zu berücksichtigen. Die Kosten für den Betrieb des Systems können beispielsweise durch Komponenten zur Automatisierung der Administration, wie eine Kommandozeilen-Schnittstelle gesenkt werden. Der Administrator kann damit durch ein Skript häufige manuelle Tätigkeiten automatisieren. Hier macht der Architekturtreiber entsprechende Komponenten erforderlich.

Die Kosten für die Auslieferungen neuer Releases können durch eine Infrastruktur zur automatischen Installation von Updates über das Internet gesenkt werden. Die Lieferkosten haben Einfluss auf das Release-Management. Je weniger die Lieferung eines Release kostet, desto kürzer kann der Abstand zwischen zwei Lieferungen sein (siehe Kapitel 8).

Die prognostizierte **Lebensdauer** eines Systems ist eine wichtige Randbedingung, da sie auch über die Auswahl der zugekauften Komponenten und Infrastrukturen mit entscheidet. Für langlebige Systeme ist **Investitionssicherheit** wichtig: Wenn beispielsweise ein (Open-Source-)Framework oder ein Produkt in der Software verbaut wird, sollte die Wahrscheinlichkeit möglichst groß sein, dass dieses Framework oder Produkt in 5 bis 10 Jahren noch von der Entwicklergemeinde oder der Firma gepflegt wird. Kriterien wie die Größe und die Aktivität einer Open-Source-Entwicklergemeinde, die Verbreitung des Frameworks[4] oder auch die Größe, Strategie und wirtschaftliche Stabilität von Produktherstellern spielen bei der Auswahl fremder Komponenten eine Rolle.

---

4   vgl. www.ohloh.net (abgerufen am 02.01.2013)

Rahmenbedingungen in der Organisation

Auch die Struktur und die Eigenschaften der Organisation von der und für die entwickelt wird, sollten im Rahmen der Anforderungsanalyse dokumentiert werden, da auch diese die Architektur beeinflussen:

- Struktur der Organisation
- Größe und Verteilung des Entwicklungsteams
- Entwicklungsprozess
- Vorangegangene Projekte und vorhandenes Wissen

Conway (Conway) machte die Beobachtung, dass Organisationen häufig Systeme produzieren, die ihre internen Kommunikationsstrukturen widerspiegeln.[5] Im Architekturentwurf sollten daher die Struktur der entwickelnden Organisation und die Architektur des Systems aufeinander abgestimmt werden, sodass es beispielsweise für jedes Feature, jede Komponente oder jede Schicht ein eigenes Team gibt.

Große Systeme werden selten von einer Organisation alleine erstellt: Wesentliche Teile eines Autos werden beispielsweise von Lieferanten entworfen und hergestellt. Auch hier beeinflusst die Organisation die Architektur, da die Bestandteile der Architektur so geschnitten werden müssen, dass sie jeweils von den vorhandenen Lieferanten erstellt werden können.

Die Verteilung und die Größe des Entwicklungsteams beeinflussen die Art und Weise, wie Anforderungsanalyse- und Management gemacht werden, wesentlich: Je größer das Team ist und je stärker es verteilt ist, desto mehr muss auf den schriftlichen Austausch von Informationen ausgewichen werden (Rüping). Die Architektur muss so in Subsysteme mit einfachen Schnittstellen zerlegt werden, dass die verteilten Teams unabhängig voneinander arbeiten können.

Die Erfahrungen aus **vorangegangenen Projekten** spielen beim Architekturentwurf eine wichtige Rolle: Wenn mit einer Technologie, Programmiersprache oder einem bestimmten Framework gute Erfahrungen gesammelt wurden, wird dieses beim nächsten Projekt wieder eingesetzt. Dies spart Einarbeitungsaufwand und erlaubt die Weiterverwendung von Wissen und Erfahrungen. Insgesamt steigt die Erfolgswahrscheinlichkeit.

Qualitätsanforderungen

Qualitätsanforderungen wie beispielsweise die Performanz (Durchsatz, Antwortzeiten, Ressourcenverbrauch), die Verfügbarkeit oder der Zugriffsschutz haben Einfluss auf die Architektur. Einen Überblick über diese Anforderungen liefert die Norm ISO 25010 (ISO/IEC 25010). Ihre Inhalte werden in Kapitel 3 dargestellt und Kapitel 4 liefert Beispiele für die Dokumentation dieser Qualitätsanforderungen (aus dem Product Quality Model).

---

5   [...] organizations which design systems [...] are constrained to produce designs which are copies of the communication structures of these organizations (Conway 1968).

Antwortzeit und Durchsatz können beispielsweise durch die parallele Ausführung mehrerer Instanzen derselben Software (im Cluster oder in der Cloud) gesteigert werden. Fällt eine Instanz aus oder ist sie überlastet, werden ihre Aufgaben automatisch von einer anderen übernommen.

10.4.3 Szenarien für Qualitätseigenschaften

Bass et al. (Bass, Clements und Kazman) schlagen vor, Qualitätsanforderungen in Form von speziellen Szenarien zu konkretisieren (Quality Attribute Scenarios). Die Szenarien bilden die Grundlage für den Architekturentwurf und sind die Basis für die Qualitätssicherung des Entwurfs, beispielsweise mithilfe der ATAM® Methode (siehe unten).

Die Szenarien für Qualitätseigenschaften stellen die Prüfbarkeit der Anforderungen sicher und bieten ein einheitliches Spezifikationsschema. Das Schema ist eine erweiterte Form des in Kapitel 4 dargestellten „Spezifikationsschema für eigenschaftsorientierte Abnahmekriterien". Es hat sechs Teile:

Quelle	Nutzer, Entwickler, Sensoren oder Nachbarsysteme sind Beispiele für Quellen. Sie können einen Stimulus auslösen.
Stimulus (Auslöser)	Ereignis oder Bedingung, das/die berücksichtigt werden muss, wenn es/sie am Software-System eintrifft.
Umgebung	Welche Umgebungsbedingungen herrschen, während der Stimulus eintrifft? Ist das System gerade in der Entwicklung? Läuft es gerade und ist bereits überlastet?
Artefakt	Artefakt, bei dem der Stimulus eintrifft. Das ist in der Regel das System selbst oder ein Teil davon. Zum System gehören auch die Quelltexte, seine Dokumentation oder andere Artefakte.
Antwort	Erwartete Reaktion des Systems oder Aktivität, die nach dem Eintreffen des Stimulus durchgeführt werden soll.
Antwortmaß	Wie kann festgestellt werden, ob und in welcher Form die Antwort korrekt erfolgt ist? Dies entspricht dem Akzeptanzkriterium des Spezifikationsschemas aus Kapitel 4.

Tabelle 10.6: Spezifikation eines Szenarios.

Diese Form der Spezifikation von Qualitätsanforderungen findet sich an mehreren Stellen in der Literatur, beispielsweise bei Starke (Starke) oder bei Zörner (Zörner) als „Qualitätsszenarien".

Beispiel 10.3

Szenario für Änderbarkeit

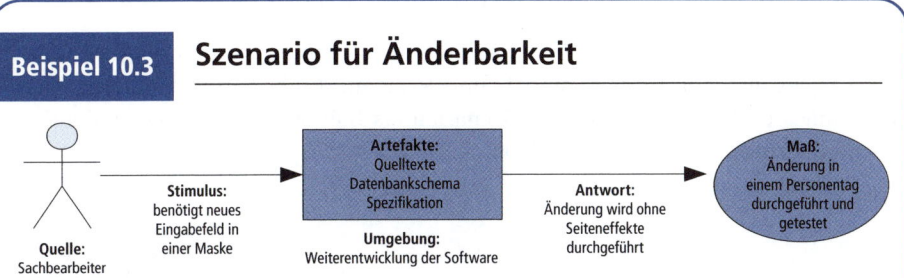

Quelle:
Sachbearbeiter

Stimulus:
benötigt neues
Eingabefeld in
einer Maske

Artefakte:
Quelltexte
Datenbankschema
Spezifikation

Umgebung:
Weiterentwicklung der Software

Antwort:
Änderung wird ohne
Seiteneffekte
durchgeführt

Maß:
Änderung in
einem Personentag
durchgeführt und
getestet

Abbildung 10.10: Szenario für die Qualitätseigenschaft Änderbarkeit.

Die ▶ Abbildung 10.10 zeigt ein Szenario für die Qualitätsanforderung Änderbarkeit. Es wird gefordert, dass das Hinzufügen eines neuen Eingabefeldes in der grafischen Oberfläche eines Systems nicht länger als einen Arbeitstag dauern darf. Dies ist auch für einen nicht technisch interessierten Stakeholder verständlich, eher als etwa eine Anforderung, welche sich auf die Redundanzen oder die Kommentare in den Quelltexten bezieht.

Quelle des Stimulus	Sachbearbeiter einer Versicherung
Stimulus	Sachbearbeiter benötigt ein neues Eingabefeld in der Maske „Kfz-Versicherung→Fahren ab 17"
Umgebung	Weiterentwicklungsprojekt der Software, Wartungsteam
Artefakt	Quelltexte, Datenbankschema, Spezifikationsdokument
Antwort	Änderung wird ohne Seiteneffekte und neue Fehler durchgeführt
Antwortmaß	Änderung an einem Personentag durchgeführt, getestet und integriert

Tabelle 10.7: Spezifikation des Änderungsszenarios „Neues Feld in Maske".

Bass et al. diskutieren Szenarien zu Eigenschaften wie Änderbarkeit, Verfügbarkeit, Effizienz (Performanz), IT-Sicherheit, Prüfbarkeit und Gebrauchstauglichkeit (Bass, Clements und Kazman).

Szenarien für Qualitätseigenschaften haben den Vorteil, dass sich die meisten Stakeholder darunter etwas Konkretes vorstellen können. Diese Stakeholder können selbst Szenarien definieren oder vorhandene Szenarien prüfen, präzisieren und priorisieren. Das erleichtert ihnen die Mitarbeit im Projekt.

10.4.4 Präzisierung und Priorisierung der Architekturtreiber

Bass et al. schlagen vor, die für die Architektur relevanten Anforderungen in einem Baum zu organisieren (Bass, Clements und Kazman). Links befindet sich die Wurzel des Baumes und rechts werden die Szenarien als Blätter genannt, welche die Qualitätsanforderungen genauer beschreiben.

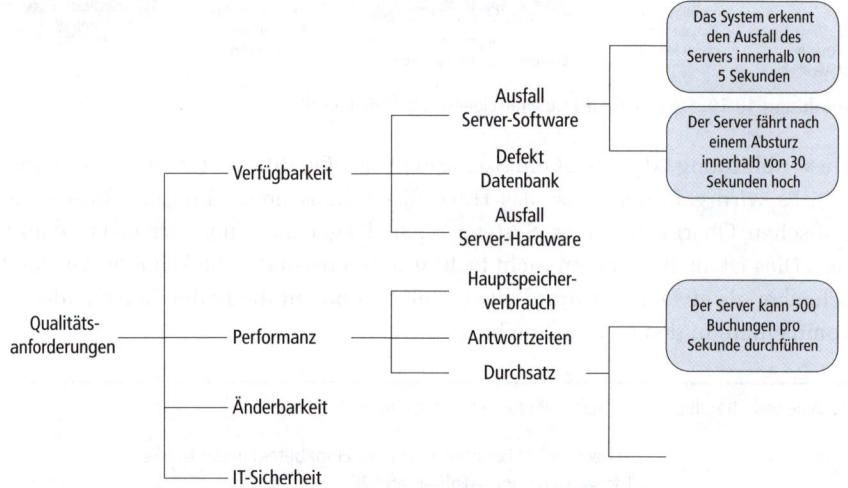

Abbildung 10.11: Qualitätsanforderungen mit Szenarien als Baum.

Die Szenarien im Baum werden zusammen mit den Stakeholdern verfeinert und diskutiert. Danach findet die Priorisierung statt, nach den beiden Kriterien

- erwarteter Geschäftswert bzw. Nutzen,
- Schwierigkeitsgrad bzw. Risiko.

Dazu wird ein einfaches Abstufungssystem (H=High, M=Medium, L=Low) verwendet. Die Szenarien, die jeweils mit Nutzen = H und Schwierigkeit = H, also (H,H) bewertet sind, werden später im Rahmen des Architektur-Reviews zur Bewertung der Architektur verwendet.

Ein Ansatz zum Review von Architekturen ist ATAM®, die Architecture Tradeoff Analysis Method (Bass, Clements und Kazman). Diese legt den Ablauf eines Reviews bis ins Detail fest. Im Rahmen des ATAM®-Verfahrens werden Architekturentscheidungen mithilfe der wichtigsten Szenarien aus dem oben dargestellten Qualitätsbaum untersucht. Geklärt wird dabei, ob eine Entscheidung bestimmte Szenarien unterstützt oder behindert. Entscheidungen, die Szenarien behindern, müssen überarbeitet werden. Entscheidungen, welche positiv auf die Szenarien wirken, werden beibehalten.

Interessant sind Entscheidungen, die die Erfüllung eines Szenarios begünstigen und die Erfüllung eines anderen behindern. Diese Entscheidungen müssen hinterfragt werden. Eine Ursache dafür können Architekturtreiber sein, die sich in gewisser Weise widersprechen: Wenn die eine Anforderung erfüllt wird, kann im Rahmen des vorhandenen Budgets bzw. der vorhandenen technischen Möglichkeiten die andere nicht mehr im vollen Umfang berücksichtigt werden. Sicherheit und Performanz werden häufig als Beispiel für diese Konkurrenz genannt. Höhere Sicherheit führt beispielsweise zu mehr Überprüfungen und mehr Verschlüsselung, dies geht auf Kosten der Antwortzeiten und des Durchsatzes. Diese Widersprüche werden häufig erst im Rahmen des Entwurfs aufgedeckt.

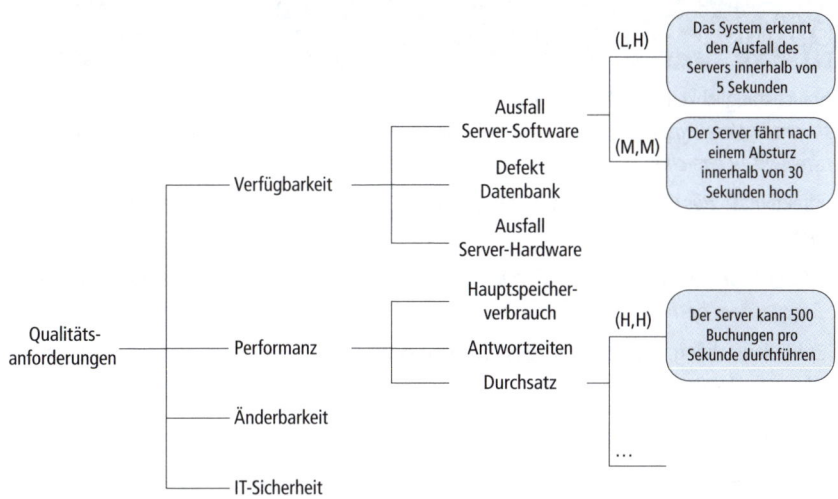

Abbildung 10.12: Baum mit bewerteten Szenarien.

10.5 Usability Engineering und User Experience

Menschen stehen mit ihren Bedürfnissen und Zielen im Mittelpunkt des Usability Engineering. Die Norm ISO 9241-210 (DIN EN ISO 9241-210) nennt dies auch *menschzentrierte Gestaltung*. Das Usability Engineering hat viele Berührungspunkte und Überschneidungen mit dem Requirements Engineering. Im Usability Engineering ist es wichtig, die Benutzer genauer kennenzulernen und deren jeweilige Ziele und Bedürfnisse genauer zu verstehen und deren Wahrnehmung zu steuern.

Mehrere Methoden des Usability Engineering sind verfügbar, beispielsweise das Goal Directed Design von Cooper et al. (Cooper, Reimann und Cronin) oder der Prozess zur Gestaltung gebrauchstauglicher interaktiver Systeme (DIN EN ISO 9241-210).

Die Behandlung des Themas Usability ist mit Kosten verbunden. Da auch hier nicht beliebig viel Budget zur Verfügung steht, muss sich diese Investition lohnen. Nicht für jedes System ist die Usability in gleichem Maße wichtig. Besonders relevant ist das Thema beispielsweise bei

- sicherheitskritischen Systemen, bei denen eine schlechte Usability eventuell zu Fehlbedienungen und in der Folge zu schweren Schäden führen könnte.
- Produkten für den Massenmarkt, bei denen eine schlechte Usability den Markterfolg des Produktes gefährden würde. Beispiele für solche Produkte sind: Webshops, Smartphones oder Computerspiele.

10.5.1 Was ist Usability (Gebrauchstauglichkeit)?

In deutschsprachigen Normen, wie der DIN EN ISO 9241-11 (DIN EN ISO 9241-11) findet sich der Begriff der Gebrauchstauglichkeit, dieser kann als Übersetzung des Begriffs Usability angesehen werden:

Definition: Gebrauchstauglichkeit

Gebrauchstauglichkeit ist *das Ausmaß, in dem ein Produkt durch bestimmte Benutzer in einem bestimmten Nutzungskontext genutzt werden kann, um bestimmte Ziele effektiv, effizient und zufriedenstellend zu erreichen.*

- Effektivität: *die Genauigkeit und Vollständigkeit, mit der Benutzer ein bestimmtes Ziel erreichen "*

- Effizienz: *der im Verhältnis zur Genauigkeit und Vollständigkeit eingesetzte Aufwand, mit dem Benutzer ein bestimmtes Ziel erreichen*

- Zufriedenstellung: *Freiheit von Beeinträchtigungen und positive Einstellungen gegenüber der Nutzung des Produkts*

(DIN EN ISO 9241-11).

Ein ähnlicher Begriff ist die *Quality in Use* aus der Norm ISO 25010 (ISO/IEC 25010). Er enthält auch die Teileigenschaften Effektivität, Effizienz und Zufriedenstellung. Die Zufriedenstellung wird durch Nützlichkeit (*usefulness*), Vertrauen (*trust*), Freude (*pleasure*) und Komfort (*comfort*) weiter detailliert. Zusätzlich sind noch die Eigenschaften Risikofreiheit (Minderung finanzieller, gesundheitlicher Risiken sowie Minderung von Risiken für die funktionale Sicherheit) sowie die Abdeckung des Kontextes enthalten.

Ob ein System gebrauchstauglich ist, hängt nach der obigen Definition auch vom Nutzungskontext hab. Diesen definiert die Norm wie folgt:

Definition: Nutzungskontext

Nutzungskontext: *die Benutzer, Arbeitsaufgaben, Arbeitsmittel (Hardware, Software und Materialien) sowie physische und soziale Umgebung, in der das Produkt genutzt wird* (DIN EN ISO 9241-11).

Der Nutzungskontext enthält drei wichtige Elemente:

Benutzer: Verschiedene Benutzer haben abhängig von ihren Vorkenntnissen, von ihrem Alter, ihrem sozialen Hintergrund und anderen Eigenschaften unterschiedliche Bedürfnisse und Erwartungen.

Ziele: Ein Benutzer verwendet das System, um ein bestimmtes Ziel zu erreichen. Dazu führt er Arbeitsaufgaben aus. Hierbei soll das Ziel möglichst präzise und vollständig, also effektiv erreicht werden. Der Aufwand hierfür sollte möglichst gering sein, also effizient. Der Benutzer sollte bei der Zielerreichung nicht beeinträchtigt werden oder etwa finanzielle oder gesundheitliche Risiken eingehen müssen und sich eine positive Grundhaltung gegenüber dem System bewahren, er sollte also zufriedengestellt sein.

Umgebung: Die physikalische und soziale Umgebung spielt eine wichtige Rolle: Der Bordcomputer eines Oberklassefahrzeugs muss beispielsweise beim Parken andere Funktionen bereitstellen als bei 200 km/h auf der Autobahn. Zu den Eigenschaften der Umgebung gehören:

- Physikalische Eigenschaften wie Beleuchtung, Temperatur, Geschwindigkeit oder Umgebungslautstärke. Wird das System in geschlossenen Räumen verwendet oder draußen?

- Soziale Eigenschaften wie Organisationsstruktur, Firmenkultur, Art und Weise der Zusammenarbeit mit anderen Benutzern

- Technische Elemente wie mechanische Elemente, Hardware oder Software

10.5.2 Was ist User Experience?

Eine Onlinebanking-Applikation, die sehr grelle Farben und verspielte Fonts (z.B. Handschrift) verwendet und die eventuell noch Reklame örtlicher Inkasso-Unternehmen einblendet, wäre vermutlich nicht lange am Markt. Warum? Ein Nutzer des Onlinebanking-Systems will sich *sicher fühlen*.

Die Erfahrungen, die ein Nutzer vor, während und nach der Verwendung eines Systems macht, bzw. die Gefühle, die er dabei hat, werden auch als *User Experience* bezeichnet. Im Rahmen der Software-Entwicklung gewinnt dieses Thema immer stärker an Gewicht.

Definition: User Experience

User Experience: *Wahrnehmungen und Reaktionen einer Person, die aus der tatsächlichen und/ oder erwarteten Benutzung eines Produkts, eines Systems oder einer Dienstleistung resultieren* (DIN EN ISO 9241-210).

Die User Experience erfordert ein umfassenderes Bild der Benutzer, als es beispielsweise über die Akteure von Use Cases geschieht. Die Vorlieben, Einstellungen, Erfahrungen oder der aktuelle emotionale und physische Zustand typischer Benutzer werden ermittelt und dokumentiert. Dazu gehört auch die Dokumentation der Umgebungsbedingungen, unter denen das System verwendet wird (z.B. wird der Benutzer häufig unterbrochen? Ist es hell oder dunkel? Ist der Benutzer gerade unter Druck?). Diese Informationen fließen dann in das Design des Systems, besonders der Schnittstelle zum Benutzer, mit ein.

Ziel des Designs im Bereich der User Experience ist es festzulegen, welche Erfahrungen ein Benutzer mit dem System machen soll, wie er das System wahrnimmt und wie er sich vor, während und nach der Benutzung des Systems fühlt.

10.5.3 Gestaltungsprozess

In der Norm DIN EN ISO 9241-210 wird ein Gestaltungsprozess vorgeschlagen, um menschenzentriert interaktive Systeme zu entwickeln. Dieser Prozess wird in ▶ Abbildung 10.13 skizziert.

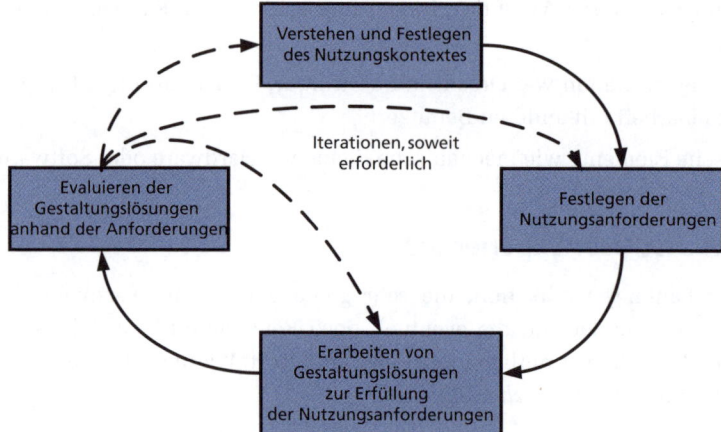

Abbildung 10.13: Menschzentrierte Gestaltungsaktivitäten, frei nach (DIN EN ISO 9241-210) (gestrichelte Pfeile = optional, soweit erforderlich).

Verstehen und Festlegen des Nutzungskontextes

Im Nutzungskontext spielen die Benutzer des Systems die zentrale Rolle, daher werden die möglichen Nutzergruppen ermittelt und analysiert. Merkmale wie Vorkenntnisse, Erfahrungen, Ausbildung, physische Eigenschaften oder relevante Gewohnheiten der Benutzer werden betrachtet.

Im Zentrum stehen die Ziele und Arbeitsaufgaben der Benutzer: Welches Ziel will ein Benutzer mithilfe des Systems erreichen? Was sind die Aufgaben, die er erledigen will (Task- bzw. Aufgabenanalyse)?

Ergebnis dieser Phase ist ein genaueres Bild der künftigen Benutzer. Die Benutzer werden zu Typen mit gemeinsamen Merkmalen, Zielen und Arbeitsaufgaben zusammengefasst. Hierzu dient beispielsweise das Konzept der Personas, siehe *Abschnitt 10.5.6, Personas*. Weiterhin sind die Umgebung und die Umstände genauer verstanden, unter denen die Interaktion eines Benutzers mit dem System stattfindet.

Festlegen der Nutzungsanforderungen

In der Spezifikation der Nutzungsanforderungen wird zunächst der oben schon diskutierte Nutzungskontext dokumentiert, also die Nutzergruppen (Personas) und die Umgebung, in der das System verwendet wird. Zu den Nutzungsanforderungen gehören (DIN EN ISO 9241-210):

- Anforderungen, die sich aus dem Nutzungskontext ergeben, beispielsweise dass das System im Freien unter bestimmten Beleuchtungssituationen genutzt werden soll;

- Randbedingungen, die sich aus den Richtlinien zur Ergonomie (diverse Normen der Familie DIN EN ISO 9241) und entsprechenden Erkenntnissen ergeben;

- Anforderungen an die Gebrauchstauglichkeit, beispielsweise dass 90% der Benutzer innerhalb einer vorgegebenen Zeit eine bestimmte Aufgabe mit dem System erledigen können.

Bei der Dokumentation der Nutzungsanforderungen sollte die Lösung noch nicht vorweggenommen werden. Möglichkeiten wie GUI-Mockups (Kapitel 5) werden erst bei der Erarbeitung der Gestaltungslösung im nächsten Schritt genutzt. Die Anforderungen sollen so dokumentiert sein, dass die Gestaltungsfreiheit erhalten bleibt, siehe dazu *Abschnitt 10.5.9, Usability-Szenarien sind keine Anwendungsfälle.*

Erarbeiten von Gestaltungslösungen zur Erfüllung der Nutzungsanforderungen

Auf der Grundlage der dokumentierten Anforderungen werden iterativ Gestaltungslösungen abgeleitet. Es wird festgelegt, wie ein Benutzer mit dem System interagiert, um seine Ziele zu erreichen. Die Arbeitsteilung zwischen Benutzer und System wird festgelegt und damit auch, welche Aufgaben der Benutzer mit dem System ausführt.

Festgelegt wird also die Schnittstelle zwischen Benutzer und System, dazu gehört die grafische Oberfläche mit ihren Interaktionselementen (siehe Kapitel 5). Ergänzend wird festgelegt, wie die grafische Oberfläche bedient wird: Möglich sind etwa Tastatur-, Maus-, oder Berührungsbedienung. Denkbar sind auch akustische oder mechanische Schnittstellen.

Prototypen in verschiedenen Ausbaustufen, vom Papier-Prototyp bis hin zum System im Beta-Test, können in dieser Phase verwendet werden.

Evaluation der Gestaltungslösungen anhand der Anforderungen

Die Gestaltungslösungen können mithilfe verschiedener Techniken geprüft werden. Auf der Grundlage der Prüfergebnisse werden Anforderungen und Gestaltungslösung überarbeitet, da die Bedürfnisse der Benutzer klarer geworden sind. Zur Prüfung stehen viele verschiedene Verfahren zur Verfügung, angefangen bei der Beobachtung von Testpersonen bei der Benutzung eines Prototyps bis hin zu Befragungen großer Benutzermengen über (Online-)Fragebögen.

10.5.4 Schnittstelle zum Usability Engineering

Das Usability Engineering findet parallel zur Entwicklung des Systems statt. Viele der in diesem Abschnitt dargestellten Methoden können sowohl im Usability Engineering als auch im Requirements Engineering genutzt werden.

Zu Beginn des Projektes wird der Nutzungskontext dokumentiert, dies findet vor oder parallel zur Anforderungsanalyse statt. Das Usability Engineering liefert damit ein genaues Verständnis der künftigen Benutzer, ihrer Bedürfnisse und der Bedingungen, unter denen das Software-System verwendet wird. Daraus werden im Requirements Engineering entsprechende Anforderungen abgeleitet.

Die ersten Gestaltungslösungen (Interaktions- und Maskenentwürfe, Interaktionsdesign) und Prototypen werden im Rahmen des Usability Engineering erstellt und evaluiert. Die Ergebnisse können danach in die Spezifikation des Systems als Maskenentwürfe und Anwendungsfälle einfließen.

Die Gebrauchstauglichkeit des Systems wird nach oder während seiner Fertigstellung über entsprechende Tests nachgewiesen.

10.5.5 Ermittlung von Usability-Anforderungen

In Kapitel 3 werden mehrere Techniken zur Ermittlung von Anforderungen vorgestellt, unter anderem verschiedene Interview-Techniken. Diese Techniken können auch im Usability Engineering verwendet werden.

Der folgende Abschnitt skizziert zwei Ermittlungstechniken, die spezifisch im Usability Engineering eingesetzt werden. Details zu diesen und weiteren Techniken finden sich unter anderem bei Cooper et. al (Cooper, Reimann und Cronin) oder bei Richter und Flückinger (Richter und Flückiger). Es werden qualitative und quantitative Verfahren unterschieden:

- **Qualitative Verfahren**: Informationen werden exemplarisch erfasst, beispielsweise anhand von Einzel- oder Gruppeninterviews. Nur wenige Benutzer werden befragt oder beobachtet.
- **Quantitative Verfahren**: Die ermittelten Informationen sollen statistisch und demografisch belastbar sein. Eine Technik dazu sind Umfragen mit Fragebögen, in denen wesentlich mehr Benutzer befragt werden können als durch Interviews.

Im Folgenden wird ein qualitatives Verfahren vorgestellt, die *Contextual Inquiry*, und ein quantitatives Verfahren, eine *Umfrage mit Fragebögen*.

Contextual Inquiry (Kontextanalyse)

Contextual Inquiry (Kontextanalyse) nach Beyer und Holtzblatt (Beyer und Holtzblatt) ist eine Mischung aus Beobachtung und Interview. Der Contextual Inquiry liegen vier Prinzipien zugrunde:

- **Kontext**: Das Interview findet im Arbeitsumfeld des Benutzers statt. Der Benutzer wird unter *normalen, alltäglichen Bedingungen* beobachtet und der Interviewer stellt Fragen zu Tätigkeiten und Arbeitsergebnissen, während der Befragte normal weiterarbeitet. Der Interviewer soll den zukünftigen Nutzungskontext durch eigene Erfahrungen besser verstehen. Wichtige Ereignisse und Informationen werden für die weitere Arbeit dokumentiert.

- **Partnerschaft**: Der Interviewer geht beim Benutzer quasi in die Lehre und führt zum Teil gemeinsam mit ihm Arbeitsaufgaben aus. Das Vorgehen wird immer wieder hinterfragt und diskutiert, um es besser zu verstehen.

- **Interpretation**: Der Interviewer gibt das, was er gelernt hat, fortlaufend in eigenen Worten wider. Der Benutzer korrigiert gegebenenfalls Fehler. So wird (wie bei der Technik des aktiven Zuhörens, siehe Kapitel 3) das Risiko von Missverständnissen und Fehlinterpretationen gesenkt.

- **Fokussierung**: Der Interviewer steuert das Interview und bittet den Benutzer Tätigkeiten durchzuführen, die für das Projekt relevant sind.

Diese Form von Interviews eignet sich für Situationen, in denen Benutzer ihre Bedürfnisse selbst nicht formulieren wollen oder können und wo unbewusst vorhandene Bedürfnisse vermutet werden. Solche Informationen werden über Fragebögen kaum gefunden.

Umfragen

Fragebögen können parallel an sehr viele (mögliche) Benutzer als Brief versendet werden oder als Onlineumfrage bereitgestellt werden. Wenn sie statistisch (bzw. quantitativ) ausgewertet werden sollen, müssen die meisten Fragen geschlossene Fragen sein, auf die es wenige vorformulierte Antworten gibt. Offene Fragen mit frei formulierten Antworten müssen aufwendig ausgewertet werden und sind wegen der sprachlichen Unschärfe (siehe Kapitel 7) schwieriger vergleichbar.

Beispiel: Eine geschlossene Frage könnte lauten:

Haben Sie einen akademischen Abschluss? (Antworten: ja/nein).

Die Fragebögen beginnen häufig mit der Erhebung allgemeiner demografischer Daten, wie Alter, Geschlecht, Beruf, Einkommen oder der Berufsausbildung. Dann können Lebensgewohnheiten, persönliche Vorlieben und Verhaltensmuster erfragt werden.

Umfragen werden beispielsweise zur Identifikation von Benutzergruppen (Personas, siehe *Abschnitt 10.5.6, Personas*) verwendet, die bestimmte Eigenschaften gemeinsam haben müssen. Auch eine Priorisierung der Benutzergruppen kann damit erfolgen, zum Beispiel nach ihrer Größe gemessen an der Zahl der zugeordneten Personen.

Für die Vorbereitung einer Umfrage ist mehr Wissen erforderlich als beispielsweise bei Kontextanalysen. Der einmal erstellte Fragebogen kann im Nachhinein nicht geändert werden. Bei Änderungen muss die Umfrage wiederholt werden. Bei Interviews kann der Interviewer dagegen flexibler auf neue Informationen reagieren.

Beispiel 10.4 **Fragebogen zu Verhaltensmustern**

Es wird um die Einschätzung folgender Aussagen für die Entwicklung einer Lehrevaluationssoftware gebeten:

	++	+	o	-	--
Ich bin in jeder Vorlesung anwesend.					
Ich bereite jede Vorlesung zu Hause nach.					
Ich habe ein Smartphone und verwende es während der Vorlesung.					

Tabelle 10.8: Beispiel für Fragebogen

Mit den Antwortmöglichkeiten: *trifft voll zu (++), trifft zu (+), unentschieden (o), trifft nicht zu (-), trifft überhaupt nicht zu (--).*

10.5.6 Personas

Personas sind eine häufig verwendete Form, künftige Benutzer besser zu verstehen, zu klassifizieren und zu dokumentieren (Cooper, Reimann und Cronin). Personas sind Modelle von Benutzern. Sie haben bestimmte charakteristische Eigenschaften, wie bestimmte Ziele, Aufgaben, Vorlieben oder Erwartungen. Personas stehen stellvertretend für eine Gruppe von Benutzern mit ähnlichen Eigenschaften.

Definition: Persona

Personas stellen prototypische Benutzer dar. Sie modellieren deren Ziele, Verhaltensweisen und Eigenschaften, die im Hinblick auf das zu entwickelnde System relevant sind (Richter und Flückiger).

Es ist kaum möglich, ein System zu bauen, mit dem jeder denkbare Benutzer effizient, effektiv und zufriedenstellend arbeiten kann. Einige Benutzer sind beispielsweise technisch und fachlich fortgeschritten und nutzen das System jeden Tag, andere sind Anfänger und nutzen das System nur gelegentlich. Beide Gruppen haben unterschiedliche Bedürfnisse: Der Fortgeschrittene will seine Arbeit möglichst effizient mit dem System erledigen, für ihn sind etwa Tastenkürzel oder die Bedienung des Systems nur über die Tastatur besonders wichtig. Ein Wizzard, der jeden Einzelschritt mit vielen Erläuterungen darstellt, würde den Fortgeschrittenen stören. Dieser ist für den Anfänger eventuell hilfreich.

Einer Persona werden charakteristische Eigenschaften zugeordnet. Diese Eigenschaften beeinflussen das Verhalten und die Wahrnehmung der Persona. Beispiele für solche Eigenschaften sind:

Ziele:	Was will die Persona mithilfe des Systems erreichen?
Aufgaben:	Welche Aufgaben muss die Persona erledigen, für was ist sie verantwortlich (Rolle, Verantwortungsbereich, Berufsbezeichnung, konkrete Tätigkeiten)?
Kenntnisse:	Ausbildung, Computerkenntnisse, Sprachkenntnisse, Wissen über verwandte Produkte und Altsysteme, Berufserfahrung, fachliches Wissen
Einstellung:	Ängste, Sehnsüchte, Vorlieben, Abneigungen

Tabelle 10.9: Beispiele für Eigenschaften einer Persona

Häufig werden Personas so modelliert, dass sich das Entwicklungsteam ein konkretes Bild dieses gedachten Menschen machen kann. So kann das Einfühlungsvermögen, die Empathie der Team-Mitglieder besser genutzt werden. Es werden nicht mehr abstrakte Anwendungsfälle umgesetzt, sondern es geht darum, „Paul Professor" oder „Quirin, den Qualitätsmanager" zufriedenzustellen.

Die Persona hat dafür zusätzlich ein Foto, einen Namen, ein Geschlecht, ein bestimmtes Alter und weitere Merkmale, welche das Einfühlungsvermögen des Entwicklungsteams unterstützen.

Beispiel 10.5 | **Persona**

Name:	Paul Professor
Alter:	50
Ziele:	Stundenplanung für seine Fakultät, zufriedene Kollegen
Aufgaben:	Plan in zwei Tagen fertigstellen
Kenntnisse:	Seit 10 Jahren Informatik-Professor, fortgeschrittene Kenntnisse in Excel
Einstellungen:	Beschäftigt sich gerne mit Software

10.5.7 Modellieren von Personas

Um eine Persona zu modellieren, müssen Eigenschaften ermittelt werden, die das Verhalten und die Wahrnehmung der Benutzer in Bezug auf das System beeinflussen. Das sind demografische Eigenschaften wie Alter, Geschlecht oder Wohnort und auch (persönliche) Ziele, Aufgabenspektrum, Vorbildung, Erwartungen oder allgemeine Einstellungen zu bestimmten Themen wie z.B. den eingesetzten Technologien.

Zur Erhebung der Eigenschaften eignen sich beispielsweise die oben schon dargestellten Umfragen. Wenn es sich um eine große Anzahl zu befragender Benutzer handelt, sind Umfragen besonders geeignet, da sie mit wenig Aufwand durchgeführt werden können. Bei einer Umfrage ist es wichtig, eine Hypothese über die Einflussfaktoren auf Wahrnehmung und Verhalten zu haben, da während einer Umfrage die Fragen nicht mehr an neue Erkenntnisse angepasst werden können. Bei kleineren Zahlen von möglichen Benutzern eignen sich Interview-Techniken, wie beispielsweise die Contextual Inquiry. Hier können die Einflussfaktoren noch während der Interviews verfeinert werden.

Auf der Basis der gefundenen Einflussfaktoren wird dann versucht, mehrere befragte Personen zu einer Persona zusammenzufassen. Bei den Personen sind möglichst viele der Einflussfaktoren ähnlich ausgeprägt, d.h., Personen mit ähnlichen Vorlieben, Aufgaben, Einstellungen etc. werden zu einer Persona zusammengefasst. So können beispielsweise die Gelegenheitsbenutzer zu einer Persona werden und ambitionierte Benutzer zu einer anderen.

10.5.8 Usability-Szenarien

Usability-Szenarien sind *Beispiele* für die Interaktion von Personas mit dem System: Geschichten, in denen Personas die Hauptrolle spielen. Die Designer und Entwickler sollen darüber eine möglichst plastische Vorstellung von der Benutzung des Systems gewinnen. Die Szenarien im Usability Engineering haben daher einen erzählenden Charakter, die Anwendungsfälle aus dem Requirements Engineering sind abstrakter formuliert, spezifizieren aber dafür präzise die Interaktion des jeweiligen Akteurs mit dem System (siehe Kapitel 5).

Definition: Usability-Szenario

Ein Usability-Szenario ist eine knappe *erzählende* Beschreibung, wie eine oder mehrere Personas mit einem System bestimmte Ziele erreichen (Cooper, Reimann und Cronin).

Die relevanten Eigenschaften des jeweiligen Nutzungskontexts werden über Usability-Szenarien und Personas dargestellt: die Ziele und die daraus abgeleiteten Aufgaben der Benutzer ebenso wie die physikalische und soziale Umgebung. Damit wird ein plastisches Bild der Interaktion der Persona mit dem System vermittelt.

Beispiel 10.6 **Usability-Szenario**

Paul Professor kommt morgens ins Büro und bearbeitet zuerst seine E-Mails und die Post. Er sitzt alleine im Büro. Es ist ruhig und er kann zunächst ungestört arbeiten.

Viele Kollegen haben sich mit Wünschen für ihren Stundenplan gemeldet. Oskar braucht seinen freien Tag am Montag, Dietmar kann wegen seiner Kinder nur am Vormittag unterrichten [...]

Paul erfasst die Wünsche der Kollegen aus den Mails in der Stundenplanungs-software.

Er beginnt die Planung mit den Vorlesungen, welche die meisten Teilnehmer haben, und plant danach die dazu passenden Übungstermine. Heute startet er mit „Programmieren 1".

Paul lässt sich die teilweise fertiggestellten Stundenpläne seiner Kollegen und von allen Studierendengruppen anzeigen. Er prüft, ob der jeweilige Stundenplan nicht zu viele Freistunden enthält und ob eine bestimmte Stundenzahl am Tag nicht überschritten wird. Für seine Kollegen prüft er zusätzlich, dass die Wünsche berücksichtigt wurden.

Prof. Oskar soll „Programmieren1" halten. Paul plant diese Vorlesung Montags in der 2. Stunde ein. Jetzt meldet das System einen Planungskonflikt, da Paul diesen Professor schon zum selben Zeitpunkt an anderer Stelle verplant hat.

Paul verschiebt „Programmieren1" auf die 3. Stunde am Montag. Jetzt meldet die Software keinen Konflikt. Paul speichert seine Änderungen, jetzt muss er seine Vorlesung halten.

10.5.9 Usability-Szenarien sind keine Anwendungsfälle

Richter und Flückiger nutzen auch Anwendungsfälle im Bereich des Usability Engineering (Richter und Flückiger). Sowohl Anwendungsfälle wie auch Usability-Szenarien beschreiben die Interaktion mit dem (geplanten) Software-System. Beide sind aus der Perspektive des jeweiligen Systemnutzers beschrieben.

Akteure modellieren in Anwendungsfällen die Benutzergruppen eines Systems. Akteure fassen Benutzer nach ihrer jeweiligen Rolle in Bezug auf das Software-System zusammen, beispielsweise Administrator, Sachbearbeiter, Abteilungsleiter.

Personas modellieren die Benutzergruppen in Usability-Szenarien. Sie fassen Benutzergruppen nach gemeinsamen Eigenschaften, Aufgaben und Zielen zusammen. Wenn beispielsweise in einem Anwendungsfall vom Akteur *Sachbearbeiter* die Rede ist, können mehrere Personas für entsprechende Usability-Szenarien modelliert sein, welche die Aufgaben von Sachbearbeitern wahrnehmen, sich aber in bestimmten, für die Benutzung des Systems relevanten Eigenschaften unterscheiden.

Richter und Flückiger weisen darauf hin, dass Usability-Szenarien als Grundlage für die Spezifikation der Anwendungsfälle verwendet werden können. Beide Methoden ergänzen sich. Aus den Szenarien werden die Anwendungsfälle abstrahiert, später dienen die Szenarien als konkrete Beispiele dazu, die Anwendungsfälle zu plausibilisieren (siehe Kapitel 7).

	Usability-Szenario	Anwendungsfall
Ziel	Beispiel für die Nutzung des Systems. Einfühlungsvermögen der Entwickler in Personas stärken. Fokus auf Bedürfnisse der Personas.	Vollständige Spezifikation, wie ein Akteur mit dem System (in mehreren Schritten) interagiert, um sein Ziel zu erreichen.
Benutzer	Persona als Prototyp für eine Benutzergruppe mit gemeinsamen Eigenschaften	Akteur als Rolle eines Nutzers in Bezug auf das System.
Form der Beschreibung	Erzählender Charakter in natürlicher Sprache. Geschichte, in der eine Persona das System benutzt. Auch Eigenschaften der Umgebung werden beschrieben.	Kurzform mit wenigen Sätzen (*use case brief*), ausführliche Fassung enthält Tabellen und zusätzlich beispielsweise UML-Aktivitätsdiagramme
Sonderfälle	Als eigene Szenarien	Als Extensions des Standardablaufs
Abstraktionsgrad	Konkretes Beispiel der Benutzung des Systems	Abstrakte Form der Beschreibung, ohne konkrete Daten
Lösungsbezug	Risiko, dass das Design in der Interaktionsbeschreibung vorweggenommen wird	Risiko, dass bereits viele Besonderheiten der grafischen Oberfläche in der Interaktionsbeschreibung zu verwenden.

Tabelle 10.10: Unterschiede und Gemeinsamkeiten von Usability-Szenarien und Anwendungsfällen.

10.5.10 Bedürfnisse und Anforderungen

Cooper et al. (Cooper, Reimann und Cronin) legen großen Wert darauf, dass es bei der Analyse der Anforderungen noch nicht um Funktionen des Systems geht, sondern um die Bedürfnisse der Benutzer. Deswegen wird versucht, die Ziele der verschiedenen Personas genau zu dokumentieren. Aus diesen Zielen leiten sich deren Bedürfnisse ab. Weitere Grundlage für die Ermittlung der Bedürfnisse sind die Usability-Szenarien. Folgende Arten von Bedürfnissen können unterschieden werden:

- **Informationsbedürfnisse:** Welche Informationen bzw. Daten braucht der Benutzer, um seine Ziele zu erreichen?

- **Funktionsbedürfnisse:** Welche Tätigkeiten sollen mit den Informationen durchgeführt werden, um die Ziele zu erreichen?

- **User-Experience-Bedürfnisse:** Wie sollen die Informationen aufbereitet werden, damit der Benutzer sie richtig wahrnimmt? Wie soll sich der Benutzer fühlen, während und nach der Benutzung des Systems. Passt die Wahrnehmung zum Bild, das die Marke vermitteln will, unter der das System verkauft werden soll?

- **Randbedingungen/Beschränkungen:** Gibt es Randbedingungen, welche das Design einschränken? Eine Einschränkung könnte der maximale Preis sein, den die Benutzer für das System zahlen würden.

Diese Bedürfnisse können dann zu Anforderungen im Sinne des Requirements Engineering konkretisiert werden.

Übungen

Übung 1: Produktrisiken

Überlegen Sie Produktrisiken des Lehrevaluationssystems Eva. Bearbeiten Sie dazu folgende Fragen: Wie hoch wäre der Schaden (Nutzungsausfall), wenn

- Eva für eine Stunde/eine Woche/einen Monat ausfällt?
- jemand über eine Sicherheitslücke die Evaluationsbögen manipulieren könnte?
- die Statistikfunktionen Rechenfehler enthalten würden?

Überlegen Sie sich zu diesen Produktrisiken Möglichkeiten zu deren Abschwächung. Welche Tests würden Sie empfehlen?

Übung 2: Architekturtreiber und Architektur-Szenarien

Das Evaluationssystem Eva ist als hochschulweites System konzipiert. Damit könnten je nach Größe der Hochschule ca. 5000 bis zu 50000 Studenten das System zur Lehrevaluation nutzen. Bearbeiten Sie folgende Teilaufgaben:

- Spezifizieren Sie Anforderungen zu den Antwortzeiten und dem Durchsatz der Lehrevaluation. Was für Antwortzeiten würden Sie vom Evaluationsbogen erwarten? Überschlagen Sie die Last auf dem System und dokumentieren Sie Ihre Annahmen, die dieser Rechnung zugrunde liegen, z.B.: Wie viele Vorlesungen hört jeder Student in einem Semester? Wie viel Prozent davon evaluiert er? Wie lang ist der Zeitraum, in dem alle Studenten evaluieren?
- Dokumentieren Sie die Performanz-Anforderungen als Szenarien mithilfe der Schablone aus *Abschnitt 10.4.3, Szenarien für Qualitätseigenschaften.*
- Überschlagen Sie die Menge der anfallenden ausgefüllten Evaluationsbögen in der Datenbank. Wie viele Datensätze erwarten Sie nach einem Jahr und nach fünf Jahren?
- Bilden Sie eine Gruppe mit drei bis vier Personen und diskutieren Sie, ob die Anforderungen zur Performanz Architekturtreiber sind.
- Vergleichen Sie in derselben Gruppe, ob Anforderungen zur Verfügbarkeit des Systems Architekturtreiber sind.

Übung 3: Architektur-Szenarien

Bilden Sie eine Gruppe mit drei bis vier Personen und versuchen Sie einen Baum mit priorisierten Szenarien für das Evaluationssystem EVA zu erstellen, siehe dazu *Abschnitt 10.4.4, Präzisierung und Priorisierung der Architekturtreiber.*

Übung 4: Personas

Sie sollen ein Campus-Informationssystem für Smartphones entwerfen. Dieses soll den Mensaplan, den allgemeinen Stundenplan für jede Studierendengruppe und einen Raumplan anbieten. Überlegen Sie sich mehrere Personas nach dem Verfahren aus *Abschnitt 10.5.7, Modellieren von Personas.*

Übung 5: Usability-Szenarien

In Kapitel 5 wird der Anwendungsfall *Hochschulweiten Evaluationsbogen vorbereiten* vorgestellt. Formulieren Sie diesen Anwendungsfall als ein oder mehrere Usability-Szenarien. Unterstellen Sie dabei, dass die Persona „Paul Professor" zum Qualitätsmanager ernannt wurde.

Übung 6: Reflektion der Usability-Szenarien

Bilden Sie eine Gruppe von drei bis vier Personen. Vergleichen Sie die Anwendungsfallbeschreibung und die Usability-Szenarien aus der vorhergehenden Aufgabe. Beantworten Sie folgende Fragen: Was sind die Gemeinsamkeiten? Was sind die Unterschiede? Handelt es sich um alternative Verfahren: sollten Sie entweder Usability-Szenarien oder Anwendungsfälle verwenden? Oder können beide Verfahren nacheinander angewendet werden? Womit sollte dann begonnen werden?

Prozessverbesserung

11

Einführung 408

11.1 Qualitätsmanagement und Prozessreife 409

11.2 CMMI 410

    11.2.1 Prozessbereiche, Ziele und Praktiken 410

    11.2.2 Bewertung der Prozessreife 411

    11.2.3 Requirements Engineering in CMMI 412

11.3 Prozesseinführung und -verbesserung 414

11.4 Den Requirements-Engineering-Prozess verbessern. 416

11.5 Typische Probleme der Prozessverbesserung 417

ÜBERBLICK

Einführung

>> Ein Prozess ist allgemein gesprochen eine Folge von Schritten, die zur Erreichung eines gegebenen Zwecks ausgeführt werden (IEEE Std. 610-1990). Jede Tätigkeit, die mit einem bestimmten Ziel durchgeführt wird, ist ein Prozess: die Reparatur eines Fahrrads, die Zubereitung eines Menüs, der Kauf eines Buches, der Abschluss eines Versicherungsvertrags, die Programmierung eines Fernsehers oder die Produktion eines Flugzeugs.

In gleicher Weise handelt es sich auch bei der Entwicklung eines Software-Systems um einen Prozess, in diesem Fall auch als Entwicklungsprozess bezeichnet. Requirements Engineering ist ein zentraler Teilprozess im Entwicklungsprozess. Weitere Teilprozesse sind der Entwurf und die Entwicklung des Systems, das Projektmanagement oder die Qualitätssicherung. Jeder dieser Teilprozesse trägt zum Erfolg des Gesamtprozesses bei. Prozesse können gut oder schlecht durchgeführt werden. Gute Prozesse unterstützen den Erfolg des Gesamtprozesses, schlechte führen dagegen häufig zu Problemen.

Prozessverbesserung beschäftigt sich mit der Frage, was einen guten und was einen schlechten Prozess ausmacht, wie sich die Prozessqualität objektiv bewerten lässt und wie Prozesse systematisch verbessert werden können. Dies ist schwieriger, als es auf den ersten Blick scheinen mag. Jede Firma, die professionell Software-Systeme erstellt, hat über die Jahre ihre eingespielten Abläufe entwickelt, nach denen ihr Entwicklungsprozess vonstattengeht. In der Regel werden tatsächlich Systeme erstellt, die mehr oder weniger das tut, was zu Beginn gefordert wurde. Woran lässt sich nun aber messen, ob der Entwicklungsprozess in der Firma gut oder schlecht ist? Ob Verbesserungsbedarf besteht und wenn ja, wo? Einen ersten Hinweis gibt häufig das „Bauchgefühl" der Beteiligten: bestimmte Arbeitsabläufe laufen nicht rund, es kommt zu unerklärlichen und ärgerlichen Verzögerungen bei der Auslieferung der Systeme, die Überstundenkonten der Mitarbeiter füllen sich ungeplant und die Qualität des final gelieferten Systems lässt zu wünschen übrig. Es herrscht eine gewisse Unzufriedenheit mit den Abläufen, ohne dass exakt das Problem genannt werden könnte. An dieser Stelle setzt die Prozessverbesserung an.

Prozessverbesserung ist eine eigenständige Disziplin. Eine umfassende Behandlung würde den Rahmen dieses Buches sprengen. Als Requirements Engineer steht man jedoch häufig vor der Aufgabe den Requirements-Engineering-Prozess in einem Unternehmen zu verbessern oder neu zu etablieren. Dieses Kapitel führt in die Grundlagen der Prozessverbesserung ein und stellt Modelle vor, die zur Messung und Verbesserung des Requirements-Engineering-Prozesses eingesetzt werden können. <<

Lernziele

- Sie können die Begriffe Qualitätsmanagementmodell und Prozessreifegradmodell einordnen.
- Sie kennen die Kernkonzepte und Bewertungsmodelle des Capability Maturity Model.
- Sie kennen die wichtigsten Prinzipien zur Durchführung eines Prozessverbesserungsprojekts und können Verbesserungsmaßnahmen durchführen.
- Sie kennen typische Probleme, die bei Prozessverbesserungsvorhaben auftreten, sowie geeignete Gegenmaßnahmen.

11.1 Qualitätsmanagement und Prozessreife

Prozessverbesserung in der Software-Entwicklung hängt eng mit dem Thema Qualitätsmanagement zusammen. Qualitätsmanagement ist ähnlich zum Projektmanagement ein Querschnittsprozess in einem Software-Entwicklungsprojekt. Alle Aktivitäten im Qualitätsmanagement zielen in letzter Konsequenz darauf ab, eine möglichst gute Qualität des zu entwickelnden Systems zu erhalten. Dazu gehört einerseits die Planung und Durchführung von **analytischen** Maßnahmen, mit denen die Qualität von (Zwischen-)Ergebnissen im Nachhinein geprüft wird, wie beispielsweise Dokumenten-Reviews und Softwaretests. Hinzu kommen **konstruktive** Maßnahmen, mit denen die Rahmenbedingungen zur Projektdurchführung positiv beeinflusst werden, was implizit zu einer besseren Qualität des Projektergebnisses führt. Prozessverbesserung ist ein zentraler Baustein des konstruktiven Qualitätsmanagements.

Hinweise darauf, welche konstruktiven und analytischen Maßnahmen in einem bestimmten Kontext sinnvoll sind, geben **Qualitätsmanagementmodelle**. Generell steht es jedem Unternehmen frei, sich sein eignes Qualitätsmanagementmodell zu definieren, um die Qualität seiner Prozesse und Produkte zu verbessern. Qualitätsmanagementmodelle haben jedoch auch Außenwirkung. Die Zertifizierung nach einem offiziellen Modell, wie beispielsweise die ISO-9000-Norm, ist heute für viele Unternehmen ein gerne genutztes Marketinginstrument und daher weitverbreitet. Bei der ISO 9000 handelt es sich um eine Sammlung von Leitfäden und Definitionen, die in ihrer Gesamtheit eine Qualitätsmanagement-Norm definieren. Man spricht auch von einer Normen-Familie. Die Norm ist branchenunabhängig. Jedes Software-Unternehmen, jede Arztpraxis und jeder Handwerksbetrieb kann sich nach ISO 9000 zertifizieren lassen.

Im Zentrum steht ISO 9001 (ISO/IEC 9001), das Referenzmodell der ISO-Norm. Das Referenzmodell definiert die Anforderungen an Unternehmen, die ihr Qualitätsmanagementsystem nach ISO 9000 aufbauen und zertifizieren lassen wollen. Kernforderung ist die Dokumentation des Qualitätsmanagementsystems in einem Qualitätsmanagement-Handbuch. Im Handbuch werden die grundsätzliche Ausrichtung der Organisation hinsichtlich Qualität, die Qualitätsziele und die Qualitätsmaßnahmen dokumentiert. Das Handbuch dient als verpflichtende Vorgabe für die Qualitätssicherung im gesamten Unternehmen. Im Rahmen einer Zertifizierung wird die Vollständigkeit und Angemessenheit der Dokumentation sowie die Umsetzung der Vorgaben in der Organisation geprüft.

Prozessreifegradmodelle sind eine spezielle Form von Qualitätsmanagementmodellen. Sie definieren neben einem umfassenden Qualitätsmodell zusätzlich die Möglichkeit, die **Prozessreife** einer Organisation objektiv zu messen, und macht diese so vergleichbar. Als Prozessreife bezeichnet man die Fähigkeit einer Organisation, qualitativ hochwertige Prozesse nicht nur zu definieren, sondern auch aktiv im Projektalltag zu leben. Ein häufig verwendetes Reifegradmodell ist **CMMI**[1] (*Capability Maturity Model Integration*). Ein alternatives Modell bietet der ISO/IEC-15504-Standard, besser bekannt unter dem Namen **SPICE** (*Software Process Improvement and Capability Determination*). SPICE wurde im Rahmen einer Initiative zur Entwicklung eines internationalen Standards zur Prozessverbesserung entwickelt. SPICE dient wie CMMI zur Prozessbewertung, unterscheidet sich jedoch etwas hinsichtlich Aufbau und Bewertungsschema. Da die Modelle ähnlich aufgebaut sind und CMMI in der Praxis weitere Verbreitung findet, wird im Folgenden auf eine Einführung in SPICE verzichtet.

11.2 CMMI

CMMI ist ein Prozessreifegradmodell, das speziell auf die Bedürfnisse der Software-Entwicklung hin konzipiert wurde. Es ist eine Weiterentwicklung des 1986 vom US-Verteidigungsministerium (Department of Defence, DoD) in Auftrag gegebenen Capability Maturity Model (CMM). Mithilfe des Modells wollte das DoD eine gewisse Sicherheit erreichen, dass seine Auftragnehmer bei der Vergabe von Software-Projekten die vertraglich festgelegten Liefervereinbarungen tatsächlich einhalten. Mit der Zeit erkannten auch andere Unternehmen den Nutzen des Modells und begannen, es freiwillig einzusetzen. Entwickelt wurde das Modell am Software Engineering Institute der Carnegy-Mellon-Universität (SEI) und wird dort bis heute weiterentwickelt und gepflegt.

11.2.1 Prozessbereiche, Ziele und Praktiken

Das CMMI-Modell stützt sich auf die Konzepte Prozessbereich (*process area*), Ziel (*goal*) und Praktik (*practice*). Ein Prozessbereich ist definiert als eine Menge von zusammengehörigen Praktiken, die gemeinsam ausgeführt, eine Menge von Zielen erfüllen. Diese Ziele werden zur Prozessverbesserung in diesem Bereich als notwendig angesehen.

Die im Standard vorgegebenen Prozessbereiche orientieren sich an den Disziplinen, die bei der Durchführung von Entwicklungsprojekten eine Rolle spielen, wie beispielsweise Projektplanung (*Project Planning*, PP)), Konfigurationsmanagement (*Configuration Management*, CM)) oder Verifikation (*Verification*, VER)). In Bezug auf Requirements Engineering nennt CMMI zwei Prozessbereiche: Requirements Development (RD) und Requirements Management (REQM).

---

1 *http://www.sei.cmu.edu/cmmi/* (abgerufen am 16.08.2012)

Jedem Prozessbereich sind spezifische Ziele (*specific goal*) zugeordnet, die erfüllt sein müssen, um den Prozessbereich zufriedenstellend abzudecken. Zusätzlich zu den spezifischen Zielen gibt es allgemeine Ziele (*generic goal*), die übergreifend für alle Prozessbereiche gelten müssen. Ziele und ihr Erfüllungsgrad dienen im Rahmen der Prozessbewertung als Grundlage für die Beurteilung der Prozessreife einer Organisation. Praktiken geben schließlich konkrete Hilfestellung zur Umsetzung der Ziele. Spezifische Praktiken unterstützen die Umsetzung von Zielen für einen konkreten Prozessbereich, allgemeine Praktiken die Umsetzung bereichsübergreifender Ziele. Eine gut lesbare Einführung in CMMI findet sich beispielsweise in (Kneuper).

11.2.2 Bewertung der Prozessreife

Zur Bewertung der Prozessreife definiert CMMI zwei unterschiedliche Modelle: das stufenweise Modell (*Staged Representation*) und das durchgängige Modell (*Continuous Representation*). Die Bewertung selbst wird im Rahmen einer Begutachtung (*Appraisal*) in der Organisation durchgeführt.

Bewertung nach dem stufenweisen Modell

Das stufenweise Modell betrachtet alle Prozesse einer Organisation im Querschnitt. Das Bewertungsschema definiert fünf Stufen der Prozessreife. Eine Organisation muss für alle Prozesse die entsprechenden Kriterien einer Stufe erfüllen, um den entsprechenden Reifegrad zu erhalten. Das stufenweise Modell bewertet die Prozessreife der Organisation anhand der Prozessreife einer ausgewählten Anzahl an Prozessbereichen. Das Modell unterscheidet fünf Stufen der Prozessreife:

- Eine Organisation wird auf der Stufe 1 (*Initial*) eingeordnet, wenn ihre Prozesse ad hoc ablaufen und gegebenenfalls auch als chaotisch charakterisiert werden können.

- Auf Stufe 2 (*Managed*) erfüllt eine Organisation bereits minimale Anforderungen hinsichtlich der Projektdurchführung. Auf diesem Level müssen grundlegende Managementprozesse wie Projektplanung, Projektmanagement und Requirements Management etabliert sein und im Projektalltag gelebt werden. Die Zertifizierung auf Level 2 betrifft die Prozessreife einzelner Projekte.

- Auf Level 3 (*Defined*) wird die Prozessreife der Organisation bzw. Organisationeinheit geprüft. Die Prozessfähigkeiten der Stufe 2 müssen erweitert und intensiviert werden. Weitere Prozessbereiche kommen hinzu. Eine Organisation, die nach Level 3 zertifiziert ist, kann nachweisen, dass alle relevanten Prozesse umfassend definiert sind und im Alltag umgesetzt werden.

- Die Erfüllung der Ziele auf den Leveln 4 (*Quantitatively Managed*) und 5 (*Optimized*) weist die Nachhaltigkeit der Prozessreife einer Organisation nach. Im Fokus stehen die Erhebung von Kennzahlen zur Messung des Erfolgs der Prozesse sowie die Etablierung eines kontinuierlichen Prozesses zur Analyse und Prozessverbesserung.

Level 3 und Level 5 sind die beiden wichtigsten Stufen für eine Zertifizierung. So kann bei Ausschreibungen von den Anbietern eine Prozessreife auf Level 3 als zwingende Voraussetzung für die Vergabe von Projekten einer bestimmten Größe gefordert werden. Level 5 ist dagegen ein Zertifikat, das gerne bei hohen Sicherheitsanforderungen oder im Outsourcing-Bereich verwendet wird.

Bewertung nach dem durchgängigen Modell

Das durchgängige Modell bewertet auf ähnliche Weise wie das stufenweise Modell die Prozessreife. Auch hier dient die Erfüllung der Ziele für einen Prozessbereich als Gradmesser der Bewertung. Allerdings werden im durchgängigen Modell nur einzelne Prozessbereiche betrachtet sowie die Fähigkeit einer Organisation hinsichtlich seiner Umsetzung. Für jeden Prozessbereich erfolgt eine Bewertung innerhalb eines vierstufigen Fähigkeitsmodells (Capability Model).

- Ein Prozessbereich wird auf Fähigkeitsstufe 0 (*Incomplete*) eingeordnet, wenn keine erkennbaren Prozesse existieren oder die Prozesse nur unvollständig ausgebildet sind.
- Fähigkeitsstufe 1 (*Performed*) fordert ein erkennbares und durchgängiges Management der Prozesse innerhalb des Prozessbereichs. Die langfristige Etablierung der Prozesse in der Organisation ist jedoch noch nicht gesichert.
- Prozesse eines Prozessbereichs auf Fähigkeitsstufe 2 (*Managed*) werden geplant, durchgeführt und überwacht. Sie sind etabliert und werden auch in Ausnahmesituation entsprechend der Vorgaben fortgeführt.
- Auf Fähigkeitsstufe 3 (*Defined*) wird ähnlich zum stufenweisen Reifegradmodell eine organisationsweite Etablierung der Prozesse gefordert. Im Unterschied zur Fähigkeitsstufe 2 werden alle Prozessinstanzen einer Organisation nach den gleichen Standards und Vorgaben durchgeführt.

▶ Abbildung 11.1 stellt die Unterschiede bei den Bewertungsmodellen im Überblick dar.

	Continuous Representation	**Staged Representation**
Level 0	Incomplete	
Level 1	Performed	Initial
Level 2	Managed	Managed
Level 3	Defined	Defined
Level 4		Quantiatively Managed
Level 5		Optimized

Abbildung 11.1: Stufen im Reifegrad- und Fähigkeitsmodell der CMMI[2].

11.2.3 Requirements Engineering in CMMI

Wie sieht nun das Modell in der Praxis aus? CMMI definiert zwei Prozessbereiche, die sich explizit mit dem Thema Requirements beschäftigen: Requirements Management und Requirements Development. Die Erfüllung der Ziele für den Prozessbereich Requirements Management ist im stufenweisen Modell Voraussetzung für eine Einstufung der

---

2   *http://www.sei.cmu.edu/library/abstracts/reports/10tr033.cfm* (abgerufen am 14.10.2012)

Prozessreife auf Level 2. Die genannten Ziele sind einfach nachvollziehbar, die vorgeschlagenen Praktiken realistisch und praxisnah. Als Ziele werden genannt:

Spezifische Ziele für den Prozessbereich Requirements Management (REQM) (SEI)
- Specific Goal 1 Manage Requirements
- Specific Goal 1.1 Understand Requirements
- Specific Goal 1.2 Obtain Commitment to Requirements
- Specific Goal 1.3 Manage Requirements Changes
- Specific Goal 1.4 Maintain Bidirectional Traceability of Requirements
- Specific Goal 1.5 Ensure Alignment between Project Work and Requirements

---

Zur Umsetzung der Ziele benötigt man einen guten Prozess zur Anforderungsermittlung und Anforderungsspezifikation mit Mechanismen zur Anforderungsverfolgung, die Etablierung eines formalen Änderungsmanagementprozesses im Projekt, ein effektives Stakeholder-Management zur Abstimmung der Anforderungen und den Einsatz geeigneter Projektmanagementpraktiken, die eine geordnete Umsetzung der Anforderungen sicherstellen.

Ein weiterer Prozessbereich, der sich mit dem Thema Anforderungen befasst, ist das Requirements Development (RD). Prozesse, welche die Ziele aus dem Bereich Requirements Development umsetzen, haben die Voraussetzung für eine Einordnung auf Level 3. Als Ziele für den Prozessbereich nennt der Standard:

Spezifische Ziele für den Prozessbereich Requirements Development (RD) (SEI)
- Specific Goal 1 Develop Customer Requirements
- Specific Goal 1.1 Elicit Needs
- Specific Goal 1.2 Transform Stakeholder Needs into Customer Requirements
- Specific Goal 2 Develop Product Requirements
- Specific Goal 2.1 Establish Product and Product Component Requirements
- Specific Goal 2.2 Allocate Product Component Requirements
- Specific Goal 2.3 Identify Interface Requirements
- Specific Goal 3 Analyze and Validate Requirements
- Specific Goal 3.1 Establish Operational Concepts and Scenarios
- Specific Goal 3.2 Establish a Definition of Required Functionality and Quality Attributes
- Specific Goal 3.3 Analyze Requirements
- Specific Goal 3.4 Analyze Requirements to Achieve Balance
- Specific Goal 3.5 Validate Requirements

Für einen definierten Requirements-Engineering-Prozess (einen Prozess auf dem Level *Defined*) fordert der Standard nicht nur das reine Vorhandensein eines minimalen Anforderungsprozesses. Vielmehr steht hier die Etablierung eines methodischen und durchgängigen Anforderungsprozesses im Vordergrund. So ist ein systematischer und durchgängiger Prozess zur Ermittlung, Spezifikation und Verifikation der Anforderungen nötig. Hinzu kommt die Berücksichtigung von Schnittstellen und nichtfunktionalen Anforderungen. Im Fokus steht außerdem ein systematischer und methodischer Abstimmungsprozess mit dem Kunden zur Validierung der Anforderungen.

11.3 Prozesseinführung und -verbesserung

Prozessreifegradmodelle dienen als Richtschnur für die Prozesse einer Organisation und helfen Schwachstellen aufzudecken. Sie sagen, wie gute Prozesse aussehen müssten. Die Praxis ist jedoch oft weit von diesem Ideal entfernt. Um einen bestimmten Prozessreifegrad zu erreichen, ist die explizite Entscheidung des Unternehmens zur Prozessverbesserung notwendig. Die Zielsetzung einer solchen Prozessverbesserung kann eine Zertifizierung für einen bestimmten Prozessreifegrad sein, häufiger steht jedoch der Wunsch im Vordergrund, eine Professionalisierung der Vorgehensweise zu erreichen und durch verbesserte Prozesse

- die Effizienz und Effektivität der Prozesse zu steigern,
- Kompetenzgerangel unter den Prozessbeteiligten zu vermeiden,
- methodisches Vorgehen zu forcieren und
- Redundanz bei Tätigkeiten zu vermeiden.

Was kann man nun tun, um einen existierenden Prozess – unabhängig davon, auf welcher Stufe man ihn einordnen würde – effektiv und nachhaltig zu verbessern?

Prozessverbesserungsprojekte werden ähnlich zu Software-Entwicklungsprojekten durchgeführt. Ziel des Projekts ist in diesem Fall allerdings nicht die Entwicklung eines Software-Systems, sondern die Definition und Einführung verbesserter Prozesse. Bei der Durchführung eines Prozessverbesserungsvorhabens in Form eines Projekts helfen Vorgehensmodelle mit Fokus auf Prozessverbesserung.

Ein bekanntes Vorgehensmodell, das im Zusammenhang mit CMMI entwickelt wurde, ist das IDEAL-Modell (McFeeley). Wie CMMI wird das IDEAL-Modell vom Software Engineering Institute gepflegt. Mit seiner Hilfe kann eine Organisation ihre Prozesse entsprechend den Vorgaben im CMMI-Standard verbessern. Der Name IDEAL steht für die Kernschritte im Ablauf eines solchen Prozessverbesserungsvorhabens: Initiieren, Diagnostizieren, Etablieren, Agieren und Lernen.

Initiieren *(Initiating Phase)*

Immer wieder auftretende Probleme in den Software-Entwicklungsprojekten, überhöhte Kosten und/oder häufige ungeplante Verzögerungen sind oft Auslöser für den Wunsch nach Verbesserung und damit für die Initiierung eines Prozessverbesserungsprojekts. In der ersten Phase eines solchen Projekts gilt es die Projektziele und den Projektrahmen festzulegen. Dazu gehört:

- die Bildung eines Projekt-Teams, das mit der Durchführung des Prozessverbesserungsprojekts betraut wird,
- die Erarbeitung eines Vorschlags zur Prozessverbesserung für das Management durch das Projekt-Team und

- bei Genehmigung des Vorschlags durch das Management, Aufbau der Projektinfrastruktur mit Projektnamen, Dokumentenablage, Verteilung der Verantwortlichkeiten etc.

Diagnostizieren *(Diagnosing Phase)*

Im Zentrum der Diagnose steht die Ermittlung des aktuellen Zustands, bezogen auf die im Verbesserungsprojekt betrachteten Prozesse (IDEAL nennt dies die *software process baseline*). Zur Baseline gehören eine Dokumentation der Prozesse im Ist-Zustand, eine Liste der identifizierten Probleme sowie Metriken, die Auskunft über messbare Eigenschaften der Prozesse geben. Aus den erarbeiteten Ergebnissen wird schließlich eine Liste von Empfehlungen abgeleitet.

Vorbereiten *(Establishing Phase)*

Nächster Schritt in einem Prozessverbesserungsprojekt ist die Entwicklung eines strategischen Maßnahmenplans. Aus den Empfehlungen der *Diagnosing Phase* werden konkrete Maßnahmen abgeleitet und priorisiert. Die Kriterien für die Priorisierung leiten sich beispielsweise aus den Geschäftszielen, einer Risikobewertung, aus früheren Prozessverbesserungsprojekten oder auch aus Assessmentempfehlungen ab. Anhand des strategischen Maßnahmenplans wird das Vorgehen zur konkreten Umsetzung der Verbesserungsmaßnahmen geplant. Wie in einem Software-Entwicklungsprojekt werden Meilensteine festgelegt, Verantwortlichkeiten zugeordnet und die zu erstellenden Ergebnisse definiert.

Umsetzen *(Action Phase)*

In der *Action Phase* werden die geplanten Maßnahmen umgesetzt und in der Organisation eingeführt. Maßnahmen und Umsetzung können sehr unterschiedlich gestaltet sein. So kann eine Maßnahme die Einführung von Vorlagen für bestimmte Dokumente sein. In der *Action Phase* werden diese Vorlagen konkret erstellt. Eine andere Maßnahme könnte die Etablierung eines neuen Rollenmodells vorsehen. Im Rahmen der *Action Phase* werden die Rollen beschrieben und entsprechende Schulungen für die Mitarbeiter vorbereitet. Die entwickelten Lösungen werden im Rahmen einer Pilotierungsphase auf ihre Tauglichkeit geprüft, verfeinert und schließlich im Projektalltag fest etabliert.

Analysieren *(Leveraging Phase)*

Mit der Umsetzung und Einführung der geplanten Maßnahmen ist das Projekt zur Prozessverbesserung vorerst beendet. Prozessverbesserung ist jedoch ein Prozess der in wiederkehrenden Zyklen durchgeführt werden muss, um wirksam zu bleiben. In jedem Zyklus werden die realisierten Maßnahmen auf ihre Eignung hin geprüft und verbessert. Gegebenenfalls werden weitere Maßnahmen identifiziert und umgesetzt. Falls möglich, wird der Effekt der Verbesserung objektiv mithilfe von Metriken gemessen. Die *Leveraging Phase* ersetzt in jedem weiteren Zyklus die *Initiation Phase*. Sie dient zur Analyse der Ergebnisse der letzten Phase sowie zur Initiierung eines neuen Prozessverbesserungsvorhabens. Sie kann durchaus einige Monate dauern – Zeit, die benötigt wird, um die Maßnahmen langfristig in der Praxis zu etablieren und ihre Wirksamkeit zu beobachten.

> ## Praxistipp: Rückhalt im Management
>
> Rückhalt im Management ist der Schlüssel zum Erfolg bei der Durchführung eines jeden Prozess-verbesserungsvorhabens. Ein Verbesserungsprojekt, das nicht über eine nach außen sichtbare, nachhaltige und eindeutige Unterstützung durch das Management – insbesondere die Geschäfts-leitung – verfügt, ist von vornherein zum Scheitern verurteilt.

11.4 Den Requirements-Engineering-Prozess verbessern

Der Requirements-Engineering-Prozess ist einer der Schlüsselprozesse in einem Soft-ware-Entwicklungsprojekt. Sind die ermittelten und dokumentierten Anforderungen von schlechter Qualität, kann dies häufig auf Schwächen im Prozess zurückgeführt werden. Typische Folgen sind beispielsweise:

- Vergessene oder instabile Anforderungen. Beides führt zu unerwünschten Änderun-gen in späteren Phasen des Entwicklungsprozesses und damit gerne zu höheren Kos-ten und zu einer längeren Projektlaufzeit.

- Unklare Fokussierung bei den Anforderungen. Eine fehlende oder falsche Priorisie-rung der Anforderungen kann zu überhöhten Kosten bei der Entwicklung, zu man-gelnder Akzeptanz der Anwender wegen unpassender oder fehlender Funktionali-tät oder schlimmstenfalls zur vollständigen Ablehnung des Systems aufgrund fehlender Eignung für den geplanten Einsatzzweck führen.

- Schlechte oder fehlende Methodik bei der Anforderungsdokumentation. Die Anforde-rungen sind so dokumentiert, dass sie Spielraum für Interpretationen lassen. Dies kann auf der einen Seite zu einem erhöhten Abstimmungsaufwand zwischen Anwen-dern und Entwicklern führen, aber vor allem auch zu falscher Interpretation durch das Entwicklerteam und damit zu fehlerhafter Funktionalität im entwickelten System.

- Unklare Schnittstellen sind ein weiteres prozesstypisches Problem, welches vor allem bei Inhouse-Entwicklung auftreten kann. Es entsteht durch eine unklare Schnittstelle zwischen Fachbereich und Entwicklerteam. Dies zeigt sich beispielsweise, wenn noch während der Entwicklung des Systems immer neue Anforderungen gestellt werden, deren nachträgliche Ad-hoc-Integration die Qualität des Software-Produkts negativ beeinflussen kann.

Verbesserungspotenzial gibt es hier an vielen Stellen. Zu den häufigsten Maßnahmen zählen beispielsweise:

- Methoden-Schulungen zur Verbesserung der Anforderungsqualität,
- Verwendung von Vorlagen zur Anforderungsdokumentation,
- Einführung von Werkzeugen und Methoden zur Modellierung der Anforderungen,
- Einführung von Werkzeuge zur Anforderungsverwaltung,
- Explizite Dokumentation des Requirements-Engineering-Prozesses mit Rollen, Aktivitäten und Ergebnissen,
- Exakte Definition des Prozesses an kritischen Schnittstellen (wer tut was wann),

Die Einführung von Maßnahmen zur Prozessverbesserung in einer Organisation sollte niemals ad hoc und losgelöst von einem Prozessverbesserungsprojekt stattfinden. Es wird eine systematische Vorgehensweise mit einer genauen Analyse des Problems benötigt, um tatsächlich zur adäquaten Lösung zu kommen.

11.5 Typische Probleme der Prozessverbesserung

Vorhaben zur Prozessverbesserung sind objektiv gesehen häufig notwendig, die Maßnahmen, die in ihnen umgesetzt werden, führen jedoch zu Veränderungen in den Abläufen einer Organisation. Nicht selten führt dies zu (manchmal unerwartetem) Widerstand von Seiten der betroffenen Personen. Gründe hierfür können beispielsweise sein:

- Bequemlichkeit und Angst vor Veränderung: Änderungen im Prozess erfordern die Bereitschaft der Mitarbeiter, altbekannte Abläufe und lieb gewonnene Gewohnheiten aufzugeben und sich auf Neues einzulassen. Nicht immer wird dies positiv gesehen.

- Angst vor Kompetenzverlust: Prozessänderungen können, ungewollt oder gewollt, das Machtgefüge in einer Organisation auf den Kopf zu stellen. Mitarbeiter, die bisher als Schlüsselperson eines Prozesses fungiert haben, da sie im Laufe der Jahre viel implizites Wissen angesammelt haben, werden durch Änderungen im Prozess, beispielsweise durch die Verwendung eines neuen Werkzeuges, ihrer bisherigen Machtstellung enthoben.

- Angst vor Arbeitsplatzverlust: Die Änderung von Prozessen kann schlimmstenfalls zu begründeter oder unbegründeter Angst vor Arbeitsplatzverlust führen, falls beispielsweise bestimmte Prozesse an externe Firmen ausgelagert oder Teile im Prozess automatisiert werden.

Prozessverbesserungsprojekte sind sehr viel stärker von psychologischen Aspekten betroffen als beispielsweise Software-Entwicklungsprojekte, da sie zum Teil massiv in den Tätigkeitsbereich der einzelnen Mitarbeiter eingreifen. Diese häufig nicht offen ausgesprochenen, aber untergründig schwelenden Ängste geeignet aufzufangen und offen zu diskutieren, ist eine zentrale Aufgabe im Rahmen eines Prozessverbesserungsprojekts. Eine präventive Maßnahme kann die frühe Einbeziehung der betroffenen Mitarbeiter in die Entscheidungsprozesse sein. Noch stärker als durch den Widerstand aus den Reihen der Mitarbeiter, wird der Erfolg eines Prozessverbesserungsprojekts durch das Verhalten des Managements beeinflusst. Die Durchführung eines solchen Projekts kostet in erster Linie Zeit und Geld. Der Nutzen ist aus Sicht des Managements eher vage, da nur schwer messbar. Welche Einsparung bringt beispielsweise die Einführung eines neuen Werkzeugs zur Verwaltung der Anforderungen, das in erster Linie Kosten bei der Anschaffung verursacht? Eine vom Management nur halbherzig getroffene Entscheidung zur Durchführung eines Prozessverbesserungsprojekts markiert in den meisten Fällen bereits der Anfang vom Ende eines solchen Projekts. Tritt etwa ein Engpass in anderen Projekten auf, kann dies im Zweifelsfall bedeuten, dass sofort alle Ressourcen aus dem „niedrigpriorisierten" Verbesserungsprojekt abgezogen werden und das Projekt schlimmstenfalls gestoppt wird. Aber auch bei laufenden Verbesserungsprojekten wirkt sich eine unklare Position des Managements gegenüber den Änderungsmaßnahmen negativ aus. Für die betroffenen Mitarbeiter stellt sich schnell die Frage, warum sie etwas unterstützen sollen, was ihrem Management offenbar nicht wichtig ist.

Literaturverzeichnis

Einführung

Ebert, Christof. *Systematisches Requirements Engineering: Anforderungen ermitteln, spezifizieren, analysieren und verwalten*. 3. Auflage. dpunkt.verlag, 2012.

Emam, Khaled El und Günes A. Koru. „A Replicated Survey of IT Software Project Failures." *IEEE Software Volume 25* September 2008: S.84-90.

Kapitel 1 Requirements Engineering

Benington, Herbert. „Production of Large Computer Programs." *Proceedings, ONR Symposium* Juni 1956.

Boehm, Barry. „A spiral model of software development and enhancement." *SIGSOFT Software Engineering Notes* August 1986: S.14-24.

Ebert, Christof. *Systematisches Requirements Engineering: Anforderungen ermitteln, spezifizieren, analysieren und verwalten*. 3. Auflage. dpunkt.verlag, 2012.

Emam, Khaled El und Günes A. Koru. „A Replicated Survey of IT Software Project Failures." *IEEE Software Volume 25* September 2008: S.84-90.

IEEE Std. 610-1990. „Standard Glossary of Software Engineering Terminology, Reaffirmed 2002." 2002.

Royce, Winston W. „Managing the Development of Large Software Systems: Concepts and Techniques." *Technical Papers of Western Electronic Show and Convention (WesCon)* 1970.

Rupp, Chris und Klaus Pohl. *Basiswissen Requirements Engineering: Aus- und Weiterbildung nach IREB-Standard zum Certified Professional for Requirements Engineering Foundation Level*. dpunkt.verlag, 2009.

Sommerville, Ian. *Software Engineering*. 9. akutalisierte Auflage. Pearson Studium, 2012.

Standish Group. *Chaos Report*. http://blog.standishgroup.com/pmresearch, 2011. <http://standishgroup.com/newsroom/chaos_manifesto_2011.ph>.

Kapitel 2 Systemkontext

Allweyer, Thomas. *Geschäftsprozessmanagement – Strategie, Entwurf, Implementierung, Controlling*. Herdecke: 3. Nachdruck, W3L GmbH, 2009.

BMI. „UfAB V - Unterlage für Ausschreibung und Bewertung von IT-Leistungen, Version 2.0." Bonn: Bundesministerium des Inneren, 15. Juni 2010.

DeMarco, Tom. *Structured analysis and system specification*. Prentice Hall, 1979.

Keller, G., M. Nüttgens und A.-W. Scheer. „Semantische Prozeßmodellierung auf der Grundlage Ereignisgesteuerter Prozeßketten (EPK)." *Veröffentlichungen des Instituts für Wirtschaftsinformatik, Universität des Saarlandes* 1992.

Lamsweerde, Axel van. *Requirements Engineering, From System Goals to UML Models to Software Specification*. West Sussex, England: John Wiley & Sons, 2010.

Nüttgens, Markus und Frank J. Rump. „Syntax und Semantik Ereignisgesteuerter Prozessketten (EPK)." *Promise'02* 2002: S.64-77.

OMG. „Unified Modeling Language (UML), Version 2.4.1." http://www.uml.org: Object Management Group, August 2011.

Pohl, Klaus. *Requirements Engineering. Grundlagen, Prinzipien, Techniken*. 2. korrigierte Auflage. dpunkt.verlag, 2008.

Staudt, Josef L. *Geschäftsprozessanalyse: Ereignisgesteuerte Prozessketten und objektorientierte Geschäftsprozessmodellierung für Betriebswirtschaftliche Standardsoftware*. 3. Auflage. Berlin: Springer Verlag, 2006.

Kapitel 3 Anforderungsermittlung

Buzan, Tony. *Make the Most of Your Mind*. Touchstone, 1984.

Colin, J. Neill und Phillip A. Laplante. „Requirements Engineering: The State of the Practice." *IEEE Software, Vol. 20, No. 6* November 2003.

Ebert, Christof. *Systematisches Requirements Engineering: Anforderungen ermitteln, spezifizieren, analysieren und verwalten*. 3. Auflage. dpunkt.verlag, 2012.

IEEE 830-1998. „Recommended Practice for Software Requirements Specifications." 1998.

ISO/IEC 25000. „Software Engineering. Software Product Quality Requirements and Evaluation (SQuaRE). Quality Requirements." 2006.

ISO/IEC 25010. „Software Engineering. Software Product Quality Requirements and Evaluation (SQuaRE). Quality Model and guide." 2011.

ISO/IEC 25030. „Software Engineering. Software Product Quality Requirements." 2007.

ISO/IEC 9126. „Information Technology - Software Engineering Product Quality. Part 1: Quality Model." 2001.

Kano, Noriaki. „Attractive Quality and Must-Be Quality." *Journal of the Japanese Society for Quality Control, Vol. 14, Nr. 2* 1984: S.147-156.

Lamsweerde, Axel van. *Requirements Engineering, From System Goals to UML Models to Software Specification*. West Sussex, England: John Wiley & Sons, 2010.

Pichler, Roman. *Agiles Produktmanagement mit Scrum, So entwickeln Sie Produkte, die begeistern* . Addison-Wesley, 2012.

Robertson, Suzanne und James Robertson. *Mastering the Requirements Process, 2nd Edition*. Addison-Wesley, 2006.

Rupp, Chris und Klaus Pohl. *Basiswissen Requirements Engineering: Aus- und Weiterbildung nach IREB-Standard zum Certified Professional for Requirements Engineering Foundation Level*. dpunkt.verlag, 2009.

Sommerville, Ian. *Software Engineering*. 9. aktualisierte Auflage. Pearson Studium, 2012.

Standish Group. *Chaos Report*. http://blog.standishgroup.com/pmresearch, 2011. <http://standishgroup.com/newsroom/chaos_manifesto_2011.ph>.

Kapitel 4 Anforderungsdokumentation

Basili, Victor R., Gianluigi Caldiera und H. Dieter Rombach. „The Goal Question Metric Approach." *Encyclopedia of Software Engineering*. Wiley, 1994.

Clements, Paul, Rick Kazman und Mark Klein. *Evaluating Software Architectures: Methods and Case Studies (SEI Series in Software Engineering)*. Amsterdam: Addison-Wesley Longman, 2001.

Ebert, Christof. *Systematisches Requirements Engineering: Anforderungen ermitteln, spezifizieren, analysieren und verwalten*. 3. Auflage. dpunkt.verlag, 2012.

Emam, Khaled El und Günes A. Koru. „A Replicated Survey of IT Software Project Failures." *IEEE Software Volume 25* September 2008: S.84-90.

IEEE 830-1998. „Recommended Practice for Software Requirements Specifications." 1998.

Kruchten, Phillipe. *The Rational Unified Process - An Introduction, 3rd Edition*. Amsterdam: Addison-Wesley Longman, 2003.

Robertson, Suzanne und James Robertson. *Mastering the Requirements Process, 2nd Edition*. Addison-Wesley, 2006.

Rüping, Andreas. *Agile Documentation: A Pattern Guide to Producing Lightweight Documents for Software Projects*. John Wiley & Sons, 2003.

Rupp, Chris und Klaus Pohl. *Basiswissen Requirements Engineering: Aus- und Weiterbildung nach IREB-Standard zum Certified Professional for Requirements Engineering Foundation Level*. dpunkt.verlag, 2009.

Schneider, W. *Deutsch für junge Profis - Wie man gut und lebendig schreibt*. Berlin: Rowohlt, 2010.

Siwon, Peter. *Die menschliche Seite des Projekterfolgs*. dpunkt.verlag, 2010.

V-Modell XT. „Entwicklungsstandard für IT-Systeme des Bundes, aktuelle Version 4.0." http://www.v-modellxt.de/, 2004.

Kapitel 5 Anforderungsspezifikation

Alexander, Ian. „Misuse Cases: Use Cases with Hostile Intent." *IEEE Software, Vol. 20* 2003: S.58-66.

Booch, Grady, James Rumbaugh und Ivar Jacobson. *The Unified Software Development Process*. Addison-Wesley Professional, 1999.

Cockburn, Alistair. *Writing Effective Use Cases*. Amsterdam: Addison-Wesley Longman, 2000.

Constantine, Larry und Lucy Lockwood. *Software for Use*. Reading MA: Addison-Wesley, 1999.

Jacobson, Ivar, Magnus Christerson und Patrik Jonsson. *Object Oriented Software Engineering - A Use Case Driven Approach*. Addison-Wesley, 1992.

Oestereich, Bernd und Stefan Bremer. *Analyse und Design mit UML 2.5: Objektorientierte Softwareentwicklung*. 10. Auflage. Oldenbourg Wissenschaftsverlag, 2012.

Kapitel 6 Anforderungsmodellierung

Aichernig, Bernhard und Peter Lucas. *Formale Methoden in der Praxis*. Wien: Österreichischer ISA-EUNET Workshop, 1999.

Balzert, Helmut. *Lehrbuch der Softwaretechnik: Basiskonzepte und Requirements Engineering*. 3. Auflage. Spektrum Akademischer Verlag, 2009.

Booch, Gradys. *Object-Oriented Analysis and Design with Applications*. Addison-Wesley Professional, 1993.

Chen, Peter. „The Entity-Relationship Model-Toward a Unified View of Data." *ACM Transactions on Database Systems ACM-Press ISSN 0362-5915* 1976: S.9-36.

Coad, Peter und Edward Yourdon. *Objekt-orientierte Analyse*. München: Prentice Hall, 1994.

DeMarco, Tom. *Structured analysis and system specification*. Prentice Hall, 1979.

Dijkstra, Edsger W. „Go to statement considered harmful." *Communications of the ACM 11* 1968: S.147-148.

Ebert, Christof. *Systematisches Requirements Engineering: Anforderungen ermitteln, spezifizieren, analysieren und verwalten*. 3. Auflage. dpunkt.verlag, 2012.

Grönniger, Hans, Dirk Reiss und Bernhard Rumpe. „Towards a semantics of activity diagrams with semantic variation points." *Proceedings of the 13th international conference on Model driven engineering languages and systems: Part I* 2010: S.331-345.

Hoare, Tony. „Communicating sequential processes." *Communications of the ACM* Januar 1983.

Hohpe, Gregor und Bobby Woolf. *Enterprise Integration Patterns: Designing, Building, and Deploying Messaging Solutions*. Addison-Wesley Professional, 2003.

ISO/IEC 13568. „Information Technology - Z Formal Specification Notation – Syntax, Type System and Semantics." 2002.

Jacobson, Ivar, Magnus Christerson und Patrik Jonsson. *Object Oriented Software Engineering - A Use Case Driven Approach*. Addison-Wesley, 1992.

John E. Hopcroft, Jeffrey D. Ullman. *Einführung in die Automatentheorie, Formale Sprachen und Komplexitätstheorie*. 3. Auflage. Oldenbourg, 2000.

Jürjens, Jan. „A UML statecharts semantics with message-passing." *Proceedings of the 2002 ACM symposium on Applied computing* 2002: S.1009-1013.

Kecher, Christoph. *UML 2: Das umfassende Handbuch*. 4. Auflage. Galileo Computing, 2011.

OMG. „Unified Modeling Language (UML), Version 2.4.1." http://www.uml.org: Object Management Group, August 2011.

Petri, Carl Adam. *Kommunikation mit Automaten (Dissertation)*. Institut für instrumentelle Mathematik der Universität Bonn, 1962.

Rumbaugh, James. *Object-Oriented Modeling and Design*. Prentice Hall, 1990.

Rupp, Chris und Klaus Pohl. *Basiswissen Requirements Engineering: Aus- und Weiterbildung nach IREB-Standard zum Certified Professional for Requirements Engineering Foundation Level*. dpunkt.verlag, 2009.

Störrle, Harald und Jan Hausman. „Towards a formal semantics of UML 2.0 activities." *In Proceedings German Software Engineering Conference, volume P-64 of LNI* 2005.

van der Aalst, W. und K. van Hee. *Workflow Management – Models, Methods and Systems*. Cambridge Massachusetts: The MIT Press, 2004.

Yourdon, Edward. *Modern Structured Analysis*. Prentice Hall, 1988.

Kapitel 7 Anforderungsvalidierung

Ambler, Scott. *Agile Modeling*. John Wiley & Sons, 2002.

—. *The Elements of UML 2.0 Style*. Cambridge University Press, 2005.

Berry, D.M., E. Kamsties und M.M. Krieger. „From Contract Drafting to Software Specification:Linguistic Sources of Ambiguity." *A Handbook*. University of Waterloo, 2003.

Boehm, B.W. „Guidelines for Verifying and Validating Software Requirements and Design Specifications." *Euro IFIP 1979*. North Holland, 1979. S.711-719.

Böhringer, Joachim. *Kompendium der Mediengestaltung für Digital- und Printmedien.* Springer Verlag, 2011.

Cockburn, Alistair. *Writing Effective Use Cases.* Amsterdam: Addison-Wesley Longman, 2000.

Denne, Mark und Jane Cleland-Huang. *Software By Numbers: Low Risk, High Return Development.* Prentice Hall, 2003.

Ebert, Christof. *Systematisches Requirements Engineering: Anforderungen ermitteln, spezifizieren, analysieren und verwalten.* 3. Auflage. dpunkt.verlag, 2012.

Fagan, Michael E. „Advances in Software Inspections." *IEEE Transactions on Software Engineering* Juli 1986: S.744-751.

—. „Design and Code inspections to reduce errors in program development." *IBM Systems Journal* 1976: S.182-211.

IEEE 830-1998. „Recommended Practice for Software Requirements Specifications." 1998.

Langer, I., F. Schulz von Thun und R. Tausch. *Sich verständlich ausdrücken.* 8. Auflage. München: Ernst Reinhardt Verlag, 2006.

McConnell, S. *Code Complete, Deutsche Ausgabe.* Microsoft Press, 2005.

Millner, George A. „The Magical Number Seven, Plus or Minus Two: Some Limits on Our Capacity for Processing Information." *Psychological Review* 1956: S.81-97.

Oestereich, Bernd und Stefan Bremer. *Analyse und Design mit UML 2.5: Objektorientierte Softwareentwicklung.* 10. Auflage. Oldenbourg Wissenschaftsverlag, 2012.

Pohl, Klaus. *Requirements Engineering. Grundlagen, Prinzipien, Techniken.* 2. korrigierte Auflage. dpunkt.verlag, 2008.

Rechenberger, Peter. *Technisches Schreiben.* 3. Auflage. Carl Hanser Verlag, 2006.

Rüping, Andreas. *Agile Documentation: A Pattern Guide to Producing Lightweight Documents for Software Projects.* John Wiley & Sons, 2003.

Rupp, Chris und Klaus Pohl. *Basiswissen Requirements Engineering: Aus- und Weiterbildung nach IREB-Standard zum Certified Professional for Requirements Engineering Foundation Level.* dpunkt.verlag, 2009.

Rupp, Chris und Sophisten. *Requirements-Engineering und -Management: Professionelle, iterative Anforderungsanalyse für die Praxis.* 5. Auflage. Carl Hanser Verlag, 2009.

Schneider, W. *Deutsch für junge Profis - Wie man gut und lebendig schreibt.* Berlin: Rowohlt, 2010.

Sneed, Harry, Richard Seidl und Manfred Baumgartner. *Software in Zahlen: Die Vermessung von Applikationen.* Carl Hanser Verlag, 2010.

Sommerville, Ian. *Software Engineering.* 9. aktualisierte Auflage. Pearson Studium, 2012.

V-Modell XT. „Entwicklungsstandard für IT-Systeme des Bundes, aktuelle Version 4.0." http://www.v-modellxt.de/, 2004.

Kapitel 8 Anforderungsmanagement

Ebert, Christof. *Systematisches Requirements Engineering: Anforderungen ermitteln, spezifizieren, analysieren und verwalten.* 3. Auflage. dpunkt.verlag, 2012.

Humm, Bernhard, Markus Voß und Andreas Hess. „Regeln für serviceorientierte Architekturen hoher Qualität." *Informatik Spektrum* 2006: S.395-411.

IEEE 830-1998. „Recommended Practice for Software Requirements Specifications." 1998.

Popp, Gunther. *Konfigurationsmanagement mit Subversion, Maven und Redmine: Grundlagen für Softwarearchitekten und Entwickler.* dpunkt.verlag, 2009.

Rüping, Andreas. *Agile Documentation: A Pattern Guide to Producing Lightweight Documents for Software Projects.* John Wiley & Sons, 2003.

Rupp, Chris und Sophisten. *Requirements-Engineering und -Management: Professionelle, iterative Anforderungsanalyse für die Praxis.* 5. Auflage. Carl Hanser Verlag, 2009.

V-Modell XT. „Entwicklungsstandard für IT-Systeme des Bundes, aktuelle Version 4.0." http://www.v-modellxt.de/, 2004.

Kapitel 9 Agiles Requirements Engineering

Adzyk, G. *Specification by Example – How successful teams deliver the right software.* Manning Publications Co., 2011.

Anderson, David J. *Kanban: Evolutionäres Change Management für IT-Organisationen.* dpunkt.verlag, 2011.

Beck, Kent. *Extreme Programming Explained - Embrace Change.* 2. Auflage. Addison-Wesley, 2004.

Cockburn, Alistair. *Writing Effective Use Cases.* Amsterdam: Addison-Wesley Longman, 2000.

Cohn, Mike. *Agile Estimating and Planning.* Prentice Hall, 2006.

—. *User Stories Applied - For agile Software Development.* Addison-Wesley, 2004.

Cooper, Alan, Robert Reimann und David Cronin. *About Face: Interface und Interaction Design .* MITP, 2010.

Jeffries, Ron. *Essential XP: Card, Conversation, and Confirmation.* August 2001. 27. Juli 2012. <http://xprogramming.com/articles/expcardconversationconfirmation/>.

Leffingwell, Dean. *Agile Software-Requirements: Lean Requirements Practices for Teams, Programs, and the Enterprise.* Addison-Wesley, 2011.

Manifesto for Agile Software Development. 2001. 20. 04 2012. <http://agilemanifesto.org/iso/de>.

North, Dan. „Introducing BDD." 2006. 22. 02 2012. <http://dannorth.net/introducing-bdd/>.

Pichler, Roman. *Agiles Produktmanagement mit Scrum, So entwickeln Sie Produkte, die begeistern .* Addison-Wesley, 2012.

—. *Scrum - Agiles Projektmanagement erfolgreich einsetzen.* dpunkt.verlag, 2007.

Sutherland, Jeff und Ken Schwaber. „Scrum Guide 2011- Der gültige Leitfaden für Scrum: Die Spielregeln." Oktober 2011. *Scrum.org.* 17. 05 2012. <http://www.scrum.org/scrumguides/>.

Wirdemann, Ralf. *Scrum mit User Stories.* Carl Hanser Verlag, 2009.

Kapitel 10 Schnittstellen

Adzyk, G. *Specification by Example – How successful teams deliver the right software.* Manning Publications Co., 2011.

Albrecht, Albert. „Measuring Application Development Productivity." *Proc. of Joint SHARE, GUIDE and IBM Symposium.* Philadelphia, 1979. S.83-92.

Bass, Len, Paul Clements und Rick Kazman. *Software Architecture in Practice*. 2nd Edition. Addison-Wesley, 2003.

Bath, Graham und Judy McKay. *Praxiswissen Softwaretest - Test Analyst und Technical Test Analyst*. 2. durchgesehene Auflage. dpunkt.verlag, 2011.

Beyer, Hugh und Karen Holtzblatt. *Contextual Design. Defining Customer-Centered Systems*. Morgan Kaufmann Publishers, 1997.

Boehm, B.W. „Guidelines for Verifying and Validating Software Requirements and Design Specifications." *Euro IFIP 1979*. North Holland, 1979. S.711-719.

Cockburn, Alistair. *Writing Effective Use Cases*. Amsterdam: Addison-Wesley Longman, 2000.

Conway, Melvin E. „How Do Committees Invent?" *Datamation* April 1968: S.28-31.

Cooper, Alan, Robert Reimann und David Cronin. *About Face: Interface und Interaction Design* . MITP, 2010.

DeMarco, Tom und Timothy Lister. *Bärentango: Mit Risikomanagement Projekte zum Erfolg führen*. Carl Hanser Verlag, 2003.

DIN EN ISO 9241-11. *Ergonomische Anforderungen für Bürotätigkeiten mit Bildschirmgeräten, Teil 11: Anforderungen an die Gebrauchstauglichkeit - Leitsätze*. Berlin: Beuth Verlag, Deutsches Institut für Normung e.V., 1998.

DIN EN ISO 9241-210. „Ergonomie der Mensch-System-Interkation - Teil 210 Prozess zur Gestaltung gebrauchstauglicher interaktiver Systeme." 2010.

German Testing Board. „ISTQB/GTB Standardglossar der Testbegriffe." 2010.

Graham, D. „Requirements and Testing: Seven Missing-Link Myths." *IEEE Software* September/Oktober 2002: S.15-17.

Hindel, Bernd, et al. *Basiswissen Software-Projektmanagement*. dpunkt.verlag, 2004.

Hohmann, Luke. *Beyond Software Architecture: Creating and Sustaining Winning Solutions* . Addison-Wesley, 2003.

IEEE 1471-2000. „Recommended Practice for Architectural Description of Software Intensive Systems." 2000.

IEEE 610.12-1990. „IEEE Standard Glossary of Software-Engineering Terminology." 1990.

IEEE 829-2008. „Standard for Software and System Test Documentation." 2008.

IEEE Std. 610-1990. „Standard Glossary of Software Engineering Terminology, Reaffirmed 2002." 2002.

ISO/IEC 25000. „Software Engineering. Software Product Quality Requirements and Evaluation (SQuaRE). Quality Requirements." 2006.

ISO/IEC 25010. „Systems and Software engineering - Systems and software Quality Requirements and Evaluation (SQuaRE) - System and software quality models." 2011.

Juran, J.M. *Juran's Quality Control Handbook*. McGraw-Hill, 1988.

Karner, Gustav. „Resource Estimation for Objectory Projects." 1993.

Koomen, Tim, et al. *TMap Next - Ein praktischer Leitfaden für ergebnisorientiertes Softwaretesten*. dpunkt.verlag, 2007.

Richter, Michael und Markus Flückiger. *Usability Engineering kompakt - Benutzbare Software gezielt entwickeln*. 2. Auflage. Spektrum Akademischer Verlag, 2010.

Rozanski, Nick und Eoin Woods. *Software Systems Architecture: Working With Stakeholders Using Viewpoints and Perspectives* . Addison-Wesley, 2011.

Rüping, Andreas. *Agile Documentation: A Pattern Guide to Producing Lightweight Documents for Software Projects.* John Wiley & Sons, 2003.

Siedersleben, Johannes. *Softwaretechnik: Praxiswissen für Softwareingenieure.* 2. Auflage. Carl Hanser Verlag, 2002.

Sneed, Harry, Richard Seidl und Manfred Baumgartner. *Software in Zahlen: Die Vermessung von Applikationen.* Carl Hanser Verlag, 2010.

Starke, Gernot. *Effektive Softwarearchitekturen: Ein praktischer Leitfaden.* 4. Auflage. Carl Hanser Verlag, 2009.

Titmeyer, Ernst. *Handbuch IT-Management: Konzepte, Methoden, Lösungen und Arbeitshilfen für die Praxis.* Carl Hanser Verlag, 2011.

V-Modell XT. „Entwicklungsstandard für IT-Systeme des Bundes, aktuelle Version 4.0." http://www.v-modellxt.de/, 2004.

Zörner, Stephan. *Softwarearchitekturen dokumentieren und kommunizieren: Entwürfe, Entscheidungen und Lösungen nachvollziehbar und wirkungsvoll festhalten.* Carl Hanser Verlag, 2012.

Kapitel 11 Prozessverbesserung

IEEE Std. 610-1990. „Standard Glossary of Software Engineering Terminology, Reaffirmed 2002." 2002.

ISO/IEC 9001. *International Organization for Standardization: Quality Management Systems - Requirements, Technischer Bericht.* International Standards Organization, 2000.

Kneuper, Ralf. *CMMI: Verbesserung von Software- und Systementwicklungsprozessen mit Capability Maturity Model Integration.* 3. aktualisierte und überarbeitete Auflage. dpunkt.verlag, 2007.

McFeeley, Bob. „IDEAL: A User's Guide for Software Process Improvement." 1996.

SEI. „CMMI® for Development, Version 1.3 - Improving processes for developing better products and services." 2010.

Register

A

Ablagestruktur 287
Abläufe 161
Abnahmekriterien 127, 131
    Eigenschaft 128
    Granularität 132
    Prozess-orientiert 128
Abstraktion 196
Ad-hoc Notation 250
Aggregation 245
Aktivitätsdiagramm 248, 379
Akzeptanzkriterien 129
Akzeptanzkriterium 128, 130, 238, 324
Analytisches Qualitätsmanagement 409
Änderbarkeit 391
Änderungshäufigkeit 386
Änderungshistorie 298
Änderungsmanagement 301, 349, 356
Änderungswunsch 302
Anforderung 28, 81, 122, 172
    Attribut 291
    Bedürfnis 404
    Funktional 239
    Granularität 126
    Usability 398
    Verfeinerung 294
    Verwaltung 133
Anforderungsbewertung 110
Anforderungsdokumentation 122
Anforderungsmanagement 343
Anforderungsmodell 223
Anforderungsquelle 92
Anforderungsspezifikation 142, 148
Anwendungsdomäne 26
Anwendungsfall 159, 247, 379, 403
    User Story 329
ArchitectureTradeoff Analysis Method 392
Architekturentscheidung 385
Architekturtreiber 385
Auftraggeber 56
Auftragnehmer 57
Aufwandsschätzung 337, 359

Ausschreibung 56
Automatentheorie 207

B

Baseline 306
Beauftragungsmodell 55
Behaviour-Driven Development 330, 332
Beistellung 365
Benutzeranforderungen 29
Benutzerschnittstelle 175
Bezugskonfiguration 306
BPMN 71
Brainstorming 99
Brainstorming-Workshop 101
Breitband-Delphi-Methode 359
Budget 355
Burndown Chart 335
Büro-Software 309
Business Use Case 173

C

CCC 323
Change Control Board 304
Change Request 302
Checkliste 272
CMMI 410
Code Model 226
Computation Independent Model 226
Constraint 333
Contextual Inquiry 398
Conway's Law 389
CRUD-Anforderungen 109
CSP 194

D

Daily Scrum 336, 339
Datenfluss 216
Datenflussdiagramm 216
Datenzentriertes System 54
DEEP 345
Definition-of-Done 340
Definition-of-Ready 338

Delta-Anforderung 215
Dialog 175
Dialogentwurf 176
Dialogfenster 175, 177
Dialoglandkarte 180
Dialogsteuerung 180
DIN EN ISO 9241-11 394
DIN EN ISO 9241-210 396
Dokumentvorlage 261
Domänenmodell 199, 242, 245
Durchgängiges Modell 412
Durchstich 106

E

Eingebettetes System 54
Eisberg Metapher 108
Elefanten Carpaccio 348
Embrace Change 349
Entity-Relationship Diagramm 218
Entscheidungspunkt 234
Entscheidungstabelle 184, 244, 379
Epos 323
ER-Diagramm 218
Ereignisgesteuerte Prozessketten 68
Erweiterte Ereignisgesteuerte
  Prozesskette 71
Eventualfallplanung 369
Evolutionäres Modell 42
Extension 163
eXtreme Programming 43

F

Fachdomäne 26
Fachkonzept 142
Fallunterscheidung 243, 255
Feature Team 350
Feedback 263
Fehlermanagement 305
Fertigstellungsgrad 363
Festpreis-Projekt 57
FitNesse 330-331
Fokusgruppe 96
Formale Inspektion 234, 264
Formale Sprachen 194
Formales Kriterium 259

Formatvorlage 261
Fragenkatalog 272
Function Point-Analyse 361
Funktionale Anforderung 82, 91
Funktionaler Prototyp 106
Funktionsbaum 214

G

Gebrauchstauglichkeit 394
Geschäftsprozess 66
Geschäftsprozessanalyse 67
Gestalt-Gesetz 256
Gestaltungsraster 256
Glossar 139
Gold Plating 236
GQM 132
Grooming 337
GUI-Prototyp 105, 176
GUI-Styleguide 274

H

Hamburger Verständlichkeitsmodell 253
Homonym 241

I

IDEAL 414
Identifizierbarkeit 259
IEEE 829-2008 375
IEEE 830-1998 137, 142
Individual-Software 53
Informelle Schaubilder 250
Inhaltliche Prüfung 236
Inhouse-Projekt 55
Inkrementelles Modell 43
Inspektion 264
Integritätsstufe 375
Interessensvertreter 62
Intervall 244
Interview 94
  geschlossenes Interview 95
  leitfadengestütztes Interview 95
  offenes Interview 95
INVEST 325
Investitionssicherheit 388
ISO 25010 394

ISO/IEC 9000 409
Iteratives Modell 42

J

JBehave 331

K

Kano-Modell 111
Kapitelstruktur 288
Kennzahlen 129
Klassendiagramm 245
Klebezettel 343
Komponente 383
Komposition 245
Konfiguration 306
Konfigurationsmanagement 306
Konsistenz 245
Konstruktives Qualitätsmanagement 409
Kontextanalyse 75, 398
Kontextdiagramm 214
Kontext-Wissen 239
kontrollflussorientiert 204
Kosten 355
Kreativtechnik 99

L

Lastenheft 144
Lastprofil 382
Lasttest 381
Lebensdauer 388
Lebenszykluskosten 388
Lebenszyklusmodell 134
Legende 250
Leser 253
Liefertermin 355, 388
Logik 243
Lösungsraum 28

M

Make-or-Buy Analyse 151, 388
Maske 175
Maßnahme 58
MDA 225
Meilenstein 234
Meilensteinplan 357

Mengengerüst 386
Metadaten 133, 160, 291
Metaplan-Technik 101
Metrik 128, 130-131, 238
Migration 52
Mind-Map 99
Minimal Marketable Feature Set 111, 237
Missbrauchsszenario 174
Misuse Case 174
Mitwirkungspflichten 365
Mockup 176
Model Checking 194
Model Driven Architecture 225
Modell 190
Modellbasierte Entwicklung 225
Modellbildung 196
Modellierungssprache 192
Modellierungstechnik 197
MuSCoW 111, 346

N

Nachkontrolle 267
Nachverfolgbarkeit 259, 292
natürliche Sprache 122
Neuentwicklung 51
Nichtfunktionale Anforderung 88, 91
Nominalisierung 241
Notation 193
Nutzungskontext 394, 396
Nutzungsprofil 382

O

Object Constraint Language 195
Objektorientierte Metrik 252
Objektorientierung 197
OCL 195
Offshoring 56
OOSE 160
Operationalisierung 130
Outsourcing 56

P

Peer Review 262
Persona 324, 400
Perspektive 190, 274
Petri-Netz 221

Pflichtenheft 145
Platform Independent Model 226
Platform Specific Model 226
Pragmatik 192
Praktik 410
Priorisierung 110
Problemraum 27
Product Backlog 335, 343
Product Owner 335, 341
Product Quality Model 85
Produktanforderung 88
Produktivität 355
Project Velocity 338
Projektanforderung 88
Projektcontrolling 362
Projektdefinition 357
Projektidee 47
Projektkontrolle 362
Projektmanagement 354
Projektplanung 356
Projektsteuerung 366
Projektstrukturplan 357
Projekttyp 51
Prototyp 269
Prozessanforderung 88
Prozessbereich 410
Prozessreife 410
Prozessreifegradmodell 410
Prozessverbesserung 409, 414
Prozessverbesserungsprojekt 414
Prüfanweisung 273

Q

QS-Handbuch 374
Qualität 355, 371
Qualitätsanforderung 83
Qualitätskriterien 137
Qualitätsmanagement 409
Qualitätsmanagementmodell 409
Qualitätsmodell 83, 89
Qualitätssicherung 372, 374
Qualitätsszenario 390
Qualitätsziel 374
Quality Gate 234
Quality in Use Model 84

R

Reduktion 196
Reengineering 51
Regel 184
Regelkreis 354
Release 307
Release-Management 307
Release-Plan 346
REMsES 55
Requirements Engineer 38, 347
Requirements Engineering 25
Requirements Engineering Prozess 35
Requirements Engineering Werkzeug 313
Requirements Specification 142
Retrospektive 340
Review 261
Review-Anmerkung 265
Review-Kultur 263
Richtlinie 274
Risiko 367
Risikomanagement 367
Rollenspiel 101
Rückwärtsverfolgbarkeit 294

S

Schätzfehler 363
Schaubild 105
Schicht 288
Schnittstelle 182
Schnittstellenspezifikation 182
Scripted Walkthrough 102
Scrum 43, 334
Scrum Master 335
Semantik 192
Semi-formale Sprache 195
Sicht 190, 224
Software-Architektur 383
Software-Produkt 53
Specification By Example 330
Spezifikation 142
SPICE 410
Spike 343
Sprint 335
Sprint Backlog 335
SQuaRE 82, 131
Stakeholder 62

Stakeholder-Diagramm 63
Stakeholder-Management 63
Standardablauf 163
Stellungnahme 262
Story Point 338
Straßenbau-Methapher 236, 327
Strategie 58
Strategisches Ziel 57
Strukturierte Analyse 214
Stückkosten 388
Stufenweises Modell 411
Subsystem 288
Synonym 241
Syntax 192
System Use Case 173
Systemanforderung 30
Systemziel 57
Szenario 102, 161, 238

T

Tabellenkalkulation 310, 343
Taxonomie 140
Technisches Schreiben 253
Terminologie 241
Testfall 377
Testfallspezifikation 378
Testplan 375
Teufelsquadrat 355
Textschema 124
Textverarbeitung 309
Theme 344
Ticket-System 311
Traceability 292
Transaktion 168

U

Überarbeitung 267
Übereinstimmung 258
UfAB V 57
Umfrage 399
UML 160, 195, 198
    Inhaltliche Prüfung 245
    Verständlichkeit 256
UML Aktivitätsdiagramme 204
UML Klassendiagramm 199

UML Sequenzdiagramm 210
UML Zustandsdiagramm 207
Unified Modeling Language 195
Unified Process 160
Usability 393
Usability-Szenario 402
Use Case 159, 172
Use Case Spezifikation 160
Use-Case-Diagramm 169
User Experience 395
User Story 322, 328

V

Validierung 232
Variante 298
VDM 194
Verallgemeinerung 244
Vergabeprojekt 56
Verifikation 231
Versionsverwaltung 297
Verständlichkeit 252
V-Modell 377
Volere 144
Vorgehensmodell 414
Vorwärtsverfolgbarkeit 293

W

Walkthrough 233, 262
Wasserfallmodell 41
Weiterentwicklung 52
W-Fragen 239
Whiteboard 343
Wiki-System 309
Wireframes 176

Z

Zertifizierung 409
Ziel 58, 410
Zielediagramm 58
Z-Notation 194
Zustandsautomat 379
Zustandsdiagramm 249